하이데거의 숙고적 사유

대우학술총서
633

하이데거의 숙고적 사유

―계산적 사고를 넘어서

강학순 지음

아카넷

차례

저자 서문

현대사상을 논함에 있어서 하이데거를 찬성하든, 반대하든 누구나 그를 만날 수밖에 없다. 『세계철학사』의 저자 슈퇴리히(H. J. Störig)는 하이데거를 "현대에서 가장 영향력 있는 사상가 중 하나이자 동시에 논쟁의 여지가 가장 많은 인물이다"라고 평가한다. 오늘날 철학, 신학, 인간학, 사회학, 간호학, 심리학, 정치학, 생태학, 건축학, 지리학, 기술공학, 경영 컨설팅, 공간예술 등도 하이데거 사유로부터 직·간접적인 영향을 받고 있음을 부정할 수 없다.

  나치즘과 연루된 하이데거가 범한 정치적 과오와 엄혹한 시대에 지성인으로서의 무책임한 행동에 대해서 나는 비판적인 입장을 취하고 있다. 동시에 과연 지금 여기의 어두운 역사 앞에서 지식인에 부과된 책임을 나는 제대로 수행하고 있는지를 통렬하게 자문해본다. 그러나 당대의 관습적인 강단철학과 지배적인 니힐리즘의 역사에 저항하면서 기존의 철학과 단절하면서 창조적인 존재사유를 감행한 하이데거의 철학적 모험은 긍정적인 것으로 받아들인다. 그는 그리스로부터 시작된 서양철학사 전체를 문제 삼고 그것의 종말적 한계를 노정시키면서, 그것과는 질적으로 '다른 사유'의 길을 모험한다. 그 다른 사유란 한마디로 비서구적 사유와 소통 가능한 '숙고적 사유'로 명명된다.

오래전부터 존재의 오의(奧義)와 무상함, 그리고 부조리 앞에서 품어왔던 나의 내밀한 존재물음! 그것은 하이데거의 존재물음과 근친성을 지니고 있다. 왜냐하면 나는 진리를 근거짓는 철학은 존재물음에서 시작해야 된다고 보기 때문이다. 그의 존재사유를 그대로 추수(追隨)하지는 않으나, 나의 '철학하기'에 있어서 어느 정도의 탈서구적인 창조성으로부터 모종의 영감을 받고 있는 셈이다.

본서에서는 텍스트 내재적인 해석의 위험성을 직시하면서도 사태에 입각한 객관적 이해를 우선시하고자 한다. 왜냐하면 그의 사유에 대한 특정한 평가에 앞서서 그의 사유에 대한 선입견과 편견 없이 '있는 그대로의 사태'를 가능한 한 1차 자료에 입각해서 객관적으로 밝히는 것이 선행되어야 한다고 생각하기 때문이다. 물론 그의 사유에 대한 다각도의 평가와 맥락적 분석과 비판은 유의미하고 필요함을 인정한다. 하이데거 사유를 특정한 관점에서 비판하는 것은 쉬운 일이지만, 객관적으로 사태에 입각하여 이해하고 비판하고 해석하는 것은 어려운 길이다. 후자의 길은 그의 사유로부터 옥석을 가리는 방법이다. 나는 모름지기 진지한 철학적 분석에서 외재적 독해와 비판은 내재적 해석에 근거해야 한다고 생각한다.

본서는 대우재단에서 기획한 정기학술 연구지원 공모(2018년)에서 논저지원(대우학술총서)으로 선정되어 실행된 연구서이다. 이 연구가 이루어질 수 있도록 후원해준 대우재단과 필요한 제언을 해주신 심

사위원님들께 감사한 마음을 전한다. 이 저서의 작업에서 한국 하이
데거학회 동학들의 연구들에서 많은 도움을 받았다. 특히 개인적으로
어려운 시기에 작성했던 초벌원고를 심혈을 기울여 수정해주고 유의
미한 조언들을 아낌없이 주셨던 학문적 도반(道伴)인 윤병렬 교수님께
진심으로 감사를 드린다. 또한 이 저서의 출판에 이르기까지 애정을
가지고 정치한 교정으로 애써주신 아카넷 출판사 이하심 부장님과 편
집부 선생님들께 심심한 사의(射意)를 표한다. 이 저서는 개인적으로
오랫동안 기다려왔던 첫 손녀 온유(溫柔)의 태어남을 축하하는 의미를
지닌다.

2021년 서호변 우거에서

상화(常和) 강학순

프롤로그

"어른들은 사물의 본질을 보지 못한다. 오직 눈으로 보이는 숫자만을 좋아한다. 그러나 중요한 것은 눈에 보이지 않는다. 올바르게 볼 수 있다는 것은 마음으로 보는 것밖에 없다."(Antoine de Saint-Exupéry, *Le Petit Prince* 중에서)

기로(岐路)에 선 이성

"빛이 어둠을 이길 수 있다"는 확신으로부터 근대의 사유는 시작된다. 그 빛은 근대적 이성이고, 저 어둠은 신화나 전통 일반의 구속에서 비롯되는 비이성적인 미망과 무지이다. 후자로부터의 탈출과 해방의 시도는 눈부신 지적 자유와 정신적 해방의 성취를 의미한다. 인문학의 전통에서 대개 정신과 세계는 밝음의 메타포로, 육체와 존재는 어둠의 메타포로 표현된다. 이런 점에서 정신과 육체를 겸비한 인간은 빛과 어둠의 '사이존재'이며, 동시에 양자 중 하나로 경도될 수 있는 '가능 존재'이기도 하다. 그러나 그 빛은 기대와는 달리 새로운 어둠을 낳는다. 이성의 빛에 대한 확신은 흔들리지 않는 것이어야만 한다. 그 이면의 실상이 점진적으로 드러나면서 그 확고한 믿음에 동요와 균열이 생긴 것이다.

물론 구체적인 현실과 체계 속에서 과학적 사고와 합리적 결정을 추동하는 근대적 이성은 여전히 맹위를 떨친다. 반면에 감춰져 있는 의지에 의해 동일한 이성이 사악한 욕망과 악의 도구가 되기도 한다. 예컨대 선한 사람의 이성은 선을 위한 도구가 될 수 있고, 반면에 악한 사람의 이성은 악의 도구가 될 수도 있다. 물론 선의지도 악한 결과를 낳을 수 있다. 특히 근대의 계몽적 이성은 한편으로는 정신적·지적 자유를 추구하고, 다른 한편으로는 그러한 자유를 속박하고 삶을 기술적으로 지배하기 위한 욕망의 도구로 활용된다. 말하자면 그것은 원래의 기대와 달리, 인간의 숨은 '권력에의 의지(der Wille zur Macht)'를 정당화하고 미화하는 도구로 변신하기도 한다.

이처럼 이성은 역설적이게도 우상과 신화의 허구를 밝혀내기도 하지만, 동시에 새로운 우상과 신화를 만들어낸다. 역사상 '이성의 이름으로', 그리고 '합리성의 이름으로' 자행된 시행착오와 오류들에 대한 증거들은 넘쳐난다. 특히 근대적 이성은 자신의 타자인 광기, 욕망, 비이성을 억압하고 배제시켜왔던 것이다. 그럼에도 불구하고 이성을 해체하거나 포기하는 우(愚)를 범해서도 안 된다. 여기에 이성의 딜레마가 있다. 저러한 이성의 빛이 지닌 이중성은 소위 '계몽의 변증법(Dialektik der Aufklärung)'에서 명료하게 밝혀진다. 소위 '계몽'이 도리어 '신화'로 화하는 계몽의 자기파괴와 퇴행성이 문제가 된다. 결국 그것은 '사유의 위기'와 '철학의 자기비판' 및 '자기부정'을 야기한다. 이 지점에서 이성에 기초한 계몽의 개념과 의미에 대한 철학적 성찰[1]이

---

1) M. Horkheimer, Th. W. Adorno, 김유동 옮김, 『계몽의 변증법』, 문학과 지성사 2019. 14쪽 이하. 여기서 신화와 대비된 계몽의 역기능이 언급된다. "신화가 죽은 것을 산 것과 동일시한다면, 계몽은 산 것을 죽은 것과 동일시한다. 계몽은 과격해진 신화적 불안이다."(41쪽)

요구된다.

 이런 맥락에서 현대철학적 담론의 지형에서 보자면, 근대적 사유의 위기와 관련하여 이성에 대한 온건한 창조적 비판과 급진적 해체론이 공존한다. 근대적 이성과 사유에 대한 위기 담론은 근대 안에서도 있어왔지만, 특히 19세기부터 본격화되어 현재까지 계속 진행형이다. 우리는 기로에 선 근대적 이성에 기반한 사유의 위기에 대한 철학적 응전들을 네 갈래 길에서 만날 수 있다. 첫째, 철학의 수학화와 과학화의 길(분석철학, 신실증주의, 비판적 합리주의). 둘째, 철학의 자기비판과 갱신의 길(비판이론, 실용주의, 현상학의 길). 셋째, 철학의 자기부정과 해체의 길(해체주의, 반토대주의, 포스트구조주의). 넷째, 다른 시원으로부터 새로운 철학의 길(존재사유: 하이데거).

왜 사유의 전향이 필요한가?

사유의 빈 공간에서 새로운 철학하기

근대성에 대한 철학적 비판을 계승하면서 하이데거(M. Heidegger)는 사유의 빈 공간에서 새로운 철학적 사유를 시작한다. 그는 오늘날 사유의 생태계에서 군림하는 계산적 사고(rechnendes Denken, calculating thought)가 다른 일체의 사고들을 잠식하고 멸절시키고자 하는 상황을 '철학과 사유의 위기'로 간주한다.

하이데거는 학문의 논리와 방법에 종속된 철학의 수학화와 과학화에 우려를 표한다. 그는 당대의 주류 학문인 신칸트주의, 신헤겔주의, 실증주의, 지식사회학과 거리를 둔다. 구체적으로는 제1차 세계대전의 참상과 제2차 세계대전이 초래한 정신적인 '세계 암흑화(Weltverdüsterung)'로 인한 유럽의 정신적 위기와 계산적 사고의 지배로 인한 사유의 궁핍에 직면하여, 그는 기존 철학과는 질적으로 차별화된 철학적 응전을 감행한다.

계산적 사고가 시대의 대세에 속하지만, 철학조차도 이런 시대적 요구에 편승하는 영합주의(conformism)에 빠져서는 안 된다는 것이다. 그 이유는 진리마저도 계산 가능성 여부에 좌우되어서는 안 되기 때문이다. 그러나 하이데거는 기술문명을 주도하는 계산적 사고의 필요성과 유용성을 부정하는 것은 아니다. 말하자면 계산적 사고는 필요하지만 충분하지 않다. 충분하지 않은 이유는 계산적 사고에 기초한 기술이 그 효용성에도 불구하고, 뭇 생명과 인간의 본질을 파괴하는 공격적 의지의 대리인이 될 수 있기 때문이다. 그리고 그는 현대의 기술의 이면에 작동하고 있는 계산과 권력에의 의지가 합력하여 자연 지배와 규율적인 체제와 제도를 형성한다고 보기 때문이다.

이런 점에서 계산적 사고에 바탕을 둔 과학기술적 세계이해로부터 질적으로 다른 철학적인 세계이해가 요구된다. 이제 계산적 사고에 대한 근본주의적 맹신과 계산적 사고의 신화화를 넘어설 수 있는 질적으로 다른 사유, 즉 탈계산적 사유가 필요하다. 역설적으로 계산적 사고에 바탕을 둔 인공지능 시대에, 오히려 전적으로 다른 사고를 요하는 철학이 더욱 필요하다. 하이데거는 기존 철학의 전적인 교체, 즉 철학과 사유의 전향을 제시한다. 물론 이러한 사고는 인간중심적인 사유가 아니라, 그 사유의 원천인 존재로부터 증여되는 새로운 사유를 의미한다. 그는 이 새로운 사유가 첨단기술의 계산적 사고를 넘어설 수 있는 해법과 방향을 제시할 수 있을 것이라는 기대를 가진다.

하이데거는 인간이기 때문에 사유하는 것이 아니라, 사유하기 때문에 인간이라는 사실을 강조한다. 사유는 본래 무엇을 위한 도구가 아니라, 목적 그 자체이다. 따라서 사유가 실종되면, 사유의 학문인 철학도 위기에 처한다. 동시에 사유를 본질로 하는 인간존재도 고유한 자신의 인간성을 상실하게 된다. 왜냐하면 사유의 문제는 사유하는 인간존재의 정체성과 직결되기 때문이다.

오늘날에 와서는 이성의 풍요로운 속성들 중에서 단지 존재자를 계산을 통해 관리하고 지배하려는 과학기술의 토대가 되는 '계산적 이성' 내지 '도구적 이성'만이 강조되고 있다. 반면에 도구적 이성에 제한되지 않는 '포괄적 이성'[1]에 속하는 인간적인 책임을 완수하려는 '윤리적 이성'과 사물들과 교감과 공감을 나누는 '시적인 이성'은 과학기술 세계에서 배제된다. 말하자면 도구적 이성에는 세계와 친밀하게 소통할 수 있는 사색인의 이성(logos)과 시인의 '마음(Gemüt)'[2]이나 철학자의 정신(Geist)은 등한시되거나 배제되고 있다. 그야말로 '무사유(Gedanken-losigkeit, kein Denken)'의 확산과 '죽은 시인의 사회'의 도래와 함께 '철학의 죽음' 및 '철학의 무용론'이 보편화되고 당연시되고 있다. 이런 점에서 이성에 기반한 사유도 가야 할 방향을 잃은 채 기로(岐路)에 서 있다.

현대의 급진적 변화를 이끌어가는 과학·기술의 계산적 사고만이 사유의 생태계에서 스포트라이트를 받으면서 특권적인 위치를 점유하고 있다. 반면 여타의 다른 사유의 형식들은 퇴출되거나 소멸되고 있다. 이런 사유의 환경 속에서 개인이 자유롭게 사고하고 행동할 수 있는 여지가 점점 축소되고, 사유의 학문인 철학의 용도가 폐기될 위기와 위험에 처해 있다. 그리하여 목하(目下)에서 계산적 사고의 전체

---

1) 포괄적 이성은 주관적 이성·객관적 이성, 도구적 이성·본질적 이성, 이론이성·실천이성, 순수이성·경험적 이성, 비판적 이성, 성찰적 이성, 윤리적 이성, 시적 이성 등을 총칭한다.
2) 장자, 안동림 역주, 『莊子』, 현암사 1973. "언어로써 논할 수 있는 것은 물(物)의 거칠고 큰 것들이며 '마음'으로 알 수 있는 것은 물의 정세(精細)한 것들이다."('추수편' 5절)

주의 시대를 맞이하고 있는 셈이다. 그렇다고 비이성주의의 유혹과 신비주의에 빠지는 것이 해결책은 아닌 것이다.

오늘날 계산적 사고에 바탕을 둔 기술전체주의가 도래한 시대에 어떻게 인류가 인간다운 삶과 인간다운 사회를 존속시킬 수 있는가의 방향에 대한 성찰이 요구된다. 모든 형태의 전체주의는 '멋진 신세계 (brave new world)'를 약속한다. 하지만 그것은 본래적인 자유로운 인간성을 파멸시키고, 동시에 수많은 개인을 희생시키는 야만과 비극을 낳는 판도라의 상자가 될 수도 있다. 언제 어디서나 생각은 우리의 습관과 행동과 삶을 이끈다는 사실은 자명하다. 만일 우리가 인간적 삶에서 생각을 제거한다면 무엇이 남을 수 있을까? 철학적 사유가 등한시되어 소멸되고, 계산적 사고만이 사유의 생태계를 교란하고 독점하는 시대에 과연 어떠한 철학적 응전이 가능한가?

'계산적 사고'의 지배와 철학적 사유의 종말

현대의 사유의 생태계에서 계산적 · 기술적 사고와 지식정보의 풍요와 인문 · 예술적 사유의 빈곤이라는 사유의 양극화가 문제점으로 등장한다. 이런 흐름 속에서 철학도 과학(Wissenschaft) 속으로 편입되어가고 있다. 이제 철학은 자신의 본령[3]을 상실한 채 단지 과학적 울타리에 종속되어 자신을 존속시키고자 한다. 즉 철학은 분화되어 현

---

3) M. Heidegger, *Beiträge zur Philosophie(Vom Ereignis)(1936-1938)*, Frankfurt a.M. 1989(이하 GA 65). 하이데거는 철학의 본령을 다음과 같이 피력한다. "철학은 무용함에도 불구하고 지배적인 앎(Wissen)이다. 철학은 두렵기는 하지만 흔하지 않은 존재의 진리(Wahrheit des Seyns)에 대한 물음이다. 철학은 참된 것의 동시대적 궁핍하에서 진리를 근거지음(Gründung)이다. 철학은 역사의 시원으로 돌아가고자 함이며, 또한 자신을 넘어서고자 함(Übersichhinauswollen)이다."(36쪽)

실을 관리하고 조종하는 기술의 학이 된 것이다. 물론 철학 내부에서도 위기 극복을 위한 다양한 철학적 담론들이 제시되고 있다.

이런 맥락 속에서 하이데거의 진단에 의하면, 철학마저도 그 고유한 본질과 역할을 상실하고 계산적 사고의 틀에 종속되어 있다는 것이다. 철학은 19세기 이후 '학문적 철학(wissenschaftliche Philosophie)'과 '세계관적 철학(Weltanschauungsphilosophie)'으로 변양된 것이다. 그것은 또한 '문화상품(Kulturgut)'으로 양육되고 있다.[4]

철학을 학문 이념의 관점에서 규정하는 것은 근대의 특징적인 경향이고, 이 경향은 수학으로 나타난다. 철학도 넓은 의미에서 수학적인 것이다. 그러나 고대에서 철학은 학문들 아래 속하는 것이 아니고, 오히려 학문들이 변질된 철학들에 속한다. 근대철학에서는 철학을 과학으로 규정하려는 경향이 있고, 반대로 고대철학에서는 학문들을 철학으로 규정하고자 하였다.[5]

이런 점에서 하이데거는 '과학과 숙고(Wissenschaft und Besinnung)'[6]의 차이를 분명히 한다. '숙고(Besinnung)'는 과학에 의해 전제되어 있으면서도 사유되지 않고 있는 '오늘날 참으로 존재하는 바의 것(das, was heute ist)'[7]을 사유함을 의미한다. 여기서 '숙고'는 과학과 차별화

---

4) GA 65. 37쪽 이하.

5) M. Heidegger, *Einführung in die Metaphysik*, Tübingen 1976(이하 EiM). 30쪽 이하.

6) M. Heidegger, 'Wissenschaft und Besinnung'(1953)(이하 WB), in *Vorträge und Aufsätze(1936-1953)*, Frankfurt a.M. 2000(GA 7). 41~66쪽.

7) M. Heidegger, *Spiegel-Interview*(1966): 'Nur noch ein Gott kann uns retten.' (Der Spiegel, 30 Jg., Nr. 23. Mai. 1976). in G. Neske und E. Kettering(hrsg.), *ANTWORT, Martin Heidegger im Gespräch*. Pfullingen 1988(이하 SI). 101쪽.

되는 철학의 본령인 존재사유(Seinsdenken)를 뜻한다. 하이데거의 존재사유는 전기에서는 실존론적 존재론, 후기에서는 존재역운적 숙고로 전개된다. 숙고는 사유의 서양적-유럽적 전통의 시원적 토대를 밝히는 것이다. 말하자면 그리스 철학 이래 아직 문제시되지 않은 근원에 대한 물음을 통해 사유하는 것이다.[8]

숙고는 명제적으로 '옳음(das Richtige)'을 밝히는 데 머무르지 않고, 존재의 '참(das Wahre)', 즉 존재의 진리를 밝히고자 한다. 참된 것이야말로 우리가 본질에서부터 우리에게 문제가 되는 것과 자유로운 관계를 맺게 해준다. 사유의 본질에 이를 수 있기 위해서 숙고적 사유는 참된 것을 밝혀내고자 한다. 사유의 영역에서 시원적으로 사유했던 것을 더 시원적으로 사유해보려는 노력은 '시초의 도래(Kommende der Frühe)'에 경탄하려는 단순 소박한 정신의 준비 자세이다.[9]

하이데거는 서양 형이상학의 역사 전체를 존재사적인(seins-geschichtlich) 관점에서 해명하면서 숙고를 통해서 철학의 위기를 극복하고자 한다. 극복의 방법이란 형이상학의 역사의 탈구축을 통해서 망각된 근원 및 시원을 찾고, 그곳으로 돌아가는 것이다. 이는 전통 형이상학을 부정하는 것이 아니라, 그것이 뿌리내리고 있는 감추어진 토양(Boden)을 다시 회복하는 것이다. 그의 사유는 그 토양에서 다시 새롭게 시작하고자 한다.[10]

---

8) SI 103쪽.
9) M. Heidegger, *Vorträge und Aufsätze*, Frankfurt a.M. 2000(이하 VA). 26쪽.
10) 하이데거는 전통적 형이상학에서 다루는 이성에 의존해 사유를 펼치는 것으로부터 벗어나야 함을 언급한다. M. Heidegger, *Holzwege*, Frankfurt a.M. 1977(이하 Hw). "수 세기 동안 찬미되어오던 이성이야말로 사유의 가장 완강한 적대자라는 사실을 우리가 경험하게 될 때에 비로소 사유는 시작된다."(247쪽) 이것은 하

도구적·기술적 이성의 우위를 일찍이 호르크하이머(M. Horkheimer)는 '이성의 부식' 현상이라고 지적한 바 있다. 마르쿠제(H. Marcuse)도 기술적 이성이 지배하는 사회를 '일차원적(eindimensional)'이라고 규정한다. 막스 베버(M. Weber)의 지적처럼, 계산적 사고의 횡포는 개인을 대중문화와 관료주의의 '쇠우리(iron cage)'에 복속되도록 이끌며, 그 안에서 우리로 하여금 전적으로 '관리된 삶'을 살 수밖에 없게 만든다.[11]

이 지점에서 우리는 "이성은 자연을 계산하기 위해 추상화한다"고 지적한 비판이론의 도구적 이성 비판을 참조할 필요가 있다. 사회 비판이론에서는 오늘날의 기술이 지식의 본령에서 벗어나 있음을 통렬하게 비판한다. 말하자면 "지식은 개념이나 형상을 목표로 하지도, 사물의 본질을 통찰하는 행복감을 목표로 하지도 않는다. 지식의 목표는 '방법', '타인 노동의 착취', 그리고 '자본'이다."[12]

또한 현상학의 입장에서도 수학에 의해 이념화된 세계와 '보편적 추상의 상관자로서 자연'으로부터 이념화되기 이전의 생활세계(Lebenswelt)[13] 및 일상의 세계로의 귀환을 강조한다. 하이데거도 살아

이데거가 그리스적 의미에서의 이성 자체를 부정하거나 배제하고자 하는 것이 아니라, 이성의 본래적 의미가 협소해지고 왜곡되어온 것에 대한 비판에 해당한다.

11) 윤평중, 『푸코와 하버마스를 넘어서』, 교보문고 1997, 40쪽.

12) M. Horkheimer, Th. W. Adorno, 위의 책, 22쪽

13) E. Husserl, 이종훈 옮김, 『유럽학문의 위기와 선험적 현상학』, 한길사 1997(이하 『위기』). 후설은 생활세계가 모든 이론적 작업과 객관적 인식의 궁극적 기초라고 규정한다. "우리는 객관적 학문의 모든 이론적 작업수행은 미리 주어진 세계—생활세계—의 토대 위에서 수행된다는 사실, 그 작업수행은 학문 이전의 인식작용과 이것의 목적에 합당한 형태변화를 전제한다는 사실을 이미 알고 있다. 생활세계가 우리에게 주어지는 단적인 경험은 모든 객관적 인식의 궁극적 기초이다. 이

있는 자연, 즉 그리스적인 '피시스(φύσις, physis)'[14]로 되돌아가 그것을 숙고하고자 한다. 무엇보다 그는 '존재자의 있음'에 대한 경이로움과 신비를 사유의 동인으로 삼는다. "'존재자가 있다'는 사실보다 더 큰 수수께끼가 어디 있겠는가?"[15] 우리는 늘상 '있음'에 대해서는 자명한 것으로 당연하게 생각하지만, 저렇게 '무언가가 없지 않고 있다'는 것이 놀랍지 않은가! "하늘이 있다." "땅이 있다." "강이 있다." "산이 있다." "들판이 있다." "꽃이 있다." "돌멩이가 있다." "노루가 있다." "비둘기가 있다." "강아지가 있다." "아이가 있다." "이웃이 있다." "산 정상에 고요가 있다." "신전이 있다." "책이 있다."

그러나 근대 이후의 학문은 설명하고, 계산될 수 있고, 측정될 수

와 상관적으로 말하자면 경험으로부터 근원적으로 순수하게 학문 이전에 우리에 대해 존재하는 것으로서의 세계 자체는 그 불변적 본질 유형 속에서 미리 모든 가능한 학문적 주제를 부여한다."(363쪽)

14) M. Heidegger, *Einführung in die Metaphysik*(1935. 여름학기 강의록)(이하 EiM), Tübingen 1976. 47쪽. "피시스의 본질과 개념에 관하여(아리스토텔레스, Physik B.)"(1939) in M. Heidegger, *Wegmarken*, Frankfurt a.M. 1976(이하 Wm). 237~299쪽. "존재는 피시스로서 현성한다."(EiM 153쪽). "존재는 그리스인들에게 피시스(physis)로서 드러난다."(EiM 76쪽) "피시스는 존재 자체이다. 그것의 힘에 의해 존재자는 드디어 관찰되고 또 거처한다."(EiM 11쪽) 이 피시스는 로마어 '나투라(natura)'로 번역되면서 원래의 의미가 왜곡되었고, 그 이후로 그것은 문화(Kultura)와 대비되는 개념으로 경직되었다는 것이 하이데거의 분석이다. 이런 점에서 충만한 생명력과 신선한 광채를 지닌 피시스는 로고스와 도와 같이 근원어로서 번역이 용이하지 않다. 그러나 피시스는 배제하거나 무시할 수 없는 사유거리이다. 일찍이 헤라클레이토스의 『단편』에서도 존재로서의 피시스는 스스로를 은폐하는 속성을 지니고 있다고 한다. M. Heidegger, *Der Satz vom Grund*, Pfullingen 1957(이하 SvG). "자기 스스로 발현하는 것과 스스로 현존하는 것의 존재를 피시스라고 한다."(111쪽)

15) M. Heidegger, *Was ist Metaphysik?*, Bonn, 1929(이하 WiM). 46쪽.

있는 것만이 연구의 대상이 된다. 말하자면 "계산 가능성과 유용성의 척도에 들어맞지 않는 것은 계몽에게는 의심스러운 것으로 여겨진다."[16] 이제 예술작품마저도 그 존재의의가 효용성과 가격(price) 속에서 평가되고, 그 본래적 의미가 실종되거나 폐기된다. 이를테면 "적대적인 사회 속에서 인간이 예술작품으로부터 얻고 싶어 하는 효용이란 상당 정도 바로 효용 없는 것의 존재 자체인데, 이 존재는 효용 속에 완전히 포섭됨으로써 폐기되는 것이다."[17]

일찍이 쉴러(F. Schiller)도 필요성과 유용성을 시대의 우상으로 간주하면서 예술의 위기를 내다보았다. "오늘날 필요성이 주인이다. 그리고 필요성은 타락한 인류를 그 굴레 아래 굴복시킨다. 유용성은 모든 권력이 이에 봉사하고, 재능 있는 사람들이 충성을 맹세해야 하는 시대의 위대한 우상이다. 이런 투박한 척도 속에서 예술이라는 영적 봉사는 어떠한 중요성도 갖지 않는다."[18]

과학은 오직 수학적인 법칙들과 방정식을 통해서 세계를 설명한다. 하이데거는 모든 참된 명제에 대한 척도가 됨으로써 자신을 절대화하려는 과학의 오만한 요구[19]가 증대되고 있음에 대해 위기의식을 느낀다. 과학혁명의 한 특징으로서 자연에 대한 양적인 차원은 기술(記述)

---

16) E. Husserl, 『위기』, 25쪽.
17) 같은 책, 238쪽.
18) F. Schiller, *On the Aesthetic Education of Man: A Series of Letters*, R. Schnell(trans.), New York 1965, 26쪽.
19) 러셀은 철학을 '가장 일반적인 과학'으로, 논리실증주의자들은 철학을 '메타과학'으로, 콰인은 철학을 '과학의 연장'으로 간주하였다. 하이데거에 의하면, 과학이 철학의 역할을 대신하고, 철학은 심리학, 논리학, 정치학으로 해소된다. M. Heidegger, *Zollikoner Seminare*, Frankfurt a.M. 1987(이하 Zol), 143쪽.

의 대상이 되지만 질적인 차원의 해명은 등한시되거나 포기된다. 이를테면 "자연적 속성에 대한 계량적 기술(예를 들면 어떤 무거움의 성질보다는 물질의 양과 질량을 가지는 대상을 상정하는 관념)을 선택하여, 아리스토텔레스 과학에 많이 있는 자연에 대한 질적인 기술(예를 들면 모르핀의 효과를 설명할 때 모르핀이 '몽롱하게 만드는 효능'을 가지고 있다고 말하여 설명하는 것)을 포기한다."[20]

과학적 사고에 대한 철학적 응전

칸트(I. Kant)는 당대의 점증하는 형이상학의 독단과 자연과학의 위력 앞에서 철학적 응전을 시도한 바 있다. 특히 인과율이 지배하는 '자연의 왕국'과 자유가 지배하는 '목적의 왕국(Reiche der Zwecke)'을 그는 분리하고자 한다. 여기서 '목적의 왕국'이란 목적 자체로서 절대적 가치를 가진 모든 인격이 공통의 객관적 법칙, 즉 도덕률에 의해 결합된 공동체를 말한다.[21] 즉 그는 새로운 '윤리형이상학의 정초'를 통해 인간됨의 윤리학을 철학적으로 새롭게 정초할 수 있는 길을 열고자 한다.

마르크스(K. Marx)도 『공산당 선언』에서 교조적 자본주의 사회에서, 사람들은 이제 돈을 벌기 위해서 일할 뿐이며, 인간관계나 직업에서 화폐로 계산될 수 없는 존엄한 성격을 박탈해버렸다고 한다. 그리하여 부르주아 사회에서 계산적 이해관계, 이기적 계산, 계산을 매개로 하는 교환가치가 득세함을 비판하고 있다.[22] 물론 우리는 마르크스의

---

20) J. Ladyman, 박영태 옮김, 『과학철학의 이해』, 이학사 2003. 245쪽 이하.

21) I. Kant, 백종현 옮김, 『윤리형이상학 정초』, 아카넷 2005. 143~148쪽.

22) K. Marx, F. Engels, 이진우 옮김, 『공산당 선언(*Manifest der kommunistischen*

자본주의 비판에 등장하는 공산주의의 이론적·실천적 한계와 새로운 문제점들을 지적하지 않을 수 없다. 하이데거는 독일의 공산화를 유럽 문화의 파괴와 야만성의 지배로 간주하면서 공산주의에 대해서는 비판적 시각을 견지한다. 후설(E. Husserl)도 기술화에서 수학적 자연과학의 '의미 공동화(Sinnentleerung)'를 지적하면서 그것이 가져오는 '근원적 사유의 배제'를 우려한다.

> 이러한 기술적 조작처리에 고유한 의미를 부여하고 합법칙적 성과들에 진리를 부여하는 (가령 그것 역시 형식적 보편수학에 고유한 '형식적 진리'라도) 근원적 사유는 여기에서 배제된다. 따라서 이러한 방식으로 앞에서 서술한 대수학의 '수'이론과 '양'이론에서와 같이, 더욱이 기술에 의해 획득된 그 밖의 모든 적용에서와 마찬가지로 형식적 '다양체'이론 자체에서도 본래의 학문적 의미로 되돌아가지 않으며, 근원적 사유도 배제된다.[23]

하이데거에 의하면 계산적 사고에 바탕을 둔 근대의 형이상학은

Partei)』(1848). 책세상 2018. 마르크스는 초기 자본주의의 부정적인 측면인 부르주아지의 이기적 타산, 교환가치, 상업자유, 금전관계로의 전환 등을 비판한다. "지배권을 얻은 부르주아지는 〔…〕 인간과 인간 사이에 적나라한 이해관계, 무정한 '현금지불' 외에 다른 어떤 끈도 남겨두지 않았다. 그들은 신앙심에서 우러나오는 경건과 광신, 기사의 열광, 속물적 애상의 성스러운 전율을 이기적 타산이라는 얼음같이 차가운 물 속에 익사시켰다. 부르주아지는 개인의 존엄을 교환가치로 용해시켰고, 문서로 확인되고 정당하게 획득된 수많은 자유들을 단 하나의 비양심적인 상업자유로 대체했다. 〔…〕 부르주아지는 가족관계 위에 드리워졌던 감동적이고 감상적인 베일을 찢고 그것을 순전한 금전관계로 전환시켰다."(19~20쪽)

23) E. Husserl, 『위기』, 118쪽.

서문 왜 사유의 전향이 필요한가? **27**

'이성의 진리' 내지 '명제적 진리'를 사유하지만, 이러한 자신의 사유방식에서 '존재의 진리'에 대해서는 사색하지 않는다. '존재의 진리'를 사색하고자 하는 그는 '학문들이 공통적으로 뿌리내리고 있는 본질근거'[24]를 주제화한다.

하이데거는 우리가 망각하고 있는 존재에 대한 경탄과 아울러 '사유'에 대한 경탄을 강조한다. "일찍이, 그리고 갑자기 하나의 사유가 있다는 이것을 누가 놀란다고 그 깊이를 헤아려낼 수 있을까?"[25] 그러나 사유의 본령을 벗어나서 삶의 문맥으로부터 유리된 계산적 사고는 역사적 삶을 연결하는 의미의 문맥으로부터 인간을 분리시킨다. 이제 정신은 사물들을 관리하고 계산하는 지능으로 왜곡된다. 결국 지능은 다른 어떤 것에 봉사하기 위한 도구로 전락한다. 그리하여 인간의 정신과 역사성은 뿌리가 뽑힌다. 결국 모든 것이 유용성의 유무와 이해관계에 종속된다.

마르쿠제(H. Macuse)에 의하면 '계산적 사고'에 기반을 둔 산업사회에서 인간은 '시장인간'으로 길들여진다고 경고한다. 물질적 풍요는 인간으로 하여금 안정성을 추구하고, 또한 현존질서에 동화되게 만든다. 어떤 기존질서에 대한 반항의식도 생기지 않고, 오직 '일차원적 사고'에 머무르게 된다. 이제 과학과 기술은 고도의 풍요를 가져다주었거니와 이것을 손상당하지 않기 위해 혁명적 이데올로기를 금단의 것으로 거부하는 형세에 놓여 있다.[26] 그러므로 그는 기존질서에 대한

24) WiM 8쪽.
25) M. Heidegger, *Aus der Erfahrung des Denkens*(1910~1976). Frankfurt a.M. 1983(이하 GA 13). 21쪽.
26) H. Marcuse, *One-dimensional Man: Studies in Ideology of Advanced*

'위대한 거부(the great Refusal)'를 강조한다.

기술전체주의 시대에 '계산적 사고'가 현대인의 전형적인 사유로 전환되고, 또한 사유의 일원화 및 표준화가 진행되고 있다. 한편으로 우리는 전대미문의 지식과 정보의 폭발적 증대와 확장을 경험하지만, 다른 한편으로는 본래적 사유의 사라짐과 무사유의 근거가 되는 '사유의 도피(Gedanken-flucht)'[27] 및 사유 자체의 종말을 예견한다.

이런 점에서 사유의 역사적이고 존재론적 지평을 다루는 인문학도 그 종언을 예고하고 있다. 예컨대 자연주의적 입장을 지닌 현대철학자들도 전통적인 철학을 받아들일 수 없다는 견해를 피력한다. "현대에 와서 대다수의 철학자들은 철학이란 아무런 경험적 내용 없이 공상만 하는 것이라고 간주하는 전통적인 철학 개념을 더 이상 받아들일 수 없다고 생각하면서 철학을 경험적 탐구 활동이나 과학 자체와 동일 선상에 있는 연속적인 연구 활동으로 생각한다."[28] 그리고 근대 이후로 '사유'는 '지식'으로 대체된다. "지식으로 전락한 사유는 중화되거나, 특수한 노동시장에 쓰이는 단순한 전문지식이 되거나, 개인의 상품 가치를 높이기 위한 수단으로 전락한다."[29] 그리하여 '사유할 수 없는 무능력'과 '사유하려는 의지의 부재'가 두드러진다.[30]

하이데거는 당대의 강단철학의 진부한 아카데미즘(신칸트주의, 신헤겔주의)과 거리를 둔다. 그는 결국 전통 형이상학의 계산적이며 표상

Industrial Society, London 1964, 158쪽 이하.

27) M. Heidegger, *Gelassenheit*, Pfullingen 1988(이하 Gel). 122쪽.
28) E. Husserl, 『위기』, 26쪽.
29) 같은 책, 296쪽.
30) WiM 40쪽 이하.

적인 사고의 공간과는 질적으로 다른 시원적이고 비표상적·전반성적인(prereflective) 사유의 영역으로 시선을 돌린다.[31] 우리 시대에 사유가 물어야 할 과제를 하이데거는 계산적 사고에서 '숙고적 사유'에로의 '전환적 사유(Umdenken)'를 제시한다. 이 전환(Kehre)은 통상적인 사유의 패러다임 전환이 아니다. 즉 동일한 사유지평에서의 A패러다임으로부터의 B패러다임에로의 전이(Shift)를 의미하지 않는다. 위의 전환은 형이상학에서의 존재를 사유하는 사유주도적인 존재론으로부터 존재에 의해 사유가 시작되는 존재주도적인 존재사유에로의 질적인 전환이다. 다시 말해 이성중심적이고 인식주관중심의 사유가 아니라, 존재의 사건에 의해 사유하게 되는 숙고(Besinnung)로의 근본적인 전환이다. "그렇다고 한다면 오로지 계산적으로 고려하는 사유의 질주와 그것의 엄청난 성과를 위해 사유할 가치가 있는 것을 포기해도 되지 않는가? 그렇지 않다면, 계산적으로 고려하는 사유에 현혹되어 사유할 가치가 있는 것을 지나치는 대신에 사유가 그것에 응답할 수 있는 길을 찾으려고 우리는 애쓰고 있는가?"[32] 결국 하이데거의

---

31) 하이데거는 서구 철학 및 형이상학의 종말을 불러온 사유의 위기와 위험을 직시한다. 하이데거가 이해한 사유는 기존의 철학과 구별된다. R. Wisser, 강학순·김재철 옮김, 『하이데거, 사유의 도상에서』, 철학과 현실사 2000. "우리의 사유의 커다란 위험 중의 하나 오늘날 사유—철학적인 의미에서—가 더 이상 전승과 현실적이고 근원적인 어떤 연관도 가지지 못한다는 것입니다 [···] 나는 철학, 즉 형이상학과 내가 이해한 사유 사이를 구별합니다. 이 사유는 그 사태에서 철학보다 훨씬 더 단순합니다. 그러나 그 수행에서 아주 더 어려우며 언어에 대한 새로운 조심성을 요구합니다. 그러나 이 조심성이란 내가 한때 생각했던 것처럼 어떤 새로운 용어의 발명이 아니라, 우리에게 고유한 것이면서도 항상 사장되어가는 언어의 근원적인 내용으로 되돌아가는 것을 의미합니다."(291쪽)

32) M. Heidegger, *Der Satz vom Grund*, Pfullingen 1957(이하 SvG). 318쪽.

'전향적 사유'는 사유의 종말의 빈 공간에서 새로운 철학적 변혁을 감행하고자 한다.

논의의 방향과 구조

하이데거 사유에 대한 연구에 있어서 다섯 가지 입장들, 즉 수용적 입장, 비판적 입장, 중립적 입장, 변형적 입장, 그리고 창조적 입장이 가능하다.

첫째, 수용적 입장은 하이데거의 사유를 텍스트 내재적으로 접근하면서 그것을 무비판적으로 동의하는 견해이다.(H.-G. Gadamer, F. v. Herrmann, J. Beaufret, M. Boss, S. Vietta 등)

둘째, 하이데거 사유에 대한 비판적 입장은 다음과 같다. '독단론적 형이상학적 환원주의'(A.D. Schrift), '실존론적 결단주의'(H. Jonas), '숨겨진 신학'(K. Löwith), '나치-이데올로기', '보수혁명 이데올로기'(T. Adorno, V. Farias. H. Ott), '메타 철학', '메타-정치학', '파시즘'(R. Wolin), '메타-신학'(G. Steiner), '주관적 낭만주의'(J. Habermas, D. Ihde), '반인본주의', '주관적 신비주의', '에코파시즘'(M. Bookchin), '귀향의 관념론', '무비판적 관념론'(A. Megill), '유사-철학'(논리 실증주의) 등이다.

셋째, 중립적 입장은 하이데거나 그의 사유에 대해 전기작가적 입장에서, 그리고 객관적인 입장에서 해석하고자 한다.(R. Safranski,[33] R. Wisser, E. Kettering, M. Wrathall, T. Clark)

넷째, 변형적 입장은 하이데거 사유의 핵심을 받아들이거나 부분

---

33) R. Safranski, 박민수 옮김, 『하이데거: 독일의 거장과 그의 시대』, 북캠퍼스 2017.

적으로 활용하여, 그것을 자신들의 사고의 틀을 통해 변형하여 확장시키는 입장이다.(O. Pöggeler, H. Marcuse, H. Jonas, H. Arendt, H. Dreyfus, P. Sloterdijk)

다섯째, 창조적 입장은 하이데거 사유와 자신의 사유와의 창조적 대화를 시도하려는 입장이다.(S. Žižek, F. Dallmayr, H. Rombach, G. Simondon, R. May)

본서에서는 가능한 중립적인 입장을 취하되, 다른 입장들을 사안에 따라 참조하여 활용하고자 한다. 각각의 입장들은 나름대로의 정당성을 갖고 있지만 제한적이고 일방적인 면이 있음을 부인할 수 없다. 따라서 여기서는 다른 해석의 가능성들에 대해서도 유연하고 열린 중도적 입장을 취하고자 한다. 그 이유는 하이데거가 강연과 텍스트를 통해 밝힌 '숙고적 사유'를 계산적 사고와의 대비를 통해 정치하게 밝히는 것이 본서가 다루어야 할 핵심 목표이기 때문이다. 여기서는 계산적 사고를 가로축으로 하고, 숙고적 사유를 세로축으로 하여 양자를 대비하면서 하이데거 후기 사유의 좌표를 그려보고자 한다.

잘 알려져 있듯이, 20세기 최고의 실존적 존재론의 철학자 하이데거는 사르트르, 푸코, 데리다, 들뢰즈, 보드리야르, 라캉, 레비나스 등의 철학자들을 매료시켰다. 그러나 오늘날 '하이데거의 철학'에 대한 연구와 저술에서 당면하게 되는 '하이데거의 나치-참여와 사상적 동조' 문제는 하이데거 사유의 스캔들이고, 그의 되돌릴 수 없는 흑역사에 속한다.

역사적인 실체적인 악과 전대미문의 집단적 광기와 폭력과 집단살해가 창궐하던 격동의 어두운 시대에 지식인의 책무를 방기하고 나치에 대한 섣부른 기대와 찬동과 정치적 앙가주망을 감행했던 하이데거! 그 이후의 죄책고백 없는 의문스러운 침묵과 무책임한 그의 태도에 대한 실망은 결코 간과될 수 없는 것이다. 따라서 철학과 행동의 괴리 속에서 그의 존재론이 주는 미덕과 영감을 찾기가 쉽지 않다. 물론 그의 철학은 나치 참여와 연결되어 있다는 비판도 있고, 양자는 분리되어 있다는 해석도 공존한다.

특히 마르쿠제는 하이데거의 나치 참여는 자기 철학에 대한 배반으로 평가한다. 즉 그의 나치즘에 대한 동조와 결단은 그의 철학적 체계의 논리적 확장이라기보다 지적인 자기배신 행위라고 주장한다. 그는 궁극적으로 나치즘에 대한 하이데거의 당파성은 그 자신의 철학적 관점을 급격하게 부정한 것이라고 주장한다.[34] 그러나 마르쿠제는 국가사회주의 철학적 기원을 탐구하면서 하이데거를 슈미트(K. Schmidt)와 포르스토프(E. Forstoff) 등과 같은 진성 나치 사상가들과 동일시하지 말아야 한다고 주장한다.

좌파적 정치 노선의 시각에서 보자면, 우파 진영의 반동적인 보수주의에 동조했던 하이데거의 정치적 앙가주망과 나치 정권과 결탁한 소위 '어용 철학'은 모든 적대적 비판의 단골 메뉴이다. 그런 비판은 정당성이 있음을 결코 부인할 수 없다. 그러나 그런 시각에도 '선택적 정의'의 잣대가 작동하고 있음을 엿볼 수 있다. 잘 알려져 있듯이 블로흐(E. Bloch)나 루카치(G. Lukács)가 나치의 홀로코스트보다 더 많은 만행과 대량학살을 자행했던 스탈린주의를 옹호한 사실에 대해서는 좌파 이데올로그들은 좀처럼 비판하지 않는다. 한 인물의 행위와 삶

---

34) R. Wolin, 서영화 옮김, 『하이데거, 제자들 그리고 나치』, 경희대학교 출판문화원 2021, 321쪽 이하.

에 대한 엇갈린 평가들(애국자인 동시에 매국노)이 얼마든지 있을 수 있다. 더욱이 한 인물의 사상에 대한 평가의 관점과 척도는 다양하기에, 열려 있는 중첩적인 입체적 묘사(thick description)가 필요하다.

이런 점에서 본서를 서술함에 있어서 저자는 하이데거 철학이나 사유에 대한 평가에 있어서 진영논리를 앞세운 좌·우의 평가에 경도되지 않는 중도적(中道的) 스탠스를 취하고자 한다. 여기서 중도적이라 함은 하이데거 철학의 장단점과 공과를 인정하고, 그것으로부터 취할 것은 취하고 버릴 것은 버린다는 것을 의미한다. 저자는 하이데거 철학과 사유에 대해서 다음과 같이 비판적 이해와 해석의 입장을 취하고자 한다.

- 하이데거의 사유에 대한 무비판적인 옹호나, 그것의 맥락적 이해 없는 맹목적인 동어반복적 해석에 동의하지 않는다. 당해 텍스트와 맥락에 입각한 사태에 합당한 이해와 해석을 받아들인다.
- 하이데거 사유에 대한 몰이해와 오해에서 비롯된 비학문적이고 편향된 정치·사회철학적 이데올로기 비판에 대해 동의하지 않는다. 다시 말하면 우파의 진영논리에 입각한 하이데거 옹호나 좌파의 진영논리에 입각한 하이데거 비판에 일방적으로 동의하지 않는다. 저자는 이념 프리즘에 의해 분사되어 파편화된 다양한 해석들에 의하여 사라진 그의 사유의 본령을 먼저 이해하고자 한다.
- 하이데거 사유에 깃든 배타적 민족공동체주의, 문화적 국수주의, 반자유주의, 반민주주의, 반유대주의, 서구-유럽중심주의의 요소에 대해 동의하지 않는다.

34

- 하이데거 사유에 대한 건전한 철학사적 이해와 해석 및 사실에 근거한 정당한 평가에 동의한다. 또한 하이데거의 철학의 자기 쇄신 및 자기비판으로 이루어지는 철학사 전체에 대한 비판을 철학함의 본연에 어긋나지 않는 시도로 여긴다.

- 하이데거 사유에 대한 특정한 하나의 평가기준에 매몰되지 않고, 오히려 다양한 평가기준들이 있음을 열린 자세로 받아들인다. 특히 좌파 진영의 이데올로그들이나 서양-유럽중심적인 이성주의자들(하버마스와 그의 후계자들)의 하이데거 비판이 표준적 척도로 평가되는 점에 동의하지 않는다.

- 하이데거의 나치즘 참여와 동조에 대한 비판적 입장을 받아들이고, 또한 그의 사유와 정치적 참여의 친화성과 그것들 간의 상대적 차이성을 모두 인정한다.

- 하이데거 사유의 기존 철학과는 구분되는 독창성을 인정하고, 그것의 미래사유를 위한 전유 가능성을 부분적으로 인정한다. 저자의 해석의 시선은 철학적 근원의 탈구축 및 재구축을 통해 다른 시원을 찾고자 한 하이데거 사유의 새로운 시도에 초점을 맞춘다.

- 하이데거 사유가 비서구적 사유의 대화 가능성에 열려 있음을 인정한다. 그는 철학의 그리스적 시원을 이야기하면서도, 그가 추구한 '다른 시원(der andere Anfang)'이 반드시 그리스적인 것은 아님을 시사하고 있다.

- 하이데거가 밝힌 서구 철학의 그리스적 기원을 넘어서서, 그보다 앞서 사유의 역사 속에는 탈서구적인 심층적 근원이 있음을 저자는 인정한다.

- 하이데거의 사유를 해명함에 있어서 역사 초월적인 입장에 서기 보다는, 그가 속한 시대의 문제의식으로 돌아가서 그것을 이해하고 해석하려는 시대 내재적인 입장에 서고자 한다.

'숙고적 사유'의 문제를 '계산적 사고'와 비교하고 첨단기술융합의 생활세계와 연관시켜 직접 다룬 선행연구는 드물다. 물론 경험적 사유와 초월적 사유의 차이를 주제화한 기존의 연구들은 많다. 이 주제와 간접적으로 연관된 대표적인 두 가지 연구논문을 살펴볼 수 있다. 우선 크리스틴(R. Cristin)의 논문 「계산적 사고와 숙고적 사유」[35]를 거론할 수 있다. 여기서 논자는 하이데거의 '라이프니츠(Leibniz)의 근거율'에 대한 비판에 문제를 제기하고, 특히 사고에는 충분한 이유가 있어야 한다는 '충족이유율(principle of sufficient reason)'에 내포된 존재 의미를 드러내고자 하는 하이데거가 오히려 라이프니츠의 '단자론적 사유'에 영향을 받은 것으로 간주하고 있다. 이로써 그는 계산적 사고와 숙고적 사유의 간극을 무화시키고자 한다.

---

35) R. Cristin, "Calculating and Contemplative Thought, Heidegger and the Challenge of Leibnizischen Monadologie am Beispiel des Satzes vom Grund"(Studia Leibnitiana 24 (1) 1992). 이성효, 「아우구스티누스의 관상에 대한 이해」, 신학전망 no. 164. 카톨릭대학교 신학연구소 2009. 그리스어 theoria 는 라틴어 contemplatio로 번역된다. 어원적으로 contemplatio는 cum(함께)과 고대 로마인이 '하늘의 징조를 받들기 위해 특별히 지정한 사각형 공간으로 예언 (하늘의 징조)을 해석하고 받드는 곳'을 의미하는 templum(사원)의 합성어였다. 여기서 파생한 동사 contemplari는 '보다, 숙고하다(considerare)'란 뜻보다 조금 더 발전한, 신의 뜻을 바라보고 숙고한다는 개념으로 사용된다.(85쪽 이하) 그러나 하이데거의 숙고(Besinnung) 개념은 신의 뜻을 바라보는 신학적 관상 개념과는 구별되는 철학적인 존재사유에 속한 '존재의 진리'와 연관된 개념이다.

다음으로 케른(P. Kern)의 논문인 「계산적 사고와 숙고적 사유」[36]이다. 여기서는 계산적 사고와 숙고적 사유의 차이를 칸트적인 인식론의 측면에서 다루고 있다. 라치오(ratio)의 번역어인 오성(Verstand)과 이성(Vernunft)을 대비시킨다. 즉 오성의 질서는 계산하면서 세계를 점유하고, 이성의 질서는 세계를 보살피면서 존재하게 하는 것을 숙고한다는 것이다. 이런 견해는 부분적으로 수용할 수 있지만 두 사유의 본령에는 진입하지 못한 피상적 비교연구에 그치고 있다.

하이데거의 존재사유는 전기에는 인간의 현존재 분석을 통한 실존론적 사유와 후기에는 존재의 진리에 대한 숙고적 사유로 이루어져 있다.

본 연구는 '계산적 사고'의 기원과 한계와 그것을 극복할 수 있는 하이데거의 '숙고적 사유'의 출처와 배경, 그리고 논의내용의 틀과 전개 및 과제를 밝혀보고자 한다. 이른바 몰가치적인 실용성에 매몰된 '계산적 사고'를 넘어서서 철학적 사유의 본령인 '숙고적 사유'가 가진 의미와 철학적 의의를 텍스트 내재적으로 밝히는 것이 연구의 주안점이 될 것이다. 먼저 근대적 기획의 '계산적 사고'의 기원과 논리와 구조를 밝히고, 그것의 통제 없는 거버넌스의 문제점을 하이데거의 '계산적 사고' 비판을 중심으로 논구하고자 한다. 이로써 존재하는 모든 것은 계산되고 정리정돈될 수 있다고 하는 하이데거의 존재론적 근대 학문 비판을 부각시키고자 한다. 그러나 숙고적 사유는 결코 계산적 사고나 '형이상학에 적대적인 것'[37]은 아니다.

---

36) P. Kern, "Berechnendes und besinnendes Denken", Akademie integra, 2014.
37) M. Heidegger, WiM 9쪽.

인간에게는 모든 창조적인 능력의 자유로운 전개가 필요하다. 미래 지향적인 지속 가능한 사유의 생태계를 위해서는 사유환경 균형론이 요청된다. 이를 위해 여기에서는 '계산적 사고'의 철학적 연원과 문제 점을 하이데거의 문제 제기와 논의 속에서 살펴보고자 한다. 이를 통해 계산적 사고의 근원인 '숙고' 내지 '숙고적 사유'의 의미와 의의를 밝혀보고자 한다. 여기서 숙고는 형이상학의 인식론적 인식과는 질적으로 다른 더 높은 근원진리에 대한 앎과 받아들임(Vernehmen)[38]을 의미한다. 이것은 도가적 용어인 '명찰(明察)'[39]과 가족유사성을 지닌다.

특히 여기서는 현대기술에 내재하고 있는 '계산적 사고'의 맹점과 한계를 비판하고자 한다. 그리고 현재 우월적 지위를 독점한 사유의 생태계에서 '계산적 사고'의 한계를 넘어설 수 있는 창의적이고 미래적인 '다른 시원(das andere Anfang)'의 사유, 즉 '다른 사유(ein anderes Denken)'[40] 내지 '다른 시원적 사유(das andere anfängliche Denken)'로의 전향(Kehre) 가능성을 하이데거의 '숙고적 사유'의 해명을 통해 살펴보고자 한다. 이로써 첨단산업사회의 사유의 실상을 드러내고, 동시에 미래적 사유의 진로와 방향에 대한 숙고를 시도하게 될 것이다.

---

38) M. Heidegger, *Was heißt Denken?*, Tübingen 1973. 권순홍 옮김, 『사유란 무엇인가?』, 길 2005(이하 WhD). "받아들임은 그리스 말 노에인(νοεῖν)의 번역이며, 이 말은 현전하는 어떤 것을 알아채고, 유의하면서 그것을 앞에다 놓고 그것을 현전하는 것으로 받아들임을 뜻한다. 이러한 앞에다 놓으면서 인식함은 우리가 현전하는 것을 그것이 놓여 있고 서 있는 그대로 우리 앞에 서 있게 하고 놓여 있게 한다는 단순하고 넓고 동시에 본질적인 의미에서 앞에-세움(표상함)이다."(178쪽) 하이데거의 인식은 발광체로서의 인식주관에 의한 앎이 아니라, 존재진리에 의한 반사체로서 사태를 받아들이는 앎이다.

39) 노자, 남만성 역, 『노자도덕경(老子道德經)』, 제16장, 을유문화사 1970.

40) SI 101쪽.

전술한 대로, 하이데거는 계산적 사고를 전면적으로 부정하거나 비판하는 것이 아니다. 다만 계산적 사고의 독단과 월권을 비판하고자 한다. 단선적이고 폐쇄적인 계산적 사고에서 벗어나 그것과 질적으로 다른 사유인 숙고적 사유의 시원적이고 개방적인 성격에 주목하고자 한다. 이를 통해 계산적 사유가 활동할 수 있는 제한된 자리, 즉 한계를 정하고 그것을 넘어설 수 있는 사유의 지평을 밝혀보고자 한다. 이는 계산적 사고가 사유 전반에서 차지하는 층위를 드러내고, 다양한 층위들의 지반(Boden)이 되는 사유에 초점을 맞추고자 한다.

그러면 '계산적 사고'를 넘어서는 '숙고적 사유'를 통해 창의적인 미래적 사유는 어떻게 가능한가? 그러면 우리 시대에 만연한 계산적 사고의 무차별적 확산과 독점을 제어할 길은 과연 있는 것인가? 인간의 본질과 정체성의 변화에 대해 어떤 태도를 취해야 하는가? 계산적 사유와 숙고적 사유는 공존 가능한가? 과학과 숙고의 차이는 무엇인가? 과연 숙고적 사유는 현실 적합성을 지닌 대안적 사유일 수 있는가? 우리 시대의 '사유의 책임'과 '책임 있는 사유'란 무엇인가? 그러면 '숙고적 사유'는 철학의 종말 내지 사유의 비극을 넘어설 수 있는가? 이것은 과연 미래에 대한 사유의 대안적인 비전이 될 수 있는가? 이런 질문들이 이 연구를 관류하는 물음들이다.

본서가 최종적으로 목표로 삼는 것은 하이데거가 제시한 숙고적 사유를 살펴보고 참조함으로써 그리스적 기원을 가지고 있지 않은 비서구적 사유의 시원성을 새롭게 사유할 수 있는 가능성을 탐색하는 데 있다. 그리고 우리가 '지금 여기'에서, 그리고 미래에 걸어가야 할 '사유의 길'에 대한 문제의식과 책임감을 가지고 이 주제를 이끌어가고자 한다. 이 길은 이정표가 있는 길이 아니고, 길 없는 길에서 스스로 닦아 나아가야 할 새로운 길이다.

본서의 연구내용과 논의구조는 2부로 구성된다.

제1부에서는 '계산적 사고'에 대한 하이데거의 비판을 그의 근대 주관 형이상학의 표상적 사고와 연관해서 살펴보고자 한다. 말하자면 계산적 사고의 문제, 근대 형이상학과 표상적 사고, 계산적 사고의 기원과 본질, 현대철학의 계산적 사고에 대한 비판적 관점들, 하이데거의 계산적 사고 비판을 상론하고자 한다. 이로써 '계산적 사고'에 대한 하이데거의 비판의 요체를 살펴보고, 이를 통해 숙고적 사유의 필요성과 전자와의 대비점을 부각시키고자 한다.

제2부에서는 하이데거가 계산적 사유를 비판하고, 그것을 넘어서고자 하는 숙고적 사유를 밝혀보고자 한다. 여기서는 하이데거의 사유의 의미와 성격, 숙고적 사유의 기원과 전개, 숙고적 사유의 고유성, 비표상적 사유로서의 숙고적 사유, 숙고적 사유의 과제와 전망, 숙고적 사유에 대한 비판적 성찰을 살펴보고자 한다. 이로써 사유의 전향을 위한 '도약(Sprung)'으로서 '숙고적 사유'가 새로운 사유의 패러다임으로서의 적실성(relevance)과 전유 가능성이 있는지를 성찰해보고자 한다.

제1부
하이데거의 '계산적 사고' 비판

왜 계산적 사고가 문제인가?

하이데거는 당대에 만연하였던 '사유의 위기' 극복을 자신의 철학적 과제로 삼는다. 따라서 위기에 처한 철학을 지키기 위해서 우리는 단순히 '계산적 사고'에 맞서는 것에 머무르지 말고, '숙고적 사유(das besinnende Denken, Besinnung)'로 나아가야 한다는 것이다. 만약 그것을 포기할 경우, 철학 및 모든 학문도 참된 '생각' 없이 진행될 것이다.[1]

하이데거의 진단에 따르면, '핵시대(Atomzeitalter)'의 인간은 멈출 줄 모르고 쇄도하는 기술의 힘에 할 말을 잃은 채, 생각할 겨를도 없이 기술문명에 무방비 상태로 내맡겨진 셈이다. 이런 사유의 위기 시대에 '계산적 사고'의 지배와 획일화에 맞서 하이데거는 '숙고적 사유'[2]

---

1) Gel 21쪽.
2) '숙고적 사유'는 전통적인 형이상학적 사유 및 근현대의 '계산적 사유'와 구분되는 하이데거의 고유한 사유를 지칭한다. 이른바 존재사유, 회상하는 사유, 미래적 사유, 다른 시원의 사유, 초연한 내맡김, 존재진리의 사유, 존재 자체에 의해 생기

에로의 전향을 촉구한다. 이를테면 "계산적 사고는 고요하게 머무르지도, 숙고에 이르지도 못한다. 계산적 사고는 결코 숙고적 사유가 아니다. 즉 계산적 사고는 존재하는 모든 것 안에 전개되고 있는 그 의미를 사색하는 사유가 결코 아니다."[3]

하이데거는 '존재망각(Seinsvergessenheit)'과 '존재의 떠나버림(Seinsverlassenheit)'으로 인한 서구 정신의 현주소를 '계산(Berechnung)'이 지배하는 문명으로 파악한다. 계산 위주의 문명은 수학적으로 정합하게 정초된 기술을 향하고 있다. 따라서 계산에 따른 기술적인 것이 모든 문명적 계획 시도의 확실성을 담보해주는 권위를 가지게 된다.[4]

그의 분석에 의하면, 기술적인 것의 토대가 되는 계산적 사고는 이 시대의 근원적인 존재이해에 입각하고 있다. 이를테면 "존재자가 존재한다"는 것을 어떻게 이해하는가에 따라서, 자연, 세계, 사물, 인간을 망라하는 모든 존재자의 존재(Sein)[5]는 규정될 수 있다. 그러한 존

되는 사유, 본질적 사유, 근원적 사유, 시적 사유, 존재사적 사유 등은 숙고와 교환 가능한 개념이다. M. Heidegger, *Über den Humanismus*, Frankfurt a.M. 1975(이하 Hum). "본질적 사유는 '존재의 사유'다."(17쪽) M. Heidegger, *Was ist Metaphysik? Nachwort*, Frankfurt a.M. 1981(이하 WiMN). "존재는 사유의 결과물이 아니고, 그와 반대로 본질적 사유는 존재의 사건이다."(48쪽) 결국 존재의 요구(부름)와 인간의 상응함(응답)의 상호놀이 속에서만 사유가 개시된다. 특히 '숙고'라는 이름으로 전집 66권이 출간되었다. M. Heidegger, *Besinnung(1938/39)* (GA 66), Frankfurt a.M. 1997.

3) Gel 13쪽.
4) GA 65. 120쪽 이하.
5) 하이데거의 '존재(Seyn, ~~Sein~~, ~~Seyn~~)'개념은 전통적인 형이상학적 존재개념과는 분리되지는 않지만, 확연히 구분된다. 전자의 존재는 후자의 존재보다 선재하며, 후자를 가능하게 하는 근원이다. 전자는 서양의 로고스(λóγος), 동양의 도(道)와 무(無), 기(氣)의 개념처럼 번역하기가 어려운 용어이다. 존재는 도와 같이 존재자

재이해에는 모종의 힘이 존재한다. 즉 "현대기술 속에 은닉되어 있는 힘이 존재하는 것에 대한 인간의 관계를 규정한다."[6] 그러면 현대에 와서 '존재한다는 것'은 어떤 의미로 받아들여지는가?

현대 기술문명에서는 존재자가 존재한다는 것은 '계산 가능한 에너지'로서 존재한다는 것을 의미하며, 인간마저도 '계산 가능한 노동력'으로서 간주된다. 노동력으로서만 존재하는 것으로 인정되기에 그가 노동력을 상실할 경우에 그는 존재의미를 상실한 것이 된다. 아울러 인간 이외의 다른 존재자들도 계산 가능한 에너지로서만 그 존재가 인정받기에, 인간이 이용할 수 있는 에너지를 포함하지 않는 존재자도 존재의미를 상실한다.[7]

여기서 거론되는 '계산적 사고'는 측정하거나 계량할 수 있는, 즉 양화 가능한 대상과 관련되어 있다. 계산적 사고란 현상과 대상의 조건과 근거를 따지고 계산하는 사유방식이다. 반면 '숙고적 사유'는 계산적 사고와는 달리 양화될 수 없는 사태에 대한 사유이다. 저러한

가 아니고 또한 자기를 은폐한다는 점에서 무(無), 무명(無名), 무물(無物), 무형(無形), 텅 빔(das Leere)으로 이해할 수 있을 것이다. M. Heidegger, *Sein und Zeit(1927)*, Tübingen 1979(이하 SuZ). "존재개념은 규명될 수 없다." "존재개념은 오히려 가장 어두울 따름이다."(3~4쪽) "우리는 '존재'가 무엇을 말하는지 알지 못한다. 그러나 우리가 '존재가 무엇이냐?'고 물을 때, 우리는 이 '이다(있다)'가 무엇을 뜻하는지 개념적으로 파악하지 못해도 이미 '이다(있다)'에 대한 이해 속에 머물고 있는 것이다.(5쪽) 그리고 "존재는 근원적 생기(Grundgeschenis)이다."(EiM 153쪽) M. Heidegger, *Wegmarken*, Frankfurt a.M. 1976(이하 Wm). 존재의 본질이란 "스스로 은폐하는 탈은폐, 즉 시원적 의미에서 피시스이다."(298쪽)

6) Gel 18쪽.
7) 박찬국, 『하이데거와 나치즘』, 문예출판사 2001, 223쪽.

사유는 계산적 사고의 그물에 걸리지 않고 빠져나가는 것, 이른바 계산적 사고가 미칠 수 없는 근원적인 사태를 밝히고자 한다.

계산적 사고에는 주로 차가운 논리적 이성과 기술적 지배의지가 작동한다. 오늘날 기술시대의 주도적인 계산적 사고는 인간의 의식을 포함하여 모든 것을 양화하여 수학적 언어인 알고리즘으로 변환하여 설명하고자 한다. 근대 이후로 사유의 영역에서 특권적 지위를 확보한 계산적 사고의 증대가 가속화된다. 그 결과 '계산적 사고'의 우위로 인한 '계산적 사고의 기관'으로서 도구적 이성의 전횡, 이른바 '존재론' 없는 '계산적 사고'가 지배한다.

그러나 철학적 사유는 무엇을 '보이는 대로' 지각하고 계산하는 것을 넘어서서, 무엇의 '있는 그대로'인 현상의 본질적 차원을 연구와 성찰의 대상으로 삼는다. 인간은 눈앞에 보이는 존재자를 보는 데 만족하지 않고, 나아가 그것의 참된 존재(본래의 모습, 본질)를 본원적으로 알고자 한다.

이제 계산적 사고를 통해 '사유하는 인간'으로부터 '계산하는 인간'으로 파악되는 인간 정체성의 변화가 초래된다. 특히 현대에 등장한 인간과학(sciences humaines), 사회생물학, 유전공학, 뇌과학, 신경생리학, 인지공학, 인공지능학(cybernetics) 등에서 새롭게 규정되고 있는 인간관은 우리의 세심한 숙고와 성찰의 대상이 아닐 수 없다. 왜냐하면 그것들 속에는 인간의 고유한 본질인 '사유함'이 고사되거나 실종될 위험성이 내재하고 있기 때문이다.

'계산적 사고'는 현대인에게 절대적인 권위를 가진다.[8] 그것은 모든

8) F. Dallmayr, 신충식 옮김, 『다른 하이데거』, 문학과 지성사 2011. 오늘날 우리는

과학적·기술공학적 사고를 대표한다. 인류를 절멸시킬 수 있는 원자력(Atomkraft)도 계산적 사고의 산물이다.[9] 이것은 다양한 사유들을 사상(捨象)해버리는 방법론적 이데올로기로 변질될 수 있다. 그리고 계산적 사고의 산물인 인공지능은 자신의 독자성을 지니고 있고, 또한 자신의 내적인 논리도 가지고 있다. 따라서 그것의 미래의 모습과 성장을 인간이 미리 예측하거나 계산으로 가늠할 수 없고 통제하기도 쉽지 않다. 더욱이 그것이 불러올 위험에 대한 윤리적 책임 문제 일반은 미제(謎題)로 남아 있다. 이것은 그야말로 역사적으로 드러났던 인간의 고안물이나 창작품이 가진 '창조성의 비극'에 속한다.

'사유의 죽음'의 현실과 '사유 기계'의 등장

하이데거는 근대에서 비롯된 사유의 위기와 '철학의 종말'을 자신의 철학함의 단초로 삼는다. 특히 당대의 주도적인 정치철학이나 세계관 배후에는 근대적인 이성에서 비롯된 '계산적 사고'가 지배한다고 본다. 그러한 사고의 무차별적 일반화는 진정한 사유의 소멸을 초래하는 원인으로 지목된다. 이로써 저러한 참된 사유의 소멸과 죽음의 현실은 사유의 뿌리뽑힘과 방향 상실, '무사유(Gedankenlosigkeit, Kein

---

모든 사유를 계산적 사유로 변모시키고, 자연도 계산 가능한 것으로만 취급하고 있다. 이러한 점을 저자는 신랄하게 비판하고 있다. "선진사회는 '계산 가능한 자연'을 세계에 대한 지배적이고 그 자신만의 옳은 견해로 수립하며, 거기에 따라 인간의 모든 사유를 게릴라적인 계산방식으로 변모시키려는 경향으로 팽배해 있다. 반면에 자연의 자연스러움은 단순한 환상, 더 이상 시인들에게조차도 먹히지 않는 공상의 텅 빈 도피처로 추락하는 추세에 있다. 이러한 대립으로 특징지어지는 시대는 황량하고 궁핍한 시대이다."(312쪽)

9) GA13. 39쪽.

Denken)'[10]의 확산, 그리고 사유하는 인간성의 죽음을 초래한다.

이제 호모 사피엔스(Homo sapiens, 슬기인)나 이성적인 동물(animal rationale)로서 인간 대신에 '생각하는 기계(Denkmaschine)'[11]인 인공지능 컴퓨터와 프로그램, 그리고 지능형 로봇이 인간의 생각하는 능력을 대신 떠맡게 된다. 더 이상 우리가 스스로 사유할 필요가 없게 될 수도 있다. 나아가 인간 스스로의 힘으로 기술을 제어할 수 없다는 것이 상식이 된 지 오래다. 무엇보다 "컴퓨터가 정신에 대한 올바른 모형이다"[12]라는 심리 철학자인 퍼트남(H. Putnam)의 주장도 이제 낯설지 않게 된다.

이처럼 사유의 주도권이 인간으로부터 기계로 옮겨가는 전이 현상이 가속화되어가고 있다. 사유의 학문인 철학마저도 계산적 사고의 총아인 'AI-철학'으로 변신되어가고 있다. 더욱이 인간의 사유능력이 무력화되면서 언필칭 '사유의 죽음'과 '사유의 고사(枯死)'[13]가 과장이

---

10) Gel 12~13쪽.

11) M. Heidegger, *Zollikoner Seminare*. Frankfurt a.M. 2017(이하 GA 89). 오늘날 연구가 필요로 하는 정보가 사유를 지배한다. "스스로 끊임없이 자신의 안전을 확보해야 하는 생활의 안전장치를 위한 연구는 정보를 필요로 한다. 인간은 필요와 필요의 충족을 위해 정보를 통해 스스로에게 정보를 제공할 뿐 아니라, 그 역시 틀에 잡히게 된다. 언어는 기술에로 찢겨져 들어가고 정보의 도구로 전락한다. 그래서 사유 기계와 대규모의 계산장치가 가능하게 되고 삽화신문의 정보매개도 가능하게 된다."(143쪽) M. Heidegger, *Identität und Differenz*, Pfullingen 1982(이하 ID). "오늘날 생각하는 기계는 일 초에도 수천 가지 관계들을 계산해내지만, 이 관계들은 그 기술적인 이로움에도 불구하고 본질이 아예 결여되어 있는 것이다."(30쪽)

12) H. Putnam, 김영정 옮김, 『표상과 실재: 마음에 관한 인지적·계산적 접근방법은 왜 성공할 수 없는가?』, 이화여자대학교 출판부 1992. 15쪽.

13) 이승종, 『크로스오버 하이데거』, 생각의 나무 2010. 저자에 의하면 오늘날의 사유

나 허언이 아니라, 오히려 그것들이 현실화되고 있다. 물론 최근에는 계산적 사고가 점증하는 시기에 'AI를 이기는 철학'이 제시되기도 한다.[14]

인공지능 낙관론자인 커즈와일(R. Kurzweil)이 예견한 대로, 기술이 인간을 초월하는 순간인 2045년경에 '특이점(singularity)'이 도래할 가능성이 높아지고 있다. "특이점은 생물학적 사고 및 존재와 기술이 융합해 이룬 절정으로 여전히 인간적이지만 생물학적 근원을 훌쩍 뛰어넘은 세계를 탄생시킬 것이다. 특이점 이후에는 인간과 기계 사이에, 또는 물리적 현실과 가상현실 사이에 구분이 사라질 것이다."[15] 비록

는 토착적 환경과 전통에 뿌리를 두지 않을 때 고사되고 만다고 경고한다. "물질주의와 과학주의는 정신과 역사성을 인정하지 않는다. 돌이킬 수 없는 자연의 훼손에 버금가는 근원적인 문제는 사유의 고사이다. 사유는 토착적 환경과 거기에 정주해온 전통과 착근했을 때 비로소 제대로 싹틀 수 있다. 따라서 모든 것이 일원적 질서로 포맷되고 그 이전의 전통이 삭제된 상황에서 사유는 발붙일 곳이 없다."(320쪽)

14) 오가와 히토시, 장인주 옮김, 『AI를 이기는 철학』, 처음북스 2019. 이 책 2장에서는 "철학이야말로 최강의 학문이다"라는 주제를 다루면서 철학의 강점을 강조한다. 오래되고 새로운 학문, 철학을 사고법으로 이용한다. 의심하기 · 재구성하기 · 언어화하기, 생각 훈련/불완전함을 무기로 삼아라, 경험치를 높여라, 사고력으로 무장하라, 창조력을 키워라, 인간의 최대 무기이다. AI의 한계와 문제는 다음과 같다. ① 상식을 모른다. ② 계산밖에 하지 못한다. ③ 경험이 없다. ④ 의지가 없다. ⑤ 의미를 모른다. ⑥ 신체가 없다. ⑦ 본능이 없다. ⑧ 감정이 없다. ⑨ 융통성이 없다. ⑩ 애매함을 모른다. 인공지능을 이기는 최강의 철학 사고법 10가지를 제시한다. ① 자문자답법, ② 프래그머틱 사고법, ③ 감정 사고법, ④ 속내 사고법, ⑤ 신체 사고법, ⑥ 기억 생성법, ⑦ 명상 사고법, ⑧ 우주 일체화 사고법, ⑨ 기호 사고법, ⑩ 메타 사고법.

15) R. Kurzweil, 김명남 · 장시형 옮김, 『특이점이 온다』, 김영사 2005. 27쪽. 체이스(C. Chase)는 경제의 특이점이 올 것을 예견한다. Calum Chase, 신동숙 옮김, 『경제의 특이점이 온다』, 비즈페이퍼 2017. "나는 유토파이를 꿈꾸기보다는 프로토

인공지능이 인간의 지능을 추월하는 특이점이 도래하더라도, 인공지능을 인간과 융합하거나 단순한 도구로서 다룰 수 있다고 커즈와일은 생각한다.[16]

이런 기술지배에 의해 인간의 주체성이 상실되고, 즉 주체적인 사유의 자율성과 능동성, 그리고 인간의 자유의지와 책임 개념 등이 사라질 수 있다. 그 경우 인간은 기술의 대상이나 객체로 전락할 수 있다. 인공지능이 인간보다 더 '똑똑한 주체'가 될 수 있다. 슈퍼컴퓨터의 연상작용을 뛰어넘는 양자역학의 원리에 따라 작동되는 미래형 첨단 컴퓨터인 '양자컴퓨터(quantum computer)'가 등장할 예정이다. 이제 우리는 점차 수많은 지능형 기계들과 연합된 채 살아가는 일을 당연시하고 있다.

잘 알려져 있듯이, 특정 시대를 지배하는 사고는 세계와 인간을 바라보는 눈을 제공한다. 각각의 세기는 사물들에 관한 근본적인 가정과 원리들에 의해 깊게 지배된다. 근대의 주관 형이상학에서 사물들은 계산 가능한 인식대상으로 파악된다. 특히 근대과학에서는 인간마저도 계산 가능하고 처분 가능한 '에너지'의 담지자가 되어 '인간성의 탈구(脫臼, disjoint)'[17]가 가능해진다. 따라서 인간 세계는 양화 가능한

피아(protopia)를 꿈꾼다. 나는 매년 그 전년보다는 조금 나아지지만 그 차이가 급격하지 않은 점진적인 발전이 가능하다고 믿는다. 기술 덕분에 아무런 문제도 발생하지 않는 유토피아가 존재하리라고는 믿지 않는다. 모든 신기술은 그 기술이 해결해내는 것 못지않게 많은 문제를 만들어낸다."(337쪽)

16) 오가와 히토시, 장인주 옮김, 『AI를 이기는 철학』, 처음북스 2019. 15쪽 참조.

17) M. Heidegger, *Heraklit. 1. Der Anfang des abendländischen Denkens* (Sommersemester 1943)/*2. Logik. Heraklits Lehre vom Logos*(Sommersemester 1944), Frankfurt a.M. 1979(이하 GA 55). 123쪽.

에너지들의 연관체계가 된다.

인간도 정체성의 변화로 인해 '비인간(non-human)', 즉 '기계적 인간 (homo technicus)', 사이보그(cyborg)로 화한다. 또한 살아 있는 세계도 탈생명화된 기계적 세계로 변하게 된다. 기술적 인간은 기술에 상응 하는 방식으로 자신의 계획과 행위 전체를 감행한다. 인간은 이제 '존 재자의 수용자(Vernehmer des Seienden)'[18]가 아니라, 존재자를 이용하 고 지배하는 자로 세계 위에 군림한다. 더욱이 뇌과학 연구에서도 유 물론적 환원주의 입장에서 인간의 창조적 사고력도 뇌파의 산물이고, 우리의 행동과 경험도 고등기계인 뇌의 소산임을 입증하고자 한다.

이런 맥락에서 사물들은 자신들의 고유한 순백함(본질)을 상실하고 서 진부하고 평범하고 무차별적인 부품 내지 상품으로 전락한다. 오 래전에 장자(莊子)가 경고한 대로, "기계가 있으면 기계의 일이 있고, 기계의 일이 있으면, 기계의 마음이 있다. 가슴에 기계의 마음이 있으 면 순백은 사라진다."[19] 베버(M. Weber)도 근대인은 잘못된 기만적인 자부심을 갖는다고 지적한다. "정신을 결여한 전문인, 심정을 결여한 향락적인 인간, 이러한 공허한 존재가 인류가 그 이전에 도달하지 못 했던 단계에 도달했다고 착각하는 것이다."[20] 이는 분명 정신의 퇴락 의 징후일 것이다

이제 자기 존재의 가치와 위엄은 사라진 채 모든 존재자는 기능화 되고, 인간도 기술적 관계망 속에 갇히게 된 것이다. "모든 것이 기능

---

18) GA 5. 91쪽.
19) 莊子, 김학주 역주, 『장자』, 천지편 11. 연암서가 2010.
20) M. Weber, *Die Protestantische Ethik I*, hrsg., von Johannes Winckelmann, München-Hamburg 1969. 189쪽.

화된다. 모든 것이 기능하고, 이 기능은 더 확장된 기능을 쫓는다. 그리하여 기술이 인간을 (삶의 거처인) 대지로부터 내쫓고 뜨내기로 만든다. [⋯] 우리는 이제 단순한 기술적 관계망 속에 있다."[21]

특히 하이데거는 사유가 정보(information)로 대치되어 사멸할 가능성이 있음을 내다본다. 정보는 문제해결의 팁을 주고, 또한 인간을 비롯한 세계나 사물들을 관리하고 지배할 수 있는 지식을 제공한다. 하지만 그것은 철학이 추구한 지혜나 진리를 담보할 수는 없다. 오늘날 철학의 자리에 인공두뇌학(cybernetics)이 자리잡고 있으며, 사유 일반은 한갓 정보와 데이터로 대체된다.[22]

따라서 현대의 사유의 생태계에서 과학·기술적 사고와 지식정보의 풍요와 인문·예술적 사유의 빈곤이라는 사유의 양극화가 초래된다. 물론 양자의 크로스오버, 융합, 통섭의 시도도 활발하게 진행된다. 이제 뇌기반 학습, 그리고 기계학습 자동 프로그램 및 대규모의 계산장치가 등장하여 전통적인 사유방식들을 대체하고 있다. 이제 사유하는 인간은 사라지고, 스스로 생각하는 '생각기계(Denkmaschine)' 내지 '욕망 기계(desiring machine)', '기계 인간', '포스트 휴먼(post-human)', '향상된 인간(enhanced human)', '초지능(super intelligence)' 개념 등이 등장한다. 이것은 인간본질의 상실과 인간의 자기 해체의 징

---

21) SI 98쪽.
22) 하이데거는 정보를 우리 시대의 특징이라고 규정하면서 그것이 사람들을 정형화시킨다고 본다. "오늘날 '삽화신문'은 그것을 빠르고 재미있게 조달하는 일을 하고 있다. 이러한 '정보'의 형태는 이 시대의 특징이기도 하다. 여기에서 '정보'라는 낯선 낱말은 한편으로는 직접적인 보고와 전달을 의미하고, 다른 한편으로는 독자와 청자를 드러나지 않게 정형화(Formung)하는 일을 맡고 있다."(SvG 80쪽 이하)

후이기도 하다.

이런 상황 속에서 우리 자신도 모르는 사이에 기술 대상들의 노예로 전락해가고 있다. 이것의 근저에는 특정 관점에서만 세계와 사물들을 고찰하고, 그것들을 지배하려는 니체(F. Nietzsche)가 말하는 '권력에의 의지(der Wille zur Macht)'가 작동하고 있는 셈이다. 여기서 우리는 20세기의 불행과 파국은 서구의 근대 형이상학에 깃들어 있는 계산성과 기술성에서 기인한다는 다소 거칠게 보이는 하이데거의 시대진단을 주목할 필요가 있다.

오늘날 논란이 많은 『검은 노트(*Schwarze Hefte*)』[23]에서 하이데거가 밝히듯이, 저러한 시대정신을 구체적 현실에서 실현하고 대변하는 종족은 다름 아닌 당대의 유대인과 미국인이라는 것이다. 그리하여 그는 '상인'으로서의 유대인의 사고방식인 '계산적 사고'와 '기술인'으로서 아메리카인의 '기술적 사고'를 비판한다. 그의 눈으로 본 1930년대를 주도하던 이 '도구적 합리성'을 철저하게 대변하고 실현하는 사람들이 미국인과 유대인이었다면, 이는 오늘날에 와서는 대부분의 현대인들의 사고방식을 점유하고 있는 셈이다.

---

23) M. Heidegger, *Überlegungen II-VI*(*Schwarze Hefte 1931~1938*), Frankfurt a.M. 2014(이하 GA 94).

1장

계산적 사고의 문제

1. 계산적 사고의 정의

하이데거는 서구의 전통적인 로고스적 사고의 근대적 변용을 '계산적 사고'로 간주한다. 즉 원래의 로고스 개념이 근대에 와서 축소 내지 변용되었다는 것이다. 무엇보다 계산적 사고는 논리적 엄밀성과 체계적 자명성을 지니고 있다. 특히 근대 이후의 철학은 도구적 이성을 매개로 하여 계산과 측정을 통해 자연과 세계를 규정하고 파악한다. 이런 점에서 근대의 형이상학적 사유는 '계산적 사고'로 규정된다.[1]

주지하다시피 철학은 로고스(λόγος)의 학문이다. 그리스어 로고스는 이성, 말, 단어, 문장, 개념, 대화, 연설, 계산, 비례, 논리 등 다양

---

[1] M. Heidegger, *Zur Sache des Denkens*, Tübingen, 1976(이하 ZSD). 65쪽; WiMN 48쪽; Gel 13쪽.

한 의미를 지니고 있다. 그러면 하이데거가 새롭게 소환한 로고스의 어원적 의미와 그 용법은 일반적으로 어떤 모습들로 변천되어왔는가를 아래에서 확인할 수 있다.

로고스는 어원상 레게인(λέγειν)이라는 말에서 유래한다. 레게인은 원래 '수집하다'라는 뜻을 지니고 있었으며, 엄밀하게 따지면 '수를 센다'는 의미였다. '수를 센다'는 뜻에서 출발하여 이 말은 두 가지 방향으로 발전되었다. 그중 하나는 '열거하다'에서 시작하여 '이야기하다', 즉 발언, 진술, 문장, 표명, 말, 부름 등의 의미로 전개된다. 다른 한 방향은 셈, 계산, 정산, 결산, 숙고, 설명, 토의, 논증, 나아가서 구별, 추산, 논거 제시, 근거, 정당화, 보고, 비례, 유비, 대칭, 척도 등의 뜻으로 뻗어나갔다.[2]

하이데거에 의하면 그리스적인 시원적 사유가 계산적 사고에로 변용된 이유는 그리스어 로고스(λόγος)가 로마에서 라치오(ratio)로 번역되어 그 본래적 의미가 축소 내지 변용되었기 때문이다.

'라치오(ratio)'는 계산적 고려라는 의미이다. 계산할 때 우리는 하나의 사태에서 무엇을 셈에 넣고, 무엇을 기대하고 계산해야 하는지, 무엇이 시야 속에 유지되어야 하는지를 표상하고 있다. 이렇게 계산된 것과 기대된 것이 하나의 사태에서 생각해야 할 것, 즉 사태를 규정하는 것으로 존재하는 것에 대한 해명(Rechenschaft)을 제공한다. 이러한 해명에는 하나의 사태

---

[2] C. J. Vamvacas, 이재영 옮김, 『철학의 탄생』, 알마 2008. 235쪽 이하.

에 대한 사실과 그것의 방식에 대한 것이 드러난다.[3]

'라치오'의 핵심은 계산함(rechnen)이다. 그러나 이 계산은 이중적인 의미를 지닌다. "데카르트 이래 라치오(ratio)는 '수학적'인 것이 된다. 그 이유는 단지 이 수학적 본질이 플라톤(Platon) 이래 구상되었고, 어떤 가능성으로 피시스(physis)와 알레테이아(aletheia)에 근거하기 때문이다."[4] 계산은 먼저 행위로서의 계산이다. 다음으로 계산은 그 행위에 주어지는 것, 즉 계산된 것, 앞에 놓인 계산적 고려, 설명 내지 해명(Rechenschaft)이다.[5]

하이데거는 '계산함'을 모든 것을 계획하고 연구하는 사고의 핵심으로 파악한다. 그리고 그는 근대 자연과학을 그 본질에 있어서 이미 기술적 · 계산적 연구라고 규정한다. 왜냐하면 물리학은 그것이 아무리 순수한 이론이라 할지라도 자연 전체를 계산 가능한 역학 관계의 총체로 간주하고 탐구하기 때문이다.

여기서 계산함이란 계산하는 주체에 의한 '무엇을 향한 방향 설정함'이고, 또한 '무엇으로 표상함'이다. 따라서 "계획적 계산(Berechnung)은 존재자를 언제나 표상 가능하게 만들고, 또한 모든 가능적 설명의 관점에서 존재자를 더 접근 가능하게 만든다."[6] 계산하고 계측함이란 근대의 이성적 주체가 객체를 인식하고, 또한 그것을 서술하고 다루는 방식이다. 따라서 계산함을 매개로 하여 설명함

---

3) SvG 253쪽.
4) GA 65. 457쪽.
5) SvG 253쪽 이하.
6) GA 65. 494쪽.

이 이루어진다. 무릇 설명함이란 근거 제시함의 방식이다. 여기서 이성과 설명함은 하나의 직접적인 연관하에 놓이게 된다.

하이데거의 계산적 사고는 사물 및 대상의 범주와 조건, 그리고 근거를 따지고 계산하는 근대적 사유양식을 지칭한다. 이런 사고에서 사물이나 대상의 고유성은 파악되지 않는다. "사물의 범주와 조건 및 근거를 따져 묻는 사유방식을 하이데거는—근대의 사유에서 뚜렷하지만—'계산적 사고'라고 한다. 그것은 사물의 범주와 분류, 조건과 근거를 따지고 계산하여 결국 이성의 통제 아래에 두고, 또 이를 지배하려는 데 있다. 그러기에 사물은 자신의 고유한 존재와 독자성 및 고유성을 박탈당하고 인간의 자의에 내맡겨지게 된다. 자연을 그 피시스를 묻지도 않은 채 이토록 자의적으로 처분하는 데에 인류의 비극이 도사리고 있다."[7]

하이데거에게 계산함과 표상함(vorstellen)은 교환 가능한 개념이다. "계산함은 '어떤 것을 어떤 것으로 향하게 하다', '어떤 것을 어떤 것으로 표상하다(etwas als etwas vorstellen)'라는 뜻을 가진다."[8] 그리하여 학문은 표상 가능한 이론의 성립과 관찰된 사실로서 제공된다. 근대의 과학에서 존재자의 대상화는 계산적 인간이 각각의 존재자를 자기 앞으로 불러들여 확보하는 표상작용/행위(Vor-stellen, 앞에 세움)를 통해서 이루어진다. 이러한 주관(Subjekt)의 표상작용을 통해 존재자는 대상(Gegenstand)으로 마주 서 있게 된다.

그러면 계산함(Berechnen)은 어떤 의미를 가지고 있는가? 계산함을

---

7) 윤병렬, 『하이데거와 도가의 철학』, 서광사 2021, 195쪽.
8) SvG 260쪽.

하이데거는 협소한 의미와 광의의 의미로 나누어서 설명한다. "우리는 이 명칭을 물론 수를 가지고서 조작한다는 그런 협소한 의미로 이해할 필요는 없다. 광의의 본질적 의미에서 계산함이란 무엇을 헤아려보다, 다시 말해 무엇을 고려에 넣다, 무엇을 믿어보다, 다시 말해 무엇을 기대해보다 등을 의미한다."[9]

이런 맥락에서 하이데거에 의하면 근대과학은 존재자를 계산하는 대상화의 방식으로서 '권력에의 의지'가 극대화된 '의지에의 의지(der Wille zum Willen)' 자체에 의해 정립된 하나의 조건이다. 이 조건을 통해 그 의지는 자신의 본질의 지배를 확보한다.[10] 그때에야 비로소 존재자는 그 존재를 보장받는다. 즉 표상하는 '의식(Bewußtsein)'이 존재의 기초가 되는 셈이다. 더욱이 표상은 현실을 관리 가능한 하나의 체계로 만든다. 즉 존재자에 대한 표상을 통해서 그것을 대상화할 수 있는 것은 인간이 주체로서 존재자를 통제하고, 자기의 의도에 맞춰 변형시킬 수 있게 됨을 의미한다. 이러한 변형을 위해서 필요한 것은 바로 정확한 측정과 계산, 그리고 정교한 방법과 절차이다. 따라서 현대의 과학기술문명은 근대의 표상적 사고의 산물이며, '표상적 사고'의 완성태는 컴퓨터와 인공지능이다.

그러면 하이데거는 '계산적 사고'를 어떻게 규정하고 있는가? 계산적 사고는 '총괄적으로 헤아려봄(kalkulieren)'이다. 그것은 앞으로 진전될 새로운 가능성들, 즉 언제나 좀 더 유망하면서도 더욱 편리한 그런 가능성들을 총괄적으로 헤아려봄이다.[11] 이에 반해 숙고는

---

9) WB 54쪽.
10) WiM 176쪽.
11) Gel 12쪽 이하.

모든 존재하는 것에 앞서 있는 존재를 사유의 사태로 받아들이면서 (vernehmen) 알아차리는 근원적 인식이다. 여기서 존재자를 받아들이는 것은 인간중심적인 존재자에 대한 공격적 태도를 필요로 하는 것이 아니라, 앞서 주어져 있는 존재를 맞이하는 절제된 수용적인 태도를 요구한다.

계산적 사고를 배태한 근대 형이상학은 존재를 존재로서 사유하지 못하였다는 것이 하이데거의 존재론적 비판의 핵심이다. 즉 존재와 존재자의 '존재론적 차이(ontologische Differenz)'를 망각하였다는 것이다. 형이상학에서 존재를 거론하지만, 그것은 존재 자체보다는 존재자의 존재자성(Seiendheit)과 보편성 내지는 존재자 전체(Seiende im Ganzen)를 파악하고자 한 것이다. 말하자면 형이상학에서는 존재자의 개시성(Offenheit)을 가능하게 하는 존재의 드러남과 존재자를 있게 하는 존재를 사유하지 못한 것이다.[12] 특히 근대 형이상학에서는 인간중심주의, 주관중심주의, 이성중심주의가 두드러지게 나타나면서 존재 자체의 선재성과 사건성이 망각된 셈이다.

계산적 사고는 본질적으로 양적인 것이다. 그것은 성과, 효과, 이용에 정향하면서 항상 무엇을 평가하고 측정한다. 그것은 인공두뇌학(cybernetics)의 규칙권의 현대기술적 셈법(Kalkül)에서 그 정점에 이른다. 그러나 계산적 사고는 사물들의 진정한 질적인 차원들과 존재의 질점(質點)들을 파악하는 데는 무력하다.[13] 하이데거는 '근거율(Der

---

12) "존재 없는 존재자는 있을 수 없다."(WiM 41) M. Heidegger, *Vom Wesen des Grundes*, Frankfurt a.M. 1973(이하 VWG). "존재의 드러남은 결국 존재자의 개시성을 가능하게 한다."(13쪽)

13) E. Kettering, *Nähe, Das Denken Martin Heideggers*, Pfullingen 1987. 155쪽.

Satz vom Grund)'에 대한 해명에서 계산적 사고의 계산함의 어원적 유래와 그것의 의미들을 다음과 같이 밝힌다.

'라치오'는 동사, '레오르(reor, ~라고 생각한다)'에 속한다. 이 동사는 중심적인 의미로서 '어떤 것을 어떤 것으로 간주하다', '간주되고 있는 어떤 것이 가정되다(unterstellt), 추정되다(supponiert)'를 나타낸다. 이러한 가정함에서 가정되는 것은 그것으로 가정되는 것으로 향하고 있다. '어떤 것이 어떤 것으로 향하다(richten)'는 독일어 동사 '레히넨(rechnen)'이 가진 의미이다. '어떤 것을 셈에 넣다(rechnen)'는 '어떤 것을 주목하고 그것으로 향한다'라는 뜻이다. '기대하다(auf etwas rechnen)'는 '어떤 것을 기대하고 건설할 곳에 맞추어 세움(zurechtrechnen)'을 뜻한다.[14]

여기서 '계산하다'는 이성의 동사적 개념인 라틴어 '레오르(reor)'에서 유래한다. 그것은 표상하고, 셈하고, 기대하고, 주목하고, 향하는 것을 의미한다. '레히넨(rechnen)'은 숫자를 가지고 '계산하다'는 뜻을 가지지만, 그것은 본질과 연관된 하나의 양상에 불과할 뿐이다. 그것은 더 포괄적인 의미에서 비교 평가하고, 기대하고, 표상하고, 개방하고, 해명함의 뜻을 지닌다.

'레히넨(계산함)'의 본래적 의미는 반드시 숫자와 연관되어 있지는 않다. 〔…〕칼쿨라치온(Kallkulation, 견적)은 궁리함(überlegen)으로서의 '레히넨'이다. 이것은 어떤 것을 다른 것과 비교하고 대조하여 평가하는 것이

---

14) SvG 252쪽.

다. 따라서 숫자를 가지고 하는 작업의 의미에서 '레히넨'은 특별히 양의 본질을 통해 드러나는 '레히넨'의 한 양상이다. 따라서 어떤 것을 셈하고, 어떤 것을 기대하는 '레히넨'에서 표상작용을 위해 '계산적으로 고려된 것(das Be-rechnete)'이 산출된다. 다시 말해 개방된다. 이러한 '레히넨'을 통해 어떤 것이 이끌려 나온다.[15)]

또한 하이데거는 '니체의 철학'을 해석하면서 '계산'의 의미를 부연설명한다. 인식론 배후에 계산을 위해서 포섭하고 도식화하려는 욕구가 척도를 부여한다는 니체의 주장을 그는 환기시킨다. 이른바 "니체가 지나가는 투로 '계산'이라 부르는 것은 쇄도하고 변전하는 것을 사물들로 확정하는 역할을 떠맡는다. 이러한 사물들을 인간은 계산에 넣을 수 있고, 동일한 것들로서의 그것들로 거듭해서 귀환할 수 있으며, 그것들을 그렇게 동일한 것들로서 이러저러하게 사용하고 이러저러하게 이용할 수 있다."[16)] 하이데거는 다시금 '시원적 사유(anfängliches Denken)'와 '수학적 사고(mathematisches Denken)'의 차이를 언급한다. 전자는 비체계적으로, 후자는 체계적으로 분류하여 설명한다.

이러한 사유와 이로부터 전개된 질서는 과연 이러한 사유에게 하나의 체계가 속하느냐 혹은 그렇지 않느냐는 물음 밖에 서 있다. '체계'는 (넓은의미에서의) 수학적 사유의 지배의 귀결로서만 가능하다.(참고, 1935/36

---

15) SvG 253쪽 이하.
16) M. Heidegger, 박찬국 옮김, 『니체 I』, 길 2010. 550쪽.

62

년 겨울학기 강의) 따라서 이런 영역 밖에 서 있는, 또한 이에 상응하는 '확실성으로서의 진리의 규정' 밖에 서 있는 사유는 본질적으로 체계가 없는 것, 즉 비체계적이다. 그러나 이러한 이유로 사유가 자의적이고 혼란스러운 것은 아니다. 비체계적인 것은, 단지 그것이 체계에 의해 측정될 때만 '혼란스럽고' 무질서한 것 따위를 의미한다.[17]

전술한 바와 같이, 서양 고대로부터 근대를 거쳐 현대에 이르게 된 서양 사유는 계산적 사고로 일원화되어가고 있다. 심지어 모든 사유는 그것으로 수렴되고 환원된다. 이제 자연은 '계산 가능한 힘의 연관'으로 파악되고, 또한 계산에 의해 물화된다. 그러나 계산으로 환원될 수 없는, 이른바 스스로 존재하는 '피시스'로서의 자연과 생생한 삶이 전개되는 생활세계와 역사의 세계와 그것들에 대한 '회상(Andenken)'으로서의 사유는 배제된다. 저러한 모든 물화는 회상이 아니라 망각인 것이다.[18] 여기서 회상이란 눈앞에 현존하는 것에만 매몰되어 있는 사고가 아니라, 존재역사적으로 생기하는 '있음'에 대한 숙고의 한 양상을 의미한다.

하이데거에 앞서서 후설(E. Husserl)은 근대의 갈릴레이에서 시작된 자연과학에 의해 망각된 의미기반인 일상적 생활세계의 상실을 거론한다. "즉 유일한 실제적 세계, 지각을 통해 실제적으로 주어진 세계, 우리의 일상적 생활세계인 항상 경험되거나 경험할 수 있는 세계를 수학적으로 구축된 이념성들의 세계로 대체시켰다는 점에 주목해

---

17) M. Heidegger, 이선일 옮김, 『철학에의 기여』, 새물결 2015. 109쪽 이하.

18) M. Heidegger, *Die Frage nach dem Ding. Zu Kants Lehre von den transzendentalen Grundsätzen*, Frankfurt a.M. 1984(이하 GA 41), 343쪽.

야만 한다."[19] 물론 계산적 사고는 특정한 영역에서 필요한 사고이고, 또한 올바른 이성적 사유에 속한다는 사실을 부정해서는 안 될 것이다.

우선 대개 우리는 계산적 사고의 시스템 안에 갇혀 있다. 계산적 사고는 근대철학의 '자연적 태도'의 산물이다. 이것은 주관과 객관은 서로 분리되어 있고, 그 객관은 인식하는 주관에 의해 의미가 비로소 구성되어야 한다는 입장이다. 따라서 계산적 사고는 주관주의와 객관주의의 프레임과 관념론과 실재론의 이원적 대립에서 벗어나지 못하고 있는 셈이다. 이런 점에서 계산적 사고는 수학에 의해 이념화된 대상들에 대한 근대의 주관적 형이상학을 대표하는 사고임이 분명하다.

2. 계산적 사고와 철학적 사유의 형세

하이데거는 당대의 시대정신을 조망하면서 동시대인들이 생각 없는 '무사유의 시대'에 살고 있다고 진단한다.[20] 현대에 와서 철학적 사유의 형세(形勢)는 사유 앞에서의 도피와 '사유하지 않음'으로 나타난다. 그는 이 현상들을 가장 큰 위험으로 간주한다. 우리의 세심한 사유가 필요한 시대에 가장 숙고해야 할 사실은 우리가 여전히 사유하지 않는다는 사실이다.[21] 그리고 오늘날 인간은 사유 앞에서 도주하고 있다. 여기서 우리는 사유하지 않음을 모르거나 착각하면서, 그리

---

19) E. Husserl, 『위기』, 121쪽 이하.
20) Gel 11쪽.
21) WhD 53쪽.

고 심지어 그것에서 도피하여 사유를 대체하는 '정보의 바다'에 탐닉하고 있다. 그러면 오늘날의 사고로 대변되는 '계산적 사고'에서 야기되는 문제점들을 어떻게 바라보아야 하는가?

하이데거는 20세기 학문 세계에서 연구와 지식의 확장은 있어도 진정한 사유가 부재하고 실종되었음을 밝힌다. 이른바 "과학(Wissenschaft)은 사유하지 않는다"[22]는 도발적인 주장을 펼친다. 그 이유는 과학과 기술은 자신의 본질과 한계를 사유하거나 반성하지 않는다고 보기 때문이다. 그것들은 비록 근대적 이성의 진리, 곧 수학적 진리는 드러낼 수 있어도, 정작 '사유의 사태(Sache des Denkens)'인 '존재의 진리'[23]를 드러내는 데는 무력하다. 철학에서 일반적으로 통용되는 명제의 진리개념과 '존재의 진리'는 구분된다. 전자는 흔히 논리법칙에 모순되지 않는 바른 판단, 사고의 정당함, 언제 어디서나 누구든지 승인할 수 있는 법칙이나 사실을 의미한다. 후자는 전자와 같이 인간의 이성을 매개로 한 진리가 아니라, 존재로부터 존재에 의해 스스로 은폐하고 밝히는 비-은폐성(Un-verborgenheit)을 지칭한다.

여기서 '존재가 스스로 은폐한다'는 의미는 다음과 같다. 이를테면 존재는 존재자가 아니므로, 어떤 구체적인 형상으로 주어지지 않고 밖으로 드러나 있지 않다. 하지만 그것은 없는 것이 아니라 자신을 간

---

22) 같은 책, 57쪽.
23) 하이데거는 이성적 '명제의 진리'를 추구하는 과학에서뿐만 아니라, 서구 철학의 역사 전반에 있어서도 근원적인 진리인 '존재의 진리'는 사유되지 않은 채 남아 있다고 본다. M. Heidegger, *Holzwege*, Frankfurt a.M. 1977(이하 Hw). "서구 사유의 역사엔 '존재의 진리'는 사유되지 않은 채 남아 있고, 그 경험 가능성은 거부되었다."(195쪽 이하) 아낙시만드로스부터 니체에 이르기까지 서구의 형이상학 역사에서 '존재의 진리'는 은폐되어 있다고 본다.

직하면서 숨기고 있다. 마치 생명력 그 자체는 구체적 형상이 없지만, 만물을 살게 하는 힘으로 감추어져 있는 것과 마찬가지이다.

하이데거가 보기에 과학적인 연구는 특정한 가설을 전제하고서 대상을 자의적으로 조작하고 추상화하면서 구성하는 절차이다. 그것은 사태를 탐구하고 발견하지만, 결코 자신의 본질을 사유하지 않는다. 여기서 '사유'라 함은 단초, 근거, 원리, 근원을 묻는다는 뜻이다. 하이데거는 과학이 자체의 존재근거와 인식의 원리를 반성하지 않는다고 밝힌다. 결국 자신들의 본질을 사유하지 못하는 과학들은 근본적으로 사유하지 않는 셈이다. 이와 같이 과학을 통해 사유 자체도 결과를 계산하는 것으로 간주됨으로써 두뇌의 한 기능으로 전락하고만다. 말하자면 사유의 자리에 합리적 계산이 대체되고 있음을 이승종은 하이데거의 입장에 동의하면서 아래와 같이 밝힌다.

기술의 쌍생아인 과학은 존재자의 수학적 진리를 탈은폐하는 역할에는 탁월하지만, 존재의 진리를 탐구하는 데에는 철저히 무능력하다. 과학과 기술은 그 본질적 맹목성과 분주함으로 말미암아 자신들의 본질과 한계를 스스로 반성할 수 없다. 과학과 기술이 전 지구를 압도하는 이 시대는 존재의 진리에 귀 기울이는 반성의 여지가 사라진 무반성의 시대이다. 그 시대는 합리적 계산이 사유를 대체한 무사유의 시대이기도 하다.[24]

인간은 이제 '계산적으로 고려하는 생명체'가 된 것이다.[25] 라이프

---

24) 이승종, 위의 책, 312쪽 이하.
25) SvG 317쪽.

니츠(G. W. Leibniz)는 17세기에 이미 인간의 이성(ratio)을 '생각기계'로서 파악했을 뿐만 아니라, 나아가 사고방식을 규정하는 것에 대한 기초를 이미 사유하였다. 심지어 니체(F. Nietzsche)의 말인 "신은 죽었다(Gott ist tot)"고 할 때도 여전히 계산된 세계는 남아 있고, 그 계산이 모든 것을 이성의 원리에서 산정함으로써 인간을 도처에서 그러한 계산적 고려함 속에 놓고 있다고 본다.[26]

이런 맥락에서 물화(Verdinglichung)된 사유는 스스로 움직이는 자동적 과정이 된 것이다. 이런 사유는 이 과정을 통해 만들어내는 '기계'와 경쟁을 벌이기도 한다. 결국에는 기계가 자동화된 사유과정을 대체할 수 있게 된 것이다. 이제 인간의 마음은 데이터 처리과정이고, 정신은 일련의 추상적인 감각 데이터인 크기, 색깔, 거리 등을 연합시키고 해석해서 지각하는 활동으로 이해된다.[27]

저러한 '사유의 물화'는 본질적 사유의 소멸을 가져온다. 이것은 바로 '비판이론'에서의 '정신의 물화'가 정신의 소멸을 가져올 수 있다는 입장과 연결될 수 있다. 특히 '사유의 소멸'의 사태와 관련해서 하이데거는 현상학 및 비판이론과 인식을 같이한다. 그는 '사유할 수 없는 무능력'과 '사유하지 않으려는 무의지'를 문제 삼는다.[28] 이제는 근대적 이성의 세계를 넘어서, 이른바 기술적 광기의 시대에 이르렀다. 하이데거는 기술의 위력이 블랙홀처럼 철학, 예술, 문학, 역사를 모두 집어삼키고 있음을 경고한다. 그리고 비판이론가들도 사유의 태만을 다음과 같이 지적한다. 이를테면 "계몽은 '사유를 사유하라!'는 고전

---

26) SvG 256쪽.
27) T. Clark, 김동규 옮김, 『마르틴 하이데거, 너무나 근본적인』, 앨피 2012, 48쪽.
28) WiM 40쪽.

적 요청—피히테(G. Fichte)의 철학은 이러한 요청을 극단까지 전개시켰다—을 무시했다."[29]

후설도 '철학의 수학화'를 우려하여 다음과 같이 확언한다. "철학자는, 세계와 철학의 수학화와 상관적으로, 곧바로 자기 자신과 동시에 신을 어떤 방식으로는 수학적으로 이념화하였다."[30] 그는 '유럽 학문의 위기'와 맞물린 '유럽 인간성의 위기' 앞에서 정신적 유럽의 역사 속에 내재하는 철학적 이념을 통해 유럽의 역사 속에 내재하는 목적론을 제시하고자 한다. 말하자면 '보편적 인간성 일반'이라는 관점에서 이성의 이념을 통해 오직 인간의 현존재나 역사적 삶의 자유로운 형태 속에서 자기이해와 세계이해를 도모하여 인간의 자기 존재에 대한 책임을 다해야 함을 역설한다. 말하자면 인간의 인격적 삶이란 '자기 숙고'와 '자기 책임'을 다하는 것이다.[31] 이로써 그는 '정신(Geist)을 자연화한 자연주의'와 그것으로 이루어진 '객관주의'를 넘어서고자 한다. 그리고 과학은 '이념들(Ideen)'에 의해 규정된 대상들 일반을 다루는 순수수학을 형성한다.[32]

하이데거도 당대의 지적·정치적 상황을 바라보면서, 과학의 사유하지 않음과 정치적 행위의 무모함을 경험한다. 이른바 "우리는 행위의 본질을 아직껏 충분히 숙고한 바 없다"[33]고 단언한다. 오늘날 과학뿐만 아니라, 심지어 철학마저도 사유하고 있지 않음을 사유의 위기

29) M. Horkheimer, Th. W. Adorno, 위의 책, 55쪽.
30) E. Husserl, 『위기』, 144쪽 이하.
31) 같은 책, 430, 415쪽.
32) 같은 책, 468쪽.
33) Wm 311쪽.

로 간주한다. 그리하여 그는 모든 전통적 신앙과 법이 붕괴된 상황에서 근원적인 사유와 행위를 모색하지 않으면 안 된다는 것을 강조한다.[34] 그리고 본질적 사유가 망각되어 그것이 왜곡되고 도구화되어 철학마저도 '무사유'로 전락함을 우려한다.

하이데거의 저러한 생각에 바탕을 두고 독자적인 정치철학을 펼친 아렌트(H. Arendt)도 '무사유'를 악의 뿌리로 여긴다. 그녀의 '사유의 상실'에 대한 경고[35]를 우리는 엄중하게 성찰할 필요가 있다. 여전히 논란이 되고 있는 '악의 평범성(banality of evil)'을 거론하면서 나치(NAZI)에 몸담은 개인이 특별히 악하고 또한 특정 종족이 사악하다는 편견을 없애고자 한다. 오히려 '악의 평범성'의 원인은 전체주의 체제하에서 인간이 생각하는 힘과 방법을 잃어버렸다는 데 있다고 본다.[36]

오늘날 계산적·기술적 사고만이 절대화되고 다른 사유의 가능성들은 차단된다. 이제 철학적 사유가 필요 없는 시대에 도달하게 된 것이다. 정보만 잘 활용하면 생각할 필요도 없는 정보화 시대에 당도하였다. 가장 사유해야 할 것은 "우리가 아직도 사유하고 있지 않다"는 바로 그 사실이다. 이제 '사유의 학문'인 철학이 '사유 없는 철학'으로 변질되어 그 정체성마저 상실하고 있다. 이른바 사유는 설정된 목표를 위한 도구와 설명을 위한 기술로 변모되고 있다.

---

34) A. Hollerbach, A., "Im Schatten des Jahres 1933: Erik Wolf und Martin Heidegger", in *Martin Heidegger und das 'Dritte Reich*, Bernd Martin(hrsg.), Darmstadt, 1989. 127쪽.

35) H. Arendt, 홍원표 옮김, 『정신의 삶 1—사유』, 푸른숲 2004. 참조.

36) H. Arendt, 김선욱 옮김, 『예루살렘의 아이히만—악의 평범성에 대한 보고서』, 한길사 2006. 210쪽.

사유가 자신의 본령으로부터 물러남으로써 종식될 때, 사유는 테크네(τέχ νη)로서 또는 수양의 도구로서 또는 따라서 학교사업으로서 또는 그 후에 는 문화사업으로서 자신의 명망을 조성하여, 이러한 손상을 보충한다. 점 차 철학은 최고의 원인에 입각해 어떤 것을 설명하는 기술로 변모한다. 사 람들은 더 이상 사유하지 않고 오히려 철학에 몰두한다.[37]

철학은 언제나 철학 자체에 대한 반성에서 출발한다. 모든 철학자 는 항상 철학이란 무엇이냐를 철저하게 묻는 데서 자신의 사유를 시 작한다. 더욱이 철학에 대한 종사, 즉 철학연구와 교육은 분명 '철학 을 하고 있는' 것, 즉 '사유를 하고 있는 것'이라는 착각으로 가장 끈 질기게 우리 자신을 속이고 있다. 따라서 과학기술이 철학을 배제한 시대에, 역설적으로 더욱 철학적 사유가 필요하다. 왜냐하면 철학을 배제한 정신문명은 표류할 수밖에 없고, 또한 부박(浮薄)할 수밖에 없 기 때문이다.

이 지점에서 하이데거는 심각한 물음을 던진다. 혹시 모든 것이 계 산적으로 짜여진 계획과 조작체계, 그리고 자동화 작업의 굴레 속으 로 빠져들지는 않을까? 이 질문에는 계산적이고 기술적인 사유의 총 체적인 제도화된 지배에 대한 심각한 우려가 담겨 있다. 그는 본래적 인 숙고적 사유에 반하는 계산적 사고의 '무차별성', '총체적 생각 없 음'을 위험으로 여긴다.[38] 특히 그것을 인간의 사유하는 본질에 대한 위험으로 간주한다. 인간은 이러한 위협으로부터 더욱 철저한 안전장

---

37) Wm 314쪽 이하.
38) Gel 25쪽.

치를 마련하느라 계속 계산적인 사고를 거듭해나가겠지만, 그러면 그럴수록 인간은 완전한 '무사유', 즉 '숙고상실' 속으로 빠져 들어갈 수 있다. 그리하여 자신도 모르는 사이에 인간 자신의 가장 고유한 본질인 '사유의 상실'을 초래할 수 있게 된다.

　사고에 관한 학문인 철학의 영역에도 기술적·계산적 사고는 깊이 침투해 있다. 로고스에 대한 학문인 논리학은 현대에 와서 '수리논리학(mathematical logic)'이라는 일종의 수학으로 변모한다. 그 주된 내용은 수리논리학 교재들에서 잘 드러나듯이 계산과 문제 풀이에 불과하다. 철학이 인간과 삶에 대한 깊은 의미와 지혜를 가르쳐준다는 생각은 이제 점차 시대착오적인 것이 되어가고 있다.[39] 이와 같이 계산적 사고에 바탕을 둔 수학적 사고가 철학의 분야에서도 사유의 전범(典範)으로서 행세하기에 이르렀다. 그리하여 비계산적인 일체의 사고는 학문의 세계, 심지어 철학의 세계에서도 추방되고 배제된다. 결국 오늘날 사유의 형세는 철학적 '사유'의 자리에 '계산'이 들어와 주인행세를 하고 있는 셈이다. 그리하여 진정한 '사유의 공간'은 비어 있는 상태이다.

3. 계산적 사고의 일원화의 문제

　하이데거는 기술시대에 특별한 한 가지 사고 양식이 지배하고 있다고 본다. 그러한 사고가 모든 사고를 일원화(一元化)시킨다. 말하자면

---

39)　이승종, 위의 책, 310쪽.

근대 형이상학의 표상적 사고는 계산적 사고이고, 동시에 기술적 사고이다. 앞으로 언젠가는 오직 이런 계산적 사고만이 모든 사고를 특징짓는 유일한 사유로 간주되리라는 것을 그는 예견한다.

이 사고 양식의 독특한 점은 우리가 계획하고 연구하며 작업할 때 우리는 언제나 주어진 주변 상황들을 늘 계산적으로 고려하며 살아간다는 사실에 존립하고 있다. 특정한 목적을 이루려는 계산된 의도에 의해 우리는 그런 상황들을 일일이 헤아린다. 우리가 제일 먼저 따져보는 것은 앞으로 주어질 특정한 결과이다. 이러한 계산함이 계획하고 연구하는 모든 사고를 특징짓는다. 비록 수로 어림잡거나 소형계산기 혹은 대형계산기를 사용하지 않는다고 하더라도 그런 생각은 여전히 계산하는 사고이다.[40]

하이데거에 의하면 사고의 일원화는 '단선적 사고(eingleisiges Denken)'와 '일면적 사고(einseitiges Denken)'를 통해 이루어진다. 그러나 단선적 사고의 지배력이 인간의 태만에서 연원하는 것으로 파악한다면, 그 경우에는 사태를 너무 가볍게 처리하는 셈이다. 갈수록 다양한 형태로 넓게 세력을 펼치고 있는 단선적인 사고는 위에서 언급한 바의, 즉 예기치 못했던 눈에 잘 띄지 않던 기술의 본질의 한 지배형식일 뿐이다. 왜냐하면 기술의 본질은 무제약적인 일의성만을 의욕하고, 또한 그것만을 필요로 하기 때문이다.[41] 여기서 '단선적인 사고'란 단순한 '일면인 사고'와는 다른 것이다. 단선적인 사고가 미치는 영향

---

40) 같은 책, 123쪽.
41) 같은 책, 139쪽.

력은 훨씬 더 크며, 그것이 연유한 데에는 모종의 숭고함이 깃들어 있다. 일면적인 사고와 단선적인 사고에 관한 담론에서 '사고'라는 말은 '어떤 생각을 가지고 있다(meinen)'와 같은 것을 의미한다.[42] 사태의 본질을 돌보지 않고 있는 저러한 사고들의 일방적인 견해는 모든 것을 포괄하는 전면성이라도 된 것으로 스스로 착각한다. 또 이러한 전면성은 아무런 해도 끼치지 않는 자연스러운 것인 양 변장한다. 우선 우리는 단선적인 사고가 일면적인 견해와 합치하지 않음에 유의해야 한다. 오히려 그것은 일면적인 견해를 토양으로 해서 자라나면서 그것을 변형시킨다.

하이데거는 과학적 인식의 능력과 그 한계를 분명히 하고 있다. 즉 과학들이 과학이라는 이름값을 하는 것은 지극히 당연하다. 그 이유는 과학들이 사유보다 더욱더 많은 것을 인식하고 있기 때문이다. 그럼에도 불구하고, 과학이 과학으로서는 결코 뛰어넘을 수 없는 하나의 벽이 가로놓여 있다. 요컨대 그 장벽이란 과학이라는 영역의 본질과 본질 유래, 과학이 장려하고 있는 인식 성격의 본질과 본질 유래 등이다. 사유의 기술자인 철학자마저도 사고 자체의 본연의 임무를 도외시하고, 단지 사고를 외부의 목적에 이용하기 위한 이데올로기의 도구로 간주한다. 이것을 통해 의식의 지평을 넓히는 대신에 '계산적 사고의 신화'라는 틀 안으로 인간의 의식을 가둔다.

근대가 시작되면서 이제 도구적 이성은 자연을 지배하기 위한 주도권을 스스로 가지기 시작한다. 자연지배의 이데올로기가 근대인들의 전형적인 사유가 되기 시작한다. 특히 이성중심의 철학이 스스로 자

---

42) 같은 책, 140쪽.

주권을 선언하면서 상대적으로 인간과 자연의 유대가 파괴된다.

무엇보다 "아는 것이 힘이다(scientia est potentia)"라는 베이컨(F. Bacon)의 선언은 인간 사유의 패턴을 과학적 사고로 변형시킨다. 그는 아리스토텔레스 철학 및 스콜라 철학의 연역적 형식논리학을 배척하고, 지식 확립의 방법으로서 귀납법(inductive method)을 사용한다. 물론 귀납법은 일찍이 아리스토텔레스에 있어서 잘 정리되어 있다. 근대는 이 귀납법을 이용해 자연을 지배하는 힘을 획득한다. 이 힘은 자연의 원리를 정확히 아는 데서 유래한다. 이러한 사고는 인간의 자연에 대한 태도의 근본적 전환을 의미한다. 이로써 지식은 자연을 지배하기 위한 도구 역할을 한다. 정확히 알고자 하는 계산적 사고의 지배로 말미암아 종래의 사유 일반은 다음과 같이 부정적으로 평가된다.

첫째, 사유는 과학들이 그러한 것처럼 어떤 지식에 결코 이르지 못한다.
둘째, 사유는 유용한 삶의 지혜를 결코 가져다주지 못한다.
셋째, 사유는 세계의 수수께끼를 결코 풀지 못한다.
넷째, 사유는 행동할 수 있는 힘을 결코 직접적으로 제공해주지 못한다.[43]

계산적 사고를 통해 일체의 사유들이 일원화되는 현상은 사유의 생태계를 위협한다. 왜냐하면 그것은 새로운 이데올로기로 변신하여 사유의 세계를 절멸시킬 수 있고, 사유하는 인간의 본질을 변형시킬 수 있는 위험을 지니고 있기 때문이다. 그러나 하이데거는 계산적 사고 자체를 부정하는 것이 아니다. 오로지 그것이 사유의 생태계의 최

---

43) WhD 316쪽.

강자로서 생활세계로 침투되어 여타의 다른 사유들을 장악하는 것이 문제의 핵심이다.

계산적 사고는 양날의 칼이다. 계산적 사고의 증대와 극대화는 인류복지에 이바지하고, 그것에 기반을 둔 과학기술의 진보는 눈부신 생산력 증대와 생활 수준의 향상을 가져온다. 계산적 사고의 형식적 합리성이란 일반적인 규칙이나 목표를 달성키 위한 가장 효과적인 수단을 계산해내는 능력을 의미한다. 그것은 모든 것을 유용성과 이해관계에서 바라보고, 당장 쓸모없는 지식에 대해서는 무관심하고 등한시한다. 그래서 철학적 사유는 정신적 유희나 '안락의자에 앉아 생각해낸' 복고 취향의 사치로 평가절하된다.

우리는 계산적 사고가 지닌 '자연적 태도'에 대해서, 이른바 특정한 입장에 붙들려 있으면서도 그것을 비판적으로 반성하지 않는 태도에 대해서는 반드시 문제를 제기하고 성찰할 필요가 있다. 이는 이른바 자연적 태도에 대한 '판단중지(εποχη, epoché)'와 '현상학적 환원'을 통해 명증성(Evidenz)의 토대에로 돌아가고자 하는 현상학의 의도와 연결되는 것이다. 다시 말하면 자연적 태도에서 '보편적인 시선'의 전향 내지 전회(Kehre)를 통해 새로운 인식을 얻을 수 있어야 한다. 전회는 도가에서의 근본으로 돌아간다는 의미로서, '반자도지동(反者道之動)'에 비견된다. 즉 "이론적 관심이 이러한 자연적 태도를 포기하고 보편적인 시선의 전회를 통해 의식적인 삶—이 속에서 우리에 대한 세계는 우리에 대해 현존하고 있는 바로 '그' 세계이다—으로 향할 경우, 우리는 새로운 인식의 상태에 놓이게 된다."[44]

---

44) E. Husserl, 『위기』, 22쪽.

하이데거는 저러한 후설의 인식론적 현상학의 입장을 넘어서서 사유의 심층적 근원을 숙고하고자 한다. 이른바 '현상학적 존재론' 내지 '존재사유'를 통해 숙고해야 할 과제를 제시한다. 그것은 의식의 심층이나 자연을 초월한 지평(Horizont)이 아니라, 일상 속에 감추어진 존재의 진리가 드러나고 감추는 생기사건(Ereignis)의 영역이다. 결국 존재는 사유의 산물이 아니다. 왜냐하면 존재사유는 인간의 의식에 앞선 '생기사건'에서 비롯된 사유이기 때문이다.

파스칼(B. Pascal)도 이성이 무한한 질서를 인정하고 유한성을 절대화하지 않을 때, 그 경우 이성적이 될 수 있다고 한다. 즉 "이성의 최후의 한 걸음은 이성을 초월하는 무한한 사물이 있음을 인정하는 일이다. 이를 인정하는 데까지 이르지 않는 한, 이성은 악한 것일 뿐이다."[45]

이성에 의한 근대적 기획은 미완의 과제이다. 그러나 실제로는 산업·행정·교육현장에서 그것은 더욱 강화된 모습으로 실행되고 있다. 이제 그것은 도구와 주체의 전도(顚倒) 현상을 대표하는 인공지능의 산업화 담론으로 확장되어 기술적 유토피아(utopia) 내지 디스토피아(dystopia) 혹은 프로토피아(protopia)[46]를 상상하게 만든다. 그것은 더욱이 형식적 합리성에 기초한 관료주의 체계에의 무조건적 복속과 '생각 없음(Gedankenlosigkeit)'의 지적 태만을 야기하고 있다. 도처

---

45) B. Pascal, 박철수 편역, 『파스칼의 팡세, 생각하는 갈대(*Pensées*)』, 예찬사 2000. B 267.

46) 체이스(C. Chase)가 만든 신조어인 '프로토피아(protopia)'는 프로세스(process), 프로그레스(progress)의 프로(pro)와 유토피아의 토피아(topia)를 결합시킨 조어이다. C. Chase, 신동숙 옮김, 『경제의 특이점이 온다』, 비즈페이퍼 2017 참조.

에서 인공지능 시스템을 구성하는 데이터와 알고리즘(algorithm)을 가능하게 한 계산적 사고[47] 및 수리논리학적 사고가 지배권을 행사하고 있다. "특히 컴퓨팅의 근간인 수학적 알고리즘은 인간의 논리적 사고를 따른다."[48] 그러나 이제 본말이 전도되어 '사유하는 기계'가 인간보다 더 정교하게 사고한다.[49]

오늘날 생활세계 전반에 침투되어 있는 저러한 계산적 사고가 자명한 것으로 당연시된다. 계산적 사고란 축소된 이성을 통해 모든 것을 계획하고 연구하는 사고이다. 그것에 바탕을 두고 있는 빅데이터, 플랫폼, 클라우드, 블록체인, 사물 인터넷(IoT), 로봇공학, HCI 연구, 양자컴퓨터 등이 눈부시게 발전하고 있다. 이러한 기술공학을 추동한 계산적 사고의 지배는 일체의 다른 인문학적 사유를 자신의 사고에 종속시키거나 배제시킨다. 하이데거의 지적처럼, "핵시대에 움직이

---

47) 하이데거는 계산과 숙고, 계산적 사고와 숙고적 사유, 형이상학과 존재사유, 철학과 사유, 학문과 사유를 대비시키고 있다. 독일어 Denken은 일반적으로 사고 내지 사유로 번역될 수 있다. 여기서는 그것을 계산 및 계산함(Rechnung, Rechnen)과 관련되어 사용할 때는 '사고'로 번역하고, 숙고 내지 숙고함(Besinnung, Besinnen)과 연관될 때 '사유'로 번역한다. 왜냐하면 사고와 사유를 구분하지 않으면 개념의 혼란을 가져올 수 있고, 또한 논의의 사태를 바르게 드러내기가 용이하지 않기 때문이다. 물론 문맥에 따라 구분 없이 표기될 수 있다.

48) 유원식, 「미디어로서의 '생각하는 기계'와 인간 척도주의」, 철학연구 124집, 2019 봄호. 35쪽.

49) 같은 논문. 이제 인간의 지능과 사고는 '생각하는 기계'로 치환된다. "인식과 제작에 개입하는 '인간 척도주의'는 오늘날 '생각하는 기계'가 기본적으로 인간의 논리적 사고와 뇌 신경계의 작동원리를 모방한 데에서 첨예하게 드러난다. 인간의 지능은 기계의 지능, 즉 컴퓨터의 2진법적인 디지털 신호로 치환되고 그 계산능력이 향상되면서 '생각하는 기계'의 역량은 급속도로 성장하고 있다."(25쪽) 또한 "'생각하는 기계'로서의 컴퓨터는 인간의 사고를 모방하여 제작된/프로그램화된 (전자)기계이다."(35쪽)

기 시작하는 기술의 혁명은 인간을 하나의 방식에 묶고, 유혹하고, 현혹하고, 눈을 속인다. 〔…〕 그리하여 어느 날 계산하는 사고는 유일한 사유로서 그 정당성과 영향력을 행사한다."[50]

세계는 그야말로 계산과 예측이 가능한 에너지들의 연관체계이고, 자연은 정보체계이다. 자연은 근대기술과 산업의 에너지 공급원인 거대한 발전소로 변형된다.[51] 인간도 모든 것과 유일하게 기술적인 관계만을 맺고 있다. 인간은 기술장비들과 자동기계의 등장에 의해서 더욱더 단단하게 둘러싸인다. 그리고 모든 것이 계산적으로 짜여진 계획과 조직체계, 그리고 자동화 작업의 굴레에 빠져들어 기술의 노예로 전락할 수 있다.[52]

오늘날의 계산적 사고는 사유들 중의 하나(one of them)가 아니라, 유일한 절대적인 것(the One)이 된다. 사고는 점점 획일화 내지 균질화되고 있다. 일체의 사유의 균질화로부터 오는 위기를 감지하고서 하이데거는 이질적이고 근원적인 '다른 사유(das andere Denken)', 즉 '숙고적 사유'를 제시하고자 한다. 이로써 그는 계산적 사고에 대한 비관론과 낙관론의 이분법을 넘어서서 계산적 사고의 한계를 분명히 하고자 한다.

계산적 사고는 사태의 본질이나 근원을 사색하는 숙고와는 질적으로 다르다. 현대인들은 계산적·기술적 사고의 동굴에 갇혀 있다. 그리하여 그들은 동굴 밖 존재의 빛 아래에서 찬연히 빛나고 있는 성스

---

50) M. Heidegger, *Reden und andere Zeugnisse eines Lebensweges*(1910-1976), Frankfurt a.M. 2000(GA 16), 528 쪽.
51) Gel 18쪽.
52) 같은 책, 16쪽.

78

러운 자연과 일상을 보지 못하는 계산적 사고에 빠져 있다. 저런 계산적 사고에서 깨어나서 본래 존재의 빛 안에 드러나는 뭇 존재자들의 참모습과 아름다움을 보도록 일깨우는 것이 철학에게 주어진 과제이다.[53]

일찍이 플라톤(Platon)도 『국가』 제6권 '선분의 비유'에서 인식의 단계인 추측(eikasia, 감각지), 믿음(pistis, 경험지), 수학적 앎(dianoia, 오성지), 지성적 앎(noesis, 이성지)을 논한다. 그의 철학은 동굴 안에 있는 인간이 더 높은 단계의 인식으로 향상되어야 함을 촉구한다. 여기서 인간의 인식은 수학적 앎에서 지성적 앎으로 도약해야 완성됨을 시사한다. 여기서 인식은 여러 단계에서 펼쳐지는 층위적 인식 내지 위상학적 인식에 해당되며, 그것은 근대의 '주·객 이분법'의 단순한 인식론과는 동일시될 수 없다.

프랑크푸르트학파의 사회 비판이론(kritische Theorie)에서도 도구적 이성 속에 은폐된 이데올로기적 요소를 폭로한다. 도구적 이성의 산물인 계산적 사고 역시 자본주의 생산양식과 체제의 이데올로기적 도구가 될 수 있다. 특히 산업혁명 이래 서구문명은 모든 부분에서의 도구적 이성의 우위와 심화로 요약된다. 이 현상이 근대 서구 사

---

53) Platon, 박종현 역주, 『향연, 파이드로스, 리스』, 서광사 2016. 161쪽. 플라톤은 일찍이 아름다움에 관한 인식의 단계를 『향연(Symposion)』(211c)에서 제시한다. 아름다움은 육체의 아름다움, 영혼의 아름다움, 학문의 아름다움, 아름다움 자체를 인식하는 단계로 나아간다. 바로 이러한 아름다움 자체를 직관할 수 있을 때에야 비로소 우리의 삶은 살 만한 가치가 있게 된다. 추측, 신념, 오성적 인식, 지성적 직관이 바로 그것들이다. 앞의 두 단계인 추측과 신념은 우리가 감각으로 느낄 수 있는 물질을 대하는 방식으로 가시계, 감관계 또는 현상이라 한다. 뒤의 정신적 세계에서 이루어진 작용인 오성과 지성은 가지계, 예지계 또는 실재라고 한다.

회가 직면하고 있는 여러 위기들의 근본 이유라고 호르크하이머(M. Horkheimer)와 아도르노(Th. Adorno)는 분명하게 적시한다.[54] 이성에 의한 계몽의 근본적 성격은 자연을 법칙에 의해 조직화한다. 또한 그것은 수학의 도움을 받는 보편학(mathesis universalis)에 의해 해명되는 자연을 순수물질로 보는 유물론적 관점에서 이미 드러난다.

야스퍼스도 『역사의 근원과 목표』에서 현대 기술문명을 추동하는 계산적 사고에 기초한 자연과학과 기술을 거론하면서 기술적 현존으로부터 실존을 회복해야 함을 역설한다. 실존에서 참된 인간의 본질을 찾고자 한다. "기술은 수단일 뿐이며, 그 자체는 선도 아니고 악도 아니다. 인간이 기술로부터 무엇을 만들어내고, 기술을 어디에 사용하고, 어떤 조건에서 기술을 지배하고, 기술을 통해서 결국 인간의 어떤 본질이 나타나는가가 중요하다."[55]

하이데거도 정신의 도구화를 비판한다. 달마이어(F. Dallmayr)에 의하면 하이데거는 문화 또는 정신이 도구화하는 과정을 주로 마르크시즘, 실증주의, 그리고 파시즘이라는 세 부류로 나눈다고 본다. "첫째, 마르크시즘은 문화를 상부구조로 귀속시키고, 둘째, 미국에 팽배한 실증주의는 주어진 사태들의 과학적인 복제에 만족한다. 이들에 비해 셋째, 파시즘은 인종적 후원하에 국민들을 조직적으로 통제하는 데 그 목표를 둔다."[56] 하이데거에 의하면 정신의 도구화를 통해 현대인은 상인과 기술인으로 변모한다. 현대인을 대표하는 계산하는 '상인'과 측정하고 조작하는 '기술인'이 첨단 산업사회의 체제와 제도를 마

---

54) 윤평중, 위의 책, 40쪽.

55) K. Jaspers, *Vom Ursprung und Ziel der Geschichte*, München 1966. 136쪽.

56) F. Dallmayr, 위의 책, 61쪽.

련한다. 그 속에서 '계산적 사고'가 유일한 사유로 독점되면서, 일체의 '다른 사유'의 가능성들을 배제시키고 있다. 계산될 수 있는 것은 유용한 것인 반면, 계산될 수 없는 것은 무용한 것이거나, 아예 없는 것으로 간주된다.

이러한 보호막이 없는 세계에서 모험을 감행하면서 인간은 사업과 '교환'의 매개 속에 움직인다. 그렇게 자신을 관철시키는 인간은 자기 의지로 살아간다. 그런 인간은 돈의 진동과 가치의 가격 안에서 자기 본질의 위험부담을 안고 살아간다. 인간은 이 항구적인 교환자로서, 그리고 중간 매개자로서의 '상인'으로 존재한다. 상인은 항구적으로 저울을 재고 헤아리지만, 사물들의 고유한 무게를 달지 못한다. 상인은 자기 안에 진실로 무게를 갖는 것과 으뜸가는 것이 무엇인지 모른다.[57]

계산적 사고는 특권적 지위를 지니고, 그것에 기반한 과학기술의 패권주의가 개인과 사회를 지배하고 있다. 물론 계산적 사고는 인간에게 필요한 생산성을 추구하는 데 기여한다. 이에 반해 하이데거의 존재사유(Denken des Seins)의 본령인 숙고 내지 숙고적 사유는 계산적 사유로는 닿을 수 없는 뭇 존재자, 이를테면 자연, 인간, 사물, 도구들이 지닌 무한한 깊이와 의미를 사색하고 음미한다. 말하자면 숙고적 사유는 '존재하는 모든 것 안에 전개되고 있는 그 의미를 사색하는 사유'[58]이다. 이런 사유는 빠른 계산으로 빠른 답을 요구하는 계

---

57) M. Heidegger, *Holzwege*, Frankfurt a.M. 1980(이하 Hw). 310쪽.
58) Gel 13쪽.

산적 사고가 아니라, 시간을 두고 곰곰이 숙고하는 사고이다. 그러나 계산적 사고는 존재의 의미차원을 알지 못한다.

하이데거는 인간을 사유하는 존재, 즉 '숙고함(Besinnen)'을 본질로 하는 존재로 규정한다. 그리하여 그는 현시대의 학문 분야와 일체의 경영 분야에서도 진정한 사유인 '숙고의 상실(Besinnungslosigkeit)'[59]의 보편화 현상을 문제 삼고 있다. 왜냐하면 숙고는 인간의 본질이기에 이것의 상실이야말로 정신의 퇴락을 가져온다고 보기 때문이다. 또한 우리 시대에는 학문도 사유로부터 도피하고 있다는 것이다. 이로 인해 '생각 없음'과 '무사유'가 지배적이게 된다. "계산적 사고는 자신의 효용성과 결과로부터 영향력을 행세하며, 시대정신을 매혹하고, 그것을 통해 자신의 '진리' 속에서 스스로를 입증된 것으로 여긴다."[60] 그러나 하이데거는 숙고적 사유를 통해 계산적 사고를 넘어설 수 있다고 본다. 최근에 인공지능을 이길 수 있는 것은 철학뿐이라는 주장도 나온 것이다.[61]

잘 알려져 있듯이, 근대 이후 표상하고 계산하는 사고가 학문이론을 지배하게 되어 과학이 철학의 역할을 대신하는 상황에 이르렀다. 즉 "존재자의 개개의 영역들(자연, 역사, 법, 예술)의 존재론들을 기술하는 일이 그 전에는 철학의 과제였지만, 이제는 과학의 고유한 과제가 된다. 표상하며 계산하는 사고의 조작적 차원과 모델적 성격이 지

---

59) M. Heidegger, *Holzwege*, Frankfurt a.M. 1977 (이하 GA 5). 96쪽.

60) GA 13. 84쪽.

61) 오가와 히토시, 장인주 옮김, 『AI를 이기는 철학』, 처음북스 2019. "나는 철학만 제대로 배우고 나면 인공지능은 두려워할 존재가 아니라고 믿는다. 가장 오래된 학문인 철학이 최첨단기술인 인공지능을 이길 수 있다고 말이다. 한마디로 말해 인공지능을 이길 수 있는 것은 철학뿐이다."(1쪽, 머리말)

배적인 자리를 차지하게 된다."[62] 이런 계산적 사고의 지배하에 숙고적 사유는 잠정적이고 미미하게 보인다. "사유되지 못한 기술의 본질이 가진 엄청나게 강력한 지구적인 힘의 비밀에 상응해서 이 사유되지 못한 것을 숙고하고자 하는 사유는 잠정적이고 눈에 띄지 않을 만큼 빈약하다."[63]

원래 "이성은 '절대적', '영원한', '초시간적', '무제약적'으로 타당한 이념이나 이상에 대한 명칭이다."[64] 그러나 근대에 와서 특별하게 "이성은 계산과 계획의 기관이며 목표에 대해서는 중립적이다. 이성의 요소는 '조종'이다."[65] 여기서 계산적 사고는 단지 계산적 이성, 즉 지능(Intellect)에 속한다. 인간 정신이 지능으로 대체된다.[66] 반면 숙고적 사유는 이성을 포괄한 마음 또는 '근원적 이성' 내지 '시적 이성'에 의해 가능하다. "하이데거는 우리가 흔히 이성이라고 부르는 과학적이고 계산적인 이성을 넘어선 근원적인 이성, 즉 시적 이성이 존재한다고 봅니다. 그는 과학적이고 계산적인 이성이 아니라, 오히려 이러한 시적 이성을 통해서 사물들의 고유한 진리가 드러난다고 여겼습니다."[67]

그러나 하이데거는 우리의 모든 논의가 이성 및 과학 적대적인 것

---

62) 이기상, 『하이데거의 존재사건학』, 서광사 2003. 290쪽.
63) 박찬국, 『하이데거와 나치즘』, 문예출판사 2001. 447쪽.
64) E. Husserl, 『위기』, 69쪽.
65) M. Horkheimer, Th. W. Adorno, 위의 책, 140쪽.
66) 하이데거는 정신의 부패상을 다음과 같이 지적한다. 이른바 정신과 지능의 동격화, 정신적인 것을 똑똑한 것으로 간주함, 정신의 실용적인 이념을 위한 도구화, 정신을 교양의 척도로 간주함.(EiM 50~53쪽 참조)
67) 박찬국, 『삶은 왜 짐이 되었는가. 서울대 박찬국 교수의 하이데거 명강의』, 21세기북스 2017. 95쪽.

으로 이해되어서는 안 된다는 것을 지적한다. 과학 자체는 어떤 식으로도 거부되지 않는다. 단지 과학의 오만한 요구, 즉 모든 참된 명제에 대한 척도이고자 하는, 즉 그것의 절대화를 향한 요구가 거부될 뿐이다.

4. 계산적 사고 vs. 숙고적 사유

하이데거는 계산적 사고에 대한 해명을 통해 숙고적 사유의 필요성과 중요성을 부각시킨다. 또한 그는 숙고적 사유를 성찰함으로써 계산적 사고의 근거와 한계를 밝힌다. 계산적 사고와 숙고적 사유를 대비시키는 것의 의의를 다음과 같이 그는 명료하게 밝힌다. 그의 의도는 '계산적 사고'와 '숙고적 사유'를 대립시켜 양자택일을 강요하는 것이 아니라, 오히려 양자 사고의 차이와 고유 영역을 강조하고자 한다. 결코 그것은 후자를 앞세워 전자를 배타적인 대립항으로 배제하지 않는다. "그러므로 사유에는 '계산적 사고'와 '숙고적 사유'라는 두 종류의 사유가 있다. 이 둘은 각각 저 나름의 방식으로 정당한 권리를 지니고 있고, 또한 그때마다 필요하기도 하다."[68]

하이데거는 근대의 '주관형이상학'을 정초하는 '표상적 사고' 내지 '계산적 사고'를 넘어서고자 한다. 이로써 철학의 본령인 '숙고적 사유', 이른바 '본질적 사유'[69]를 회복하고자 한다.[70] 그에게 사유는 인간

---

68) Gel 13쪽.
69) WiM 182~186쪽.
70) M. Heidegger, 신상희 옮김, 『동일성과 차이』, 민음사 2000. 하이데거는 여기서

의 일이지만, 모든 것에 앞서 있는 존재가 관건이 된다. 그것은 근대의 인식론적 도식인 의식철학의 '주·객 도식(Subjekt-Objekt Schema)'을 넘어서서, 인식에 앞서서 미리 주어진 '존재 자체'에 주목한다. 여기서는 존재를 인식하는 것에 앞선 '존재의 진리'에의 귀속성이 중요하다.

하이데거는 인간을 '현-존재(Da-sein)', '세계-내-존재(In-der Welt-sein)', '탈-존(Ek-sistenz)'으로 파악함으로써 존재에 대한 연관을 근본 소여성으로 간주한다. 무엇보다도 전통적인 독립적인 자아 및 주체성 개념을 벗어나 존재의 진리의 장 내지 '존재의 밝은 터(Lichtung des Seins)'에 나가 서 있는 존재, 즉 인간의 '탈-존'을 부각시킨다.[71] '탈-존'이란 주관철학의 실존(Existenz)과 구별되는 개념으로 존재의 진리와 개방성 안에 나가 서 있는 인간의 탈자적(ekstatisch) 본질을 의미한다.

특히 숙고적 사유는 '시적 이성'이 작동하고, 그리고 기분(Stim-mung)이 전제된 사유로서 '유정(有情)한 사유'이다. 유정함 속에서의 정감이란 바로 하이데거가 말하는 기분이다. 이 기분은 자의적이고 변덕스런 그때그때의 감정이 아니다. 인간이 지닌 본원적인 기분으로

표상적 사고에서 벗어나서 존재사유에로 도약해야 함을 강조한다. "그것은 우리가 표상하는 사유의 태도를 뿌리침(거절함)으로써 이루어질 것이다. 이러한 뿌리침은 어떤 도약(Sprung)이라는 의미에서 어떤 명제(ein Satz, 띔)이다. 도약이란 뛰어내림이다. 즉 근대 시대에 이르러 객체에 대한 주체로 전락하고 말았던, 이성적 동물이라는 인간에 관한 통상적인 표상개념으로부터 벗어나는 행위이다. 뛰어내림은 동시에 존재로부터 벗어나 뛰어내린다. 그러나 이 존재는 일찍이 서양의 사유가 시작한 이래로 모든 존재자를 존재자로 근거짓는 그런 근거로서 해석되어왔다."(21쪽 이하)

71) Hum 13쪽.

서 '근본기분(Grundstimmung)' 및 '주도적 기분'이라고 한다. 말하자면 경탄(경이), 외경, 경악, 불안, 권태, 기쁨, 사랑, 삼감(절제) 등의 기분 하에서 언제나 인간은 세계를 만난다. 그리하여 숙고적 사유는 사물 과 타자와의 무정(無情)한 기계적 관계가 아니라, 서로 정(情)으로 통 하는 타자들과의 정감 어린 친화적 관계를 중시한다. 여기서 기분으 로 드러난 마음은 인간의식의 정서적 차원만을 뜻하지 않고, 오히려 인간본질 전체의 본재성(das Wesende)[72]을 의미한다.

숙고적 사유에서 가장 선행적인 것은 '존재의 보냄(Schickung des Seins)'이다. 존재가 자신을 인간에게 보내줌(던짐, Wurf)으로써 사유는 시작된다. 이런 존재 자체의 보냄에 대한 응답함이 바로 인간의 기투 (Entwurf)로서의 사유행위이다. "기투 안에서 던지는 자는 인간이 아 니라, 존재 자체이다."[73] 그리고 "존재는 탈자적 기투 안에서 인간에 게 자신을 밝히고 있다."[74] 이는 고대 그리스에서 피시스(자연)를 따라 사는 지혜를 추구하는 것이나, 동양에서 도와 천명에 따르는 정신적 태도에 비견된다.

숙고적 사유는 계산적 사고의 존재론적 가능 지반(근원)인 존재 자 체 및 무(Nichts)를 사색한다. 하이데거에 의하면 계산적 사고는 옳지

---

72) 하이데거에게 본질(Wesen)이란 형이상학적 개념과 달리 동사적 의미에서의 본재
한다(wesen)는 동사적 의미이다. 즉 본질이란 '어떤 것을 그것의 본질에 이르도
록 한다'를 뜻한다. M. Heidegger, *Unterwegs zur Sprache*, Pfullingen 1979(이
하 UzS). "그것이 본재한다는 것은 그것이 우리에게 다가오게 하며, 길을 내면서,
우리에게 이르러서 우리와 관계하는 동안에 그것이 현성한다(anwesen)는 것을
뜻한다."(UzS 190쪽)
73) Hum 25쪽.
74) 같은 곳.

만 참된 것은 아니다. 그러나 계산적 사고를 넘어선 숙고는 저 '참된 것(das Wahre)'을 사유한다. "우리는 올바른 것을 철저히 캐어물어 참된 것을 찾아내야 한다."[75] 무엇보다 "모든 것에 앞서 있는 것은 존재이다."[76] 존재가 자신을 주기 때문에 존재자가 드러난다. 그것은 자신의 열린 장(das Offene) 안으로 존재자를 데려온다.[77]

모든 철학과 연구는 형이상학적 존재(Sein)개념과는 구분된 '존재(Seyn)', 즉 '존재 자체(das Sein seblst)' 내지 '무'를 배제하고 존재자에만 몰두한다. 하이데거는 전통 형이상학의 존재(Sein)라는 용어와 구분하여 Sein Selbst, Seyn, S̶e̶i̶n̶, S̶e̶y̶n̶, Es selbst, Ereignis 등으로 표기한다. 특히 무는 학문에 있어서는 거추장스러운 스캔들이며, '소름 끼치는 망상'[78]으로 치부되고, '아무것도 아닌 것'으로 간주된다. 따라서 학문은 그것에 대하여 무지하며, 심지어 알고 싶어 하지 않는다.[79]

그러나 실은 존재도 '있고', '비존재(mēon, nonexistence, Nichtseiende)'[80]

---

75) M. Heidegger, *Die Technik und die Kehre*, Pfullingen 1978(이하 TK). 7쪽.
76) Hum 5쪽.
77) Hum 22쪽 이하.
78) WiM 24쪽.
79) 같은 곳.
80) '비존재'는 파르메니데스 철학에서 처음으로 문제가 된 개념이다. 그는 인식론적·존재론적인 견지에서 불멸·부동의 시간적·공간적 제약을 초절(超絶)한 자기동일적 존재의 필연성을 명확하게 하였지만, 비재(非在)는 이러한 존재로부터 벗어나 있어 어떤 의미로도 실체가 아니기 때문에 아무것도 알 수도 말할 수도 없다고 하였다. 파르메니데스 이후의 철학자들의 비재에 관한 견해는 ① 술어형태로서의 '…이다'와 대립되는 '…이 아니다'(플라톤과 아리스토텔레스), ② 진(眞)으로서의 존재와 대립되는 무(플라톤), 또는 거짓(아리스토텔레스), ③ 정의적으로 오류가 귀속되어야 하는 것(플라톤), ④ 완성되어 있지 않은 현실태, 즉 가능태로서의 질료(아리스토텔레스), ⑤ 존재로서의 원자가 운동하는 공허 Kenon(원

도 있다. 존재와 비존재 모두 사유의 사태이다. "모든 존재자와는 전혀 다른 것이야말로 비-존재자이다. 그러나 이러한(비-존재자로서의) 무는 존재로 현성하고 있다(west)."[81] '비존재'가 사유의 사태라고 할 때, 그것이 뜻하는 바는 사유의 대상이 없는 것이 아니라, 단지 무(無, Nichts)일 뿐이라는 것이다. 하이데거는 존재자가 아닌 것으로 이해된 '존재 자체로서의 무'[82]와 '존재와 무의 공속성'[83]을 언급한다. "존재자들의 개방성(존재)은 더 이상 무차별성의 문제조차도 되지 못한 당연한 무성(nothingness)으로 평준화된다. 아니 차라리 단순히 잊혀진다."[84]

하이데거에게서 '무'는 근본기분인 불안을 통해 경험될 수 있는 존재자의 근거이며, 존재자가 아닌 '존재 자체로서의 무'[85]이다. 존재의 근원은 '무-근거' 내지 '탈-근거(Ab-Grund)', 즉 무의 터전이다. "존재가 오직 무 속으로 들어가 있는 현존재의 초월 속에서만 스스로를 내보인다."[86] 그러나 전통 형이상학은 사물존재론(Dingontologie)이나 존재자 중심의 존재론에 머무르고 있다. 노자도 『도덕경』 40장에서 일찍이 "천하 만물은 유에서 나오고 유는 무에서 나온다"고 한 바 있다.

하이데거는 '존재의 베일(Schleier des Seins)'인 무에게까지 육박하여 사색해 들어간다. "존재자와 전적으로 다른 것으로서의 무는 존재의

자론) 등이 있다. 특히 ⑤의 비존재는 존재(존재성)에 못지않게 존재한다고 말하며 적극적 기능을 주는 것이 주목된다. https://terms.naver.com/entry.nhn?docId=1092698&cid=40942&categoryId=31529.

81) WiM 41쪽.
82) 같은 책, 21쪽.
83) 같은 책, 36쪽.
84) Wm 147쪽.
85) WiM 21쪽.
86) 같은 책, 36쪽.

베일이다."[87] 그리고 "존재와 무는 공속한다."[88] 왜냐하면 "존재자로서의 존재자 전체는 무로부터 생겨나기" 때문이다.(ex nihilo omne ens qua ens fit)[89] 결국 무는 존재로 현성한다. "모든 존재자와 아예 다른 것이야말로 비-존재자이다. 그러나 이러한 무는 존재로 현성한다."[90]

하이데거는 존재자와 존재까지도 넘어서 존재의 바탕이 되는 무, 있음이라 말할 수 없는 어떤 것, 성스러운 차원, 바닥 없는 깊이(심연, 탈-근거)와 경계 없이 가이 펼쳐진 푸른 창공의 에테르(Aether)에 이르기까지 사유의 나래를 펼친다. 여기서 에테르는 높은 하늘의 환히 트인 맑은 공기, 즉 '정신의 열린 영역'을 의미한다.[91]

형이상학에서는 전통적으로 존재를 다루지만, 보편자 및 최고의 존재자로서의 존재를 '존재-신학적(onto-theologisch)'으로 논한다. 즉 존재자를 '존재'로 참칭하고, 이로써 존재자 전체의 공통된 본질과 존재자성(Seiendheit)을 존재로 파악한다.[92] 그러나 '존재(Seyn)'는 어떠한 경우에도 '사유의 산물'이 아니다.[93] 서구의 전통 형이상학에서 존재는 주체에 의한 이론적 고찰의 대상으로서 눈앞에 사물적으로 혹은 대상

---

87) 같은 책, 46쪽.
88) 같은 책, 41쪽.
89) 같은 책, 36쪽.
90) 같은 책, 41쪽.
91) Gel 14쪽 이하.
92) 1. '존재'는 '가장 보편적인' 개념이다. 2. '존재'라는 개념은 정의될 수 없다. 실제로 '존재'는 존재자로서 개념 파악될 수 없다. 존재에는 어떤 다른 본성이 덧붙여질 수 없다. 3. '존재'는 자명한 개념이다. 모든 인식함에, 발언함에, 존재자에 대한 모든 개개의 행동관계에, 자기 자신에 대한 모든 개개의 관계 맺음에 '존재'는 사용되고 있으며, 그때 그 표현은 '아무 문제 없이' 이해되고 있다.(SuZ 3~4쪽)
93) WiM 43쪽.

적으로 존재한다는 것, 즉 '눈앞에 있음'을 의미한다. 이때 존재는 자명한 것으로 전제되고, 그 근원적이고 본래적인 의미와 그것의 개시성은 물어지지 않은 채 남아 있다. 오늘날 존재자만 있는 것으로 간주된다. 따라서 그것의 대척점에 있는 '무'는 아예 없는 것, 비-존재자(das Nichtseiende)로 여겨진다. "존재자가 아닌 이 무(Nichts)는 '존재'와 동시에 주어져 있기에 결코 '아무것도 아닌 것(das Nichtige)'이 아니다."[94] 그러나 존재는 자신을 밝히면서 은폐하기에,[95] 우리는 흔히 존재를 단순히 존재자와 비존재자로만 파악하고 있는 것이다.

이런 점에서 하이데거의 존재사유는 존재자에 가려져 보이지 않는 무의 심연까지 도달한다. "무(無)는 존재로 현성하고 있다(west)."[96] 무는 존재와 공속된 사태로서 불안(Angst)의 기분(Stimmung)을 통해 오로지 인간만이 그것을 경험할 수 있다. 무로서의 존재는 외적인 작용이나 어떤 아무런 근거 없이도 스스로 자존한다. 그것은 이유 없이도 자신 때문에 거기에 있다. 이러한 '존재'로부터 일어나는 존재경험이 인간의 본질에 해당한다. 또한 그것이 사유를 가능하게 한다. 따라서 존재는 결코 사유의 산물이 아닌 것으로서 사유 이전에 개시되어 있다.

하이데거는 근대적 주관주의와 실증주의를 배태한 인식하는 능동적이고 초월적인 주체를 문제 삼는다. 더 근본적으로는 인간이 '이성적 동물'로서의 세계에 대한 태도가 인간의 본질을 다 드러내고 있는지에 대해 의문을 제기한다. 인간은 모든 사물을 계산하고, 계획하고, 사육하기 위해 그것들에 무제한의 폭력을 행사한다.

---

94) Wm 413쪽.
95) Hum 16쪽.
96) WiM 41쪽.

하이데거는 이러한 존재자의 소유와 지배의 아이콘인 근대적 주체로서 인간관을 비판하면서 세계 속에 던져져 살아가는 구체적 인간을 문제 삼는다. 인간은 이미 세상 속에 구체적으로 실존하면서 죽음과 무에 직면하여 불안을 느끼고, 양심의 가책을 느끼면서, 세상에 빠져 다른 존재자들과 관계하면서 자신의 본래적 모습을 상실하고 살아가는 '세계-내-존재(In-der-Welt-sein)'이다. 말하자면 인간은 목적연관 전체의 세계라는 지평 위에 이미 처해 있는 존재자로서 이해된다.

근대의 기술적 존재이해에서는 존재자가 인간에 의해서 계산되고 지배되는 '부품(Bestand)'으로 간주된다. 세계도 수학적으로 계산 가능하고 인과적으로 예측 가능한 추상으로 변질된다. 더욱이 인간마저도 '계산 가능한 노동력의 공급원' 내지 '인적 자원'으로 파악된다. 여기서 '계산'이란 형식적 이성의 능력으로서 사물이나 사태의 규칙, 질서, 법칙, 구조, 원리를 규정한다. 이것의 활용은 과학, 기술, 상업, 행정, 산업 분야에서 필요한 것임을 부인할 수 없다. 계산적 사고는 '사유의 수학화'를 가져온다. 이 경우에 수학은 최고의 심급으로 간주된다. 이제 인간의 사유는 철저히 수학의 통제하에 묶이게 된다.

하이데거는 근대적 사고에 대한 존재론적 비판을 통해 '철학의 종말'을 언급한다. 그는 헤라클레이토스(Herakleitos)의 로고스 개념을 해명하면서 사유의 사멸 가능성 여부를 논한다. "그리하여 사유가 정보의 물결 속에서 사멸되고 말 것인지, 아니면 자기 자신에게 은닉되어 있는 사유의 유래를 통해서 보호하도록 사유가 밑으로 침잠해 들어가야 할 바닥이 사유에게 규정되는지는 여전히 물음으로 남아 있다."[97]

---

97) Wm Vorbemerkung. X.

이런 계산적 사고가 지배하는 획일적이고 전체주의적인 지적 상황 속에서, 그리고 철학이 자신의 지반을 잃은 존재상실과 대도(大道)상실의 시대 속에서 '다른 사유(das andere Denken)'의 가능성을 모색한다. 하이데거에게 있어서 예견되는 미래에서 숙고적 사유를 일깨우는 것은 인간의 본질을 지키고 구원하는 일에 해당된다. 다시 말해 사유는 철학자의 전유물이 아니라, 오히려 인간의 본질과 삶의 방식과 연관된다. 인간은 모름지기 숙고하는 한, 자신의 본질에 거하게 된다.

무엇보다도 '숙고'[98] 내지 '숙고적 사유'는 계산 및 계산적 사고와 대비를 통해 더욱 명료히 드러날 수 있다. 여기서 숙고함(Besinnen)은 존재의미(Sinn des Seins) 내지 본질을 음미하는 마음의 능력과 활동, 즉 뜻새김의 사유를 지칭한다. "하이데거에 의하면 인간에게는 셈하는 계산적 사유능력 외에도 존재의 진리, 즉 비은폐성에 응답하며 존재 발생의 사건에서 존재의 의미를 읽어내는 뜻새김의 사유능력도 있다."[99] 말하자면 인간이 존재의 소리에 공명하면서 존재와 함께 공진(共振)할 수 있는 사유능력이다. 인간은 모름지기 존재의 진리에 응답할 수 있는 본연의 역할을 회복해야 한다.

그러나 근대의 틀에 박힌 이성은 계산적 사고를 통해 존재의 의미

---

98) Aristoteles, 천병희 옮김, 『니코마코스 윤리학』, 숲 2013. VI, 1, 1139a 11쪽 이하; 『영혼론』, III, 3, 428a 24; 10, 433a11f; 11, 434a5 이하. 하이데거에 있어서 숙고 개념은 아리스토텔레스의 '숙고(βούλευσις, deliberation)' 개념과 다르다. 아리스토텔레스의 숙고개념은 기억의 재구성, 정당화의 의견, 타인의 마음을 읽을 수 있는 능력까지 확장될 수 있다. 아리스토텔레스는 숙고를 'logistikon', 즉 '헤아리는 능력' 혹은 '추론능력'의 작용으로 간주하고 동물들에게는 그런 능력이 없다고 말한다.

99) 이기상, 위의 책, 288쪽.

를 제거하거나 사라지게 한다. "그러한 이성은 위로는 예술작품의 '의미'를 제거해버린 것처럼 밑으로는 '의미로부터 면제된 것'이 철저하게 사라지도록 만든다."[100] 이런 계산적 사고와 대비하여 '존재'가 음미될 때 그것을 일컬어 '숙고적 사유'라고 한다. 그러나 하이데거에 의하면 숙고의 결핍은 결코 계산될 수 없는 무용한 것의 광채 안에서 밝게 빛나고 있는 것이다. "숙고적인 사유가 우리에게 요구하는 것은, 우리가 일면적으로 표상에 매달리지 말라는 것이며, 또 우리가 일방적으로 표상을 향해 나아가지 말라는 것입니다. 그리고 얼핏 보기에는 그 자체 전혀 (우리와) 관계하지 않는 듯이 보이는 그러한 것 속으로 들어가 (그것과) 관계 맺으라고 숙고적 사유는 우리에게 요구합니다."[101]

하이데거는 '존재론적 현상학'을 거쳐서 숙고적 사유로서의 '존재사유'의 길을 간다. 후기에 갈수록 그는 자신의 사유의 고유성을 사람들이 혼동하지 않게 하기 위해서 철학, 현상학, 해석학, 형이상학의 용어들과 자신의 사유를 지칭하는 것과의 거리를 둔다. 사유의 사태란 "자신을 내보이는 것을, 그것이 자기 자신으로부터 자신을 내보이고 있는 그대로 자기 자신으로부터 보이게끔 하는 것"이다.[102] 나아가 '사유되어야 할 것의 요구에 대응하는 사유의 가능성'을 논구한다.

요약하자면, 계산적 사고는 숙고적 사유의 파생태이다. 왜냐하면 숙고적 사유가 계산적 사고를 가능하게 하기 때문이다. 계산적 사고는 이성의 소산물이다. 그러나 이성은 마음의 한 양태에 불과하다. 존재는 사유를 가능하게 하는 마음에 말을 걸어온다. 그것에 응답함이

---

100) M. Horkheimer, Th. W. Adorno, 위의 책, 217쪽.
101) Gel 22쪽.
102) SuZ 34쪽.

바로 근원적 의미에서 사유함이다. 무엇보다 "철학은 존재(Seyn)에 대한 숙고로서 필연적으로 자기 숙고(Selbstbesinnung)이다."[103] 중요한 것은 이 '자기 숙고'로서의 철학은 '다른 시원'의 사유로만 비로소 실행가능하다. 결국 철학이란 숙고적 사유를 통해 표상적 사유 및 계산적 사고에 더 이상 의존해서는 안 된다. 오히려 그것은 계산적 사고로부터 시원적 사유에로 전향해야만 한다. 이것이 하이데거의 일관된 지론이다.

5. 계산적 사고와 철학의 종말

하이데거는 다음과 같은 물음들을 제기하면서 '철학의 종말'시대의 사유의 과제를 제시한다. 첫째, 현시대의 철학은 어느 정도로 자신의 종말에 이르렀는가? 둘째, 철학의 종말에 이른 지금에 와서 어떤 과제가 사유에게는 유보되어 있는가?[104] 그의 후기 사유에 있어서 '철학의 종말과 사유의 과제'는 핵심적 논제이다. 여기서 하이데거가 강조하는 '철학의 종말'이란 '형이상학의 완성(Vollendung)'[105]을 의미한다. 이 완성은 철학이 자신의 종말과 더불어 최고의 완전성에 반드시

---

103) GA 65. 48쪽.
104) M. Heidegger, 문동규·신상희 옮김, 『사유의 사태로』, 길 2008. 141쪽 이하.
105) 하이데거에 의하면 기술과 기술문명이 존재망각과 내면적으로 밀접한 관계에 있다. 왜냐하면 그는 현대기술을 존재역사적 관점에서 '완성된 형이상학(die vollendete Metaphysik)'으로 파악하기 때문이다. 따라서 기술공학과 실증과학, 기술문명과 물질문명의 세계지배는 '존재망각을 통한 존재자 지배의 완성'이라고 볼 수 있다. VA 76쪽 참조.

도달해야 한다는 의미에서의 완전성을 뜻하지 않는다. 오히려 '종말(Ende)', 즉 '끝'이라는 독일어의 옛 의미는 장소(Ort)를 의미한다. '어떤 하나의 끝으로부터 다른 끝으로'라는 말은 '어떤 하나의 장소로부터 다른 장소에로'를 일컫는다.

철학의 종말은 장소, 즉 철학사 전체가 자신의 극단적인 가능성 속으로 집결(Versammlung)되는 바로 그런 곳이다. 완성으로서의 종말은 바로 이러한 집결을 의미한다. 종말은 완성으로서 극단적인 가능성들 속으로의 집결이다. 철학의 종말은 과학적·기술적 세계와 이 세계에 적합한 사회질서를 정리정돈하고 언제든지 조종할 수 있는 상태에 이르렀다는 승리의 함성으로서 스스로를 나타내 보여준다.[106] 이는 단적으로 철학은 사라지고, 그 자리에 과학기술이 자리를 점하였다는 선언인 셈이다.

하이데거는 철학을 우선 '형이상학'으로 규정한다. 따라서 철학의 종말은 형이상학의 종말이다. 형이상학은 특정 시대를 근거짓는다. 이러한 근거는 그 시대를 특징짓는 모든 현상을 철저히 지배한다. 하이데거에 의하면, 데카르트(R. Descartes)의 형이상학에서 처음으로 존재자는 '표상성의 대상성'으로, 진리는 '표상의 확실성'으로 규정된다. 여기서는 존재자를 그 존재자로 가능하게 해주는 가장 보편적이며 본질적인 규정으로서 존재자성을 다룬다. 그러나 그것은 존재자에 매몰되어 존재 자체 내지 존재의 진리를 망각한 결과로 파악된다. 여기서 존재의 진리(aletheia)는 존재자를 존재자로 탈은폐하고(entbergen), 그것을 존재하게 한다.

---

106) WhD 143, 147쪽.

형이상학은 존재자로서 존재자를 표상함으로써만 존재를 사유하기 때문에, 존재의 진리에 대한 물음을 던지지 않는다. 형이상학은 '존재'를 언급하기는 하지만, 실제로는 '존재자로서의 존재자'를 탐구한다. 형이상학의 발언은 그 시작으로부터 그 완성에 이르기까지 철저히 존재자와 존재를 혼동하고 있는 셈이다.[107] 이것이 바로 '존재론적 차이'를 사유하지 않은 형이상학의 실상을 여실히 보여주는 것이다.

현대에 이르러 근대적 사유의 정점에 서 있던 감각적 지각에 의해 파악될 수 있는 객관적 대상과 사실에 대한 합리적인 탐구로 파악된 실증주의에 대한 비판이 현저하다. 동시에 이론과 실천, 그리고 인식과 가치 사이의 이원론의 입장을 견지하면서도 그 어떤 목적도 가지고 있지 않은 신실증주의(neo-positivism), 즉 '분리된 기호들의 체계'를 탐구하는 신실증주의에 대한 비판과 함께 현대철학은 등장한다.[108] 실증적 자연과학의 방법으로 '통일과학(unified science)'을 추구한 '논리 실증주의(logical positivism)'와 수학을 순수한 논리적 연역체계로 간주하는 '수리논리학(Logistik, mathematical logic)'에서도 절대적 보편성에 입각한 철학의 과제를 포기하는 현상이 드러난다.

특히 하이데거는 과학(die Wissenschaft)의 현대적 위상을 논하면서,

---

107) WiM 132쪽.
108) E. Husserl, 『위기』. 후설은 실증과학에 의해 규정된 근대적 세계관이 진정한 인간성에 관련된 문제보다는 사실에 관한 문제만을 바라보는 인간상을 만들었다고 비판한다. "19세기 후반에는 근대인의 세계관 전체가 실증과학에 의해 규정되고, 실증과학으로 이룩된 '번영'에 현혹된 채, 이러한 세계관을 독점하는 것은 진정한 인간성에 결정적 의미를 지닌 문제들을 무관심하게 외면하는 것을 뜻한다. 그런데 단순한 사실학은 단순한 사실인(Tatsachenmenschen)을 만들 뿐이다."(64쪽 이하)

당대의 모든 과학 및 수학조차도 실증과학(positive Wissenschaft)으로 단정한다. "존재자는 기존과학을 위해 구역으로서 앞서 놓여 있다. 즉 존재자는 '놓여 있는 것(ein positum)'이고, 또한 모든 과학은 그 자체로 '실증과학'이다.(심지어 수학조차도 그러하다)"[109] 나아가 철학마저도 인간의 경험적·실증적 학문으로 변질되어 철학적 사유는 근원으로부터 뿌리뽑힌 채 궁핍하게 된 상황에 처해 있다. 이런 실증주의를 추동한 근대적 이성에 바탕을 둔 '계산적 사고'[110]는 형이상학적·도구적·기술적 이성의 산물이다.

또한 "형이상학적 이성은 모든 것을 논리와 지성의 보호 아래에 두려는 충동을 가지고 있다."[111] 그것은 소위 '본질적 이성'이 지닌 성찰과 비판의 기능을 도외시한다. 하지만 근대로부터 현대에 이르기까지 우리는 계산적 사고의 유용성과 영향력을 현실에서는 끊임없이 촉진시키며 증대시켜온 것이 사실이다. 계산적 사고는 우리의 삶에 보조적인 역할을 한다. 그러나 그것이 삶의 의미와 존재론적 맥락성, 그리고 역사성을 사색하는 데 이르지 못하거나, 도리어 그 사색을 방해한다. 따라서 우리 시대에 사유의 관점에서 가장 필요한 것이 결여되어 있다. 이런 점에서 하이데거는 오늘날 '궁핍한 시대의 사상가'[112]로 불린다.

---

109) GA 65. 145쪽.
110) 여기서 독일어 Denken은 계산과 관련해서는 '사고'로 번역하고, 철학과 숙고와 관련해서는 '사유'로 번역한다. 그 이유는 독일어 Denken에서는 계산적 사유 및 숙고적 사유와 관련하여 동일하게 사용되기 때문이다. 그러나 우리 말에는 '사고'와 '사유'는 다르지는 않지만 구분하여 번역한다. 왜냐하면 이렇게 구별하여 번역하는 것이 하이데거의 본래 의도와 상응하고, 독자들이 양자의 차이를 분명하게 이해하는 데 도움이 된다고 여겨지기 때문이다.
111) T. Clark, 위의 책, 84쪽.
112) K. Löwith, *Heidegger, Denker in dürftiger Zeit*, Stuttgart 1984. 124~234쪽.

'철학의 종말'시대에 철학은 자립적인 과학들로 펼쳐져서 철학의 합법적인 완성을 도모한다. 그러나 진정한 철학은 현시대에서 끝나고 있다. 철학은 사회적으로 거래하는 인류의 학문성 안에 자신의 장소를 가지고 있다. 이러한 학문성의 근본특성은 자신의 인공두뇌적인 것과 연관되고, 다시 말해 기술적인 성격만을 지닌다는 사실이다.

이제 학문들의 관심은 정리되고 정돈된 대상 영역의 그때그때마다 필연적인 구조개념들의 이론으로 향해 있다. '이론'은 범주들의 가정을 의미하는데, 이러한 범주들에는 단지 어떤 인공두뇌학적인 기능만이 귀속될 뿐, 모든 존재론적 의미는 부정되고 만다. 그래서 표상하고 계산하는 사유의 조작적인 성격과 모델적인 성격이 학문이론을 지배하게 된다. "결국 우리가 실재라 알고 있는 것은 모두 그것에 대한 우리 자신의 표상이다. 물론 인공지능에 문제가 되는 것은 컴퓨터에게 사물에 대응하는 인지적 표상들을 주는 방법이 된다. 그래서 사물들에 대한 안전한 이해를 컴퓨터에 부여하는 방식으로 컴퓨터가 사물들을 조작할 수 있다."[113]

하이데거에 앞서 후설은 정신과학조차 '자연주의'에 함몰되어 정신을 순수하게 정신으로서 탐구하는 본질학(Wesenslehre)을 등한시하고 방치하였음을 밝힌다.

정신과학의 연구자들은 자연주의에 의해 맹목적이 되어 (아무리 그들 스스로 자연주의를 말로만 논박하더라도) 보편적이며 순수한 정신과학의 문제를 제기하는 일뿐만 아니라, 정신적인 것의 영역에서 절대적 보편성에 따

---

113) T. Clark, 위의 책, 45쪽 이하.

98

라 원리들이나 법칙들을 추구해가는 정신을 순수하게 정신으로서 탐구하는 본질학에 관해 묻는 일조차 철두철미하게 소홀히 방치하였다. 그러나 이 정신의 본질학에 관해 묻는 일은 절대적으로 궁극적인 의미에서의 학문적 해명을 획득하기 위한 목적으로 수행되어야만 한다.[114]

'계산적 사고'의 총아인 텔레비전과 컴퓨터, 그리고 이동통신 기기와 같은 매체들은 우리의 일상경험을 확대시킨다. 또한 그것들은 인간관계를 포함한 모든 분야에 걸친 경험구조를 변형시킨다. 그러므로 기계는 단순한 도구가 아니라, '신체의 연장물'이며 '준(準)-타자'이다. 기술시대의 인간은 생생한 삶의 지평, 즉 도구적 지평 속에서 살아간다. 이제 기술은 현대인에게는 피하거나 부정할 수 없는 운명이다. 이처럼 인간이 기술권에 밀착되어 살 수밖에 없다는 운명은 이제 인간의 삶을 구속하는 필수적인 삶의 방편 내지 '이데올로기'로 등장한다.[115] 그러나 계산적 사고는 모든 존재자의 질적인 차원과 삶과 역사의 세계의 지평을 고려하지 않는 한계를 지니고 있다.

이런 지점에서 하이데거는 서양 사유의 역사 전체를 자신의 고유한 관점에서 재해석하면서 기존의 사유와 질적으로 '다른 사유'를 제시한다. 그는 존재자로서의 존재자를 근거짓는 표상작용의 방식 속에서 사유해온 근대의 주관형이상학을 해체하여 재구축하고자 한다. 여기서 '표상'이란 현실을 그 자체로 사유하지 않고 관리 가능한 하나의 체계로 만드는 활동을 의미한다. 해체는 단절과 회복의 중의적 의미

---

114) E. Husserl, 『위기』, 428쪽 이하.
115) D. Ihde, 김성동 옮김, 『기술철학』, 철학과 현실사 1998, 104쪽 이하.

를 가진다. 즉 그것은 전면적인 부정이나 단순한 퇴출이 아니다. 오히려 그것은 감내하고 근원적으로 회복하기 위한 방법적 해체이다.

또한 사유의 시원과 원형을 되찾기 위해 하이데거 사유는 '철학의 죽음'을 예견하는 데 그치지 않는다. 전기 하이데거는 과학적 인식의 존재론적 토대를 밝히고자 한다. 그는 과학의 기초가 실존에 놓여 있다고 본다.[116] 후기 하이데거는 '철학의 종말'에 내재하는 '존재의 역운(Geschick des Seins)'을 밝히고자 한다. 이 '존재의 역운'이란 인간이 자의적으로 지배하거나 조종할 수 있는 것이 아니다. 그것은 존재 자체의 생기사건으로 인간에게 다가오면서 세계와 역사에 주재하는 선재적인 이법(理法)에 해당한다.

근대의 철학은 이성의 빛에 관해서는 말하지만, 존재의 '환한 밝힘(환히 트인 터, Lichtung)', 즉 존재의 '개시성(Erschlossenheit)'에 관해서는 주목하지 않았다. 오직 존재의 열린 장만이 '자연의 빛(lumen naturale)', 즉 이성의 빛을 밝혀준다. 또한 '존재의 진리'[117]인 알레테이아(aletheia, 비은폐)는 물론 철학이 시작될 당시에 명명되었으나, 그 이

---

116) 하이데거의 실존론적 과학이해에 관한 논문들은 다음과 같다. W. Stegmüller, *Hauptströmung der Gegenwartphilosophie*, Stuttgart 1976. R.A. Bast. *Der Wissenschaftsbegriff Martin Heideggers im Zusammenhang seiner Philosophie*. Stuttgart- Bad Canastatt. 1986, C. F. Gethmann, "Der existenziale Begriff der Wissenschaft", in *Dasein: Erkennen und Handeln. Heidegger im phänomenologischen Kontext*, Berlin 1993. 이선일, 「하이데거의 기술의 문제」, 서울대학교 대학원, 박사학위논문. 1994.

117) 존재의 진리는 인식의 진리보다는 근원적인 것이다. 그것은 모든 것의 근본바탕으로서의 존재 자체를 의미한다. "모든 형이상학의 은닉된 근본바탕으로서의 존재의 진리."(WiM 139쪽) "존재의 진리는 존재에 본질적으로 깃들어 있는 것으로서 존재 자체이다."(WiM 140쪽)

후에 철학은 그것을 고유하게 그 자체로서 사유하지 않고 있다. 왜냐하면 형이상학으로서의 철학의 사태는 아리스토텔레스 이래로 존재자 자체를 존재·신학적(onto-theologisch)으로 사유하기 때문이다. 여기서 존재의 비은폐성(Unverborgenheit)은 마치 존재와 사유, 그리고 이 양자의 공속성이 그 안에서 비로소 주어지게 되는 본령과도 같은 것이다. 존재의 비-은폐성은 존재 자체가 자신을 드러내는 것을 뜻한다.

하이데거는 현대의 사유의 부재를 인문학이 직면한 최고의 위기상황으로 간주한다. 이 시대에 존재는 '부품' 내지 '상품'이라는 단일한 종류의 존재자로 파악된다. 존재에 속한 사유는 '계산'으로 표준화된다. 그리고 존재와 사유 사이에 성립했던 동일성의 상호관계는 현대 기술의 본질인 '몰아세움(Gestell)'의 일방적 관계로 왜곡되고 있다. 모든 존재자는 부품으로 세워져서 기능화되어 자신의 본질과 고유성이 훼손되고, 오용되고, 조종당하고 있다.

원래 존재와 사유의 동근원적 관계가 존재에 대한 사유를 가능케 한다. 철학의 진행과정에서 멈춰진 역사의 반복운동을 되살려내어 역사가 새로이 전개되도록 돕는 것이 우리에게 주어진 것, 이른바 '사유의 반시대적 과제'이기도 하다.[118] 따라서 이 기술시대에 철학적 사유의 전향, 즉 '인식의 우위와 의지의 자유'에 대한 근대적 집착에서 벗어나 인간의 존재론적 원천인 '존재 자체'로 돌아서는 '숙고적 사유'에로의 전향이 요청된다. 말하자면 "인간은 순수한 숙고의 힘으로부터 나온 창조적인 질문과 형태 속에서만 전술한 계산될 수 없는 것을 알게 되며, 자신의 진리 안에서 보존하게 된다. 이 숙고는 미래의 인간

---

118) 이승종, 위의 책, 325쪽.

을, 그 안에서 인간이 존재에 속하면서 존재자 안에서는 낯선 자로 머물게 되는 그러한 사이로 옮겨놓는다."[119]

전술한 대로, 하이데거는 서양 사유의 위기와 종말의 징후를 간파한다. 즉 사유가 부재한 시대상과 계산으로 대체된 사유의 형세를 깊이 들여다본다. 무엇보다 존재는 물어지지 않은 채 자명한 것으로 남아 있고, 단지 사유되지 않은 채로 있다. 존재는 오랫동안 망각되어 왔고, 또한 그것은 탈-근거의 진리 속에 머물러 있다. 하이데거가 언급한 전 지구적인 사유방식의 근거인 '완성된 형이상학', 즉 현대기술은 아마도 오랫동안 지속할 대지의 질서에 틀을 제공해주고 있다. 이 질서는 더 이상 철학을 필요로 하지 않는다. 왜냐하면 철학이 이미 이 질서의 근저에 놓여 있기 때문이다. 그러나 철학의 종말과 더불어 사유가 이미 종말에 이른 것이 아니라 또 '다른 시원'으로 이행해가고 있다는 것이 하이데거의 통찰이다.

요약하자면, 하이데거는 기술을 '완성된 형이상학'으로 읽고, 그것의 극복을 사유의 과제로 삼는다. 여기서 완성은 '극단적 가능성 속으로의 집결'을 의미한다. 이것은 전통 형이상학의 사유방식인 '표상적 사고', 즉 계산적 사고를 넘어서서, 존재가 건네는 말에 응대하는 새로운 사유방식이 필요하다는 것을 의미한다. 이는 비표상적 사유인 숙고적 사유, 즉 존재 회상적인 본질적 · 근원적 사유 내지 사물들에로의 '초연한 내맡김(Gelassenheit)'의 사유이다.

---

119) M. Heidegger, 최상욱 옮김, 『세계상의 시대』("Die Zeit des Weltbildes"(1938), in *Holzwege*, Frankfurt a.M. 1980), 서광사 1995(이하 ZW), 94쪽.

6. 계산적 사고와 인간의 정체성 변화

하이데거에 의하면, 기술적 현대인은 자기 자신의 참다운 존재를 망각하고 자신의 본질을 대면하지 못하고 있다. 심지어 인간은 자기 자신을 해체해버리는 단계에까지 이르렀다. "노동하는 동물은 자신이 만들어놓은 것에 도취되어 있다. 이를 통해 그는 자기 자신을 해체해버리고 공허한 무로 파괴해버린다."[120]

이제 인간은 한갓 계산하는 '정보처리 기계인(homo cyberneticus)', '기술인(homo technicus)', '기술화된 동물(das technisierte Tier)',[121] '사유기계(Denkapparat, Denkmaschine)', '포스트 휴먼(posthuman)', '사이보그(cyborg)', '기술광(technophile)' 등으로 자신의 정체성 변화를 강요받는다. 나아가 최근에는 모어(M. More)의 '향상된 인간(enhanced human)', 헤일스(K. Hayles)의 '체현되고 분산된 주체', 시몽동(G. Simondon)과 과타리(F. Guattari)의 '개체초월적-횡단적 주체'개념이 등장한다.

무엇보다 심각한 것은 계산적 사고가 인간의 지배욕의 도구로서 본래적 이성을 축소시킨다는 점이다. 그것은 인간을 계산적 인간으

---

120) M. Heidegger, *Vorträge und Aufsätze*(1936-1953), Frankfurt a.M. 2000(이하 GA 7), 69쪽.

121) M. Heidegger, 이선일 옮김, 『철학에의 기여』, 새물결 2015. 여기서 하이데거는 기술과 기술화된 인간의 정체성과의 관계를 물음에 부친다. "기술은 마지막 인간이 기술화된 동물에게로—기술화된 동물이란 이로써 심지어(현-존재를 근거 지음을 향해) 접목된 동물이 갖는 근원적 동물성조차 상실한 인간이다—퇴보함에 이르는 역사적 길일까, 아니면 만약 우리가 처음부터 기술을 〔존재의 진리를〕 간직함으로써 떠맡을 수 있다면, 기술은 '현-존재를 근거지음'을 향해 접목될 수 있을까?"(394쪽 이하)

로 만들고, 나아가 자연, 사물, 타자 등으로 구성된 세계를 이해하는 방식을 정량적으로 추상화시킨다. 이른바 계산적이고 이기주의적인 합리성과 상인 정신이 현대의 기술문명을 지배한다. 일찍이 융거(E. Jünger)는 『노동자: 지배와 형태』(1932)에서 이런 기술문명이 개인적인 안락과 향락에 급급해 하는 '부르주아적인 말세인'들을 양산하고 있다고 경고한다.[122] 하이데거는 1935년의 『형이상학 입문』 강의에서 정신의 부패(Verfall) 현상을 다섯 가지, 즉 세계의 암울화, 모든 신의 도주, 대지의 파괴, 인간의 대중화, 모든 창조와 자유에 대한 증오에 가득찬 의심의 만연으로 정리하고 있다.[123]

인간은 본질상 사유할 능력, 즉 지성이나 정신 내지 마음을 통해 사색할 수 있는 능력을 지니고 있다. 전통적으로 인간은 '이성적 동물(animal rationale)', 즉 몸(Leib)-영혼(Seele)-정신(Geist)의 통일체로 규정되어온 것이다. 그리고 아리스토텔레스에 의하면, "인간은 로고스를 가진 존재자이다.(ζῷον λόγον ἔχον)" 근대의 계산하는 사고의 완성태는 사이보그, 컴퓨터-기계-인간, 인공지능, 슈퍼컴퓨터, 양자컴퓨터 등이다. 오늘날 대두되는 새로운 인간종은 호모 사이버네티쿠스(homo cyberneticus)라고 명명된다. 사이보그 내지 '컴퓨터-기계-인간'의 등장은 사유를 계산하는 사고에만 제한시켜 그것을 극단적으로 발전시켜온 결과의 산물이다.

현대에 와서 특이한 것은 존재자를 계산하고 계획하며 확보하는 것이 인간이 해야 할 유일한 과제로 여겨진다. 이로써 인간존재는 세

---

122) E. Jünger, *Der Arbeiter. Herrschaft und Gestalt*. Stuttgart 2007.

123) M. Heidegger, *Einführung in die Metaphysik* (Sommersemester 1935), Frankfurt a.M. 1983(이하 GA 40). 41쪽.

계 내에서 사유하는 본질로서의 그 존엄성을 상실하고 만다. 그 결과 인간은 자신을 거대하게 계산하고 조직하며 계획하는 위대한 존재라고 생각하는 '기술화된 동물'이 된다.[124] 이미 '비판이론'에서도 기계가 인간의 사유의 본질 기능을 상실하게 하여 불구로 만든다고 비판한다. "그렇지만 신화로부터 기호논리학으로 나아가는 도정에서 사유는 '반성'의 계기를 상실했으며, 기계는 오늘날 인간을 먹여 살리기는 하지만 인간을 불구로 만든다."[125]

하이데거에 의하면, 인간존재는 원래 철학함을 의미하고, 철학은 인간 안에 있고, 그것은 인간에게 속해 있다. 인간은 누구나 항상 이미 철학하고 있다. 인간만이 철학할 수 있다. "우리가 인간으로 실존하는 한, 언제나 필연적으로 철학한다. 인간으로 거기 있다는 것은 철학한다는 것을 의미한다. 동물은 철학할 수 없다. 그러나 신은 철학할 필요가 없다. 신이 철학을 했다면 그 신은 신이 아닐 것이다. 왜냐하면 철학의 본질은 한 유한한 존재자의 유한한 가능성이기 때문이다. 인간존재는 이미 철학함을 의미한다. 인간 현존재 자체는 이미 그 본질상 우연적이든 아니든 철학 안에 들어서 있다."[126]

하이데거의 통찰에 의하면 가장 우려스러운 것은 오늘날의 인간은 사유하는 자신의 본질을 상실하고 있다는 것이다. "그러나 실제로 인간은 그 반대로 오늘날 어느 곳에서든 더 이상 자기 자신을, 다시 말해 자신의 본질을 대면하지 못하고 있다."[127] 더 심각한 것은 "생명과

---

124) ZW 55쪽.
125) M. Horkheimer, Th. W Adorno, 위의 책, 72쪽 이하.
126) EiM 15쪽.
127) TK 75쪽.

인간의 본질을 파괴하는 그런 공격이 기술을 매개로 해서 준비되고 있다"[128]는 사실이다. 이제 우리는 계산적 사고의 총아인 인공지능에 완전히 복종하든지, 아니면 스스로 사고하는 사람으로 남을지에 대한 결단이 요구되기도 한다. "인공지능이 컴퓨터 이상으로 사무처리를 해내는 고성능 기계인 이상, 제대로 생각할 수 있는 사람이 될지, 아니면 인공지능의 시뮬레이션대로 그저 따르기만 하는 인간이 될지, 둘 중 하나이다."[129]

후설은 새로운 근대철학 및 학문이 근본적으로 자기를 혁신하려는 근대 유럽의 인간성을 근원적으로 건립할 수 있다고 확신한다. 그러나 그러한 기획이 '위기'에 봉착하였다고 그는 진단한다. "따라서 철학의 위기는 철학적 보편성의 분과들인 근대학문 모두의 위기를 뜻한다. 이 것은 유럽 인간성의 문화적 삶이 지닌 의미심장함 전체, 즉 그의 실존 전체에서 맨 처음에는 잠재적이지만 점차 더욱더 두드러지게 드러난 유럽 인간성 자체의 위기이다."[130] 결국 '철학의 위기'는 바로 '유럽 인간성의 위기'와 직결된다. 그는 학문으로서의 철학을 '인간성 그 자체에 타고난 본래의 보편적 이성이 계시되는 역사적 운동'[131]으로 간주한다.

이런 점에서 후설은 인간성의 타고난 본래의 이성, 즉 자기 해명의 끊임없는 운동 속에 있는 이성을 강조한다. 철학은 인간성의 기능으로 발생하거니와 이것은 인간성의 자율성으로 발전시킨다는 것이다. 따라서 "필증적으로 정초되었거나 정초하는 보편적 학문은 이제 필연

---

128) Gel 20쪽.
129) 오가와 히토시, 위의 책, 14쪽.
130) E. Husserl, 『위기』, 73쪽.
131) 같은 책, 78쪽.

적으로 최상의 인간성의 기능으로서 발생하며, 이 기능은, 내가 말하였던 바와 같이, 인간을 인격적 자율성과 모든 것을 포괄하는 인간성의 자율성으로 발전시킬 수 있도록 만든다. 이 자율성은 최상의 인간성의 단계를 위한 삶의 충동력을 형성하는 이념이다."[132] 후설에게 철학이란 모름지기 궁극적 자기이해와 세계이해에 도달하려는 인간성의 자기 책임의 발로이다.

하이데거의 입장에서는 우리가 본래 지니고 있는 숙고적 사유능력을 포기하고 '기계-인간'으로 만족하는 것은 인간으로서의 고유한 본질을 포기해버리는 가장 위험한 직무유기에 해당한다고 본다. 왜냐하면 인간에게는 셈하는 계산적 사유능력에 앞서서 존재의 진리에 응답하며, 존재 현현의 사건에서 존재의 의미를 읽어낼 수 있는 숙고적 사유가 중요하기 때문이다. 인간만이 자신의 존재와 타자 및 세계의 존재를 이해할 수 있는 '존재적-존재론적 우위'[133]를 지니고 있다. 그에게 인간은 존재자의 주인이 아니라, 존재가 자신을 개현하는 터전으로 '현-존재(Da-sein)'이다.

이제 인간은 독립적 주체가 아니라 존재와의 연관 속에 존재하는 관계적 존재이며, 존재의 지평에 나가 서 있는 '탈-존'이다. 하이데거는 '인간이란 무엇인가?'라는 질문에 대한 답을 "인간의 본질은 인간의 탈-존(Ek-sistenz)에 기인한다"라는 문장으로 대신한다. 이 말은 탈-존함으로서의 인간이 '존재의 열려 있음' 안으로 나아가 있게 된다는 것이다. "탈-존이란 모든 현존(existentia) 및 실존(existence)과 구별되

---

132) 같은 책, 415쪽 이하.
133) SuZ 13쪽.

는 것으로서, 존재와의 가까움 안에 탈-자적으로 거주함을 의미한다. 탈-존은 존재의 파수꾼(Wächter des Seins)의 역할을 떠맡는 것이며, 다시 말해 존재를 위한 심려(Sorge)이다."[134]

그러나 근대의 형이상학은 어떤 방식으로 인간의 본질이 '존재의 진리'에 속하여 있는지를 묻지 않는다. 인간이 '존재자의 주인'으로 군림하면서, 존재의 부름을 받고 존재를 지키는 '존재의 목동',[135] 그리고 '존재진리를 지키는 자'[136]로서의 자신의 정체성을 상실한 것이다.

이제 "인간이 주체가 됨으로써 인간의 본질 자체가 변화한다. 인간이 일차적으로 본래적인 그런 주체가 된다면, 이것은 곧, 인간이 모든 존재자를 그것의 존재방식과 그것의 진리방식에서 근거짓는 그런 존재자가 된다는 것을 의미한다."[137] 근대적 인간은 표상행위의 주체로서 만물의 척도이다. "인간은 스스로 모든 척도를 위한 척도 결정자로서 자신을 근거짓는다."[138] 결국 오늘날 지배적인 무차별적이고 무조건적인 계산적 사고는 인간마저도 대상화시켜 '대체 가능한 것'으로 만들어버린다. 인간은 본래 계산하는 주체 이전에 탈자적(ekstatisch)이고 실존론적 본질을 지닌 존재이다.

앞서 언급한 대로, 기술적 탈은폐의 위험 앞에서 기술화된 현대인은 오늘날 더 이상 자기 자신의 참다운 존재를 만나지 못한다.[139] 또

---

134) Wm 339쪽.
135) Hum 29쪽.
136) 같은 책, 19쪽.
137) Hw 88쪽.
138) 같은 책, 108쪽.
139) 인간을 포함한 모든 존재자는 부품으로 탈은폐되어 자신의 고유성을 상실한다. "따라서 인간이 자연을 그의 **표상의 한 영역**으로서 탐구하고 관찰하며 뒤쫓아

한 자신의 고유한 자연스러운 본질을 경험하지도 못하고 있다. 우리의 몸과 마음은 기술적인 대상들에게 향해져 있다. 심지어 그것들은 우리들에게 언제나 더 좋고 향상된 품질을 추구하라고 촉구한다. 하지만 우리는 자신도 모르는 사이에 기술적인 대상들에게 종속됨으로써 결국 그것들의 노예로 전락하고 있다.

이제 인간은 더 이상 사유하는 자립적 존재가 아니라, 오히려 비자립적인 부품적 존재로 화한다. 말하자면 현대인은 이용 가능한 산업자원, 인력자원, 노동인력, 두뇌인력, 교육상품, 기술인력 등으로 도처에서 주문적으로 요청되고 있다. 이처럼 현대인은 언제든지 상품화되고 부품화될 위험 앞에 처해 있다.[140] 그러나 인간은 의식의 주체라는 자기규정으로부터 벗어나서 존재와 연관 속에서 '현-존재'[141]

다닐 때, 그는 이미 자연을 연구의 대상으로서 관심을 갖도록―그래서 대상이 대상 없는 부품으로 사라질 때까지―그에게 도발적으로 요청하고 있는 그러한 **탈은폐의 한 방식**에 의해서 말을 건네받고 있다."(VA 26쪽)

140) "모든 것의 제작을 향한 무제약적 가능성을 기술적으로 제작하기 위해 '인간'이라는 원료를 포함한 모든 자원의 남용은 비밀리에 전적인 공허에 의해 규정된다. 이 공허 속에는 존재자가 현실적인 것의 재료로서 매달려 있다."(VA 91쪽.)

141) 하이데거의 현-존재(Da-sein)는 전통적인 형이상학의 개념인 엑지스텐치아(existentia)로서의 현존함(현존재)과는 다르다. M. Heidegger, 이선일 옮김, 『철학에의 기여』. "다른 시원의 사유에서 현-존재라는 낱말의 의의와 사태는 현존재와 전혀 상이하다. 그것은 너무도 상이하기 때문에 저 첫 번째 사용으로부터 이 다른 사용으로 나아가는 어떠한 매개적 이행도 없다. 현-존재는 개개의 존재자의 현실성의 방식이 아니다. 오히려 현-존재 자체는 현의 존재이다. 그러나 현은 존재자 그 자체가 전체 안에서 열려 있음이요, 보다 근원적으로 사유된 알레테이아의 근거이다. 현-존재는 존재하는 방식이다. 이러한 방식은 (이를테면 능동적-타동적으로) 현'이기(ist)' 때문에, 이러한 방식은 이러한 탁월한 존재에 적합하게 또한 이러한 존재 자체로서 유일무이한 존재이다.(존재의 현성에서 현성하는 것) 현-존재는 고유하게 자신을 근거짓는 '피시스의 알레테이아의 근거'이

로 자신을 인식할 때만이, 자신의 본질을 경험할 수 있다는 것이 하이데거의 일관된 견해이다. 즉 "현존재는 그때마다 나 자신인 존재자이다."[142] 인간의 인간다움은 존재와의 연관에 놓여 있다는 사실이다.[143] 히토시는 인간다움을 인공지능과 대비하여 '느끼는 능력'과 본능, 감정, 애매함, 신체, 생명, 불완전함으로 파악한다.[144]

오늘날 학문은 과학이 이끌어간다. 학문 세계에서 경험론적 통합과학, 자연주의적 환원주의, 실증과학의 방법론이 주도권을 지니고 있다. 특히 근대 이후의 실험 심리학은 인간을 실존하는 '나'로서가 아니라, 동물의 한 종(種)으로서 자연과학적으로 다루고 있다. 현대의 생물학은 질적으로 다른 인간존재를 빼버린 채 생명을 눈앞에 있는 하나의 존재 사실, 즉 '단지 살아 있기만 하는 것', '다른 것과 얼마든지 대체될 수 있는 것'으로 파악한다. 이와 같이 실증과학에서는 인간

고, 저 열려 있음의 현성이다. 즉 현-존재는 자기은폐(존재의 본질)를 비로소 생생하게 여는 저 열려 있음의, 또한 그로써 존재 자체의 진리인 저 열려 있음의 현성이다."(423쪽 이하)

142) SuZ 53쪽.

143) 하이데거는 근대적 주체로서의 인간관을 비판하면서, 인간의 본질적인 존재연관, 즉 존재에로의 귀속성을 강조한다. "그러나 인간의 빼어난 특징은 그가 사유하는 본질로서 존재에 열려 있고, 존재 앞에 자리잡고 있으며, 존재와 관계를 맺고 있고, 존재와 대응(Entsprechung)하고 있다는 점에 있다. 인간은 본래적으로 대응의 관계로서 존재한다. 그리고 인간은 오직 이 관계뿐이다. '이것뿐이다'라는 것은 결코 인간을 제약시키는 것을 말함이 아니라 어떤 넘쳐 흐름이다. 인간에게는 존재로의 귀속이 중요하고, 이 귀속이 존재를 듣게 한다. 왜냐하면 귀속함은 존재에게 자신을 맡기기 때문이다."(ID 18쪽)

144) 오가와 히토시, 위의 책. "우선 인간다움에 대해 알아두자. 앞서 본능, 감정, 애매함이라는 키워드를 들었는데, 그 외에도 신체, 생명, 불완전함 등을 들 수 있다. 이것을 통틀어서 '인간다움'이라고 부른다. 굳이 한마디로 표현하자면 '느끼는 능력'이라고도 할 수 있겠다."(131쪽)

의 존재론적 기초를 전제하거나 검토하지 않은 채 건너뛰고 만다.

커즈와일(R. Kurzweil)에 의하면, 기술의 발달에도 불구하고 변하지 않고 존재하는 인간성이 있다. 바로 늘 현재의 한계를 넘어 물질적·정신적 영역을 확장하고자 하는 인간의 고유한 속성인 인간성은 지속될 것이다. 다만 기술이 가장 인간다운 특성이라고 여겨지는 정교함과 유연함에 있어 인간에 맞먹게 되고, 나아가 뛰어넘으리라는 것이다.[145]

하이데거에 의하면 표상된 세계에서 후설의 개념에서 차용한 인간의 '의미 공동화'는 시작된다고 본다. 인간이 존재자 자체와 맺는 관련은 그 목적을 상실하고서 자기 자신과 관계를 맺는 계획에 따른 행동만 한다. 따라서 "존재자에게로 자신을 상실함은 '생(das Leben)'을 자기 자신의 주변을 공허하게 순환하는 계산 가능한 소용돌이로 변형하는 역량으로 체험되고, 또한 이러한 능력을 '생에 가까운 것'으로서 신뢰하게 만드는 그러한 역량으로 체험된다."[146]

인간은 근대적 주체로서 지구의 주인이 아니라, 오히려 '존재의 파수꾼' 내지 '존재의 목동(Hirt des Seins)'과 '존재의 이웃(Nachbar des Seins)'으로서 존재와의 본질적 연관을 가진 존재이다. 그의 본질은 존재를 사유하고, 동시에 존재에 의해 사유되는 존재와의 공속성 속에서 발견된다. 존재의 파수꾼과 목동이란 새로운 인간규정은 자기가 속해 있는 공동체를 깨어서 지키는 소명을 받은 자를 의미한다.

이런 맥락에서 인간의 존재에 직면하여 깨어 있는 정신과 열려 있는 마음, 그리고 책임지는 태도가 자신의 인간다움을 보증한다. 인간

---

145) R. Kurzweil, 위의 책, 27쪽.
146) GA 65, 495쪽.

존재는 숙고하는 본질 존재로서 자신을 지키며, 또 사유와 관련해서 그것을 늘 깨어 있도록 유지하는 일이 중요하다. "인간은 주체도 아니고, '역사의 객체'도 아니다. 오히려 인간은 단지 역사(생생한 고유화)에 의해 실려오게 되어 존재에게로 마음을 빼앗긴 자, 즉 존재에 귀속하는 자일 뿐이다."[147] 모름지기 인간은 존재와의 연관 속에서 거주한다.

인간은 존재가 말을 걸어오는 한에서만 자신의 본질 안에서 현성하지만, 형이상학은 이런 단순 소박한 실상을 가려버린다. 이 존재의 말 건넴에 입각해서만 인간은 자신의 본질이 어디에 거주하는지를 발견한다. 그리고 이러한 거주에 입각해서만 인간은 언어를 가옥으로 갖는데, 이 가옥은 인간의 본질을 위해 '탈자(脫自)적인 것(das Ekstatische)'을 보존해주는 가옥인 것이다.[148]

계산적 사고에만 묶여 있는 근대의 주체적 인간은 '사유하는 인간'으로부터 '계산하는 인간'에로 변신한다. 즉 "인간이 주체가 됨으로써 인간의 본질 자체가 변화한다. 〔…〕 인간이 일차적으로 본래적인 그런 주체(subjectum)가 된다면, 이것은 곧, 인간이 모든 존재자를 그것의 존재방식과 그것의 진리방식에서 근거짓는 그런 존재자가 된다는 것을 의미한다."[149] 원래 그리스인들은 인간을 존재자를 지배하는 자가 아니라 '받아들이는 자(Vernehmer)'로 규정한다. 이는 인간의 존재자의 존재에 대한 근원적 앎과 깨달음을 의미한다. 인간은 현전하는 존

---

147) 같은 책, 492쪽.
148) Wm 321쪽.
149) Hw 88쪽.

재자에게 자신의 척도를 맞추어나감으로써 존재자를 인식한다. 그러나 근대에 이르러 인간은 '존재자의 관계중심'으로 등장한다. 즉 인간 주체는 모든 존재자의 존재근거로서 파악된다. 결국 "인간은 존재자로서의 존재자와 관계하는 이러한 관계의 중심이 된다."[150]

인간이 존재자를 계산 가능한 대상으로 정립하는 까닭은 무엇보다도 존재자를 안전하게 확보하기 위해서이다. 인간은 이러한 안전한 확보를 위해 존재자를 자기 앞으로 가져온다. 즉 인간은 존재자를 자기 앞에 세운다. "표상행위란 자발적으로 어떤 것을 자기 앞에 세우고, 이 세워진 것 자체를 안전하게 세우는 행위이다. 이 안전하게 세우는 행위는 계산이어야 한다. 왜냐하면 계산 가능성만이 표상되어야 할 것에 개한 선행적이며 부단한 확신을 보장하기 때문이다."[151]

하이데거는 근대적 인간의 새로움을 존재자의 존재만이 아니라, 오히려 자신의 존재까지도 스스로 확보하는 주체의 근본적 확실성에서 찾고 있다. 근대적 인간은 구원의 확실성으로부터 자기 확실성에로 스스로를 해방한다. 이제 인간은 자신의 고유한 앎에 의해 알게 된 것만을 참된 것으로 확보한다. 이로써 인간은 표상하는 자신이 확실성의 영역에 존재한다는 사실을 확신한다. 즉 "'내가 생각함=내가 존재함'은 아무런 의심 없이 표상될 수 있는 근본적 확실성이다. 그리고 '내가 생각함=내가 존재함'은 진리의 절대 부동적 근거로서 모든 표상행위를 가능케 하는 기본 방정식이다."[152]

이제 인간은 존재할 수 있는 모든 것을 계산할 수 있는 척도들에

---

150) 같은 곳.
151) ZW 83쪽.
152) 같은 곳.

대한 '표준척도'로서 자신을 스스로 근거 제시한다. 이로써 우리는 근대 자연과학을 가능케 한 형이상학적 근거에 도달한다. 그것은 바로 주체로서의 인간이다. "근대적 표상은 세계를 인간의 사유가 철두철미하게 이해할 수 있는 체계로 형성하는 것을 통해서 자신의 안전을 확보하려는 것이다. 〔…〕세계는 체계적으로 계산 가능하고 이를 통해 조작 가능한 기능적 원인들의 세계가 되어버린다."[153]

그런데 하이데거에 의하면, 데카르트 이래 근대 사유를 줄곧 지배한 것은 주관적인 것이 객관적인 것(대상적인 것, 자연적인 것)에 비해 철저하게 우위를 점하는 것, 즉 '먼저 주어진 것(das Erstgegebene)', '유일하게 확실한 것(das einzig Sichere)', '독단적인 것(das Selbstherrliche)'으로 받아들여진 것이다.[154] 근대의 인간은 '스스로 모든 척도를 위한 척도 결정자'[155]의 자리에 군림한다. 이런 근대의 인간중심주의의 관점에서는 만물을 대상화할 수 없는 것은 존재하지 않을 뿐만 아니라, 무엇이든지 대상화할 수 있는 권능이 인간에게 쟁취되어 있다고 본다. 말하자면 모든 것을 대상화하는 표상행위의 주체로서 인간은 모

---

153) 이수정 · 박찬국, 『하이데거. 그의 생애와 사상』, 서울대학교 출판부 1999. 하이데거는 헤겔의 '절대지의 형이상학'에서 경악(Entsetzen)이란 근본기분이 드러난다고 본다. "이러한 의미에서 본다면, 헤겔의 철학 역시 이러한 근대 형이상학의 주관화 경향의 완성을 시도함으로써 절대지의 형이상학을 수립한 것으로 이해된다. 그리고 이 안에서 우리의 근본기분은 경악으로 나타나기 시작한다. 왜냐하면 이제 세계는 인간이라는 주체에 의해, 인간의 필요에 따라 변형 가능하고 폐기 가능한 것으로 사용될 뿐이기 때문이다."(270쪽)

154) J. Hirschberger, *Geschichte der Philosophie*, Band II, Freiburg · Basel · Wien 1991, 86쪽.

155) Hw 108쪽. 하이데거의 해석에 의하면, 근대철학에서 파악된 인간은 '모든 척도 중의 척도'로서 자신 스스로를 정초한다.

든 존재자의 척도와 중심으로 군림하는 것이다. 이런 권능을 쟁취한 인간 주체는 자신의 안전을 위해 더 이상 초인이나 신을 필요로 하지 않고, 자기 스스로 세계와 자연의 주체가 되어 이들을 지배함으로써 자신의 안위를 추구하는 것이다. 전승된 합리론에서의 주관은 사변적이고 추상적이며, 반면에 경험론의 주관은 경험적이고 일상적인 성격을 갖는다. 이에 비해 칸트 비판론에서의 주관은 '선험적인 주관(transzendentales Subjekt)'인 것이다.

요약하자면, 하이데거는 근대에 와서 등장한 '계산적 존재'로서의 인간 정체성의 위기 앞에서 사유하는 인간본질의 변화를 문제시한다. 이제 인간은 존재할 수 있는 모든 것을 계산할 수 있는 척도들에 대한 표준척도로서 자신을 스스로 근거 제시한다. 인간은 근대적 주체로 축소되어 존재와의 연관 속에서 사유하는 자기 정체성을 상실하게 된다. 그러나 계산은 사유의 일부분에 지나지 않는다. 이런 점에서 철학의 과제에는 사유의 본령인 숙고하는 인간성의 보존과 창조적 계승이 요구된다. 따라서 적어도 그리스적 기원을 가진 철학에서 전제하고 있는 인간다운 인성, 즉 인간다움(humanitas), 인간의 존재론적인 본질, 도덕적 존엄성, 인간의 자유로운 숙고능력은 보존되어야 할 것이다.

7. 계산적 사고의 극복과 숙고적 사유의 필요성

하이데거의 분석에 의하면, 오늘날의 현대과학은 엄격한 의미에서 자기비판을 결여하고 있다. 그런데 이런 현상은 결코 우연한 것이 아니고, 더욱이 연구자 자신의 소홀함 때문도 아닌 것이다. 오히려 이것은 '존재망각(Seinsvergessenheit)'이 가장 극에 달한 현시대의 '존재역운(Geschick des Seins)에 의해 규정된 현혹'[156] 때문이다.

여기서 존재역운이란 모든 역사의 기원으로서의 '생기사건(Ereignis)'으로서의 근원적인 역사를 지칭한다. 하이데거의 존재역사의 관점에서 보자면, 존재망각과 더불어 사유망각도 수반된다. 이제 우리에게 요구되는 것은 형이상학적 사유에서 벗어나 존재의 새로운 도래를 겸허히 기다리는 인간의 새로운 태도의 변화인 것이다. 이런 사유는 인간이 그의 역사적 본질을 자각함으로써 존재의 말걸어옴에 응답함으로써 가능하다.

이런 맥락에서 계산적 사고의 극복은 그것의 부정이나 해체가 아니다. 왜냐하면 우리는 도구적 이성의 계산적 사고를 무시하고는 살수 없기 때문이다. 그러나 그것만 가지고 충분하다고 강변해서는 안 된다. 또한 그것은 삶의 지평과 경험을 밝혀낼 수 없다. 존재자가 표상의 대상이 되는 곳에서 비로소 존재자는 일정한 방식에 있어 존재를 상실하게 된다.[157] 무릇 계산적 사고의 '극복'은 존재 자체의 기투(Entwurf) 영역에 관한 것이며, 동시에 '존재의 진리'에 관해 근원적으로 묻는 것으로부터 가능하다. 이 '존재의 진리'에 관한 물음은 동시에 '진리의 존재'에 관한 물음으로 드러난다.[158] 무엇보다도 "진리는 존재의 본질에 속한다."[159]

---

156) WhD 74쪽.
157) ZW 69쪽.
158) 같은 책, 67쪽.
159) EiM 78쪽.

하이데거는 사유의 방향을 서양 형이상학의 제1시원에서 '다른 시원'으로 향해야 함을 적시한다. 전자는 존재자에 대한 물음을 던지고 존재자의 진리를 경험하고 정립한다. 그러나 그것은 진리 그 자체에 관해서 묻지 않는다. 후자, 즉 "다른 시원은 존재의 진리를 경험하고 진리의 존재에 관해 묻는다. 이로써 다른 시원은 비로소 존재의 현성을 근거짓고, 또한 존재자를 저 근원적 진리가 간직된 참된 것으로 발원하게 한다."[160]

칸트의 경우에도 표상적 사고의 틀 안에서 '선험철학(transzendentale Philosophie)'을 추구한다. 그에 의하면 현실 속에서 방향을 찾기 위해서는 표상적 사고가 필요하지만, 동시에 표상할 수 없는 현실에 대한 방향설정을 위해서도 그와 유사한 사유를 적극적으로 검토해야 한다는 것이다. 이런 시도는 단지 표상을 넘어 초월을 지향하는 인간 욕구를 제대로 포착하고 개념적 언어로 완전히 드러낼 수 없는 현실과의 교감을 언어로 표현해야 할 필요성을 느꼈기 때문이라고 보아야 할 것이다.[161]

오늘날 계산적 사고는 정보언어를 사용하지만, 숙고적 사유는 시어(詩語)를 사용한다. 하이데거에게 시어는 그 지방에서 사용되는 고유한 방언을 의미한다. 왜냐하면 방언은 그 지역의 풍토와 전통을 담고 있기 때문이다. 인간은 원래 시인이며, 시인으로 지상에 거주해야 함을 하이데거는 강조한다. 정보는 인간이나 사물이나 자신에게 이로운 방식으로 이용하는 데 도움을 준다. 그러나 시의 본령은 다른 차

160) GA 65. 261쪽.
161) 강영안, 『칸트의 형이상학과 표상적 사고』, 서강대학교출판부 2009. 294쪽.

원에 속해 있다. 시어는 사물에 대한 정보 대신에 그것의 고유한 존재를 보여준다.

하이데거는 과학에서부터 사유로 가는 데에는 다리가 없고, 오직 비약 내지 도약(Sprung)만이 있을 뿐이라고 강조한다. 즉 이것은 지속적인 넘어감이 아니라, 오로지 도약으로서만 가능하다. 이 도약이 우리를 데려가는 그곳은 단지 다른 쪽일 뿐만 아니라, 전혀 다른 장소이기도 하다. 따라서 그것은 표상적 사고로부터 다른 시원을 지향하는 '숙고적 사유'에로 도약함을 의미한다. 숙고적 사유는 '본질적 사유(das wesentliche Denken)' 내지 '근원적 사유(das ursprüngliche Denken)', '시원적 사유(das anfängliche Denken)'이다.

하이데거에 의하면, 이제 세계는 '계산적인 사고'가 아무런 저항도 할 수 없는 그런 공격을 거침없이 자행해나가는 하나의 대상처럼 나타난다. 이로 인해 자연은 유일하고도 거대한 주유소가 되었거니와, 그것은 현대기술과 산업을 위한 에너지원이 된 것이다. 세계 전체에 대해 맺고 있는 인간의 근본적인 기술적 관계도 새롭게 정립된다. 현대기술 속에 '은닉되어 있는 힘', 즉 현대기술의 본질인 '몰아세움 (Gestell)'이 모든 존재하는 것에 대한 인간의 관계를 규정한다. 그리하여 생명과 인간의 본질을 파괴하는 몰아세움에 의한 그런 공격이 기술을 매개로 해서 준비되고 있다.

하이데거에게 섬뜩한 것은 이런 것, 즉 세계가 철저히 기술화된다는 그런 사실이 아니다. 오히려 그것은 인간이 이러한 세계의 변화에 대해 아무런 준비도 하고 있지 않다는 데 있다. 또 우리는 이 시대에서 본래적으로 일어나고 있는 그것을 본질적으로 사유하는 '숙고적 사유'를 논의하고 해명하는 그런 장소에 도달할 능력이 없다는 데 있다.

그는 기술로부터 무엇을 얻을 것인가를 넘어서 기술과 더불어 어떻게 살 것인가를 사유해야 함을 강조한다. 말하자면 기술의 명령을 좇아 효율성을 극대화하는 방식으로 자원을 이용하고 소모하는 지평을 넘어서 만물이 자신과 더불어 이 땅에 정주할 수 있는 방식의 기술발전을 강구해야 한다는 것이다. 이는 오늘날 거론되는 적정기술에 비견된다. 그는 기술의 문제를 기술적 방법이 아닌 방식으로 해결하려는 사유가 그 출발점이 될 수밖에 없다고 본다. 기술과 공존하면서도 계산적 사유에 매몰되지 않는 다른 사유, 즉 숙고적 사유를 제시한다. "철학도 과학적 절차의 엄밀성이나 과학적 발전의 논리 등을 핑계로 해서 과학을 부러운 듯이 모방하거나 과학과 경쟁하지 않고서 철학의 자리에 배정된 존재사유의 길을 묵묵히 걸어가야 할 것이다."[162] 오늘날 진리를 담보한다고 자인하는 과학적 탐구는 하이데거의 관점에서 보자면, 사물화된 세계와 인간에 대한 파생적 고찰에 불과할 뿐이다.

요약하자면, 숙고적 사유는 계산적·표상적 사고와 대비되어 표기되는 '존재사유'의 다른 이름이다. 숙고적 사유 내지 숙고는 전통적인 개념의 형이상학과 존재론의 '철학'과 구별되는 '다른 시원'에서 유래하는 철학적 '사유'이다. 말하자면 그것은 표상적 사고와 구별되는 사유, 즉 표상으로 환원할 수 없는 사유이다. 하이데거는 전통적 철학의 신학적·형이상학적 사고와는 질적으로 차별화되는 '다른 시원'의 숙고적 사유를 찾고자 한다. 이를테면 전자는 표상적 사고, 즉 설명하고 근거짓는 사유로서 인식과 존재를 가능케 하는 원인과 근거와 가능

---

162) WhD 57쪽 각주 참조.

조건을 탐구하는 사고이다. 반면에 후자는 전자의 가능성의 심층적 지반과 근원을 사색하는 전자와는 출발점이 다른 존재에 의한 사유이다.

2장
근대 형이상학과 표상적 사고

.

1. 표상과 의욕의 형이상학

하이데거에 의하면 철학은 형이상학이다. 특히 근대의 형이상학에서는 이성적 주체를 존재와 인식의 토대로 삼는다. 또한 그것은 이성적 사유의 확실성(Gewißheit)을 진리로 간주한다.[1] 이와 같이 근대 형이상학의 이성적 사유는 존재자에게 새로운 근거를 정초해준다. 이를테면 "철학은 형이상학이다. 형이상학은 존재자 전체—세계, 인간, 신—를 존재와 관련하여, 즉 존재 안에 있는 존재자와의 공속성과 관련하여 사유한다. 형이상학은 존재자로서의 존재자를 근거짓는 표상작용의 방식 속에서 사유한다."[2]

---

1) GA 5. 93쪽.
2) ZSD 142쪽 이하.

근대 형이상학은 존재자를 근거짓는 표상함(Vorstellen)의 방식으로 사유한다. 여기서는 표상에 의해 대상화되는 것만이 존재하는 것으로 간주된다. "존재자의 이러한 대상화는 계산적 인간이 각각의 존재자를 자기 앞으로 불러들여 확보하고, 확인하는 표상행위를 통해서 이루어진다."[3] 그런데 그리스 시대에는 대상과 객체를 가리키는 용어 자체가 부재하였다.[4]

근대적 인간은 이성적으로 사유하는 존재로서 표상을 통해 존재자를 인식하는 존재이며, 동시에 의지를 지닌 자유로운 존재이다. 무엇보다 근대적 이성은 대상을 표상하는 능력을 의미한다. 즉 "이성은 근거명제를 표현할 수 있는 능력으로서 일반적으로 어떤 것을 어떤 것으로 표상할 수 있는 능력이다. '나는 어떤 것을 어떤 것으로 나의 앞에(vor) 놓는다(stellen)'라는 것은 '나는 생각한다'라는 데카르트의 '에고 코기토(ego cogito, 내가 사유한다)'에 대한 보다 더 엄밀한 표현양식이다."[5]

하이데거에 의하면 데카르트의 형이상학에서 처음으로 존재자는 표상의 대상성으로, 그리고 진리는 '표상의 확실성'으로 규정된다. '에고 코기토'는 나의 모든 표상을 동반한다. 그리고 "표상행위란 …에 대하여 자신을 열어놓음이 아니라, …에 대한 포착(Ergreifen)과 개념 파악(Begreifen)이다."[6]

그러면 표상(Vorstellung)이란 무엇을 의미하는가? 여기서 표상이란

---

3) GA 5, 87쪽.

4) M. Heidegger, *Vierseminare*, Frankfurt a.M. 1977, 124쪽.

5) SvG 194쪽 이하.

6) ZW 85쪽.

전통적인 의미에서 대상의 재현(repraesentatio)으로서 눈앞의 대상을 이미지(Bild, 相)화시키는 것이다. "인간의 표상은 존재를 존재자, 곧 '대상적인 것'에서 상상한다."[7] 대상에 대한 인상은 인간의 지각과 인식의 틀에 맞춰져 들어온 이미지로서 이성의 빛에 의해 만들어진 영상이다. 이성은 주어져 있는 존재자를 논리적 추론의 대상으로 추상화시킨다. 일반적으로 표상이란 마음 밖에 있는 어떤 대상이나 물체에 대해 갖는 감각적 심상(sensory image)을 일컫는다.

통상적으로 표상은 지각표상, 기억표상, 상상표상으로 구분된다.[8] 이 표상에 의해서 대상으로 존재하는 것만이 존재하는 것으로 간주된다. 이런 점에서 "자연과 역사는 설명하는 표상의 대상이 된다. 이 표상은 자연을 계산하고 역사를 평가한다. 이와 같이 대상이 되는 것, 대상으로 존재하는 것만이 존재하는 것으로 간주된다. 존재자의 존

---

7) SvG 21쪽.
8) 표상의 사전적 의미는 다음과 같다. "표상은 보통 감각적으로 외적 대상을 의식상에 나타내는 심상(心象)을 말한다. 이 점에서 사고에 의한 논리적·추상적인 개념과 구별된다. 표상은 지각에 입각하여 형성되지만, 이 경우, 지각의 대상이 지금 거기에 있을 때에는 **지각표상**이라고 말해지며, 과거에 지각된 대상이 기억에 의해 재생될 때에는 **기억표상**, 또 과거의 지각의 여러 요소가 주관에 의해 조합되어 나온 것은 **상상표상**이라고 한다. 좁은 의미에서는 후자의 두 개만을 표상이라 부른다. 관념이라는 말도 표상과 같은 뜻으로 사용되기도 한다. 좁은 의미의 두 개의 의미로서의 표상은 지각표상과 달리, 지각된 여러 요소 중에서 선택이 이루어져 두드러진 것, 중요한 것이 받아들여져, 이것은 지각표상과 사고의 개념을 매개한다. 또한 이런 의미에서의 표상은 과거의 것을 재생한다거나 미래의 것을 예견하여, 대상을 심상 위에 그려내고, 과학적 인식이나 실천 및 예술적 창작에 있어서, 적극적인 역할을 한다. 유물론은 표상을 구성하는 여러 요소를 지각이 파악하는 객관적 반영이라 보는데, 표상을 유일한 실재로 보는 입장으로는 주관적 관념론이 있다." 표상[Presentation, representation, 表象] https://terms.naver.com/entry.nhn?docId=388886&cid=41978&categoryId=41985.

재가 그러한 대상성에서 찾아질 때야 비로소 연구로서의 학문이 등장한다."⁹⁾ 특기할 만한 것은 표상함이란 계산함과 내적으로 연결된다는 사실이다. 표상 가능한 것이 계산 가능하고, 또한 계산 가능한 것이 표상 가능하다. 표상함은 어떤 것을 있는 그대로 받아들이는 것이 아니라, 그것을 장악하면서 파악하는 행위이다.

'표상한다'는 것은, 자발적으로 어떤 것을 자기 앞에 세우고, 이 세워진 것 자체를 안전하게 하는 행위이다. 안전하게 하는 이러한 행위는 계산하는 행위(Berechnen)이다. 왜냐하면 계산될 수 있는 것만이 언제나 무엇보다 먼저 표상할 수 있는 것을 확실하게 보장해주기 때문이다. '표상한다'는 것은 이제는 더 이상 '현존하는 것을 받아들이는 행위가 아니다. [⋯] 표상 행위는 ⋯을 위해서 스스로를 탈은폐하는 그런 행위가 아니라, 어떤 것을 장악하면서 파악하는 것이다.¹⁰⁾

이런 점에서 근대 주관형이상학에서 인간의 사유는 표상작용(Vorstellen)으로 규정된다. 표상작용이란 인간의 의식에 사물이나 실재의 상(相)을 만드는 행위이다. 그 상을 통해 실재의 존재는 드러나게 된다. 존재는 그 '무엇'으로 파악되고 인식된다. 존재는 상에 의해 세계가 된다. 이제 세계는 실제 '세계상(Weltbild)'으로 화한다. 세계상은 세계를 상으로 파악하는 것이다.¹¹⁾ 예를 들면 산과 강은 오직 '산'과 '강'의 상(이미지)으로 존재한다. 이미 주어져 있는 존재자에 대한

---

10) GA 5. 108쪽.
11) ZW 40쪽 이하.

받아들임(vernehmen)이 아니라, 오로지 표상작용에 의해 비로소 그 존재와 그것에 대한 인식이 형성된다. 이런 인식에 의해 파악된 세계에는 존재자 전체, 즉 코스모스, 자연, 역사가 속한다.[12]

이제 인간은 모든 존재자의 척도가 된다. "근대의 근본과정은 상으로서의 세계를 정복하는 것이다. [⋯] 이러한 의미에서 인간은 그가 모든 존재자에게 척도를 내어주고, 방향 기준을 그어주는 그런 존재자가 된다."[13] 모름지기 근대라고 부르는 시대의 형이상학적 근거는 표상작용이다. 그러면 하이데거가 이해한 표상작용 및 표상행위(Vorstellen)란 무엇인가?

> 근대적 표상행위는 [⋯] repraesentatio라는 낱말 속에서 가장 일찍이 표현되었다. 여기서 앞에-세운다는 것은 눈앞에 현존하는 것을 마주해-서-있는-것(Entgegenstehendes)으로 자기 앞으로 가져온다. 즉 표상하는 자로서의 그러한 자기에게로 이끌어와 그것을 자기와 관련시키며, 또 이렇게 척도를 부여하는 영역으로서의 자기와의 관련 속으로 그것을 강제로 끌고 들어온다는 것을 뜻한다.[14]

이제 존재하고 있는 모든 것은 표상작용을 통해서 어떤 대상이나 상태로서 보내진다. 근대인은 자기 자신뿐만 아니라, 존재하고 있는 모든 것 전체를 특수한 표상작용의 방식을 통해서 고정시킨다. 근대 형이상학은 참된 것을 '지속적인 것' 혹은 '확실한 것'으로 확립하려고

---

12) ZW 40쪽.
13) GA 5, 94쪽.
14) 같은 책, 91쪽.

시도한 사고로 대변된다. 그리하여 존재자의 진리에 대한 형이상학은 마음대로 처분할 수 없는 근원으로서의 진리를 덮어버리고자 한다. 근대에 이르러 인간은 '존재자의 관계중심'[15]이 되고, 인간 주체는 모든 존재자의 존재근거로 등장한다. 특히 데카르트에게는 존재자 자체가 '지각된 것(perceptum)', 즉 대상이 된다. 그리고 근대의 표상적 인간은 결국 자신의 본질을 망각한 '마지막 인간(der letzte Mensch, 말세인)'[16]으로 변한다.

하이데거에 있어서 표상 개념은 의욕(Wollen)과 연결된다. 근대적 인식주체의 코기토(cogito)는 사유함과 의욕함을 포함한다. 즉 인간은 표상하고 의지적 욕망을 가진 존재이다. "사유한다는 것은 의욕한다는 것이며, 의욕한다는 것은 사유한다는 것이다."[17] 여기서 의욕함은 표상하는 주체가 표상되는 객체의 세계를 근거짓고자 스스로 기투하는 능동적이고 자발적인 행위를 가리킨다.[18]

근대 형이상학에서 존재자의 존재는 '의지'로 현상한다. 특히 니체의 사유에 도달한 근대 형이상학은 '권력에의 의지(der Wille zur Macht)'의 '주관형이상학'으로 그 최종적 완성에 이른다. 여기서 의지 그 자체가 사유를 대체하게 된다. 저러한 표상행위는 존재자를 안전하게 확보하고자 하는 지배의지이다. 이 지배의지는 자신을 맹목적으로 강화하고 증대하려는 '의지에의 의지(der Wille zum Willen)'[19]이다.

---

15) ZW 87쪽.
16) WhD 95쪽.
17) Gel 30쪽.
18) 윤병렬, 『하이데거와 도가철학』, 138쪽.
19) GA 7. 85쪽.

이것은 모든 것을 자신의 욕구충족의 수단으로 삼고자 한다.

근대 인식론의 영향하에 있는 현대인도 존재자의 소유와 지배욕에 사로잡혀 있다. 그리하여 인간은 이 지배의지의 하수인으로 전락한다. "근대과학의 주요 특징들인 대상화, 표상, 제작, 변형 안에는 자연을 지배하고 소유하려는 인간의 의지가 들어 있다. 근대적 주체성의 근본성격은 '권력을 향한 의지'이며, 이것은 '의지를 향한 의지'로 고양된다."[20]

하이데거의 사유 노정에서 늘 강조되듯이, 형이상학의 존재자에 관한 물음은 결코 존재물음(Seinsfrage)이 아니다. "존재는 어떤 경우에도 존재자에 의거하면서 존재하는 어떤 성질이 아니다. 존재는 존재자와 같이 대상적으로 표상되거나 제작될 수 없다."[21] 하이데거가 밝히고 있는 존재는 모든 존재자와 차이를 드러낼 뿐만 아니라, 더욱이 그것은 신도 인간도 아닌, "그것은 그것 자체이다.(Es ist Es selbst)"[22] 무엇보다 그것은 시원적인 생기사건(Ereignis)이다. 예를 들면 '존재한다(Es gibt)', '비가 온다(Es regnet)'에서 에스(Es)가 바로 생기사건이다. 동양의 도와 서양의 로고스와 같이 존재는 명명하기 어렵지만, 그래도 없지 아니하고 의연하게 만물 속에 임재한다.

근대의 영국의 경험론자들이 취한 인식의 관념론(idealism)에서는 정신 속의 관념들(ideas)과 인상들(impressions)이 인식의 대상이다. 즉 "우리들은 외부세계를 직접 지각하는 것이 아니라, 우리들의 정신 속

---

20) 이유택, 「하이데거의 과학비판」, 현대유럽철학연구 제38집, 2015. 169쪽.
21) WiM 41쪽.
22) Hum 19쪽.

에 있는 세계의 관념들이나 표상들을 직접 인식한다."[23] 이제 인간은 존재자로서의 대상을 항상 주관의 추상이라는 통로를 통해 파악한다. 특히 쇼펜하우어(A. Schopenhauer)는 세계를 '나의 표상'으로 간주한다.

'세계는 나의 표상이다.'—이 말은 삶을 살면서 인식하는 모든 존재자에게 적용되는 진리이다. 그렇지만 인간만이 이 진리를 반성적·추상적으로 의식할 수 있으며, 인간이 실제로 이를 의식할 때 인간의 철학적인 사려 깊음이 생겨난다. 〔…〕 인간을 에워싸고 있는 세계는 표상으로만 존재한다는 것, 즉 세계는 다른 존재인 인간이라는 표상하는 자와 관계함으로써만 존재한다는 것이 그에게 분명하고 확실해진다. 어떤 진리를 선험적이라고 말할 수 있다면, 이것이 바로 그러한 것이다.[24]

『의지와 표상으로서의 세계』를 기획한 쇼펜하우어에게 주관은 세계의 담당자이며, 모든 것의 전제가 되는 조건이다. 항상 현존하는 것은 오직 주관에 대해서만 존재한다. 그러나 주관이 인식의 대상인 경우, 그의 신체는 객관이 되기에 신체 자체를 '표상'이라고 부른다. 여기서 '표상으로서의 세계'는 객관과 주관이라는 측면을 지니고 있다. 그리고 그것은 세계의 한 면이다. 세계의 가장 내적인 본질인 '물 자체(Ding an sich)'가 있다. 또한 그것이 객관화되는 가장 직접적인 단계인 '의지'의 차원이 있다.[25]

23) J. Ladyman, 박영태 옮김, 『과학철학의 이해』, 이학사 2003. 259쪽.
24) A. Schopenhauer, 홍성광 옮김, 『의지와 표상으로서의 세계』, 을유문화사 2015. 41쪽.
25) 같은 책, 85쪽.

쇼펜하우어는 사물 자체인 의지와 의지의 객관성인 표상을 함께 논하고 있다. 현상은 표상을 의미할 뿐 그 이상 아무것도 아니다. 어떤 종류의 것이든 모든 표상, 즉 모든 객관은 현상이다. 하지만 의지만이 사물 자체이다. 의지 그 자체는 결코 표상이 아니고, 표상과는 전적으로 다르다. 모든 표상과 모든 객관은 의지가 현상으로 나타나 가시화된 것, 즉 의지의 객관성이다. 의지는 모든 개체 및 전체의 가장 심오한 부분이자 핵심이다. 의지는 맹목적으로 작용하는 모든 자연력 속에 현상하고 숙고를 거친 인간의 행동 속에서도 현상한다. 그런데 이 둘의 커다란 차이는 현상하는 정도의 차이일 뿐, 현상하는 것의 본질에 관한 차이는 아니다.[26]

이제 쇼펜하우어의 '의지'개념을 살펴보도록 하자. 의지는 외부에서 오는 것이 아니라 직접적인 의식에서 나온다. 이 의지 속에서 자신의 개체성을 직접 인식한다. "반면 의지라는 개념은 모든 가능한 개념 중 근원이 현상에 있지 않고 단순한 직관적 표상에도 없으며, 각자의 내부에서 나오고 가장 직접적인 의식에서 생기는 유일한 개념이다. 각자는 의지라는 개념 속에서 자신의 개체를 본질에 따라 아무 형식 없이, 즉 주관과 객관이란 형식도 없이 직접 인식한다. 여기서는 인식하는 것과 인식된 것이 일치하기 때문에 각자는 동시에 그 자신이다."[27]

그리고 쇼펜하우어는 현상 형식으로부터 자유로운 사물 자체로서의 의지를 언급한다. "사물 자체로서의 의지는 그 의지의 현상과는 전적으로 상이하고 그 현상의 모든 형식으로부터 완전히 자유롭다. 사

---

26) 같은 책, 200쪽.
27) 같은 책, 203쪽.

실 의지가 나타나면서 비로소 그 의지가 현상 형식 속으로 들어가므로 그 현상 형식은 의지의 객관성에 관계할 뿐 의지 자체와는 아무 관계가 없다. 모든 현상 중 가장 보편적인 형식인 주관에 대한 객관의 형식도 이미 의지와는 무관하다."[28]

독일 관념론에서도 존재자를 표상작용의 대상으로 파악하고 해석한다. "관념론은 존재자를 이데아로, 즉 보여져 있음으로, '표상되어 있음'으로 해석함을 통해 규정된다. 정확히 말하자면 표상되어 있음에서 표상되어 있는 것은 '공통적이며 항상적인 것'이다. 관념론은 무엇보다 '존재자를 표상작용을 위한 대-상(Gegen-stand)으로 해석할 것'을 선취한다."[29] 그리고 "인식작용은 일종의 표상작용의 형태로 여겨진다. 그곳에서 우리에게 만나지는 어떤 것이 성립되고 가능하게 된다. 표상작용에서 성립하여 만나지는 것이 대상(Gegenstand)이다. 라이프니츠와 모든 근대적 사유에서 존재자가 '존재'하는 방식은 대상의 대상성(Gegenständlichkeit)에 기인한다. 표상을 위한 대상의 대상성에는 대상들의 표상되어 있음(Vorgestelltheit)이 속해 있다."[30]

하이데거의 라이프니츠의 『단자론』(29절) 해석에서도 '표상하고 욕구하는 존재'로서의 인간을 잘 설명하고 있음을 보여준다. "라이프니츠에 따르면 모든 본질은 생명체(Lebewesen)이며, 그 자체로 표상하고 욕구하면서 있다. 그러나 비로소 인간이 그의 표상작용에서 근거를 근거로서 자신에게 가져올 수 있는 그런 생명체이다. 전승된 규정에 따르면 인간은 이성적 동물이다. 그러므로 인간은 근거로서의 이

---

28) 같은 책, 204쪽.
29) GA 65. 63쪽.
30) SvG 64쪽.

유에 대해 표상하는 연관 속에 살고 있다."[31]

「들길-대화(Feldweg)」에서 하이데거는 전승된 사고의 두 가지 근본특성들을 설명한다. 그것들은 첫째, '표상으로서의 사고(Denken als Vorstellen)'이며, 둘째, '의욕으로서의 사고(Denken als Wollen)'이다.[32] 표상적 사고는 오래전부터 통상적으로 다음과 같이 통용되어왔던 것이다. 말하자면 "'사고'는 어떤 것을 공통적인 것(koinon)으로서 그것의 이데아(idea) 안에서 표상하는 행위, 즉 어떤 것을 보편자(das Allgemeine) 안에서 표상하는 행위이다."[33]

주목할 만한 사실은 근대의 형이상학은 이제 '표상과 의욕의 형이상학'이 된 것이다. 이성적 인간의 순수의식은 세계를 수학적으로 계산 가능하고, 또한 예측 가능한 힘들의 연관체계로 파악한다. 자연은 수학적으로 계량할 수 있는 세계이며, 이성이 합리적으로 연역할 수 있는 논리적 세계이다. 따라서 형이상학적·표상적 사고는 언제나 존재자를 오직 존재자의 관점 아래서만 표상한다.

이제 모든 존재자는 주체[34]의 표상으로만 자신의 확실성을 보장받는다. 그럼으로써 "존재자는 대상적인 것으로서 인간 앞에 놓인 채 인

---

31) 같은 책, 112쪽.
32) Gel 29쪽.
33) GA 65. 107쪽.
34) 그리스어 휘포카이메논(ὑποκείμενον)이 라틴어 subjectum 내지 substratum으로 번역되었고, 다시 그것이 독일어 Subjekt로 번역된다. 원래 그리스어 휘포카이메논은 모든 존재자의 주어 내지 근거를 의미한다. 그런데 근대의 인간은 유일한 주체로서 존재자 자체의 관련중심이 된다. "Subjectum이란 단어는 물론 그리스어 휘포카이메논의 번역어로 이해되어야 한다. 이 단어는 근거로서 모든 것을 자신에게 모으는, 즉 앞에-놓는 것을 말한다."(ZW 38쪽)

간에 의해 마음대로 결정되고 처리되는 그런 영역 속에 세워진다."[35] 인간만이 주체로서의 실체이다. 따라서 인간은 어느 것에도 의존하지 않는 우위적 절대성을 지닌다. 이런 실체의 본질은 사고함에 있다. "나는 실체이며, 이 실체의 본질 또는 본성 전체는 그저 사고한다는 것 이외에 아무것도 아니며, 이 실체는 존재하기 위한 하등의 장소를 필요로 하지 않고, 또 어떠한 물질적인 것에도 의존하지 않는다."[36]

이를 통해 모든 것은 인간의 자의적 해석 안에서 관계 맺게 되는 도구가 되어버린다. 이러한 도구적 대상의 이해를 통해 모든 존재자와 생명은 결국 인간이 마음대로 조정할 수 있는 어떤 것으로 간주된다. 이런 점에서 근대의 이성적 인간은 존재하고 있는 모든 것을 자신의 대상들과 고유한 상태들로 고정시키고, 또한 그것을 자기 앞에 세워서 표상한다. 근대인은 이처럼 세워진 것을 주변의 환경으로 삼아서 적응해나간다. 즉 "'앞에 세운다'는 의미에서의 표상작용은 존재하고 있는 것을 송부해준다. 그것은 존재하고 있는 것으로서 간주될 수 있는 그러한 것을 세우고 결정한다. 그래서 존재하고 있는 것에 대한 규정은 자기 자신의 방식대로 모든 것을 결정하고 세우고 그렇게 결정된 채로 세워두기 위해서 그 모든 것을 뒤쫓아 가서 강탈하는 표상작용의 주권 아래에 어쨌든 놓이게 된다."[37]

무엇보다 인간을 존재자 앞으로 데려와서 존재자를 그 자체로 인간의 앞에 세우는 표상 능력은 이성에 귀속된다. 이성적 사유가 표상

---

35) GA 5. 90쪽.

36) R. Descartes, *Discourse on Method and Meditations on First Philosophy*, trans, Donald A. Cress. Hackett 1980. 18쪽.

37) WhD 108쪽.

하고 확립하는 것만이 존재하는 것이라는 보증을 요구할 수 있다. 이성은 그것의 시야와 그것의 판단 영역에서 무엇이 존재하고, 무엇이 존재하지 않는지를 결정하는 유일하면서도 최고의 법정이 된다. 존재가 도대체 무엇을 의미하는지에 대한 궁극적인 선-결단이 이성에 존재한다. 그 때문에 서양 형이상학의 다양한 단계들의 모든 근본 입장과 주도적인 말은 '존재와 사유(Sein und Denken)'라는 표제 아래서 파악될 수 있다. 따라서 모든 것은 표상 가능한 것을 계산함으로써 대상화될 수 있는 어떤 것이 되어버린다.

그러면 '표상'의 핵심은 무엇인가? 근대적 사유 주체의 표상은 자아와 대상의 표상을 의미한다. 이 표상은 데카르트에게 제일의, 그리고 가장 확실한 인식이다. "나는 표상한다. 그러므로 나는 존재한다는 이 인식은 질서 있게 (본질에 입각하여) 형이상학적으로 사유하는 모든 사람이 갖게 되는 모든 인식 중에서 (위계상) 제1의 것이고, 가장 확실한 인식이다."[38]

데카르트의 코기토(cogito)는 한편으로 점유의 방식으로 대상을 자기 앞에 세움이고, 다른 한편으로 나를 표상함, 즉 '나를 앞에 세움'을 필요로 한다. 따라서 표상작용은 어떤 것을 장악하면서 계산적으로 파악하는 행위이다. 표상작용은 모든 것을 대상적인 것의 통일성으로 함께 몰아넣는다. 결국 표상작용은 '함께 몰아세움(coagitatio)'이다.[39]

데카르트의 표상 개념과 연결지어서 하이데거는 『니체와 니힐니즘』에서 '사유함(cogitare)'을 아래와 같이 설명한다. "데카르트는 〔그의 저

---

38) R. Descartes, 소두영 옮김, 『방법서설/성찰/철학의 원리』, 동서문화사 2016, 35쪽.
39) ZW 87쪽.

서의) 중요한 곳에서 'cogitare'라는 말에 대해서 'percipere(per-capio) 라는 단어를 사용하고 있는데, 이 단어는 어떤 것을 소유한다거나 하나의 사태를 정복한다는 것을 의미한다. 그리고 여기서는 자신의 앞에 세우는(Vor-sich-stellen) 방식으로 자신에게로 가져온다(Sich-zu-stellen)는 의미, 즉 표-상한다(Vor-stellen)는 의미로 사용되고 있다."[40]

하이데거에 따르면 데카르트의 철학적 과제는 그 자신을 확신하면서 자신에게 스스로 법칙을 부여하는 새로운 자유에로 인간을 해방하는 것이다. 데카르트는 cogitati와 cogitare를 perceptio와 percipere로서 파악했는데, 이것은 어떤 것을 자기 자신에게 가져온다는 사실을 강조하기 위해서이다. '자신에게 가져온다는 것'에는 표상된 것이 일반으로 앞에 놓여져 있을 뿐만 아니라, 또한 처리될 수 있다는 것을 의미한다.[41]

하이데거의 해석에 의하면, 근대의 사유함은 '계산하는 표상'이다. "사유한다(cogitare)는 따라서 본질상 회의하는 표상, 철저히 검토하고 신중히 계산하는 표상이다. 〔…〕 이러한 회의하는 사유가 처음부터, 그리고 항상 배려하고 있는 것은 표상된 것이 계산하는 처리의 범위 내에 그때마다 확보되어 있는가 하는 것이다."[42] 여기서 '사유하다 (cogitare)'와 '회의하다(dubitare)'가 동일한 것으로 간주되고 있다는 것은 표상작용이 그 자체에 있어서 '확보하는 것(sichern)', '확실히 세우는 것(sicher-stellen)'이라는 사실을 의미한다.[43] 또한 '의심한다는 것'은

---

40) M. Heidegger, 박찬국 옮김, 『니체와 니힐리즘』, 지성의 샘 1996. 222쪽.

41) 같은 책, 139쪽.

42) 같은 곳.

43) M. Heidegger, *Nietzsche: Der europäische Nihilismus*, Frankfurt a.M. 1986(이

오히려 의심할 수 없는 것, 확실한 것, 그리고 그것의 확보와 본질 관련이 있다는 것을 말한다. 하이데거가 데카르트의 코기토(cogito)에서 특히 주목한 것은 자기의식과의 관련성이다.

데카르트의 '나는 생각한다(ego cogito)'는 '생각하는 나를 생각한다(cogito me cogitare)'를 의미한다. 즉 '나는 생각(표상)한다는 것을 생각한다'이다. cogitatio라는 개념[44]에서는 표상작용이 표상된 것을 표상하는 자에게로 가져온다. 이를 통해 표상하는 자는 표상된 것을 그때 그때마다 세워놓고 구명(究明)한다. 그리고 표상하는 자는 표상된 것을 확정하고, 소유하며, 확보한다는 사실이 강조되어 있다. 표상하는 자아는 오히려 모든 '나는 표상한다'에서 훨씬 더 본질적으로, 그리고 더 필연적으로 함께 표상된다.

이런 맥락에서 근대에 와서 사물들에 대한 의식은 인간 주체의 자기의식으로 환원된다. 그리고 사물들의 실재성은 주체에 의해 '표상되어짐'이다. 즉 "데카르트 이후의 시대에는 실재하는 것들의 실재성은 객관성으로서, 즉 주체를 통하여, 그리고 주체에 대해서 주체에게 향해져 있고, 파악되는 것으로 규정된다. 실재하는 것들의 실재성은 표상하는 주체를 통하여, 그리고 이것에 대해서 표상됨이다."[45]

이런 점에서 사유는 나 자신을 앞에 세우는 표상작용이고, 이를 통해 자아의 확실성이 확보된다. 이처럼 자아의 지각은 표상작용으로

하 GA 48), 217쪽.

44) R. Descartes, 위의 책. "cogitatio라는 말로 나는 자기 자신을 의식하고 있는 우리 자신 내에서 진행되고 있고, 우리가 함께 인식하는 그 모든 작용을 지칭한다. 따라서 인식작용과 의지작용, 상상작용뿐만 아니라 감각작용조차 여기서 우리가 cogitare라고 부르는 것이다."(『철학원리』 제1권, 9쪽)

45) M. Heidegger, 『니체와 니힐리즘』, 192쪽.

간주된다. "'나는 지각하고 있다(ego percipio)'로서의 표상행위, '나는 사유한다'에 대해 표상되어 있음 그 자체, '나는 사유한다'는 것 자체는 '나는 나 자신을 사유한다'는 것이다. 그것은 '나는 나 자신을 내 앞에 세운다(표상한다)'는 것이며, 또한 이로써 '나는 나를 확신한다'는 것이다."[46]

전술한 대로, 표상행위는 대상의 재현이다. 재현으로서 표상함이란 앞에 있는 것을 대립해 있는 것으로 자신 앞에 가져온다. 그리고 앞에 있는 것을 자신, 즉 표상하는 자와 관련시킨다. 그리고 앞에 있는 것을 척도를 부여하는 영역인 자신과의 관련 속으로 강제로 다시 끌어옴을 의미한다. 이러한 표상행위가 일어날 경우에, 인간은 존재자에 대하여 스스로 상을 설정하게 된다. 결국 인간은 대상적인 것이라는 의미의 존재자를 재현하는 자가 된다.

co-agitatio(함께 몰아세움)에서 표상행위는 모든 대상적인 것을 표상되어 있음의 결집에로 집약한다. 사유하는 자아는 이제 표상된 것을 자신 안에 확실히 함께 모으는, 즉 con-scientia에서 표상된 것의 본질을 발견한다. con-scientia는 표상하는 인간에 의해 간직된 표상됨의 주위 영역 안에서 대상적인 것을 표상하는 인간과 더불어 표상하면서 함께 세우는 것을 의미한다. 모든 현전자는 con-scientia로부터 그 현전성의 의미와 유형을, 즉 재현에서 현재성의 의미를 받아들인다. coagitatio의 주체인 자아의 con-scientia는 그런 탁월한 주체의 주관성으로서, 존재자의 존재를 규정한다.[47]

46) GA 65. 293쪽.
47) ZW 89쪽.

하이데거에 의하면, 근대적 사유의 근본특성은 표상함이다. 재현 (repraesentatio)이라는 낱말은 후에 표상함을 지칭하는 통속적인 이름이 된다. 표상함은 그리스적인 의미로는 본질상 로고스에서 파생된다. 로고스라는 낱말은 발언과 판단을 의미한다. 전술한 대로, 표상함이란 원래 어떤 종류의 받아들임(Vernehmen), 즉 근원적 인식이다. "받아들임은 그리스 말 노에인(νοεῖν)의 번역이며, 이 말은 현전하는 어떤 것을 알아채고, 유의하면서 그것을 앞에다 놓고 그것을 현전하는 것으로 받아들임을 뜻한다. 이러한 앞에다 놓으면서 인식함은 우리가 현전하는 것을 그것이 놓여 있고 서 있는 그대로 우리 앞에 서 있게 하고 놓여 있게 한다는 단순하고 넓고 동시에 본질적인 의미에서 앞에-세움(표상함)이다."[48]

형이상학은 존재자로서의 존재자의 영역 안에서 움직이고 있다. 형이상학의 표상은 존재자로서의 존재자를 표상하는 것이다. 그런 방식으로 형이상학은 어디서나 존재자로서의 존재자 그 전체를, 즉 존재자의 존재자성을 표상한다. 그런데 형이상학은 존재자의 존재자성을 이중적으로 표상한다. 그 하나는 존재자의 존재자 그 전체를 존재자의 가장 보편적인 특징에서 표상하며, 다른 하나는 존재자로서의 존재자 그 전체를 최고의 존재자인 신적인 존재자의 의미에서 표상한다. 따라서 형이상학은 존재-신학(Onto-theo-logie)으로서 그 본질상 좁은 의미에서의 존재론이며 동시에 신학이다

하이데거에 의하면 표상은 냉철한 반성에 근거한다고 본다. 대상의 본질은 사유의 본질이 '나는 무엇을 생각한다', 즉 반성으로서 인식되

---

48) WhD 178쪽.

고 고유하게 수행되는 곳에서야 비로소 분명하게 드러나게 된다. 그리고 근대적 표상은 인간에게 이해 가능한 체계로서의 세계를 구성하여 자신의 안전을 확보하고자 한다. 이를 위해서 "세계는 체계적으로 계산 가능하고 이를 통해 조작 가능한 기능적 원인들의 세계"[49]가 된다. "세계가 상(Bild)으로 되는 것은 근본적으로 근대에서 일어난 사건이다. 표상작용이 그것의 대상과 일치할 때 우리는 그러한 표상작용을 정당하다고, 즉 올바르다고 부른다. 오래전부터 이러한 표상작용의 올바름은 진리와 동일한 것으로 취급되어왔다. 다시 말해서 진리의 본질이 표상작용의 올바름에서부터 규정되고 있다."[50]

이제 모든 존재자는 주체의 표상으로만 자신의 확실성을 보장받는다. 그럼으로써 존재자는 대상적인 것으로서 인간 앞에 놓인 채 인간에 의해 마음대로 결정되고 처리되는 그런 영역 속에 세워진다. 이를 통해 모든 것은 인간의 자의적 해석 안에서 관계 맺게 되는 도구가 된다. 이러한 도구적 대상 이해를 통해 모든 존재자와 생명은 결국 인간이 마음대로 조정할 수 있는 어떤 것으로 간주된다.

표상작용이란 인간 주체가 자연을 처리하고 지배하기 위한 사유방식이다. 생각함('cogitare', to think)이란 표상 가능한 것을 자신에게 가져온다. 자신에게 가져온다는 것에는 표상된 것이 일반적으로 앞에 놓여져 있다는 것을 뜻한다. 뿐만 아니라 그것에는 처리될 수 있는 것으로서 제시되어 있다는 결정적인 사실에 대한 암시가 필연적으로 포함되어 있다. 이러한 지배가 가능하려면 자연은 에너지 입자들로 구

49) 이수정·박찬국, 『하이데거. 그의 생애와 사상』, 270쪽.
50) WhD 74쪽.

성된 질량으로 환원되고, 또한 이 질량들의 상호 운동은 수학적으로 계산될 수 있어야 한다. "모든 현상은 여기서 그것들이 무릇 자연현상들로 표상될 경우, 미리 시공간적인 운동량으로서 규정되어야 한다. 그러나 규정은 수와 계산에 의한 측정을 통해 수행된다."[51]

이런 맥락에서 형이상학적 사유의 본질적인 표상작용은 지평적 성격을 지니고 있을 뿐만 아니라, 더욱이 그 자체 '초월적인 성격'을 함께 지니고 있다. 그러므로 존재를 존재자의 존재자성으로서 사유하고 있는 형이상학적인 사유는 본질적으로 '지평적이며-초월적인 표상작용(das horizontale-transzendentale Vorstellen)'이라는 사실이 뚜렷이 밝혀진다. 그러나 형이상학적 사유를 지탱해주는 이러한 "지평과 초월은 대상들로부터, 그리고 우리의 표상작용으로부터 경험되는 것이기에, 그것은 오직 대상들과 우리의 표상작용에 입각해서 규정될 뿐이다."[52]

표상작용을 통해 존재자는 대상으로 서 있게 되며, 그 경우 그 존재를 보장받는다. "세계가 상으로 되었다"는 사실은 인간이 존재자 가운데서 주체로 되었다는 것과 하나이며 동일한 과정이다. 세계가 상으로 되자마자, 인간의 입장은 세계관으로서 파악된다. 그러나 이러한 형이상학적인 사유의 '지평적-초월적인' 수행방식 속에서는 지평으로서 존재하게 하는 그것은 결코 경험되고 있지 않을 뿐만 아니라, 이러한 지평의 유래 혹은 그 근원은 전혀 주제화되지 않은 채로 남아 있다. 지평을 지평으로서 존재하게 하는 이러한 열린 장 자체는 지평과

---

51) ZW 21쪽.
52) Gel 37쪽.

는 '다른 어떤 것'이지만, 그렇다고 해서 그것은 아주 완전히 다른 것은 아니다.

하이데거에 의하면 '표상적 사고'에는 점점 더 자기 확실성에 도달하려는 형이상학적 의지가 팽배해진다. 이런 점에서 표상하는 사고는 일종의 의욕이라고 말할 수 있다.[53] 무엇보다도 의지에는 의식이 속한다. '의지에의 의지'는 계산에 의해서 자신을 확보하는 최고의 무제약적인 의식이다. 그러므로 '의지에의 의지'에는 이른바 수단, 근거에 대한 전면적이고 지속적이며 무제약적인 연구, 목적들의 계산적인 변경과 대조, 기만과 술책, 종교 재판식 심문이 속한다. 결국 '의지에의 의지'는 모든 것을 계산하고 정비하는 것을 스스로에게 강요하는데, 이것이 '의지에의 의지'가 나타나는 근본형식들이다. 하지만 이것은 무제약적으로 계속해서 자기 자신을 확보하기 위한 것일 뿐이다.

이런 점에서 '의지에의 의지'로서의 생은 모든 인식이 확실한 계산과 가치평가의 방식으로 행해질 것을 미리 요구하고 있다. 이런 의지는 인간으로 하여금 불가능한 것을 목표로 하도록 강요한다. 하이데거에 의하면 이렇게 강제로 조직하고 그것이 지배하도록 하는 작위성(Machenschaft)은 기술의 본질에서 비롯된다. 니체의 '권력에의 의지(der Wille zur Macht)'에는 계산적인 이성의 무제약적 지배가 속하는 것이지, 결코 흐릿한 생의 열정적인 분망함에서 나오는 혼탁함과 혼잡함이 속하는 것이 아니다.[54]

셸링(F. W. Schelling)은 '의욕이야말로 근원존재(Ursein)'라고 한다.[55]

---

53) VA 112쪽.
54) 같은 책, 103쪽.
55) WhD 171쪽.

근대과학은 존재자를 계산하는 대상화의 방식으로서 '의지에의 의지' 자체에 의해 정립된 하나의 조건이다. 이 조건을 통해 그 의지는 자신의 본질의 지배를 확보한다. 그리하여 의지는 사유를 압도하는 것으로 등장한다. "사태는 기술의 본질의 지배영역 아래에 놓여 있는 모든 것이 도대체 어떻게 존재하는가의, 즉 그 모든 것의 존재방식의 사려되지 않은 본질에 감추어져 있다. 어쨌든 그러한 것이 여태까지 사려되지 않은 채 있다는 것은 사실 무엇보다도 행위에 대한 의지가, 즉 만들고자, 일하고자 하는 의지가 사유를 짓눌러버렸기 때문이다."[56]

하이데거의 존재사유는 더 이상 주체의 표상행위와 의욕에 얽매이지 않는다. 그러한 행위와 의욕을 존재사유는 바라지 않는다. 그것은 존재의 열린 장, 즉 사역(Gegnet) 속으로 나아가 존재에 대한 작위적 공격을 단념하고, 존재의 도래를 기다리면서 초연한 내맡김의 태도(Gelassenheit, let it be!)를 견지함을 의미한다. 이는 대상에 대한 인위적인 형이상학의 '초월적-지평적인 표상행위'[57]에서 풀려나와 사역(das Gegnet) 안에서 존재에 의해 비롯되는 초연한 내맡김으로서의 사유이다. "그러므로 지평과 초월은 대상으로부터, 그리고 우리의 표상행위로부터 경험되는 것이기에, 그것은 오직 대상과 우리의 표상행위에 입각해서 규정될 뿐이다."[58] 결국 초연한 내맡김은 초월적인 표상행위로부터 벗어남(Sichlosslassen)이고, 지평을 의욕하는 것을 단념(Absehen)하는 것이다.[59]

---

56) 같은 책, 137쪽.
57) Gel 50쪽.
58) 같은 책, 37쪽.
59) 같은 곳.

인간은 본질상 사역에 내맡겨져 있는 존재이고, 사유의 본질은 '사역에 이르는 초연한 내맡김'[60]이다. "우리가 사역에 이르는 초연한 내맡김 속으로 우리를 들여보낼 때, 우리는 의욕하지-않기(das Nicht-Wollen)를 원하는 것이다."[61] 따라서 표상과 의욕의 형이상학적 사유와 질적으로 다른 사유인 초연한 내맡김으로서의 사유인 숙고가 요구된다.

요약하자면, 하이데거의 존재사유는 어디에서나 이미 존재가 스스로를 환히 밝히고 있다는 사태에서 출발한다. 근대에 와서는 사유 대신에 표상과 의욕이 그 자리를 대신한다. 존재는 이미 비은폐성(aletheia) 속에서 일어나고 있는 것이다. 형이상학은 그것이 언제나 존재자로서의 존재자만을 표상하고 의욕하고 있는 한, 존재 자체를 사유하고 있는 것이 아니다. 이 경우 철학은 자신의 근본바탕에 집결된 것이 아니다. 그것은 언제나 형이상학을 통해서 이 근본바탕을 떠나 있는 것이다.

2. 계산적 사고의 토대로서의 표상

하이데거에 의하면 '계산적 사고'는 '표상'을 기반으로 한다. 근대 형이상학에서의 존재자의 존재는 존재자의 표상됨 안에서만 찾아지고 발견된다. 표상을 통해 대상이 되는 것, 즉 대상으로 존재하는 것

---

60) Gel 57쪽.
61) 같은 곳.

만이 기실 존재하는 것으로 간주된다. 앞서 언급한 것처럼, 세계는 하나의 상으로 파악된다. 여기서 상이라는 말은 이제 표상하면서 산출하는 행위의 총체적 상을 의미한다. 인간은 무엇이 확실하고 참되고 존재하는 것으로 간주될 수 있는지를 계산 내지 측량하는 '모든 척도에 대한 표준척도'로서 자신을 스스로 근거짓는다.

그러나 하이데거의 사유의 사태인 '존재'는 수학적으로 표상되거나 실험에 의해 측정될 수 없는 성질의 것이다. 근대 이후로 존재자가 인간에 의해 정립되는 한에 있어서만, 그 경우에 존재자로 받아들여진다. 존재자 전체가 세계상으로 나타나는 곳에서 존재자 전체에 대한 근본적인 결정이 이루어진다. 그러면 표상 내지 표상함이란 무엇인가?

표상함은 여기서 자기 스스로에서부터 무엇을 자기 자신 앞에 세움이며 동시에 세워진 것을 그 자체로서 확실히 세움, 즉 보증함(sicherstellen)을 의미한다. 이런 보증함은 반드시 계산함이 관여할 수밖에 없다. 왜냐하면 이 계산 가능성은 앞서서, 그리고 지속하여 앞에 세워진 것을 확실하게 하는 것을 보증하기 때문이다.[62]

하이데거는 이성의 분별작용과 계산작용이 근본적으로 표상작용에 지나지 않는다고 본다. 이 경우 인간의 특수한 성격도 표상작용의 특수성에 기인한다. 계산은 오직 셀 수 있는 것만을 취급한다. 모든 것은 셈할 수 있는 것일 뿐이다. 그때마다 계산된 것이 세는 작업을 안전하게 해준다. 이러한 셈은 점점 더 많은 수를 사용하게 되며, 그 자

---

62) GA 5, 108쪽.

체가 끊임없이 자기를 소모하는 것이다. 특히 존재자를 계산해서 다루는 일은 그 존재에 대한 '설명(Erklären)'[63]으로 이해된다.

'계산'은 처음부터 존재자를 셀 수 있는 것으로 파악한다. 계산하는 사고는 이미 앞서 헤아림으로써 모든 존재자를 오직 주문 가능하고 소비 가능한 것의 형태로만 타당한 것으로 받아들인다. 그것은 모든 것을 일정하게 짜인 절차에 맞추어 강제적으로 통제한다. 그러나 하이데거에 의하면 그런 사고는 계산 가능한 모든 것이 계산에 의해 그때마다 계산된 합계와 그 결과에 앞서 이미 '하나의 전체'라는 사실을 미리 알지 못한다는 것이다. 물론 이 전체의 단일성은 자신의 기이함을 계산의 장악으로부터 빼내고 있는 저 계산될 수 없는 것에 속한다. 그러나 근대적 주체는 자신에게 마주 서 있는 세계를 이미지, 기호, 수로써 표상하며 계량화한다.

수의 프레임에서는 은유, 상징, 상상을 매개로 하는 예술적 차원이 빠져나간다. 특히 예술의 본질인 시적 차원은 고려의 대상과 사유의 대상에서 당연히 제외된다. 따라서 세계에 대한 계산적 사고의 성과는 바로 유용한 데이터와 정보체계로 변환된다. 여기서 계산적 사고의 표상을 통한 총체적 장악과 지배를 엿볼 수 있다. 표상행위는 실상은 인식행위도 아니고, 모든 현전자를 대상화하여 통일성으로 몰아넣는 행위임을 하이데거는 다음과 같이 밝히고 있다.

표상행위는 현전자를 인식하는 행위가 더 이상 아니다. 인식행위 자체는 이미 현전자의 비은폐성에 속해 있으며, 그것도 현전의 고유한 방식으로

---

63) ZW 23쪽.

서 비은폐된 현전자에 속한다. 이에 비해 표상행위는 ~에 대해 자신을 열어놓음이 아니라, ~에 대한 포착과 개념파악이다. 현전자가 편재하는 것이 아니라, 오히려 공격이 지배한다. 표상행위란 이제 새로운 자유에 맞게 비로소 안전하게 확보되어야 할 확실한 구역에로 스스로 가는 선행적 진입(Vorgehen)이다. 존재자는 더 이상 현전자가 아니라, 오히려 표상행위 속에서 비로소 마주 세워진 것, 즉 대-상적인 것이다. 표-상행위란, 앞으로 가면서 지배하는 대-상-화이다. 그러므로 표상행위는 모든 것을 그러한 대상적인 것의 통일성으로 함께 몰아넣는다. 표상행위는 함께 몰아세움(coagitatio)이다.[64]

쇼펜하우어에 의하면 세계는 거짓도 가상도 아니고, 오히려 표상이다. 세계는 표상으로 드러나며, 그것은 주관에 의해 조건 지어진다. "객관의 세계 전체는 표상이고 언제까지나 그러하며, 사실 그 때문에 전적으로 영원히 주관에 의해 조건 지어진다. 즉 세계는 선험적 관념성을 갖고 있는 것이다. 하지만 그렇다고 해서 세계는 거짓도 가상도 아니다. 세계는 있는 그대로의 모습으로, 즉 표상으로, 그것도 일련의 표상으로 모습을 드러내며, 그 공통된 유대가 근거율이다."[65]

니체는 근대인의 표상작용을 노골적으로 '복수'라고 부른다. 복수란 자신 앞에 서기를 거부하는 것을 자신 앞에 세울 수 있도록 끝까지 뒤쫓아서 강탈하고자 하는 근대인의 '의욕작용(Wollen)' 이외에 다른 것이 아니다. 사실 표상작용 자체가 존재하는 모든 것을 자신 앞

64) 같은 책, 83쪽 이하.
65) A. Schopenhauer, 위의 책, 60쪽.

에 세우기 위해서 그 모든 것을 추적하여 강탈하고자 하는 근대인의 의식작용일 뿐이다. 이렇게 '앞에 세운다'라는 의미를 지닌 표상작용은 '뒤쫓아서 세워놓고 강탈한다(nach-stellen)'라는 의미로 풀이할 수 있는 복수심과 다르지 않다.[66]

하이데거가 보기에 아직도 근대인들이 존재자 전체를 표상하고 있는 이상, 그들은 '가장 깊이 사유되기를 바라는 것'을 인간의 기억과 회상에서 간직할 수가 없다. 표상작용은 가장 깊이 사유되기를 바라는 것을 인간의 본질에서 추방한다. 한마디로 표상작용은 사유의 방식으로서 현존재의 열린 공간에서 회상되기를 바라는 '므네모쉬네(Μνημοσύνη, 회상)'의 추방과 다름없다. 이러한 이유로 근대인은 표상하되 사유하지는 않고 있다. 하이데거는 근대의 이러한 상황을 횔덜린(F. Hölderlin)의 시를 해석하면서 밝힌다. "사려되기를 바라는 우리들 시대에 가장 깊이 사려되기를 바라는 것은 우리가 아직도 사유하지 않고 있다는 것이다."[67]

특히 과학을 가장 합리적인 인식으로 간주하고 있다는 점에서 근대인은 가장 깊이 사유되기를 바라는 것을 사유하지 않고 있는 셈이다. 근대인이 과학(Wissenschaft)에 깊숙이 젖어 있는 만큼, 그들은 사유하기보다는 표상할 따름이다. 사실 과학이 과학 자체의 역운적 본질과 유래를 사유하지 못하고 단선적인 사유나 일면적인 사유의 틀에 갇힌 채로 있다. 일의적인 기호와 개념을 사용해서 주어진 연구대상

---

66) M. Heidegger, 권순홍 옮김, 『사유란 무엇인가?』, 길 2005,(「니체의 초인의 눈으로 본 서양 근대의 살풍경과 파르메니데스로 거슬러 올라가는 서양 사유의 시원적 명령」(역자 해제)), 15쪽.
67) WhD 68쪽.

을 그때마다 표상하는 한에서 "과학이 사유하지 못한다"[68]라는 것은 부인될 수 없다.

요약하자면, 하이데거는 '표상'과 '사유'를 확연히 구분한다. 계산적 사고의 토대로서의 표상은 존재를 망각한 근대의 의식철학 속에 내재한 주관중심적 사고방식이고, 반면에 사유는 존재를 회상하는 숙고적 사유이다. 근대 이후로 존재자의 존재는 존재자의 표상됨 안에서만 찾아지고 발견된다. 표상하는 인간 주체는 존재자를 파악하고, 소유하고, 지배한다. 그러나 스스로 생기하는 존재 자체는 표상 이전에 스스로를 드러내고 감추는 사유의 근원 사태이다.

3. 설명하고 근거짓는 표상적 사고

하이데거에 있어서 표상적 사고의 특징은 대상을 설명하고, 존재자와 사태의 근거를 밝히는 것이다. 다시 말해 표상적 사고는 '설명하고 근거지우는 사고'로서 인식과 존재를 가능케 하는 근거와 가능 조건을 탐구한다. "인간의 표상작용은 먼저 진술되어야 할 것을 상대하면서 이미 근거를 집요하게 찾고 있다. 인간의 표상작용은 그 자신을 둘러싸고 닥쳐오는 모든 것에서 근거를, 그중에서도 우선 가깝게 있는 근거를, 그리고 때로는 계속 남아 있는 근거를, 마지막으로는 처음이자 최종적인 근거를 얻으려고 노력한다."[69]

---

68) 같은 책, 57쪽.
69) 같은 책, 13쪽 이하.

무엇보다 표상작용은 현실을 관리 가능한 하나의 체계로 만든다. 인간이 현실(Wirklichkeit)을 만들 수 있고, 현실을 자신의 의도를 따라 빚어갈 수 있다. 여기서 인간의 생각과 의지가 무언가를 '야기할 수 있다(wirken)'는 뜻이다. 말하자면 현실의 제작 가능성의 이념은 근대 합리성의 특징이 되고 있다.

이러한 근대 형이상학을 기초지우는 데는 데카르트의 형이상학이 결정적인 단초가 된다는 것을 하이데거는 여러 곳에서 밝히고 있다. 이른바 "데카르트의 과제는 그 자신을 확신하면서 자신에게 스스로의 법칙을 부여하는 새로운 자유에로 인간을 해방하는 것이 형이상학적인 근거를 부여하는 것이 되었다."[70] 특히 표상은 라이프니츠(Leibniz)에 의하면 재현함(repraesentare), 즉 주관에로 현재화시키는 송부함(zustellen)의 특성을 지닌다. "근거는 그때그때마다 근거지음으로서 표상하는 주관에 송부되는 경우에만 표상은 근거짓는 역할을 한다."[71]

일반적으로 '있는 그대로의 세계'를 기술하는 것과 현상을 설명하는 것은 구별된다. 설명은 그 현상이 '왜 있는지'의 원인과 이유, 그리고 어떻게 그러한 방식으로 존재하는가를 말해준다. 사태영역에 대한 설명은 실험에 의해 확증된 법칙을 바탕으로 이루어진다. 즉 설명은 알려져 있는 것을 근거 제시한다. 동시에 알려져 있지 않은 것을 통해 알려져 있는 것을 확증하는 것이다. 설명은 언제나 이중적인 측면을 지니고 있다. 즉 "하나의 대상 구역을 표상하는 처리방식은 명백한 사

---

70) M. Heidegger, 『니체와 니힐리즘』, 217쪽 이하.
71) SvG 54쪽.

실로부터 분명하게 하는 성격, 즉 설명의 성격을 갖는다. 설명은 분석 안에서 완수된다. 자연과학에서 분석은 분야 및 설명 의도의 방식에 따라 실험에 의해 이루어진다."[72]

이제 자연과 역사도 설명하는 표상의 대상이 된다. 이 표상은 자연을 계산하고 역사를 평가한다. 이같이 대상이 되는 것, 즉 대상으로 존재하는 것만이 존재하는 것으로 간주된다. 형이상학의 학설을 따르자면, 인간은 언명 내지 설명할 수 있는 능력을 고유한 속성으로 지니고 있는 '표상하는 동물(das Vorstellende Tier)'[73]이다.

또한 하이데거에 의하면 설명은 '진술(Aussagen)'과도 상통한다. 어떤 것을 어떤 것으로 말하는 것은 그리스어로 '카테고레인(kategorein)'으로 불린다. 카테고리는 존재자에 대한 가장 보편적인 술어(述語)이다. 존재자 자체에 대한 인식은 사유 속에서 전개되고, 이것은 진술, 즉 로고스 속에서 자신을 언표한다. 인식은 '진술하는 사고' 내에서 수행되는데, 이러한 사유는 존재자에 대한 표상으로서 감각적 지각과 감각적이지 않은 직관의 모든 방식에서 모든 종류의 경험과 느낌을 주재한다. 도처에서, 그리고 끊임없이 그러한 태도와 자세에서 인간은 존재자와 관계한다. 언제 어디서나 인간이 관계하는 것은 존재하는 것으로 인식된다.

후설은 근대의 학문을 기술(記述)에 의한 기술적 학문과 그것에 기초한 더 높은 단계인 설명에 의한 설명적 학문으로 병렬시킨다. 설명은 여기서 학문적 방법의 역할을 한다. "이 경우 높은 단계의 작업수

---

72) ZW 23쪽.
73) WhD 94쪽.

행인 설명은 기술적 영역, 실제로 경험하는 직관을 통해 실현할 수 있는 영역을 넘어서는 하나의 방법 이외에 다른 것을 뜻하지 않는다. 이 넘어서는 것은 기술적 인식의 토대 위에서 일어나며, 기술적으로 주어진 것 속에서 최종적으로 검증될 수 있는 통찰적 수행절차를 통한 학문적 방법으로서 일어난다."[74]

하이데거에 따르면, 모든 과학은 '설명적'이라고 한다. 한 구역에서 숙지되지 않은 것은 이미 숙지되고 이해 가능한 것을 향해 소급된다. 이러한 설명을 위한 제약조건들을 마련하는 것을 '연구(Forschung)'라고 일컫는다. 이해 가능성에 대한 요구가 개별과학을 앞질러 규정함에 따라 설명행위의 연관은 특정한 양식을 갖게 되면서 경계가 지워지게 된다.[75] 따라서 표상적 사고의 특징으로서 '설명'은 언젠가는 생명체도 설명 가능한 것으로만 여기게 된다.

또한 하이데거에서 표상적 사고의 특징은 '근거지음(Begründen)'이다. '근거지음'은 보편적인 것에로의 소급을 요구한다. 말하자면 존재자는 존재로 환원된다. 근거짓는 표상은 '근거율(Satz vom Grund)'을 따른다. 근대의 형이상학적 사유는 표상이고, 더 정확히 말하자면 '근거짓는 표상(begründendes Vorstellen)'으로 규정된다.[76] '근거짓기(Gründung)'는 두 가지 의미를 지닌다. 첫째, 근거가 근거짓는다. 즉 근거가 근거로 현성한다. 둘째, 이 근거짓는 근거가 그 자체로서 도달되고 떠맡겨지게 된다. 이는 적극적으로 근거지음(Er-gründung)이다. 여기서 근거가 근원적으로 근거짓는다는 것이 존재의 진리의 현

74) E. Husserl, 『위기』, 360쪽.
75) GA 65, 146쪽.
76) ZSD 62쪽.

성(Anwesen)이다. 진리는 근원적 의미에서의 근거이다. 근거의 본질은 근원적으로 진리의 본질로부터, 진리와 '시간-공간'(탈-근거)으로부터 발원한다.[77]

하이데거에 의하면 라이프니츠에 있어서 이성(ratio)은 존재의 관점에서 모든 존재자에 대해 척도를 부여하며 지배하는 요구, 즉 원리(principium)이다. 이 원리는 신에 의해 가능해진다는 '충족이유율'을 제시한다. 말하자면 "신이 계산할 때 세계가 생성된다.(Cum Deus calculat fit mundus)" 여기서 충분한 이유(ratio sufficiens), 본래적이며 유일무이하게 충족시키는 근거, 최고의 이유(summa ratio), 모든 것을 관통하는 계산의 가능성, 우주에 대한 계산을 해명할 수 있는 것은 신(Deus)이다.[78]

표상이란 전술한 바대로, 어떤 존재자를 '자기 앞에 세움(Sich-vor-stellen)'이다. 인간이 모든 것을 배치하는 척도로 등장한다. 우리 앞에 마주 세워진 것은 대상이 된다. 여기서 세움은 인간 주체에 의한 정립(Setzung) 및 구성(Konstitution)을 의미한다. "인간이 주체가 됨으로써 인간의 본질 자체가 변화한다. 〔…〕 인간이 일차적으로 본래적인 그런 주체가 된다면, 이것은 곧, 인간이 모든 존재자를 그것의 존재방식과 그것의 진리방식에서 근거짓는 그런 존재자가 된다는 것을 의미한다."[79]

근대의 주체(Subjekt, sub-jectum) 개념은 그리스어 '휘포케이메논(ὑποκείμενον, hypokeimenon)'의 라틴어 번역어이다. 휘포케이메논은

---

77) GA 65. 307쪽.
78) SvG 255쪽 이하.
79) GA 5. 88쪽.

모든 것을 그 자신에게로 모으는 근거를 의미한다. 그것은 밑에, 그리고 근저에 가로놓여 있는 것, 즉 자체로부터 이미 현존하고 있는 것을 의미한다. 그리스어 휘포케이메논이 로마어로 번역된 것이 '수브엑툼(subjectum)'인데, 이것은 나, 자아라는 의미의 주관(Subjekt)과는 다르다.[80] 수브엑툼은 결코 근대적 주관 개념이 아니라, 근저에 놓여 있는 것을 의미한다. 이것은 그것의 본질 개념에 따르면 하나의 탁월한 의미로 그때그때 이미 현존하고 있으며, 따라서 다른 것에 대해서는 그 근저에 놓여 있으며, 또 근거가 되는 것이다.[81] 이제 '근거'와 '원리'가 되는 것은 자신을 표상하는 표상작용이라는 의미의 주체를 의미한다. 이와 같이 근대에 와서 그리스의 존재론적 주체개념이 인식론적 '자아주체(Ichsubjekt)' 개념으로 축소되고 변질된 것이다.

　잘 알려져 있듯이, 근대의 라치오(ratio)는 이성과 근거로 이해된다. 근대에서 존재는 '표상되어 있음(Vorgestelltheit)'으로, 진리는 확실성(Gewißheit)으로, 인간은 주체로 정립되어 있다.[82] 형이상학은 존재자의 근거로서 존재를 묻는다. 무엇보다 형이상학의 존재물음은 존재자의 근거에 대한 인식론적 물음이다. 따라서 형이상학적 사고는 근대적 의미에서 인과론적 사고로 좁혀진다. 이제 근거는 근대에 이르러 이성과 동일시됨으로써 인간은 근거를 제시하는 주체로 등장하게 되고, 존재자는 주체에 의해 유용한 것으로 계산되어 주체 앞에 세워지는 대상(Objekt)으로 변하게 된다. "중세적 의미의 Objektive, 즉 단순히 나의 표상 속에서 이 표상을 통해 내 앞에 주어져 있는 것은 오늘

---

80)　Zol 153쪽.
81)　M. Heidegger, 『니체와 니힐리즘』, 212쪽 이하.
82)　GA5, 93쪽.

날의 언어 용법으로는 '주관적인 것', 즉 표상된 것 혹은 실재하지 않는 것이다."[83]

철학에서 인간은 '이성적 동물'로 규정된다. 하이데거의 해석에 의하면, 그리스적 사고에서 이성은 존재하고 있는 것에 대해 들어서 아는 인식작용, 분별작용, 받아들임(Vernehmen)이다. 여기서 인간은 존재의 소리를 들어서 아는 수용적 인지자이다.[84] 그것은 존재하고 있는 것은 언제나 그와 동시에 존재할 수 있고, 존재해야만 하는 것을 의미한다.

이 근원적 인식작용은 자체 내에서 단계별로 '맞이하여 받아들인다', '맞이한 것을 수용한다', '수용한 것을 앞에 잡아둔다', '잡아둔 것을 살펴본다', '살펴보면서 말한다' 등을 함축하고 있다. '살펴보면서 말한다'라는 것은 라틴어로는 reor이고 그리스어 레오(ῥέω)는 무엇인가를 앞에 잡아둔 채 그것을 살펴보는 능력을 뜻한다. reri는 ratio이다. '아니말 라치오날레(animal rationale)', 즉 이성적 동물은 위에서 기술한 방식대로 분별하면서 살아가는 동물을 말한다. 이성을 주재하는 인지작용은 목표들을 이쪽으로 끌어다가 세우고(her-zustellt), 규칙들을 정하여 세우고(aufstellt), 수단을 채비하여 곁에 세우고(beistellt), 수단을 안으로 끌어들여 행동의 방식들에 일치하게끔 세운다(einstellt). 이성의 분별작용은 세우기의 이러한 다양성으로 전개된다. 무엇보다도 세우기는 언제나 앞에 세우기(vor-stellen)이다. 그래서 역시 사람들은 인간은 이성적 동물이라고, 즉 인간이 무엇인가를 '표

---

83) Zol 153쪽.
84) GA 5, 91쪽.

상하는 동물'이라고 언명할 수 있을 것이다.[85]

요약하자면, 인간 주체의 표상행위는 그 자체에 있어서 진리와 존재의 본질을 수립하고 확정하는 것을 의미한다. 그것은 자신만의 고유한 본질공간 안으로 진입한다. 표상은 이러한 본질공간을 존재자의 존재의 본질과 진리의 본질에 대해서 척도를 부여하는 것으로서 정립한다. 이와 같이 근대 형이상학에서 이성은 설명하고 근거짓는 표상작용을 의미하고, 표상적 사고는 근대적 사유를 대표하는 사고가 된다. 이 표상적 사고는 바로 계산적 사고와 동전의 양면이다.

4. 기투로서의 표상적 사고

하이데거에 의하면 근대의 표상적 사고는 설명하고 근거짓는 행위와 더불어 존재자에 대한 '기투(Entwurf)'로 파악된다. 이제 사물(Ding)은 스스로 있는 존재자가 아니고, 논리적 추상과 추리를 통해 구성된 개념과 개념들의 연결체에 불과하다. 근대과학에서 말하는 사물이란 인간의식의 기획적 산물 외에 다른 것이 아니다. 이제 표상적 사고에 의해 수행되는 과학은 기투에 의하여, 그리고 '선행적 진입(Vorgehen, 선행적 대응방식)'의 엄밀함 안에서 기투의 확실성을 통하여 연구(Forschung)가 된다. 연구는 존재자의 한 영역에 있어서, 예컨대 자연에 있어서 자연현상들에 대한 특정한 근본윤곽을 기투하는 것을 통해 수행된다. 이 기투는 인식하는 선행적 진입이 어떠한 방식으로

---

85) WhD 94쪽.

자신을 열려진 구역에 얽어매야 하는지를 제시하는 것이다.[86]

하이데거는 근대적 학문이 연구를 위한 대상 구역을 미리부터 설정해놓은 뒤에 존재자를 거기에 맞추어 출현시킨다는 사실을 지적한다. 근대적 학문은 인식행위에 앞서 존재자의 영역에 대해 밑그림을 기투한다. 연구 이전에 주어져 있는 이러한 밑그림은 인식행위가 이루어질 수 있도록 존재자의 영역 속에 열린 구역을 확보한다. 존재자가 어떠한 방식으로 출현해야 하는지는 처음에 기투된 밑그림이 열어놓은 구역 속에서 애초부터 결정되어버린다. 근대적 학문은 연구를 시작하기도 전에 이미 자신이 설정한 밑그림에 따라 연구의 대상이 되는 존재자를 인위적으로 규정한다. 따라서 근대적 학문에서 이루어지는 연구란 단지 특정한 형태로 출현하도록 미리 규정된 존재자들을 미리 전제된 밑그림에 따라 법칙으로 체계화하는 활동일 뿐이다.

또한 이러한 연구를 통해 근대적 학문은 자기가 설정한 대상 구역을 경영(Betrieb)할 수 있게 된다. 근대 학문은 경영에 의해 규정된다.[87] 대상 구역을 처음으로 열어놓는 활동은 물론이고, 그 구역에 출현하는 존재자들을 비롯하여 그 존재자들 사이의 관계에 이르기까지의 모든 것을 근대적 학문 자신이 전부 주도한다. 즉 "존재자를 미래적인 진행에 있어 미리 계산하거나 지나간 것으로 추산할 수 있다면, 연구는 존재자를 마음대로 처리할 수 있을 것이다."[88]

하이데거에 의하면, 수학적 자연과학은 처음부터 자연의 질을 양으로 전환하고, 그것은 수적인 것, 즉 운동, 힘, 장소, 시간 따위를 자

---

86) ZW 17쪽.
87) 같은 책, 21쪽 이하.
88) 같은 책, 37쪽.

연에 기투하여 이로써 자연을 계산 가능한 질점들의 연관으로 환원한다. "과학의 사태영역이 처음부터, 다만 양적인 측정과 계산에서만 접근 가능한, 또한 오직 그렇게 해서만 결과를 보장하는 영역으로 설정되어 있다면 과학은 정밀해야 한다."[89]

또한 수학적인 기투와 실험은 '나'로서의 인간이 대상으로서의 사물과 관계하는 그런 관계 속에 근거하는 것이다. "근대학문은 특정 대상 구역의 기투 안에서 근거지어지고, 동시에 스스로를 개별화한다. 이러한 기투는 그것에 상응하며 엄밀성에 의해 확증된 처리방식 안에서 전개된다. 그때마다의 처리방식(Verfahren)은 경영 안에서 스스로를 자리매김한다. 기투와 엄밀성, 처리방식과 경영은 서로를 필요로 하면서 근대학문의 본질을 완성하며, 근대학문을 연구로 만드는 것이다."[90]

주체의 행위로서 하이데거는 '선행적 진입(Vorgehen)'과 '기투(Entwurf)'를 거론한다. '선행적 진입'이란 주체가 일단의 존재자의 영역 앞으로 자신을 자리매김하는 것이다. 이때 선행적 진입은 주체에 선험적으로 알려진 것에 의해 가능하다. 예를 들면, 근대 물리학은 수라는 선험적 인식을 바탕으로 이루어지며, 이때에 다양한 존재자들은 수로써 또는 수를 통해 설명된다. 따라서 근대 물리학은 선험적 인식인 수에 대한 인식 없이는 불가능하다.

그렇다면 '선행적 진입'의 의미는 앞으로 다루게 될 존재자들을 일정한 선험적 인식의 영역 안으로 미리 앞서 이끌어 들이는 행위라고

---

89) GA 65. 150쪽.
90) ZW 35쪽.

볼 수 있다. 그런데 수에 대한 선험적 인식을 지니고 있다는 것만으로 근대 물리학이 가능한 것은 아니다. 오히려 수라는 선험적 인식에로의 선행적 진입은 기투를 통해 자신의 연구대상 구역을 확정시켜야 한다. 예를 들면 근대 물리학은 선험적 인식인 수에로의 '선행적 진입'을 바탕으로 다양한 존재자의 존재 현상을 시·공간적인 운동량으로 파악하고자 할 때 가능하다.[91]

선행적 진입과 기투를 통해 주체에 의해 하나의 대상 구역이 확정되면 이제 주체는 자신이 선행적 진입과 기투를 통해 미리 설정한 근본 구도에 따라 다양한 존재자들을 검증함으로써 규칙과 법칙을 도출해낸다. 이 '선행적 진입'은 연구 주체의 기투에 의해 확정된다. 그리고 그 기투는 선행적 진입을 전제한다. 이 두 과정을 통해 주체는 다양한 존재자들을 일정한 구도 안으로 제한시킨다. 결국 하이데거에 의해 주장된 근대학문의 첫 번째 본질인 기투와 선행적 진입은 존재자를 주체의 영역으로 이끌어 들임으로써 하나의 대상 구역을 확정하는 과정이라 할 수 있다. 연구로서의 모든 학문은 한정된 대상 구역에 대한 기투에 근거하고 있기에 필연적으로 개별학문으로 된다.[92]

요약하자면, 근대에 와서 세계는 인간 주체가 기투한 밑그림에 따라 그려진 '상', 곧 세계상이 된다. 주체인 인간은 표상작용을 통해 대상으로서의 세계를 '세계상'의 형태로 고정시킨다. 근대 이전에는 주체 개념이 존재자들에게 부여되었으나 근대에 와서 인간만이 주체가 된 것이다. 근대의 권력 주체, 즉 세계를 하나의 표상, 즉 앞에 세워

---

91) 같은 책, 117(역자 해제).
92) 같은 책, 15~23쪽.

지배대상으로 삼는 주체가 탄생된 것이다. 인간 주체의 기투행위는
바로 표상작용인 것이다.

5. 연구로서의 표상적 사고

하이데거는 근대학문의 본질을 '기투', 취급방법(Verfahren), 경영이
라고 규정한다.[93] 근대 이전의 그리스 시대의 학문적 인식(episteme)과
중세시대의 인식(doctrina, scientia)은 연구(Forschung)가 아니었다. 철
학자는 원래 연구자가 아니다. 그러나 오늘날 학자들은 모두 연구자
로 변신하고 있다. 근대에 와서 인식 내지 지식은 비로소 연구로 파악
된다. 그러면 연구는 어떻게 탄생하는가? "학문은 기투에 의하여, 그
리고 선행적 진입의 엄밀함 안에서 기투의 확실성을 통하여 연구가
된다."[94] 그리고 "기투와 엄밀성, 처리방식과 경영은 서로를 필요로
하면서 근대학문의 본질을 완성하며, 그것들은 근대학문을 연구로 만
든다."[95]

연구란 기투와 선행적 진입을 통하여 연구대상을 확보하고 증거를
수집한다. 그리고 그것은 이러한 증거를 사용하여 이데올로기나 편
견에 치우치지 않고 과학적으로 입증하는 활동이다. "근대 자연과학
은 정확성과 법칙, 연구와 실험, 수학, 기술과 전문화, 시스템 등에 의
해 그 탁월성을 보유하게 된다. 근대 자연과학은 탐구하고자 하는 대

---

93) 같은 책, 35쪽.
94) 같은 책, 21쪽.
95) 같은 책, 35쪽.

상 영역에 대한 기투를 통해 인식을 획득하고, 점차 이런 기투가 가능한 것만이 과학적 대상으로 인정받는다. 바로 이것이 근대 자연과학과 그리스 시대의 자연학 간의 결정적 차이를 낳게 한다."[96]

하이데거는 과학적 연구에 어떤 형이상학적 근거가 있음을 밝히고 있다. 근대 형이상학은 존재자를 표상작용의 대상으로, 진리를 표상작용의 '확실성'으로 해석한다.[97] 이러한 해석을 근거로 하여 학문은 연구로서 존재하게 된다. 그리고 표상작용은 인간의 행위이므로, 근대 자연과학의 형이상학적 근거는 인간 주체이다. 인간에 의해 표상작용을 통해 대상화된 것만이 연구의 대상이 될 수 있다. 이러한 형태로, 즉 계산될 수 있도록 대상화되는 것, 즉 대상으로 존재하는 것만이 존재하는 것으로 간주된다. 존재자의 존재가 그러한 대상성에서 탐색되는 경우에만 비로소 연구로서의 학문이 등장하게 된다.[98]

과학적 인식이 자연이나 역사라는 존재자의 한 영역 안에서 어떤 특정한 사태를 향해 '선행적 진입'을 할 때 연구가 이루어진다. 연구는 임의적으로 이루어지는 것이 아니라, 일정한 전제하에 이루어진다. 제일 먼저 연구 주체에 의해 요구되는 것은 다양한 존재자들을 일정한 전제 아래로 제한시키는 일, 즉 앞으로 연구자가 다루게 될 존재자에 대한 '대상 구역'을 확보하는 일이다.[99] "이러한 존재자의 대상화는 앞에-세움(표상), 즉 계산하는 인간이 존재자를 믿을 수 있게끔 모든 존재자를 결국은 자기 앞으로 가져오는 것을 목표로 하는 표상에

---

96) 이유택, 위의 논문, 166쪽.
97) ZW 17쪽.
98) 같은 책, 37쪽.
99) 같은 책, 17쪽.

서 수행된다. 진리가 표상의 확실성으로 변했을 때, 비로소 연구로서의 학문이 등장하게 된다."[100]

무엇보다 학문적 연구는 계산될 수 있는 대상에 국한된다. 인간이 존재자를 마음대로 지배하기 위해서는 존재자를 계산할 수 있어야 한다. 그런데 학문적 기투는 처음부터 자연을 계산 가능한 운동연관으로 환원시킨다. 근대 자연과학에서는 계산될 수 있는 것만이 대상으로 정립된다. 그리고 이러한 현상은 자연의 영역에만 한정되지 않고 역사의 영역에도 적용된다. 자연의 영역에서는 앞서 계산될 수 있는 것이 대상으로 간주되며, 역사의 영역에서는 추후에 계산될 수 있는 것이 대상으로 등장한다.[101] 이처럼 학문적 연구에서 존재자는 계산될 수 있는 대상이다. 연구가 진행됨에 따라 존재자는 축소되고, 존재는 배제되고 도외시된다.

연구가 점점 더 원대한 발걸음을 내딛음에 따라 진실로 실행되는 것은, 거대한 것을 계획에 예속되어 있는 상태로부터 계획 자체에로 위치를 옮겨 놓음이다. 계획과 계측이 거대한 성격의 것으로 변모하게 되는 순간 전체 안에서의 존재자는 오그라들기 시작한다. '세계'는 요컨대 단지 양적인 의미에서뿐만 아니라, 형이상학적인 의미에서도 점점 더 작아진다. 존재자로서의 존재자, 즉 대상적인 것으로서의 존재자는 마침내 피통치(조정) 가능성에로 용해되고, 그 결과 존재자의 존재 성격은 이를테면 소멸되고, 또한 존재자로부터의 존재의 떠나버림을 완성한다.[102]

---

100) 같은 곳.
101) 이선일, 위의 논문, 105쪽.
102) GA 65, 495쪽.

모든 현상이 자연현상들로 표상될 경우, 미리 시·공간적인 운동량으로서 규정되어야 한다. 규정은 수와 계산에 의거한 측정을 통해 수행된다. 그러나 수학적·자연적 연구는 그것이 정확히 계산하기 때문에 정밀한 것이 아니라, 오히려 그것이 자신의 대상 구역에 자신을 구속하는 것이 정밀함이란 성격을 갖기 때문에 정확하게 계산해야만 하는 그런 것이다. 특히 "연구로서의 학문은 이런 세계 안에서 스스로를 자리매김하는 데 불가결한 한 형태, 즉 근대가 그 참여자에게 알려지지 않은 속도로 자신의 본질 성취로 몰아치는 행로들 중의 한 형태이다."[103]

요약하자면, 하이데거의 해석에 의하면 인간에 의해 표상행위를 통해 대상화된 것만이 연구의 대상이 될 수 있다. 왜냐하면 계산될 수 있도록 대상화되는 것이 존재하는 것으로 간주되기 때문이다. 그는 철학이 학문 내지 과학이 되고, 학문이 연구로 축소되는 것을 학문의 위기로 간주한다. 또한 그는 철학자가 지혜를 사랑하고 탐구하는 애지자가 아니라, 일개 연구자로 전락하는 것을 우려한다.

6. 표상적 사고의 극복

하이데거 철학은 근대의 인간중심적 '주관철학'과 그것의 전개와 완성을 '존재사유'의 관점에서 비판하고 대결하며 극복해나가고자 한다. 전기사유의 '현존재 분석(Daseinsanalytik)'을 실마리로 하여 존재

---

103) ZW 54쪽 이하.

일반의 의미를 천착하였던 하이데거의 존재사유는 후기에는 '존재 자체'에로 정향되어 있다. 물론 '존재물음(Seinsfrage)'은 존재의 의미, 존재의 진리, 존재의 장소의 사태에 대한 사유로 전개되면서 사유의 초점이 달라지긴 한다. 특히 「휴머니즘 서간」에서 밝히고 있듯이, 사유는 존재의 진리를 말하도록 존재에 의해 요청받고, 사유는 존재가 인간의 본질과 맺는 관련을 완성한다. "사유는 존재에 의한, 그리고 존재를 위한 참여이다."[104] 이 지점에서 그의 존재사유는 여타의 인간중심적인 주관철학 및 실존철학과 구별된다.

하이데거에 있어서 이런 근대 주관 형이상학의 극복(Überwindung)이란 단순한 부정이나 파괴가 아니라 잊혀진 토대로의 회귀요, 잘못된 언어 사용의 바로잡음이다.[105] 또한 형이상학의 '극복(Verwindung)'은 형이상학의 시원으로 돌아가서 이를 감내하며 이겨내야 하는 것이다.[106] 근대의 표상주의는 존재자의 존재에 대해서는 사유하지 않은 채, 존재자로서의 존재자만을 문제 삼는 '형이상학'에 불과하다.

하이데거의 해석에 의하면 표상적 사고에 바탕을 둔 과학과 기술이 여태까지 주제넘게 근대의 삶의 지형 전체를 형성해왔다는 점이다. 그러나 새 시대에서는 '사유(Denken)'와 '시작(Dichtung)'이 새로운 사유의 시원에 응답하면서 세계와 삶의 질서를 형성해야 한다. 인간으로 하여금 사유하도록 명령하는 것은 바로 존재 그 자체인 것이다. 인간은 이미 존재의 개방성으로 들어서서 존재를 이해하는 것이다. 존재의 개방성은 결코 표상될 수 없는 지평인 것이다.

---

104) Wm 311쪽.
105) VA 67쪽.
106) Wm 408~411쪽.

하이데거에 의하면 '주·객 분리'의 표상주의 틀 안에서는 우리가 세계나 사물에 대한 본래적인 이해에 도달할 수 없다. 세계는 '상'으로 파악되기 이전에 존재하면서 대상을 초월해 있다. "세계는 단순히 우리의 눈앞에 놓인 직관 가능한 그 어떤 대상이 아니다. 세계는 늘 비대상적이다. 탄생과 죽음, 그리고 축복과 저주가 일어나는 그 궤도가 우리를 존재로 내몰고 있는 동안에 우리는 언제나 이 비대상적인 세계 속에 처해 있다."[107]

이제 근대의 주·객 분리의 표상적 사고로 전개된 기술적 사고에서는 주체성도 객관성 안으로 소멸된다. 말하자면 인간도 거대한 사회적 조직체계 안에서 기술적으로 관리되고 처분될 수 있는 객체로 전화된다. "기술적으로 조직된 인간의 전 지구적 제국주의를 통해서 인간의 주관주의는 정점에 도달한다. 이러한 정점으로부터 인간은 획일적으로 조직화된다. 이러한 획일화는 대지에 대한 완전한, 즉 기술적인 지배의 가장 확실한 수단이 된다. 주체성은 그에 상응하는 객체성 안에서 철저히 소진된다."[108] 이런 맥락에서 존재의 베일(Schleier)로서의 '무(Nichts)'는 결코 아무것도 아닌 것이 아니다. 또한 그것은 대상이라는 의미의 그 무엇도 아니다. 즉 주관으로서의 인간이 존재자를 더 이상 대상으로 표상하지 않을 경우, 그 무는 존재 자체이며, 그리고 그 존재의 진리는 인간에게 부여된다.

표상적 사고를 극복하려는 '숙고적 사유' 혹은 '초연한 내맡김'의 태도에서는 모든 의욕에 대한 포기와 단념이 이루어져야 한다. 그러나

---

107) GA 5, 44쪽 이하.
108) ZW 89쪽 이하.

이렇다고 해서 단순한 '비-의욕(Nicht-Wollen)'을 통해 의욕이 극복되지 않는다. 세계는 상으로 파악되기 이전에 언제나 거기에 존재하는 것이다. 주체중심적 · 인식론적 · 표상적 사고와 달리, 숙고적 사유는 존재에 의해 시작되고, 존재에 참여하면서 가능해진다.

하이데거에 의하면 형이상학의 모든 표상작용은 존재자의 비은폐성에 근거한다. 존재자의 비은폐성의 영역은 인간과 존재자 전체를 포괄하는 영역으로서 인간은 그 영역에 이미 들어서 있는 '현-존재(Da-sein)'이기에 존재자를 그때마다 표상할 수 있다. 따라서 존재자의 비은폐성은 형이상학의 출발점인 주 · 객의 양극 관계가 성립할 수 있는 가능근거이다. 인간은 존재의 개방성 안으로 탈-존해 있다. 이런 존재의 개방성이 주관과 객관의 연관이 존재할 수 있게 하는 장이다. "오히려 인간은 처음부터 자신의 본질상 존재의 열려 있음 안으로 탈-존해 있으며, 이 열려 있는 장이 주관과 객관의 연관이 존재할 수 있는 그 사이를 비로소 비추어주는 것이다."[109]

그러나 근대 형이상학은 이미 드러나 있는 존재자를 그때마다 자신의 특수한 관점과 방식에 따라서만 고려할 뿐, 존재자의 비은폐성 자체를 망각한다. 따라서 하이데거의 존재사유는 형이상학과는 다른 사유의 앞선 실행에 해당한다. 계산하고 표상하고 지배하는 형이상학적 사유에 대한 대안으로 하이데거는 형이상학으로부터 전향하여 숙고적 사유를 제안한다. 그것은 기술과 형이상학의 본질 자체를 물음에 회부하는 사유이다. 존재 자체를 사유하는 것과 존재의 은닉/간직함(Verbergung)과 드러냄(Entbergung)을 사유하는 것은 철학의 종말에

---

109) Wm 346쪽 이하.

직면해서 비로소 가능하게 된 것이다.

근대 주관철학은 세계가 나에 대해 존재하는 것으로 당연하게 믿고 세계의 존재에 대한 자신의 믿음에 대해서는 아무런 반성도 하지 않는다. 세계가 주관에 대해서 존재한다는 사실을 넘어 세계는 주관에 의해 존재가 정립되어야 한다는 소박한 신념을 가지고 있다. 이것을 후설은 '자연적 태도의 일반정립'이라고 표현한다. 말하자면 세계는 주관에 대한 객관적 현실성으로 주어져 있다는 생각을 당연하게 받아들인다. "우리는 자연스럽게, 즉 '자연적 태도' 속에 표상하고, 판단하며, 느끼고, 욕구하면서 살아가는 인간으로서 우리의 고찰을 시작한다. 내가 이 세계를 의식하고 있다는 것은 무엇보다 내가 이 세계를 직접 직관적으로 발견하고 경험한다는 것을 뜻한다."[110]

근대철학에서 세계는 표상을 통한 인식의 대상 이외에 다른 것이 아니다. 그러나 하이데거는 세계를 비대상적인 것이며 또한 삶을 영위하는 존재의 차원임을 밝힌다.

세계란, 셀 수 있거나 셀 수 없는 것 혹은 친숙하거나 친숙하지 않은 눈앞에 현존하는 모든 사물의 단순한 집합이 아니다. 또한 세계는 눈앞에 현존하는 것 전체를 담아내는 표상적 틀로서 상상되는 것도 아니다. 세계는 세계화한다(Welt weltet). 이러한 세계는 그 안에서 마치 우리가 고향에 있는 듯 아주 편안히 있다고 여겨지는 그러한 것들—즉 우리가 쉽게 붙잡을 수 있고 파악할 수 있는 것들—보다도 더욱 잘 존재하고(seiender) 있다. 세계는 우리 앞에 놓여 있어 관망될 수 있는 어떤 대상이 결코 아니다. 탄

---

110) E. Husserl, 이종훈 옮김, 『순수현상학과 철학의 이념 1』, 한길사 2009, 113쪽.

생과 죽음, 축복과 저주의 궤도가 우리를 존재(의 열린 장) 속으로 밀어놓고 있는 한, 언제나 세계는 비대상적인 것이며, 그 안에 우리는 예속되어 있다.[111]

그런데 근대적 사유의 가설에는 근대철학의 달갑지 않은 유산인 주·객 대립의 도식이 숨어 있다. 주관과 객관 사이에는 본질적인 상관관계가 있다는 사실을 철저하게 인식하지 못한 것은 주관에 의한 객관의 정립이라는 당시의 지배적인 근대적 사유양식에 익숙해져 있었기 때문이다. 근대철학은 기하학이 가진 방법적 엄밀성을 철학에 적용한다. 그것은 결코 수량화될 수 없고, 도형화될 수 없는 정신적 삶조차도 수학적으로 추상화시켜버린다. 그러므로 근대철학은 수학적 방법이 가진 엄밀한 정확성을 얻기 위해 모든 것을 논리적 추론과 증명의 희생양으로 만들고 만 것이다.

주·객 도식에 의한 근대인식론은 인식주체와 대상이 지니고 있는 다양성과 인식과정과 단계의 절차성, 그리고 차원성을 배제하고, 다양한 인식의 질적 차이를 간과한 것으로 비판받고 있다. "합리론과 경험론 및 칸트의 비판론에서 인식주체와 인식대상은 획일화되어 있고 단순화되어 있다. 인식주체의 수준에 따라 혹은 서로 다른 직관에 따라 인식되고 이해되는 인식대상의 차원도 다른 것이다. 각자에는 무한한 질적 차이가 존재하는 것이다."[112]

우리가 자기 자신 안에서 사유되어야 할 것으로 되어 있는 그러한

---

111) Wm 30쪽.
112) 윤병렬, 『하이데거와 도가의 철학』, 440쪽.

것을 원할 때, 비로소 우리는 사유를 행할 수 있다.[113] 과학과 기술이 세계의 질서를 규정하고 세계형성의 패러다임을 이루고 있는 시대임에도 불구하고, 역설적으로 "아직도 사유하고 있지 않다"[114]는 사실을 하이데거는 적시한다. 그것이 사유되지 않은 채 남아 있는 한, 우리는 아직도 본래적으로 사유하고 있지 않은 것이다. 결국 존재자의 존재의 본질 유래는 사유되고 있지 않고 보류된 채로 남아 있다. 그것은 아직도 우리에게 사유할 만한 가치가 있는 것이 되지 못한다. 따라서 현대의 사유는 아직도 제대로 사유의 요소에 이르지 못하고 있는 셈이다.

여기서 사유되어야 할 것은 결코 우리에 의해서 비로소 제시되는 것이 아니고, 또한 그것은 결코 단지 우리가 그것을 표상하고 있음에만 기인하고 있는 것도 아니다. 중요한 것은 사유되어야 할 그것이 사유할 거리를 주며 우리로 하여금 사유하도록 만든다. 우리가 아직도 사유하고 있지 않는 것은 오히려 이러한 사유되어야 할 것 자체가 스스로 인간으로부터 오랫동안 이미 등을 돌린 채 유지되어왔다는 사실이다. 그 이유는 인간이 사유되어야 할 것에로 충분히 방향을 전환하지 않기 때문이 아니다.

여기서 우리는 사유되어야 할 사태가 스스로 감추는 존재 자체의 '생기사건' 내지 '고유화 사건(Ereignis)'을 주목해야 한다. 스스로를 숨기고 있는 그것은 인간에게 더 본질적으로 상관될 수 있으며 인간을 적중시키고 관여시키는 그러한 현전자로서 인간에게 더 밀접하게 요

---

113) WhD 51쪽.
114) 같은 책, 165쪽.

구해올 수 있다. 존재자는 인식함 내지 '사유함' 없이는 존재자로서 존재하지는 않는다. 즉 그것은 현존하지 않는다.

따라서 근원적인 인식은 존재자가 존재하지 않는 곳, 즉 존재가 열린 터로 도래하는 가능성을 갖지 않는 곳에서는 이루어질 수 없다. 결국 사유에는 존재가 우선권이 있다. 존재가 선재하지 않는 한, 사유는 시작할 수가 없는 셈이다. 그래서 숙고는 존재를 사유하는 것이 아니라, 존재에 의해 비로소 가능한 것이다. 그리고 하이데거의 표상적 사고의 극복은 형이상학의 극복과 궤를 같이한다. 그것의 극복은 그것이 시작되는 출발점으로 되돌아가는 일이 선행되어야 한다. 거기서 사유되지 못했던 근원과 시원을 발견하고, 그것을 숙고 내지 명찰(明察)함으로써 극복의 가능성은 열리게 된다.

요약하자면, '표상적 사고'의 극복은 '숙고적 사유'에 의해 가능하다. 후자의 사유는 과학에 의해 언제나 전제되어 있으면서 사유되지 않고 있는 사태의 본질을 그 대상으로 삼는 근원적 사유이다. 사유는 사물을 식별하는 인식작용이나 문제를 푸는 계산능력과는 전혀 다른 정신적 기능이다. 그것은 존재 자체에 의해 촉발되면서 존재를 사유하는 '존재사유'이다. 존재는 숙고함에 있어서 가장 물을 가치가 있는 사태이다. 근대의 본질에 대한 숙고는 이 시대의 본질적인 힘들의 작용권 안으로 사유와 결단을 이끈다.

3장

계산적 사고의 기원과 본질

수와 계산의 필요성

인류학자들의 연구에 의하면, 수는 구석기 시대에 처음으로 등장한다. 그때부터 인류는 생활 도구로서 조약돌, 나뭇가지, 동물 뼈의 새김 눈을 사용하여 수를 대신하여 살아온 것이다. 그것은 사물과 일대일(一對一) 대응으로 표식을 남기는 단순한 형식이었다. 그 후 언제 어디서나 수는 인류의 '보편적 언어'로서 역할을 한다. 모든 것의 외적이고 정량적인 차원을 수치로 나타내어 그것을 합리적인 분석, 평가, 예측을 위한 자료로 활용한다. 수는 인간의 인지능력 중에서 잡다한 구체적인 것들의 추상화의 산물이다.

플라톤은 신을 끊임없이 일하는 '기하학자'라고 부른다. 그리고 인간의 영혼은 두 가지 앎을 지닌다. 즉 누스(νοῦς)를 통한 드높은 이성에 의한 앎과 디아노이아(διάνοια, dianoia, 지적 사고), 즉 이성의 추리 작용에 의한 수학적 앎이다.[1] 그리고 모든 기술과 모든 형태의 사고

169

와 지식이 이용하는 공통의 것이며, 모두가 맨 먼저 배워야 하는 것은 산술(logistike)과 수론(arismetike, 산술)과 관련된 수(arithomos)와 계산(logismos)이다.[2] 우리가 구체적인 감각 세계의 유혹과 오류를 극복하기 위해서는 모든 것을 측정하고 계량하고 계산하는 이성이 필요하다. "그렇다면 측정하는 것과 계산하는 것, 그리고 계량하는 것이 이 경우들과 관련해서 가장 반가운 구원책들로 등장하게 되어서는, 더 크거나 더 작아 '보이는 것'이나, 더 많거나 더 무거워 '보이는 것'이 우리 세계에서 지배하지 못하고, 계산된 것과 측정된 것 또는 계량된 것이 지배하게 되지 않겠는가?"[3]

수학과 기하학의 역사

이제 우리는 수학과 기하학의 역사에서 중요한 위치를 차지하는 대표자들의 수에 관한 견해를 참조할 필요가 있다. 플라톤의 아카데미 정문에는 "기하학을 모르는 자는 이 문에 들어오지 말라(ἀγεωμέτ ρητοςμηδεὶς εἰσίτω)"는 표어가 있었다고 전해진다. 2세기에 천문학자이면서 수학자인 프톨레마이오스(K. Ptolemaeos)는 지구의 주위를 돌고 있는 천체들의 공전궤도를 수학적으로 기술한다.[4] 갈릴레이(G. Galilei)는 "자연이라는 거대한 책은 수학의 언어로 쓰여 있다"고 확언한다. 다빈치(L. da Vinci)에 의하면, "수학자가 아닌 자는 내 책들을 읽지 못하게 하라"고 경고한 바 있다. 그리고 라이프니츠(G. Leibniz)

---

1) Platon, 『국가 · 정체』, 7권 533d~534a.
2) 같은 책, 7권 524a.
3) 같은 책, 7권 602d.
4) J. Ladyman, 위의 책, 46.

는 단언하길, "하느님이 계산하시니 세계가 만들어졌다." 아인슈타인 (A. Einstein)도 다음과 같이 술회한다. "기하학이 물리학에서 가장 낡은 분야라고 생각할지도 모른다. 그러나 기하학이 없었다면, 나는 상대성이론을 만들어내지 못했을 것이다."[5]

모름지기 수는 자연을 구성하는 원리이다. 그리고 수학은 질서와 조화의 학문으로서 객관성과 공정성을 담보하는 보편적 언어로 인식된다. 후설에 의하면 근대 초기부터 '자연의 수학화'가 진행되어 자연은 수학적 등식으로 남김없이 포착될 수 있다고 믿었다. 이를테면 "갈릴레이가 자연을 수학화함에 있어 자연 자체는 실로 새로운 수학의 주도 아래 이념화되고, 자연은 근대적으로 표현하자면, 그 자체로 수학의 다양체가 된다."[6] 그리고 "자연은 기하학적 도형 등 수학적 언어로 씌어져 있는 책이다. 따라서 수학적 언어를 모르면 그 책의 어떠한 말도 이해할 수 없고 어두운 미로를 배회할 뿐이다"라고 주장하였다. 이로써 그는 양적·기계론적 자연관을 수립하였다.[7]

그러나 수학도 인간의 작품으로서 영구불변의 진리가 아니라, 우리의 몸과 두뇌와 나날이 살아가는 일상의 경험 속에서 나왔다는 주장이 설득력을 얻고 있다. 19세기 말에 비유클리드 기하학이 등장함으로써 수학이 단일한 체계가 아님이 증명된다. 그리고 연이어 20세기 초 괴델(K. Gödel)의 '불완전성의 정리(incompleteness theorems)'가 발표되면서 수학이 완전한 체계가 아닌 것임이 증명된다. 오늘날 상당수의 수학자들도 수학의 확실성을 심각하게 의심하고 있다.

---

5) M. Livio, 김정은 옮김, 『신은 수학자인가?』, 열린 과학 2010, 23쪽.
6) E. Husserl, 『위기』, 88쪽.
7) 같은 곳(역주 4).

계산을 의미하는 'calculate'는 원래 '기록하다'는 의미이다. 실제 의미의 세계에서 사과 2개에 1개가 더해지면, 기호인 '2+1'로 기록했던 것이다. 그런데 그 기록 자체에서 어떤 의미를 발견하고자 하였다. 즉 그 기록에서는 사칙연산으로 확장되고, 마이너스 개념 및 '마이너스 곱하기 마이너스 개념'이 나타나기 시작한 것이다. 그러나 기록된 것으로의 숫자는 인간이 만들어낸 발명품이며, 절대성을 지니지 않는다. 수학은 역사성과 소통, 상황과 맥락 속에서 탄생한다. 이 수학에서 수학적 발견의 즐거움을 느낄 수 있다.[8]

수학자이자 철학자인 후설에 의하면 수와 계산과 관련된 학문은 고대로부터 인간적이고 문화적인 삶과 연관이 있다고 본다. 무엇보다 수학은 모든 시대에 대해 학문들을 인도하는 나침반 역할을 한다. "토지 측정술로부터 기하학이, 계산술로부터 산술이, 일상적 역학으로부터 수학적 역학 등이 생긴다. 그리고 이러한 사실로부터 결코 어떠한 가설도 형성되지 않고, 직관적으로 주어진 자연이나 세계는 수학적 세계, 수학적 자연과학의 세계로 변화된다. 고대는 앞장서 선도해나갔으며, 고대의 수학을 가지고 무한한 이상들과 무한한 과제들에 대한 최초의 발견을 동시에 수행하였다. 그리고 이 사실은 그 후의 모든 시대에 학문들을 인도하는 별(지침)이 되었다."[9]

또한 클라인(M. Kline)은 수학은 질서를 부여하고, 아름다움을 창조하고, 건강한 지적 본능을 충족시켜주는 위대한 것으로 평가한다.

---

8) 김재호, 「단순한 계산을 넘는 수학적 발견의 즐거움」, 교수신문, 제907호, 2018, 8쪽.
9) E. Husserl, 『위기』, 458쪽.

수학은 인간이 자연을 이해하고, 물리적 세계에서 일어난 혼란스러운 사건들에 질서를 부여하고, 아름다움을 창조하고, 스스로 활동하고자 하는 건강한 두뇌의 자연적 성향을 만족시키고자 하는 인간의 노력으로부터 정확한 사고가 추출해낸 최고 순도의 증류수이다. 수학 덕분에 존재하게 된 위대한 업적들로 다른 문명과 구분되는 바로 이 문명에 살고 있는 우리가 이러한 진술의 증인인 것이다.[10]

수의 신화

오늘날 디지털화된 일상은 온갖 수치의 세계로 환원되고, 모든 것은 이제 수치로 환산되고 평가되는 '수치의 신화'가 당연시된다. 우리는 수치가 진실을 있는 그대로 드러낸다는 신화적 사고에서 탈피할 필요가 있다. 또한 내면적인 정성적(定性的)인 차원이나 비인지적 차원에 해당하는 부분까지도 양화하고자 하는 '수치 만능주의'를 경계해야 한다. 삶의 질적인 차원은 수치로 나타내는 데 근본적인 한계가 있음을 인정해야 한다. 고귀하고 내밀한 것은 수치로 나타낼 수 없는 것들이 많다. 예를 들면 신앙심, 신념, 인품, 마음씨, 사랑, 우정, 공감력, 행복, 가치관 등이다. 이는 일상에서 우리가 수치에 대한 과신과 불신 사이의 적정한 지점에서는 예리한 통찰력과 분별력을 가져야 하는 이유이다.

역사적으로 살펴보면, 수가 자연의 원리라는 피타고라스의 신념은 플라톤, 유클리드, 아르키메데스, 갈릴레이, 케플러, 뉴턴, 데카르트, 라이프니츠, 러셀, 화이트헤드, 칸토어, 가우스, 후설 등과 같은 걸출

---

10) M. Kline, 박영훈 옮김, 『수학, 문명을 지배하다』, 경문사 2011, 643쪽.

장 계산적 사고의 기원과 본질 **173**

한 후계자로 이어져 거대한 강물처럼 흘러오면서 서양문명의 주축을 이루고 있다. 이제 수에 바탕을 둔 계산적 사고의 기원과 본질을 하이데거의 입장을 참조하면서 살펴보도록 하자.

1. 수학의 유래와 계산적 사고

수학은 일반적으로 인류의 보편적인 언어이며, 그 어떤 도구보다 더 강력한 지적 도구이다. 그것은 인간이 자연을 이해하고 물리적 세계에서 일어난 혼란스러운 사건들에 질서를 부여하고 나아가 아름다움을 창조한다. 그리고 그것은 스스로 활동하고자 하는 건강한 두뇌의 자연적 성향을 만족시키고자 하는 인간의 정확한 사고의 산물이다. 수학 덕분에 존재하게 된 위대한 업적들로 다른 문명과 구분되는 바로 이 문명에 살고 있는 우리가 이러한 진술의 증인일 것이다.[11]

수학은 어디서 유래하는가? 수학은 모름지기 인간의 창조적인 인공물이다. 즉 "인간이 물리적 세계의 요소를 추상화하고, 이상화함으로써 수학을 창조했다."[12] 그리고 "수학은 인간의 자연스러운 일부이다. 수학은 우리 몸과 두뇌와 나날이 살아가는 세계 경험 속에서 나왔다. (…) 수학의 초상화는 인간의 얼굴을 하고 있다."[13]

기원적 6세기 수학적 철학자 피타고라스(Phytagoras)라는 인물이 나타나기 전까지 수만 년 동안에는 수는 '생활의 도구'였다. 그는 수

---

11) 같은 곳.
12) M. Livio, 위의 책, 26쪽.
13) 같은 책, 346쪽.

(arithmos)가 우주를 구성하는 아르케(arche), 원리 내지 보편적 특성이라 생각한다. '이익을 위한 것이 아닌 원형(archetype)으로서의 숫자'[14]는 그가 즐겨 사용하던 말 가운데 하나이다. 이 말을 통해 피타고라스가 전하고 싶었던 것은 수가 물질적 이득을 계산하는 생활의 도구가 아니고, 자연의 원리를 탐구하는 생각의 도구라는 것이다. 이를 통해 그는 물리적 현상을 수학적으로 정식화한 역사상 최초의 인물이 된 것이다.

피타고라스는 최초로 "만물은 수로 구성되었다"고 주장한다. 그는 다양성에 통일성을 부여하는 원리적 근원을 수에서 찾으려 하였고, 수를 그의 사유의 중심에 두었다. 피타고라스학파에서는 수를 '질서와 조화의 원리'로 파악함으로써 수학을 오늘날과 같은 분과학문이 아니라 다른 여러 학문, 예술들과 연결하여 하나의 통합학문으로 만든다. 이 학파의 개인과 공동체, 그리고 자연에 대한 엄격한 윤리의식이 여기서 나왔다. 요컨대 피타고라스는 수에 의미를 부여해 수학을 철학화한다. 그에게는 수학이 철학이고, 철학이 곧 수학인 것이다.[15]

수를 통한 자연의 정복이 아니라, 수에 의한 자연과의 조화, 곧 피타고라스 스타일이다. 요컨대 20세기에는 과학자들도 자연을 분리된 원자들의 조합으로 본 데모크리토스 스타일에서 자연이 하나의 거대한 조화, 곧 코스모스라고 간파한 피타고라스 스타일로 돌아가자고 외치기 시작한다.[16]

---

14) J. Strohmeier, P. Westbrook, 류영훈 옮김, 『피타고라스를 말하다』, 통크 2005, 101~106쪽.
15) 같은 책, 358쪽.
16) 같은 책, 362쪽.

또한 피타고라스는 우리가 지각할 수 있는 모든 자연적·심리적 현상들의 뒤에는 수와 그들 사이의 비례가 존재한다는 확신을 갖게 된다. 그는 모든 사물이 수에 따라 형성되었다고 보고, 수를 자연 전체에서 으뜸가는 원리로 규정한다. "수가 하늘과 자연을 만들어낸다."[17] 그리고 "인간이 인식할 수 있는 모든 것은 수를 지니고 있다."[18] 그는 최초로 철학(φιλοσοφία)이란 용어를 사용하였으며, 수와 수적인 대칭을 철학의 원리로 정했다. 수적인 대칭을 조화라고도 불렀다.[19]

피타고라스에게 수(arithmos)와 수들(arithmoi)은 숫자, 곧 1, 2, 3과 같은 상징적 기호가 아니다. 그것들은 구체적인 형상으로 사용된다. 처음에는 조약돌을 사용하고, 나중에는 점을 사용하지만 수를 시각적으로 나열하여 표기하는 방법은 변하지 않는다. "숫자 1(α)은 점이고, 숫자 2(β)는 선이며, 숫자3(γ)은 삼각형(면)이고 4(δ)는 피라미드(입체)이다."[20] 또한 "인간이 인식할 수 있는 모든 것은 수를 지니고 있다."[21]

피타고라스는 음의 조화를 만드는 수학적 비례를 우주만물의 질서에 관한 보편적 법칙으로 확장시킨다. 즉 그는 '우주 안에 존재하는 질서를 근거로 우주를 코스모스라 부른 최초의 인물[22]'이다. 우주는 수에 의해 만들어진 완전하고 아름다운 조화 그 자체이며, 인간을 포함한 만물이 모두 이 질서와 조화의 지배를 받고 있다. 따라서 인체의

---

17) Diels H. und Kranz W.(hrsg.), *Die Fragmente der Vorsocratiker*, 3Bde. Bern 1974(이하 DK). 58 B4.
18) 같은 책, 44 B4.
19) 같은 책, 58 B15.
20) 같은 책, 44 A13.
21) 같은 책, 44 B4.
22) 같은 책, 14 A21.

조화가 깨지면 질병이 생기고, 심리적 조화가 깨지면 마음이 병든다. 구성원들 사이의 조화가 흐트러지면 공동체가 무너지고, 자연의 조화가 허물어지면 자연이 망가진다. 요컨대 "조화는 수많은 것들이 혼합된 것 속의 통일이며, 다양한 뜻을 지닌 것들 사이에서 일어나는 의미 있는 결합이다."[23]

피타고라스와 그의 학파 사람들에게 수에 관한 탐구는 '질서와 조화에 관한 학문'이다. 그것은 물리학적 · 미학적 의미뿐만 아니라 의학적 · 윤리적 · 형이상학적 의미까지 지닌다. 오늘날 우리가 말하는 수학과 과학, 그리고 예술을 구분하지 않고 통합된 하나라고 본다. 그것을 탐구하는 일을 지혜에 대한 사랑, 곧 철학이라고 정의를 내린다. 그가 처음으로 사용한 철학이란 용어도 '질서와 조화에 대한 사랑'을 의미한다. 아리스토텔레스의 전언에 의하면, 피타고라스와 그 학파 사람들은 "모든 사물이 수에 따라 형성되었다고 보았다. 수들이 자연 전체에서 으뜸가는 것이기 때문에 수들의 요소가 존재하는 만물들의 요소들이며, 우주가 조화이고 수라고 믿었다."[24]

플라톤의 사상은 따져보면, 피타고라스에게 큰 빚을 지고 있다. 나아가 플라톤주의는 애당초 피타고라스주의라는 신성한 샘에서 흘러나온 것이다. 그의 인식론에 있어서 가시계(sensible world)에서는 감각지(추측)와 경험지(신념), 그리고 가지계(intelligible world)에서는 수학적 사고로서의 오성지(이해와 추론)와 변증법적 사유로서의 이성지(직관)로 분류된다. 즉 감각지, 경험지와 구분되는 오성지, 이성지를 교

---

23) 같은 책, 44 B10.
24) Aristoteles, 조대호 옮김, 『형이상학』, 길 2017. 986a.

육시키는 것이 곧 이성교육이다. 이 이성교육의 핵심을 대수학, 기하학, 천문학, 음악(수학적 분과)으로 본다. 이 네 분과는 그 후 내내 4분과로서 교양교육(순수학문)의 한 축을 담당한다. 다른 한 축은 문법, 변증술, 수사학으로 구성되는 3분과이다. 이후에 이 일곱 개의 분과를 합해서 자유 7과로 부르게 된다. 그 전통에서 르네상스의 화가 뒤러(A. Dürer)도 "기하학을 모르면 아무도 완전한 예술가가 아니며 완전한 예술가가 될 수도 없다"고 하면서 자연뿐만 아니라 예술적 아름다움도 역시 수와 그것들의 비례에 의해 창조된다는 확신을 피력한다.

플로티누스(Plotinus)는 무엇을 측정하기 이전에 존재하는 수가 무엇인지를 물어야 한다고 한다. "과연 수란 무엇인지 그 본질을 따져 보아야 한다. 그런데 영혼이 사물을 헤아리면서 수를 셈할 경우 수란 영혼의 작용(산물)일 뿐이라고 본다면, 실제적으로 존재하는 것 안에서 '하나'(수)가 존재하지는 않는다고 말해야 할 것이다."[25] 그는 이데아의 다양한 실현성과 관련하여 수를 언급한다. 다수는 하나에서 나왔다고 한다. 그리고 수는 존재의 속성이며 영혼의 속성이라고 한다.

한편 수는 존재의 속성(본성)과 같아서 마치 영혼의 속성처럼 여겨지기도 한다. 왜냐하면 첫 번째에 속하는 것(범주)은 양이나 크기로 평가되지 않기 때문이다. 그리하여 사람들은 수를 저 정신세계에서 논해지는 것이라 여기며, 둘(2)은 개념들이며 동시에 정신이라고 일컫는다. 더욱이 둘(2)은 스스로 결정하지 못하는 것이기는 하지만, 마치 실체를 결정하는 어떤 것이라고 이해한다. 실상 수는 둘(2)에서, 그리

---

25) Plotinus, 조규홍 옮김, 『플로티노스의 엔네아데스 선집』, 누멘 2019, 71쪽 이하 (Enn, VI 9, 2).

178

고 원천적으로는 '하나'로부터 생겨난 형식이다.[26] 무엇보다 플로티누스는 수를 양적인 수와 본질적인 수로 구분한다. "본질적인 수는 언제나 '존재'를 위하여 요구되는 반면, 양적인 수는 다른 대상과의 비교 중에 단순히 양적인 입장을 고려할 때 요구된다."[27] 그리고 "양적인 수, 다시 말해 어떤 단위를 따라 계산되는 수는 저 본질적인 수의 '복사물'과 같다 하겠다."[28]

갈릴레이에 의하면 자연은 수학의 언어로 기록되어 있다고 한다. "자연이라는 거대한 책은 수학의 언어로 기술되었고 그 알파벳은 삼각형, 원 등 여타의 기하학적 수식으로서, 그것들 없이는 우주의 단한 단어도 인간에게 이해될 수 없다. 사람들은 이런 것들을 알지 못한채 어두운 미로를 배회하고 있다."[29]

그러면 고대 그리스 이래 오늘에 이르기까지 수학이 '만학의 전범'으로 군림하고 있는 이유는 무엇인가? 그리스인들은 사물들을 분류하여 자연물(ta physika), 제작물(ta poioumena), 사용 처분물(ta chremata), 실천과 관찰의 대상물(ta pragmata), 배울 수 있는 것(ta mathemata) 등 다섯 가지로 구분한다. 여기서 '배울 수 있는 것(ta mathemata)'은 어떤 것을 지적으로 받아들여 내 것으로 함을 가리킨다.[30] 그런데 그것이 '수'와 관련되는 이유는 무엇인가? 수는 어떤 것을 배우고 가르침에 있어 이미 통달해서 숙지된 것이다. 수를 이미 숙

---

26) 같은 책, Enn, V 1, 5. 69쪽 이하.
27) 같은 책, Enn, V 5, 4. 70쪽.
28) 같은 책, Enn, V 6, 9. 70쪽.
29) H. Weyl, 김상문 옮김, 『수리철학과 과학철학』, 민음사 1987. 132쪽.
30) GA 41, 70쪽 참조.

지하고 있어야 어떤 것을 셀 수 있는 것이다. 무엇을 배운다 함은 새로운 지식을 이미 숙지된 지식으로 설명할 수 있게 되는 것이다. 그러므로 수학에서 중요한 것은 '수' 자체가 아니라, 설명의 능력과 그 설명의 명료성이요, 수는 그 표현형식이다. [31]

특히 현대 사회과학의 일부 학문에서 수학을 원용하는 이유는 그 설명과 표현의 정확성 내지 명료성 때문이다. 우선 수학에서 정의(definitio), 공리(axiomata), 정리(propositio) 등을 접하게 되거니와 정의는 만인이 마땅히 받아들여야 하는 명제이다. 정의의 도출 근거는 가정인데, 수학 자체는 가정을 전제할 뿐 반성하지 않는다. 여기에 수학의 한계가 있다는 것은 이미 플라톤이 지적한 바 있다. 이런 까닭으로 중세 전체를 통해 수학을 자유 7학과 중에 포함해서 중요한 것으로 (산수, 기하) 가르쳤고, 그 전통은 데카르트를 거쳐 뉴턴에게서 지식의 완성된 형태로서 자연철학의 『수학적 원리』가 제시되었다.

뉴턴의 자연과학 이념을 계승한 칸트도 수학이야말로 본래적 학문이라고 찬탄한다. 여기에 그치지 않고 수학은 오늘날에도 가장 확실한 학문으로서 기능하고 있다. 라이프니츠에게도 이성의 논리는 모순율을 근거로 한 필연적 진리(수학, 논리학)요, 사실의 진리로서 '모든 것은 제 나름의 이유를 가지고 있다'는 충족이유율을 제시한다. [32] 후설에 의하면 보편적인 이념, 즉 형식적 수학의 이념은 형식화하는 추상으로부터 발생한 것이라고 본다.

---

31) GA 5, 78쪽.
32) 같은 책, 322~323쪽.

180

근대 초기에 와서야 비로소 무한한 수학의 지평을 실제로 획득하고 발견하는 작업이 시작된다. 그래서 대수학, 연속체 수학, 해석 기하학의 단서가 생긴다. [···] 곧바로 그 합리주의는 자연과학에 파급되고 자연과학에 대해 수학적 자연과학, 즉 훨씬 이후에 정당하게 명명된 바와 같이, '갈릴레이식 자연과학'이라는 완전히 새로운 이념을 창조한다. 그러나 성공적으로 진행 중인 수학적 자연과학이 실현되자마자 곧(세계 전체의 학문, 존재자 전체의 학문인) 철학 일반의 이념은 변경된다.[33]

하이데거에 의하면 수는 단지 셈(Zahlen)으로서만 있다. 그리고 이러한 '세는 것'으로서의 수는 수들에 속하는 것으로서 수는 '셈에 넣어진다.' 다시 말해서 '수가 수들 속에 속하며, 그 이상은 아무것도 아니다'라고 말할 수 있다. 수들에 속하는 것으로 '셈에 넣음'으로서의 셈이 수들의 존재이다. 따라서 수의 이러한 셈은 그 자체에서 '수의 계열'을 그리고 있다.[34] 여기서 순수한 수는 '센다(zahlen)'에서 나온다. 순수한 수는 마찬가지로 다른 수들 가운데 속하는 것으로 '세어진다'는 뜻이다. 이러한 순수한 셈, 즉 수는 그 자체에서 '지금의 부각'이다. 다시 말해서 수 그 자체 속에는 시간이 '끼어져 있다.'

이러한 순수한 셈, 즉 수 그 자체는 '셈할 수 있는 것'을 셈하기 위한 규칙이다. 수는 어떤 것의 '셈할 수 있음', 즉 존재자가 양적으로 규정될 수 있기 위한 가능 조건이다. 다시 말해서 수, 도식, 특징지어진 시각적 시간 규정은 양이라는 순수한 범주가 현상들과 관계될 수

---

33) E. Husserl, 『위기』, 87쪽.
34) M. Heidegger, 이기상 옮김, 『논리학: 진리란 무엇인가?』, 까치 2000, 383쪽.

있기 위한 가능 조건이다. 그것들은 객관들에 대한 측정과 같은 그러한 어떤 것, 즉 객관적 측정 일반이 주어져 있기 위한 가능 조건이다. 따라서 양의 도식에는 '만나지는 것을 시간을 통해서 셀 수 있는 구조'가 놓여 있다. 수는 '주어진 것'을 하나의 선험적 개념, 여기서는 '양'을 통해서 규정할 수 있을 가능 조건이다.[35]

현대에 와서 후설과 하이데거의 제자인 베커(O. Becker)는 근대적 수학관을 넘어서서 현상학적-해석학적 수학철학을 제시한다. 그는 인간존재를 수학하는 인간으로 규정하면서『수학적 존재』[36]에서 인간만이 수학을 할 수 있다고 한다. "인간의 유한성은 수학의 구조와 아주 긴밀하게 결합되어 있다. 인간의 유한성이 바로 수학 일반의 가능성의 조건이기 때문이다. 이는 수학이 다른 과학들 못지않게 인간성에 대해, 그리고 (다른 별들에 있을지도 모를 인간과 유사한 생명체를 무시한다면) 오직 인간성에 대해 본성적이라는 것을 말한다. 수학을 하는 것은 신도 동물도 아니다. 그것은 오직 중간자인 인간만이 할 수 있다."[37]

하이데거에 의하면, 현실적인 것의 모든 대상화는 일종의 계산함이다. 수학도 또한 양적인 결과를 확정할 목적으로 수를 가지고서 조작한다는 의미에서의 계산함이 아니다. 이와는 반대로 그것은 어디에서나 방정식을 통하여 질서 관계들의 균형을 기대해본다. 따라서 계산함은 단지 가능할 뿐인 모든 질서를 위해 기본 방정식을 먼저 헤아려

---

35) 같은 책, 387쪽.
36) O. Becker, "Mathematische Existenz, Untersuchungen zur Logik und Ontologie mathematischer Phänomene", in *Jahrbuch für Philosophie und Phänomenologische Forschung*, Bd. VIII, Halle 1927.
37) O. Becker, *Größe und Grenze der Mathematischen Denkweise*, Freiburg-München 1959, 160~161쪽.

보는 것이라고 한다.

특히 플랑크(Max Planck)는 "양으로 측정될 수 있는 것만이 실제적인 것이다"[38]라고 선언한 바 있다. 그러나 수치가 현실 인식을 가로막거나 왜곡시킬 개연성도 있다. 문화철학자 카시러(E. Kassirer)는 근대의 수학을 통한 세계해명은 하나의 '형이상학적 오류'로 본다. 즉 "수학적 표현은 우리에게 하나의 새로운, 그리고 더 포괄적인 견해, 하나의 보다 자유롭고 큰 지식의 지평선을 열어준다. 그러나 마치 피타고라스학파가 그렇게 한 것처럼, 수를 실체화하는 것, 궁극적 실재, 사물의 참 본질이요, 실체로 보는 것은 하나의 형이상학적 오류이다."[39]

요약하자면, 인간이 이성적 영혼 내지 계산하는 이성을 지니고 있는 한, 수학은 인간의 본질적 삶과 결코 무관할 수 없다. 인간의 역사와 수의 역사는 함께 가는 것이다. 그러나 수학에 의한 계산적 사고를 넘어서서 이성의 본질직관과 존재론적 · 근원적 사유도 요청되고 있다.

2. 사유의 척도로서의 수학적인 것[40]

하이데거의 해석에 의하면, 근대에 이르러 세계는 수학에 의해 정초되고 해명되고 제어된다는 것이다. 수학적인 것이 모든 사유의 척

---

38) VA 54쪽.
39) E. Kassirer, 최명관 옮김, 『인간이란 무엇인가?』, 창 2008, 141쪽 이하.
40) 강학순, 「하이데거의 근대성 비판에 대한 이해—근대의 '있음'에 대한 존재사적 해명—」, 현대유럽철학연구 4권, 1999, 24~27쪽, 수정 보완.

도가 된다. 근대 자연과학과 근대 수학, 그리고 근대 형이상학은 넓은 의미에서 수학적인 것의 동일한 뿌리로부터 유래한다. 수학적인 것은 지명한 기획으로서 작용하고, 그것은 지식에 대한 권위적인 원리이다. 잘 알려져 있듯이, 데카르트는 기하학적 공리로부터 연역하는 수학적 방법을 철학적 인식의 모범으로 삼아 '보편학(scientia universalis)'을 수립하고자 한다.

하이데거는 '수학적인 것'의 본질규정에 대해 『사물에 대한 물음』에서 다음과 같이 밝힌다. '수학적인 것'은 우리가 마음속에 미리 가지고 있는 것이고, 동시에 사물들을 뛰어넘는 사물성의 기투이다. 이 기투는 그속에서 사물들을 드러내는 놀이공간을 비로소 연다. 수학적 기투는 모든 물체의 일양성을 공간, 시간, 운동관계에 따라 확정하기 때문에, 그것은 동시에 사물들의 본질적인 규정양식으로서 일반적인 동일한 척도, 즉 수치화된 측정을 요구한다.[41]

후설도 갈릴레이가 정식화했던 기계적 자연관을 '자연의 수학화'라고 규정한다. 자연현상 자체가 계산과 계측으로 대표되는 '수학적 방법론의 지도' 아래 이념화된다는 것이다. 계몽시대의 서양인들에 있어서의 자연법칙은 수학적 언어로 구성되어 있으며, 자연에 있어서 양적이며 계측될 수 있는 것만이 실재하는 것으로 간주된다. 자연은 물체들의 단순한 운동으로 이루어진 거대한 기계에 지나지 않게 되고 세계는 수학적 집합이 된다.

비판이론에서도 '계산적인 이성'을 언급한다. "이성은 자기보존이라

---

41) M. Heidegger, *Die Frage nach dem Ding. Zu Kants Lehre von den transzendentalen Grundsätzen*, Frankfurt a.M. 1984(GA 41), 94~96쪽.

는 목표를 위해 세계를 제어하는 계산적 측면도 내포한다."[42] 계몽은 사유와 수학을 일치시키려 하는 것이고, 수학은 '절대적 심급'으로 부상한다고 지적된다.[43] 후설도 이런 입장에 동의한다. "갈릴레이에 의한 자연의 수학화 속에서 이 '자연 자체'가 새로운 수학의 인도에 따라 이상화된다. 현대적인 어법으로 표현하면 자연 자체가 수학적 다양성이 되는 것이다."[44]

하이데거에 의하면, 근대의 형이상학적 사유는 수학적·계산적 사고이다. 계산함은 무엇을 향해 방향을 정함, 무엇을 무엇으로 앞에 세움이다. 계산함을 매개로 하여 모든 것이 해명되고 그 해명함은 정초함의 방식이다. 계산하는 사고는 본질상 양적이고 결과, 효과, 이용을 도모한다. 그리고 그것은 항상 평가하고 계산하고 오산(誤算)하기도 한다.

하이데거는 수학적인 것의 그리스적 의미를 부각시키며 근대에 와서 그 의미가 얼마나 왜곡되었는지를 밝히고 있다. "그리스어 '타 마테마타(τα μαθηματα)'는 그리스인들에게 있어서 인간이 존재자를 고찰하고 사물들과 관계하는 데 있어서 미리 알고 있는 것을 뜻한다. 즉 마테마타는 물체에 대해서는 식물에 본질적인 것, 동물에 대해서는 동물에 본질적인 것, 인간에 대해서는 인간에 본질적인 것이다."[45] 그것은 모든 존재자에 있어서 본질적인 것이다. 이렇게 미리 알려져 있는 것, 즉 마테마타적인 것에는 존재자와 사물, 그리고 인간본질 외

---

42) M. Horkheimer, Th. W. Adorno, 『계몽의 변증법』, 84쪽.
43) 같은 책, 55쪽.
44) E. Husserl, 『위기』, 95쪽 이하.
45) 같은 곳.

에 수가 속한다.[46] 수가 현저하게 '항상-이미-알려져 있는 것'이고, 이와 더불어 마테마타적인 것 중에서 가장 잘 알려진 것이기에 마테마타(mathemata)라는 명칭이 수학적인 것에 보존되었던 것이다.

여기서 그리스어 마테마타는 배울 수 있는 것, 가르칠 수 있는 것을 의미하며 만타넴(manthanem)은 배우는 것이고, 마테시스(mathesis)는 가르침이고 배움이다. 이 배움은 무엇을 포착하고 전유하는 방법이다. 마테마타는 사물에 대한 앎의 근본전제로서 우리가 실제로 이미 알고 있는 것에 관련된 것이다. 그렇다고 해서 마테마타적인 것의 본질이 수적인 것에 의해 규정되는 것은 결코 아니다.[47]

크렐(Krell, D.)에 의하면 수학적인 표현은 항상 두 가지 의미를 지니고 있다. 첫째, 그것은 우리가 지시했던 방식대로만 배워질 수 있다. 둘째, 그것은 배움의 방식과 과정 자체를 의미한다. 수학적이란 것은 우리가 항상 이미 적어도 사물들로서, 그리고 우리가 그것들을 경험하는 것에 따르고 움직이는 것 안에서의 사물들의 자명한 관점들을 의미한다. 수학적인 것은 이미 우리에게 주어진 것, 그리고 그것들이 주어져야만 했던 것을 취한 것들을 향해 우리가 취하는 기본적인 입장을 뜻한다. 그러므로 수학적이라는 것은 사물들에 관한 지식의 기초적인 전제이다. 수학적이라는 것은 우리가 이미 알고 있는 것을 배운다는 원래적인 의미에서 학술적인 작업의 기본적인 전제이다. 근대 사유와 지식의 기초는 본질적으로 수학적이다. 사유의 기초적인 특징으로서의 수학적인 것의 본질에는 지식 자체의 자기 정초 및 새

---

46) ZW 17쪽.
47) 같은 책, 19쪽.

로운 형성에 대한 특수한 의지가 깃들어 있다.[48]

모든 현상은 무릇 자연현상들로 표상될 경우, 미리 시·공간적인 운동량으로 규정되어야 한다. 그러나 규정은 수와 계산에 의거한 측정을 통해 수행된다. 자연은 여기서 더 이상 그리스적 의미의 피시스(physis)나 중세적인 피조물(ens creatum)이 아니라, 수학적으로 해명할 수 있는 물체들의 힘과 작용의 담지자이다. 근대과학은 측정하고, 실험하고, 개념화하는 방법에 의해 고대과학 및 중세과학과 구별된다. 그 방법이란 수학적 기획이라고 한다. 그것은 모든 존재물에 대한 보편적으로 타당한 근거계획이나 청사진을 기획한다. 사물들은 계산할 수 있는 대상들의 축적물이다. 물리학뿐만 아니라 형이상학도 수학적 기획에 참여한다.

크렐에 의하면, 실제적이고, 실험적이고, 측정하는 과학이 근대과학의 세 가지 특징이다. 근대과학의 기본적인 특징은 수학적이다. 존재자에 있어서 수학을 통해 접근될 수 있는 것이 존재자의 존재를 형성한다. 그런데 인간이 자연을 그렇게 계산할 수 있는 까닭은 바로 자연이 이미 계산될 수 있는 것으로 드러나 있기 때문이다.[49]

하이데거에 의하면 서구의 근대화는 확실성의 안전장치를 수학적인 확실성의 추구 속에서 찾는다. "수학적인 확실성의 추구 속에는 감각적인 것으로서의 자연 속에서 인간의 안전장치로 사료되고, 구원의 확실성의 추구는 초감각적인 세계에서 인간의 안전장치가 고려되

---

48) D. F. Krell, "Modern Science, Metaphysics and Mathematics", in *Heidegger Basic Writings*, Harper 1977. 250쪽.
49) 같은 책, 249쪽 이하.

고 있다."[50] 이 안전장치는 지배 가능성과 처리 가능성, 그리고 안전 가능성의 통일적 개념이다. 데카르트의 주체성의 이론은 수학을 통해 자연질서의 이성적 구조를 해명하고 동시에 자연에 대한 인간의 지배를 가능케 하려는 상반된 두 가지 목표의 산물이다.

사유의 본질은 항상 자기를 사유하는 데 있다. 자기의식은 사물의식에 첨가된 부수적이고 반성적 의식이 아니라, 오히려 사물의식에 항상, 그리고 이미 현존해 있다고 보는 것이다. 사유, 곧 사물을 움켜쥐고 심문하며 사물의 본질을 수학적으로 파악하는 인간 행위는 결국 자아 위에 기초해 있고, 이런 의미에서 자아는 바로 근대적 의미에서 주체이다.[51] 수학에 의한 세계의 양화 작업은 세계의 실체성을 무한분할과 양화 가능한 연장으로 본 데카르트의 세계관에 의해 이미 예비된 바이기도 하다. 연장의 관점은 시간, 공간, 그리고 사물들을 각각 균일화시킨다.

후설은 세계와 그 무한한 인과성을 체계적으로 구축하는 방법을 수학에서 찾는다. 이 수학을 통해서 세계를 철학적으로, 즉 진지하게 학문적으로 인식하는 일이 가능해진다고 본다. 이런 점에서 수학은 우리에게 교사로서 도움이 된다. 그 이유는 다음과 같다. "수학은 상상될 수 있는 경험적·직관적 형태들의 다양성과 더불어 규정되지 않은 보편적 생활세계의 형식인 시간과 공간으로부터 가장 먼저 본래의 의미에서 객관적 세계를 만들었다. 즉 수학은 방법적으로, 그리고 전체적·보편적으로 모든 사람에 대해 일의적으로 규정될 수 있는 이념

---

50) M. Heidegger, *Seminare*(1951-1973), Frankfurt a.M. 1986. 293쪽.
51) GA 48. 194쪽 이하.

적 대상들에 관한 무한한 총체성을 만들었다."[52]

데카르트가 애매성의 영역으로 남겨놓은 경험의 영역을 하이데거는 명증한 사실의 영역으로 받아들인다. 그리고 데카르트가 명증하다고 생각한 수학적·기하학적 도형과 명증한 의식의 사실들을 생활적 경험의 세계에서 떠나 '추상'할 때만 가능하다고 본다. "데카르트에 따르면 철학적 인식은 절대적으로 정초된 인식이다. 왜냐하면 그것은 명증성에서 생각할 수 있는 모든 의심을 배제한 직접적인 필증적 인식의 토대에 근거해야만 하기 때문이다."[53]

하이데거 입장에서 보면, 수학은 자연을 그대로 보여주는 객관적 지표가 아니라, 오히려 세계를 추상적으로 설명하는 하나의 기호에 불과하다. 이것이 하이데거의 데카르트적 해석의 핵심이다. 일상적 경험을 넘어서는 과학적 경험을 가능케 하고 그 테두리를 결정하는 '보이지 않는 손'이 하이데거가 말하는 수학적인 것이다. 다른 한편으로 이 손이 개입되지 않거나 앞선 조건이 충족되지 않은 자연이해는 비과학적인 것으로 지식의 영역에서 퇴출된다.[54]

또한 근대과학의 이념과 방법을 자연의 수학화, 즉 수학을 자연에 투사하는 것으로 이해할 때, 우리는 하이데거가 해석해낸 수학의 폭넓은 원 의미를 염두에 둘 필요가 있다. 근대과학을 고대 자연학과 구분하는 결정적 차이는 수학적으로 틀이 짜여진 가설이 이끄는 실험이 자연에 대한 일상적 경험과 관찰을 대체하였다는 것이다. 수학에 의해 짜여진 가설을 테스트하기 위해 고안된 실험 등이 우리의 자연이

---

52) E. Husserl, 『위기』, 100쪽.
53) 같은 책, 156쪽.
54) 이승종, 위의 책, 224쪽.

해를 원초적으로 조건 짓는다. 설령 이 조건들 중에 수학이 빠져 있는 경우에조차도 이 조건들은 우리가 자연에 '어떠한 방식으로 가져가는 것'이라는 점에서 여전히 수학적인 것이다.[55]

　요약하자면, 근대에 와서 수학적인 것이 사유의 척도가 된다. 여기서 수학적인 것은 이념화된 것이고 추상화된 것이다. 그러나 하이데거가 바라보는 사유의 차원은 이념화되기 이전의 존재진리의 사건의 영역이다.

3. 계산적 사고의 존재역운적 기원과 본질

　하이데거의 관점에서 근대의 형이상학적 사유는 단적으로 '계산적 사고'이다. 계산은 계획하고 연구하는 사고의 주요 특징이다. 그러나 계산은 수학이나 경제학에만 국한되지 않는다. 이제 근대철학이 분화되어 현실을 관리하고 조종하는 '기술의 학'이 된 것이다. 그러나 사유는 본래 근대의 인식론의 규정처럼 인간만의 자율적이고 능동적인 인식활동이 아니다. 오히려 사유하도록 요청하고 인도하는 그 무엇이 선재적으로 존재한다는 것이다.

　하이데거에 의하면, 인간의 사유는 그런 요청에 응답하는 사유이다. 다시 말해 존재 자체가 그때그때마다 인간을 사유하도록 한다. 이로써 사유는 존재와의 연관 속에서 수동성과 능동성을 동시에 지니고 있는 상호성 속에서 일어난다. 즉 존재의 부름에 대한 인간의 응답

---

55) 같은 책, 223쪽 이하.

으로서 사유는 이루어진다. 이런 사유가 참여하는 각각의 형이상학은 역사적인 사건에 속한다.

하이데거는 존재역운적(seinsgeschickliche) 관점에서 서양 형이상학의 역사를 해명한다. 존재는 인간의 역사(Historie)와는 다른 자신만의 근원역사 내지 심층역사를 형성한다. 이는 자신을 보내고(schicken) 감추는 존재 사건의 역사이다. 존재가 자신을 보내고, 자신을 주며(geben), 자신의 열린 장(das Offene) 안으로 존재자를 데려온다.[56]

존재역운(Seinsgeschick)이란 존재 자신의 집약적인 보냄, 즉 몰아보냄(Geschick)을 의미한다. "우리는 인간을 비로소 탈은폐의 길로 보내는 그러한 집약하는 보냄을 역운(역사적 운명)이라 부르자. 이 역운으로부터 모든 역사의 본질이 규정된다. 역사란 단순히 역사학의 대상만도, 또 인간의 행위가 성취해놓은 것만도 아니다. 인간의 행위는 역운적인 것이기에 비로소 역사적으로 된다."[57]

존재 자체가 그때그때마다 자신을 형이상학 속으로 보냄으로써 형이상학은 존립한다. 물론 인간의 사유가 거기에 참여한다. 그 참여는 근대 주관형이상학에서는 표상행위로서 나타난다. 그것은 모든 것을 정립하고, 구성하고, 짜맞춤을 의미한다. 이와 같이 계산적 사고는 '존재역운'에 그 기원이 있음을 하이데거는 밝힌다. 이런 존재역사의 흐름 속에서 계산적 사고는 '존재의 떠나버림(Seinsverlassenheit)'에 기인한다는 것이 하이데거의 고유한 견해이다. 왜냐하면 이 존재의 떠나버림이 존재망각의 근거이고, 또한 곤경의 가장 내적인 근거라고

---

56) Hum 22쪽 이하.
57) VWW 16쪽 이하; VA 28쪽.

보기 때문이다.

> 존재가 존재자로부터 떠나버리고, 존재가 존재자를 그것 자신에 위임하
> 고, 또한 그로써 존재가 존재자를 공작대상이 되게 한다는 사실이다. 이
> 모든 것은 단순 소박하게 '퇴락'이 아니라, 오히려 존재 자체의 제1역사이
> 다. 〔…〕 즉 존재가 존재 자체로부터 떠나버린다는 사실은 존재가 존재자
> 의 드러나 있음 안에서 자신을 은폐한다는 사실을 의미한다. 그리고 존재
> 자체는 본질적으로 '이러한 빠져나가는 은폐'로 규정된다.[58]

이러한 '존재의 떠나버림'을 통해서 모든 존재자에 대한 '계측
(Berechnung)'이 지배한다. 여기서 계측은 수학적인 것의 앎에 맞갖게,
즉 인식론적으로 근거하는 기술의 '작위성(Machenschaft, 조작성)'을 통
해 비로소 힘을 얻게 된다. 모든 것은 계측의 그때마다의 상태를 올
바르게 향해야 한다. 계측 불가능한 것은 단지 계측에 의해 아직 장
악되지 않은 것이다. 그러나 그 자체로는 언젠가 계측 속에 들어가야
할 것이다. 그러므로 계측 불가능한 것은 결코 모든 계산 바깥의 것
이 아니다. 또한 여기에서 계측은 존재자에 대한 인간의 태도의 근본
법칙이 된다.

존재역운의 관점에서 근대에 와서는 인간이 존재자의 척도와 중심이
된다. 인간은 모든 존재자의 바탕에 놓여 있는 주체이다. 그것은 근대
적으로 표현하면 모든 대상화와 표상 가능성의 토대가 된다. 모름지기
"인간은 모든 존재자의 척도가 된다. 인간은 무엇이 확실한 것, 참된

---

58) GA 65, 111쪽.

것, 있는 것으로 간주될 수 있는지를 측량 또는 측정하는(verrechnen) 모든 척도에 대한 표준척도로서 자신을 스스로 근거짓는다."[59]

하이데거는 근대과학과 현대기술 속에서 존재역운의 탈은폐(das Entbergen)를 밝힌다. 탈은폐 방식들은 포이에시스(poiesis), 표상, 계산, 몰아세움(Ge-stellen) 등이 속한다. 기술시대에는 비은폐성(Unverborgenheit)이 존재역운적으로 탈은폐되는 기술적인 방식들로 존재한다. 그 속에서 자연은 자연과학적 연구를 통해 정밀하게 계산 가능한 힘의 물리적인 인과관계 및 이러한 관계들의 총체적인 작용연관으로 탈은폐된다. 현대의 양자물리학에서도 자연은 계산적으로 확정될 수 있는 모종의 방식 속에서 인과율에 의해 규정된 정보의 체계로서 언제든지 주문될 수 있는 것으로서 탈은폐되고 있다.

근대인은 과학적 지식을 합리적인 인식의 전형으로 보고 기술적 조작을 자연에 대한 인간의 정당한 실천적 태도로 자부한다. 과학과 기술의 질서를 따라서 삶을 획일화하고 일상생활에서나 과학적 탐구에서나 '단선적 사고'나 '일면적 사고'의 습성에 길들여진 것도 사실 근대의 표상작용에서 일어난 존재역운적 사건이다.

더욱이 하이데거는 계산적 사고에 의한 이런 정보기술을 미리 내다보며 현대물리학이 정보체계로서 자연을 파악하도록 요청받고 있음을 직시한다. "그렇기 때문에 물리학은 바로 얼마 전까지만 해도 단 하나의 결정적이었던 표상작용, 즉 오직 대상으로만 향한 표상을 양보한다 해도 다음의 하나만은 포기할 수 없었다. 그것은 자연이 계산에 의해 확정될 수 있는 방식으로 자신을 알려오며, 일종의 정보체계

---

59) GA 5, 110쪽.

로서 주문 요청될 수 있는 것으로 남아 있다는 것이다."[60] 또한 "자연에 대한 근대물리학적 이론은 단지 기술의 선구자일 뿐만 아니라 현대기술의 본질의 선구자이다. 왜냐하면 주문 요청하는 탈은폐에로의 도발적인 모아들임이 이미 물리학 속에 편재하고 있기 때문이다."[61]

하이데거에 의하면 과학이 사유 자체의 본질에서 차폐되고 위장되어 있다. 존재하고 있는 것이 오늘날 주로 온갖 영역들과 분야들의 과학적 대상화를 통해서 구축된다. 또 존재자는 그러한 과학적 대상화의 지배 아래에 놓여 있는 바로 그러한 대상성에서 현상하고 있다는 것이다. 이러한 대상성은 과학들 고유의 특수한 세력 주장에서부터 비롯된 것은 아니다. 그는 근대과학과 기술을 추동하는 존재역사를 밝히면서 과학과 기술의 기원과 본질을 사색한다. 첫째, 근대과학은 기술의 본질에 근거하고 있다. 둘째, 기술의 본질은 그 자체로 기술적인 것이 아니다. 셋째, 기술의 본질은 단순히 적절한 도덕적 규제장치만 마련된다면 인간의 탁월성과 주권에 의해서 제어될 수 있는 그러한 인간의 작위성이 결코 아니다.[62] 이런 점에서, "'테크네(techne)'에서 결정적인 것은 결코 만드는 행위나 조작하는 행위 또는 수단의 사용에 있는 것이 아니고, [⋯] 탈은폐에 있다."[63] 이런 주장은 기술에 대한 하이데거의 존재역사적 해석에 기인한다. 즉 기술은 기술적인 것이 아니고, 그것은 존재가 이 시대에 보내는 탈은폐의 방식이다.

존재역운적 관점에서 기술과 과학을 가능케 하는 본질은 '몰아세

---

60) TK 22쪽.
61) 같은 책, 21쪽.
62) WhD 306쪽 이하.
63) TK 13쪽.

움(Gestell)'이다. 그 몰아세움은 바로 오늘날 존재의 역운이다. 이러한 존재의 역운을 통해 인간과 존재의 공속은 이루어진다. 그러므로 오늘날의 인간은 몰아세움의 본질영역에 의거해서만 이해될 수 있다. 인간과 몰아세움의 관계는 추가적으로 맺어지는 것이 아니다. 오히려 인간은 이미 몰아세움의 본질영역에 들어서 있다. 우리의 모든 행위는 언제 어디서건 몰아세움에 의해 도발적으로 요청을 받고 있다는 것이 하이데거의 지론이다. 여기서는 근대의 주관형이상학에서 존재자가 대상 앞에 세워지는 것을 넘어서서 인간마저도 부품으로 닦아세워지고, 여타의 존재자들도 몰아세워져서 자신들의 고유한 본질이 사라지게 되는 실상을 나타낸다.

하이데거에 의하면, 인간이 계산하는 이성으로 대지(Erde)를 파악하면, 그 경우 대지는 사라진다. 다시 말해서 대지는 그런 이성 앞에서 스스로를 감추어버린다. 아무리 대지에 가까이 가려고 애를 써도 계산하는 이성은 대지에 접근할 수 없다. 그럼에도 불구하고, 계산적 이성은 사태의 심각성을 숙고하지 않는다. 도리어 대지를 지배하고 있다는 확신에 차 있다. 그러나 대지는 지배되고 정복된 것이 아니라, 계산적 이성의 시야에서 스스로 빠져나가 자신을 감추고 있을 따름이다. 다시 말해서 계산적 이성은 자연을 지배하기는커녕, 그것을 있는 그대로 드러내지 못한다. 대지는 자기 안으로 밀려드는 모든 침입을 자기 곁에서 분쇄한다. 그것은 계산적이기만 한 집요한 시도 모두를 좌절시켜버린다. 이런 집요함이 자연의 기술적·학문적 대상화라는 모습을 띤 채 설혹 지배와 진보라는 가상으로 나타난다. 그러나 이러한 지배는 실로 자연을 진정 그대로 드러내고자 하는 의욕의 무기력에 지나지 않는다. 여기에는 심층적으로 존재의 역운이 드리워져 있다는 것이 하이데거의 독자적인 해석이다.

요약하자면, 계산적 사고는 존재역운적 기원을 지닌다. 비록 계산적 사고가 근대 주관형이상학의 표상적 사고방식일지라도, 그것은 존재역운의 지평에서 비로소 해명될 수 있다. 일체의 서양 사유가 지닌 존재와 연관 속에서 펼쳐지는 존재역운 속에 '계산적 사고'는 그 기원과 유래를 가진다.

4. 계산적 사고의 논리와 형식의 한계

근대과학은 탐구대상의 인과관계에 대한 집요한 추적과 설명을 기본목표로 삼아서 끊임없이 계산하는 학문으로 규정된다. 우리는 계산적 사고를 기초로 하는 근대 형이상학에서 유래하는 현대의 수리논리학과 수리철학, 인지과학, 인공두뇌학(cybernetics), 로봇공학, HCI 연구, 양자컴퓨터 연구로 전개된 학문 분야에서 다루는 '계산적 사고'의 양태들을 주목할 필요가 있다. 여기서는 계산적 사고 속에 내재한 논리와 형식, 그리고 그 한계를 하이데거의 사유의 궤적을 따라 살펴보고자 한다.

먼저 주체의 표상화 작용 및 주 · 객 도식과 계산적 사유의 법칙인 인과율과 근거율, 그리고 명백한 규칙들의 집합 안에서 문제를 풀기 위한 과정 내지 연산법칙과 관련된 것으로서 계산주의(computationalism)를 우리는 살펴볼 수 있을 것이다. 그러면 계산주의에서 '계산'은 무엇을 의미하는가? "계산에는 정수, 실수의 계산 및 미적분을 포함하고 논리학자나 컴퓨터 과학자가 사용하는 논리연산으로서의 계산,

즉 'And' 'OR' 'NOT' 'XOR'과 'IF Then Else' 등 비교(comparison)와 분기(branch)의 계산 개념도 포함된다. 또한 물리학자가 사용하는 바와 같은 실제의 기계 속에서 일어나는 물리적 과정, 예를 들어 컴퓨터 칩 속의 '게이트(gate)'나 '플리플롭(flip-flops)'의 작동도 계산의 개념에 포함된다."[64] 여기서 계산은 어떤 것을 헤아리는 것, 즉 어떤 것을 고려하고, 감안하고, 예측하는 것이다.

계산적 사고를 바탕으로 하는 계산주의는 인간의 마음조차도 계산 가능한 기호체계로 간주한다. 이것에 의하면 인간의 인지적 행위도 구성단위들의 간단하고 결정적인 조합으로 설명될 수 있다. 이 계산주의는 인지과학의 초기연구를 촉발시킨 고전적 패러다임으로서 디지털 컴퓨터로 통칭되는 대부분의 컴퓨터 모델과 규칙-기반적(rule-based) 인공지능이론이 근거하고 있다.

계산주의는 근대의 계산적 사고의 총아인 과학적 이론의 구성요건을 충족시키고 있는 인지과학 연구의 방법론이다. 이 계산주의가 현행의 컴퓨터 모델과 연결되어 있다. "디지털 컴퓨터의 모델에는 질적인 특성을 양적인 특성의 유한한 조합으로 간주하는 계산주의의 핵심이 깔려 있다."[65] 그리고 "계산주의가 말하는 정보의 일차적 특성은 순수하고 물리적인 양으로 규정되며, 여기에는 질적인 요소가 포함되지 않는다."[66] 그리고 인지과학에서 설명하고자 하는 인간의 인지적

---

64) 같은 논문. Davis, Philip J. & Hersh, Reuben, *Descartes' Dream: The World according to Mathematics*, San Diego: Harcourt Brace Janvanovich 1986. 재인용 154쪽.
65) 공용현, 「계산주의, 연결주의, 단순성」, 철학연구 34, 1994. 154쪽.
66) 같은 논문, 156쪽.

능력은 튜링기계(Turing Machine)를 모델로 한다. 미래에는 2진법의 디지털 계산기의 원리를 따르지 않는 영자역학의 원리에 따라 작동하는, 즉 병렬 연산과 같은 양자역학적인 물리현상을 활용하여 계산을 수행하는 기계인 양자 전산기, 즉 양자컴퓨터(quantum computer)가 상용화된다고 한다.

오늘날 연구되는 양자컴퓨터는 눈에 보이지 않는 미시 세계에서 적용되는 양자물리학을 이용한다. "고전물리학에서는 물질이 하나의 상태에 있지만, 양자물리학에서는 빛이 입자인 동시에 파동인 것처럼 두 상태가 중첩될 수 있다고 본다. 현재의 디지털 컴퓨터는 전자의 유무(有無)에 따라 0과 1의 비트(bit)로 정보를 표현하고 계산하지만, 양자컴퓨터의 큐비트(qubit)는 0과 1을 동시에 처리한다. 한 칸에 두 가지가 동시에 존재하기 때문에 큐비트 개수가 많아질수록 2의 제곱으로 연산 속도가 빨라진다."[67]

이런 점에서 오늘날 만연하고 있는 계산주의의 토대 위에 펼쳐지는 '테크네(τέχνη) 일원론'[68]의 방법론이 비판되고 있다. 자연에 수학적 가설이 투사되는 과정에서, 그리고 그 가설의 테스트를 위해 실험이라는 조작적 방법이 피시스(φύσις)로서의 자연을 통제하는 과정에서 테크네는 피시스를 대체한다. 인간이라는 제작자가 자연에 투사한 수학적 가설이 형상의 역할을 수행하면서 실험과정을 통해 피시스를 테크네에게로 종속시키는 것이다. 다른 한편으로는 과학을 토대로 자연을 가공하는 현대의 테크네인 기술이 주도하는 기술문명이 '테크네 일원

---

67) 조선일보의 美 IBM 백한희 박사 인터뷰. "양자컴퓨터 성능, 2년 뒤 수퍼컴 뛰어넘어 신약·신소재 등 첨단 기술 개발 앞당길 것."(2021년 3월 11일자 B7면 1단)
68) 이승종, 위의 책, 227쪽 이하.

론'으로 생활세계를 일원화하고 식민화한다. 우리가 당면한 세계화의 문제도 이러한 기획이 전 지구적으로 강요되고 실천되는 과정에서 빚어졌다고 볼 수 있다.

하이데거의 분석에 의하면, 근대의 존재관과 진리관이 척도가 되면서 인간들마저도 다른 모든 존재자와 마찬가지로 관찰과 설명의 대상이 된다. 그것들이 그러한 설명에 입각하여 조종되고 지배될 수 있는 것으로 간주되는 시대가 바로 기술시대로서의 현대이다. 특히 막스 플랑크(M. Planck)의 "측정 가능한 것이 현실적이다"는 명제는 현대의 실재관을 명료하게 밝혀주고 있다. 근대과학에서는 설명의 대상이 될 수 있는 것만이 '존재하는' 것으로 간주된다. 근대과학에서 존재자의 존재는 대상성으로 파악되는 것이다. 존재자의 대상화는 존재자들의 작용법칙을 파악한다. 이것에 입각하여 그것의 작용방식을 철저하게 계산하고자 한다. 이를 통해서 존재자들을 지배할 수 있는 것으로 만드는 것을 목표로 삼는다.

경험적·실증적 과학인 심리학과 사회학, 그리고 문화인류학으로서의 인간학이 자립적인 학문에 이르렀고, 논리학이 논리연산과 의미론으로 변모하였다는 점을 하이데거는 지적한다. 이것은 철학이 인간의 경험적·실증적 학문이 된 것뿐만 아니라, 더 나아가 정리정돈과 기술이 세계를 지배하게 되는 것을 말한다. 그래서 존재하는 모든 것은 학문의 규칙에 따라 기술적으로만 해석된다.

근대적 이성은 무엇이 존재하며, 존재할 수 있고, 또한 존재해야만 하는가에 대한 척도이다. 이성에 대한 이러한 신뢰는 이성이 지닌 논리성 때문이다. "어떤 방법, 조치, 요구가 '논리적인 것'으로서 증명되거나 주장되면, 그와 같은 것은 올바른 것으로, 즉 구속력을 갖는 것으로 간주된다. '논리적'이라고 불리는 것이 사람들을 압도한다. '논리적'이라는 말은 여기서 강단 논리학의 규칙들에 따라서 사유된 것을 가리키는 것이 아니라, 오히려 이성에 대한 신뢰로부터 산출된 것을 가리킨다."[69]

계산적 사고에서 '계산함'이란 표상행위로서 현실적인 것을 파악하는 모든 학문적 이론에 필수적인 요소이다. 그것은 현실적인 것을 추적해가면서 안전하게 처리하는 방식을 의미한다. 특히 오늘날 계산적 사고를 과학적으로 다루는 학문인 인지과학은 학제적 과학이다. 그것의 탐구 전략이자 방법론 중에서 가장 영향력을 끼치고 있는 것은 계산주의라는 접근방식이다. 따라서 계산주의자들은 인간의 마음을 계산 가능한 기호 처리체계로 간주함으로써 복잡하고 다양한 인지적 행위가 구성단위들의 유한하고 결정적인 조합으로 설명될 수 있다고 주장한다.

특히 논리학은 로고스를 다루는 학문, 즉 '로기케 에피스테메(λογικὴ ἐπιστήμη)'이다. 로고스는 진술, 즉 술어화를 의미한다. 진술은 어떤 것을 어떤 것으로 규정하는 것(determinatio), 즉 사유함을 나타낸다. "그러므로 논리학, 즉 '로고스'에 대한 학문은 사유에 대한 학문이다. 그러나 사유하는 규정함은 어떤 것을 어떤 것으로 규정하는 것이기에 항상 동시에 어떤 무엇에 대한 규정이다."[70] 후설에 의하면 논리학에서 참된 대상은 자기 자신과 절대적으로 동일한 대상이다. 또한 그것은 이념적인 것이며, 또한 본질로서 존재한다.

---

69) M. Heidegger, 『니체 I』, 507쪽.
70) M. Heidegger, 김재철 외 옮김, 『논리학의 형이상학적 시원근거들』(이하 GA 26), 길 2007, 19쪽.

논리학의 의미에서 참된 대상은 자기 자신과 절대적으로 동일한 대상, 즉 절대적으로 동일하게 그 대상의 본질로 있는 것이다. 달리 표현하자면 어떤 대상은 그것의 규정들, 무엇임(Washeit, 본질들), 술어들을 통해 존재한다. 그리고 그 대상은, 무엇임(본질들)이 그 대상 속에 속한 것으로서 동일한 것이거나, 이것들의 속해 있음이 이것들의 속해 있지 않음을 절대적으로 배제하는 경우, 동일한 것이다. 그러나 이념적인 것들(Ideale)만 엄밀한 동일성을 갖는다.[71]

하이데거는 논리학이 형이상학에 근거하고 있음을 밝힌다. 그는 진리, 근거, 개념, 계사(繫辭), 사고의 법칙성을 다루는 전통적 논리학을 넘어서서 철학적 논리학을 제시한다. "결국 논리학은 사실상 학문적 연구 일반을 위한 예비학인 동시에 철학으로 나아가는 하나의 본질적인 방법으로 정당하게 여겨진다. 이는 논리학 자체가 철학적이라는 것을 전제하고 있다."[72] 비판이론에서도 논리법칙의 배타성을 문제시하고 있음을 엿볼 수 있다. 즉 "논리법칙의 배타성은 이처럼 오직 기능만을 생각하는 데서 생겨난 것으로서 궁극적으로는 자기 유지의 강압적 성격에서 유래한다."[73]

반면에 '숙고적 사유'는 과학에 의해 언제나 전제되어 있으면서 사유되지 않고 있는 사태의 본질을 그 대상으로 삼는다. 사유는 사물을 식별하는 인식작용이나 문제를 푸는 계산능력과는 전혀 다른 정신적 기능이다. 그것은 존재 자체에 의해 촉발되면서 존재를 사유하는 '존

---

71) E. Husserl, 『위기』, 484쪽.
72) GA 26, 24쪽.
73) M. Horkheimer, Th. W. Adorno, 위의 책, 62쪽.

재사유'이다. '존재'는 숙고함에 있어 가장 물을 가치가 있는 사태이다.

오늘날의 사유는 계산에 바탕을 둔 논리계산(Logistik)으로 전개되어 일체의 사고가 거기로 집약되어가고 있다. 서양에서 사고를 대상으로 하는 사유는 논리학으로 전개된다. 그것은 특수한 사유방식에 대한 특수한 지식들을 쌓아 축적한다. 논리학에 관한 이와 같은 지식들은 최근에 논리계산이라고 일컬어지는 특수한 과학에서 처음으로 생산적이게 된다.

> 요즈음 논리계산은 무엇보다도 앵글로색슨 국가들에서 그것의 결과와 절차가 당장 기술세계를 구축하는 데에 훨씬 더 확실한 도움을 준다고 여겨진다. 또한 그것은 엄밀한 철학의 유일하게 가능한 형태로 간주되고 있다. 따라서 오늘날 미국을 위시한 여러 나라들에서 논리계산은 본연의 미래 철학답게 정신에 대한 지배권을 장악하기 시작했다. 논리계산이 현대의 심리학과 정신분석학 및 사회과학과 적절한 방식으로 손을 잡음으로써 다가올 미래 철학의 콘체른은 형성되어가고 있다. 그럼에도 불구하고 이러한 포위 작전은 인간에 의해서 빚어진 결과는 결코 아니다. 도리어 이러한 분과과학들은 먼 곳에서부터 도래한 힘의 역운에 사로잡혀 있다.[74]

서양의 논리학은 논리계산이 되고 만 것이다. 또 논리계산이 제어 불가능한 발전은 그사이 전자계산기를 때맞추어서 탄생시켰다. 이로써 인간의 본질은 기술의 본질에서 현상한, 좀처럼 사유되지 못한 존재자의 존재에 억지로 적응하지 않을 수 없게 된다. 논리학이 작동하

---

74) WhD 67쪽.

는 영역인 수학은 추상적인 개념과 정리체계와 정의와 규약의 거대한 저장고를 건립하여 이것에 논리적 추론의 연쇄를 이루고 있는 논리의 규칙들을 작용함으로써 계산방식, 즉 알고리즘을 얻는다.[75]

또한 근대철학에서는 진술(λέγειν)과 판단(νοεῖν)을 이성의 논리적 활동으로 여긴다. 하이데거의 분석에 의하면, 이성의 그리스적인 본질이 사라진 자리에 논리학과 변증법이 대신 들어서게 된 것이다. 중세의 로마인들이 진술과 이성으로서 서로 접목된 레게인(λέγειν)과 노에인(νοεῖν)을 라치오(ratio)로 번역한다. 그 이후 사유는 이성의 진술작용과 분별작용 또는 계산작용으로 전락하게 된 것이다. 그러나 중세철학과 오늘날 사유는 칸트의 선험적 논리학과 헤겔의 정신의 변증법을 거쳐서 논리계산이 되고 말았다.[76] 근대에 와서 라이프니츠를 기점으로 논리학의 로고스의 그리스적 의미는 이성의 판단이 더 이상 아니다. 그러면 논리학은 어떻게 전개되었는가에 대한 하이데거의 입장을 살펴보자.

논리학의 이름은 그 학설이 사유로 이해하고 있는 그러한 것과 일치한다는 것을 우리는 지적하였다. 사유는 레게인, 진술과 판단이라는 의미에서 본 로고스이다. 판단작용은 오성의 활동이나 넓은 의미에서 본 이성의 활동으로 간주된다. 이성의 분별작용은 노에인(νοεῖν)으로 소급된다. 우리는 파르메니데스의 시구를 통하여 이성의 판단작용에 관해서, 또 노에인과 결합된 레게인(λέγειν)에 관해서 들었다. 여기에서 문제가 된 것은 논

---

75) 유원식, 위의 논문, 36쪽.
76) WhD 39쪽.

리학의 로고스도 이성의 판단도 아니라, 오로지 레게인과 노에인의 합일일 뿐이다. '앞에 놓여 있도록 내어두기(das Vorliegenlassen)'와 '보살핌 안으로 영접하기(In-die-Acht-nehmen)'가 그다음 시대에서부터 사유로 불리면서 논리학적으로 고찰된 그러한 것의 근본특성으로서 비로소 출현하게 되었다.[77]

하이데거에 의하면, '옳은 것'은 아직 진리(참)가 아니다. 혹은 기껏해야 존재자적 의미에서만 진리일 뿐, 존재론적 의미의 진리에 다가서지 못한다. 어떤 방법, 조치, 요구가 '논리적'인 것으로서 증명되거나 주장되면 그와 같은 것은 올바른 것으로, 즉 구속력을 갖는 것으로 간주된다. 올바름은 표상작용이 존재자에 일치하는 것을 의미한다. 이것에는 다른 무엇보다 참된 표상은 존재자에 대한 표상이라는 생각이 포함되어 있다.

그러나 어떻게 존재자에 대한 표상이 가능하고, 어떻게 올바름이 가능하며, 어디에서 올바름이 성립할 수 있는지는 의문이다. '논리적'이라고 불리는 것이 사람들을 압도한다. 논리적이라는 말은 여기서 강단 논리학의 규칙들에 따라서 사유된 것을 가리키는 것이 아니라, 오히려 이성에 대한 신뢰로부터 산출된 것을 가리킨다. "앞에 놓여 있는 것과 맞음을 확인할 때마다 우리는 옳다고 말한다. 그러나 이렇게 확인할 때 그것이 옳기 위해서 앞에 놓여 있는 것의 본질까지 밝힐 필요는 없다. 그러나 본질 밝힘이 일어나는 곳에서만 진리가 일어난다.

---

77) 같은 책, 278쪽.

따라서 그저 옳기만 한 것은 아직 진리가 아니다.″[78]

하이데거는 오늘날의 수리논리학의 한계를 아래와 같이 지적한다. 그것은 수학적 진리의 본질을 드러낼 수 없는 근본적 한계를 지니고 있다. 그러한 논리학은 로고스에 대한 숙고가 아니라고 단언한다.

여기에 명제 관계의 체계를 수학적 방법에 의해 계산하려는 시도가 있다. 그러므로 이러한 종류의 논리학은 또한 '수리논리학'이라 불린다. 그것은 그 자체로 가능하고 타당한 과제이다. 그러나 기호논리학이 제공하는 것은 결코 논리학이, 즉 로고스에 대한 숙고가 아니다. 수리논리학은 심지어 그것이 수학적 사고와 수학적 진리의 본질을 결정하거나 결정할 수 있다는 의미에서 수학에 관한 논리학도 아니다. 오히려 기호논리학은 그 자체 일종의 수학이 문장과 문장형식에 적용된 것이다. 모든 수리논리학과 기호논리학은 그 자신을 논리학의 영역의 밖에 위치시킨다. 〔⋯〕 기호논리학이 모든 학문에 대한 과학적 논리학을 형성한다는 가정은 그 기본적 전제의 조건적이고 무반성적 성격이 명백해짐과 동시에 무너지고 만다.[79]

또한 하이데거는 수리논리학을 사유의 퇴화 징후로 읽는다. 그 퇴화는 언어를 해석되지 않은 계산체계와 그에 대한 해석으로 추상하는 과정을 통해 관철된다. 여기서 언어를 해석되지 않은 계산체계로 형식화하는 과정에서 언어에 담겨져야 할 존재는 그로부터 완전히 배제된다. 해석되지 않은 계산체계로서의 언어는 그 어떠한 내용도, 의미

---

78) VA 12쪽.
79) GA 41, 159쪽.

연관도 결여한 기호의 외적 결합체이다. 이렇게 분리 추상된 형식체계에 담론의 영역이라는 이름으로 일정한 상황이 할당된다. 그 상황하에서 기호체계와 상황과의 의미연관이 해석이라는 방식으로 주어진다. 그러나 존재론적 관점에서 보았을 때 기호체계와 세계와의 의미론적 연관은 전적으로 자의적이다.[80]

그러나 하이데거는 비논리적인 것이나 비합리주의를 옹호하기 위해서 논리학을 비판하는 것이 아니라, 오히려 논리학의 근원적 의미를 회복하기 위한 것이다. "논리학에 반대하여 사유한다는 것은 비논리적인 것을 위해 싸운다는 것이 아니라, 오히려 단지, 로고스 및 사유의 초기에 나타났던 로고스의 본질을 뒤쫓아 사유한다는 것, 즉 그렇게 뒤쫓아 사유함을 준비하기 위해 비로소 처음 노력을 기울인다는 것을 의미한다."[81]

20세기에 수리논리학의 영향력은 가히 압도적인 것이어서 이에 대한 그 어떠한 도전도 그 위세를 꺾을 수 없는 것처럼 보인다. 이 수리논리학이란 "문장 혹은 명제, 그리고 증명을 그 내용으로부터 추상된 형식에 초점을 맞추어 분석하는 학문이다."[82] 비트겐슈타인과 하이데거는 공히 이러한 상황을 우려하고 있다. 그들에 의하면 수리논리학이 사유를 불구로 만들었다고 본다. 비트겐슈타인의 수리논리학에 대한 비판의 핵심은 그것이 우리 삶의 '원초적 현상'을 전체적으로 보려고 하지 않고, 이론에 의해 설명하려는 경향을 지녔다는 사실이다. 즉 "우리의 잘못은 사실들을 '원초적 현상들'로 보아야 할 곳에서 어떤

80) GA 41. 142쪽 이하.
81) Hum 34쪽.
82) A. Church, *Introduction to Mathematical Logic*, Princeton Uni. Press 1956. 1쪽.

설명을 구한다는 데 있다.”[83] 그리고 “‘수리논리학’은 〔…〕 우리 일상언어의 형식에 대한 피상적인 해석을 설정함으로써 수학자와 철학자들의 사유를 완전히 불구로 만들어버렸다.”[84]

수리논리학은 언어 현상을 형식언어 체계에 의해 설명하고자 한다. 자연언어는 원활한 의사소통이라는 목적에 이바지하는 언어이다. 형식언어는 논리적 분석이라는 논리적 목적을 위해 특별히 고안된 언어이다. 그러나 형식언어가 추구하는 분석의 타당성 및 정확성이 자연언어의 목적, 즉 의사소통의 간결함, 원활함과 언제나 양립 가능한 것만은 아니다. 이 경우 수리논리학은 자연언어의 목적을 희생시키고 형식언어의 목적을 살리는 방향으로 두 언어 사이의 갈등을 해결한다.

후설도 『경험과 판단』[85]에서 ‘진술논리(Aussagelogik)’의 한계를 노정시키고 있다. 하이데거는 ‘논리학으로서의 서양 형이상학’을 논하면서, ‘진술하는 사유(aussagendes Denken)’는 파르메니데스(Parmenides)의 단편에서의 “사유와 존재는 동일한 것이다(τὸ γὰρ αὐτὸ νοεῖν ἐστίν τε καὶ εἶναι)”[86]에서부터 유래하여 서양의 인식론의 저변에 흐르고 있음을 지적한다. 즉 존재와 인간, 그리고 인식의 상관관계에 대해 정리하고 있다.

---

83) L. Wittgenstein, 이승종 옮김, 『철학적 탐구』, 아카넷 2016. 500쪽(§ 654).
84) L. Wittgenstein, *Remarks on the Foundations of Mathematics*, MIT Press 1978. 300쪽.
85) E. Husserl, 이종훈 옮김, 『경험과 판단—논리학의 발생론 연구—』, 민음사 2016. 2부, ‘술어적 사고와 오성의 대상성’ 참조.
86) DK B 3.

인식은 진술하는 사유 내에서 수행되는데, 이러한 사유는 존재자에 대한 표상으로서 감각적 지각과 감각적이지 않은 직관의 모든 방식에서, 모든 종류의 경험과 느낌에서 주재한다. 도처에서, 그리고 끊임없이 그러한 태도와 자세에서 인간은 존재자와 관계한다. 도처에서, 그리고 인간이 관계하는 것은 존재하는 것으로서 인지된다. 인지한다는 것은 여기에서는 이러저러하게 존재하는 것으로서 간주하는 것이다. 이러한 인지 속에서 인지되는 것은 존재자이며, 우리가 그것에 대해서 그것은 존재한다고 말하는 바의 것이라는 성격을 갖는다. 그리고 역으로 말하자면, 존재자 자체는 다만 그러한 인지에게만 자신을 열어 보인다.[87]

요약하자면, 계산적 사고의 논리와 형식의 한계는 로고스와 논리학에 대한 그리스적인 의미를 회복함으로써 극복될 수 있다. 이제 우리에게는 파르메니데스의 사유와 존재의 공속성의 참된 의미를 숙고함에서부터 사유하는 것이 필요하다.

5. 방법으로서의 계산적 사고

근대 이전에는 철학에서 '진리가 무엇인가'에 대한 탐구가 중요한 것이었다. 즉 진리의 본질이 주제화된다. 그러나 근대에 와서는 '진리에 어떻게 도달할 수 있는가'에 대한 방법(μετά όδός, meta hodos)이 관건이다. 데카르트 철학의 새로움은 중세의 학문 방법을 지양하고 새

---

87) M. Heidegger, 『니체와 니힐리즘』, 503쪽.

로운 '방법'을 통한 사유를 시작한 데서 찾을 수 있다.

주지하다시피 근대의 합리론(rationalism)은 우리의 이성만이 진리로 이끈다고 믿고서 '수학적 방법'을 동원하여 보편적이고 객관적인 진리를 도출해내고자 한다. "세계는 그 자체로 수학 또는 수학화된 자연에서 받아들였던 합리성이라는 새로운 의미에서 합리적 세계가 틀림없으며, 이에 상응하여 세계에 관한 보편적 학문인 철학은 '기하학적 방법'에 의한 통일적이고 합리적인 이론으로서 구축되어야 한다."[88]

데카르트는 이성을 올바르게 인도하고, 모든 학문에서 진리를 탐구하기 위한 『방법서설(Discours de la Méthode)』(1636)을 제시한다. 이는 『이성을 잘 인도하고, 학문에 있어 진리를 탐구하기 위한 방법서설, 그리고 이 방법에 관한 에세이들인 굴절광학, 기상학 및 기하학』이라는 책의 첫 번째 부분이다. 그는 의심할 수 없을 만큼 확실함을 지닌 수학의 정확한 방법을 철학에 도입하여 철학을 수학, 특히 기하학과 같이 확실하고 명증한 투명한 학문으로 확립하려고 한다.

'방법'에 대한 물음, 즉 '길을 택함'에 대한 물음, 본질적으로 인간을 통하여 확정된 확실성의 획득과 정초에 대한 물음이 전면에 부각되는 것이다. 여기서 '방법'은 조사와 탐구의 방식이라는 방법론적인 의미에서가 아니라, 진리 자체의 본질규정을 위한 길이라는 형이상학적인 의미에서 이해되지 않으면 안 된다. 철학의 물음은 이제 더 이상 단지 존재자란 무엇인가라는 물음일 수만은 없으며, 제일철학의 물음은 계시와 교회의 교의의 구속으로부터 인간의 해방과 관련하여 제기되는바, 그 물음은 인간은 '어

---

88) E. Husserl, 『위기』, 137쪽.

떠한 길을 통해서 자신만의 힘으로 제일의 부동의 진리에 도달하며 이러한 제일의 진리는 무엇인가?'라는 것이다.[89]

로크(J. Locke)가 말한 제1성질이란 사물이 가지고 있는 것이다. 그것은 사물 자체가 실제로 가지고 있는 객관적 속성이다. 연구될 수 있는 모든 것이 계산 가능하고, 측량 가능한 것에 제한되었기에 기하학적인 방법이 선택된다.

제1성질은 예를 들어 부피나 질량, 속도와 같이 측정하고 계량화할 수 있는 성질이거나, 아니면 적어도 질량을 부피로 나눈 밀도와 같이 다른 측정된 양으로부터 계산될 수 있는 성질이라고 간주된다. 17세기에 세계를 계량적으로 기술하는 새로운 방식은 기하학에 바탕을 두고 공간에서의 물질의 운동을 표현하는 것이었다. 과학혁명 기간 동안 사물의 제1성질로 간주되었던 모든 성질, 예를 들면 외연, 운동, 크기 등은 거의 대부분 기하학적으로 표현될 수 있었다. 미적분학은 뉴턴으로 하여금 속도와 가속도를 기하학적으로 계산할 수 있도록 만들어주었다.[90]

일반적으로 19세기의 학문적 성취는 자연과학의 승리라기보다는 과학적 방법론의 승리이다. 근대과학에서 방법은 단순한 도구로서 기능하지 않는다. 근대과학은 일정한 방법적 틀에 따른다. 이 틀에 주어진 것만을 실험 관찰한 결과로서 사태를 장악한다. 그러나 학문들이

---

89) 같은 책, 196쪽.
90) 같은 책, 253쪽 이하.

자신들의 방법으로, 그리고 자신들의 수단을 가지고 결코 학문의 본질로 진입해 들어갈 수는 없다. 과학적 정확성으로 예측된 사태를 실험을 통해 실증함으로써 의심의 여지 없이 진리로 판정하는 학문 정신은 사회현상의 설명에도 실증성을 요구하게 된다. 이제 실증과 계산적 사고가 학문 세계를 지배하는 방법으로 군림하게 된 것이다. 그 방법의 그물에 걸리는 대상은 연구 가능하고, 거기에서 벗어나는 학문, 예컨대 역사, 문학, 철학 따위의 학문은 학문으로서 인정받기 어렵게 된다.

후설에 의하면, 데카르트의 '방법적 회의'는 '선험적 주관성'을 드러내 밝히는 최초의 방법이다. 이른바 '나는 생각한다(ego cogito)'가 이 주관성을 처음 개념적으로 이끈 것이다. 베이컨(F. Bacon)에 와서는 데카르트의 연역법보다는 귀납법이 선호된다. 과학적 방법으로서의 귀납법은 과학적 지식의 경우에는 경험으로부터의 일반화에 근거하여 그 정당성을 이끌어낼 수 있다고 설명하는 방식이다. 일반적으로 "이 방법은 다양한 조건들 속에서 행해진 관찰들을 아무런 편견 없이 공평하게 기록하고, 이렇게 기록된 자료들로부터 일반화된 법칙에 도달하는 데 귀납적 방법을 사용하고 있다."[91]

하이데거 사유가 발생한 모태는 현상학(Phänomenologie)이다. 여기서 현상은 헬라어 '파이노메논(φαινόμενον, das Sichzeigende, das Offenbare)' 또는 '파이네스타이(φαίνεσθαι, sich zeigen)'에서 유래한 개념으로서 '스스로 자기를 드러냄', 그리고 '있는 그대로 드러남'을 의미한다. 이 현상과 그 구조를 탐구하는 현상학은 '새로운 종류의 방법론'

---

91) J. Ladyman, 위의 책, 74쪽.

으로서 학문적 철학의 새로운 도구가 된다. 이른바 "현상학은 19세기 말 철학에서 나타났던 새로운 종류의 기술적(記述的) 방법과 이 방법으로부터 일어났던 아프리오리(a priori)한 학문을 지시한다. 이 학문의 목적은 학문적 철학을 위한 원리적 도구(Organon)를 제공하고, 그것을 철저히 수행함으로써 모든 학문을 방법적으로 개혁할 수 있도록 규정한 것이다."[92]

전기 하이데거는 존재 현상을 기술하는 방법을 취한다. 현상은 '자기 자신에 즉해서 자기 자신을 현시하는 것(das sich-an-ihm-selbst-zeigende)'[93]이다. 그의 철학적인 방법은 어떠한 왜곡도 없이 현상이 파악될 수 있도록 그렇게 문제의 근본에서부터 현상을 기술함으로써 철학적인 문제를 푼다.[94] 즉 사유의 사태가 있는 그대로 드러나도록 그것을 직시하는 것이 현상학적 방법의 요체이다. 하이데거는 '존재론의 방법'을 현상학이라고 규명한다.[95] 결국 "현상학은 〔…〕 자기 자신을 현시하는 그것을, 그것이 자기 자신의 편에서 자기 자신을 현시하는 그대로 그것의 편에서부터 보이도록 한다는 것을 의미한다."[96]

인문학에서는 근대 이후의 '방법적 일원론'이 문제가 된다. 인문학 정립의 과제는 인문학의 이념의 정립이 자연과학의 실증적·수학적

---

92) E. Husserl, 『위기』, 510쪽.

93) SuZ 28.

94) M. A. Wrathall, 권순홍 옮김, 『HOW TO READ 하이데거』, 웅진지식하우스 2008. 19쪽 이하.

95) M. Heidegger, *Die Grundprobleme der Phänomenologie*, Frankfurt a.M. 1975. 27쪽.

96) SuZ 34쪽.

방법에 함몰되지 않는 인문학의 독자적 연구 방법의 확립이다.[97] 특히 실증주의에서는 설명의 방법을 사용하고 학문의 과학성을 강조한다. 근대과학은 이런 과정을 통해 사물의 일반성과 객관성을 확보했다고 자부한다. 그러나 일반성이란 사물에 대해 표상한 일련의 공통된 특징을 추상하여 만든 개념이다. 그리고 객관성이란 사물을 인간의 표상주관 앞에 내세우는 것, 즉 대상화에 다름 아니다. 대상화와 표상화는 동일 현상이다. 사물은 표상에 의한 관념인 것이다. 거기에는 사물 자체는 없고 표상만 있다. 이런 점에서 현대는 세계를 표상으로 만든 시대이다.

인간의 경험적인 수 의식은 현실 속에 사물들의 주어짐을 전제한다. 그러나 산수학의 수, 대수학의 기호(Zeichen), 그리고 기하학의 도형은 실제 대상을 요구하지 않고, 그 자체 내적 필연성을 가진 순수직관의 장에서 구성 가능하다. 또한 그것들은 현실을 읽고 해석하고 이해하면서 마침내는 현실을 만들고 통제하기 위한 일종의 '상징체계'로 보는 것이 타당할 것이다.

칸트는 수학적 인식을 '구성적 인식'이라고 본다. 수학적 인식에서 개념을 규정하는 활동이 바로 구성(Konstitution)이다. 구성은 경험과 도형의 형태로부터 개념의 속성을 읽어내는 것이 아니라, 오히려 주체의 활동을 따라 개념의 속성을 읽고 해석하는 일이다. 수학적 개념의 인식은 사물의 형태와 경험과 대면함으로써 생기는 것이 아니라, 오히려 이성능력에 의해 산출된 문자 또는 기호, 즉 점, 선, 면, 수, 부

---

97) 소광희 외, 『현대의 학문 체계: 대학에서 무엇을 배울 것인가』, 민음사 1994. 325쪽.

호 등을 통해 개념의 속성들을 해석함으로써 가능하다는 것이다.[98] 이러한 해석은 경험과 독립된, 곧 주체에 근거한 선험적 활동이기 때문에, 수학적 인식이란 이성의 순수한 산물이며, 또한 그것은 종합판단들로 구성된 인식이다.

하이데거에 의하면, 학문적 방법이란 오히려 연구되어야 할 대상들의 그때마다의 분야가 그 대상성에서 처음부터 앞서 제한되고 있는 양식과 방식을 의미한다. 방법은 세계를 앞서 잡아내는 기투이다. 이러한 기투란 방법으로써 오직 그 관점에서만 탐구될 수 있는 그 지평을 확정한다. 오직 과학적으로 증명 가능한 것만이, 다시 말해 계산 가능한 것만이 실지로 현실적인 것으로 통용된다. 세계는 계산 가능성에 의해 어디에서나 인간에게 지배 가능한 것으로 만들어진다. 이제 인간은 만물의 표준척도로서 자기 정체성을 규정한다. 인간의 인식능력은 수학적인 것이 된다. 계산적 사고의 학문인 수학은 모든 학문 가운데서도 가장 형식적인 학문이면서도 인간 이성의 자발성에 근거해서 현실과 매우 긴밀하게 연관된 학문이다

하이데거는 근대학문에 만연되고 있는 방법의 일방성에 문제를 제기한다. 근대과학은 방법적 틀에 주어진 것만을 연구주제로 삼아서 방법적 틀에 따라서만 연구하므로 근대과학 연구주제는 방법에 종속한다. 이른바 "근대과학적 지식의 강력한 힘은 방법에 근거한다. 연구주제는 방법에 귀속한다."[99] 후기 하이데거는 방법과 길(道)을 명확히

---

98) I. Kant, 백종현 옮김, 『순수이성비판 1』, 『순수이성비판 2』, 아카넷 2017. A717/B745.

99) M. Heidegger, *Unterwegs zur Sprache*(1950-1959), Pfullingen 1986(이하 UzS). 168쪽.

구별한다.[100] 왜냐하면 이제 방법이란 용어는 근대적 주체의 방법적 사고를 위한 칭호로 사용되기 때문이다. 근대 이후의 학문은 방법에 따라 실행된다. 그리고 그것에 따라 연구대상을 특정 설명 가능성의 방향으로 가져온다.

> 과학의 엄밀함의 전개는 (사태구역에 대한 관점을 획득하는) 앞선 진입들과 (연구행위와 현시를 이행하는) 취급방식들에 따라, 즉 '방법'에 따라 실행된다. 이러한 전입은 그때마다 대상 지역을 특정한 설명 가능성의 방향으로, 즉 원칙적으로 '성과'의 비부재성을 확보하는 특정한 설명 가능성의 방향으로 가져온다.(항상 무언가 밖으로 등장한다) 모든 설명행위에서 전진의 근본양식은 연속적인 원인-결과-관련맺음의 개별적인 계열들과 연쇄들을 추적하고 그것들을 앞서 붙잡아 설치하는 것이다.[101]

하이데거는 알기 위한 수단과 도구로서의 방법과는 다른 사유의 길을 제시한다. '사유의 길'엔 방법도 없고 주제도 없으며, 오직 '만남의 지역(Gegend)'만 있다. 그러기에 이 길은 사유에게 사유할 만한 것을 만나게 하고, 또한 사유의 길을 열어주기 때문에 만남의 지역

---

100) 아래 문서를 통해 방법에 대한 하이데거의 입장을 살펴볼 수 있다. UzS 168쪽; F-W. von Herrmann, "Way and method", in *Martin Heidegger, Critical Assesments. C. Macann(ed.)* vol. I, London and New York 1992, 310~329쪽; 전동진, 「하이데거의 존재와 노자의 도」, 『현대프랑스 철학과 해석학』, 철학과 현실사 1999; 윤병렬, 「퓌지스·존재·도(道)—헤라클레이토스·하이데거·노자의 시원적 사유」, 하이데거 연구 제5집, 한국하이데거학회 2000 참조.
101) GA 65, 146쪽 이하.

이라고 할 수 있다.[102] 하이데거는 새로운 사유의 길 닦는 법을 자신이 스스로 실행한다. 따라서 그의 사유를 '도상의 사유(unterwegs im Denken)'라 일컫는다.

요약하자면, 하이데거에 의하면 근대의 학문적 방법에 종속되지 않은 새로운 숙고적 사유를 통해 새로운 길이 열릴 수 있는 준비를 할 수 있다. 숙고적 사유는 존재의 말걸어옴에 대한 응답이다. 그것은 수학적 방법에 매여 있는 표상과 의지를 통한 표상적·계산적 사고가 아니라, 마음으로 존재의 부름에 감응하여 '스스로 길을 내는' 세심한 숙고적 사유이다. 여기서 사유는 '길없는 길'을 가는 것이다.

---

102) UzS 177쪽 이하, 197쪽 이하 참조.

4장

근대의 계산적 사고에 대한 비판의 관점들

19세기 이래로 철학 내부에서 근대의 표상적 사고와 계산적 사고에 대한 비판이 이어져 오고 있다. 여기서는 하이데거의 계산적 사고 비판과 가족 유사성을 가진 비판들을 살펴보고자 한다. 특히 비판이론의 도구적 이성 비판, 후설의 계산적 사고 비판, 가다머의 철학적 해석학의 근대의 주관주의 비판, 로티의 반토대주의에서의 표상적 사고 비판, 아렌트의 계산적 사고에 대한 정치철학적 비판을 간략하게 살펴보고자 한다. 이로써 하이데거의 계산적 사고 비판과 현대철학적 비판의 관점들과의 연결고리를 가지고 있는 지점들이 드러나게 될 것이다.

1. 비판이론적 관점

비판이론(kritische Theorie)에서는 근대의 합리주의의 계산적 사고의 이데올로기 성격을 비판하는 것이 '이성 앞에 주어진 가장 큰 책무'[1] 라고 간주한다. 가치중립을 토대로 특권적 위치를 점한 과학적 합리성은 자칫 비합리적 강제성으로 돌변할 수 있다. 그것은 이데올로기적 요소를 띠게 되기 때문에, 그 점을 철저하게 폭로하고 비판하는 일이 중요하게 되었다.

또한 비판이론은 신실증주의를 표방하는 비판적 합리주의(critical rationalism)가 만들어놓은 이론과 실천, 인식과 가치 사이의 이원주의를 변증법적 이성의 힘으로 해체하려고 한다. 한때 주체적이고 자율적이었던 이성이 인간의 자기보존이라는 이기적 관심의 도구로 전락한 것이다. 그로 인해 계몽적 이성은 경제적·사회적 힘에 반사적으로 순응하게 한다. 이를 통해 전체주의가 기반을 마련하게 되고, 또한 인간을 관리하는 전체주의적 권위체계가 등장하게 된다.

수학이 사유를 존재자에게만 묶어둔다는 비판이론의 지적과 하이데거가 눈앞에 있는 것을 인간의 주관 앞에 세우는 표상적·계산적 사고 비판과 일맥상통하고 있음을 아래에서 엿볼 수 있다.

사유를 수학적 장치로 환원하는 것 속에 숨겨져 있는 것은 '있는 그대로의 세계'에 대한 승인이다. 주관적 합리성의 승리, 즉 모든 존재자를 논리적 형식주의에 굴복시키는 것의 대가는 '바로 눈앞에 보이는 것' 아래에 이성

---

1)　M. Horkheimer, *Eclipse of Reason*, Oxford University Press 1947. 187쪽.

218

을 굴복시키는 것이다. [⋯] 수학적 형식주의는 직접성의 가장 추상적 형태인 숫자를 수단으로 삼음으로써 사유를 단순한 직접성에 묶어둔다. '사실성'만이 정의로 인정되며, 인식은 사실성의 단순한 반복으로 제한되고 사유는 단순한 '동어반복'이 된다. 사유의 메커니즘이 존재하고 있는 것에 굴복할수록, 사유는 더욱더 맹목적으로 존재자의 단순한 재생산에 만족한다. 이로써 계몽은 신화로 돌아가지만 이러한 새로운 신화로부터 빠져나올 방도를 계몽은 결코 알지 못한다.[2]

비판이론을 제시한 프랑크푸르트학파에서는 '이성의 도구화'를 비판한다. 특히 『계몽의 변증법』은 계몽적 이성의 도구화를 문제 삼는다. 17,18세기에 출현한 계몽적 이성은 존재와 비존재, 진리와 허위를 식별하는 능력을 의미한다. 그것은 한편으로 인간을 부자유와 구속으로부터 해방시키는 역할을 한다. 그러나 그것이 다른 한편으로 인간을 부자유스럽게 만들었으며, 또한 인간을 억압하는 이데올로기로 봉사한다.

계몽적 이성의 발달은 자연을 지배하는 기술로서 과학의 발달을 가져왔고, 문명의 발달을 촉진하였다. 그러나 그것은 인간의 삶을 기술적으로 지배하기 위한 도구로 바뀌었다. 이른바 '계몽의 역설'이 드러나게 된 것이다. 말하자면 "진보적 사유라는 가장 포괄적인 의미에서 계몽은 예로부터 인간에게서 공포를 몰아내고 인간을 주인으로 세운다는 목표를 추구해왔다. 그러나 완전히 계몽된 지구에는 재앙만이 승리를 구가하고 있다."[3]

---

2) M. Horkheimer, Th. W. Adorno, 위의 책, 59쪽.

근대에 이성의 도착(倒錯)현상에 대한 비판을 시도한 것은 사회 비판이론의 선구자인 베버(M. Weber)이다. 그는 근대화의 과정을 '삶의 점진적 합리화', 즉 '세계의 탈미신화(Entzauberung der Welt)'로 본다. 삶의 전반적인 합리화가 자유의 상실과 제도에의 종속을 가져오는 현상은 근대화의 배리이다. 그는 근대사회를 일종의 '쇠우리'에 비유한다. 계산적 사고가 제도화된 서구적 합리화는 계산과 제어의 계속적인 확산을 통해 세계의 탈미신화를 가져온다. 근대를 기점으로 하여 이성은 그 본질적 포괄성을 상실하고 도구화되어 도구적 합리성이 삶의 모든 영역에 깊이 침투하였다.

합리화가 의미하는 바는 세계를 설명하는 데 더 이상 신비롭고 불가측한 힘에 의존하지 않아도 된다는 사실이다. 세계는 이제 탈미신화되었다. 야만인들은 신령들을 제어하거나 그들에게 간청하기 위해 마술적인 수단을 사용했지만 이제는 그럴 필요가 없다. 기술적 수단과 계산이 그 역할을 대신한다. 이것이 바로 합리화의 의미이다.[4]

베버는 가치합리적 행위와 합목적적 행위를 나누어 설명한다. 전자는 "어떤 사람이 의무, 명예, 미의 추구, 종교적 소명감, 충성심 등의 대의명분에의 충실이 어떤 현실적 결과를 가져오는지 개의치 않고 스스로의 신념을 행동화할 때를 지칭함"[5]을 의미하며, 이에 반해 후

---

3) 같은 책, 21쪽.

4) M. Weber, "Science as calling", in *From Max Weber: Essays in Sociology*, H. H. Gerth and C. W. Mills(ed.), Oxford Uni. Press 1946. 139쪽.

5) M. Weber, *Economy and Society*, G. Roth and K. Wittich(ed.), Bedminster

자는 궁극적 목표의 정당함, 참됨 여부를 가리지 않고 주어진 목표를 어떻게 효과적으로 달성할 것인가에만 주의를 기울인다. 이미 주어진 실용적인 목표를 달성키 위한 정밀한 계산이 주를 이루는 현실적 합리성은 따라서 합목적적 행위의 한 발현인 것이다.[6]

그리고 표상적 사고는 사유의 본령에서 벗어나 하나의 도구에 불과하다는 데에 호르크하이머와 아도르노는 인식을 같이한다. 즉 "사유, 즉 자신의 강압 메커니즘 속에 자연을 반영하고 되풀이하는 사유는 자신의 철두철미함 덕분으로 스스로가 또한 강압적 메커니즘으로서의 '잊혀진 자연'임을 드러낸다. 표상은 도구에 불과하다."[7] 그리고 계몽은 사유를 포기하였으며, 사유를 경직시켰다. "사유—수학, 기계, 조직과 같은 물화된 형식을 통해 사유를 잊은 인간에게 복수하는 것—를 포기함으로써 계몽은 그 자신의 실현을 체념했다. 〔…〕 그러나 진정한 혁명적 실천은 사회가 사유를 경직시키는 수단의 의식 부재 앞에 쉽게 굴복하지 않는 '이론'에 달려 있다."[8]

호르크하이머는 이성의 원래 이념에는 목표를 이해하는 능력과 그것을 비판적으로 비교할 수 있는 능력도 포함되어 있다고 주장한다. 효과적인 수단의 측량과 함께 목표의 정당성을 따지는 포괄적 이성을 그는 '객관적 이성'이라 부르면서 도구적 이성을 극복하자는 것이다. 이를 위해 서구의 산업문명을 관류하는 합리성 개념을 철저히 해명하고자 한다.[9]

    Press 1968, 25쪽.
6) 윤평중, 위의 책, 31쪽.
7) M. Horkheimer, Th. W. Adorno, 위의 책, 75쪽.
8) 같은 책, 78쪽.

마르쿠제(H. Marcuse)도 기술적 이성이 지배하는 사회를 '일차원적 (one dimensional)'이라고 진단한다. 기술적 합리성을 구현하는 기술문명과 자본주의가 들어섰다는 것이다. 물질적 풍요는 인간으로 하여금 안정성을 추구하고 현존질서에 동화되게 만든다. 어떤 기존질서에 대한 반항의식도 생기지 않고 일차원적 사유에 머무르게 된다. 과학과 기술은 고도의 풍요를 가져다준다. 그리고 이 풍요를 손상시키지 않기 위해 혁명적 이데올로기를 금단의 것으로 거부한다. 그가 우려했던 것은 합리적 전체주의 사회이다. "따라서 기술적 합리성은 지배의 정당성을 은폐한다기보다, 오히려 그것을 보호하며 이성의 도구주의적 지평은 합리적 전체주의 사회로의 문을 연다."[10]

하버마스(J. Habermas)는 근대성의 근본이념인 사회의 합리화와 인간해방의 기치를 결코 포기하지 않는다. 그리하여 합리성을 근거지울 수 있는 보편적이고 객관적인 토대를 정초하는 것이 그의 학문적 목표이다. 그가 근대성의 역리, 인간소외, 관료화의 문제를 야기한 도구적 합리성이 빚어낸 갖가지 부작용과 폐해를 교정하고 극복할 수 있는 개념적 준거틀로 제시한 것이 바로 '의사소통적 합리성 (Kommunikative Rationalität)'이다.[11] 이는 주로 생활세계 안에서 구현되며, 도구적 합리성은 경제나 관료행정 같은 체계 안에서 구체화되는 경향이 있다. 하버마스에 의하면, 도구적 합리성이 그 자신의 고유한 영역이 아닌 '생활세계(Lebenswelt)'에로 점점 침투해 들어감으로써

9) 윤평중, 위의 책, 36쪽.
10) H. Marcuse, *One-dimensional Man: Studies in Ideology of Advanced Industrial Society*, London 1964, 159쪽.
11) 윤평중, 위의 책, 13쪽.

'생활세계의 식민화'[12]를 불러오는 서양 근현대의 위기를 초래하고 있다는 것이다. 이 위기는 의사소통적 합리성을 제자리로 복권시킴으로써 극복될 수 있으리라는 것이다.[13]

하버마스는 그 과학 방법론이 가져다준 산업화와 자연과학의 진보가 인간해방을 위한 필수적인 첫 단계임을 올바르게 지적하고 있다. 경험적·분석적 과학과 기술적 관심이 그 자체의 영역에서는 완전히 정당하다는 하버마스의 언명은 매우 시사적이다. 그가 강조하는 것은 기술적 관심과 경험적·분석적 과학이 억압과 왜곡으로부터의 인간해방을 추구하는 해방적 관심에 의해 이끌어져야 한다는 사실이다.[14]

요약하자면, 비판이론에서는 가치중립을 토대로 특권적 위치를 점한 과학적 합리성은 자칫 비합리적 강제성으로 돌변하여 이데올로기적 요소를 띠게 되기 때문에 이를 철저하게 폭로하고 추출하는 일이 중요하다고 생각한다. 이런 점에서 비판이론은 계산적 사고의 이중성과 당파성을 명료하게 드러내었다고 여겨진다.

2. 현상학적 관점: 후설

후설(E. Husserl)은 「수의 개념에 관하여—심리학적 분석」(1887, 교수자격논문)과 『수학의 철학—심리학적이며 논리학적인 연구』(1891)에서

---

12) J. Habermas, *Theorie des Kommunikativen Handelns*, Band 2, Frankfurt a.M. 1981, 293쪽.
13) 윤평중, 위의 책, 14쪽.
14) 같은 책, 106쪽.

수 개념의 기원을 심리학적 작용이라 여긴다. 그는 총체로 결합된 모든 내용을 통일하는 심리적 작용을 반성하는 데서 자신의 철학을 출발시킨다. "집합적 결합은 심리적 작용의 반성에 의해 파악되고, 총체는 이 작용에 의해 성립한다."[15] 이를 통해 그의 수학적 철학은 집합적 결합의 추상적 표상에 도달한다. 또 이 집합적 결합을 매개로 하여 다(多) 개념을 전체의 개념으로 구성한다. 집합된 내용의 어떤 하나를 파악하기 위해서는 특수한 심리적 작용이 필요하다.[16]

후설은 근대적 자연관의 변화를 '자연의 수학화'[17]로 규정한다. 자연은 질적인 것이 아니라, 단지 양적인 것이다. 따라서 그것은 기하학적 방법으로 계측 가능한 것으로 간주된다.

우리는 순수수학과 계측의 실제적 방법을 이용해서 전적으로 새로운 귀납법적 방법을 만들어낼 수 있다. 환언하면, 이미 주어지고 계량화된 사건을 근거로 아직 알려지지 않았으며 또 직접적으로 결코 측량될 수 없는 사건까지를 확실히 '계산'해낼 수 있게 된다. 따라서 세계와 분리되어 있던 순수기하학이 응용기하학으로 전환하며, 실재를 인식할 수 있는 일반적 방법이 된다.[18]

---

15) E. Husserl, *Philosophie der Arithmetik*, hrsg. v. L. Eley, Den Haag: Martinus Nijhoff, 1970. 436쪽.

16) 김경훈, 「후설의 『수학의 철학』에 있어서 수 개념에 대한 심리학적 분석」, 철학논총 20, 2000. 324쪽.

17) E. Husserl, 『위기』, 87쪽 이하.

18) E. Husserl, *The Crisis of European Science and Transcendental Phenomenology*, trans. D. Carr, Northwestern Univ. Press 1970. 33쪽.

후설은 유럽의 학문적 위기와 인간성 위기의 진원지를 근대에 와서 나타난 본래적인 이성의 이탈과 그러한 이성에 바탕을 둔 길을 잃은 합리주의에서 찾는다. 그에게 의식 및 주관성은 현상에 대한 모든 인식과 경험의 구성적 근원이며, 또한 현상들을 초월하는 근원이다. 유럽 학문의 뿌리인 그리스적 이성과 차원 높은 합리성을 회복하는 것이 저러한 위기를 벗어나는 것으로 본다. 또한 하이데거의 철학과 사유의 위기에 대한 인식도 후설의 위기의식과 무관하지 않음을 엿볼 수 있다.

> 나 역시 '유럽의 위기'는 길을 잘못 들어선 합리주의에 그 뿌리가 있다는 점을 확신한다. 그러나 그것은 마치 합리성 자체가 악이라든가, 인간성의 실존 전체에서 부차적인 사소한 의미라는 견해를 뜻하지는 않는다. 오직 우리가 논의한 그 높은 [차원의] 진정한 의미의 합리성은 그리스 철학의 고전적 시대에 이상이었던 본원적으로 그리스적 의미의 합리성이다. 그리고 이 합리성은 물론 여전히 수많은 자기성찰적 해명들을 필요로 하지만, 그러나 성숙한 방식으로 [우리의] 발전을 이끌도록 요청한다.[19]

근대에 있어서 자연법칙은 수학적 언어로 구성되어 있다. 자연에 있어서 양적이며 계측될 수 있는 것만이 실재하는 것으로 간주된다. 이제 자연은 물체들의 단순한 운동으로 이루어진 거대한 기계에 지나지 않게 된다. 세계는 동일한 물질로 구성되어 있고, 또한 동일한 자연법칙이 세계를 지배하게 된다. 또한 근대철학은 주어져 있는 현실

---

19) E. Husserl, 『위기』, 453쪽 이하.

을 논리적 추론의 대상으로 추상화한다. 대상은 항상 주관의 추상이라는 채널을 통해 존재한다. 결코 논리적 추론에 의해 희생되어서는 안 될 구체적 현실이 추상의 산물로 변한다. 현상학의 원리는 바로 이러한 근대철학의 스캔들을 극복하기 위한 것이다.

후설은 19세기 수학적 자연과학이 초래한 실증주의를 '유럽 학문의 위기'로 간주한다. "어쨌든 자연과학은 수학적인 것을 귀납적으로 도출하고, 순수수학에 의해 지도된 학문으로서 그 자체로 이미 최고의 합리성을 지녔다."[20] 그는 당대의 물리학주의와 논리적 수학주의가 철학을 대체한 것을 비판한다. 이것들을 극복하기 위해 절대적 보편성에 입각한 철학으로서 '선험적 현상학(transzendentale Phänomenologie)'을 제시한다. "현상학은 예로부터 내려온 과학적 체계, 수학적 자연과학의 이론적 형식의 객관주의적 이상으로부터 우리를 해방시키고, 따라서 물리학과 유사한 것일 수 있는 영혼에 관한 존재론의 이념으로부터 우리를 해방시킨다."[21]

후설은 '인간의 자기성찰'과 '이성의 자기실현'으로서의 철학을 통해 세계에 관한 '보편적인 학문'과 '보편적인 궁극적 앎'을 얻고자 한다.[22] 결국 모든 타당성을 수행하는 '나(Ich)'로부터 출발해서 선험적 현상학을 통하여 자연주의적 객관주의를 극복하고자 한다. 후설에 의하면 합리주의가 외면화된 것, 즉 자연주의와 객관주의 속에 합리주의가 매몰된 것에서 벗어나고자 한다. 우리에게 경험되는 자연 공간은 기하학적 공리체계에 의하여 일종의 수학적 집합과 같은 형태로

---

20) 같은 책, 137쪽.
21) 같은 책, 410쪽.
22) 같은 책, 411쪽.

변형된다. 이와 같이 현실을 수학화하는 물리학적 객관주의가 초래한 근대과학의 위기를 후설은 의식철학을 통해 극복하고자 한다. 그러나 객관주의와 자연주의에 끊임없이 저항하였던 데카르트로부터 헤겔에 이르기까지의 철학 역시 주관주의로 머물면서 이 생활세계에로 돌아가는 데는 실패하고 만다. 이런 분석을 통해 후설은 '선험적 현상학'을 통해 근대 주관주의와 객관주의를 넘어서는 길을 열어간다.

어떠한 가설과 편견에도 사로잡히지 않고 '사태를 있는 그대로(Zur Sache selbst!)', 즉 우리에게 원본적으로 주어지는 대로 단적으로 붙들자는 현상학의 원칙은 근대의 극단적 주관주의와 객관주의의 대립을 허물 가장 생생한 방법이다. 후설은 미리 주어진 어떠한 것도 받아들이지 말고 전해져 내려오는 어떠한 것도 그 출발점으로 삼지 않으며, 아무리 위대한 대가라도 그 명성에 현혹되지 않는 '무전제의 철학 이념'[23]을 제시한다. 이전에 전승된 철학들로부터가 아니라, 도리어 사태와 문제들 자체로부터 연구가 추진되어야 한다. 이러한 현상학의 무전제성은 대상 자체가 스스로 드러나는 것을 차단하는 모든 전제로부터의 자유로움을 뜻한다.

후설에 의하면, 근대과학을 발전시키는 데 중요한 역할을 한 갈릴레이와 데카르트는 다 같이 물리학주의의 성과를 등에 업고서 생활세계를 단순히 물리적 공간으로 추상화한 것이다. 근대의 수학적 자연과학의 발달을 촉진시킨 갈릴레이는 발견자인 동시에 은폐자라고 후설은 비난한다. 갈릴레이의 물리학은 시·공간적 형태를 수학화함으로써 자연을 수학적 우주로 설계한다. 갈릴레이가 이해한 자연과학적

---

23) E. Husserl, *Philosophie als strenge Wissenschaft*, Frankfurt a.M. 1965. 340쪽.

자연은 실제로 경험된 자연이 아니고, '이념화된 자연'이다.

> 갈릴레이적 자연과학의 의미에서는 수학적-물리학적 자연이 객관적으로
> 참된 자연이다. 이 자연은 단순히 주관적인 나타남들 속에서 알려지는 것
> 이어야 한다. 따라서 정밀한 자연과학의 자연은 실제로 경험된 자연, 즉
> 생활세계의 자연이 아니라는 사실은 명백하며, 이 점을 우리는 이미 앞에
> 서 지적하였다. 그것은 이념화로부터 발생된 하나의 이념, 실제로 직관된
> 자연을 가설적으로 제시한 이념이다.[24]

그리고 연역적 학문인 기하학이 근원적 명증성을 지닐 수 없기에
'의미의 공동화'가 생긴다는 것을 지적한다. "연역은 전개되면서 형식
논리적 명증성을 따른다. 그러나 그 근본개념들 속에 포함된 근원적
명증성을 복원하는 실제로 형성된 능력이 없다면, 따라서 학문 이전
의 소재들의 내용(Was)과 방법(Wie)을 복원하는 능력이 없다면, 기하
학은 의미가 공동화된 전통일 것이다."[25] 이런 '자연의 수학화'의 과정
을 통해 생활세계는 그 의미를 상실하고, 또한 이념의 옷으로 위장되
어버린다.

우리의 직관의 대상인 확실한 경험의 세계는 비직관적인 이념화에
의해 그 의미가 추상화된다. "우리가 갈릴레이의 사상 자체를 심사숙
고하여 해석하는 데 위에서 지적한 근본적 특성에 주의를 기울였던
바와 같이 이러한 자명성들은 가상(Schein)이었다는 점, 또한 기하학

---

24) E. Husserl, 『위기』, 357쪽.
25) 같은 책, 555쪽.

을 적용한다는 의미가 복잡한 의미 원천을 갖는다는 점은 갈릴레이와 그 후 시대에서는 은폐된 채 남아 있었다. 따라서 학문 이전의 직관된 자연을 이념화된 자연으로 대체하는 것은 바로 갈릴레이와 더불어 시작한다."[26]

후설은 데카르트의 학문적 방법론을 존중한다. 그는 데카르트의 사유를 따라가면서 보편적 학문의 이상을 포기하지 않는다. 데카르트는 수학을 기준으로 하여 보편타당한 학문의 세계를 구축하려고 한다. 수학은 곧 자연의 사실들을 그대로 표현할 수 있는 객관적 지표 그 자체이다. 그러나 후설은 데카르트가 수학이나 기하학적 전제에 입각하여 명증성에 이르렀다는 것을 비판한다.

데카르트 자신은 하나의 학문 이상, 즉 기하학 또는 수학적 자연과학의 이상을 미리 갖고 있었다. 그 이상은 하나의 숙명적 편견으로서 수 세기 동안 철학을 규정했으며, 비판적으로 고려되지 않은 채, 데카르트의 「제1철학의 성찰」 자체까지도 규정했다. 데카르트에게는 보편적 학문이 연역적 체계의 형태를 갖는다는 것, 그래서 그 체계의 전체구조는 연역을 정초 짓는 공리적 기초 위에 세워져야 한다는 것이 처음부터 자명한 일이었다. 데카르트에 있어서는 자아와 이 자아에 타고난 공리적 원리들이 절대적으로 그 자체로 확실하다는 공리(Axiom)가 마치 기하학에서 기하학적 공리가 담당하는 것과 유사한 역할을 보편학에 관해 담당하고 있다.[27]

---

26) 같은 책, 123쪽.
27) E. Husserl, E. Fink, 이종훈 옮김, 『데카르트 성찰』, 한길사 2002. 48쪽.

후설은 초기에는 데카르트와 마찬가지로 수학적 필증성을 학문의 이념으로서의 독단(Dogma)으로 간주한다. 후기에서는 그것에서 벗어나 수학적 개념의 필증성도 우리의 구체적 삶의 기반인 생활세계를 근거로 지향적·목적론적·역사적으로 구성된 것임을 주장한다.[28] 과학적 사실은 단순히 주어져 있는 벌거벗은 진공상태의 사실이 아니라, 이 사실 이전에 주어져 있으면서 역사적으로 전승되어온 선과학적 경험에 토대를 두고 있다는 사실이 근대과학자들에게 고려되지 못했다는 것이다. 특히 수학과 물리학은 이해 및 의미의 원천에 대한 통찰이 본성적으로 결여되어 있음을 지적한다.

데카르트 이래 수백 년은 수학의 기적에 의해 현혹되었다. 여기에는 이해의 원천으로 환원시킬 고유한 길이 필요하다. 수학과 물리학에는 직관과 상징적 표현을 실천적으로 결합시킨 상징적-기술적 방법학과 그 실험기술이 지닌 '기술에 적합한 것'으로부터 완전히 해방되고 선험적 의미부여를 되돌아가 물을 필연성을 통찰하는 것이 매우 어렵고 비교할 수 없을 정도로 어렵다는 사실이 수학과 물리학의 본성 속에 놓여 있다.[29]

요약하자면, 모든 객관적 지식의 근원적 뿌리가 개념 이전의 경험에 있다는 사실을 현상학은 반복적으로 강조한다. 이 경험의 세계는 바로 생활세계이다. 물론 이 경험은 실험과 관찰이라는 과학적 경험이 아니라, 오히려 과학 이전에 우리의 구체적 삶을 지칭한다. 그러므

28) 김영필, 「후설의 데카르트 비판」, 철학논총 6, 1990. 116쪽.
29) E. Husserl, 위의 책, 583쪽.

로 생활세계는 우리의 구체적 삶이 이루어지는 세계로서 주관과 객관, 의식과 대상 이전의 근원적인 지평이다. 후설의 생활세계는 아프리오리(a priori)한 명증한 것으로 수학적으로 이념화되기 이전에 이미 주어져 있다. 주어져 있는 그곳은 우리가 살고 있는 시공간적 세계이다. 이 세계는 하이데거에 와서 일상세계로 확장된다.

3. 철학적 해석학의 관점: 가다머[30]

해석학은 근대과학의 일방적인 보편적이고 환원주의적인 주장에 대한 비판에서 출발한다. 그것은 실증주의와 귀납주의를 극복하고자 한다. 해석학적 전통은 과학만이 실재와 지식과 진리의 유일한 척도라는 주장과 대결한다. 무엇보다 해석학적 방법은 객관과 주관 사이의 전통적인 이분법적 도식의 관계를 대화적 이해의 관계로 설명하면서 이원론을 극복하려고 한다.

특히 가다머의 '철학적 해석학'은 객관주의와 상대주의를 넘어서고자 한다. 그 자신의 고유한 방식으로 존재와 인식의 토대를 구축하고자 하는 '데카르트적 불안'을 쫓아내고 객관주의와 상대주의를 넘어서는 사유방식을 정교화하고자 한다.[31] 가다머는 근대주의의 기초인 데카르트주의의 형이상학적 주장들에 관해 단순히 반론들을 제기하는 데 그치지 않고, 그것에 대해 존재론적 비판을 가한다. 이를테면 데

---

30) 강학순, 『근본주의의 유혹과 야만성』, 미다스북스 2015, 236~239쪽.
31) R. J. Bernstein, 정창호 외 옮김, 『객관주의와 상대주의를 넘어서(*Beyond Objectivism and Relativism*)』(1983), 보광재 1996, 220쪽.

카르트주의는 존재에 대한 오해에 근거하고 있으며, 특히 우리 '세계-내-존재'에 대한 오해에 근거하고 있다고 생각한다.[32]

가다머는 하이데거의 근대의 주관철학에 대한 비판적 입장을 계승하면서 주관적인 것과 객관적인 것을 나누는 기본적인 이분법의 사고방식을 문제 삼는다. '객관적으로 존재하는 것의 정확한 표상으로서의 인식에 대한 개념'과 '인간 이성은 그 자체 편견, 선입견, 전통으로부터 완전히 자유로울 수 있다는 자신감'에 대해서 이의를 제기한다. 인식의 확고한 토대를 확보하고서 그 위에 보편과학의 건물을 세울 수 있는 보편적인 방법의 이상을 비판한다. 더욱이 자기반성의 힘에 의해 역사적 문맥과 지평을 초월할 수 있다는 믿음과 '있는 그대로의 물 자체'를 인식할 수 있다는 믿음 등을 지속적으로 비판한다.[33]

가다머의 사유에서는 실천적·도덕적 정위는 우리로 하여금, 언제나 '도상에' 있고, 또한 우리의 결정과 선택에 대한 개인적 책임을 감수할 수밖에 없는 '유한한 역사적 존재'임을 강조한다. 그리하여 철학적 해석학은 객관주의에 대해서와 마찬가지로, 여러 가지 상대주의에 대해서도 비판적이다.[34] 즉 상대주의란 객관주의의 변증법적 반정립에 그치는 것이 아니라, 그 자체가 객관주의에 기대고 사는 기생충에 불과하다.[35]

무엇보다 '놀이(Spiel)'개념을 통해 가다머는 근대의 이분법을 넘어서고자 한다. 그는 놀이에 대한 세심한 현상학적 서술을 내놓고 있다.

---

32) 같은 책, 227쪽.
33) 같은 책, 76쪽.
34) 같은 책, 311쪽.
35) H.-G. Gadamer, *Wahrheit und Methode*, Tübingen 1986. 223, 327쪽.

"놀이는 놀이자가 그의 놀이 속에 자신을 잃어버릴 경우에만 그 목적을 충족한다."[36] 그리고 "놀이자들은 놀이의 주체가 아니다. 대신에 놀이가 단지 놀이자들을 통해 현시될 뿐이다."[37]

　가다머에 있어서 해석학적 경험은 '대화적 경험'이다. 이는 철학적 토대주의와의 충돌과 갈등을 해소하는 데 좋은 참조가 될 수 있다. '역지사지'와 '공감'의 태도는 대화에서 필수적이다. 대화란 타자를 타자로서 인정하는 데서 출발한다. "오직 타자를 통해서만 우리는 우리 자신에 대한 참된 인식을 획득한다."[38] 개인들 간의 대화나 담화는 상호존중, 평등, 자신의 편견과 의견을 과감하게 공개하고 또 타인의 의견을 들으려는 자발성 등에 기초해야 한다.

　대화는 타자의 경험을 자신의 경험과 융합하는 절차이다. 그러므로 텍스트와 해석자 사이의 대화 역시 타자를 인정하면서도 그 타자에 머물지 않고 자신의 지평과 융합하는 소위 '지평융합 (Horizontverschmelzung)'의 절차이다. 지평이란 하나의 점에서 볼 수 있는 모든 것을 포괄하는 가시권을 말한다. 그렇지만 지평은 닫힌 것이 아니라 역사적으로 형성된 것인 까닭에 과거와 미래로 열려 있다. '지평융합'으로서의 해석은 타자를 일방적으로 자신의 지평에 끌어들이는 것도 아니고 또 역으로 자기 자신의 지평을 버리고 타자의 지평에 몸을 맡기는 것도 아니다. 융합은 서로의 입장을 견지하면서도 진정한 합의를 이루어가는 변증법적 과정이다. 이는 신의 선입견을 고집하는 것이 아니라 상대방의 견해에 비추어 다시 해석하고자 한다.

---

36)　같은 책, 97쪽.
37)　같은 책, 98쪽.
38)　같은 책, 107쪽.

상대의 의견을 단순히 수용하는 것이 아니라, 자신의 견해에 비추어 비판적으로 음미하는 것이 진정한 의미의 해석학적 경험이다. 따라서 해석학적 경험의 이해는 참된 타자를 만남으로써 발생되는 자기 자신의 선입견의 수정이다. 물론 '전통'이란 이름의 타자가 행사하는 영향력에 수동적으로 대응하는 것이 아니라, 스스로 전통을 문제 삼음으로써 그 전통을 수정해가는 과정이다. 따라서 전통에의 무조건적 안주는 결코 허용될 수 없다.[39]

이성과 합리성 자체에 대한 이해는 가다머의 저서에서 미묘한 변형을 거친다. 왜냐하면 그는 계몽주의 이래 확고하게 자리 잡은 대립틀, 즉 이성과 전통, 이성과 편견, 이성과 권위의 대립을 거부하고 있기 때문이다. 이성은 그 자체 역사적 문맥과 지평으로부터 자유로울 수 있는 능력이나 재능이 아니다. 이성은 언제나 살아 움직이는 자신의 고유한 힘을 획득하는 '역사적 이성'이며, '상황 속에 던져진 이성'인 것이다. 가다머에게 이것은 이성의 제한이나 결함이 아니라 오히려 인간 유한성에 뿌리박은 이성의 본질이다.[40]

가다머의 철학적 해석학에 영향을 미친 전기 하이데거는 자신의 사유를 '현사실성(Faktizität)의 해석학',[41] '실존론적·존재론적 해석', '현존재의 해석학' 등으로 파악한다. "철학은 현존재의 해석학에서 출발하는 보편적인 현상학적 존재론이다."[42] 그는 해석학을 '현사실성

---

39) 김영필, 위의 책, 58쪽 이하.
40) R. J. Bernstein, 위의 책, 77쪽 이하.
41) M. Heidegger, *Ontologie. Hermeneutik der Faktizität*(1923), Frankfurt a.M. 1988(이하 GA 63).
42) SuZ 38쪽.

의 자기해석[43]이라 칭하면서 전통적인 이론철학과 구별한다. 그가 해석학을 철학의 출발점이자 귀결점으로서 중시한 까닭은 다음과 같다. "그는 해석을 현상학적 기술의 방법적 의미로, 말하자면 현상학의 로고스가, 곧 헤르메노이에인(hermeneuein)의 성격을 갖는다고 보았기 때문이다. 그는 고대 그리스의 어원에 입각한 '해석'을 통해서 자신의 고유한 의도인 '존재이해'가 가능해진다고 보았다. 고대 그리스적인 어원에 입각한 해석학(hermeneutike)의 또 다른 탁월성은—이것은 인식론적으로 전통철학과 큰 차이를 드러낸다—이것이 어떤 이론적 고찰이나 파악이 아니라, 실존과 존재의 의미가 알려지거나 전해지는 것, 존재자의 존재가 나에게 있어 무엇인지 알려지는 것이다."[44]

그러나 후기 하이데거는 존재사유에 대한 명칭에서 '해석학'이나 '현상학'이란 용어를 포기하고, 무명으로 남겨두고자 하였다. 그 이유는 양자 모두에서 주관형이상학의 그림자가 깃들어 있기 때문이다.[45]

요약하자면 '철학적 해석학'은 표상적 사고에 바탕을 둔 데카르트적인 토대주의와 과학적 객관주의 및 상대주의를 넘어설 수 있는 지평을 제공한다. 그것은 또한 계산적 이성에 근거한 토대주의의 강박관념을 이완해줄 수 있는 이론적 틀인 대화의 변증법적 사유를 제시한다. 가다머의 '지평융합' 개념을 통해 배울 수 있는 것은 이성이란 '토대'는 과정적·맥락적·역사적인 계기를 지닐 수 있다는 사실이다. 여기서 토대주의의 새로운 방향성에 대한 참조점을 획득할 수 있는 가능성이 엿보인다. 그 이유는 자신의 토대를 폐기하지 않으면서, 그

---

43) GA 63, 3절.
44) 윤병렬, 위의 책, 453쪽.
45) UzS 121, 138쪽.

것을 지평융합을 통해 지양해갈 수 있는 '대화의 변증법적 사고'가 중심을 이루고 있기 때문이다.

4. 반토대주의적 관점: 로티[46]

로티(R. Rorty)에 의하면, 근대의 표상주의(representationalism)에서는 마음을 '자연의 거울(mirror of nature)'로서 파악하고 있다. 말하자면 마음을 외부세계에 대한 '거울'이라고 바라본 이러한 입장은 데카르트와 칸트로 대표되는 근대철학에서 나타난다. 즉 근대철학의 여러 인식론적 시도들이란 내성(內省)을 통해 마음이라는 '거울'을 잘 닦고 광택을 냄으로써 우리의 '표상'을 더욱 정확하게 만들려고 한다. "전통적인 철학이 사로잡혀 있던 그림은 마음을 거대한 거울로서 이해하는 것이었는데, 〔그 거울은〕 다양한 표상들—어떤 것은 정확하고, 어떤 것은 그렇지 않은—을 담고 있으며, 순수하고 비경험적인 방법들에 의해 연구될 수 있는 것이었다."[47]

근대철학의 '표상주의'란 외부세계를 주체의 머릿속에 체계적인 지식으로 그려낼 수 있다는 인식론적 입장이다. 근대 이후로 철학은 인식론의 문제들을 중심으로 발전하게 되면서 주체와 객체 사이의 관계를 뚜렷하게 구분하기 시작한다. 이에 따르면, '참'이나 '진리'는 주체가 자기 밖에 놓인 객체를 온전히 서술할 때 성취된다. 주체가 가진

---

46) 강학순, 위의 책, 215~218쪽. 수정 보완.
47) R. Rorty, *Philosophy and the Mirror of Nature*, New Jersey 1980. 12쪽.

지식이란 객체들에 정확히 대응함으로써 외부세계를 있는 그대로 '표상' 혹은 '재현'해야 한다. 이를테면 외부세계의 객체에서 벌어지는 일은 주체의 머릿속에서도 벌어질 때에야 비로소 올바른 지식으로 성립될 수 있다.

참된 지식의 체계 속에서는, 마치 투명한 거울에 대상이 비추어지는 것처럼, 외부세계가 주체에게 정확히 드러나야 한다.[48] 로티는 합리성이나 객관성을 표상을 통해 설명하려는 시도가 당대의 통상담론을 영속화하려는 기만적 시도라고 주장한다. 그리고 "실재의 문제와 관련하여 로티는 '논증'과 설명을 통해 접근하기보다는, 소위 '비통상 담론(abnormal discourse)'을 제시해보고자 하는 데 관심이 있다. 실재에 대해 객관적인 혹은 보편적인 논증과 설명은 있을 수 없다고 본다."[49]

로티는 실재에 대해 반표상주의(Antirepresentationalism)적 입장을 취한다. 자아와 언어의 우연성을 인정할 경우 자신이 서술하고 있는 것이 실재에 대한 본질적 서술이라 생각하지 않고 논증에서 밝혀야 할 객관적 본질은 존재하지 않는다고 한다. 그는 인식론적·이분법적 사고의 해체를 시도한다. 이를 위해 그는 지식에 대한 반토대주의적인 입장을 전개하기보다는, 오히려 인식론적인 기획의 전면적인 거부를 지향하고 있다. 결국 기본적인 인식론적 사고의 틀을 허물고자 한다.

인간의 어떤 신념도 그 기초는 우연적·역사적인 상황의 결과일 뿐이다. 그 이상을 넘어선 영구적인 바탕을 갖는 것은 아니다. 그러나

그러한 한계를 명확히 인식한 가운데서도 사람들은 무언가 신념을 가질 수 있다. 그 신념에 따라 자신들의 행동을 규율할 수 있으며, 그 신념을 위해서 죽을 가치가 있다고 생각할 수 있다.

더욱이 플라톤의 형이상학을 거꾸로 세우면, '존재(Sein)'의 자리에 '생성(Werden)'을 대체시킬 수 있다. '모든 가치의 전도(Umkehrung aller Werten)'를 감행한 니체의 반형이상학적 입장도 반토대주의의 흐름 속에서 독해할 수 있다. 포스트모더니즘은 '사실'이란 없으며, 오직 '서사(narrative)'가 있을 뿐임을 강조한다. 그리고 모든 서사는 인식론적으로 동등하다는 인식론적 상대주의 및 지적 무정부주의를 선언한다.[50]

로티는 본질이 영원히 존재한다는 것을 거부하는 '반본질주의(anti-essentialism)'를 선언하고, 동시에 본질을 어떠한 방식으로든지 정당화하고 논증하려고 하였던 전통철학의 토대주의를 거부한다. 이런 점에서 그의 사유는 반토대주의/반정초주의(anti-foundationalism)로 규정된다. 인간 주체(subjectum)에 기반을 둔 데카르트의 근대철학 이후로 쟁점이 되어온 토대주의 및 정초주의[51]란 지식체계가 특정한 기반 위에 정초되어 있다는 주장이다. 그는 데카르트가 자아를 자율적인 사

---

50) 강학순, 「'근본주의'의 극복에 관한 철학적 고찰」, 현대유럽철학연구 27집, 현대유럽철학연구회 2011. 83쪽.

51) 김동식, 「로티의 반정초주의」, 철학과 현실, vol. 11, 철학문화연구소 1991. 1) 정초주의는 대체로 주관과 객관의 구분을 전제한다: 실재론적 경향. 2) 정초주의는 인식주관의 투명성 내지는 보편적 인식의 성립 가능성을 전제한다. 3) 정초주의는 지식체계 내부의 위계성을 주장하여 어떤 지식은 다른 지식의 토대나 근거가 된다고 본다. 4) 정초주의는 철학이 해야 할 바를 지식의 정초화 작업으로 본다. 이 점에서 철학은 다른 학문들의 기초를 제공하고 비판을 가할 수 있는 특권을 누린다고 여겨진다.(137쪽 이하)

고의 주체로 간주한 데 대하여 비판한다. 그런 자아란 행동을 부추기는 신념과 욕구의 그물망과 같다. 그런데 그 그물망은 고정되어 있거나 어떤 중심을 갖고 있는 것이 아니라, 도리어 계속 변화하는 동시에 아무런 중심도 갖고 있지 않다는 것이다.

반토대주의에서는 인식론에 있어서나 사회현상을 설명하는 데 적용될 수 있는 어떤 종류의 확실한 이론도 있을 수가 없다는 것이다. 또한 그것을 하나의 단순화된 논리나 법칙으로 설명하려는 시도 자체가 근본적으로 잘못된 것이라고 본다. 말하자면 반토대주의는 '흔들리지 않는 토대'를 부정하며, 지상에 '척도 없음'을 통해 인식의 불확실성을 드러낸다. 그리하여 여기서는 급진적 상대주의 및 회의주의를 장려한다.

오늘날 반토대주의의 중심에 서 있는 로티에 의하면 정초적 지식의 담지자라고 여겨지는 인간의 정신 또는 이성은 데카르트 이래 근대철학이 받아들인 '형이상학적 허구'에 불과하다는 것이다. 말하자면 인간 정신의 존재와 그 작용을 하나의 신화로 처리하여 인식주관의 항구적 정초를 부인하려는 것이 로티의 비판인 것이다.[52] 따라서 반토대주의에 의하면, 우리의 인식주관은 투명한 거울이 아닐뿐더러, 인식 자체가 불투명성을 벗어날 수가 없다는 사실이다.

로티에 있어서 인간에게 '핵심적 자아'란 없다. 그의 사유에서 본질, 본성, 근본 같은 개념들은 없다. 어떤 행동은 본질적으로 인간적이고, 어떤 행동은 본질적으로 비인간적이라고 구분할 기준이 될 인간의 그 어떤 본질이란 없다는 것이다. 무엇이 고결한 인간적 품성인가는 역

---

52) 김동식, 위의 논문, 141쪽 참조.

사적 상황에 상대적인 것이다. 어떤 태도가 정상적이고 어떤 행동이 정당한 것이냐에 대한 것은 일시적인 합의일 뿐이다.[53]

우리는 이 세계를 넘어서 모든 것을 일관성 있게 조망할 수 있는 거점을 갖고 있지 못하다는 것이다. 따라서 우리는 각기 특수한 역사적인 조건을 넘어서 어느 시대, 어느 지역에서나 통용되는 합리성이나 도덕성에 대해서 말할 수 없다. 어떤 사물의 속성은 고립된 상태에서 객관적으로 존재하는 것이 아니라, 우리가 그것을 표현하고 진술하기 위하여 사용하는 언어에 의하여 결정된다는 것이다. 결국 로티에 의하면, 진리란 본질적으로 '우리를 위한 진리'가 될 수 있을 뿐이다.

신실용주의를 추구한 로티에게는 어떤 객관적인 진리의 인식도 불가능하다는 관점이 자리잡고 있다. 계몽주의 이래 많은 철학자들은 얼핏 보기에는 서로 다르고 충돌하는 것 같다. 하지만 사실은 그러한 모든 차이와 갈등을 포괄하는, 모두가 받아들일 수 있는 합리성의 근거를 발견하려고 노력한다. 그러나 그는 우리의 의견 차이를 넘어서는 인식론적 기반이란 없다고 확언한다. 말하자면 참된 지식과 진리를 발견할 수 있는 '제일 원리'와 '규범(canon)'은 없다는 것이다. 따라서 이러한 그의 관점에 의하면, 우리는 진리 탐구를 위한 객관적인 외부의 기반을 찾으려고 해서는 안 된다는 사실이다.

덧붙이자면, 계산적 사고와 동근원적인 표상적 사고의 문제점을 로티 외에 현대철학자인 보드리야르(J. Baudrillard)는 명쾌하게 비판한다. 그에 의하면 이미지(상)는 실재를 반영하고, 이미지는 실재를 배반

---

53) R. Rorty, *Contingency, Irony, and Solidarity*, Cambridge University Press 1989, 189쪽.

하고, 이미지는 실재를 전복시키고, 결국 이미지는 가상실재 및 유령을 만든다.[54] 그리고 퍼트남도 개념들이란 바로 정신 속에 있는 표상들이라고 생각하는 표상주의적인 가정들을 비판한다.

우리가 알고 있는 어떠한 표상의 방법들도, 그 지시대상이 무엇이든 간에, 표상이 지시하는 대상을 본래적으로 지시한다는 속성을 가지지 않는다. 우리가 알고 있는 모든 표상은 우연적인, 또 문화가 변화함에 따라 세계가 변화함에 따라 변화하는 지시대상과 연계되어 있다. 이것만으로도 그러한 그럼직하지 않은 속성들을 가진 '표상들'의 영역을 자명한 것으로 가정하는 이론들이 매우 의심스럽다고 생각하기에 충분하다.[55]

요약하자면, 로티의 반토대주의는 표상적·계산적 사고에 대한 강력한 대항논리이다. 어떠한 토대도 그렇게 자명하지도 않고, 근거와 이유도 불분명하다는 것이다. 그러나 반토대주의는 반근본주의와 궤를 같이한다. 물론 허구와 상상의 산물로서의 토대는 해체되어야 하지만, 그럼에도 불구하고 근본 내지 토대를 향한 탐구는 지속되어야 한다. 따라서 반토대주의의 흐름은 토대주의에 대한 반작용에 불과하며, 토대주의의 틀과 논리의 궤도에 그대로 속해 있다. 그 이유는 반토대주의조차 절대적 상대성을 강조하면서 스스로 '도립(倒立)된 토대주의'로 빠져들기 때문이다. 이런 점에서 토대주의를 극복하기 위한 반토대주의적 해법은 해결책이 아니라, 아직도 미봉책에 불과하다고

---

54) J. Baudrillard, 하태환 옮김, 『시뮬라시옹』, 민음사 2001.

55) H. Putnam, 위의 책, 62쪽.

여겨진다. 로티의 반표상주의는 하이데거의 표상주의 비판과는 다른 관점에 서 있으나, 실재와 표상과의 간극을 밝힌다는 점에서 모종의 연계성을 가지고 있다.

5. 정치철학적 관점: 아렌트[56]

아렌트(H. Arendt)에게도 참된 사유는 정신활동으로서 삶의 한 형태로서 '계산적 사고'와 구분된다. 사유는 사물을 식별하는 인식작용이나 문제를 푸는 계산능력과는 전혀 다른 정신적 기능이다. 사유는 '자신과의 대화'이며, 바람처럼 다가와 고착된 사고와 관습과 행위의 기준을 근본적으로 흔들고, 다시금 반성하게 만드는 것이다. 이런 사유는 권위와 관습의 힘을 근원적으로 반성하게 하며, 그 속에서 유지할 가치가 있는 것을 가려내고 무가치한 것을 파괴한다.

특히 『정신의 삶』에서 아렌트는 소크라테스의 대화법과 칸트의 판단미학을 모델[57]로 주로 사유함의 속성과 무사유의 정치적·사회적 위험성을 강조한다. 아렌트에게 '정신의 삶'이란 사유, 의지, 판단으로 대표되는 인간의 정신활동에 관한 체계적인 성찰이다. 정신활동에서 사유는 의지와 판단을 거쳐서 비로소 정신의 삶을 구현하는 것임을 밝힌다.[58]

---

56) 강학순, 「하이데거와 아렌트의 비교연구―사유와 행위의 관계를 중심으로―」, 철학탐구 49, 2018. 11~35쪽 수정 보완.

57) H. Arendt, 김선욱 옮김, 『칸트 정치철학 강의』, 푸른숲 2002. 93쪽.

58) H. Arendt, 『정신의 삶 1―사유』, 109쪽 이하.

아렌트에 의하면, 우리는 '생각하는 존재'로서 실용적인 지식추구에만 머무르지 않는 '사유하는 존재'이다. 이 사유능력을 인식과 행위의 도구로 사용하기보다, 오히려 이 능력을 통해 더 많은 사악한 것을 행하려는 성향과 충동을 느끼고 있음을 강조한다. 전체주의 사회에서는 국가든 당이든 그들이 생각하고 판단하고 느끼는 것을 대신하고, 인민들은 복창만 하면 된다. 여기서는 사유하는 주체로서 개인은 없고, 유도된 '생각 없는' 군중만 있다.

칸트의 영향으로 인해 아렌트는 전통적 권위를 보편성이란 입장으로 규정하지 않는다. 아렌트 정신의 역사에 대한 역사적 · 반성적 판단을 통해서 정신활동의 하나인 '판단하기'를 강조한다. 그것을 칸트를 통해 정치철학적으로 확장하고 변용함을 엿볼 수 있다. 아렌트는 하이데거의 '순수활동'으로서의 사유 개념을 받아들이면서 구체적인 공론의 장에서 실행되는 사유로 확장시키고 있다.[59] 아렌트의 정치철학의 주요 개념과 아이디어는 하이데거의 사유에서 연원한다

나치(NAZI)와 같은 전체주의에서 비롯된 홀로코스트(holocaust)란 근본악을 경험한 아렌트는 『인간의 조건』(1944)과 『전체주의의 기원』(1958)에서 철학이 인간의 법과 제도의 극단적 유약함을 인식해야 할 필요성이 있다는 점을 강조한다. 이런 의미에서 그녀는 자신의 철학적 책임을 근대성에 대한 비판의 관점에서 이해한다. 즉 근대 유럽의 역사가 야기한 사상적인 특별한 도전을 평가하는 것이다. 여기서 전체주의 개념은 근본적인 도전이라는 성격을 띤다.

아렌트는 유대인 학살이라는 인류에 반하는 범죄를 통해 20세기

---

59) S. Benhabib, *The Reluctant Modernism of Hannah Arendt*, London 1996, 47쪽.

'인간의 조건'의 상실을 경험한다. 여기서 '인간의 조건'이란 전례 없는 어두운 시대를 성찰하고 진정한 인간적 삶을 이해하는 데 출발점이 되는 개념이다. 그것은 노동(labor), 작업(work), 행동(action)이다. 전체주의는 정신적 측면에서 '사유하지 않음'과 실천적 차원에서 '정치적 행위능력의 상실'에 의해 야기되었다고 본다. 전체주의의 기원을 반유대주의 및 제국주의로 이어지는 역사적 흐름에서 찾고, 그 속에서 인간의 존엄성이 어떻게 말살되어가는지를 천착해 들어간다.

전체주의 정권은 무한히 많고 다양한 인간들을 마치 모든 인간이 하나의 개인인 것처럼 조직한다. 인간의 세계를 구성하는 복수의 다원성은 사라지고 단수의 획일성만이 존재한다. 개인들은 전체주의 운동의 도구가 되어 '한 사람(one man)'이 된다. 대중들이 똑같은 의견을 같은 목소리로 말하고 동일하게 행동할 때, 그들은 전체주의의 폭민이 된다. "전체주의 운동은 원자화되고 고립된 개인들의 대중조직이다. 다른 모든 당과 운동을 비교할 때, 전체주의 운동의 가장 뚜렷한 외적 특징은 개인 성원에게 총체적이고 무제한적이며 무조건적이고 변치 않는 충성을 요구하는 것이다."[60]

아렌트에 의하면, 전체주의적 지배의 본질은 인간에게서 인간성을 완전히 박탈할 뿐만 아니라, 또한 인간의 무용성을 증명함으로써 인간을 완전히 배제하고자 하는 태도를 말한다. 전체주의 사회에서 자행되는 테러는 서로 고립되어 살고 있는 사람들에게서만 절대적 지배를 행사할 수 있다. 대중들이 가치와 원칙으로 서로 연대하지 않고 고립될 때에만 그들을 조직하려는 전체주의 정권이 나타날 수 있다. 세

---

60) H. Arendt, 이진우 외 옮김, 『전체주의의 기원1, 2』, 한길사 2006. 43쪽.

계 속에 어떤 자리도 없는 '남아도는' 사람들은 전체주의 정권의 희생자가 될 수 있다. 사람들은 '쓸모없는 잉여존재'로 전락한다. 그리하여 전체주의 국가의 모범적인 시민은 '파블로프의 개'이고, 또한 가장 기초적인 반작용으로 축소된 인간 표본이다. 그들은 행위 대신 반응을 할 뿐이다. 그리하여 전체주의의 승리는 인간성의 파괴를 불러온다.[61]

그러나 전체주의는 과거의 역사로 종결된 것이 아니라, 오히려 신자유주의와 다문화주의 속에서도 그 흔적이 살아 있다. 이른바 세계화 및 문화제국주의적·기술제국주의적 기치 아래 단수의 획일성이 강요된다. 이런 상황하에 항상 신제국주의가 어디서든지 등장하게 된다. 어느 영역에서나 다양성이 축소되고, 그것이 사라지면 전체주의는 쉽게 태동될 수 있다. 특히 '인간의 조건'인 노동의 가치가 무시되고, 작업이 변질되고, 행위가 제대로 활성화되지 않을 때, 전체주의는 서식할 수 있다.

만약 우리의 실존과 운명을 자연뿐만 아니라 기술의 자동적 과정에 내맡기지 않고자 한다면, 우리는 이제라도 인간조건과 행위의 가능성에 대해 진지하게 사유해야만 한다고 아렌트는 역설한다. 왜냐하면 정치적 전체주의가 생각 없는 모든 사람의 산물이었듯이, 생각하지 않고 행위하지 않는다면, 우리는 지구와 인간의 멸망을 가져올지도 모르는 기술적 전체주의에 동조할 것이기 때문이다. 우리가 이해할 수도 없고 용서할 수도 없는 근본악은 바로 아무런 생각도 하지 않는 '악의 평범성'에 기인한다는 사실은 지구와 인간조건으로부터 벗

61) H. Arendt, 이진우·태정호 옮김, 『인간의 조건』, 한길사 2002, 31쪽.

어나고자 하는 미래의 인간에 대한 경고라고 본다. 대부분의 악행은 선하거나 악해지기로 결심한 적이 결코 없는 사람들에 의해 저질러진다. 이것이야말로 슬픈 현실이라고 아렌트는 고백한다.

아렌트에 의하면, '계산적 사고'는 인류가 살아남기 위한 생산성을 제고하는 데는 필요하지만, 인간의 실존을 위한 창조성을 발현하고 성취하는 것에는 무력한 한계를 지니고 있다. 그것은 인간다운 삶을 풍요롭게 하고 진작시키는 생활세계의 복원과 성숙에 기여하지 못하거나, 혹은 그것에 역행하는 사고방식이다. 그는 계산적 사고가 자명하게 생각하는 근대 형이상학의 토대를 가능하게 한 더 근원적인 지평, 즉 의미의 원천인 존재역운적 사태를 구명하고자 한다.

이상에서 살펴본 대로, 우리는 현대철학에서 근대철학의 계산적 사고 및 그것과 직결되어 있는 표상적 사고의 문제점과 한계에 대한 다양하면서도 공통된 비판적 입장들을 살펴보았다. 이런 논의들은 하이데거의 계산적 사고 비판과 맥을 같이한다. 하이데거는 또한 계산적 사고의 지배로 인한 '사유의 물화'를 비판한다. 이는 비판이론에서 '정신의 물화'[62]를 비판한 것과 동일한 맥락이다. 그러나 하이데거는 더 심층적으로 존재역운적 지평에서, 즉 근원역사적 지평에서 계산적 사고의 문제와 한계점을 노정시키면서 숙고적 사유, 즉 본질적 사유를 제시한다.

---

62) M. Horkheimer, Th. W. Adorno, 위의 책. "'정신'의 진정한 속성은 물화에 대한 부정이다. '정신'이 문화상품으로 고정되고 소비를 위한 목적으로 팔아 넘겨질 때 '정신'은 소멸할 수밖에 없다."(17쪽)

5장

하이데거의 '계산적 사고' 비판

1. 사고법칙으로서의 근거율과 인과율 비판[1]

하이데거는 계산적 사고를 비판함에 있어서 먼저 그것의 내적인 원리와 법칙인 인과율과 근거율의 본질 유래를 밝히고자 한다. 일반적으로 어떤 상태(원인)에서 다른 상태(결과)가 필연적으로, 즉 법칙에 따라 일어나는 경우, 이 법칙을 인과율이라고 한다. 또한 어떤 인식이 진리이기 위해서 무모순적이며, 충분한 근거가 있어야 한다는 규칙을 근거율이라 한다.

사유와 논리의 기본법칙인 근거율은 근거명제(Grundsatz)이다. "근거율은 모든 근거명제 중의 근거명제이다."[2] 근거명제들인 동일률, 차

---

[1] 강학순, 「하이데거의 근대성 비판에 대한 이해─근대의 '있음'에 대한 존재사적 해명─」, 현대유럽철학연구 4권, 1999, 22~24쪽, 수정 보완.
[2] SvG 24쪽.

이율, 모순율, 배중률은 이 근거율에 기초하고 있다. 근거율은 최상의 근거명제로서 명제들의 근거이다. "근거의 명제(Satz des Grundes, 근거율)는 명제의 근거(Grund des Satzes)이다."[3]

『근거율(*Der Satz vom Grund*)』(1957)에는 결정적인 사유의 원리인 근거율에 대한 심도 있는 하이데거의 고찰과 해명이 담겨 있다. 근거율이란 오래전부터 "이유 없이는 아무것도 있지 않다(Nihil est sine ratione)"를 의미한다. 이 문장은 독일어로 "근거가 없는 것은 아무것도 있지 않다(Nichts ist ohne Grund)"로 번역된다.[4] 즉 모든 존재자는 근거를 지닌다는 뜻의 명제는 사유의 근본명제이다. 이것은 근거를 지니는 것만이 있고, 그렇지 않은 것은 있지 않다는 뜻이다. 다시 말해 어떤 방식으로든 있는 모든 것은 필연적으로 근거를 가진다. 라틴어로는 "모든 존재자는 이유를 가진다(omne ens habet rationem)"로 서술된다.[5]

라이프니츠가 17세기에 최초로 발견하고 공식화한 '근거율'이란 모든 것에는 어떤 이유나 근거가 제출될 수 있거나 제출되어야 함을 뜻한다. 즉 "근거 없이는 아무것도 있지 않다. 또는 원인 없는 결과는 없다.(nihil est sine ratione seu(=sive) nullus effectus sine causa)"[6] 근대에 와서 인간이 주체가 되고, 인간이 모든 존재자를 근거짓고 존재자 자체의 관련 중심이 되기에 이른다.[7] 그리고 문장이란 주어와의 연

---

3) 같은 책, 39쪽.
4) 같은 책, 13쪽.
5) 같은 책, 18쪽.
6) 같은 책, 13, 59쪽.
7) ZW 86쪽.

결이 정당하다는 근거 위에서만 타당한 문장이 된다. 또한 "인과성 (Kausalität)이란 '…할 때, 그때 …하다(wenn-dann)'라는 형태로 단지 '만약 …한다면, 그렇다면 …할 것이다(wenn-so)'의 관계 맺음일 뿐이다."[8] 이런 점에서 "그것의 타당성 때문에 물리학 그 자체가 성립하기도 하고, 붕괴하기도 하는 인과율은 여전히 유효하다. 불가능하게 된 것은 다만 일의적이고 완전한 정확한 예측이다."[9]

쇼펜하우어에 의하면, '근거율'은 선험적인 것이며, 그 속에 모든 확실한 인식이 표현되어 있다. "근거율은 우리에게 선험적으로 의식되는 이 모든 객관의 형식들을 공통으로 표현한 것이고, 따라서 우리가 순전히 선험적으로 알고 있는 모든 것은 다름 아닌 그러한 명제의 내용이며, 이 명제에서 나온 결론이다. 그러므로 이 근거율 속에는 사실 선험적으로 확실한 우리의 모든 인식이 표현되어 있다."[10]

하이데거는 근거율의 본질 유래와 그것의 본질내용을 숙고하지 않는 한, 그것은 속이 텅 빈 것이 된다고 확언한다. "우리는 공리, 원리, 근거명제와 같은 것이 어디에 있는지, 이것들이 어디에 근거지를 두고 있으며, 이것들이 어디에서 유래하는지에 대해 전혀 생각하지 않는다." 그리하여 그는 다음과 같은 물음들을 제시한다. "근거에 대한 근거명제는 무엇에 대하여 말하는가? 그것은 어디에 속하는가? 어디에서 그것은 말하는가?"[11] 인간의 지성 자체가 근거를 찾는다고 전제한다. 즉 "지성 자체가 근거 제시를 요구하는 한, 지성은 근거를 집요하

---

8) GA 65, 147쪽.
9) GA 89, 177쪽.
10) A. Schopenhauer, 위의 책, 46쪽.
11) SvG 58쪽.

게 찾는다. 지성은 그의 진술과 주장을 위한 근거-정립(Be-gründung)을 요구한다. 근거가 정립된 진술만이 이해되고 소통된다."[12]

하이데거에 의하면, 근거에 대한 명제는 존재자로서의 존재자가 어떻게 존재하는지를 말해준다. 따라서 우리는 단지 이 명제를 "근거 없는 것은 아무것도 없다"는 일반적인 의미로만 이해해서는 안 된다. 이 명제에서는 "근거 없는 무가 있다"라고 독해된다. 이 경우 명제는 '있다'에, 곧 존재에 하나의 근거짓는 특징을 서술하는 셈이다.

라치오(ratio)는 근거 자체에 대한 이름일 뿐만 아니라, 또한 근거의 제공에 대한, 즉 이성에 대한 이름이다. 근대적 사유는 어떤 것을 어떤 것으로 표상하며 이때 표상된 것이 제공되어야 할 충분한 근거를 가지고 있다.

하이데거는 존재망각과 존재역운으로서의 형이상학의 역사와 관련하여 '존재자의 존재'인 근거를 문제시한다. 형이상학은 존재자의 존재를 단지 근거에 대해서만 묻는다. "표상은 그때그때마다 정초하는 것으로서의 근거가 표상하는 주관에 송부될 경우에만 정초할 수 있다."[13] 그는 라이프니츠의 근거율도 동일률, 모순율, 배중률의 연장선상에서 이해된 것으로 본다.

하이데거는 근거율이 동일률보다 더 우선한다고 주장한다. 그에 의하면, 라이프니츠가 정식화한 '근거율' 내지 '근거에 대한 명제'가 근대철학의 이념과 관련되어 있다. 그것은 근대의 가장 내적인 각인을 지시하고 있으며, 근거에 대한 명제는 가장 자명한 것으로 근대를 규정한다.

---

12) 같은 책, 13쪽.
13) 같은 책, 54쪽.

근거율은 도약(Satz)이라는 탁월한 의미에서 하나의 '뜀(Satz)'이다. 우리가 사용하는 일상언어에는 '그가 한 번의 뜀으로', 즉 '급작스러운 도약을 통해 문밖으로 나갔다'라는 표현이 있다. 여기서 말하는 '뜀'의 의미에서 근거율은 존재의 본질 안으로 뜀이다. 우리는 본래적으로 더 이상 근거율이 존재율이라고 말해서는 안 되며, 오히려 근거율은 존재로서, 즉 근거로서 존재 안으로 뜀이라고 말해야 한다.[14]

잘 알려져 있듯이, 데카르트에 있어서 인과율은 외계의 사물에서 온 것도 아니고, 자신의 의지의 결정에 따라 생긴 것도 아니다. 오직 그것은 '나의 생각하는 능력'에서 유래한 '본유관념(innate idea)'이다. 형이상학적 사유는 근대적인 의미에서 인과론적 사고로 좁혀진다. 근거율은 인과율을 포함한다. 인과관계들만이 표상할 수 있거니와 표상은 현재에 묶여 있다. 논리적 사고의 기본은 인과율이다.

하이데거는 인과율의 본질의 출처인 탈은폐(das Entbergen)의 역운을 사유하지 않을 때 초래되는 문제점을 다음과 같이 지적한다.

현존하는 모든 것이 전부 원인-결과의 맥락의 빛 안에서 표현되는 곳에서는, 신마저도 표상작용으로부터 그 모든 성스러움과 지고함과 그 자신의 간격의 신비스러움을 상실해버릴 것이다. 신은 인과율의 빛 안에서는 하나의 원인으로, 능동인으로 전락해버릴 수 있다. 그렇게 되면 신은 신학 안에서마저도 철학자의 신이, 다시 말해 비은폐된 것과 은폐된 것을 제작함의 인과율에 따라―이때 이 인과율의 출처에 대해서는 조금도 사유해보지 않

---

14) 같은 책, 138쪽 이하.

은 채—규정해버리는 그러한 철학자의 신이 되어버린다.[15]

　근대에서 존재자에 대한 물음은 '진리의 흔들리지 않는 근거(토대)'에 대한 물음으로 바뀐다. 다시 말해 근거를 지닌 것만이 참된 것이 된다. 모든 근거의 토대를 데카르트 이래 근대철학은 '선험적인 자아', '선험적인 주관', '자의식', '의식일반'에서 찾는다. 이러한 주체는 모든 변화 속에서 자신을 동일한 것으로 고수하면서 인식의 올바름을 보장한다. 확실한 것만이, 즉 완전히 근거지어진 것만이 참된 것으로 존재한다. 존재자는 그것이 정초되었을 때 비로소 존재하며 인식된다. 정초는 그것으로부터 무엇이 존재하는 보편자에로의 소급을 요구한다. 이 근거는 '현전성'으로서 '실재의 존재적인 야기함', '대상의 대상성의 선험적인 가능성', '절대정신 운동의 변증법적인 매개', '역사적 생산과정의 변증법적인 매개', '가치를 설정하는 권력에의 의지' 등으로 나타난다.[16]

　근대의 표상적 사고는 라치오(ratio)를 이성과 근거라는 이중적인 의미로 가져온다. 근거를 설정하는 '앞에 세움'은 존재를 표상성과 대상성으로, 또한 진리를 확실성으로, 인간을 주관으로 결정한다. 이제 신마저 절대근거로서 파악되기에 이르렀다. 특히 "탈신성화는 이중적인 과정으로서 한편으로 세계근거가 무한한 것, 무조건적인 것, 절대적인 것으로 정립되는 한, 세상이 기독교화하고, 다른 한편으로 기독교가 자신의 기독교성을 하나의 세계관으로 바꿔 해석하며, 이를 통

---

15)　TK 26쪽.
16)　ZSD 62쪽.

252

해 자신을 근대에 걸맞게 만드는 과정이다."[17]

하이데거는 인과율 자체를 부정하는 것이 아니라, 결정론적 인과율의 무차별적 적용을 문제 삼는다. "그것의 타당성 때문에 물리학 그 자체가 성립하기도 하고 붕괴하기도 하는 인과율은 여전히 유효하다. 불가능하게 된 것은 다만 일의적이고, 완전히 정확한 예측이다."[18]

하이데거가 보기에 표상적 학문에서 정보체계로 변모한 물리학은 그에 맞추어 변형된 인과율에 의해 규정된다. 인과율은 더 이상 앞으로 드러내 놓음의 성격도, 작용인의 양식도 내보이지 않는다. 그것은 이제 확보되어야 할 부품들을 도발적 요청에 따라 알려주는 것 정도로 축소되어버릴 것으로 전망된다. "자연은 계산에 의해 확정될 수 있는 방식으로 자신을 알려 오며, 일종의 정보체계로서 주문 요청될 수 있는 것으로 남아 있다는 것이다. 그럴 경우 이 체계는 한 번 더 변형된 인과율에 의해 규정되는 것이다. 이제 이러한 인과율은 밖으로 끌어내어 앞에 내어놓는 야기시킴의 성격을 내보이지 않는다."[19]

근대적 인과율을 토대로 나타난 작위성(Machenschaft, 工作)은 근대적 사유의 이행으로서 시원적 사유의 피시스(physis)로부터 멀리 떠나온 것이다. 근대과학의 본질은 이 작위성에 뿌리박고 있다. 그리하여 존재는 근본적으로 존재를 떠나버렸고 또한 존재자를 작위성과 '체험 행위'에 일임한 것이다.[20]

---

17) ZW 74쪽.
18) GA 89. 177쪽.
19) VA 31쪽.
20) GA 65. 140쪽.

비록 사람들이 창조이념에 대한 조잡한 해석을 거절한다 할지라도, 그럼에도 불구하고 존재자가 어떤 원인에 의해 야기된 존재임은 본질적으로 남아 있다. 원인-결과-연관이 모든 것을 통치하는 연관이 된다(자기원인으로서의 신). 이것은 피시스로부터 본질적으로 거리가 먼 것이다. 또한 동시에 근대적 사유에서 존재자성의 본질로서의 공작이 전방에 도달함을 향한 이행이다. 기계론적 사유방식과 생물학적 사유방식은 항상 단지 존재자에 대한 은폐된 공작적 해석의 결과에 불과하다.[21]

또한 근대 역사학과 근대과학의 연구도 근거율에 의거하고, 자연과 역사도 표상의 객체가 된다. "연구로서 지식은 표상의 처분에 자신을 내맡기는 방식과 그 범위에서 계산될 수 있는 것은 무엇이나 해당한다. 연구는 어떤 것이 미래의 과정에서 계산할 수 있거나 과거로서 그것에 관한 계산을 입증할 수 있을 때, 무엇이든 처분한다. 미래에 계산된 것으로서, 자연과 역사학적으로 과거로 입증된 존재로서, 역사는 말하자면 '몰아세워진다.' 자연과 역사는 설명되어야 할 표상의 객체가 된다."[22]

하이데거에 의하면 인간 편에서 근거율의 부름에 응답하는 것은 '근거를 제출하는 것'이고, 원인들로써 결과들을 설명하는 것이다. 또한 그것은 원리 또는 법칙의 기반 위에서 근거짓고, 정당화하고, 이유를 밝히는 것이다. 하이데거에게 그 원리는 우리의 기술과 과학세계

---

21) 같은 책, 192쪽.
22) M. Heidegger, *The question concerning technology, and other essays*, translated and with an introduction, by William Lovitt Garland, New York 1977, 127쪽.

를 지도하는 '정언명법'을 뜻한다. [23] 근대 테크놀로지는 가능한 한 완성에까지 밀어붙이고, 이 완성은 대상들의 철저한 계산 가능성에 기초한다. 대상들의 계산 가능성은 근거율의 무제한적 타당성을 전제한다. 그렇게 이해된 근거율의 권위는 현대 테크놀로지 시대의 본질을 규정한다.

하이데거는 근거율의 유래를 숙고한다. 근거율은 '왜(warum)'의 형식으로 근거를 묻는다. '왜' 없이는 아무것도 있지 않기 때문이다. 근거율은 한편으로는 "근거 없이는 아무것도 있지 않다." 다른 한편으로는, "왜 없이는 아무것도 있지 않다"로 표현된다. 이와는 대립되는 1657년에 씌어진 실레지우스(Angelius Silesius)의 성시(聖詩)를 제시한다. "장미는 왜 없이 있다. 그것은 피기 때문에 핀다. 그것은 자기 자신에게 주의하지 않으며, 사람들이 자신을 보는지 안 보는지에 대해서도 묻지 않는다."[24]

하이데거의 위의 시 해석에 의하면, "장미는 왜 없이 핀다"는 것은 "왜 없이는 아무것도 있지 않다"는 근거율과 어긋난다. 그러나 시인 앞에서 근거율의 필연성을 운운하는 것은 쓸모없는 일이다. 여기서 왜(warum)와 때문에(weil)를 구분짓는다. "'왜'는 근거를 찾는다. '때문에'는 근거를 가져다 놓는다. 따라서 각기 근거와의 연관이 표상하는 형태가 다르다. '왜' 안에서 드러나는 근거와의 연관은 찾음의 연관이다. '때문에' 안에서 드러나는 근거와의 연관은 곁에 가져다 놓음의 연관이다."[25] 과학은 모든 사물의 근거나 조건을 찾고 탐구한다. 계산적

23) T. Clark, 위의 책, 72~73쪽.
24) SvG 93쪽.
25) 같은 책, 97쪽.

사유는 근거를 따져 묻는 사유이다.

'왜'에서 우리는 물으면서 근거를 뒤따르고 있다. '때문에'에서 우리는 대답하면서 근거를 이쪽으로 가져온다. 〔…〕 근거가 우리에게 말하고 대답하도록 하기 위해 우리는 '왜'에 근거를 둔다. 이에 반해 '때문에'에서 우리는 근거와 그것에 의해 근거가 제시된 사태로의 방향으로 우리의 표상작용을 즉시 내려놓는다. '때문에'에서 우리는 근거가 정립된 사태에 우리 자신을 내맡긴다. 우리는 사태를 그 자체에, 그리고 근거가 사태를 근거 정립하면서 단순 소박하게 그것이 있는바 그대로 존재하게 하는 양식에 내맡긴다.[26]

하이데거는 여기서 한 걸음 더 나아간다. 인간은 장미와 같은 식물과는 다른 존재방식을 가진다는 점을 강조한다. 그리하여 "장미는 피기 때문에 핀다. 이에 반해 인간은 저기 현존재의 본질적 가능성 속에 존재하기 위해서 자신을 위해 그때마다 규정하는 근거가 무엇인지, 어떻게 근거가 존재하는지에 대해 주의를 기울여야 한다. 〔…〕 역운적으로 인간을 본질상 규정하는 근거는 근거의 본질에서 유래한다. 그때문에 이 근거는 탈-근거적이다."[27]

또한 하이데거는 헤라클레이토스의 '아이온(αἰών, 영원한 것)', 즉 존재와 근거의 동일함으로 스스로 말을 건네는 것인 세계시간(Weltzeit)을 설명한다. "존재역운, 그것은 바로 놀고 있는, 말하자면 장기놀이를 하고 있는 아이이다. 그는 왕국의 아이인 것이다."[28] 왜 이 아이는

---

26) 같은 책, 110쪽.
27) 같은 책, 98쪽 이하.
28) DK 52.

노는가를 다음과 같이 해명한다. "세계놀이의 아이는 놀기 때문에 논다. '때문에(weil)'는 놀이 안에 잠겨 있다. 놀이는 '왜' 없이 있다. 놀기 때문에 논다. 단지 놀이가 있을 뿐이다: 가장 고차적인 것, 그리고 가장 심오한 것."[29]

결국 하이데거는 근거율의 은닉된 본질적 의미를 드러내고자 한다. 근거율은 존재자의 존재(있음)에 대해 말하고 있다. "존재에게는 근거와 같은 것이 속한다. 존재는 근거형태로, 근거를 주는 것으로 있다. […] 근거율은 존재에 대한 언명(Sagen)이다. 그러나 은닉된 방식으로만 그러하다. 근거율이 그것에 대해 말하는 것만 은닉되어 있는 것이 아니라, 그것이 존재에 대해 말하고 있다는 사실도 은닉되어 있다."[30]

하이데거에 의하면 근거율은 '존재율(Satz von Sein)'로서 드러난다. 존재율로서의 근거율에 있어서 근거와 존재는 공속한다. 즉 존재는 본질적으로 근거이다. 그것은 자기 밖에 있는 근거에 의거하지 않고 탈-근거(Ab-grund), 즉 스스로가 근거이다. 존재에는 근거가 속한다. "존재와 근거가 본질에 있어서 동일한 것(das Selbe)으로 있다."[31] 존재와 근거는 공속한다. 존재로서의 존재와의 공속성에서 근거는 자신의 본질을 얻는다. 역으로 근거의 본질에서 존재는 존재로서 지배한다.

근거와 존재는 동일한 것(das Selbe)으로 '있다.' 그것들은 똑같은 것(das Gleiche)이 아니다. 이는 '존재'와 '근거'라는 이름의 차이에서 드러난다. 존재는 말하자면 '본질: 근거' 속에 '있다.'(Sein 'ist' im Wesen: Grund) 그러므로 존재는 처음부터 자신을 정립해야 할 근거를 결코

---

29) SvG 284쪽 이하.
30) 같은 책, 127쪽 이하.
31) 같은 책, 225쪽.

가질 수 없다. 따라서 근거는 존재로부터 벗어나 있고, 존재로부터 떨어져 있다. 이처럼 존재로부터 근거의 떨어져-있음의 의미에서 존재는 탈-근거로 '있다.' 존재 자체가 자기 안에서 근거를 놓으며 있는 한, 존재 자체는 근거 없이 있다. 근거율이 작용하는 힘의 영역 안에 속하는 것은 '존재'가 아니라 존재자일 뿐이다.[32]

하이데거에 있어서 존재 자체는 근거를 가지지 않는다. 존재는 탈-근거이다. 존재는 존재로서 근거-없이 머문다. 근거, 즉 처음부터 존재의 근거를 정립하는 근거는 존재로부터 멀리 벗어나 있다. 인과율 내지 근거율을 사유의 근본법칙으로 삼아 신을 존재자에 대한 근거와 정립의 최초 근거, 즉 제1원인으로 표상하였기 때문에 신이 은폐되고 신성이 망각된다. 근거율의 어조 변화 뒤에는 존재자에 대한 근거명제인 근거율로부터 존재의 언명인 근거율에로의 도약이 감추어져 있다. 따라서 명제(Satz)는 '회상하며-앞서 사유하는 것'으로서 도약의 의미를 가진 '뜀(Satz)'이다.[33]

하이데거는 논리학이 모든 학문의 기초라고 하는 전통적인 이해를 비판한다. 논리학은 오히려 형이상학에 의해 토대가 부여되어야 한다는 것이다. 즉 "논리학은 형이상학에 근거하고, 논리학 자체 진리의 형이상학 이외에 다른 것이 아니다."[34] 그리고 "논리학과 형이상학은 존재론적 차이를 통해 규정되는 존재이해에 근거하고 있다."[35]

그리하여 하이데거는 전통적 논리학의 시원 근거인 존재론적 차이

---

32) 같은 책, 134쪽.
33) 같은 책, 224쪽.
34) GA 26, 165쪽.
35) 같은 책, 319쪽.

를 통해 규정되는 존재이해에 근거한 철학적 논리학을 지시하고자 한다. 그리고 그는 괴테의 『격률모음집』(1815)의 문장을 소환한다. "어떻게? 언제? 그리고 어디에서?—신들은 묵묵부답이다! 너는 '때문에(weil)'에 머물고, '왜?'를 묻지 말라."[36]

하이데거의 근거율 비판은 다음과 같이 요약될 수 있다. "근거에 대한 명제는 근거에 관해 아무것도 진술하지 않는다. 근거에 대한 명제는 근거의 본질에 관한 직접적인 진술이 아니다."[37] 그는 근거율에서 근거는 본질적으로 존재에 속한다고 본다.

2. 수학적 자연과학 비판

근대의 자연과학은 수학적 자연과학이다. 이것은 자연의 존재자를 질점으로 환원하여 계산 가능한 힘의 연관으로 드러낸다. "자연은 시공간적으로 서로 관련되어 있는 질점들이 자체 안에 완결하는 운동연관성으로 간주된다."[38] 그리고 "모든 현상은 여기서 그것들이 무릇 자연현상들로 표상될 경우, 미리 시공간적인 운동량으로서 규정되어야 한다. 그러나 규정은 수와 계산에 의거한 측정을 통해 수행된다."[39]

그런데 인간이 자연을 그렇게 계산할 수 있는 까닭은 바로 자연이 이미 계산될 수 있는 것으로 드러나 있기 때문이다. 그러나 후설에 의

---

36) SvG 311쪽.
37) 같은 책, 104쪽.
38) ZW 18쪽.
39) 같은 책, 20쪽.

하면, 수학을 통한 자연의 이념화는 직관적으로 주어진 환경세계라는 근본토대를 전제한다. 수학적으로 객관화된 자연은 생활과 환경세계의 토대 위에서 의미를 부여받는다. 그러나 수학적 자연과학은 그것의 근본토대인 환경세계를 망각하고, 나아가 주관 자체를 망각하고, 또한 과학자 자신도 연구주제에서 배제된다.

> 수학적 자연과학은 이전에는 전혀 예상할 수 없었던 정도의 작업을 수행하는 [높은] 능률성, 개연성, 정확성, 계산 가능성을 지닌 귀납법을 완성하기 위한 매우 경탄할 만한 기술이다. 그것은 인간 정신이 이룩한 승리이자 업적이다. 그러나 그 방법과 이론의 합리성에 관해 말하자면, 그것은 철저하게 상대적인 하나의 학문일 뿐이다. 그것은 심지어 그 자체로 실제적 합리성을 완전히 결여한 근본토대의 발단을 전제한다. 직관적으로 주어진 환경세계, 단지 주관적인 이 환경세계가 학문적 주제로 되는 가운데 망각되었기 때문에, 연구하고 있는 주관 자체 역시 망각되었고, 과학자 자신도 [연구]주제가 되지 못한다.(따라서 이러한 관점에서 보면, 정밀한 학문이 지닌 합리성은 피라미드가 지닌 합리성과 견주어질 뿐이다.)[40]

이러한 후설의 입장을 물려받아 더 사유해 들어간 하이데거는 근대 자연과학의 기술적 본질을 밝힌다. 기술의 발전은 자연과학에 의존하지만, 역으로 자연과학의 발전도 기술에 의존한다. 현대기술은 근대 정밀과학에 바탕을 두므로 그 이전과는 비교될 수 없는 다른 모습을 띠게 된다. 그러나 근대 물리학은 실험물리학이기에 기술적 장치와

---

40) E. Husserl, 『위기』, 461쪽.

그 장치 제조의 진보에 의존하고 있다는 사실도 타당함을 분명히 인식하게 된다.[41] 현대 물리학은 표상에서 정보체계로 변한다. 현대물리학도 자연을 계산 가능한 힘의 연관으로 보는 입장은 근대 물리학과 마찬가지이다.

하이데거에 의하면 근대 자연과학을 가능케 한 본질은 바로 오늘날의 존재의 형세인 '몰아세움(Gestell)'이다. 근대 자연과학은 인간에 의해 단순히 만들어진 것이 아니라, 오히려 '존재역운'의 진리인 '몰아세움'에 의해 가능케 된 것이다. 이 몰아세움으로부터 기술과 과학은 유래한다. 몰아세움은 기술시대의 '존재의 역운'으로서 모든 존재자를 부품으로 주문된 상태로 몰아가고, 그것들의 본질을 공격하는 존재사건이다. 근대 자연과학은 그 본질상 이미 기술적 성격을 지니고 있다. 자연과학적 인식이 생활에 응용된 결과 구체적인 기술은 존립하는데, 그러한 응용은 과학적 인식 그 자체가 이미 기술적이기 때문에 가능하다. 즉 "자연에 대한 근대 물리학적 이론은 단순히 기술의 선구일 뿐 아니라 현대기술의 본질의 선구자이기도 하다. 그 까닭은 주문 요청하는 탈은폐로의 도발적 집결이 이미 물리학에서도 전개되고 있기 때문이다. 그러나 물리학에서는 그것이 아직도 제대로 밖으로 드러나지 않았다. 근대 물리학은 자신의 유래를 모르고 있는 몰아세움의 사절(Verbot)인 셈이다."[42]

하이데거에 의하면, 존재역운적으로 기술이 근대 자연과학에 선행하나, 역사학적으로는 과학이 기술보다 약 200년이나 앞서 발전된 것

---

41) TK 13쪽 이하.
42) 같은 책, 21쪽.

이다. 기술의 본질은 근대 자연과학에서 이미 전개되고 있다. 근대 자연과학은 현대기술의 본질의 선구자이다. 그런데 기술은 존재자를 실제로 탈은폐하지만, 자연과학은 오로지 이론적으로만 존재자를 탈은폐한다. 따라서 물리학은 기술의 선구자임에도 불구하고 정작 물리학에서는 몰아세움의 지배가 제대로 드러나지 않는다.[43]

근대 자연과학은 자연을 어떻게 도발적으로 몰아세우는가? 하이데거의 분석을 추적해보자. 첫째, 자연은 그 고유성과 독자성을 상실한다. 수학적 기투를 통한 실험의 지평 안에 나타나는 자연만이 자연으로 확정된다. 수학적인 틀에 나타나지 않는 자연은 자연으로서의 가치를 상실한다. 둘째, 이로써 자연의 존재자들은 단순한 공간적 · 시간적 질점으로 환원된다. 수학적 자연과학은 자연을 공간적 · 시간적 질점들의 운동연관으로 파악할 뿐이다. 자연은 '앞서 계산 가능한 힘의 연관'[44]으로 환원된다. 셋째, 이러한 수학적 자연과학은 이제 자연을 수동적으로 혹은 중립적으로 관조하지 않는다. 이것은 자연을 오로지 수학적 기투에 따라 시 · 공간적 작용연관으로 가공할 뿐이다. 그런데 이러한 가공 및 작위성은 사물들을 실재로서가 아니라 계산 가능한 대상으로만 다루기에, 가공은 이론적 가공을 의미한다. 따라서 하이데거는 이러한 가공을 '고찰(Be-trachtung)'이라고 부른다.[45]

원래 그리스어 테오레인(theorein)이란 '현전하는 것이 그 안에서 나타나고 있는 그 모양을 주시함, 그리고 그러한 시각을 통하여 현전하

43) 같은 곳.
44) 같은 책, 21쪽.
45) 이선일, 위의 논문, 109쪽 이하.

는 것을 보면서 그 옆에 머물러 있음'[46]을 뜻하는 용어이다. 따라서 그리스적으로 사유된 이론이란 '진리를 지키면서 바라봄'을 뜻한다.[47] 그러나 로마인들이 콘템플라리(contemplari)로 번역한 결과, 이 용어의 의미는 '어떤 것을 분할하고 그 안에 울타리를 두름'[48]이란 뜻으로 변모하게 된다. 이로써 그것은 그 시원적 의미를 잃어버린다. 이제 현전하는 것은 그 통일성을 상실한 채 작게 나뉘어 가공된다. 이론은 '진리를 지키면서 바라봄'이란 뜻으로부터 '현시적인 것을 추적하여 몰아세우며 안전하게 몰아세우는 가공'으로 그 뜻이 바뀐다.[49]

하이데거의 입장에서 양자역학은 자연의 존재자만이 아니라, 관찰 주체까지도 도발적으로 몰아세운다. 근대 자연과학에서 관찰자는 계산하는 자로서 자연을 자신의 뜻대로 확고히 계산하지만, 양자역학에서는 이러한 결정론적인 계산 자체가 불가능해지는 것이다. 따라서 양자역학에서는 관찰자의 독립적 존재, 즉 계산하는 자로서의 위상마저 흔들린다.[50]

하이데거가 보기에 하이젠베르크의 양자역학에서 현대기술의 탈은폐는 극명하게 드러난다. 이제 그 자체로 존재하는 대상도 혹은 독자적으로 존재하는 관찰 주체도 언급될 수 없다. 오직 존재하는 것은 주·객 연관일 뿐이다. 이런 "주·객 연관은 비로소 그 순수 '연관'에, 즉 주문요청의 성격에 이른다. 이 연관에서는 주체와 객체 모두 부품

---

46) ZW 48쪽.
47) 같은 책, 49쪽.
48) 같은 책, 48쪽.
49) 같은 책, 52쪽.
50) G. Seubold, *Heideggers Analyse der neuzeitlichen Technik*, Freiburg 1986, 137쪽.

으로 흡수된다. 그러나 이렇다고 해서 주·객 연관이 사라지는 것은 아니다. 오히려 정반대이다. 주·객 연관은 이제 몰아세움에 의해 미리 규정된 가장 극단적인 지배에 이른다. 주·객 연관은 주문 요청되어야 할 부품으로 된다."[51]

요약하자면, 근대의 자연과학은 자연을 이념화한다. 그리고 그것의 근본토대인 환경세계를 망각하고, 나아가 주관 자체를 망각한다. 또한 그것은 과학자 자신도 연구주제에서 배제시킨다. 근원적으로 과학과 기술은 '몰아세움'이라는 하나의 뿌리에서 유래함에도 불구하고, 양자 사이에는 본질적인 차이가 존재한다. 기술은 존재자를 실제로 탈은폐하지만, 자연과학은 오로지 이론적으로만 존재자를 탈은폐한다. 그리고 이로 인해 근대 자연과학의 본질은 아직까지도 우리에게 감추어져 있는 셈이다.

3. 계산적·기술적 사고 비판[52]

후설은 근대의 자연과학이 자연을 기술적으로 지배하려는 의도를 지녔다고 본다. 그것은 주·객 도식하에서 직관적으로 미리 주어져 있는 모든 구체적인 것을 보편적인 원리들과 법칙들에 근거해서 자연현상의 원리를 탐구하고자 한다. "이러한 자연과학은 직관적으로 주어진 것을 단지 주관에 상대적으로 나타나는 현상으로 이해하고, 초

---

51) ZW 57쪽.
52) 강학순, 「하이데거의 근대성 비판에 대한 이해—근대의 '있음'에 대한 존재사적 해명—」, 33~35쪽, 수정 보완.

주관적인('객관적') 자연 자체를 체계적 접근을 통해 절대적인 보편적인 원리들과 법칙들에 근거해서 탐구하는 방식을 가르쳤다. 〔…〕 근대에 정밀한 과학들이 일관되게 발전한 결과는 자연을 기술적으로 지배함으로써 이룩한 참된 혁명이었다."[53]

하이데거에 의하면 기술시대에는 존재역운의 하나인 몰아세움에 의해 주문되고 도발적으로 요구되고 있는 것만이 있게 된다. 존재자들은 계산 가능하고 이용할 수 있는 부품이나 상품이다. 근대 자연과학은 인간에 의해 단순히 만들어진 것이 아니라, 오히려 존재역운의 양태인 몰아세움에 의해 가능케 된 것이다. 여기서 몰아세움은 인간과 존재가 상호적으로 자신을 드러내어 세워놓으라고 서로에게 제기하는 도발적 요청에 대한 '집약(Versammlung)'에 관한 이름이다.[54] 존재역사적 관점에서 이 몰아세움으로부터 기술과 과학은 유래한다. 따라서 몰아세움은 있는 것들의 전체성과 통일성을 가진다.

자연을 있는 그대로 두지 않고서 인간의 편에서 끌어내어 닦달하는 탈은폐, 즉 은폐된 상태를 탈취하는 것이 바로 기술의 본질이다. 침묵하는 자연을 인간의 이익에 따라 인간 앞으로 가져다 세워놓고 강압하는 데 기술의 본질이 있다. 그러므로 탈은폐의 한 양식으로서의 기술은 이제 자연을 주문하는 대로 가공해서 내구재의 부품(Bestand)으로 생산하는 활동으로 변질된다. 따라서 근대기술의 본질인 몰아세움은 생명을 가진 자연을 생명 없는 내구재로 가공하면서, 나아가서 인간 자신도 내구적 부품으로서 스스로 황폐화되어가는 절차이다.

---

53) E. Husserl, 『위기』, 425쪽.
54) M. Heidegger, *Identität und Differenz*, Pfullingen 1978(이하 ID), 23쪽.

이제 세계는 관조의 대상이나 신의 피조물 혹은 나를 에워싸고 있는 환경세계가 아니다. 도리어 그것은 내가 세우고 짜 맞추고 필요할 때면 임의로 변형할 수 있는 한낱 '부품'에 지나지 않는다. 존재의 역운 현상인 '몰아세움'에 의해서 존재자의 존재는 '지속적으로 있음(내구성, Beständigkeit)'이 된다. 주·객 관계는 서로가 부품으로서 주문 관계에 들어간다. 이성적 동물인 인간은 앞에 세움과 짜맞춤을 위해 사용되며 자신의 형상을 규정하는 바의 것인 노동을 위해 사용된다. 존재가 제작 가능한 것으로서 스스로 인간의 손에 넘겨지기 때문에 인간은 오직 아직은 자기 자신만을 만나고 있는 듯이 보인다.

존재는 그것이 그 안으로 빠져 들어가는 바로 그 역사를 통해서 스스로를 제작 가능한 것으로 제시하도록 도발적으로 요청받고 있다. 존재와 인간은 세계를 기술적으로 나타나게끔 하는 저 사건 안에서 서로서로에게 내맡겨져 있다. 인간은 존재의 형세와 존재에 대한 개방성을 존재 사건으로부터 경험한다. 존재가 자신의 진리의 사건으로부터 경험될 경우에, 존재는 더 이상 자명하게 지속적인 현전으로서, 그리고 그로써 마음대로 접근할 수 있는 근거로서 받아들여질 수 없게 된다.

하이데거는 그리스인들 본래의 테크네(τέχνη)에서는 아직 존재자들이 여전히 스스로 드러낼 수 있다고 주장한다. 테크네라는 말은 당시에 포이에시스(ποίησις), 즉 만들기의 한 형태이다.[55] 존재자는 만들어진 것, 마주 서 있는 것, 지속적인 것으로 바뀌게 된다. 이리하여 자연은 더 이상 우리가 돌보거나 보존해야 할 대상이 아니다. 그것은 언제

---

55) TK 12쪽.

든지 어디서든 우리의 공격의 대상으로 이용하고 처분하고 주문요청할 수 있는 비축된 자원이요 부품이다. 하이데거는 완전히 기계화된 세계, 모든 관계가 기술적인 관계, 즉 모든 관계가 철저하게 조작된 세계의 등장을 예견한다.

현대 사회에서는 아무런 관계도 성립하지 않으며, 오직 간격 없는 것이 지배할 뿐이다. 철저하게 계산적이며 기술적인 사유에서 나타나는 '권력에의 의지'는 존재를 망각시키는 가장 커다란 위협이 되고 만다. "기술권력은 인간에 의해 만들어지지 않았다"[56]는 기술에 관한 존재역운적 규정을 통해 탈은폐로서 기술이 부각된다. 따라서 기술의 본질은 존재 자체이며 인간에 의해 결코 극복될 수 없다는 것이 일관된 하이데거의 입장이다.

인간은 근대에 들어와 자신을 최종근거로 삼고서 그것에 의거하여 세계를 근거짓는다. 세계는 근거지어진 것으로 세워져서 파악되고 계산되고 짜 맞춰진다. 이제 인간의 표상과 의욕에 의해 세계는 소유와 지배의 대상이 되어버린다. 인간의 작위성에 의해 세계는 인위적인 세계로 또는 기술의 세계, 정보의 바다로 화하여 버린다. 왜냐하면 기술은 '완성된 형이상학(Vollendete Metaphysik)'으로서 전 지구적 사유방식의 근거가 되었기 때문이다. 이제 존재 자체는 작위성 안으로 떠나고, 기술적 권력의지만 유일한 가치로 등장한 니힐리즘의 시대가 된 것이다. 여기서는 근대에 나타난 '존재'는 어떤 형세에 있는가? 우리는 저 존재와 어떤 관계를 맺어야 하는가? 근대의 세계는 인간의 작위성의 귀결에 불과한 것

---

56) Gel 19쪽.

인가? 우리는 어떻게 근대기술의 그물망으로부터 자유로울 수 있는가?

하이데거에 있어서 근대성이란 서양의 하강의 역사 속에서 그리스의 위대한 시대로부터 20세기 기술적 니힐리즘에 이르는 '마지막 단계'를 구성하고 있다. 존재가 기술시대에 와서는 '지속적으로 있음'으로 해석된다. 근대적 의지는 모든 존재자를 '지속적으로 있음'에로 내몰고서 무제한적인 자기보존을 공고히 하게 한다. 기술시대에는 존재의 역운인 몰아세움에 의해 주문되고 도발적으로 요구되어 있는 것만이 있게 된다. 존재자들은 계산 가능하고 이용할 수 있는 부품으로 되었다. 이 몰아세움으로부터 과학과 기술은 유래한다.

요약하자면, 여기서 중요한 것은 기술의 본질이 탈은폐(das Entbergen)에 있다는 사실이다. 탈은폐란 스스로를 드러내기를 거부하는 자연을 인간의 편의를 위해 개발하고 가공할 목적으로 인위적인 방식으로 드러내는 것이다. 기술에 의해 조작되고 이용될 수 없는 존재의 지평에 귀를 기울이지 않는 한, 우리의 생태적 위기는 지속될 수밖에 없는 운명에 처해 있게 된다. 결국 이러한 생태적 문제는 인간의 사유에 기인한다는 사실이다.

4. 사이버네틱스 비판

오늘날 기술공학은 '과학에 대한 방법의 승리'가 그 극단적인 가능성에서 실현되고 있는 학문인 사이버네틱스(Cybernetics, Kybernetik), 즉 '인공두뇌학' 내지 '정보조정학'에 그 뿌리를 두고 있다. 지각, 추론, 행위를 가능케 하는 탐구 방식으로서 인공두뇌학은 인공지능과 계산적 인지주의와 연결되어 있다.

사이버네틱스는 일반적으로 피드백 과정을 통해 정보를 순환시키고 제어하는 시스템을 탐구한다. 여기서는 인간을 포함한 생명체나 기계가 동일하다고 보는 것이다. "생명체와 기계가 동일한 '정보처리 시스템'이 되면서 신체화된 물질성의 차이는 지워지고, 생명체의 신체는 물질적 현존이 아니라 추상적인 정보 패턴이 된다."[57]

사이버네틱스의 변천사를 일반적으로 3단계로 나누고 있다. 제1단계에서 사이버네틱스의 논의의 초점은 생명체와 기계의 동일한 구조적 시스템의 안정적 유지와 관련된 항상성과 무질서의 제어에 있었다. 제2단계에서는 구조적 시스템의 인식론적 재귀성(reflexivity)과 자기생성(autopoiesis)을 둘러싸고 전개된다. 여기서 재귀성이란 관찰되는 시스템 바깥에 있다고 여겨졌던 관찰자가 오히려 그 시스템의 일부가 되는 현상으로, 주·객 이분법에 근거한 객관적 인식의 불가능성을 함축한다. 제3단계(1980년 이후)에서는 오늘날의 '인공생명(artificial life)' 연구와 관련된다. 인공생명 연구는 주로 임의의 환경에 있을 수 있는 생명의 형태를 컴퓨터 프로그램으로 시뮬레이션하여 시간의 흐름에 따라 어떻게 변화하는지 관찰하는 것이다.[58]

하이데거는 이 사이버네틱스를 계산적 사고와 관련하여 문제시하고 있다. 말하자면 사이버네틱스의 세계기획은 모든 계산 가능한 세계진행의 근본특징이 '조종'이라는 것을 가정하며 앞서 잡는다. 하나

---

57) 김재희, 『시몽동의 기술철학』, 아카넷 2017. 213쪽.
58) 같은 책, 212~215쪽 참조.

의 진행과정을 다른 진행과정으로 조종하는 일은 지식의 전달, 즉 정보에 의해 매개된다.

철학은 이제 '인간에 관한 경험적 학문'이 된다. 이러한 학문은 곧 기술을 통해 인간이 공작하고 구성하는 다양한 방식들에 따라 세계를 가공해감으로써 이러한 세계 속에서 스스로를 설립하게 된다. 이제 철학은 경험 가능한 기술적 대상이 될 수 있는 모든 것을 다루는 경험적 학문이다. 이러한 모든 것은 존재자의 개별적인 구역들을 학문적으로 개시해주는 척도에 따라, 그리고 이러한 개시를 토대로 삼아 도처에서 수행된다. 스스로 설립하는 학문들은 '인공두뇌학'이라고 불리는 새로운 근본학문에 의해 규정되고 조종되어갈 것이다. 이 학문은 인간의 노동을 가능적으로 계획하고 정리정돈하는 것을 조종하는 이론이다. 더욱이 이것은 언어를 뉴스 정보의 교환으로 변형한다. 이러한 변형의 기술들은 정보를 조종하기도 하고, 역으로 정보에 의해 조종되기도 하는 그런 정보도구가 된다.

하이데거는 당대의 기술의 총아의 예로서 타자기 및 텔레비전에 대해서도 그것들의 역기능을 경고한다. 또한 "역사와 전승이 다양한 정보를 동일한 형태로 저장해놓는 그런 장소에서 평균화됨으로써 결국은 마음대로 조정 가능한 인류가 필요로 하는 불가피한 계획을 위해서 평균화된 정보로 이용되는 일이 생길 수도 있다."[59]

사이버네틱스에서는 자동기계와 생명체 사이의 구별은 사라져버린다. 그 구별은 정보의 무차별적인 교환절차의 차원으로 중립화된다. 근대의 계산하는 사유의 완성태는 이른바 사이보그, 컴퓨터-기계-인

---

59) GA 54. 119쪽.

간, 인공지능이다. 하이데거는 그의 만년에 가진 독일 ZDF-텔레비전 대담에서 다음과 같이 말한다. "우리는 멀지 않아 인간을 만들 수 있게 됩니다. 즉 순전히 사람들이 필요한 대로 손재주가 있는 것과 없는 것, 영리한 것 아니면 둔한 것으로 그렇게 유기체적 본질에서 구성할 수 있습니다. 그때가 곧 올 것입니다. 이 기술적인 가능성들은 오늘날 벌써 있는 것입니다."[60]

사이보그(cyborg), 즉 '컴퓨터-기계-인간'은 하이데거의 말대로 인간의 사유본질을 계산하는 사유에만 제한시켜 그것을 극단적으로 발전시켜온 결과의 산물이다. 인간에게는 셈하는 계산적 사유능력 이전에 존재의 진리에 응답하며 생기사건에서 존재의 의미를 읽어낼 수 있는 숙고적 사유능력도 있다. 우리가 본래 지니고 있는 숙고의 사유능력을 포기하고서 '기계-인간'으로 만족하는 것은 너무나 일찍 인간으로서의 고유한 본질을 포기해 내던져버리는 가장 위험한 직무유기에 해당한다. 기술 시스템 안에서 인간은 존재와의 관계를 이해하지 못한 채 기술에 의한 지배와 통제의 대상으로 전락한다. 이런 점에서 인공두뇌학은 모든 것을 정보로 교환시켜 조정하는 학문으로서 인간의 본래적 사유와 그것에 바탕을 둔 여타의 학문들을 조정하고자 한다.

현대 기술철학과 정보철학을 대변하는 시몽동(G. Simondong)도 인간과 기계를 동일한 자기-조절체계로 일반화하는 사이버네틱스의 문제점을 아래와 같이 비판한다.

---

60) R. Wisser(hrsg.), *Martin Heidegger im Gespräch*, Freiburg/München 1970. 25쪽.

기계의 기억은 자료의 기억이고, 측정 결과의 기억이다. 인간의 기억은 여러 해의 간격이 있어도 어떤 상황에 의해 환기될 수 있는 기억인데, 이는 그 상황이 다른 상황과 동일한 의미작용들, 동일한 느낌들, 동일한 위험들을 함축하고 있기 때문에, 아니면 단순하게 경험을 구성하는 암묵적인 생명의 코드화에 따라 그런 연결이 의미를 지니기 때문에 가능한 것이다. 두 경우들에서 기억은 자기-조절작용을 허용한다. 그러나 인간의 기억은 생명체 안에서 유효하고 그 안에서만 발견될 수 있는 의미작용들의 총체에 따라서 자기-조정작용을 허용하는 반면, 기계의 기억은 생명체가 아닌 존재자들의 세계 안에서 의미를 갖는 자기-조절작용의 기초가 된다.[61]

하이데거는 현대의 세계 문명이 인간의 세계 안에서의 체류를 위한 유일한 척도로서의 기술적·학문적·산업적 각인을 언젠가 극복할 것이라는 가능성에 대해 사유하려고 한다. 그는 합리화의 멈추지 않는 돌진과 인공두뇌학의 급속한 진보보다도 더욱 냉철한 어떤 하나의 사유가 있을 것이라고 추정한다. 아마도 합리적인 것과 비합리적인 것의 구별을 벗어난 그 바깥에 학문적인 기술보다 더욱 근원적인 어떤 하나의 사유가 있을 수 있다. 따라서 그런 사유는 과학적 기술의 변방에서 아무런 결과 없이도 고유한 필연성으로 존재할 것이다. 이처럼 하이데거는 새로운 사유 가능성에 대해 믿음을 포기하지 않는다.

요약하자면 우리는 하이데거의 비판을 통해 인공지능과 계산적 인지주의로 연결된 인공두뇌학이 가져올 문제점과 위험을 내다본다. 그

---

61) G. Simondon, 김재희 옮김, 『기술적 대상들의 존재양식에 대하여』, 그린비 2011, 179쪽.

것은 인간의 창작물로서 예기치 못한 힘을 가질 수 있다. 그리고 여타의 학문들이 사이버네틱스에 의해 자의적으로 조종될 수 있다는 위험성이 존재한다.

5. 인공지능의 계산적 사고 비판[62]

하이데거의 근대적·계산적 사고 비판의 맥락에서 보자면, 오늘날의 인공지능은 계산적 사고의 완성태 내지 총아에 해당한다. 컴퓨터 시스템으로서의 인공지능은 제한된 분야에서 초지능(super intelligence)을 발휘하여 인간지능을 초월할 수 있다. 비록 양자역학의 원리에 따라 작동되는 미래형 첨단 컴퓨터인 양자컴퓨터(quantum computer)가 상용화되더라도, 인간의 무한한 사유능력을 뛰어넘을 수는 없을 것이다. 피조물이 창조주 신을 뛰어넘을 수 없듯이, 인공지능이 그것을 만든 사람을 뛰어넘기는 쉽지 않을 것이다. 무릇 인공지능이 철학을 할 수는 없는 것이다.[63]

---

62) 강학순, 「현대 기술융합 담론과 하이데거철학 수용의 문제」, 현대유럽철학연구 39집, 2015. 108~114쪽, 수정 보완.

63) 오가와 히토시, 위의 책. 그는 인공지능의 10가지 약점을 열거한다. ① 상식을 모른다. ② 계산밖에 하지 못한다. ③ 경험이 없다. ④ 의지가 없다. ⑤ 의미를 모른다. ⑥ 신체가 없다. ⑦ 본능이 없다. ⑧ 감정이 없다. ⑨ 융통성이 없다. ⑩ 애매함을 모른다.(27~28쪽) 오가와 히토시는 인공지능이 장착된 컴퓨터가 철학을 할 수 없는 것은 그것이 의미의 차원에 이를 수 없다는 판단이다. 즉 "컴퓨터는 의미를 이해하지 않아도 표면적으로는 얼마든지 답할 수 있다. 하지만 그 답을 내기 위해서 컴퓨터가 사유한 것을 '철학'이라고 부를 수는 없다. 그것은 어디까지나 '철학 흉내내기'에 지나지 않는 것이다. 인공지능은 철학을 하지 못한다. 그리

여기서는 하이데거의 기술 비판에 기초한 포스트-하이데거 연구자들(post-heideggerian)의 인공지능에 대한 비판을 살펴보고자 한다. 인공지능 알고리즘은 특정 목적에 정향된 데이터를 기반으로 자동화된 추론이다. 알고리즘은 일반적으로 "어떤 문제를 해결하기 위해 명확히 정의된 유한 숫자의 규칙과 절차의 모음은, 즉 명확히 정의된 한정된 개수의 규제나 명령의 집합으로서 한정된 규칙을 적용함으로써 문제를 해결하는 것이다."[64]

드라이푸스(H. L. Dreyfus)는 하이데거적 입장에서 인공지능이나 전문가 시스템의 한계를 지적한다.[65] 그가 이해한 "인공지능이란 지능

고 인공지능이 못하는 철학이야말로 인간의 최대 무기가 된다."(89쪽)

64) 전산용어사전편찬위원회 엮음,『컴퓨터 · 인터넷 · IT용어대사전』, 일진사 2005.

65) H. L. Dreyfus, *What Computer Can't Do*, 정혜욱 옮김,『인터넷상에서』, 현대신서 124, 동문선 2003. *Mind over Machine: The Power of Human Intuition and Expertise in the Era of the Computer*, 1986; *Being-in-the-World: A Commentary on Heidegger's Being and Time, Division I*, Cambridge. MIT Press 1991; *What Computers Still Can't Do: A Critique of Artificial Reason*, Cambridge. MIT Press 1992; *Heidegger, Authenticity, and Modernity: Essays in Honor of Volume 1*, Cambridge. MIT Press 2000; *Heidegger, Coping, and Cognitive Science: Essays in Honor of Hubert L. Dreyfus*, Volume 2. Cambridge, MIT Press 2000. 전문가 시스템은 특정 상황에서 가능한 행동방법을 제시하기 위해 설계되었다. 컴퓨터를 이용한 약 처방에 이러한 시스템이 활용될 수 있다. 각 증상에 따른 처방을 의학 전문가가 미리 입력해놓은 후 사용자가 자신의 증상에 맞는 처방을 얻는 것이다. 그러나 이러한 전문가 시스템은 제한된 영역에서만 성공적으로 작동할 뿐이지 복잡한 상황에서는 가능한 모든 행동을 평가할 수 없으므로 근본적인 한계를 갖는다. John C. Mallery, Roger Hurwitz, Gavan Duffy, "Hermeneutics: From Textual Explication to Computer Understanding", in *The Encyclopedia of Artificial Intelligence*, New York 1987. http://www.ai.mit.edu/people/jcma/papers/1986-ai-memo-871/memo.html.

을 가진 컴퓨터 또는 그것을 개발하는 학문을 말한다. 인공지능의 목표는 사람처럼 생각하는 기계를 만드는 것이다."[66] 인공지능에 관한 논의는 인간의 사고과정에 대한 철학적 문제까지 다룬다. '인간처럼 생각하는 기계'인 인공지능에 대해 회의적이었던 드라이푸스는 하이데거와 메를로-퐁티(M. Merleau-Ponty)의 현상학적 견해를 참조하여 논의를 전개한다.[67] 인간의 심적 과정은 현상학적으로 파악된 신체를 기반으로 하여 비로소 그 고유한 특성을 갖는다고 본다. 그러나 신체를 지니지 않는 인공지능은 그 자체 한계를 지니고 있다는 것이다. 따라서 인간과 인공지능 사이에는 존재론적 한계가 있다는 것을 지적한다.

드라이푸스의 비판에 의하면, 소크라테스로부터 시작하여 현대의 인공지능에 이르기까지 지속된 표상주의 전통은 대상이 속한 맥락으로부터 자유로운 추상화의 이론에 묶여 있다는 것이다. 이런 점에서 '세계-내-존재'로서 인간의 행위는 인공지능 연구자들이 말하는 것처럼 형식화될 수 없다는 것이다. 행위는 그것이 속한 맥락 안에서만 의미를 가진다. 따라서 일상세계에서의 행위를 맥락으로부터 떼어내어 객관화, 형식화시킨다는 것은 불가능하다.[68]

---

66) J. Challoner, 이상헌 옮김, 『똘망똘망 인공지능』, 김영사 1999, 10쪽.

67) H. L. Dreyfus and S. E. Dreyfus, "Making a Mind versus Modeling the Brain: Artificial Intelligence back at a Branchpoint", in Daedalus 117, 1988; H. L. Dreyfus, *What Computers Still Can't Do: A Critique of Artificial Reason*, MIT Press 1992 참조.

68) 권기석, 「컴퓨터가 할 수 있는 것'에 대한 지식사회학적 고찰—H. Dreyfus와 H. Collins의 인공지능 논쟁을 중심으로—」, 서강대 대학원 사회학과 학위논문 2000, 10쪽.

드라이푸스의 인공지능 비판의 요체는 다음과 같다. 기계는 신체를 지니고 있지 않다. 그것은 상황 및 맥락에서 독립되어 있고, 인간과 동일한 욕구를 지니지 않는다는 점이다. 이런 토대 위에서 인공지능 연구가 지닌 생물학적 · 심리학적 · 인식론적 · 존재론적 가정을 비판한다. 결국 인공지능을 장착한 컴퓨터도 세계-내-존재로서의 인간과는 질적으로 다른 존재방식을 지니고 있다. 다시 말해 인공지능은 사람처럼 세계를 형성하지 않는다고 본다.

드라이푸스는 하이데거의 존재론에 근거하여, 우리가 인터넷을 통한 사이버 세계에 살게 되면 우리 존재를 정의해주고, 인간을 인간으로 구성해주는 가능성을 잃게 될 것이라고 경고한다. 말하자면 우리와 관련된 정보를 발견하기 위한 신뢰할 만한 방식, 기능획득의 능력(전문 기예의 중요성), 현실의식, 그리고 의미 있는 삶을 일구어내는 가능성을 잃게 될 것이라고 한다.

위노그라드(T. Winograd)는 기존의 인공지능 연구가 전통적 서구 형이상학의 틀에서 벗어나지 못하고 있다고 본다. 그리하여 그는 하이데거의 근대철학 비판에 동조하고 있는 셈이다. AI 연구는 근대의 존재론인 주관과 객관의 이분법을 받아들이면서 여전히 합리주의적 전통 안에서 작동하고 있다고 본 것이다.[69] 여기서 언어는 단순히 의사소통 수단이나 정보전달 도구로 여겨진다. "AI의 연구나 계산적 기능주의에서 언어는 '세계를 재현하는 심적 표상'이다. 언어의 의미가 언어의 소프트웨어라면, 언어의 구체적 형태, 예컨대 음성언어나 문

---

69) T. Winograd, F. Flores, *Understanding Computer and Cognition*, Addison-Wesley Press 1986, 108쪽.

자언어는 그것을 담지하는 하드웨어이다."[70]

위노그라드에 의하면, AI 연구는 근대철학의 표상주의의 궤도 안에 머무르고 있다고 본다. 이 연구에서 언어는 사물을 표상하는 기호체계로 보고, 사고를 마음속에 있는 표상구조의 조작으로 간주한다. 즉 "인지는 세계 안의 대상들과 속성들을 지시하는 것으로 여겨질 수 있는 기호적인 표상들을 조작하는 데 의존한다."[71] 그리고 "표상구조에서 수행되는 작업들은 언어에 관한 사실에 의해 정당화된다기보다는 표상과 묘사된 세계 사이의 대응관계에 의해 정당화된다."[72]

무엇보다 위노그라드는 인공지능에 의해 탄생된 컴퓨터가 인간의 마음과 유사한 네 가지 특징들, 즉 명백한 자율성, 목적의 복합성, 구조적인 유연성, 예측 불가능성을 거론하고 있다. 이런 특징 때문에 우리는 컴퓨터 시스템과의 상호작용에서 예측 불가능한 유기체를 다루듯이 그것을 다루기 쉽다고 보는 것이다. 그러나 그는 컴퓨터 시스템을 하나의 유기체로 보지는 않는다. 왜냐하면 인간은 컴퓨터와 동일한 정보 시스템으로 대상화될 수는 있어도, 존재론적 차원에서 선험적인 존재이기 때문이다. 이는 위노그라드가 하이데거의 근대 표상주의 비판을 수용하고 있다는 것을 드러내고 있는 것이다.

이제 컴퓨터는 두뇌로 여겨진다. 그것은 표상과 계산의 매개체이다. "또 다른 사실은 두뇌를 컴퓨터로 생각하고 심리적 상태를 컴퓨터의 소프트웨어 측면으로 생각하는 것이 점증하는 추세이다. 그러한

---

70) 이승종, 「하이데거의 고고학적 언어철학」, 한국 하이데거학회 편, 『하이데거의 언어사상』(하이데거 연구 제3집), 철학과 현실사 1998, 135쪽.

71) T. Winograd, F. Flores, 위의 책, chapter 2, 6, 9.

72) 같은 책, 108~109쪽.

접근방식에 기반한 연구에서는 (예를 들어 인공지능과 같은 연구에서는) 컴퓨터가 표상의 매개체와 계산의 매개체 양자로 사용될 수 있는 내재적인 (따라서 '생득적인') 형식화된 언어를 가지고 있다고 종종 가정된다."[73]

퍼트남(H. Putnam)도 자신이 제시한 기능주의를 비판한다. 기능주의(functionalism)란 아래와 같다. "심리적 상태들은 단순히 두뇌의 '계산적 상태들'뿐이다. 두뇌를 생각하는 적절한 방식은 두뇌를 디지털 컴퓨터로 생각하는 것이다. 인간의 심리는 이 컴퓨터의 소프트웨어로, 즉 컴퓨터의 '기능적 조작'으로 기술될 수 있다."[74] 철학자들의 '명제적 태도'란 단지 두뇌의 계산적 상태일 뿐이라는 기능주의는 옳지 않다고 단언한다. 왜냐하면 기능주의는 '정신 상태의 본성은 무엇인가?'라는 질문에 대답하지 못한다고 보기 때문이다.

퍼트남은 정신 상태란 컴퓨터의 알고리즘과 같은 어떤 것, 즉 마음이나 두뇌 속에 있는 과학적으로 단일하게 기술 가능한 원초적 존재자일 수 없다는 것을 논변하고 있다. 그가 부정하고자 하는 입장들을 다음과 같이 세 가지로 정리할 수 있다. 첫째, 환원주의 비판으로서 정신현상, 즉 지향성, 의미, 지시, 진리 등은 물리적·계산적 속성이나 관계로 환원되지 않는다는 것이다. 둘째, 본질주의 비판으로서 정신현상은 원초적 현상이 아니라고 본다. 말하자면 어떤 특정한 정신현상의 모든 경우가 공통적으로 갖는 과학적으로 기술 가능한 속성, 이를테면 배후에 실재하는 궁극적 본성은 없다는 것이다. 셋째, 제거

---

73) H. Putnam, 위의 책, 35쪽.
74) 같은 책, 153쪽.

주의 비판으로서 정신현상은 신화적으로 제거될 수 없다는 것이다.[75]

최근에 인공지능에서 초래될 수 있는 위협과 위험을 차단하기 위한 가이드라인이 제시되었다. 유럽연합(EU) 차원에서는 법률과 윤리기준 제정을 통해 인공지능 경쟁력을 확보한다는 전략을 발표한 바 있다. 지난 2019년 4월 8일 유럽연합 집행위원회는 '신뢰 가능한 인공지능 윤리 가이드라인'을 공개한 바 있다. 인공지능은 인간의 관리와 감독, 기술적 견고성과 안전, 프라이버시와 데이터 통제, 투명성, 공정성(다양성과 비차별성), 친환경성, 책무성이라는 7개 원칙을 따라야 한다. 결국 인공지능은 내놓은 결과에 책임질 수 있어야 하며, 판단의 이유에 대해 설명할 수 있어야 하고, 편견과 차별이 없어야 한다.[76]

일찍이 짐멜(G. Simmel)은 창조의 비극으로서의 문화를 이야기하고 있다. 그는 인간의 주체적인 삶과 문화적 성과의 변증구조에 문화의 개념을 설정하며, 이 두 영역 사이의 깊은 상충에서 인간실존의 내재적 구조로서 비극의 의미를 파악한다. 그가 말하는 '문화의 비극'은 형이상학적 · 존재론적 맥락에서 인간조건의 비극성을 뜻하는 것이다. 왜냐하면 짐멜에게는 창조자와 피조물의 조화가 깨질 가능성, 곧 문화의 비극이 문화의 변증적 구조에 근원적으로 내재하기 때문이다.[77]

우리는 이제 인공지능 알고리즘의 편향성을 극복할 수 있어야 한다. 기계학습과 관련된 데이터 편향은 분류 방식에 따라 매우 다양한 방식으로 제시되고 있다. 가령 다음과 같은 일곱 가지 편향이 제시되

---

75) 같은 책, 263쪽 이하.
76) http://www.hani.co.kr/arti/science/future/889866.html.
77) 김용석, 위의 책, 241~244쪽; G. Simmel, *Der Begriff und die Tragödie der Kultur*, Logos 2(1911/12), Tübingen 1쪽 재인용.

기도 한다. 표본편향(sample bias), 배제편향(exclusion bias), 측정편향(measurement bias), 회상편향(recall bias), 관찰자편향(observer bias), 인종편향(racial bias), 결합편향(association bias)이다.[78] 이런 편향을 극복하고 다양성과 비차별성을 존중하는 공정성의 가치를 추구하는 인공지능 윤리가 필요하다.

　요약하자면, 인간이 인공지능을 만든다. 하지만 그것은 독립성과 자율성을 가진다. 그것이 인간에게 도전할 수 있고, 치명적인 계산적 오류를 범할 수 있다. 즉 인간이 인공지능에 대해 절대적으로 우월하다는 보장이 없다. 더욱이 인공지능은 인간의 적이 될 수도 있다. 이런 점에서 인류가 처한 문화적 창조의 비극을 생각할 수 있어야 한다. 이런 점에서 인공지능에 대한 존재론적이고 윤리적인 성찰과 비판은 '지속 가능한 기술의 성장' 및 '인간의 얼굴을 한 기술'을 위해서도 필요하다.

---

78)　Lionbridge AI, "7Types of Data Bias in Machine Learning", 2020. https://lionbridge.ai/articles/7-types-of-data-bias-in-machine-learning/.

제1부 요약

이제 제1부 '계산적 사고'에 대한 하이데거의 해석과 비판을 간단하게 정리해보자.

첫째, 하이데거가 정의한 '계산함'이란 무엇인가?

계산함이란 '무엇을 향한 방향 설정함'이고 또한 '무엇으로 표상함'
    이다.

계산함이란 모든 것을 계획하는 탐구이다.

계산함이란 근대의 객체를 인식하고, 서술하고, 다루는 방식이다.

계산함이란 설명함을 가능하게 한다.

계산함과 표상함은 공속한다.

계산함은 근대적 탈은폐의 한 방식이다.

둘째, 하이데거가 논구한 '계산적 사고'는 무엇인가?

계산적 사고는 형이상학적 사고이다.

계산적 사고는 이성의 사고이다.

계산적 사고는 과학기술적 사고의 전제조건이다.

계산적 사고는 양적인 사고이다.

계산적 사고는 표상적 사고이다.

계산적 사고는 기술적 사고이다.

계산적 사고는 사유하는 인간을 '계산하는 인간'으로 만든다.

계산적 사고는 인류의 생산성 제고에 이바지한다.

계산적 사고는 도구적·기술적 이성의 산물이다.

계산적 사고는 단선적이고 일면적인 사고이다.

계산적 사고는 근대의 자연지배 이데올로기로 오용된다.

계산적 사고가 현대인의 전형적인 사유로 전환된다.

계산적 사고는 모든 사유의 일원화 및 표준화를 지향한다.

계산적 사고는 존재역운에 그 기원을 두고 있다.

셋째, '계산적 사고의 문제'는 무엇인가?

계산적 사고는 사유생태계의 다양성을 훼손하고 단일적 사고의 지
　　배를 초래한다.

계산적 사고는 이성의 본질적 능력을 배제하거나 다양한 능력을 축
　　소시킨다.

계산적 사고는 인간의 사유능력을 무력화할 수 있다.

계산적 사고는 삶과 역사의 세계를 배제한다.

계산적 사고는 진정한 질적인 차원들과 존재의 질점들을 파악하는
　　데는 무력하다.

계산적 사고는 삶과 역사의 질적 차원(의미, 가치, 본질, 근원)을 파악

할 수 없다.

계산적 사고는 존재와의 연관을 배제시킨다.

계산적 사고는 숙고적 사유를 배제한다.

이상에서 요약한 바와 같이, 하이데거의 생각으로는 계산적 사고의 지배로 말미암아 종래의 사유 일반은 부정적으로 평가된다는 것이다. 첫째, 사유는 과학들이 그러한 것처럼 어떤 지식에 결코 이르지 못한다. 둘째, 사유는 유용한 삶의 지혜를 결코 가져다주지 못한다. 셋째, 사유는 세계의 수수께끼를 결코 풀지 못한다. 넷째, 사유는 행동할 수 있는 힘을 결코 직접적으로 제공해주지 못한다. 따라서 계산이 종래의 사유의 자리로 옮아온 것이다.

하이데거는 계산적 사고가 자명하게 생각하는 근대 형이상학의 토대를 가능하게 한 더 근원적인 지평, 즉 의미의 원천인 존재역운적 사태를 구명하고자 한다. 결국 '계산적 사고'는 인류가 살아남기 위한 생산성을 제고하는 데는 필요하지만, 인간의 실존을 위한 창조성을 발현하고 성취하는 것에는 무력한 한계를 지니고 있다. 그것은 인간다운 삶을 풍요롭게 하고 진작시키는 생활세계의 복원과 성숙에 기여하지 못하거나 그것에 역행하는 사고방식이다.

하이데거는 계산적 사고의 지배로 인한 '사유의 물화'를 비판한다. 이는 비판이론에서 '정신의 물화'[1]를 비판한 것과 동일한 맥락이다. 그리고 그것은 치명적인 계산적 오류를 범할 수 있다. 사고의 한계는

---

1) M. Horkheimer, Th. W. Adorno, 위의 책. "'정신'의 진정한 속성은 물화에 대한 부정이다. '정신'이 문화상품으로 고정되고 소비를 위한 목적으로 팔아넘겨질 때 '정신'은 소멸할 수밖에 없다."(17쪽)

인간의 한계와 직결된다. 그것을 넘어서고자 하이데거의 '숙고적 사유', 즉 본질적 사유를 제시하고자 한다. 따라서 제2부에서 이 문제를 집중적으로 논의하고자 한다.

제2부
하이데거의 숙고적 사유

"폭풍우를 일으키는 것은 바로 가장 조용한 말들이다. 비둘기의 발로 조용하게 걸어오는 사상이 세계를 인도한다."(F. Nietzsche, *Also sprach Zarathustra*, 제2부 '가장 고요한 시간')

사유의 위기와 숙고의 필요성

'계산적 사고'의 전 지구적 지배는 '숙고적 사유'의 상실로 귀결된다. 많은 것들이 계속 열정적으로 연구되지만, 역설적으로 참된 사유의 부재와 빈곤이 그 극단에 이르렀다. 이런 현상을 하이데거는 사유의 학문인 철학의 종말 내지 형이상학의 종말(die Vollendung der Metaphysik)로 명명한다. 이러한 사유의 위기는 보편적 현상이 된 것이다. "직업상 마치 사유하는 체 거들먹대는 그런 이들을 포함하여 우리 모두가 너무도 흔히 생각이 모자랍니다.(gedanken-arm) 우리 모두가 너무나 자주 아무런 생각도 없이(gedanken-los) 살아갑니다. 바로 이런 무사유(Gedankenlosigkeit, 생각 없음)는 오늘날 세계 도처에 출몰하여 (정신 없이) 돌아다니는 불청객입니다."[1]

---

1) M. Heidegger, 신상희 옮김, 『동일성과 차이』, 민음사 2000. 121쪽.

오늘날은 하이데거가 마주했던 20세기 중반보다 사유의 위기가 더욱 심각한 상태에 이르렀다. 이제 우리는 지성보다는 지능, 사색보다는 검색, 지혜보다는 정보 내지 빅데이터에 몰두한다. 더욱이 생각기계(Denkmaschine), 즉 컴퓨터, 인공지능(AI), 로봇의 등장으로 인해 사유하는 '이성적 동물'로서의 인간의 정체성도 그 뿌리부터 흔들리고 있다. 인간의 생각함이란 본연의 일마저도 우리는 기술적 타자에게 자신의 고유한 임무를 위탁한다. 이렇게 자신의 정체성의 위기에 직면한 인간은 스스로 생각할 필요도 없게 된 것이다. 이제 사유의 학문인 철학마저도 무용한 것으로 취급되거나, 그것 자체가 용도폐기될 처지에 놓이게 되었다.

이런 맥락에서 "오늘날의 인간은 생각 앞에서 도피하고 있다."[2] 이런 생각의 도피를 하이데거는 '무사유의 근거'로 간주한다. 따라서 현대에 등장한 인간과학(sciences humaines), 사회생물학, 유전공학, 뇌과학, 인지공학, 인공지능학 등에서 새롭게 규정되고 있는 인간관은 세심한 숙고와 성찰의 대상이 아닐 수 없다. 그 이유는 인간의 전통적인 본질인 '사유함'이 등한시되거나, 아니면 실종될 위험성이 내재하기 때문이다. 인간 본연의 사유가 사라진 자리를 '계산하는 사고'가 점유하여 그 절대적 지배력을 행사한다. 서양 형이상학적 사유의 역사의 흐름 속에서 철학마저도 계산하는 사고의 주도적인 지배력에 복속되고 만 것이다. 따라서 철학은 실증주의, 수학적 논리학(수리논리학), 사이버네틱스 등에로 축소되고 변용된다.

근대 이후의 철학에서 이성적 탐구는 사물에 대한 지각과 이해를

---

2) Gel 12쪽.

근거짓는 보편적으로 적용 가능한 개념과 간결한 논리적 관계들을 다룬다. 특히 데카르트는 어떤 문제라도 기본요소들로 분석될 수 있고, 제일 원리에서 모든 인간의 앎이 연역된다고 주장한다. 그 제안은 거의 공리화된다. 진실로 현실적인 것은 지성과 수학적 확실성으로 우리에게 알려질 수 있는 것에 한정된다.[3]

존재역운과 숙고적 사유에로의 전향

하이데거는 이런 철학의 종말과 사유의 상실을 인간 정신의 나태와 결핍의 산물로만 보지 않는다. 그는 '존재역운(Geschick des Seyns)' 및 근원적 존재의 역사를 통해 형이상학의 본질적 기원을 찾고, 그것의 '극복(Verwindung, 감내하면서 회복함)'의 길을 열고자 한다. 이제 인간만이 역사의 주체는 아니다. 인간과 역사를 주재하는 존재역운이 새로운 숙고적 사유의 과제에서 관건이 된다. 따라서 기존의 사유로부터의 도약 또는 비약(Sprung) 없이는 존재역운을 사유할 수 없다.[4] 무릇 존재가 자신을 그때마다 송부하는 "존재자의 도래는 존재의 역사적 운명에 기인한다."[5]

존재역운의 전개하에서 근대 형이상학은 모든 존재자를 표상작용을 통해 대상화하여 자기 것으로 삼으려고 한다. 여기에는 사물의 범주와 분류, 조건과 근거를 연구하고 헤아리는 계산적 사고가 지배한다. 이런 사고 아래에서는 모든 사물의 고유성과 독자성이 박탈된다. 존재역운의 전개인 존재역사는 존재 자체의 역사이다. "존재의 역사

---

3) T. Clark, 위의 책, 38쪽 이하.
4) SvG 108쪽.
5) Hum 19쪽.

는 인류의 역사도 아니고, 존재자나 존재에 대한 인간관계의 역사도 아니다. 존재의 역사는 존재 자체의 역사 바로 그것이다."[6]

그러나 '계산적 사고'는 그 독자적인 정당성을 지니고 있다. '계산적인 사고'가 무가치하다는 것은 결코 아니며, 자기 나름의 방식으로 정당한 권리를 가지고 있다. 또한 특정한 분야들에서 그것은 필요하기도 하다. 하지만 이것이 유일한 사유로 간주될 경우, 인간의 마음은 미혹되고 생각을 잃어버릴 수 있다는 것이 하이데거의 일관된 입장이다. 또한 표상적·계산적 사고에 기반을 둔 근대의 합리론적·경험론적인 인식론은 사물의 진상과 이미지(가상)를 혼동하는 우(愚)를 범하게 된다. "이처럼 인간의 감각기관과 사유기관이 기반이 된 인식론은 사물의 진상을 알 수 없다. 만약 현상계에 드러난 형체와 빛깔, 명칭(이름)과 소리를 사물의 진상으로 여긴다면, 이는 표상을 진상으로 여기는 우를 범하게 되는 것이다."[7]

하이데거의 해석에 따르면, 근대 이후의 계산적 사고는 인간을 다만 계산하는 존재로 변화시킨다. 그것은 인간의 본질을 위험에 처하게 하고, 인간과 세계 및 자연도 자신의 프레임 속에서 대상화, 그리고 부품화시킨다. 이런 사유의 위험을 하이데거는 핵폭탄의 위험보다 더 심각한 것으로 본다. 따라서 계산적 사고로부터 '숙고적 사유'에로의 전향 내지 전회(Kehre)가 화급하게 요청된다.

근대의 주관형이상학에서 배태한 계산적 사고는 표상, 의지, 작위성의 특성들을 지닌다. 말하자면 근대인은 모든 사물을 눈앞에 세우

---

6) NII, 489쪽.
7) 윤병렬, 위의 책, 484쪽.

고, 그것을 소유하고 지배하려는 의욕을 가지고, 그것들을 주문에 맞춰 제작하고 가공하고자 한다. 이런 시대적 정황 속에서 이제 자연마저도 계산에 의해 확정되고, 더욱이 '일종의 정보체계[8]'로 간주된다. 나아가 현대인은 사물을 '있는 그대로' 바라보거나, 그것들의 본연의 고유성과 존재를 사려하거나 보호하지 않는다. 이런 점에서 '존재상실(Seinsvergessenheit)'과 '존재떠나버림(Seinsverlassenheit)'은 보편적 현상이 된다.

'다른 시원'의 사유로서의 숙고적 사유

하이데거는 계산적 사고의 독단론과 월권을 경계한다. 동시에 그런 사고에 바탕을 둔 과학의 절대화를 우려하고 비판한다. 따라서 과학의 가능 조건과 그것이 자명하게 전제하고 있는 영역에 대한 숙고적 사유를 대안적인 '다른 사유'로 제시한다.

클라크(T. Clark)는 하이데거의 사유를 '전-반성적(pre-reflective)'이고, '비-전유적(non-appropriative)'인 것으로 특징짓는다. "하이데거의 사유는 존재와의 더 근원적이고, 전-반성적이고, 비-전유적인 관계를 드러내고자 시도한다. 그는 전통적인 장인이 보여준 사물들에 대한 지식에서 이것을 보았다. 예컨대 목수의 목재에 대한 깊고 비이론적인 이해, 또는 농부의 삶에서 또는 마지막으로 어느 정도까지는 예술과 시에서 그것을 보았다."[9] 이런 숙고적 사유를 통해 하이데거는 존재자들과 기술적 관계가 아닌 근원적인 존재론적 관계를 회복하고자

---

8) TK 22쪽.
9) T. Clark, 위의 책, 37쪽 이하.

한다.

윤병렬은 『하이데거와 도가철학』(2021)에서 표상적 사고를 표방하는 근대인식론의 딜레마와 한계를 극복할 수 있는 가능성을 다양한 인식론적 단계들을 제시하는 '위상학적 인식론'에서 찾는다. 이 지점에서 플라톤, 장자, 하이데거는 만나고 있음을 밝히고 있다. 예를 들면 도가의 인식론에서 지식은 사람에 따라 다를 수 있으며 가치판단의 기준에 따라, 관점에 따라 다를 수 있다. "이런 인식주체와 인식대상의 질적 차이를 고려하지 않은 것은 실로 근대인식론의 커다란 딜레마라고 하지 않을 수 없다. 그러나 우리는 플라톤과 장자 및 하이데거의 위상학적 인식론을 통해서 근대인식론의 스캔들을 극복할 수 있다고 본다."[10)]

하이데거는 서양 형이상학의 제1시원(der erste Anfang)의 문을 닫고, 이제는 '다른 시원(der andere Anfang)'의 문을 열어야 함을 역설한다. 물론 초기 그리스인들의 사고가 근원적 사유에 가까웠다는 것을 하이데거는 인정한다. 그러면 우리는 그것을 어떻게 열 수 있는가? 우선적으로 형이상학에서 유래한 계산적 사고의 한계를 넘어서서 다른 시원의 도래를 준비하는 사유인 숙고적 사유에로 방향전환이 요청된다.

숙고는 계산적 사고와 달리 대상에 대한 중립적인 관찰과 객관적인 파악을 넘어서서 존재의 진리를 언어 안으로 모은다. 따라서 숙고적 사유는 개념의 명료화나 엄밀한 논증이나 근거 제시보다 더 높은 깨어 있는 지성의 집중력(Anstrengung)과 모든 존재에 대한 애정이 담

---

10) 윤병렬, 위의 책, 495쪽.

긴 맑고 경건한 마음, 즉 고귀한 마음을 요구한다. 여기서 마음[11]은 정감(Gemüt) 내지 심정을 의미한다.

정감의 다른 숨겨진 울림은 심정이다. 심정은 근원적 의미에서 마음(Mut, 심정)의, 즉 muot(마음, 심정, 기분)의 원천이자 터전이다. 이 마음의 평정심(Gleichmut, 평정한 마음), 가난함(Armut, 가난한 마음), 온화함(Sanftmut, 부드러운 마음), 고결함(Edelmut, 고결한 마음), 우아함(Anmut, 우아한 마음), 희생심(Opfermut, 희생하는 마음), 관대함(Großmut, 관대한 마음), 인내심(Langmut, 오래 참는 마음) 등의 근원이자 친밀성이다. 이렇게 경험된 정감이 바로 휠덜린의 '영혼(넋)(Seele)' 이라는 낱말로 부른 것이다. 〔…〕 따라서 생각과 사유는 모든 드높은 마음, 즉 가장 지고한 것에 이르려는 그러한 마음으로서의 고귀한 마음(das Hochgemute)에 이르려는 정감의 가장 내면적인 깨어남과 해방을 인간에게 선사해준다는 것이다.[12]

데카르트조차도 '정감론(Les passions de l'âme)'에서 감정이란 인간에게 갖춰진 본질적 능력이며, 그것은 사고를 강화하는 데 도움이 된다는 것이다. 감정이 있으니까 인간의 신체에 변화가 나타나며, 슬플 때 눈물이 나온다. 그 감정으로 인해 인간은 곰곰이 생각하거나 옳은 판단을 할 수 있는 것이다. 감정이라고 하면 비이성적인 것으로 받아들이기가 용이하다.[13] 하이데거에 있어서도 사유함이란 인간의 마음

11) 김형효, 『하이데거와 마음의 철학』, 청계 2001 참조.
12) GA 52, 200쪽.
13) 오가와 히토시, 위의 책, 145쪽 이하 참조.

을 통한 숙고, 즉 정감이나 기분을 수반하는 분별함(Vernehmen)을 의미한다.

초연한 내맡김으로서의 숙고적 사유

숙고적 사유는 인간의 의식 내부로 향하지도 않는다. 그것은 인간의 예측이나 의식적인 기획이 아니다. 그것은 의식의 '내면의 사유'라기보다 존재에 속한 '탈-존적 사유(das ek-sistenziale Denken)'이다. 존재는 존재자와의 차이에서 드러난다. 여기서 사용되는 숙고 내지 숙고적 사유도 전통적 철학적 · 형이상학적 사유와 구분된다. 숙고는 철학에서 흔히 의식철학에서 사용되는 성찰, 통찰, 반성, 명상 내지 정관과도 구분된다. 그것은 모름지기 '존재하는 모든 것 안에 전개되고 있는 그 의미를 사색하는 사유'[14]이다. 숙고는 인간이 대상에 능동적으로 의미를 부여하는 것이 아니라, 존재의 언명(Sage)을 받아들여 알아차리는 '뜻 새김'의 사유이다.

이런 점에서 숙고적 사유는 전통적인 형이상학적 용어들을 그대로 사용하는 데 한계와 어려움에 직면한다. 그리하여 새로운 사유를 담을 수 있는 새로운 철학적 용어를 필요로 한다. 전기 사유에서는 기초존재론, 현상학, 현존재, 실존, 세계-내-존재 등을 제시한다. 후기 사유에서도 숙고, 탈존, 초연한 내맡김, 가사자, 사방, 사역, 몰아세움, 생기사건 등의 용어를 사용한다. 먼저 하이데거는 형이상학에서 자명하게 사용해오던 존재, 사유, 근거, 본질, 세계, 의미, 자연, 사물 등의 개념들에 대한 형이상학적 의미와 차별화를 시도한다. 예를 들면,

---

14) Gel 13쪽.

형이상학에서 사용하던 존재(Sein)를 대신하여 Seyn, ~~Sein~~, ~~Seyn~~, Es selbst, Ereignis 등으로 표기한다. 숙고적 사유에서는 그것들의 본래적 의미를 복원하면서, 그 개념들이 어떻게 역사적으로 변형되고 왜곡되었는지를 밝히고 있다.

숙고적 사유는 '존재'를 간직하고 보살피며 수호하는 '사유의 건축학(사유짓기)'이다. 그 작업은 사물들에 대한 기술적 지배가 아니라, 오히려 그것들에 대한 시인의 맑고 순수한 마음으로 존재를 드러내는 표현(시짓기)과 사상가의 세심한 숙고를 통한 언명(Sagen)으로 가능한 것이다. 모름지기 숙고는 근대적 이성이 아니라, 시적 이성으로 '존재의 소리'에 온몸과 마음으로 귀기울이는 사유이다. 따라서 미래의 철학은 계산적 사고에 저항하면서 '숙고적인 사유'에로 진입해야만 하는 '사유의 과제'를 떠맡고 있는 셈이다.

특히 계산적 사유를 통해 일체의 학문이 수학화·과학화되어가는 사유의 위기상황 속에서 사유의 학문인 철학은 무엇보다 앞서 자신의 고유한 정체성 확립이 요청된다. "철학도 과학적 절차의 엄밀성이나 과학적 발전의 논리 등을 핑계로 해서 과학을 부러운 듯이 모방하거나 과학과 경쟁하지 않고 철학의 자리에 배정된 존재사유의 길을 묵묵히 걸어가야 할 것이다."[15]

제2부에서는 이 연구의 핵심목표인 '계산적 사고'를 넘어서는 하이데거의 숙고적 사유를 밝혀보고자 한다. 하이데거는 계산적 사고의 존재사적 시원인 숙고적 사유의 본령을 제시한다. 여기서는 하이데거의 사유과정을 참조하면서 계산적 사고의 월권을 밝히면서 그것의 한

---

15) WhD 57쪽 각주.

계를 자리매김하고, 또한 계산적 사고와 철학적 사유의 간극을 분명히 하고자 한다. 이를 통해 학문적 철학으로 경도된 철학의 위기를 극복할 수 있는 미래적 사유의 길을 찾고자 한다.

여기서는 하이데거의 사유의 의미와 성격, 숙고적 사유의 기원과 전개, 숙고적 사유의 고유성, 비표상적 사유로서의 숙고적 사유, 숙고적 사유의 과제와 전망, 숙고적 사유의 비판적 성찰을 다루고자 한다. 이를 통해 계산적 사고와 숙고적 사유의 차이가 현저하게 드러날 것이고, 또한 사유의 위기를 극복할 수 있는 미래적 사유의 가능성이 전망될 것이다.

6장
하이데거의 사유의 의미와 성격

1. 사유의 근원적 의미

일반적으로 '사유(Denken)'란 대상을 생각하고, 궁리하고, 두루 생각함을 뜻한다. 철학에서 사유는 개념, 구성, 판단, 추론 등을 하는 인간의 지적 작용을 의미한다. 사유와 동의어로는 생각, 사고, 사려, 고려, 숙의, 숙고, 사색, 명상 등이 있다. 오늘날 정보 논리나 컴퓨터 모델에 의하면 사고란 단지 정보처리의 과정이나 능력을 의미한다. 즉 사고란 말 대신 '인지(cognition)'라는 용어를 쓰면서 지각·기억 등의 제 기능을 인지과정에 포함시킨다.

아리스토텔레스에 의하면, 사고란 타당한 판단인 추리를 이끌어내는 과정이다. 그리고 사고의 법칙은 논리법칙으로 간주된다. 삼단논법에서 개념·판단·추리는 사고의 요소가 된다. 데카르트에 의하면 사유란 의심하고, 이해하며, 긍정하고, 부정하며, 의욕하고, 상상하고, 감각하는 것이다. 즉 사유는 인간의 가장 고차적인 심적 능력으로서 일반적으로 감성의 작용과 구별된 개념, 판단, 추론 등의 작용을 가리킨다. 또한 개별적인 것으로 향하는 감각에 반해, 사유(cogito)는 보편적인 것과 본질의 파악에 관한 능력이다. 따라서 사유의 학문인 철학은 인간, 자연, 역사, 사물의 보편적인 본질을 파악한다.

칸트에 있어서 사유는 지성의 능력에 속한다. 이 사유는 개별적인 것을 파악하는 감각적 지각과 대립되는 보편적 파악을 뜻한다. 헤겔의 '개념적 사유'는 사유대상에 침잠함으로써 대상의 보편적 본질을 대상 자신의 운동으로서 분명히 해나가는 활동이다. 개념적 사유에서는 "개념이 대상의 자기이며, 이 자기는 대상의 생성으로서 나타난다. 따라서 자기는 움직이지 않은 채 다양한 우유성(偶有性)을 담지하는 정지된 주어가 아니라, 스스로 운동하여 자신의 규정들을 자신에게 회복하는 개념이다."[1] 여기서 사유는 사태 속에 침잠하여 그 보편적이고 객관적인 구조에 따르면서 나아간다. 따라서 사유 그 자체가 보편적이어야만 한다는 것이 헤겔의 생각이다.

이런 철학사의 흐름 속에서 일반화된 것으로서 하이데거는 통상적인 사유 개념을 다음과 같이 정의한다. "오래전부터 통상적 규정에 따르면, '사유'는 어떤 것을 공통적인 것(κοινόν)으로서의 그것의 이데아 안에서 표-상하는 행위(Vor-stellen), 즉 어떤 것을 보편자(das Allgemeine) 안에서 표-상하는 행위이다."[2] 위에서 거론한 대표적인 철학자들의 사유의 활동은 개념의 활동이다. 그러나 하이데거에 있어서

---

1) G. W. Hegel, *Phänomenologie des Geistes*, Neu herausgegeben von H.-F. Wessels und H. Clairmont, Hamburg 1980, 57쪽.
2) GA 65, 63쪽.

사유는 결코 개념적인 파악(Be-greifen)에 머무는 것이 아니다. 오히려 사유는 자신의 본질을 활기차게 전개시키던 전성기에는 결코 개념이라는 것을 알지도 못했다는 것이다. 말하자면 그리스 사상가들의 위대한 사유 전체는 개념 없이 사유하고 있다. 그들의 위대한 사유 전체가 애매하고 두루뭉술하게 사유하고 있다는 말이 아니라, 그 반대로 그들의 위대한 사유 전체는 사태에 맞게끔 사유하고 있다는 뜻이다. 이것은 또한 사유가 자신의 길을 걷고 있다는 말이기도 하다.

또한 하이데거는 사유나 사고에 대한 사전적 의미의 한계와 폐해를 주장하면서, 사유의 근원적인 의미는 사전적 의미의 틀에 갇혀 있지 않고, 오히려 그것으로부터 자유로운 영역에서 발견할 수 있음을 강조한다. "물론 우리가 언어를 단지 의사소통의 도구로 여긴다면 소통과 교화의 기술로 제본된 사전(辭典)은 곧바로 정당하며 구속력이 있다. 그러나 언어를 한 언어의 역사적 정신 전체라는 측면에서 본다면, 모든 사전에는 직접적인 척도와 구속력이 결핍되어 있다."[3]

사유에 대한 그리스어의 어원적 연원에 대한 설명과 더불어, 독일어 고어를 통해 하이데거는 사유의 근원적 의미를 밝히고자 한다. 독일어 Denken이란 말을 그것의 고어 형태인 Gedanc로 소급시키면, 사유는 '기억(Gedanke)'이나 '회상(Andenken)'으로 규정된다. '사유'라는 말은 도대체 무엇을 의미하는가? 그것은 이제 회상, 감사, 기억 등의 말과 연관된다.[4]

이와 같이 하이데거는 '사유'와 '사고'를 나타내는 Denken과 '생각'

---

3) M. Heidegger, 최상욱 옮김, 『횔덜린의 송가 〈이스트〉』, 동문선 2005, 62쪽.
4) WhD 207쪽.

을 의미하는 Gedanke를 연결시킨다. 독일어 동사 denken의 동의어로 gedenken(기억하고 있다, 잊지 않다, 추모하다, 추념하다, 생각해내다, 생각하다, 회상하다)의 명사형은 게당케(Gedanke, 생각, 사고, 사상, 이념, 개념, 관념, 표상, 소원, 계획, 착상)이다. Gedanc라는 시원적인 말이 언명하고 있는 바는 모여진, 즉 모든 것을 모으는 추념(Gedenken)이다. Gedanc가 언명하고 있는 바는 마음(das Gemüt), 무트(der mout), 심정(das Herz) 등과 같은 것이다. Gedanke는 기억이나 회상 이외에 감사(Dank)의 뜻을 내포하고 있다. 물론 인간은 기억과 회상, 한마디로 사유를 통해서 존재를 지킬 수 있다. 시원적인 의미들에서 나타나는 기억, 회상, 기다림, 감사 등이 바로 사유라는 이름으로 불리는 것들이다.[5] 하이데거에 의하면 Gedanc라는 시원적으로 언명하는 말의 의미에서 본 사유는, 파스칼(B. Pascal)이 수 세기 후에 수학적 사유를 의도적으로 반대하면서까지 회복시키고자 애썼던 '심정(coeur)'의 사유보다 더 근원적이다.[6]

하이데거의 해석에 의하면 기억, 회상, 기다림, 감사는 모두 '존재 진리(aletheia)'를 청종하며 그것을 따르는 사유의 양태들이다. 여기서 존재진리는 있어왔고, 현존하고, 도래하는 존재역사적 사건이다. 이에 반해 기술형이상학적 시대의 사고는 기술의 지배의지에 따라 존재자들을 신속하게 처리한다. 그것은 눈앞에 있는 것을 주문 가능한 것으로 소유하고 지배하고 장악하면서 탈역사적인 현재에 매몰되어 있다. 사유란 원래 존재자들을 '앞에 놓여 있도록 내어 두기(das

---

5) 같은 책, 196쪽.
6) 같은 책, 196쪽 이하.

Vorliegenlassen)' 및 '보살핌 안으로 영접하기(In-die-Acht-nehmen)'[7]를 뜻한다.

하이데거는 전통적인 사고 개념과는 구별되는 '시원적인 사유(anfängliches Denken)'인 숙고 내지 숙고적 사유(Besinnung, besinnendes Denken)를 통해 고유한 '사유'의 의미를 드러내고자 한다. 이 새로운 사유 개념은 그리스 사유의 근본 낱말들인 로고스(λόγος)와 누스(νοῦς)에 그 기원을 두고 있다.[8] 즉 철학에서 다루는 사유를 그리스적 어원으로 소급해 들어가서 그 시원적 의미를 밝히고자 한다.

하이데거의 견해로 보자면, 전통적인 형이상학적 로고스 개념에서 유래한 표상적·계산적 사고는 자신의 사유에 대한 통찰을 방해하고 있다. 초기 사유가들에게 로고스는 '모으는 층(lesende Lege)',[9] 즉 모든 것을 모으는 '모음(Versammlung)'[10]이라는 특징을 지닌다. 이른바 "알레테이아(aletheia), 피시스(physis), 로고스(logos)는 동일자이다. 〔…〕 다양성이 풍부한 일자 속으로 원천적으로 스스로 모음으로서의 동일자이다: 토 헨(το ἕν)."[11]

그리고 신적인 로고스와 인간적인 로고스는 연계되어 있다.[12] 여기서 우리는 존재의 말걸어옴(Ansprechen)과 인간의 응답함(Entsprechen)의 상호놀이의 전(前) 형태를 엿볼 수 있다. 로고스는 선술어적 행위로서 '보게 함(sehen-lassen)'이라는 본질적 기능을

---

7) 같은 책, 278쪽.
8) 같은 책, 244쪽.
9) VA 208, 218쪽.
10) 같은 책, 208쪽.
11) GA 55, 371쪽.
12) 같은 책, 292, 315쪽.

갖는다. [13] "인간은 말하는 존재자로서 자신을 드러내 보인다.(sich zeigen)"[14]

하이데거의 해명에 따르면, 로고스 개념은 그리스 시대 이후로 logos-ratio-intellectus-Vernunft로 변모된다. 이런 변천사 속에서 로고스의 원래적 의미가 변질되고 퇴색된 것이다. 원래 그리스어 '로고스'는 존재자를 가리키면서 이 존재자가 자신의 존재 속으로 드러나도록 하는 언어의 본질로서의 언명(Sage)이다. "로고스는 존재를 지칭하는 이름일 뿐만 아니라 동시에 언명함(Sagen)을 가리키는 이름이다."[15] 무엇보다 언어는 밝히면서-은폐하는 존재 자체의 도래이다.[16] 인간은 이 언명을 뒤따라 말한다.(nachsagen)[17] 이 언명은 '가리키다 (zeigen)', 그리고 '드러나게 하다(erscheinen lassen)'를 의미한다. 그러나 이 언명에는 어떤 것들에 대한 표상(Vorstellung)과 진술(Aussage) 같은 것들은 배제된다.[18]

또한 인간에 대한 본질규정인 '이성적 동물(animal rationale)'은 그리스적 의미의 인간본질과 더 이상 일치하지 않는다. 즉 "형이상학의 옛 학설을 따르자면, 인간은 이성적 동물이다. 이와 같은 로마인들의 해석은 그리스인들이 조온 로곤 에콘(ζῷον λόγον ἔχον, 로고스를 가진 생명체)이라는 이름으로 사유한 그것과 그 본질에서 더 이상 일치하지

---

13) SuZ 34쪽.
14) 같은 책, 165쪽.
15) Hum 21쪽.
16) 같은 책, 16쪽.
17) UzS 255쪽.
18) 같은 책, 14쪽; VA 60쪽.

않는다."[19]

로마 시대에 와서는 이성(ratio)은 계산적 고려(Rechnung), 근거(Grund)로 불린다.[20] 근대에 와서 이성은 다음과 같은 것을 의미한다. "인지, 이성(ratio), 존재는 공속한다. 따라서 순수이성, 즉 '라치오(ratio)'는 이제 어떤 것이 존재자로서 현상하는 방식, 즉 표상되어 주문되고, 취급되고 거래될 수 있는 모든 것에 대한 정립, 즉 충분한 근거의 송달(Zustellen) 이외에 다른 것이 아니다."[21]

하이데거는 인간과 사유에 대한 전통적 견해에 대해 도발적인 입장을 제시한다. 이를테면 "인간은 인간이기 때문에 사유하는 것이 아니라, 사유하기 때문에 비로소 인간으로 존재한다."[22] 여기서 사유는 인간의 창작물이 아니라, 사유가 인간을 인간되게 한다. 왜냐하면 사유는 인간에게 우선권이 있는 것이 아니라, 존재에 의한, 즉 존재의 말 걸어옴에 대한 응답이기 때문이다. 존재는 사유의 대상물이 아니라, 오히려 존재가 사유를 가능하게 하고, 사유는 존재에 참여하게 되는 것이다.

우리가 자기 자신 안에서 사려되어야 할 것으로 되어 있는 그러한 것을 원할 때, 비로소 우리는 사유를 행할 수 있다.[23] 시원적으로 사유란 사유하도록 명하는 '존재의 소리(Stimme des Seins)'에 대한 응답이다. 이러한 까닭에 '존재의 소리'는 우리에게 사유하도록 하는 그러

---

19) WhD 155쪽.
20) SvG 182쪽.
21) 같은 책, 185쪽.
22) WhD 27쪽.
23) 같은 책, 51쪽.

한 것, 자기 자신이 우리들에게 사려되어야 할 것이다. 또 그것은 사유하면서 자기 자신에게 전념할 것과 자기 자신을 사유할 것을 우리에게 요구하는 그러한 것이다. 사유란 한마디로 '존재의 소리'에 대한 기억, 회상, 정심(Andacht) 이외에 다른 것이 아니다.[24] 따라서 하이데거의 사유 개념은 인간의 존재와의 본질연관 속에서 비로소 이해될 수 있다.

위의 회상과 연관된 기억(memoria)을 살펴보자. 기억의 사전적 의미는 이전의 인상이나 경험을 의식 속에 간직하거나 다시 생각해내는 것을 의미한다. 또한 그것은 사물이나 사태에 대한 정보를 마음속에 받아들이고 저장하고 인출하는 정신기능이다. 기억이란 인상, 지각, 관념 등을 불러일으키는 정신기능의 총칭이다. 새로운 경험을 저장하는 작용과 기명된 내용이 망각되지 않도록 유지하는 작용, 그리고 유지하고 있는 사항을 회상할 수 있는 활동을 기억의 3요소라 한다.

철학사에서 기억의 문제를 최초로 언급한 작품은 아우구스티누스의『고백록』중 '기억의 신비'(제10권)이다. 즉 신앙인에게 가장 중요한 질문 중 하나가 "어떻게 하나님을 만날 수 있는가?"이다. 아우구스티누스는 이 책에서 인간이 내면에서 하나님을 발견하는 자리는 바로 '기억이라는 넓은 궁전'이라고 말한다. 기억을 통해 하나님을 만난 경험을 되살리는 것, 기억 안에 존재하는 생각을 통해 하나님을 묵상하는 것, 기억 안에서 자신의 참된 자아를 찾아 여행하는 것이 우리 삶을 회복시킨다.[25] 이후로 기억은 인식론에서 다루어지면서 사고능력

---

24) 같은 책, 26쪽.
25) A. Augustinus, 선한용 옮김,『성 어거스틴의 고백록』, 대한기독교서회 2015. 311~375쪽. "제9권까지에서 자기 어린 시절부터 어머니의 죽음까지를 이야기한

의 일부분에 속한다. 인위적인 가설과 선입견들을 벗어난 인간의 세계에 대한 자연스러운 관계에 있어서의 '의식'을 후설의 현상학은 '순수한 기억'이라고 한다.

하이데거에 있어서 기억이란 인간과 존재와의 본질적 연관 속에서 파악된다. 기억이란 인간의식의 인식능력에 속한 것이 아니고, 오히려 있어왔고, 있고, 있게 될 존재의 던짐(Wurf) 내지 말걸어옴 (Anspruch)에 대한 응답에 속한다. 기억이란 의식의 심층 차원인 아니무스(animus) 내지 '마음'과 연관된다.

> 기억이란 시원적으로 보자면 마음(Gemüt)과 정심(定心, An-dacht)을 의미한다. 그러나 여기에서 이러한 말들은 언제나 가능한 한 폭넓게 본질적으로 말하고 있는 것이다. 여기서 '마음'은 단순히 근대적인 의미에서 이야기되는 인간의식의 정서적 측면만을 일컫는 것이 아니라, 인간본질 전체의 본재성(das Wesende)을 일컫는 것이다. 이것은 라틴어에서는 아니마 (anima)와 구별되어서 아니무스(animus)로 명명되고 있다.[26]

우리는 일반적으로 기억을 단기적 기억과 장기적 회상으로 나눈다.

후 어거스틴은 자기의 현재 상태의 모습을 분석해 말한다. 이 과정에서 그는 인간의 기억의 놀랄 만한 힘에 대해 자세히 설명하면서 자기의 기억 안에서, 기억을 통해서 자기의 혼이 하나님에게로 오르는 과정을 논한다. 그는 또한 자기가 감독으로 있으면서도 세 가지 유혹, 즉 육신의 정욕과 안목의 정욕과 이생의 자랑과 싸우면서 성화의 과정을 밟고 나감을 말한다. 끝으로 그는 중보자가 되시는 그리스도의 속량을 통하여 자기의 혼이 여러 가지 무지와 병에서 치료가 됨을 고백한다."(311쪽 해설 참조) http://news.kmib.co.kr/article/view.asp?arcid=0012314267&code=61221111&cp=nv.

26) WhD 202쪽.

하이데거는 기억과 회상을 본질적으로 연관된 것으로 본다. '회상으로서의 기억'은 우리가 사유해야만 할 것을 간수함으로 이해한다.

인간의 회상이라는 의미에서 본 기억은 사유하게끔 하는 모든 것을 간수하고 있는 그러한 것 안에서 산다. 우리는 그것을 간수하기(Verwahrnis)라고 호명한다. 간수하기는 우리에게 사유하게끔 하는 그러한 것을 안전하게 감추고 있고 비호하고 있다. 간수하기는 다만 사려되어야 할 것을, 즉 가장 깊이 사려되기를 바라는 것을 선물로서 자유롭게 내어준다. 〔…〕 기억은 사려되어야 할 것에 대한 인간의 회상으로서 가장 깊이 사려되기를 바라는 것의 간수하기에서 연유한다. 간수하기는 기억의 본질근거이다.[27]

회상(An-denken)[28]이란 일반적으로 기억에 저장되어 있는 것을 고스란히 끄집어내는 것을 뜻한다. 하이데거에 있어서 회상이란 존재역

---

27) 같은 책, 205쪽
28) M. Heidegger, 신상희 · 이강희 옮김, 『회상』, 나남 2009. 원제목은 『횔덜린의 송가 '회상'』이다. M. Heidegger, Hölderlins Hymne "Andenken"(Wintersemester 1941/42), ed. C. Ochwaldt, 1982. 1941/42년 프라이부르크대학교 겨울학기 강의이다.(이하 GA 52) 이 강의의 핵심 메시지는 횔덜린이 멀리서 다가오는 성스러운 것을 앞서 사유한다는 사실이다. '회상'은 하이데거의 횔덜린 시론의 핵심을 보여주는 매우 귀중한 통찰을 담고 있다. 그 통찰에 따르면 횔덜린의 시는 존재의 시원 속으로 다가오는 성스러운 것을 말 안에 수립함으로써 세상의 근원 가까이에 머물려는 귀향의 시이다. M. Heidegger, *Erläuterungen zu Hölderlins Dichtung*(1936-1968), ed. F. W. von Herrmann, 1981. *Hölderlins Hymnen "Germanien" und "Der Rhein"*(Winter semester 1934/35), ed. S. Ziegler, 1980. *Hölderlins Hymne "Der Ister"*(Sommer semester 1942), ed. W. Biemel, 1984. *Zu Hölderlin/Griechenlandreisen*, ed. C. Ochwaldt, 2000.

운을 숙고하고, '사유되지 않은 것'[29]을 앞서 사유하고, 그것을 사유해야 할 것으로 사유함을 의미한다. 여기서 회상이란 본래적인 의미에서 사유를 뜻한다. "그러나 회상, 즉 기재해온 역운을 숙고함, 즉 기재해온 것에서 여전히 사유되지 않은 것을 사유-해야 할 것(das zu-Denkende)으로 숙고하는 것을 의미한다. 사유해야 할 것에는 앞서-사유하는 것(Vor-denkendes)으로만 여겨지는 사유가 상응한다. 기재해온 것을 회상하는 것은 사유되지 않은 것을 앞서 사유함이다. 사유는 회상하는 앞서 사유함이다."[30]

따라서 회상으로서의 사유는 과거, 현재, 미래와 맞물려 있다. "원천의 근거를 회상하는 것인 시작은 단순히 지나간 것을 되돌아 보는 것이 아니다. 회상은 인사하면서 부름을 받은 것을 현재로 불러온다. 부름을 받은 것의 도래는 우리에게 부르는 인간에게 하나의 미래를 열어주며, 그래서 우리로 하여금 다시 돌아오는 원천을 우리에게로 다가오는 미래로서 마주할 수 있도록 해준다."[31] 이런 주장의 이해

---

29) T. Clark, 위의 책. 클라크(T. Clark)는 방언 속에 사유되지 않은 것이 보존된다고 본다. "그러나 하이데거가 존재물음을 훨씬 더 근원적으로 다시 표현하고자 할 때, 그는 일상 구어체 독일어, 그 가운데 동사구들과 유연한 조립에, 때때로 말-장난처럼 보이는 것에 호소한다. 예를 들면 현존재, 염려, 함께 있음, 이미 안에 있음, 눈앞의 존재 등이 그것이다. 때때로 방언은 사유되지 않았지만 편재하는 전 반성적 영역에 철학이나 과학보다 더 가까이 있는 것으로, 그래서 서구 형이상학에서 자유로워지려고 하는 사유를 위한 주요 원천으로 나타난다. 사태에 더욱 천착하는 사유가 마주친 사유되지 않은 것을 보존하고 보류하고, 그래서 안전하게 유지하는 것은 바로 전승의 형식화되지 않은 언어이지 전문용어가 아니다. 그렇다면 하이데거가 지방 방언을 '모든 참된 언어의 신비스러운 원천'으로 간주하는 것은 그렇게 놀라운 일이 아닐 것이다."(144쪽)
30) SvG 239쪽 이하.
31) 이기상, 『하이데거의 존재사건학』, 328쪽.

를 돕기 위해 이제 하이데거가 인용한 휠덜린의 시 「회상(Andenken)」
을 살펴보자.

북동풍이 분다.
그 바람은 불타는 정신과
순항을 사공들에게 기약해주기에,
내겐, 바람 중에서 가장 인간다운 것이리.
그러나 이제 가거라, 그리고
아름다운 기롱강과
보르드의 정원에게 인사하여라.
가파른 강가를 따라
오솔길이 뻗어 있는 그곳에서, 강물 속으로
여울물이 깊이 떨어지니, 허나 그 위에서
우아한 한 쌍의
떡갈나무와 은백양 나무가 내려다보고 있구나.
(중략)
그러나 이제 남자들은
인도인들에게로 가버렸다.
그곳, 맑은 공기 가득한
포도나무 숲 산정,
그곳으로부터 도르도뉴강이 흘러나와,
장려한 기롱강과 합류하여
강물은 넓은 대양으로 흘러간다. 그러나
바다는 기억을 앗아가거나

주기도 하나니,

사랑도 또한 부지런히 눈길을 부여잡는다.

상주(常住)하는 것을 그러나, 시인들이 수립하노라.[32]

존재는 사유거리를 사유에 사유해야만 할 것으로 우리에게 나타낸
다. 따라서 우리가 그것을 회상하는 한에서 사유가 이루어진다. 회상
속에서 존재는 보존된다. 따라서 "사유의 도약(Sprung)은 뛰어내리기
이전의 것을 뒤에 내버려 두는 것이 아니라, 더욱더 근원적인 방식으
로 전유한다. 이러한 관점에 따르면 회상으로의 도약에서 사유는 지
나간 것이 아니라 기재해온 것으로 향한다. 이것을 우리는 바로 지나
가는 것이 아니라 회상 속에 새로운 통찰을 모아 보존함으로써 현성
하고 존속하는 것을 모음이라고 생각한다. 모든 기재해온 것에는 모
아 보존함이 은닉되어 있다. 〔…〕 모아 보존된 것만이 그 자체로 존속
된다는 보증을 가진다."[33]

이미 사유는 존재의 도래에, 그리고 시작(Dichtung)이 신들의 눈짓
에 결속되어 있다. 이제 원천의 근거를 회상함인 '시작(Dichtung)'은 성
스러움이 낱말(das Wort)로 온다는 것에, 즉 성스러움의 도래함에 결
속되어 있다. 하이데거가 「예술작품의 근원」에서 설명하고 있는 바에
따르면, 저 시작이란 '존재자 그 자체의 진리의 도래가 이루어지도록
함'이며, 진리가 '스스로를 작품으로 정립함(Sich-ins-Werk-Setzen)'이며,

---

32) M. Heidegger, 『회상』, 39~41쪽. 휠덜린의 송가 '회상' 이외에도 '이스터강', '거인
족', '므네모쉬네(Mnemosyne, 기억의 여신)', '무르익고'가 하이데거에 의해 해명
된다.
33) SvG 154쪽.

진리의 건립이다.[34] 또한 시작은 '존재자의 비은폐성을 말하는 것'으로서 본래적인 의미의 언어 자체이다.[35] 언명 내지 말씀(Sage)인 언어는 '존재의 언어'[36]로서 스스로를 내보이는 것이다. 존재가 언어 속에서 자신을 드러내고, 인간도 언어로 하여금 자신을 드러내게 한다.

하이데거는 또한 사유를 '기다림(Warten)'으로 풀이한다. 이 기다림은 고대함(Er-warten)과 구분된다. 후자는 표상하는 행위와 이런 행위에 의해 표상된 것과 연관되어 있다.[37] 기대의 대상은 기대하는 인간 주체의 의지의 표현이다. 기다림은 표상작용과는 아무런 관련도 없다. 물론 기다림도 항상 그 어떤 것에 대한 기다림이다. 하지만 기다림은 그것을 대상으로 정립하지 않고서 다만 그것을 향해 자신을 열어놓는다. 따라서 기대함에서는 그 기대의 대상이 인간 주체의 의지에 의해 채색된다. 그러나 기다림에서는 그 기다려지는 어떤 것이 그것 자체로서 자신을 드러내 보일 가능성이 주어진다. "기다림은 본래적으로 어떠한 대상도 지니지 않는다. 〔…〕 기다림 속에서 우리는 우리가 기다리는 그것을 열려 있게 한다."[38]

그러나 '숙고적인 사유'는 좀 더 강도 높은 집중력이 요구된다. 또한 그것은 오랜 연습이 필요하기도 한 것이다.[39] 하이데거는 기다림을 사유의 기투행위(das Entwerfen)로 파악한다. 기다림은 사유해야 할 사태로서의 존재 자체가 그 자신의 고유한 참됨 속에서 스스로를 나

---

34) Hw 63쪽.
35) 같은 책, 60쪽.
36) Hum 47쪽.
37) WhD 155쪽.
38) Gel 42쪽.
39) M. Heideggger, 『동일성과 차이』, 124쪽.

타내 보이도록 하는 적극적인 사유의 기투행위이다. 이런 점에서 인간의 본질은 존재의 본질을 사유하며 지키며 깨어 있는 가운데 그것을 기다리는 '기다림' 속에 있는 셈이다. 즉 인간이 '존재의 목동'으로서, 그리고 동시에 '무의 자리지기(Platzhalter des Nichts)'로서 존재의 진리를 기다릴 때에만, 그는 단순한 지식욕에 빠지지 않고 존재의 역운의 도래를 고대할 수 있다.

또한 기다림은 '사역(das Gegnet)'의 열린 장 속으로 들어가 그것과 관계를 맺는 것이다. 이는 사역의 질서와 '세계-놀이(Weltspiel)' 속에 자연스럽게 참여하는 것이다. 이런 참여는 인간의 일방적이고 능동적인 자발성과 의지의 속성이나 표현이 아니다. 기다림으로서의 사유로 인해 인간은 자신의 본질공간인 사역 안에 거주하게 된다. 이를테면 "사역과의 관계는 기다림이다. 그리고 기다림이란 사역의 열린 장 속으로 들어가 그것과 관계 맺는다는 뜻이다."[40]

우리가 사유할 때 우리는 기다리는 가운데 이 사역 속으로 이끌려 들어오게 된다. 그리고 기다림 속에서 우리는 기다리는 그것을 열어놓게 된다. 기다림은 열린 장 자체 속으로 들어가는 것이기 때문이다. 우리가 오직 순수하게 기다릴 수 있는 그것은 바로 열린 장 자체이다.[41] 또한 기다림은 어떤 것을 주체의 앞에 세우는 표상행위와는 아무런 관계도 없을 뿐만 아니라, 어떤 대상도 갖고 있지 않다.[42] 결국 기다림은 질문함과 바로 연결된다. 즉 "질문할 수 있다라는 것은 〔…〕

---

40) 같은 책, 164쪽.
41) 같은 책, 156쪽.
42) 같은 책, 155쪽.

기다릴 수 있음을 의미한다."[43]

무엇보다 하이데거에게 사유(Denken)는 감사함(Danken)이다. 모든 감사는 처음부터 끝까지 사유의 본질영역에 속한다. 그러나 사유는 자기 자신 안에서, 또 자신의 편에서부터 몸소 사려되기를 바란다. 가장 깊이 사려되기를 바라는 것을 사유하는 한, 우리는 본래적으로 감사하는 것이다. 사유하면서 가장 깊이 사려되기를 바라는 것으로 모아지는 한, 우리는 모든 회상을 모으는 그것 안에 거주하게 되는 것이다. 우리는 사유되어야 할 것에 대한 회상의 모음을 '기억'이라고 호명한다.[44]

하이데거에 의하면, 존재 자체에 대한 경건한 몰두인 정심(Andacht)으로서 사색은 원래 감사함이다. 게당크(Gedanc)는 감사라는 말로 나타내는 그것이기도 하다. 감사에서 마음은 마음이 품고 있는 것과 마음이 이루고 있는 것을 추사(追思)한다(gedenkt). 따라서 추사하면서 또한 기억으로서 마음은 그것을 안아 들이는 자에게 사유함으로써 자기 자신을 바친다(zudenkt). 마음은 자기 자신을 청종하는 자로서 그것도 단순한 예속의 의미에서가 아니라 청종하면서 정심하는 까닭에 사유한다. 근원적인 감사는 자기 자신이 감사 입은 것을 표시함이다(sich verdanken).[45] 따라서 오래 참고 견뎌온 고매한 마음(Edelmut)은 의욕하기를 거부하면서도 의지가 아닌 그런 것 속으로 들어가 그것과 관계 맺는다. 그것은 그런 의욕이 순수하게 맑아져 자기 안에서 휴식하고 있는 그런 마음이다. 따라서 고매한 마음은 사유의 본질인 동시에 감

---

43) M. Heidegger, 박휘근 옮김, 『형이상학 입문』, 문예출판사 1993, 329쪽.
44) WhD 201쪽.
45) 같은 책, 198쪽 이하.

사의 본질이다.

가장 깊이 사려되기를 바라는 것을 사유하는 한 우리는 감사하고 있는 것이다. 사유가 그때마다 언제나 사유하게끔 하는 그러한 것을 그것의 고유한 본질로 가도록 결의할 수 있다면, 그러한 사유야말로 가사자들(die Sterblichen)이 표할 수 있는 최고의 감사가 될 것이다. 그러나 인간이 언젠가 한 번 이렇게, 즉 그처럼 '감사 입은 것을 표시하기'의 방식으로 사유할 수 있다고 한다면, 이러한 사유는 역시 그때마다 언제나 깊이 사려되기를 바라는 것에 대한 회상 안에서 이미 모아져 있을 것이다. 그렇다면 사유는 기억 속에서 살게 마련이다. 이 경우 우리는 기억이라는 이 말을 그것의 시원적인 언명하기(Sagen)에 준해서 듣고 있는 것이다.[46]

하이데거에 있어서 시원적인 사유, 즉 근원적인 감사는 존재의 은총에 대한 메아리인 셈이다. 이 은총 속에서 '존재자가 존재한다'는 유일무이한 사건이 환히 밝혀지며 생기한다. 이런 메아리가 존재의 말 없는 소리, 즉 고요한 울림이라는 그 말에 대한 인간의 대답인 것이다. 이런 사유의 대답이 인간이 말하는 그 말의 근원이다. 바로 이런 말이 비로소 여러 가지 낱말들로 발성화되는 언어를 출현시킨다. 만일 어떤 은닉된 사유가 때때로 역사적인 인간의 본질근거 속에 있는 것이 아니라면 인간은 결코 감사할 수 없을 것이다. 모든 사색함(Bedenken)과 그때마다의 감사함(Bedanken) 속에는 시원적으로 존재의 진리를 사유하는 그런 어떤 사유가 있어야만 한다고 가정한다면 말이다. 존재의 은총이 그 은총 자체에 대한 열린 연관을 통해 인간에

---

46) 같은 책, 312쪽.

게 가난의 고귀함을 보장하지 않는다면 어떻게 인류가 그때마다 근원적인 감사를 향해 나갈 수 있었겠는가? 그것은 존재의 은총을 참답게 보존하려는 과정에서 존재자와 결별하는 것이다.[47]

요약하자면, 존재 자체로부터 우리에게 선사되는 것은 사유이다. 사유는 사유되어야 할 것에 위탁되어 있다. 언제나 존재편에서 사유하게끔 하는 것이 가장 깊이 사려되기를 바라는 것이다. 감사 입었다고 표시해야만 하는 우리의 본질의 본래적인 하사물은 바로 가장 깊이 사려되기를 바라는 것에서 연유하는 것이다. 하이데거에게 사유란 존재로부터 사유하는 것이며, 또한 '존재의 진리'를 사유하는 것이다. 그는 감사야말로 서양철학의 전통이나 현대의 과학에 의해 망각되어버린 진정한 사유라고 간주한다. 따라서 하이데거에 있는 사유하는 존재라는 말은 감사할 줄 아는 존재를 의미한다.

2. 논리학에서 사유의 의미

논리학은 그리스 철학에서부터 유래한 '로고스에 대한 학문'을 뜻하는 '로기케 에피스테메(logike episteme)'이다. 하이데거에 의하면 "논리학, 즉 '로고스'에 대한 학문은 사유에 대한 학문이다. 그러나 사유하는 규정함이란 어떤 것을 어떤 것으로서 규정하는 것이기에 항상 동시에 어떤 무엇에 대한 규정이다."[48] 하이데거에 의하면 소크라테스

---

47) 같은 책, 182쪽 이하.
48) GA 26, 19쪽.

와 플라톤 이전의 초기의 사상가들은 윤리학, 자연학, 논리학을 알지 못했다. 잘 알려져 있듯이, 서양에서는 아리스토텔레스로부터 논리학이 출발한다. 사유에 대한 학문으로서 논리학은 '어떤 무엇을 사유한다'는 것을 의미한다.

> 논리학은 '로고스', 진술, 규정함에 일반적으로 무엇이 속하는지, 사유 일반의 본질이 어디에 놓여 있는지에 대해 묻는다. 그러나 사유한다는 것은 무엇에 대한 사유함이다. 모든 현실적인 사유함은 자신의 주제를 가지고 있으며, 따라서 어떤 특정한 대상, 다시 말해 항상 우리와 맞서 있는 특정한 존재자, 자연 사물, 기하학적 대상, 역사적인 사건, '언어적인 현상'과 연관되어 있다.[49]

논리학은 사고 일반의 법칙을 연구하는 학문이다. 모든 학문이 사유의 법칙을 따르는 한, 논리학은 모든 학문의 기초를 제공한다. 따라서 형이상학도 하나의 학문인 한, 논리학에 종속될 수밖에 없다. 논리학은 모든 사유가 따라야 하는 법칙성, 즉 사유의 형식적 법칙들을 탐구함으로써 사유를 다룬다. 형식적 사유에 대한 학문으로서 일반논리학은 형식논리학(formale Logik)이다.

통상적으로는 논리학에서 그리스어 레게인($\lambda\acute{\varepsilon}\gamma\varepsilon\iota\nu$)은 '언명하다(sagen)', 노에인($\nu o\varepsilon\widetilde{\iota}\nu$)은 '사유하다(denken)'로 번역된다. 그러나 이런 번역은 사유라는 말을 사용할 때 그 사태를 놓치고 만다. 따라서 하이데거는 저런 양자의 구분에 동의하지 않고, 양자의 공속성 내지 합

---

49) 같은 책, 20쪽.

일을 주장한다. "사유는 특히 디아-레게스타이(δια-λέγεσθαι)인 동시에 디아-노에이스타이(δια-νοέίσθαι)이다. 레게인과 노에인 양자 모두는 사유의 결정적인 본질특성들로 떠오른다."[50]

사유는 레게인(λέγειν, sagen), 즉 진술과 판단이라는 의미에서 로고스이다. 판단작용은 오성의 활동이나 넓은 의미에서 본 이성의 활동으로 간주된다. 일반적으로 그리스어 로고스는 이성, 말, 단어, 문장, 개념, 대화, 연설, 계산, 비례, 논리 등 여러 의미로 사용되어왔다. 레게인은 단지 말하다(sprechen)만을 의미하지 않는다. 그리스인들이 원래 레게인을 앞에 놓기(vorlegen), 내어놓기(darlegen), 위에 놓기(überlegen) 등으로 이해한 바 있다. 그렇기 때문에 '놓기(Legen)'를 레게인이라고 호명하고 있는 것이다.

로고스는 사유, 존재, 언명함이다. "로고스(λόγος)는 존재(Sein)를 지칭하는 이름일 뿐만 아니라 동시에 언명함(Sagen)을 지칭하는 이름이다."[51] 여기서 언명함은 바로 그 말함에 있어서 '그 무엇'에 대해 말해지고 있는 바를 명백히 드러내고(offenbar machen), 보게 한다(sehen lassen).[52] 이토록 명백히 드러내고, 보게 한다는 것은 곧 드러내는 것(entdecken)과 일맥상통한 것이다. 무엇무엇에 관한 것과 현존재 자신을 드러내기 때문에 말은 현존재의 개시성으로 규명되고 있다.[53]

하이데거는 그리스적으로 사유된 '레게인(λέγειν)'과 '로고스'의 본질을 소환해내고자 한다. 우리가 무엇인가에 관하여 무엇인가를 언명할

---

50) WhD 244쪽.
51) UzS 185쪽.
52) SuZ 32쪽 참조.
53) 같은 책, 161쪽 참조.

때, 우리는 그것을 이러저러한 것으로서 앞에 있도록 내어두는 동시에 현상하도록 한다. '어떻게든 나타나도록 한다'와 '앞에 놓여 있도록 내어둔다'가 그리스적으로 사유된 '레게인'과 '로고스'의 본질이다.[54] 이제 로고스의 어원적 유래를 살펴보자.

로고스는 어원상 레게인이라는 말에서 유래한다. 레게인은 원래 수집하다라는 뜻을 지니고 있었으며 엄밀하게 따지면 '수를 세다'는 의미였다. 수를 세다는 뜻에서 출발하여 이 말은 두 가지 방향으로 발전되었는데 그중 하나는 '열거하다'에서 시작하여 '이야기하다'(처음에는 사건들을 열거하는 것을 말했다), 발언, 진술, 문장, 표명, 말, 부름 등의 의미로 전개된다. 다른 한 방향은 셈, 계산, 정산, 결산, 숙고, 설명, 토의, 논증, 나아가 구별, 추산, 논거제시, 근거, 정당화, 보고, 비례, 유비, 대칭, 척도 등의 뜻으로 뻗어나갔다.[55]

레게인과 공속관계에 있는 '노에인(νοεῖν, denken)'은 '사유하다', '청취하다(vernehmen)'로 번역된다. '청취하다'는 맞이하여 받아들인다(aufnehmen)를 뜻한다. 이것은 수동적인 감수작용(hinnehmen)을 뜻하지 않고, '무엇인가를 앞에 받아둔다(vor-nehmen)'는 특성을 지닌다. 이는 청취된 것을 보살핌 안으로 영접하여 간직한다는 의미이다. 노에인의 명사, 누스(νοῦς)는 근원적으로 보자면, 게당크, 정심, 기억 등을 의미한다.[56]

---

54) WhD 251쪽.
55) C. J. Vamvacas, 이재영 옮김, 『철학의 탄생』, 235쪽 이하.
56) WhD 252쪽 이하.

근대 이후의 인간은 더 이상 '존재자의 수용자(Vernehmer des Seienden)'[57]가 아니라 존재자를 이용하고 지배하는 자로서 자연과 세계에 군림하고 있다. 이제 인간은 지구를 이용, 남용, 착취하는 태도를 단념해야 한다. 오히려 "지구가 내리는 축복을 받아들이고, 이러한 받아들임 속에서 지구의 법칙에 순응하고, 존재의 비밀을 보호하고, 가능적인 것의 불가침을 지키는 것"[58]이 사유의 과제에 해당한다.

이성의 분별작용은 노에인으로 소급된다. 노에인은 레게인과 결합된다. '앞에 놓여 있도록 내어두기(das Vorliegenlassen)'와 '보살핌 안으로 영접하기(In-die-Acht-nehmen)'가 사유로 불리면서 논리학적으로 고찰된 그러한 것의 근본특성으로서 비로소 출현하게 된다.[59] 하이데거의 숙고개념은 '노에인'과 '레게인'에 그 기원을 두고 있다.

결국 파르메니데스(Parmenides)의 단편에 대한 해석을 통해서 하이데거는 사유를 이렇게 정의한다. 노에인이, 즉 '보살핌 안으로 영접하기'가 레게인을 통해서 규정된다. 이것이 의미하는 바는 바로 두 가지이다. 첫째, 노에인은 레게인으로부터 전개된다. '영접한다'라는 것은 '손을 뻗쳐 움켜쥔다'라는 것이 아니라, 오히려 '앞에 놓여 있는 것이 대접받게끔 한다'라는 것이다. 둘째, 노에인은 레게인 안에서 간직되고 있다. 노에인이 앞에 놓여 있는 것을 보살핌 안으로 영접한다고 할 때의 보살핌은 모음에 해당하는데 앞에 놓여 있는 것은 그것 자체로서 이러한 모음 안에서 비호받게 된다.[60]

---

57) GA 5, 91쪽.
58) VA 94쪽.
59) WhD 278쪽.
60) 같은 책, 258쪽.

요약하자면, 하이데거는 각각 진술 및 이성으로서 서로 간에 접목된 '레게인(legein)'과 '노에인(noein)'은 로마인들에 의해 라치오(ratio)라고 번역된 것에 주목한다. 라치오는 레오르(reor)라는 동사에서 파생된 것이다. 레오르는 '무엇을 무엇으로 생각하다'이다. 이것은 노에인을 말하는 것이다. 동시에 이것은 '무엇을 무엇으로 서술한다'라는 것, 즉 레게인을 말한다. 이 라치오는 결국 독일어 이성(Vernunft)으로 번역된다.[61] 이것과 연동되어 사유는 '합리적인 것(das rationale)'으로 현상한다. 그러나 하이데거의 숙고개념은 상호공속적인 그리스어 '노에인'과 '레게인'의 시원적 의미에서 유래한 것이다.

3. 사유의 시원과 필요조건

하이데거는 형식논리 중심의 강단 논리학이 보여주는 근원적인 의미에서의 비철학성을 지적한다. 반면에 그는 그것과 다른 시원적 논리학, 즉 철학적 논리학을 추구한다. "결국 논리학은 사실상 학문적 연구 일반을 위한 예비학인 동시에 철학으로 나아가는 하나의 본질적인 방법으로 정당하게 여겨진다. 이는 논리학 자체가 철학적이라는 것을 전제하고 있다. 그런 까닭에 다음과 같은 요구를 하게 된다. 즉 논리학은 달라져야 하고 철학적이어야 한다."[62]

하이데거에 의하면 논리학은 사유를 배우는 것이 아니라 사유에 대

---

61) 같은 책, 257쪽.
62) GA 26, 24쪽.

한 사유만을 가르쳐준다. 그러나 논리학을 비판하는 것이 비논리적인 것을 옹호하기 위한 것이 아니라, 그것이 유래한 참된 로고스에 대한 사유를 일별하기 위함이다. "논리학에 반대하여 사유한다는 것은 비논리적인 것을 위해 싸운다는 것이 아니라, 오히려 단지, 로고스 및 사유의 초기에 나타났던 로고스의 본질을 뒤쫓아 사유한다는 것, 즉 그렇게 뒤쫓아 사유함을 준비하기 위해 비로소 처음 노력을 기울인다는 것을 의미한다."[63]

이런 점에서 하이데거는 전통적인 논리학의 한계를 비판하고, 새로운 철학적 논리학을 제시한다. "올바른 사유에 관한 학설로서의 '논리학'은 존재의 진리를 건립하는 명명함으로서의 언어의 본질에 대한 숙고가 된다. 존재는 종전까지는 존재자성의 형태로 가장 보편적인 것이자 가장 익숙한 것이었으나, 이제는 생생한 고유화로서 가장 유일한 것이자 가장 의아스러운 것이 된다."[64]

그러나 서양의 논리학은 오늘날에 와서는 '논리계산(Logistik)'이 되고 만다. 또 논리계산의 제어 불가능한 발전은 그사이 전자계산기를 때맞추어서 탄생시킨다. 이로써 인간의 본질은 기술의 본질에서 현상한, 좀처럼 사려되지 못한 존재자의 존재에 억지로 적응하지 않을 수 없게 된다. 하이데거에 의하면 수리논리학은 인간의 사유의 퇴화 징후이다.[65] 그 퇴화는 언어를 해석되지 않은 계산체계와 그에 대한 해석으로 추상하는 과정을 통해 관철된다.

언어를 해석되지 않은 계산체계로 형식화하는 과정에서 언어에 담

---

63) Hum 34쪽.
64) GA 65. 177쪽.
65) M. Heidegger, 박찬국 옮김, 『니체 II』, 길 2012, 487쪽.

겨져야 할 존재는 그로부터 완전히 배제된다. 해석되지 않은 계산체계로서의 언어는 그 어떠한 내용도, 그리고 의미연관도 결여한 기호의 외적 결합체이다. 이렇게 분리 추상된 형식체계에 담론의 영역이라는 이름으로 일정한 상황이 할당되고, 그 상황하에서 기호체계와 상황과의 의미연관이 해석이라는 방식으로 주어진다. 그러나 존재론적 관점에서 보았을 때, 기호체계와 세계와의 의미론적 연관은 전적으로 자의적이다.[66] 이런 점에서 하이데거는 수리논리학과 로고스에 대한 숙고를 대비시킨다.

여기에 명제관계의 체계를 수학적 방법에 의해 계산하려는 시도가 있다. 그러므로 이러한 종류의 논리학은 또한 '수리논리학'이라 불린다. 그것은 그 자체로 가능하고 타당한 과제이다. 그러나 기호논리학이 제공하는 것은 결코 논리학이, 즉 로고스에 대한 숙고가 아니다. 수리논리학은 심지어 그것이 수학적 사고와 수학적 진리의 본질을 결정하거나 결정할 수 있다는 의미에서 수학에 관한 논리학도 아니다. 오히려 기호논리학은 그 자체 일종의 수학이 문장과 문장형식에 적용된 것이다. 모든 수리논리학과 기호논리학은 그 자신을 논리학의 영역의 밖에 위치시킨다. 〔…〕 기호논리학이 모든 학문에 대한 과학적 논리학을 형성한다는 가정은 그 기본적 전제의 조건적이고 무반성적 성격이 명백해짐과 동시에 무너지고 만다.[67]

비트겐슈타인(L. Wittgenstein)도 수리논리학이 언어 현상을 형식언

---

66) GA 41, 142쪽 이하.
67) 같은 책, 159쪽.

어 체계에 의해 설명하고자 한다는 점에서 수리논리학을 비판한다. "'수리논리학'은 [⋯] 우리 일상언어의 형식에 대한 피상적인 해석을 설정함으로써 수학자와 철학자들의 사유를 완전히 불구로 만들어버렸다."[68]

하이데거는 계산적 사고로 인한 '사유의 종말'을 언급하면서 사유의 상실과 몰락을 경고한다. 나아가 사유의 심연 내지 탈-근거/무-근거(Ab-grund)에로 나아가야만 사유의 몰락에서 벗어날 수 있다는 것이다. 그 무근거의 심연이란 아직도 여전히 사유 혹은 '사려되지 않고 있는 것(das Ungedachte)'이자 '사유해야 할 것(das Bedenkliche)'으로서의 존재 자체이다.

철학 및 형이상학의 종말의 시대에 그것을 '극복'하는 길은 정복이나 폐기 혹은 해체의 의미가 아니라, 오히려 어떤 사태를 가능케 하면서도 여태껏 감추어졌던 그 근거를 새로이 획득함을 의미한다. "한 사유에서 사유되지 않은 것은 사유된 것에 달라붙어 있는 결함이 아니다. 사유되지 않은 것(das Un-gedachte)은 언제나 사유된 것이 아닌 것(das Un-gedachte)으로서 남아 있을 뿐이다. 한 사유가 근원적이면 근원적일수록 그것에서 사유되지 않은 것은 더욱더 풍요로워진다. 사유되지 않은 것은 사유가 베풀어줄 수 있는 최고의 선물이다."[69]

『사유란 무엇인가?(Was heißt Denken?)』(1951/52, 강의록)에서 하이데거는 네 가지 물음들을 통해 사유의 본령에 대한 일의적 질문을 던진다. 그러나 전통 논리학을 통해 이 질문들에 대한 대답을 찾고자 하

---

68) L. Wittgenstein, *Remarks on the Foundations of Mathematics*, MIT Press 1978, 300쪽.
69) WhD 163쪽.

322

지 않는다. 즉 사유를 자신의 대상으로 삼고 있는 단순한 반성과 사유에 대한 개념규정, 이른바 정의를 제시함을 통해 답변을 얻고자 하지 않는다. 오히려 깊이 사려되기를 바라는 것, 즉 존재를 뒤따라서 사유함(nachdenken)으로서, 그리고 그것에 응답(Entsprechen)할 경우, 그때에 사유가 가능하다. 그 네 가지 물음이란 다음과 같다.

1) 사유란 무엇으로 불리는가? 이 질문은 다음의 질문을 의미한다. 사유라는 말이 무엇을 의미하는가? 사유라는 이름으로 무엇이 명명되는가?

2) 사유가 사유에 관한 전통적인 학설인 논리학에서 어떻게 파악되고 한정되는가? 지금 어디에서 사유의 근본특성을 통찰하고 있는가? 사유에 관한 전통적인 학설이 왜 논리학이라는 진기한 명칭을 달고 있는가?

3) 우리가 본질에 맞게끔 사유할 수 있기 위해서 필요한 것은 무엇인가? 우리가 그때마다 매번 올바르게 사유를 수행할 수 있도록 우리에게 요구되고 있는 것은 무엇인가?

4) 우리로 하여금 사유하도록 우리에게 명하는, 말하자면 명령하는 그것은 무엇인가? 우리로 하여금 사유하도록 우리에게 불러내는 그것은 무엇인가?[70]

하이데거에 의하면 사유로 가도록 지시하고 지도하는 그것은 바로 그러한 명령에 따라서 사유할 수 있게 하고, 또한 사유하는 자로서 존재할 수 있도록 그렇게 우리를 지도한다. 무릇 이성은 사유를 통해 펼쳐진다. 인간은 본질상 사유할 수 있는 가능성이 있다. 그러나 하이

---

70) 같은 책, 175쪽 이하.

데거에 의하면 이런 사유의 가능성의 의미는 사유할 수 있는 능력이 우리에게 있다는 것을 보증해주지 않는다. 왜냐하면 우리는 자신이 원하는 것만 할 수 있을 뿐이기 때문이다.[71] 이런 점에서 우리가 사유되어야 할 것(das Bedenkliche), 즉 존재를 사유하기를 원할 때, 비로소 우리는 사유를 할 수 있다.

이런 맥락에서 우리는 우선 사유를 할 수 있기 위해서는 사유하는 법을 배워야 한다. "사유를 행할 수 있으려면, 우리는 사유하는 법을 배워야만 한다. 배운다는 것은 도대체 무엇인가? 인간은 자신에게 그때마다 본질에서부터 말 건네고 있는 그것에 자신의 작위(tun)와 무위(lassen)를 응대시키는 한 배우게 된다. 우리는 사유되어야 할 것을 돌봄으로써 사유하는 법을 배운다."[72] 여기서 '사유하는 법을 배운다는 것'은 위에서 언급한 물음들을 경솔하게 회피해서는 안 되고, 오직 그물음들에 진력해야만 한다는 것을 의미한다. 이것이 바로 철학적 사유함이다.

그러나 사유는 인간 편에서의 일방적인 기투함이나 논구(Erörtern)로 가능한 것은 아니다. 이를 위해서는 사유하도록 추동하고, 명하고, 허용하고, 부르는 존재 자체가 전제된다. "존재 자신이 사유에게 다가오는 것과 또 여기서 어떻게 존재 자체가 사유로 다가오는지는 결코 사유에게 우선권이 주어진 것도 아닐 뿐만 아니라, 사유에만 달려 있는 것도 아니다."[73] 만일 존재가 스스로 우리를 외면한다면, 우리의 사유에로의 전념은 무력해질 수 있다. "그렇게 사유하는 자로

---

71) 같은 책, 49쪽 이하.
72) 같은 책, 51쪽.
73) WiM 9쪽.

서 인간은 사유되어야 할 것과 관련되어왔고, 또한 관련되고 있다. 그럼에도 불구하고 사유되어야 할 것이 자기 자신을 수거(收去)하는 한, 인간은 본래적으로 사유할 능력이 없게 된다."[74]

사유란 무엇으로 불리는가(heißt)? 여기서 불린다(heißen)는 일반적으로 명명된다(benannt sein), 호명하다(nennen)를 뜻한다. 따라서 이 물음은 우선 '사유'라는 이름이 붙여진 과정에서 사람들은 무엇을 표상할 수 있는가를 뜻한다. 이와 달리 하이데거는 이 물음이 우리에게 사유로 가도록 지시하는 그것에 관해 묻고 있다는 의미로 이해한다면, 그것은 '불린다'는 낯설고 생소한 의미로 받아들여야 한다는 것이다. 그것은 권유하다, 요구하다, 지도하다, 지시하다를 뜻한다.[75] 그리고 그것은 '다다르게끔 하다', '길로 떠나 보내다', '초대하다', '길을 놓다', '길을 내다'를 뜻한다. 이 말의 뜻에는 강요가 아닌 조력과 환영의 계기가 들어 있다.[76] 말하자면 하이센(heißen)은 명령을 내리거나 지령을 내리는 것이 아니라, 도리어 '…의 비호를 받고자 …에 맡기다', '…을 …의 보호 아래 두고자 …을 불러낸다', '…에 가도록 지시해서 …에 다다르게끔 한다', '…을 향해 불러서 …에 오도록 하여 현존하게끔 한다'를 뜻한다.[77]

결국 하이데거의 "사유란 무엇인가?"라는 물음은 우리로 하여금 무엇인가를, 또한 자기 자신을 사려하도록 할 뿐만 아니라, 그것은 사유를 우선 우리에게 선물하는 것이다. 즉 그것은 우리에게 우리의

---

74) WhD 56쪽.
75) 같은 책, 179쪽.
76) 같은 책, 180쪽.
77) 같은 책, 182쪽.

본질규정인 사유를 믿음 속에서 내맡기는 것이다. 무엇보다 우리를 사유의 전유물이 되도록 한다는 특별한 의미로 사유되기를 바라는 그것에 관해서 묻고 있는 것이다. 따라서 사유는 시원적으로 인간의 산물이 아니고, 인간이 사유의 전유물인 셈이다. 단적으로 말해서 "존재는 사유를 가능하게 한다."[78]

하이데거에 의하면, 존재의 분부와 인간의 응답 속에서 사유는 이루어진다. "인간이 자신의 본질에 따라 존재의 밝게 드러남 안에 들어서 있는 한에서만 그는 사유하는 본질로서 있다. 왜냐하면 예로부터 우리의 역사에서 사유는 다음과 같은 것을 의미해왔다. 즉 사유는 존재의 분부에 응답하는 것이며, 이러한 응답 속에서 그것의 존재에서 존재자와 대화하는 것이다."[79]

하이데거의 존재사유에 의하면, 언표되지 않지만 호명되고 있는 그것(Es) 내지 생기사건(Ereignis)을 회상하고 물음을 제기할 경우에 비로소 사유가 일어난다. 결국 인간의 어떤 진술과 판단이 이루어지기 위해서는 존재의 진리(비은폐성), 즉 존재 자체의 선행적인 드러남이 필요조건이다. 따라서 사유가 가능하기 위해서는 사유하는 법을 배워야 하고, 또한 존재물음을 회피해서는 안 된다. "만일 모든 존재자가 우리에게 나타나고 물러서는 밝혀진 영역 속에서 존재자의 비은폐성이 이미 우리에게 드러나지 않는다면, 아무리 올바른 표상들을 가지고 있다 하더라도, 그것은 아무것도 아닐 것이다. 그럴 경우 심지어 우리가 지향하는 어떤 것이 이미 명백하게 존재하고 있다는 사실을 전제

---

78) Hum 7쪽.
79) SvG 218쪽.

할 수조차 없을 것이다."[80]

　서양철학의 초창기에 헤라클레이토스(Herakleitos)는 당대의 시인들, 신화작가들, 박식한 철학자들이 추구했던 로고스(λόγος)에서 유래한 '깨어 있는 사유'가 동반하지 않는 많은 지식, 정보와 박식을 비판하고 있다. 이 로고스는 언제나 그러한 것으로도 있지만, 사람들은 듣기 전에도, 또한 듣고 나서도 언제나 이해하지 못한다. 모든 것이 이 로고스에 따라 생긴다. 하이데거의 근대적 이성 비판과 해명은 이성을 부정하거나 해체하는 것이 아니라, 이성의 유래가 된 로고스(λόγος)의 초기 그리스적인 시원적 의미를 소환하는 데 주안점을 둔다. 즉 '계산'이라는 일의적 의미로 획일화되고 극단화된 근대적 이성 개념은 시원적 로고스의 파생태이거나 일부분임을 밝힌다. 그는 계산적 이성의 바탕이 되는 잊혀진 '근원적 이성', 즉 '시적 이성'을 주제화한다.

　하이데거의 사유에는 철학의 자기비판들과 인식을 같이하면서도, 그것들과 확연히 다른 특이점이 존재한다. 그의 철학은 전통철학적 관점을 벗어나 사유의 '심연(탈-근거)'에 도달하고자 하며, 그 심연에 뛰어드는 것이 필요함을 역설한다. 물론 논리적 이성을 통해서 사유의 시원(arche), 원인(aitia, cause), 원리(Prinzip), 이유 및 근거(Grund)를 파악할 수 있다. 그러나 그는 우리에게 익숙한 논리적 이성으로 사유의 심연, 즉 '탈-근거(Ab-grund)'에 이를 수 없다고 본다. 따라서 심연은 계산적·논리적 이성으로 파악할 수 있는 대상이 아니다. 마치 무(無, Nichts)[81]나 도(道, Tao) 혹은 신(Gott)을 우리가 저러한 이성으로 파

---

80)　GA 5, 39쪽.
81)　Wm 105~121쪽. "현-존재란 곧 무 속으로 들어가 머물러 있음을 뜻한다. 현-존재란 곧 무 속으로 들어가 스스로 머물러 있으면서 이미 존재자 전체를 넘어

악하거나 소유할 수 없는 것과 같다. 이런 점에서 푀겔러(O. Pöggeler)
도 하이데거 사유의 특징을 '선-논리적인 직관적 통찰'과 '선-존재론적
인 경험'에 있다고 한 것을 밝히고 있다. [82]

하이데거는 '무'를 배제한 존재자에만 집착하는 학문적 사고를 비
판한다. "무야말로 바로 학문에 의하여 늘 거부되어왔으며, 아무것도
아닌 것으로 여겨지지 않았던가?"[83]라고 이유 있는 의문을 제기한다.
왜냐하면 학문은 무에 관해 아무것도 알려고 하지 않고, 무나 '텅 빔
(das Leere)'을 아예 없는 것으로 간주하기 때문이다. 파스칼(B. Pascal)
에 의하면 이성으로 알 수 없는 것이라고 해서 존재하지 않는 것은 아
니고, '무한 수', '무한 공간' 같은 개념은 논리를 초월해 존재한다고
확언한다. [84]

하지만 서양철학에서는 그리스 초기부터 모든 것의 심연까지 이
르러야만 문제의 해답을 찾을 수 있다는 생각을 지니고 있다. 현대
에 와서 하이데거도 삶의 심연인 '죽음'에까지, 존재의 심연인 '무'에
까지, 사유의 심연인 생기사건, 즉 사유되지 않고 있는 것에까지 사
색하고자 한다. 거기서 해답의 실마리를 얻고자 한다. 마치 길가메시
(Gilgamesh)가 바다의 심연에 가서 불로초를 얻어 죽음의 문제를 해
결한 것과 유사하다. 저러한 심연은 없지 않고 있으며, 즉 '성스러운

서 있다. 이와 같이 존재자를 넘어서 있는 것을 초월(Transzendenz)이라고 부른
다. (…) 무의 근원적인 드러남이 없이는 '자기 자신으로 있음'도 없고, 자유도 없
다."(114쪽)
82) O. Pöggeler, *Neue Wege mit Heidegger*, 390쪽 참조.
83) 같은 책, 164쪽 이하.
84) B. Pascal, 박철수 편역, 『파스칼의 팡세, 생각하는 갈대(*Pensées*)』, 예찬사 2000.
     B 430.

것[85]이다. 그것은 어떠한 논리적 이성이나 과학으로도 다가갈 수 없는 '신비로운 것(das Mystische)'이다.

비트겐슈타인(L. Wittgenstein)에 의하면, 저 '신비로운 것'은 스스로 자신을 보여주는 것이다. "실로 말해질 수 없는 것이 있다. 그것은 자신을 스스로 보여준다. 그것은 신비로운 것이다."[86] 그리고 "하이데거가 말하는 '존재'나 비트겐슈타인이 말하는 '신비로운 것'은 언어로 표상되지 않는다."[87]

'심연' 내지 '탈-근거'는 저러한 이성적 파악을 넘어서 의연히 거기에 있다. 비록 왜 있는지는 모르지만, 모든 존재자는 저렇게 늘 있다. 말하자면 '있음 자체'는 독자적으로 생기(生起)하고 있다. 이런 점에서 사유의 심연은 통상적인 철학적 연구를 통해 발견되지 않는다. 그것은 사유하게 하는 이론적 원인이 아니라, 존재의 말걸어옴(Anspruch)과 던짐(Wurf)으로서 인간의 마음이 본래적으로 그것에 응답하는 마주던짐(Entwurf)의 놀이(Spiel)에서 드러난다는 것이 하이데거의 입론

---

85) M. Heidegger, *Hölderlins Hymne "Andenken"*(Winter semester 1941/42), Frankfurt a.M. 1992(이하 GA 52). 하이데거에 의하면, 성스러운 것은 기독교 신학적인 개념이 아니고, 신학 이전의 그리스적인 사유로부터 유래한 것이다. "그러나 이 성스러운 것은 단순히 눈앞에 현존하는 종교, 즉 그리스도교의 신적인 것이 아니다. 성스러운 것은 도무지 '신학적으로는' 결정될 수 없다. 왜냐하면 모든 '신학'은 테오스(Θεός), 즉 신을 이미 전제하고 있고, 또 그렇게 확실히 전제하고 있기에, 그 결과 언제나 신학이 출현하는 것에서는 신이 이미 달아나버린다. 그리스인들은 그들의 위대한 본래적 역사시대에 아무런 '신학'도 가지고 있지 않았다."(176쪽)

86) L. Wittgenstein, 이영철 옮김, 『논리-철학논고(*Tractatus logico-philosophicus*)』, 책세상 2006. 6.522.

87) 이승종, 위의 책, 345쪽.

이다.

　요약하자면, 가장 초기의 그리스의 사유에서는 최소한 형이상학적 사유 속에 가리워진 채 남아 있던 시원적 사유의 흔적이 보인다고 하이데거는 주장한다. 즉 그것은 바로 비-은폐성으로서 존재의 진리에로의 흔적이다.[88] 그러나 그것은 숙고에는 이르지 못하고 모종의 표상작용 속에서 사유하는 한계를 지니고 있다는 것이 하이데거의 독자적인 주장이다. 즉 "파르메니데스와 헤라클레이토스도 역시 여전히 우리들의 표상작용 안에서 사유하고 있다."[89] 저 심연에 이르고자 하는 사유 및 심연에 대한 사색을 하이데거는 '숙고'라고 명명한다. 여기서 숙고는 어떤 학설이나 체계가 아니다. 소위 그것은 '존재역사적' 맥락에서 이성의 시원적 의미를 사색하는 '심층적 사유'이고, 말하자면 사유의 근원을 음미하는 사유이다.

4. 사유와 존재의 본질연관

　서양철학은 시작부터 저 단적인 존재('있음')에 대한 경이감 내지 경탄(θαυμάζειν, thaumazein)을 단초로 하여 존재물음을 던진다. 존재(있음)─그것은 무엇인가? 존재의 본질은 무엇인가? 그것은 왜 있는가? 그것은 어떻게 있는가? 왜 그것은 없지 않고 있는가? 이 물음들이야말로 존재론의 핵심질문이다. 무언가가 주어져 존재하고 있기에 우리

---

88)　O. Pöggeler, 위의 책, 231쪽.
89)　WhD 162쪽.

는 그것을 생각하고, 파악하고, 이해하고, 해석한다. 그러나 우선 대개 그것을 자명한 전제로 받아들여 무시하거나 등한시하거나, 아예 아무것도 아닌 것으로 치부한다. 그러나 거듭 말하거니와 "존재는 사유를 가능하게 한다."[90]

하이데거의 존재개념은 존재자와 연관하여 『철학―그것은 무엇인가?』(1956)에서 잘 요약해 보여준다. 즉 "하나의 것이 모든 것이다. [⋯] 모든 존재자는 존재 안에서 일치한다." "모든 존재자는 존재 안에 있다." "존재는 존재자를 있도록 한다." "존재는 존재자들을 존재케 하는 것에서 존재자들을 모은다." "존재는 모음(Versammlung)이다." "존재자들이 존재 안에 모여서 머물고 있다." "존재의 비춤(Schein) 속에서 존재자가 나타난다."[91]

하이데거는 존재에 대한 경탄뿐만 아니라 사유에 대한 경탄을 언급한다. "일찍이, 그리고 갑자기 하나의 사유가 있다는 이것을 누가 놀란다고 그 깊이를 헤아려낼 수 있을까?"[92] 오트(H. Ott)는 존재에 대한 경탄보다는 사유에 대한 경탄에 하이데거가 방점을 둔다고 본다. "하이데거의 철학은 사유의 사유이다. [⋯] 이 세계에 대한 경탄이 아니라, 오히려 그것은 첫째로 사유 자체의 사태에 대한 경탄이다. 다시 말하면 사유라고 하는 것이 있다는 것과 이 사유가 그때마다 있는 바로 그대로 있다는 것, 인간이 그때그때 세계에 대하여, 존재자에 대하여 뒤따라 사유하였다는 것과 인간이 그 경우에 내면적으로 강요되어 그때마다 바로 그렇게 사유하고 다르게는 사유하지 않게 되었다는 것

---

90) Hum 7쪽.
91) M. Heidegger, *Was ist das- die Philosophie?*, Pfullingen 1956, 22쪽.
92) GA 13. 21쪽.

에 대한 경탄이다."[93]

인간은 이미 세계 안으로 내던져져 있다. 세계 속에서 현-존재(Da-Sein) 내지 세계-내-존재(In-der Welt-sein)로서 존재에 속해 있으면서 존재자와 교섭하고 만나면서 삶을 이어가고 역사를 만들어간다. 인간은 시간적이고 역사적인 유한한 존재로서 탄생, 성장, 노화를 거쳐 죽음에 이르는 '가사적 존재', 즉 유한한 '필멸의 존재(mortal being)'이다. 자신의 존재뿐만 아니라, 뭇 존재자들과의 본질적으로 존재론적 관계를 지닌 '사이존재' 내지 '관계존재'이다. 말하자면 인간은 자신의 본질상 존재의 말 건넴에 응답하는 존재자로서 존재한다. 인간은 존재의 다가옴(Angehen) 혹은 던져옴(Zuwurf)에 사유를 통해 응답하여 존재와 관련을 맺는 존재자인 것이다.

하이데거에 있어서 존재는 인간을 통해서 비로소 자신을 드러낼 수 있다. "존재에 대한 물음은 실로 인간 자체에 대한 물음, 바로 그것이 된다."[94] 사유는 그 자체 안에 존재와 존재자의 연관이다. 인간은 존재뿐만 아니라, 또한 '존재자 전체의 절대적 타자'인 무(Nichts)에 대한 관심과 염려를 지닌다. 이미 선행적으로 스스로 있는 저 존재는 사유를 불러오고, 그 사유를 통해 언어 속에 깃든다. 언어는 존재를 보존하는 집이다. 즉 존재(Seyn)는 사유로 하여금 사유하도록 하는 근원이다.

잘 알려진 대로, 하이데거의 '존재의 사유(Denken des Seins)'에서 소유격은 '주격 소유격(Genetivus Subjektivus)'과 '목적격 소유격

---

93) H. Ott, 김광식 옮김, 『思惟와 存在─마르틴 하이데거의 길과 신학의 길─』, 연세대학교 출판부 1995, 25쪽.
94) WhD 20쪽.

(Genetivus Objektivus)'의 이중적 의미를 지닌다.[95] 말하자면 "존재가 사유한다"는 뜻에서 존재가 사유의 주어이고, 동시에 '존재를 사유한다'는 뜻에서 사유가 존재의 주어이다. 이런 점에서 사유와 존재는 서로 공속한다.

그러나 '사유'와 '존재'는 분리된 것으로서 근대 형이상학에서는 주·객 이원론에서 주관과 대상으로 파악된다. 결국 기술형이상학에서 존재는 '기능'으로 대체된다. 원래 사유는 존재의 진리를 말하도록 존재에 의해 요청받고, 사유는 존재가 인간의 본질과 맺는 관련을 완성한다. 사유는 '존재에 의한, 그리고 존재를 위한 참여'[96]이다. 따라서 하이데거의 존재사유는 여타의 인간중심적인 실존철학과 구별된다.

모든 것에 앞서 참으로 있는 것은 존재이다. "모든 것에 앞서 있는 것은 존재이다."[97] 이러한 존재가 인간의 본질과 맺는 관련은 사유에 의해 완성된다. 사유는 존재에 의해 인간에게 양도된 것이다. 이른바 "사유는 존재의 소리에 순응하면서, 이 존재에게서 존재의 진리가 언어에 이르게 되는 그런 낱말(das Wort)을 찾게 되는 것이다."[98] 이런 사유 안에서 존재가 언어에로 도래한다.[99]

존재와 사유의 관계를 정리하면 다음과 같다. "존재는 사유를 가능하게 한다."[100] 또한 "사유는 존재의 진리를 말하도록 존재에 의해 요

---

95) Hum 7쪽.
96) Wm 311쪽.
97) Hum 5쪽.
98) WiM 46쪽.
99) Wm 311쪽.
100) Hum 7쪽.

청을 받는다. 사유는 존재에 의한, 그리고 존재를 위한 참여이다."[101]
그리고 "사유가 존재로부터 생기되어 존재에게 귀속하는 한, 사유는
존재의 것이다."[102] 따라서 "존재는 사유의 산물이 아닌 것이다."[103]

　하이데거는 존재와 사유의 본질적 연관을 처음으로 제시한 파르메
니데스의 한 단편을 인용한다. "χρὴ τὸ λέγειν τε νοεῖν τ᾽ ἐὸν ἔμμεν
αι", 즉 "존재자가 존재한다고 언명하고 사유해야 할 필요가 있다."[104]
그는 사유의 조건을 다음과 같이 밝힌다. "노에인(νοεῖν)은 간단히 번
역해서 사유는, 그것이 에이나이(εἶναι)에, 즉 존재에 의존하고 존재를
돌보도록 지시받은 한에서나 사유가 될 뿐이다. 노에인은 그것이 영
혼과 정신의 비질료적 활동으로서 일어나는 까닭에 '사유'가 되는 것
은 결코 아니다. 노에인은 노에인으로서 '에이나이(εἶναι, to exist)'에
공속하고, 그렇게 '에이나이' 자체에 귀속된다."[105]

　존재와 존재자 사이의 이중성의 방식들을 아낙시만드로스와 파르
메니데스는 크레온(χρέων) 내지 크레(χρή), 즉 상호적으로 '필요로 함
(Brauchen)'으로 표시한다.[106] 그리고 파르메니데스의 단편, "Τὸ γὰρ α
ὐτὸ νοεῖν ἐστίν τε καὶ εἶναι"를 번역하자면, 존재자를 받아들이는
것은 존재에 의해 요구되고 규정되기 때문에 존재에 속한다는 의미이
다.[107] 이와 같이 하이데거는 파르메니데스를 참조하여 사유는 존재에

---

101)　Wm 311쪽.
102)　같은 책, 314쪽.
103)　WiM 43쪽.
104)　WhD 219쪽.
105)　같은 곳.
106)　Hw 338쪽 이하; WhD 114쪽 이하.
107)　ZW 44쪽.

의해 가능함을 밝히고 있다.

요약하자면, 인간으로 하여금 사유하도록 명령하는 것은 바로 존재 그 자체이다. 사유란 사유하도록 명하는 '존재의 소리'에 대한 응답이다. 이러한 까닭에 존재의 소리는 우리에게 사유하게끔 하는 그러한 명령이다. 그것은 자기 자신을 사유할 것을 우리에게 시키는 것이다. 사유란 우리로 하여금 회상하도록 자신을 모으는 자, 즉 자신을 사유하게끔 명하는 자에 대한 기억, 회상, 정심 이외에 다른 것이 아니다. 무엇보다 사유가는 사유를 통해서 존재가 언어에로 오도록 한다.

5. 사유의 경건성

'물음'은 대개 자신이 알지 못하는 것을 진정 알고자 하고, 또한 굳게 믿었던 것을 의심하는 데서 출발한다. 이것은 앎과 진리에 대한 겸허한 자세에서 비롯된다. 경건성(Frömmigkeit)이란 일반적으로 종교적 믿음의 차원에서 사용되는 용어이다. 우리는 일반적으로 학문적 사유와 종교적 경건을 분리해서 생각한다. 그런 점에서 하이데거의 '사유의 경건성'은 철학적으로는 쉽게 와 닿지 않는 용어이다. 종교에서는 질문 없이 믿는 것을 미덕으로 여긴다. 그러나 사유에서는 의심 없는 믿음보다는, 오히려 의심 있는 물음을 미덕으로 간주한다. 따라서 철학에서는 항상적인 물음만이 철학의 생명으로 간주된다. 사유에서 물음을 배제하거나 포기하는 것이 불경(不敬)이고, 진정으로 물음을 계속해나가는 것이 사유가 견지해야 할 태도인 경건함이다.

그러나 하이데거에게서 '경건'의 의미는 그의 사유의 문법에서 이해 가능하다. 그는 '경이'와 같은 근본기분을 통해서 우리를 엄습해오는 인간과 세계의 진리에 귀를 기울이는 것을 '경건한 사유'라고 일컫는다. 자연, 인간, 사물에는 그 기능성을 넘어서, 그 자체로 인간이 함부로 할 수 없는 성스러운 차원이 깃들어 있다. 각 존재자는 성스러운 성격을 지니고 있는데, 그것을 존재자의 고유한 존재 성격으로 볼 수 있다. 그는 우리 시대가 신성한 것의 차원이 닫혀 있다는 것을 시대의 유일무이한 재앙이라고 한다. 각 존재에는 인간이 마음대로 처분할 수 없는 독자성과 자생성이 깃들어 있다. 그러면 하이데거에 있어서 '성스러움(das Heilige)'이란 무엇인가?

성스러움은 우리가 마음대로 처리하고 처분할 수 없고, 우리의 경외감을 불러일으키는 존재자가 갖는 성격을 가리킵니다. 존재자에게서 빠져 달아나버린 '존재'란 존재자가 갖는 이러한 성스러운 성격을 가리킵니다. 기술 시대에서 존재자는 인간의 처분에 내맡겨진 에너지원으로 나타납니다. 이에 따라서 우리는 존재자를 전혀 성스러운 것으로 느낄 수 없게 되었습니다. […] 따라서 성스러움은 우리의 이론적 파악을 거부하면서 자신을 은닉하는 것으로 나타납니다. 이런 맥락에서 하이데거에 의하면 '존재자는 존재자 자신을 은닉한다'라고 말하기도 합니다.[108]

물음은 단지 지적 호기심에서 지식이나 정보를 얻거나, 숨겨진 목적을 위해 수단적 자료를 얻기 위해서이다. 그리고 그것은 어떤 문제

---

108) 박찬국, 『삶은 왜 짐이 되었는가』, 66~67쪽 이하.

를 해결하기 위한 효율적인 해답을 얻을 목적으로, 또한 인과론적으로 그 이유나 근거를 깨기 위해 물을 수 있다. 대개의 일상적인 물음이나 학문연구에서의 물음은 이런 종류의 물음에 속한다. 그러나 하이데거의 물음은 철학적 물음으로서 이것의 전제조건은 인간이 이성적 존재로서 현상의 존재론적 근원과 본질에 대하여 물음을 던질 수 있는 존재라는 점이다. 이런 점에서 하이데거는 존재물음(Seinsfrage)을 자신의 사유의 경건성으로 여기면서 자신의 사유의 길을 이행한다. 즉 그는 존재의미, 존재진리, 존재장소에 대한 존재물음뿐만 아니라, 나아가 과학, 예술, 기술, 철학, 형이상학, 사유의 본질 등을 묻는다.

하이데거의 『세계상의 시대』(1938)에서는 근대의 현상 중 하나로 '탈신성화(Entgötterung)'를 언급한다. 탈신성화는 신과 신들에 대한 무결단의 상태로서 이를 통해 신들에 대한 관계가 '종교적 체험'으로 전화되어 결국 신들이 사라지게 된다. 이렇게 해서 생긴 공허는 신화에 대한 역사기술적이고 심리학적인 고찰을 통해 대체된다.[109] 특히 1953년 행해진 「기술에 대한 물음」에서 '사유의 경건성'[110]을 재론한다. "위험이 더욱더 가까워질수록 구원자에로 이르는 길은 더욱더 밝게 빛나기 시작하고, 우리는 더욱더 물음을 제기하게 된다. 그 까닭은 물음이 사유의 경건성이기 때문이다."[111] 현대인에게는 존재자를 장악하려는

---

109) ZW 12쪽.
110) 하이데거가 1953년 뮌헨에서 '기술시대의 예술'이란 주제 아래 가진 일련의 학술 발표회에서 행한 강연인 '기술에 대한 물음'의 마지막 말이다. 이는 그 강연의 절정에 해당하는 명제이다.
111) GA 7, 40쪽.

지배의지로부터 모든 존재자를 대함에 있어 자제하고 겸허한 경건함에로의 태도 변경이 요청된다.

우리는 과학과 기술의 본질을 어떻게 파악하느냐에 따라서 그 극복의 방향도 달라지게 된다. 과학기술을 인간 주체의 작품으로 규정하는 형이상학은 인간의 주체적 자각을 그 극복의 길로 제시한다. 즉 인간의 그 기술적 욕구를 자제하여 기술을 합리적으로 조정 통제할 때, 우리는 과학기술의 위험으로부터 벗어날 수 있다.

그러나 하이데거는 이러한 형이상학에 대해 경종을 울리고 있다. '위험으로부터의 전향'[112]은 위험의 근원적 경험과 존재의 압도적 규정성의 경험을 함께 불러온다. 또한 그것은 사유 자신을 경건함에로 인도한다. 그리고 사유가 경건하게 머무를 때, 갑자기 오래된 존재의 저 건넴말이 가까움(Nähe, 친근함) 자체로 다가온다. 이것이 '위험으로부터의 전향'이다. 다시 말하면 존재 자신이 그 빠짐과 멂으로부터 스스로 가까이 다가오는 존재 자신의 회귀이다. 이 회귀 속에서 사물은 순수하게 사물화하며, 세계는 사방의 세계로서 세계화한다. 그리고 그 때 사유는 스스로를 감사함으로 규정하게 된다.

하이데거는 모든 존재자에 깃들어 있는 '성스러움'이 사라진 것을 '존재의 떠남'과 '존재망각'으로 언표한다. 그리하여 뭇 존재자들은 자신의 고유성과 자생성이 사라진다. 그것들은 인간의 처분에 달려 있는 자원, 에너지원, 상품, 부품으로 간주된다. 근대 주관형이상학의 영향권에 있는 나치즘, 공산주의, 자본주의 모두 이런 존재이해에 기초하여 세계대전을 일으켜 세계를 황폐하게 만든 것이다. 이와 같이

---

112) TK 37~47쪽.

하이데거는 각 시대의 존재이해에 근거하여 철학적으로 시대를 진단한다.

'존재의 진리'에 대한 물음에서부터 사유한다는 것을 하이데거는 명시한다. 인간은 존재 자체에 의해 존재의 진리에로 던져져 있다. 그래서 존재의 진리 안에서만 존재자를 그것이 그것으로 있는 바로 그 존재자로서 이해할 수 있는 상태에 있다. 이로써 인간은 동시에 탈-존(Ek-sistenz)과 내-존(In-sistenz)[113]이다. 존재의 진리 또는 존재의 개방성 밖에 나가 서 있으면서(탈존) 동시에 그 안의 한가운데 들어서 있다(내존). 이 존재진리에 대한 물음에서부터 시작하여 성스러움의 본질, 신성의 본질, 신에 대해 사유를 계속해나간다. 사유는 존재의 진리를 말하기 위해 존재에 의해 말 건넴을 받을 수 있다. 그에게는 '존재의 목동'과 '존재의 파수꾼'으로서 존재의 진리를 보호해야 할 과제가 떠맡겨져 있다.

여기에서 하이데거는 의심의 여지 없이 '성스러움'을 명명하는 것을 시인의 사명으로 간주한다. 자연이 깨어날 때 자연은 자신의 고유한 본질이 성스러움임을 드러낸다. 피시스(physis)는 존재자들의 존재가 빛을 발하며 자신을 드러내는 것을 의미한다. 이미 이것은 그리스인들이 경이에 사로잡혀 근원적으로 경험하고 있다. 왜냐하면 그 주체적 자각도 아직 주관형이상학 속에서 주체의 지위를 포기한 것이 아니라면 진정한 자각일 수 없기 때문이다. 따라서 하이데거는 우리에게 주관주의적 형이상학의 사유에서 벗어나 존재의 새로운 도래를 맞

---

113) WiM 14쪽.

이할 수 있는 경건한 태도를 요구한다.[114]

우리는 자연의 원래적으로 있는 '본질(Wesen)'을 직접 경험할 수는 없다. 왜냐하면 본질의 '있음'의 방식은 자연 사물의 있음의 방식과는 근본적으로 다르기 때문이다. 만일 자연 사물의 '있음'의 방식을 기준으로 삼는다면, 자연 본질의 '있음'은 도리어 '없음'일 것이다. 자연은 시인의 정신을 일깨워주고 있다. "자연은 일깨워주면서 자신의 고유한 본질이 성스러움임을 드러낸다."[115] 성스러움은 '신성의 흔적'이며 또한 '신성의 본질공간'이다. 결국 성스러움은 '떠나버린 신들의 흔적'이다.[116]

그러면 하이데거가 주목한 횔덜린에게서 '성스러움'은 무엇인가? "횔덜린은 자연을 성스러움이라 명명하는데, 그 까닭은 그것이 시간들보다 오래이고, 신들 위에 있기 때문이다. 따라서 '성스러움'은 결코 확고하게 서 있는 어떤 신에게서 빌려 온 특징이 아니다. 성스러움은 그것이 신적이기 때문에 성스러운 것이 아니라, 오히려 신적인 것은 그것이 자신의 방식에서 '성스럽기' 때문에 신적인 것이다. 그 이유는 횔덜린이 '혼돈'도 '성스럽다'고 명하기 때문이다. 성스러움은 자연의 본질이다."[117]

사유가도 존재의 진리에 입각해서 성스러움의 본질을 사유할 수 있다. 그러면 어떻게 그것이 가능한가? "사유는 존재의 진리에 대한 물음에서부터 사유한다. 〔…〕 존재의 진리에서부터 비로소 성스러움의

---

114) 이선일, 위의 논문, 6쪽.
115) GA 4, 58쪽.
116) HW 251쪽.
117) GA 4, 59쪽.

본질이 사유될 수 있다. 성스러움의 본질에서부터 비로소 신성의 본질이 사유되어야 한다. 신성의 본질의 빛 속에서 비로소 '신'이라는 낱말이 무엇을 이름해야 하는지가 사유되고 말해질 수 있다."[118]

사유에는 존재와의 본질관계 속에서 펼쳐지기에 사물들에 대한 지배의지를 버리고, 사물들을 아끼고 보살피며 자제하는 경건한 자세가 필요하다. 시원적 사유는 모름지기 "존재의 은총에 대한 반향인 것이다. 이 은총 속에서 '존재자가 존재한다'는 유일무이한 사건이 환히 밝혀지며 생기한다. 이런 반향이야말로 존재의 말없는 소리(lautlose Stimme)라는 그 말에 대한 인간의 응답인 것이다."[119]

요약하자면, 사유의 경건함이란 존재에 대한 항상적 물음이며, 존재의 성스러움에 대한 경탄과 삼감이다. 경건성이란 뭇 존재자에 대한 표상을 통한 파악과 지배의지를 버리고 존재의 소리에 경청하며 응답하는 겸허한 마음가짐이다. 따라서 숙고적 사유는 사물들을 함부로 대하지 않고, 그것들을 소중히 여기며 보살피는 경건한 태도를 요구한다.

---

118) Wm 348쪽.
119) WiM 44쪽 이하.

7장
숙고적 사유의 기원과 전개

1. 숙고의 어원적 의미

일반적으로 숙고(熟考, deliberation, Besinnung)는 어떤 사태를 신중하고 깊게 생각하거나, 내면성을 성찰하는 명상(contemplation)이나 정관(靜觀)을 뜻한다. 정관이란 무상한 현상계 속에 있는 불변의 본체적·이념적인 것을 심안에 비추어 바라보는 것이다. 또한 그것은 실천적 관여의 입장을 떠나서 현실적 관심을 버리고 순전히 객관적으로 바라보는 것을 의미한다.

독일어 숙고(Besinnung)의 사전적 의미는 다음과 같다. 동사로서의 '숙고하다(besinnen)'는 깊이 생각하다(überlegen, λόγωι),[1] 곰곰이 생각

---

1) TK. "숙고한다는 말은 그리스어로 레게인(λέγειν), 로고스(λόγος)를 일컫는다. 이 낱말은 '아포파이네스타이(ἀποφαίνεσθαι), 즉 내보임(zum Vorschein)에 근거하고 있다."(9쪽)

하다, 꾀하다, 심사숙고하다(sinnen), 여러모로 생각하다, 뒤따라 음미하다(nachsinnen),[2] 생각에 잠기다, 골몰하다, 궁리하다(nachdenken), 고려하다(bedenken), 회상하다(andenken), 기억해내다(sich erinnern)를 뜻한다. 명사인 숙고(Besinnung)는 의식, 제정신, 사려, 분별, 상기, 돌이켜 생각해봄을 의미한다.

제1부에서 언급하였듯이, 하이데거의 숙고는 아리스토텔레스의 '숙고(βούλευσις, deliberation)'개념과 다르다.[3] 후자의 숙고는 목적을 이루기 위한 수단을 계획하는 과정이다. 어떤 목적을 세워놓고 숙고하느냐에 따라서 실천적 지혜의 여부를 판단할 수 있다. 따라서 숙고는 기억의 재구성, 정당화의 의견, 타인의 마음을 읽을 수 있는 능력까지 확장될 수 있다. 또한 이 '숙고'를 '헤아리는 능력' 혹은 '추론능력(logistikon)'의 작용으로 간주하고 동물들에게는 그런 능력이 없다고 말한다. 고대 그리스 사회에서 인간의 행위를 지도하는 궁극적인 원리는 이성의 실천적 사고라고 할 수 있는 '숙고'로 파악된다.

이에 반해 하이데거의 숙고개념은 존재의 진리를 밝히는 '시원적 사유(das anfängliche Denken)'를 일컫는다. "시원적 사유인 숙고는 우리가 우리를 넘어서 자기 존재에 이르는 길을 발견하도록 이러한 방식으로

---

2) M. Heidegger, 『동일성과 차이』, 190쪽.

3) Aristoteles, 천병희 옮김, 『니코마코스 윤리학』, 숲 2013. VI, 1, 1139a 11ff; 「영혼론」, III, 3, 428a 24; 10, 433a 11f; 11, 434a 5ff. 아리스토텔레스의 '숙고(βούλευσις, deliberation)'개념은 이성의 실천적 사고와 연관되어 있다. 인간의 행위를 지도하는 궁극적인 원리란 이성의 실천적 사고라고 할 수 있는 심사숙고로 간주된다. 이 숙고는 목적을 이루기 위한 수단을 계획하는 과정이다. 그러므로 인간만이 숙고할 수 있다고 본다. 어떤 목적을 세워놓고 숙고하느냐에 따라, 우리는 그것이 지닌 실천적 지혜의 여부를 판단할 수 있다.

우리에게 관여한다."[4] 그리고 "그러한 숙고적 사유는 우리들에게, 우리가 어떤 표상에 일면적으로 붙들려 있지 말라고, 그리고 우리가 어떤 표상 방향 아래에서 줄곧 단선적으로 뛰어가지 말 것을 요구한다. 숙고적 사유는 우리들에게, 그 자체에서 겉으로 보기에 전혀 아무런 관계도 없어 보이는 그러한 것에 관여해 들어갈 것을 요구한다."[5]

하이데거의 언어놀이에서 보자면, besinnen의 동의어로는 erdenken, nachdenken, nachsinnen, sinnan, bedenken, überlegen 등으로도 표기된다.[6] 무엇보다 숙고함은 존재자의 진리의 개념파악이 아니라, 존재의 진리를 사유함을 의미한다. 즉 존재는 더 이상 존재자로부터 사유될 수 없다. 존재는 그것 자체에 입각해 공들여 사유되어야 한다(erdacht).[7] 또한 숙고는 사유의 사태를 뒤따라 사유한다(nachdenken, nachsinnen)는 뜻을 지닌다. 즉 "사유해야 할 사태의 말걸어옴에 귀기울이며, 그 사태를 뒤따라 사유함(nachsinnen)을 숙고와 동의어로 본다."[8]

---

4) GA 65. 68쪽.
5) Gel 21쪽 이하.
6) 숙고의 의미를 지닌 bedenken은 위험을 직시함, 구원의 힘을 사색함, 기술에 대한 물음을 준비함, 존재의 본질을 사유한다는 의미로 사용된다. "우선 필요한 것은 우리가 먼저 존재의 본질(Wesen)을 사유할 만한 가치가 있는 바로 그것으로 사유하는 것(bedenken)이다."(TK 39f) überlegen도 전집 94, 95, 96권의 명칭에서도 사용된다. M. Heidegger, *Überlegungen II-VI*(*Schwarze Hefte 1931-1938*), ed. P. Trawny(GA 95), *Überlegungen VII-XI*(*Schwarze Hefte 1938/39*), ed. P. Trawny, 2014(GA 95), *Überngen XII-XV*(*Schwarze Hefte 1939-1941*), ed. P. Trawny, 2014(GA 96).
7) GA 65. 6쪽.
8) VA 141쪽.

무엇보다도 하이데거의 숙고는 '뜻새김(be-sinn-en, sinn-an)'이다. 또한 뜻새김의 '새기다'는 "잊지 아니하도록 마음속에 깊이 기억하다" 또는 "다른 나라의 말이나 글을 우리말로 번역하여 옮기다"라는 뜻이다. '뜻새김'은 음미함으로써 하나의 사태가 그 자신으로부터 이미 취하고 있던 어떤 길의 방향을 잡아나간다는 것을 의미한다. 이는 스스로 의미 속으로 관여해 들어감이다. 이것이 숙고의 본질이다. '뜻새김'은 존재의 부름과 음성 없는 침묵의 소리를 언어로 옮겨 나르는 일을 말한다. 시인과 사유가(사색인)가 그 일을 떠맡는다. "우리는 역사적 관찰이 아니라 숙고에 대해 말하고 있다. 숙고란 역사적으로 일어나는 것으로서의 역사의 의미를 찾는 것이다. 이때 '의미'란 목표, 기준, 동인, 결정적 가능성, 그리고 권력, 이 모든 것의 드러난 영역을 가리킨다. 이 모든 것은 역사적 일어남에 본질적으로 속한다."[9]

숙고적 사유란 하이데거의 「작업장의 비망록(Aufzeichnungen aus der Werkstatt)」(1959)[10]에서는 '음미하는 사유(das sinnende Denken)'로 표기된다. 여기서 뜻(Sinn)은 인간의 부여하는 의미(Bedeutung) 내지 '의미부여(Sinngebung)'가 아니다. 오히려 그것은 인간이 어떤 의미와 가치를 부여하기 이전에 이미 있어왔고 주재하는 존재 자체에 속하는 것이다. 예컨대 그것은 하늘의 뜻, 신의 뜻, 자연의 질서, 이법 내지

---

9) M. Heidegger, 한충수 옮김, 『철학의 근본 물음: "논리학"의 주요 문제』, 이학사 2018. 63쪽.

10) 하이데거는 숙고적 사유의 계산적 사유에 대한 우위성을 언급하고 있다. "음미하는(숙고) 사유는 계산하는 사유에 대항하여 직접적으로 더 이상 일어날 수 없게 할 수 있다. 후자는 자신의 효용성과 결과로부터 영향력을 행세하며, 시대정신을 매혹하고, 그것을 통해 자신의 '진리' 속에서 스스로를 입증된 것으로 여긴다."(GA 13. 84쪽)

역운(Geschick), 천명, 도, 순리 등에 비견된다. 그것은 새가 날고, 동물이 기어 다니고, 어류가 헤엄쳐 다니고, 일월성신이 그 질서와 법도대로 운행하고, 생명체가 태어나고, 성장하고, 노화하고, 죽음에 이르는 만유의 본래의 질서로 이해해볼 수 있다.

하이데거의 「아낙시만드로스의 금언(Der Spruch des Anaximander)」(1946) 해명에서 숙고는 존재자들에 대한 세심한 염려, 사려, 보살핌, 주의를 기울임, 존중을 의미한다. "현재의 존재자들이 접합(Fuge)을 존재케 하면, 이것은 그들이 지나가듯 머물면서 각자에게 염려나 '주의'를 보여주는 방식으로 발생한다. 탈접합(Unfuge)의 극복은 염려를 보여줌으로써 이루어진다."[11] 「세계상의 시대」에서 숙고는 사물들에 이르는 '초연함' 내지 '초연한 내맡김(Gelassenheit)'으로 정의된다. 그러면 「과학과 숙고」에서 논하는 숙고의 본질이란 무엇인가?

하나의 사태가 그 자신으로부터 이미 취하고 있던 어떤 길의 방향을 잡아 나간다는 것, 이것이 독일어에서는 sinnan(숙고하다), sinnen(음미하다, 사색하다)이라고 불린다. 스스로 의미 속으로 관여해 들어감, 이것이 숙고의 본질이다. 우리가 단지 의식 속에 머무르고 있는 한, 우리는 아직도 숙고하고 있는 것이 아니다. 숙고는 그 이상이다. 그것은 물어봄직한 의문스러운 것에 이르는 초연한 내맡김이다. 이렇게 이해된 숙고를 통해서 우리는 특히 오래전부터 체류하고 있으면서도, 이미 경험하지도 못하고 또 폭넓게 살펴보지도 못한 채로 체류하고 있는 그런 곳에 도달하게 된다. 숙고 안에서 우리는 그곳으로부터 비로소, 우리의 그때그때마다의 일체의 행위

---

11) M. Heidegger, 'Der Spruch des Anaximander'(1946), GA 5, 361쪽.

(Tun)와 무위(Lassen)가 활보하면서 통과해나가는 그런 공간이 열리기 시작하는 어떤 장소로 향하게 된다.[12]

하이데거는 독일어 '베진웅(Besinnung)'의 시원적 의미를 그리스어 '테오리아(θεωρία, theoria)'와 '테오레인(θεωρεῖν)'에서 찾는다. 테오리아의 그리스적 시원적 의미는 현전하는 것의 탈은폐, 즉 '진리를 경건하고 주의 깊게 봄'으로 해석된다. 여기서 테오레인이란 '현전하는 것이 그 안에서 자신을 나타내고 있는 그 모양'을 뜻하는 테아(thea)와 '어떤 것을 주시함'을 뜻하는 오라오(oraw)의 합성어이다. 테오레인이란 '현전하는 것이 그 안에서 나타나고 있는 그 모양을 주시함, 그리고 그러한 시각을 통하여 현전하는 것을 보면서 그 옆에 머물러 있음'[13]을 뜻하는 용어이다. 따라서 그리스적으로 사유된 이론이란 '진리를 지키면서 바라봄'을 뜻한다.[14] 그러기에 "사유는 존재의 소리에 순응(gehorsam)하면서, 이 존재에게서 존재의 진리가 언어에 이르게 되는 그런 낱말(das Wort)을 찾게 되는 것이다."[15]

테오리아는 중세 이후 '관조적 삶(vita contemplativa)'과 '활동적 삶(vita activa)'이라는 짝을 이루는 형태로 알려지게 된다. 관조적 삶이란 일반적으로 우리 자신이 개입된 감각, 정서, 관심의 세계, 저급하고 직접적인 세계와는 무관한 정신만의 순수한 활동을 의미한다. "세계

---

12) M. Heidegger, 「과학과 숙고」, 이기상 외 옮김, 『강연과 논문』, 이학사 2008(이하 WB), 85쪽.
13) WB 48쪽.
14) 같은 책, 49쪽.
15) WiM 46쪽.

를 관조하는 이론적 태도는 마치 거기 있는 어떤 것이 단순히 눈앞에 있는 것이며, 그것의 요소들은 측정될 수 있고, 그 상호작용의 간명한 법칙들은 결정될 수 있다는 듯이 세계를 중립적으로 세워놓고자 노력한다."[16]

하이데거의 해석에 의하면, 로마인들이 그리스어 테오레인(θεωρεῖν)을 콘템플라리(contemplari)로 번역한 결과 이 용어의 의미는 '어떤 것을 분할하고 그 안에 울타리를 두름'[17]이란 뜻으로 변모하게 된다. 이로써 그 시원적 의미를 잃어버린 것이다. 이제 현전하는 것은 그 통일성을 상실한 채 나누어져 가공된다. 이리하여 이론은 '진리를 지키면서 바라봄'이란 뜻으로부터 '현실적인 것을 추적하여 몰아세우며 안전하게 몰아세우는 가공'으로 그 뜻이 바뀐다.[18] '콘템플라치오(contemplatio)'는 그 뒤에 독일어 '베트라흐퉁(Betrachtung)'으로 번역된다. 이것은 어떤 것을 확보하고자 그것을 추구함을 뜻하는 '고찰' 내지 '가공'을 의미한다. 근대 수학적 자연과학은 존재자를 단순한 공간적·시간적 질점으로 환원하여 자연을 공간적·시간적 작용연관으로 파악함으로써 이러한 가공의 절정에 이른 셈이다.

이런 맥락에서 하이데거는 근대 자연과학을 대상화된 자연을 추적하여 표상하는 것으로 파악한다.[19] 이 콘템플라치오를 통해 과학의 분과화를, 그리고 고찰을 통해 과학의 이념으로서의 기술의 성격

---

16) T. Clark, 위의 책, 57쪽.
17) WB 50쪽.
18) 같은 책, 52쪽.
19) 이선일, 위의 논문. 110쪽.

을 읽을 수 있다.[20] 이처럼 수학적 자연과학은 더 이상 자연을 수동적으로 혹은 중립적으로 관조하지 않는다. 즉 자연을 '순수 이론적으로' 파악하지 않는다. 오히려 수학적 자연과학은 자연의 모든 고유성을 무시한 채, 자연을 오로지 수학적 기투에 따라 공간적·시간적 작용연관으로 가공할 뿐이다. 그런데 이러한 가공은 사물들을 실재로서가 아니라, 계산 가능한 대상으로만 다루기에 가공은 이론적 가공을 의미한다.

하이데거의 숙고적 사유는 형이상학의 이론과 실천의 이분법의 틀에서 말하는 정관적인 이론이 아니다. 그것은 이론과 실천을 넘어선 행위이다. "사유는 아무것도 행하지 않는 것이 아니라, 그 자체 세계의 운명과 대화하고 있는 행위입니다. 내가 보기에는 형이상학으로부터 유래한 이론과 실천의 구분과 양자의 상호 이행에 대한 생각이 내가 의미하는 사유에 대한 통찰을 가로막고 있습니다."[21]

존재사유로서의 숙고는 전통철학에서의 원인, 이유, 본질을 탐구하는 인식론적 예지적 사고(noein), 논리적 오성적 사고(dianoia), 표상적 사고(데카르트), 선험적 종합판단(칸트), 변증법적 사고(헤겔), 반형이상학적 사고(니체), 비판적 사고, 해체론적 사고와는 구별된다. 결국 숙고는 여전히 '사유되지 않은 것'을 사유한다는 점에서 계산적 사고를 가능하게 하는 심층적 사유이다. 달마이어(F. Dallmayr)는 하이데거의 숙고개념을 다음과 같이 해석한다.

---

20) WB 48~50쪽.
21) SI 448쪽.

하이데거는 '숙고'가 그리스 용어의 온전한 의미를 전하기에는 여전히 너무 멀고 막연하다고 생각한다. 그래서 그는 '사려 있음'과 '사려 없음'을 (일상적이지 않지만) 더 날카로운 개념 쌍인 '주의 깊음(Ruch)'과 '무모함'으로 대체한다. 'Ruch'는 중세 고지 독일어 'rouche'에서 파생한 것으로 『존재와 시간』에 원용된 '염려(Sorge)'의 개념과 거의 일치한다. 하이데거에 따르면 염려는 타자들의 존재에 대한 관심이자 세심함이다. 하지만 그러한 세심함은 '주의(Ruch) 또는 염려(tisis)'라는 용어를 통해서 전달된다.[22]

일반적으로 통용되는 저러한 철학적 반성 혹은 성찰들은 의식을 통하여 모두 존재자의 시원, 근거(arche) 및 원인(aitia) 탐구를 목표로 한다. 반면에 숙고는 마음을 포함한 본래적 로고스를 통해 존재자의 지반인 존재의 진리를 사색한다. 존재의 진리는 이미 전통 철학적 사고가 전제하고 있으나, 계속 사유되지 않은 것으로 숨겨져 있던 사유의 시원이며 근원사태이다.

숙고는 의식을 통한 학문의 지식 추구와는 다른 방향을 견지한다. 우리가 단지 의식 속에 머무르고 있는 한, 우리는 아직도 숙고하고 있는 것이 아니다. 숙고는 모든 존재자의 의미를 깊이 생각하는 사유, 즉 조용히 음미하는 사유이다. 그것은 마음에서 우러나오는 사유이고, 또한 사유의 사태를 경청하는 깨어 있는 사유이다. 우리는 계산적 사고로 파악될 수 없는 사태를 오직 숙고를 통해 조우할 수 있다.

숙고는 계산적 이성이나 이론적 지성에 속하지 않고, 오히려 근원적 이성, 말하자면 시적 이성에 의해 수행된다. 숙고는 인간과 세계

---

22) F. Dallmayr, 위의 책, 212쪽.

전체의 존재와 그 의미와 진리를 사색하는 사유이다. 이른바 "인간은 순수한 숙고의 힘으로부터 나온 창조적인 질문과 형태 속에서만 전술한 계산될 수 없는 것을 알게 되며, 자신의 진리 안에서 보존하게 된다. 이 숙고는 미래의 인간을, 그 안에서 인간이 존재에 속하면서 존재자 안에서는 낯선 자로 머물게 되는 그러한 사이로 옮겨놓는다."[23]

철학은 무익한 앎이다. 그러나 철학은 숙고로부터 비롯된 지배적 앎이다. 그리고 숙고는 존재물음 행위에 속한다. 그것은 의미에 관한, 즉 존재의 진리에 관한 물음행위이다. 그리고 그것은 진리의 본질을 향한 내적 도약이다.[24]

요약하자면 숙고적 사유는 존재자의 은닉된 의미를 그것이 자신을 내보이는 바 그대로 드러내어 밝히고자 한다. 숙고적 사유는 인간 주체에 의해 대상화됨으로써 그 고유함이 파괴된 존재자의 은닉된 근원을 내보이고자 한다. 따라서 우리는 숙고적 사유에서 근원적 현상학적 태도의 전형적인 모습을 보게 된다. 그것은 우선 대개는 존재자 안에 감추어져 있는 그 의미와 근거를 그것 자체에 즉(卽)해 내보이게끔 하는 태도를 말한다. 존재역사적 관점에서 숙고는 존재를 능동적으로 사유하는 것이 아니라, 존재의 요구에 의해 그것에 속한 의미를 음미하는 사유이다.

---

23) Hw 94.
24) GA 65. 43쪽.

2. 숙고 논의의 출처

하이데거의 사유의 본령은 숙고적 사유이다. 숙고는 그의 소위 현존재중심에서 존재진리에로의 '전향(Kehre)' 이후의 후기 사유를 대변하는 핵심사유를 지칭한다. 따라서 숙고 논의는 하이데거의 고유한 사상을 해명하는 목표를 지닌다. 그것은 1930년대 중·후반(1936~39)에 본격적인 논의가 시작된다. 우선『철학에의 기여』(1936~38),『숙고』(1938~39),「세계상의 시대」(1938),『철학의 근본 물음, 논리학의 선별된 문제들』(1937/38 겨울학기 강의) 등에서 주로 논의되고 있다. 그 이후에는 1950년대에 출간된 저작들에서 심도 있게 다루어진다.「과학과 숙고」(1953),『동일성과 차이』(1955),「초연한 내맡김」(1959년 출간, 1945년과 1955년 씀) 등이다.[25] 그 이후에는 숙고적 사유가 여러 작품들 속에 산종(散種)되어 있다. 특히 1966년에 행해진『슈피겔』지와의 인터뷰에서도 숙고적 사유를 언급한다.

『철학에의 기여』[26]에서는 '숙고'로서의 '시원적 사유(das anfängliche

---

25) M. Heidegger,『철학에의 기여: 생기로부터』(GA 65권)(1936~38)「세계상의 시대」: 이 글은 1938년 6월 9일 '형이상학을 통한 근대세계상의 정초'라는 제목으로 강연된 것이다.(1977년 전집 5권에 수록됨)『철학의 근본 물음, 논리학의 선별된 문제들』(1937/38 겨울학기 강의),『숙고』(66권)는 1938/39년에 기록된 '개인적인 단상들과 강연들'을 모은 유고집으로 1997년에 출간되었다.「과학과 숙고」(1953),『동일성과 차이』(1955),『초연한 내맡김』(1959년 출간, 1945년과 1955년 씀).

26)『철학에의 기여』(전집 65권)의 윤곽은 여섯 가지 틀로 이루어진다. 나지막한 울림, 건네줌, 도약, 근거지음, 도래할 자들, 마지막 신 등이 이 여섯 가지의 짜임 구조에 해당한다. 이 틀의 각각은 인간 현존재가 자신에게 다가오는 존재의 진리를 뒤좇아 사유함으로써 존재의 진리를 구현하고자 하는 수행 단계들을 의미한다. 달마이어(Dallmayr)는 "전집 65권에서의 '첫 시작'으로부터 '다른 시작'에로

Denken als Besinnung)'를, 그리고 '과학에 대한 숙고(Zur Besinnung auf die Wissenschaft)'(75절)를 다룬다. 숙고는 시원에로의 넘어감(Übergang)이며, '다른 시원'을 준비하는 사유이다. 이 건너감을 통해 숙고가 실행된다. "숙고로서의 시원적 사유는 울려옴(Anklang)과 건네줌(Zuspiel)을 위한 실행이자 준비로서 본질적으로 우선은 넘어감이며, 또한 그러한 것으로서 내려-감(Unter-gang)이다."[27]

  시원적 사유에서 실행되어야 할 숙고는 오늘날의 인간의 자기 존재를 주어진 것으로, 즉 '나'와 우리와 '그들의 처지'에 대한 표상행위에서 직접 도달할 수 있는 것으로 받아들이지 않는다. 왜냐하면 실로 그러한 방식으로 '자기성(Selbstheit)'이 획득되지 않고, 오히려 그것은 궁극적으로 상실되며 위장되기 때문이다.

  '시원적 사유'로서의 숙고는 존재의 진리에 관한 물음에 의해 이끌려진다. 또한 '역사적 숙고로서의 진리에 관한 물음'이 제안된다. 즉 "'다른 시원'으로부터의 철학은 본질적으로 역사적이다. 제1시원의 역사에 대한 보다 근원적인 양식의 회상도 이러한 관점에서 지금 분명히 이루어져야 한다."[28] 숙고는 존재의 떠나버림과 곤경, 즉 우선은

의 이동은 음악적인 부분들과 목소리들을 섞어 짜는 푸가(Fuge), 즉 네 개의 주음 또는 관정들이 있다. 첫째, 부재의 양식으로 존재를 드러내는 '울림(Anklang)'이 있고, 둘째, 우리에게 다른 존재자들 사이의 긴장을 일깨우는 '건네줌, 연주(Zuspiel)'가 있으며, 셋째, 형이상학으로부터 출구를 알리는 '도약(Sprung)'이 있고, 넷째, '근거지음(Gründung)', 즉 존재와 비존재의 사건으로 현존재의 개입이 있다. 하이데거의 묘사에 의하면, 마지막 단계는 주로 '임박한' 혹은 '미래지향적인 개인들(Zukünftigen)'의 작업이며, 그들의 생각은 '마지막 신'의 희미한 메아리 소리들에 열려 있다"고 말한다.(F. Dallmayr, 『다른 하이데거』, 192쪽 참조)

27) GA 65. 66쪽.
28) 같은 책, 359쪽.

존재이해의 퇴락과 존재망각에 처한 역사적 존재로서의 우리에게 관여한다. 즉 숙고는 우리가 우리를 넘어서 자기 존재에 이르는 길을 발견하도록 이러한 방식으로 우리에게 관여한다.

그리고 "철학은 존재(das Seyn)에 대한 숙고로서 필연적으로 '자기 숙고(Selbst-Besinnung)'이다."[29] 이미 이 개념은 19, 20세기 철학에서 사용되어왔고, 또한 대중심리학적 표현으로서 알려져 있는 개념이다. 이것은 인식론과 논리학에서, 그리고 윤리학, 인간학과 생철학에서와 동일하게 하나의 역할을 한다. 이는 인간의 모든 체험행위와 의식과는 대비되는 현-존재의 도약(Sprung)과 넘어감과 관련된다. 즉 "넘어감에서 숙고가 실행되며, 또한 숙고는 필연적으로 자기-숙고이다. 그러나 이것이 시사하는 바는, 이러한 사유는 하여간 우리 자신에게 또한 이로써 인간에게 관련된다는 사실, 또한 이러한 사유는 인간의 본질에 관한 새로운 규정을 요망한다는 사실이다."[30]

숙고는 근대적인 인간의 본질, 즉 의식 및 자기의식과 오늘날의 인간 '자신'에 대한 자기반성으로서의 '자기 숙고(Selbst-Besinnung)'이다. 후설에 있어서도 인간의 인격적 삶은 '자기 숙고'와 '자기 책임'을 다하는 것이다.[31] 그러나 하이데거는 '자기 숙고'를 다른 방향에서 해명한다. "여기서 자기 숙고로서의 숙고는 존재의 본질에 관한 물음행위에 입각해 필연적이게 된다. 또한 마찬가지로 자기-숙고로서의 숙고는 자아(ego)가 명료하게 떠오르고 확실하게 되는 저 명석 판명한 자각

---

29) 같은 책, 48쪽.
30) 같은 책, 66쪽 이하.
31) E. Husserl, 『위기』, 415, 430쪽.

7장 숙고적 사유의 기원과 전개   355

(clara et distincta perceptio)으로부터 거리가 멀다. "[32]

자기 숙고는 주관주의와 인격주의와 구분되며, 시원적 사유의 지평에서만 실현 가능하다. "자기 숙고로서의 철학은 앞서 고시된 방식에 따르면, 다른 시원의 시원적 사유로만 비로소 실행 가능하다. 이러한 자기 숙고는 모든 '주관주의'는 물론 '인격성'에 대한 숭배 속에 가장 위험스럽게 자신을 숨기고 있는 '주관주의'조차 받아들이지 않는다. "[33] 결국 하이데거의 '자기-숙고'는 현존재의 고유한 본령에 입각해 자기 존재의 근거지음을 의미한다.[34]

하이데거에 의하면 기존과학에 대한 숙고에는 두 가지 길이 있다. 첫 번째 숙고에서는 기존과학이 지식을 전개하고 구축하는 하나의 특정한 가능성으로 파악된다. 이러한 지식은 그것의 본질 자체가 존재 진리의 근거를 보다 근원적으로 제시함에 우선 뿌리박고 있는 지식을 의미한다. 이처럼 근거를 제시함은 서구 사유의 시원과의 최초의 대결로 실행된다. 또한 그것은 서구 역사의 다른 시원이 된다. 두 번째 숙고는 첫 번째 숙고의 뒷면으로서 기존과학을 그것의 지금의 현실적 얼개에서 파악하며, 과학의 근대적 본질을 그러한 본질에게 귀속된 열망에 따라 포착하려고 시도한다.[35]

여기서는 존재역사적 관점에서 존재물음이 설정된다. 이런 시도는 존재의 진리와 현성(Anwesen)에 관해 생기사건(Ereignis)으로부터 가능하다. 무릇 숙고는 존재의 진리에 관한 물음에 의해 이끌려진다. 생

---

32) GA 65, 52쪽.
33) 같은 곳.
34) GA 65, 44쪽.
35) 같은 책, 144쪽 이하.

기사건은 모든 것의 탈근거적 지반이다. 형이상학에서는 존재자의 본질, 즉 존재자성을 보편성으로 규정하지만, 시원적인 사유는 존재 자체의 근원성(Ursprünglichkeit)과 유일성(Einzigkeit)에 입각해서 본질성을 규정한다.[36]

그러면 '시원(Anfang)'이란 무엇인가? "시원은 생생한 고유화로서의 존재 자체이다. […] 그리고 생생한 고유화로서의 존재가 시원이다."[37] 『존재와 시간』에서 존재물음이 기초존재론적 관점에서 처음 설정된다. 『철학에의 기여』에서는 똑같은 물음이 존재역사적 관점에서, 동시에 더 근원적 관점에서 두번째로 설정되고 마무리된다. 여기서는 존재의 의미에 관해, 즉 존재의 '진리와 본질'에 관해, 즉 존재의 현성에 관해 물어지고, 또한 존재의 현성은 생기사건으로 사유된다.[38] 중요한 것은 『철학에의 기여』에서 숙고는 '생기사건'을 향하고 있다는 점이다.

다음으로 『숙고』(GA 66)는 1938/39년에 기록된 '개인적인 단상들과 강연들'을 모은 유고집으로 1997년에 출간된다. 이는 『철학에의 기여』에 이어서 존재역사적 사유에 관한 주요 작품이다. 이 책은 많은 텍스트, 다양한 텍스트 종류, 논평, 시, 짧은 논문, 그리고 회고문 들을 모은 것이다. 여기에 수록된 것은 당대 세계에 있었던 수많은 갈등의 역사적 상황 속에서 나온 것이다. 이것은 형이상학적 사유와 폭력, 권력, 공작(工作, 기계화), 기술의 시대 징후들 사이에서 나왔다.

『숙고』는 근본 물음, 이른바 존재진리에 관한 물음, 특히 인간과 신

---

36) 같은 책, 66쪽.
37) 같은 책, 58쪽.
38) 같은 책, 511쪽.

적인 것 사이의 존재진리와의 관계에 대한 물음과 관련하여 핵심적인 발전과정들을 소개한다. 여기서는 1920년대의 '기초 존재론'을 넘어서서 '존재-역사적 사유'로 나아간다. 숙고는 단적으로 존재의 역사 (die Geschichte des Seyns) 혹은 '존재-역사적 사유(seynsgeschichtliches Denken)'이다.[39]

『숙고』는『철학에의 기여』와 연결되어 존재역사적 사유의 영역을 물으면서 개시하는 과제를 공유하고 있다. 숙고로서 이해되는 존재역사적 사유는 존재의 밝힘을 '생기사건'으로서 드러낸다. 그 속에서 대지와 세계의 쟁투와 더불어 인간과 신의 대면이 교차된다.『숙고』에서는『철학에의 기여』의 논점들을 가져오면서 하이데거의 1950~60년대 후기 작품들, 즉 '언어', '동일성과 차이', '시간과 존재'에 관한 논의들을 위한 길을 마련한다. 존재질문으로부터 생기사건에로의 질문, 특히 내어나름(Aus-trag, 반대의 하모니)의 논의에로 이동된다. 궁극적으로 '숙고'는 '존재와 시간'으로부터 '시간과 존재'에로, 그리고 '존재론적 차이'의 문제로부터 '사이 나눔(Unter-schied)'으로서의 존재(Seyn)의 문제로 나아가는 연결고리 역할을 한다.[40]

이상에서 우리는『철학에의 기여』와『숙고』에서 '숙고' 내지 '숙고적 사유'에 대한 근본윤곽과 주요 논점들을 살펴보았다. 이것은 앞으로의 숙고적 논의의 단초가 될 것이다.「과학과 숙고」,『동일성과 차이』,「초연한 내맡김」을 비롯하여 1930년대 이후의 숙고에 대한 논의들은 앞으로 다룰 주제들 속에서 계속 논의될 것이다.

---

39) GA 66, 119쪽 이하.
40) 같은 책, 310.

358

『철학의 근본 물음: "논리학"의 주요 문제』[41]에서는 모든 역사적 일어남의 시작인 미래에 대한 역사적 숙고를 다룬다. 여기서 하이데거는 역사적 관찰이 아니라, 오히려 역사적 숙고를 성찰한다. "숙고 (Be-sinnung)란 역사적으로 일어나는 것으로서의 역사의 의미를 찾는 것입니다. 이때 '의미'란 목표, 기준, 동인, 결정적 가능성, 그리고 권력, 이 모든 것의 드러난 영역을 가리킵니다. 이 모든 것은 역사적 일어남에 본질적으로 속합니다."[42] 그리고 「아낙시만드로스 금언」 해석에서 숙고는 존재자들에 대한 세심한 염려, 사려, 보살핌, 주의를 기울임, 존중을 의미한다. 그리고 『세계상의 시대』에서 숙고는 각 시대에 고유한 전제들의 진리와 고유한 목표들이 존재하는 공간을 가장 물을 만한 가치 있는 것으로 문제 삼는 것을 의미한다.[43]

3. 존재진리의 물음과 경험에 대한 숙고

하이데거의 존재사유는 형이상학적 존재론의 역사를 현상학적으로 해체하고 있다. 우리가 '존재하는(ὄv: seiend)'이란 표현을 사용하면서 이전에는 그것을 이해한다고 믿기는 했지만, 이제 우리는 당혹스러움에 빠져 있다. '존재하는'이라는 말이 본래 의미하는 것의 물음에 대한

---

41) M. Heidegger, 『철학의 근본 물음: "논리학"의 주요 문제』(WS 1937/38). 35~37쪽

42) M. Heidegger, *Grundfragen der Philosophie. Ausgewählte "Probleme" der "Logik"*(Wintersemester 1937/38), ed. F.-W. von Herrmann, 1984, 2nd edn. 1992(이하 GA 45). 35쪽 이하.

43) ZW 11쪽.

답을 우리는 가지고 있을까? '결코 그렇지 않다'는 것이 하이데거의
입장이다. 형이상학은 존재를 거론하지만, 존재자와의 '존재론적 차
이'와 존재 자체를 사유하지 않는다. 그러기에『존재와 시간』에서 하
이데거가 '존재의미'에 대한 물음을 새롭게 제기한 것은 당연하다. 그
가 시간을 모든 존재이해의 가능한 지평으로 해석하는 것이 우선적인
목표였다.[44] 거기에서 현존재의 실존 구조를 실존론적으로 철두철미
하게 분석함으로써 그는 존재의 의미를 밝혀내고자 한 것이다.

하이데거의 이러한 논지는 형이상학이 그리스어 '온(ŏν)'에서 비은
폐되어 존재하는 것에만 주목하고 은폐되어 있는, 말하자면 존재하는
것의 존재에는 주목하지 않았다는 것이다. 이리하여 그의 철학적 노
력은 철학사가 망각한 존재에 대한 물음을 새롭게 제기하면서 시원적
존재사유를 다시 철학의 지평 위로 올리는 것이다. 오늘날 분화된 영
역 내에서 존재자들에 대한 과학적 탐구로 분주한 과학자들에게 고
대 그리스 철인들의 화두였던 존재의 진리는 더 이상 관심사가 되지
못한다. 왜냐하면 존재는 수학적으로 표상되거나 실험에 의해 측정될
수 없는 성질의 것이기 때문이다. 그러나 이는 과학이 존재탐구에 무
력함을 드러낸다기보다, 오히려 존재의 문제가 사이비 문제임을 함축
하는 것으로 여겨진다.[45]

그러나 하이데거에 의하면, 그리스인들은 존재를 '현성(Anwesen)'으
로서, 즉 비은폐성(Unverborgenheit)으로 사유하였다. 그럼에도 불구
하고 비은폐성의 은닉과의 연관 및 현전의 부재와의 연관은 가장 초

---

44) SuZ 1쪽.
45) 이승종, 『크로스오버』, 225쪽.

기 그리스 사유에서 계속 더 숙고되지 않은 것으로 경험된다. 그리고 그것은 후기 그리스 사유에서부터는 잊혀져 버리고 만다. 그 비은폐성은 한낱 탈은폐성(Entbergenheit)으로 간주된다. 이렇게 해서 존재는 지속적인 현전으로 사유될 수 있었다. 달리 말하면, 존재의 지속성이 안전하게 확보되기 위해 '무'가 존재로부터 배제된 것이다. 따라서 전통 형이상학은 존재의 경험으로부터 완전히 배제되어 있으며, 존재의 비은폐성을 사유하지 못하였던 것이다.[46] "형이상학이 존재자를 표상할 경우에는 이미 존재가 어디서나 스스로를 훤히 밝히고 있다. 존재가 이미 비은폐성 가운데 임재하고 있는 것이다."[47]

전기 하이데거는 자신의 본래 목적을 달성하지 못하였다. 후기 하이데거는 현존재의 존재의미 해명으로부터 존재의 진리에 대한 해명에로, 즉 존재사유의 전향(Kehre)을 시도한다. 그리고 1930년에 나온 「진리의 본질에 대하여(Vom Wesen der Wahrheit)」라는 강연에서 그 '전향'이 본격적으로 이루어진다. '사유의 전향'이 이루어진 후에는 현존재로서의 실존적인 존재자 이해는 더 이상 중심주제가 아니었다. 결국 하이데거는 실존개념에서 벗어나서 존재의 '밝은 터(Lichtung)' 안에 서 있음인 '탈-존(Ek-sistenz)'[48]에 주목한다. 여기서 탈-존은 이성의 가능근거이다. 또한 탈존 안에서만 인간의 본질은 자기규정의 유래를 보존한다. 현존재가 실존한다는 것은 그가 존재의 진리 안으로 '나가 서 있는(hinausstehen)' 그런 존재자란 것이다. 이렇게 존재의 밝은-터 안으로 나가 서는 것이 현존재의 탈자적(ek-sistenzial) 본질이다. 이러

---

46) WiM 19쪽.
47) 같은 책, 7쪽.
48) Hum 13쪽.

한 '탈-존'의 양식은 인간에게만 고유한 것이다.

이런 점에서 인간의 본질은 존재의 밝은-터 안으로 다가섬이다. 탈자적인 것(das Eksatisch)의 서 있음(stasis)은 존재 자신이 본래 존재하고 있는 바로 그 비은폐성의 터(Da)에 나가 서 그 안에 서 있음(Innestehen, 내존)을, 즉 존재의 열려 있음에 '내존함(Inständigkeit, 내존성)'을 의미한다.[49] 하이데거는 「초연한 내맡김」의 해명에서 '내존함'을 다음과 같이 설명한다. "참된 것은 결코 홀로 있지 않다. 진리는 본래 성스럽게 치유하면서 아주 드넓게 존립하기 위해 있는 거라네. 고귀한 기억으로 인해 관대해진 유일무이한 마음은 사유하는 열정적인 가슴을 향하여 그저 오래 참으며 인내하라고 속삭인다."[50]

후기 하이데거의 존재물음은 존재의 진리에 관한 물음이다. 진리는 일상적인 의미로는 진실 내지 진상을 의미한다. 철학에서 진리는 존재의 보편성과 진리구조와 연관된다. 그것은 이성적 논리의 진리론이다. 역사적으로 진리론은 '지성과 사물의 대응'을 주장하는 대응론(correspondence theory)과 정합론(coherence theory)으로 요약된다. '판단 체계 안에서의 정합성'을 주장하는 대응론은 "한 판단의 진리성은 그 판단이 사실과 합치할 때 보증된다"는 입장이다. 반면에 정합론은 "어떤 판단의 진리성은 자신의 판단체계 안에서의 그 판단의 정합성에 있다"는 주장이다. 여기서 진리의 소재지는 언표(진술, 명제)이다.

그러나 하이데거는 "진리의 근원적 고향은 명제가 아니다"[51]라고 확언한다. 비트겐슈타인도 "명제는 사물들이 어떠한가만을 말할 수

---

49) WiM 14쪽.
50) Gel 60쪽.
51) VWW 12쪽.

있을 뿐, 그것이 무엇인가는 말할 수 없다"[52]라고 말한다. 하이데거는 기존의 진리론의 존재론적 시원을 밝히고자 한다. 즉 근원적 진리는 명제진리가 성립하는 장소이고, 또한 진위를 분별할 수 있는 존재론적 조건이다. "언표는 진리의 일차적 소재지가 아니다. 반대로 언표는 발견된 것을 내 것으로 하는 양상으로서, 그리고 세계-내-존재의 방식으로서 현존재의 발견, 특히 개시성에 근거한다. 가장 근원적인 진리는 언표가 성립하는 장소이고, 언표가 참 또는 거짓(발견 또는 은폐)일 수 있는 가능성의 존재론적 조건이다."[53]

존재의 진리는 인간과 세계 전체의 진리이다. 이는 과학적 진리보다 더 근원적인 진리이다. 존재물음이 역사적으로 실현되고 파악될 때, 그것은 이제까지 철학이 추구해온 존재자에 관한 주도적 물음(Leitfrage)과는 대조적으로 근본 물음(Grundfrage)이 된다. "존재에 관한 물음은 이제 존재의 진리에 관한 물음이 된다. 진리의 본질은 이제 존재의 참모습─스스로 숨기는 것의 빛남이자 따라서 존재의 본질 자체에 속하는 것으로 파악됨─에서부터 물어져야 한다."[54]

그리고 "'존재의 의미(Sinn des Seyns)'에 관한 물음은 모든 물음 중의 물음이다. 이 물음의 전제를 실행하는 과정에서 '의미'라고 이름 붙인 그것의 본질, 즉 '숙고로서의 물음(die Frage als Besinnung)'이 자신을 견지하는 그곳, 즉 물음으로서의 물음이 능동적으로 여는 그것, 즉 자기은폐를 위한 개시성, 다시 말해 진리를 규정한다."[55] 그리고

---

52) L. Wittgenstein, *Tractatus logico-philosophicus*, 3.221.
53) SuZ 227쪽.
54) GA 65. 428쪽.
55) 같은 책, 11쪽.

"숙고란 의미에 관한, 즉 존재의 진리에 관한 물음행위이다. 진리에 관한 물음 행위는 진리의 본질을 향한, 또한 그로써 존재 자체를 향한 내적 도약이다."[56]

하이데거에 있어서 존재는 "밝히면서 은폐하는(lichtend-verbergend) 속성을 지니고 있다."[57] 존재자를 존재자로서 탈은폐하고 존재하게 하는 것은 존재의 진리, 즉 비-은폐성(Un-verborgenheit, aletheia) 자체이다. 존재의 진리는 존재에 본질적으로 깃들어 있는 것으로서 존재 자체이다. 모든 형이상학의 은닉된 근본 바탕은 존재의 진리이다. 여기서 알레테이아(ἀλήθεια)는 어떤 표상의 올바름(Richtigkeit)이 아니고, '밝은 터' 내지 '밝힘(Lichtung)'을 의미한다. "사유가는 그가 알레테이아를 사유하는 한, 시원(Anfang)을 사유한다."[58] 알레테이아는 숨겨짐으로부터 열림, 즉 숨어 있지 않고 드러남(Unverborgenheit)이자 밝힘이다. 진리는 드러남(Lichtung)과 동시에 숨김 내지 감춤(Verbergung)이다.

하이데거는 헤라클레이토스를 따라 '존재의 숨김(physis kripthesthai philei)'[59]이란 의미를 이어받는다. "존재는 스스로를 숨기는 드러냄, 곧 시원적인 의미의 피시스(physis)이다. 피시스는 알레테이아, 즉 드러냄이요, 그리고 그 때문에 숨기기를 좋아한다."[60] 그리고 "존재는 그 자체로 숨기고자 하는 경향이 있다. 왜냐하면 존재는 숨겨짐으로부터 나섬이요, 피어오르면서 현현함이기에 존재에는 본질적으로 숨

---

56) 같은 책, 43쪽.
57) Hum 16쪽.
58) GA 54, 245쪽.
59) DK Frg.123.
60) WiM 301쪽.

겨짐이 속한다."[61] 존재의 자기 숨김은 언제나 존재자의 개시와 더불어 '존재의 떠나버림(Seinsverlassenheit)'이다. 무엇보다 "진리는 존재의 본질에 속한다."[62] 그러나 일상 속에서 인간은 퇴락한 존재자로서 비진리 속에 살고 있다. "현존재는 본질상 퇴락하기 때문에 그 존재 틀에서 보면 '비진리' 가운데 있다."[63] 그래서 전기 하이데거의 진리는 본래적 자기로 돌아가서 자기를 회복하는 것을 의미한다.

철학은 본래 존재의 진리에 대한 물음이다. 이로써 철학은 존재의 진리를 근거짓는다. "철학은 무익하나 그럼에도 불구하고 지배적인 앎이다. 철학은 존재의 진리에 관한 두렵기는 하나 드문 물음행위이다. 철학은 참된 것의 동시대적 궁핍하에서 진리를 근거지음이다. 철학은 역사의 시원에로 되돌아가려는 욕구이며, 또한 그로써 자신을 넘어서려는 욕구이다."[64]

그러나 하이데거에 의하면 형이상학은 이 근원적 형태의 '존재의 진리'를 사유하지 못하고, 그 파생된 형태인 베리타스(veritas), 즉 인식의 진리 및 명제로서의 진리개념에 머물러 있다. "형이상학이 존재자를 표상할 경우에는 이미 존재가 어디에서나 스스로를 훤히 밝히고 있다. 존재가 이미 비은폐성(존재의 진리) 가운데에 임재하고 있는 것이다."[65] 그러나 형이상학은 그 자신의 고유한 본질로 말미암아 존재의 경험으로부터는 완전히 벗어나 있다. 왜냐하면 형이상학은 존재자를 언제나

---

61) M. Heidegger, *Einführung in die Metaphysik*(Sommer semester 1935), Frankfurt a.M. 1983(이하 GA 40). 122쪽.

62) GA 40. 78쪽.

63) SuZ 222쪽.

64) GA 65. 36쪽.

65) WiM 7쪽.

존재자로서 이미 이 존재자로부터 스스로를 나타내 보이고 있는 그것 안에서만 표상하기 때문이다. 그러나 형이상학은 이러한 존재하는 것이 비은폐되어 있는 한, 바로 이런 존재자 안에서 이미 스스로를 은닉하고 있는 존재의 비은폐성에는 전혀 주의를 기울이지 않는다.

전통적으로 진리는 인식과 존재자와의 일치 혹은 존재자에 대한 인식의 올바름(Richtigkeit)으로 규정된다. 그런데 이러한 일치가 성립하려면 무엇보다도 존재자가 드러나는 열려진 장이 전제되어야 한다. 왜냐하면 존재자가 드러나 있기에 인식과 존재자와의 일치가 성립할 수 있기 때문이다. 전통적 형이상학은 진리를 명제적 차원에서 올바름으로 규정한다. 올바름으로서의 진리는 지성과 존재자의 일치를 의미한다. 우리는 이러한 진리규정을 자명한 것으로 간주한다.

그러나 하이데거는 이 자명함을 받아들이지 않고, 오히려 그 가능근거를 드러내고자 한다. 그가 통상적 진리규정의 무지반성을 폭로함으로써 진리의 가능근거, 즉 존재론적 진리에 이르고자 한다. 존재자의 개방된 장은 전통적 진리의 가능근거가 된다. 하이데거는 이 개방된 장을 참된 것으로, 즉 진리로 규정한다.

그런데 전통적 진리는 존재자만을 고수할 뿐 존재자의 개방된 장, 즉 사역(das Gegnet)은 고려하지 않는다. 오히려 전통적 진리는 존재자와의 일치만을 목표로 삼기에 존재자가 개방된 장을 가리고 있다. 이렇게 전통적 진리 규정은 그것의 가능근거를 은폐하고 있는 셈이다. "서구 사유의 역사에서 '존재의 진리'는 사유되지 않은 채 남아 있고, 그 경험 가능성은 거절되었다."[66] 즉 "밝힘 자체로서의 존재의 진

---

66) Hw 195쪽 이하.

리는 형이상학에는 은닉되어 있다. "[67] 그러면 존재의 '참됨(das Wahre)'
은 단적으로 무엇인가?

진리는 근원적으로 참된 것이다. 참된 것은 가장 존재하는 존재자이다. 모
든 존재자보다 더 존재하는 것은 존재 자체이다. 가장 존재하는 존재자는
더 이상 '존재하지' 않고, 오히려 현성(생생한 고유화)으로 현상한다. 존재
는 생기사건으로 현성한다. 진리의 본질은 생기사건의 밝히는 은폐이다.
밝히는 은폐는 현-존재를 근거지음으로 현성한다. 그러나 근거지음은 두
가지 의미이다. 현-존재를 근거지음은 진리를 참된 것으로 간직함으로 발
생한다. 또한 이로써 참된 것은 비로소 참된 것이 된다. 참된 것은 존재자
를 존재자로 존재하게 한다.[68]

진리에 관한 물음은 진리의 본질에 관한 물음이다. 진리 자체는 참
된 것이 자신의 근거를 갖는 그곳이다. 근거가 여기에서 의미하는 바
는 이렇다. 첫째, 안에 간직되어 있는 그것, 즉 거기를 향해 내적으로
가까이 간수되어 있는 그것이다. 둘째, 근거를 통해 생생하게 강제되
는 그것이다. 셋째, 관통해 우뚝 솟게 되는 그것이다.[69] 참된 것은 진
리 안에 서 있는 것이고, 또한 그로써 존재자로 존재하게 되거나 존재
자로 존재하지 않게 되는 것이다. 진리는 은폐를 위한 밝힘, 즉 비-진
리로서의 진리이다. 그 자체로 투쟁적이고 비(非)라는 성격을 지니고
있고 또한 근원적인 친밀함이다. 진리는 생기사건으로서의 존재의 진

---

67) Hum 20쪽.
68) GA 65. 344쪽.
69) 같은 책, 345쪽 이하.

리이다. 참된 것과 참된 것으로 존재함은 참되지 않은 것, 즉 위장된 것과 그러한 것의 변양들을 자신 곁에 동시에 포함한다.

이런 점에서 철학의 본령인 숙고적 사유는 존재진리에 대한 사유이다. 존재의 진리를 사유하는 그런 숙고는 경화되고 정형화된 전통 형이상학에 만족할 수 없다. 물론 그렇다고 해서 이런 사유가 형이상학에 맞서서 적대하는 것은 아니다. 그것은 존재의 진리에 대한 사유를 통해 '무'를 사유하고, 거기로부터 형이상학의 본질을 사유하려는 시도이다.

핑크(E. Fink)와 함께한 공동세미나인 「헤라클리트-세미나」(1966/67 겨울학기)에서 하이데거는 초기 그리스 철학자들에게 '사유되지 않은 것은 무엇인가'라는 물음을 던진다. 이 질문에 대해서 그리스 철학자들은 알레테이아를 언급했지만 그것 자체를 주제화하거나 깊이 생각하지 않았다. 즉 '알레테이아로서의 알레테이아'에 관해서는 전체 그리스 철학은 사색하지 않았다는 것이다.[70]

하이데거에 의하면 존재의 진리가 아낙시만드로스에서부터 니체에 이르기까지, 즉 형이상학의 기나긴 역사에서 은폐되어 있다는 것이다. 이런 점에서 존재의 진리를 묻는 사유는 전통적인 존재론이나 윤리학이 아님을 분명하게 명시하고 있다. "존재의 진리를 묻고 인간의 본질 체류를 존재로부터, 존재를 바탕으로 규정하는 사유는 윤리학이나 존재론이 아니다."[71] 무엇보다 숙고적 사유의 사태는 존재의 진

---

70) M. Heidegger, *Heraklit. 1. Der Anfang des abendländischen Denkens* (Sommersemester 1943)/*2. Logik. Heraklits Lehre vom Logos*(Summer semester 1944), 1979, 2nd edn. 1987(이하 GA 55), 259쪽.

71) Hum 42쪽.

리이다. 여기서 존재는 더 이상 존재자로부터 사유될 수 없다. 존재는 그것 자체에 입각해 사유되어야 한다.

숙고는 탈은폐의 방식으로서 인간을 자유로 인도한다. 왜냐하면 탈은폐의 사건은 진리의 사건이기 때문이다. 모든 탈은폐는 자유로움에서 나와서 자유로움에로 가며 자유로움으로 인도한다. 이러한 자유로움의 자유는 자의의 비예속성 또는 순전히 법에 의한 구속에서 성립되는 것이 아니다. 모든 탈은폐는 '간직하다'와 '숨기다'와 관련이 있다. 탈은폐의 사건, 즉 진리의 사건은 자유와 가장 가깝고 가장 밀접한 관계에 놓여 있다. 따라서 자유의 본질은 본래 근원적으로 의지나 인간이 소망의 인과율에만 예속되어 있는 것은 아니다. 오히려 진정한 의미에서 자유란 밝혀져 있는 것, 탈은폐되어 있는 것이라는 의미의 자유로움을 관장한다. 그런데 자유롭게 해주는 것은 숨겨져 있으며 언제나 자신을 숨기기에 비밀인 것이다. 자유란 밝히면서 숨기는 것이며 그것의 밝힘 속에는 모든 진리의 본질적인 존재상태를 가리는 베일이 너풀거리며, 자유는 그 베일을 자신을 가리는 베일로서 나타나도록 한다. 자유는 그때그때마다 하나의 탈은폐를 그 탈은폐의 길로 보내는 역운의 영역이다.[72]

이상에서 살펴보았듯이, 하이데거의 진리개념은 그리스어 알레테이아에서 유래한다. 따라서 종래의 진리개념은 명제진리에 속하여 알레테이아를 담기가 어렵다. 그래서 동양적인 사유 문맥에서 서양의 진리개념은 순리(順理) 내지 도(道)라는 개념으로 치환해 이해해도 무방하리라 본다. 따라서 존재의 순리에 따라 꽃이 피고, 바람이 불고,

---

72) VA 28쪽.

구름이 일어나고, 비가 오고, 눈이 내린다. 인간도 그것에 따라 생로
병사를 경험하고, 천체의 운행도 그런 순리와 질서에 의해 움직인다.
하이데거에 의하면, 인간의 사유도 존재의 소리 내지 순리를 좇아서
순응하면서 그때그때마다 존재의 순리에 맞갖게 행해져야 한다. 말하
자면 그것은 존재의 말걸어옴을 언어로 가져와 간직하면서 언명함을
의미한다.

4. 과학과 숙고

하이데거는 「과학과 숙고(Wissenschaft und Besinnung)」(1953)에서 계
산적 사고와 숙고적 사유의 차이를 분명히 한다. 그러면 숙고 내지 숙
고적 사유가 계산적 · 표상적 사고에 기초한 과학과의 차이는 무엇인
가? 이 물음에 대한 해명을 통해 과학과 철학의 차이, 계산적 사고와
숙고적 사유의 차이, 형이상학적 철학과 존재사적 숙고의 차이도 드
러나게 될 것이다. 그리고 여기서 과학에 대한 성찰도 이루어진다. 물
론 하이데거는 과학을 경시하자는 것이 아니고, 철학이 과학에 머물
러 있는 것을 문제시한다.[73]

특히 하이데거의 학문 내지 과학비판[74]에 영향을 끼친 요인으로 슐

---

73) WB 195쪽.
74) 하이데거의 과학 및 학문비판은 아래의 저작들에서 주로 나타나며, 전 저작들
에 산종되어 있다. 『존재와 시간』(1927), 『세계상의 시대』(1938), 『철학에의 기여』
(1936~38), 『형이상학의 극복』(1936~46), 『니체 I, II』(1936~46), 『과학과 숙고』
(1953), 『기술에 대한 물음』(1953), 『초연한 내맡김』(1959).

라이어마허와 딜타이의 해석학,[75] 후설의 현상학,[76] 기독교(불안, 죽음, 양심과 같은 실존범주들)를 거론할 수 있다. "하이데거의 과학비판에 영향을 끼친 것으로서 우리는 첫째, 정신과학 이론의 토대를 닦았던 딜타이의 '역사이성 비판', 둘째, '엄밀학으로서의 철학'의 이념을 추구했던 후설의 과학비판, 셋째, 인간실존에 대한─아우구스티누스에서 시작하여 루터를 거쳐, 키르케고르로 이어지는─기독교적 이해의 전통을 들 수 있다."[77]

전술한 대로, 하이데거는 철학의 과학화를 경계한다. 즉 철학이 과학에 편입되고, 그것이 과학적 사고에 종속되는 것을 우려한다. 이런 점에서 하이데거의 과학비판은 그의 철학의 가장 중요한 모티브들 중 하나이다.[78] 또한 그는 과학도 문화의 일부로서 파악되고 있다는 사실과 그것이 자신의 본질을 망각하고 있음을 문제 삼는다. 즉 우리에

---

75) 김재철, 『존재와 시간』: 삶의 해석학의 기초존재론적 변형」, 존재론연구 제6집, 한국하이데거학회 2001. "젊은 하이데거는 후설(선험적 현상학)과 딜타이(생철학)의 긴장관계에서 자신의 철학을 위한 주제설정과 방법론적 단초를 정립한다."(165쪽) 이유택, 위의 논문. "딜타이의 정신과학적 범주들을 실존범주라는 이름으로 수용하지 않았더라면, 『존재와 시간』에서 과학으로부터─자연과학은 물론이고 정신과학까지 포함하여─거리를 두려는 하이데거의 시도가 가능했을지 의문이다."(160쪽)

76) E. Husserl, *Philosophie als strenge Wissenschaft*, Frankfurt a.M. 1965. 7쪽. 이유택, 위의 논문. "과학의 정초는 과학 자신에 의해서가 아니라 오직 철학을 통해서만 가능하다. 철학의 중요한 과제는 바로 이러한 정초작업에 놓여 있으며, 철학은 오직 엄밀학으로서의 현상학을 통해서만 가능하다."(160쪽)

77) 이유택, 위의 논문, 157쪽.

78) H. Alderman, "Heidegger's Critique of Science and Technology", in *Heidegger and Modern Philosophy*. New Haven and London: Yale University Press 1978. 35쪽 이하.

게는 과학이 무엇인지에 대한 명확한 이해가 부족하다는 것이다. "예술과 마찬가지로 과학은 단지 인간의 문화적 활동이 아니다. 과학은 존재하는 모든 것이 그 안에서 우리에게 스스로를 나타내는 하나의 방식이며, 그것도 심지어 결정적인 방식이다."[79)]

하이데거에 의하면 근·현대적(neuzeitlich-moderne) 과학의 자기이해는 "과학은 현실적인 존재자의 이론이다"[80)]라는 명제로 진술될 수 있다. 반면에 과학이 고대에서는 에피스테메(ἐπιστήμη, 이성적 인식)로, 중세에서는 교리적 교설(doctrine)로 이해되었다. 모름지기 과학의 본질은 플라톤 이래로 철학이라고 불리는 그리스인들의 사유 안에 근거하고 있다.[81)] 그리스적 사유와 중세적 사유와 달리, 근대에 와서 '현실적'이란 것은 대-상(Gegen-stand)으로서 스스로를 나타내 보인다.[82)] 여기서 이론이란 그리스어 테오리아(θεωρία)에서 유래한다. 테오리아는 진리를 보호하면서 관망함이며, 현존하는 것의 비은폐성을 존중하면서 주목하는 것을 말한다.[83)] 그러나 이 명제는 자명한 것이 아니라는 것이 하이데거의 입장이다.[84)]

철학은 엄격한 검증원리에 의한 유의미한 명제들로 이루어진 학문과는 질적으로 다른 것이다. "철학은 상식이나 개별과학이 다루는 경험적 대상들을 넘어서 묻는 학문이요, 그러기에 초월적 탐구라고 일컬어지기도 하거니와 그 명제들은 경험적으로 검증되지 않는다. 검

---

79) WB 41쪽.
80) 같은 책, 42쪽.
81) 같은 책, 54쪽.
82) 같은 책, 47쪽.
83) 같은 책, 49쪽.
84) 같은 책, 53쪽.

중원리를 기준으로 한다면 신학, 형이상학, 윤리학, 신화학, 문학, 시 등은 무의미한 말장난에 불과하다는 철학의 자기부정을 선언해야 한다. 순수성을 찾다가 자기를 죽이고 만 것이다."[85]

전술한 대로, 이 테오리아가 로마에서 라틴어 콘템플라치오(contemplatio)로 번역되면서 그것의 그리스적 의미의 본질적 특성이 사라지게 된다. 즉 후자는 어떤 것을 쪼개어 나누고, 거기에 울타리를 쳐놓는 행위를 의미한다.[86] 이후에 테오리아는 독일어 베트라흐퉁(Betrachtung), 즉 고찰로 번역된다. 테오리아는 이제 '현실적인 것의 고찰' 내지 주시(Beschauung)로 그 의미가 전이된다. 고찰은 어떤 것을 추적해가면서 안전하게 확보하는 식으로 현실적인 것을 세심하게 논하며 다루는 것을 의미한다. 그리하여 현대과학은 '이론으로서 고찰한다'는 의미에서 '현실적인 것'을 심하게 침범해 들어가서 세심하게 논하고 다루게 된다.[87]

하이데거에 의하면 근대의 인식주관의 표상활동은 과학에 있어서 현실적인 것을 섬세하게 논한다. 그 표상활동을 통해 근대적인 학문은 현실적인 것에 상응하게 된다. 이제 모든 현실적인 것은 안전하게 확보하기 위한 다양한 대상들로 변한다.[88] 그리하여 이론은 그때마다 언제나 현실적인 것의 어떤 구역을 자신의 대상 영역으로 안전하게 확보한다. 결국 "현실적인 것의 모든 이론에 필수적인, 추적해가면서

---

85) 소광희, 「논리의 언어와 존재의 언어」, 한국하이데거 학회, 『하이데거의 언어사상』, 철학과 현실사 1998. 21쪽.
86) WB 50쪽.
87) 같은 책, 51~52쪽.
88) 같은 책, 52쪽.

7장 숙고적 사유의 기원과 전개　　373

안전하게 확보하는 처리방식이란 일종의 계산함이다."[89] 또한 "이론은 현실적인 것을, 즉 물리학의 경우에는 생명력을 상실한 자연을 어떤 하나의 대상 영역 속으로 확립한다."[90]

하이데거는 존재사적 시각으로 대상성 내지 객관성(Gegeständlichkeit)의 주재함(Walten) 속에서 현대 과학의 본질에 은닉되어 있는 사태 실상(Sachverhalt)에 주목한다. 이러한 사태 실상은 학문들 안에 스스로를 은닉하고 있다. 현대는 사태 실상으로서의 대상성에 의해서 과학은 한정된 영역 위에 스스로를 확립한다. 이러한 대상성은 자연의 본질적 충만을 포괄할 수 없고, 과학적인 표상활동은 자연의 본질을 바꾸어놓을 수 없다.[91]

그리고 대상성 안에서 인간이 인간으로 탈-존하는 그런 현-존(Da-sein)은 다루어지기가 어렵게 된다.[92] 더욱이 자연, 인간, 역사, 언어는 전문분과 학문들을 통해 이런 대상성의 주재 아래 쉽게 다루어질 수 없다.[93] 또한 개개의 학문은 학문으로서의 자신의 본질을 파악할 수 없다. 예컨대 사람들은 결코 모종의 수학적 계산을 통해서는 수학 자체가 무엇인지를 결정할 수 없다.[94]

앞서 살펴보았듯이 하이데거는 『철학에의 기여』에서 '과학에 대한 숙고(Zur Besinnung auf die Wissenschaft)'(57절)에서 두 가지의 길을 제시한다. 첫 번째 길은 앎을 전제하고 구축하는 하나의 특정한 가능성

---

89) 같은 책, 54쪽.
90) 같은 책, 58쪽.
91) 같은 곳.
92) 같은 책, 59쪽.
93) 같은 책, 60쪽.
94) 같은 책, 61쪽.

으로 과학을 파악한다. "이러한 앎은 그것의 본질 자체가 존재의 진리의 근거를 보다 근원적으로 제시함에 우선 뿌리내리고 있는 앎을 의미한다. 이처럼 근거 제시함은 서구 사유의 시원과 최초의 대결로 실행되며 또한 동시에 서구 역사의 다른 시원이 된다." 두 번째 길은 과학을 현실적인 구조(wirkliche Verfassung)에서 개념파악한다. "이러한 숙고는 학문의 근대적 본질을, 그러한 본질에게 귀속된 열망에 따라 포착하려 시도한다."[95]

하이데거에 의하면 의식 속에 머무는 과학적 사고로부터 숙고적 사유에로 나아가야만 우리는 과학의 본질의 장소에 들어갈 수 있다. 여기서 숙고함(sinnan)과 음미함(sinnen)은 하나의 사태가 그 자신으로부터 이미 취하고 있던 어떤 길의 방향을 잡아나감이며 스스로 의미 속으로 관여해 들어감이고, 그리고 물어봄직한 의문스러운 것에 이르는 '초연한 내맡김(Gelassenheit)'이다. 따라서 과학의 의식과 지식, 그리고 교육(Bildung)과는 다른 본질로 숙고는 존재한다.[96] 우리는 어떤 모범 없이도 스스로 숙고를 시작할 수 있어야 하고, 또한 학문의 본질에 대한 물음의 해맑음(Klarheit) 속에서 숙고에 깨어 있어야 한다.

그런데 오늘날 숙고는 과학의 본질이 내보이는 것에 대한 물음과 응답의 차원에서 궁핍하고 가난한 상태이다. "그러나 숙고의 궁핍(Armut)은 풍요로움을 약속해주는데, 이러한 풍요로움의 보물은 결코 계산될 수 없는 무용한 것(das Nutzlose)의 광채 안에서 밝게 빛나고 있다."[97]

---

95) GA 65. 144쪽.
96) WB 64쪽.
97) WB 66쪽.

우리가 유의할 점은 하이데거가 이런 논의를 펼친 것으로 인해 철학이 과학과 대적이 되어서는 안 된다는 사실이다. 다만 과학이 모든 참된 명제에 대한 절대적 척도가 되고자 하는 오만함을 경계한다. "우리의 모든 논의가 과학적대적인 것으로 이해되어서는 안 된다. 단지 과학의 오만한 요구, 즉 모든 참된 명제에 대한 척도이고자 하는, 절대화를 향한 요구가 거부될 뿐이다."[98]

요약하자면, 하이데거는 결코 과학을 경시하자는 것이 아니고, 그것에 머물러 있으면서 존재의 진리에 대한 숙고를 하지 않는 것을 경계한다. 하이데거의 과학비판은 형이상학비판과 기술비판과 내적으로 연결되어 있다. 결국 그가 '과학과 숙고'를 통해 이야기하고자 하는 핵심 주장은 철학이 과학에 포섭되지 말고, 자신의 본질과 정체성을 지켜내기 위해서라도 과학적 사고로부터 숙고적 사유에로 전향해야 한다는 점이다.

5. 존재역사적 사유로서의 숙고

하이데거의 후기 사유는 존재역사적 시각궤도에서 전개된다. 숙고는 단적으로 '존재역사적 사유(seynsgeschichtliches Denken)'이다. 그러면 존재역사란 무엇인가? 그것은 도가(道家)에서 말하듯이, 만물의 세계가 도의 자기전개인 것과 같이 존재역사는 존재의 자기전개이다. 하이데거에 의하면 "존재자의 도래는 존재의 역사적 운명에 기인한

---

98) M. Heidegger, *Zollikoner Seminare*, Frankfurt a.M. 1987, 2017(GA 89), 143쪽.

다."[99] 존재 자신이 존재사를 전개하면서 자신을 우리에게 보낸다. 그러면 존재역사에서 보냄(Schickung)이란 무엇인가?

존재역사는 존재가 자신을 자신의 본질을 이탈함으로써 우리에게 자신을 보내는 존재의 역운이다. 존재의 역운에 대해 언급하면서 '역운(Geschick)'이란 낱말을 사용하기 위해서는 우리는 다음의 사실을 명심해야 한다. 흔히 우리는 역운이라는 낱말을 운명(Schicksal)을 통해 정해지는 것, 운에 따르는 것—즉 비운, 악운, 행운—으로 이해한다. 이 의미는 파생된 것이다. 왜냐하면 '보냄'은 근원적으로 준비함, 질서 있게 함, 어떤 것을 그것이 속한 곳으로 보냄을 의미하며, 이에 따라 자리를 배치함과 지정함을 의미하기도 한다.[100]

하이데거에 의하면, 존재의 사유는 '학설'이나 '체계'가 되어서는 안 되고, 오히려 본래적 역사가 되어야 한다. 그리고 존재의 역사는 존재의 빛남과 숨김의 근본적 역사이다.[101] 존재는 자신을 우리에게 보내면서 자신의 본질은 감춘다. 제1시원과 그것의 종말은 아낙시만드로스로부터 니체까지 이르는 주도적 물음의 전 역사를 포괄한다. 탈-존자로서 인간은 존재의 역사 안에 속해 있다. "만약 인간이 앞으로 존재의 진리를 사유할 능력이 있다면, 인간은 탈-존에 입각해 사유한다. 인간은 탈-존하면서 존재의 역사적 운명 안에 서 있다. 인간의 탈-존

99) Hum 19쪽.
100) SvG 156쪽.
101) EiM 16쪽; GA 65. 177~178, 185쪽.

은 탈-존으로서 역사적인 것이다."[102]

그러나 하이데거의 시각에서는 후설과 사르트르도 역사적인 것의 본질성을 존재 안에서 인식하지 못하고 있다는 것이다. 클라크에 의하면, '존재역사'라는 명칭은 우리의 이해의 편의를 돕기 위해 일반 역사(history)와는 다른 '심층역사(deep history)'로 표현될 수 있다. 일반적으로 역사는 과거에 일어났던 사건과 사실에 대한 연구와 진술이다. 반면에 심층역사는 사건이나 결정으로서의 역사로서 현재도 영향을 끼치고 사물들을 변화시킨다. 또한 심층역사는 예술과 문학, 그리고 문화적 논쟁에 관한 하이데거의 모든 사유를 구성하는 문맥이다.[103] "역사의 밑바닥에 놓여 있는 합리성이나 동기는 없다. 물론 다양한 우발성과 사건들이 추적될 수는 있다. 〔…〕 궁극적으로 존재역사는 인간실존처럼 어떤 '왜' 없이 존재한다. 그것은 일어났기 때문에 일어났다."[104] 클라크에 의하면, 하이데거의 존재역사에서는 단지 세 가지 사건들만이 참으로 역사적으로 출현한다고 한다.

1. 첫 번째 사건은 그리스 세계가 로마의 라틴 세계로 번역된 것이다. 그리스의 언어와 세계가 로마 라틴어로 번역된 것은 제작자 사유의 전재에서 하나의 결정적 사건이다.
2. 두 번째 존재의 역사에서 일어난 결정적인 전환은 저 로마의 인장이 중세 기독교로 정착되고 변형되면서 일어난다. 기독교와 함께 어떤 신학적 경향이 서양사상의 제작주의적 토대에 주어진다. 신은 위대한 작가

---

102) Wm 333쪽.
103) T. Clark, 위의 책, 61쪽.
104) 같은 책, 71쪽.

와 제작원인으로 보이게 된다.

3. 17세기 근대 형이상학과 과학의 출현이 있다. 그것은 모든 진리추구에서 방법의 물음들을 지배하며, 자연을 잠정적으로 수학화한다. 이런 비은폐의 양태에서 존재는 인간 지식의 테크놀로지로 통제되는 대상들의 총체성으로 보일 뿐이다. 그리고 인간 지식은 확실성을 향한 추구로 내몰린다.[105]

폰 헤르만(F. W. von Herrmann)은 존재물음을 크게 두 가지로 나누어 설명한다. 『존재와 시간』에서 시도된 '초월적-지평적' 궤도 위에서의 존재물음이라면, 다른 하나는 『철학에의 기여』에서 시도된 존재역사적 경험에 입각한 존재물음이다.[106] 존재역사는 우리 앞에 계속 서있다. 그것은 비인간적 동인이나 신에 의한 움직임이 아니라, 오히려 그것은 꽃이 피고 사과가 떨어지는 것처럼 왜 없이 일어난 사건이다. 존재의 역사는 지속하며 인간의 조건과 상황을 규정한다.

하이데거의 존재역사는 존재역운(Seinsgeschick)에서 비롯된다. 존재사적 의미에서 인류사, 세계사, 문화사 등은 존재역운이 드러난 하나의 형식에 불과하다. 그는 존재를 스스로 일어나고 스스로를 획득한다는 의미에서 생기사건이라 명명한다. "존재는 생기사건이다.(Sein als Ereignis)"[107] 또한 "'그것이 존재를 부여한다(Es gibt Sein)', '그것이

---

105) 같은 책, 69쪽 이하.

106) F.-W. von Herrmann, "Die Frage nach dem Sein als hermeneutische Phänomenologie", in *Große Themen Martin Heideggers Eine Einführung in sein Denken*(hrsg.), von Edelgard Spaude, Freiburg 1990. 30쪽.

107) ZSD 22쪽.

시간을 부여한다(Es gibt Zeit)'에서 부여하는 그것은 사건으로 입증된 다."[108] 이로써 존재를 사건으로 사유하는 『시간과 존재』에서는 존재 라는 표현은 소멸되고, 시간이라는 표현이 지배적이게 된다.[109] "존재 는 그 진리에서 스스로 일어난다."[110] 그리고 "여기서 '부여하고 있는 (gibt)' '그것'은 존재 자체이다."[111]

특히 "일어남(Er-eignen)은 근원적으로 바라봄(er-äugen), 다시 말해 눈을 열어 봄(er-blicken), 보는 가운데 자기 쪽으로 불러들임, 즉 전유 함(an-eignen) 등을 의미한다."[112] 존재의 역사는 지나가 버린 것이 아 니고, 항상 현존하며 모든 것을 뒷받침해주면서 규정한다. "존재의 역사는 결코 지나가 버리지 않았다. 오히려 존재의 역사는 항상 앞에 서 있다. 존재의 역사는 인간의 모든 조건과 상황을 떠받쳐주며 규정 한다."[113]

이런 점에서 하이데거의 생기사건이란 통속적인 사건(Geschehnis, Vorkommnis)이 아니라, 오히려 존재를 부여하는 존재 그 자체(Es)이 다. 존재의 보냄(schicken)에서 인간과 세계와 역사에 보내진 것(das Geschick), 즉 '존재의 역운(das Geschick des Seins)'으로서의 '존재역사 (Seinsgeschichte)'인 것이다. 여기서 역운(Geschick, 근원역사)은 역사적 성격을 띠고 있다. 이것은 인간을 역사적으로 그때마다 어떤 특정한 탈은폐의 방식으로 집약해 보냄을 말한다. 역운은 역사적으로 그때마

---

108) 같은 책, 20쪽.
109) 같은 책, 46쪽.
110) GA 9, 323쪽.
111) 같은 책, 334쪽.
112) ID 24쪽 이하.
113) Wm 311쪽 이하.

다 보낸다는 뜻이다. 역운으로부터 모든 역사적 본질은 규정된다. 역운에 따라 인간은 그때마다 존재자를 특정한 방식으로 탈은폐한다. 형이상학의 역사에서 그것이 다양하게 여러 모습으로 탈은폐되었듯이, 역운은 인간 역사의 테두리를 결정하는 것이다. 즉 "인간의 행위는 역운적인 것이기에 비로소 역사적이 된다."[114] 각 시대의 형이상학은 그 시대를 근거짓고, 이러한 근거는 시대의 모든 현상을 지배한다. 왜냐하면 그것이 존재자에 대한 하나의 시대에 그의 본질 형태의 근거를 부여하기 때문이다.[115]

역운은 인간의 자유를 박탈하는 미리 결정된 것을 의미하는 숙명 (Schicksal)이 결코 아니다. 오히려 그 속에서 인간은 진정으로 자유를 얻게 되는 것이다. "존재하는 것의 비은폐성은 언제나 탈은폐의 어느 한 길을 가고 있다. 탈은폐의 역운은 인간을 언제나 완전히 장악하고 있다. 그러나 이 역운은 결코 어떤 강제적인 숙명은 아니다. 그 이유는 인간이 역운의 영역에 속하며, 그 역운을 듣는 자가 될 때―그렇다고 해서 맹종자가 돼라는 것은 아니다―비로소 그는 자유로워지기 때문이다."[116]

다른 시원에서의 철학은 본질적으로 역사적이다.[117] 존재역사적인 사유는 형이상학을 그 은폐된 본질에로, 즉 존재 자체의 진리의 역사에로 되돌려 놓는다. 그래서 '형이상학에 대한 회상'이 된다.[118] 존

---

114) TK 24쪽.
115) ZW 10쪽.
116) VA 28쪽.
117) GA 65. 359쪽.
118) M. Heidegger, *Nietzsche. 2 Bde*, Pfullingen 1976(이하 NI, NII). NII, 481쪽 이하.

재사적 사유는 존재역사에의 귀속성 속에서 역사를 함께 근거지음(mitgründen)의 성격을 띤다. 특히 『숙고』는 『철학에의 기여』와 연결하여 존재역사적 사유의 영역을 물으면서 개시하는 과제를 공유하고 있다. 숙고로서 이해하는 존재역사적 사유는 존재의 밝힘을 생기사건으로서 드러내고, 그 속에서 대지와 세계의 쟁투와 더불어 인간과 신의 대면이 교차한다.

하이데거에 의하면, 존재사적 사유는 존재의 '고유한 자기화(Ereignis)'의 역사로서, 즉 존재의 숨김 가운데서의 빛남이 그 자체를 빛어내는 역사로 특징지어짐에 따라 양면성을 지닌다. 한편으로 그것은 '탈고유화의 역사(Enteignisgeschichte)'이다. 말하자면 존재의 자기 숨김에 따른 존재망각의 전체역사에 주도적으로 관계하는 존재사유이다. 숨겨짐으로부터 존재의 진리를 떼어냄의 존재사유는 탈고유화의 존재역사인 형이상학과의 존재사적 대결을 통하여 형이상학적으로 사유되어 말해진 것들 속에 파묻혀 잊혀져 있는 존재의 진리를 들추어낸다. 다른 한편으로 그것은 존재진리의 수립, 즉 작품 가운데 정립을 통해 수행된다.

6. 제1시원에서 '다른 시원'에로의 넘어감과 도약

하이데거는 형이상학의 극복을 제1시원(der erste Anfang)과 다른 시원 사이의 역사적 넘어감(Übergang)으로 파악한다.[119] '제1시원'에서는

---

119) GA 65, 469쪽.

존재자의 진리를 경험하고 정립하지만, 진리 그 자체에 대해 묻지 않는다. 제1시원의 역사는 형이상학의 역사이다.[120]

제1시원에서 그것의 토대가 되는 '다른 시원(der andere Anfang)'으로 건너가서 그곳에로 '도약(Sprung)'하는 것을 하이데거는 사유의 과제로 파악한다. 다른 시원은 제1시원과 달리 존재의 진리 및 진리의 존재에 대한 근본적인 물음을 묻는다. "다른 시원은 존재(Seyn)의 진리를 경험하고 진리의 존재에 관해 묻는다. 이로써 다른 시원은 비로소 존재의 현성을 근거짓고, 또한 존재자를 저 근원적 진리가 간직된 참된 것으로 발원하게 한다."[121]

전술한 대로, 숙고는 그리스적 사유에서 '사유되지 않은 것'을 사색한다. 그리스적으로 사유된 것을 더 근원적으로 뒤따라 가서 그 본질유래, 즉 형이상학의 본질 유래에 대해 숙고한다. 그리스적인 제1시원이 넘어가고 도약해야 할 곳은 그리스적인 것에 묶여 있지 않는 더 심층적인 차원이다. "이러한 시야는 그 자신의 방식으로 그리스적이긴 하지만 꿰뚫어 본 것의 관점에서는 더 이상 그리스적인 것이 아니며, 또 결코 그리스적이지도 않다."[122] 그리하여 우선 제1시원에서 다른 시원으로 넘어가야만 한다. "시원에 대한 근원적이고 진정한 관계는 습관적인 것을 전복하는 것을 통해 시원의 은닉된 법칙을 다시 전개하는 혁명이다."[123] '생기사건'으로서의 '다른 시원'은 존재의 진리를 경험하고, 동시에 진리의 존재에 관해 묻는다. 두 시원들 사이에 친밀

---

120) 같은 책, 175쪽.
121) 같은 책, 179쪽.
122) UzS 135쪽.
123) 박찬국, 『하이데거와 나치즘』, 211쪽.

한 연결이 있고, 또한 그 둘 사이를 분리시키는 심연이 있다.

『철학에의 기여』에서 제시된 다른 사유는 넘어감의 사유이다. 이는 철학의 제1시원으로부터 다른 시원으로 넘어감으로써 제1시원 안에 감추어져 있던 존재의 진리를 사유하고자 한다. 이는 존재의 본질로부터, 즉 생기로부터 비롯된다. 이러한 넘어감은 제1시원으로부터 다른 시원으로의 도약을 위한 발판이다. 그런데 제1시원으로부터 다른 시원으로의 도약을 위해서는 도약을 위한 결단이 요구된다. 이러한 결단에서는 우리가 제1시원 및 거기로부터 파생된 생물학주의 등의 형이상학에 사로잡힌 채 남을 것인가? 혹은 다른 시원을 맞이할 준비를 위한 결단을 내릴 것인가라는 양자택일의 문제가 된다. 넘어감의 결단성에는 어떤 타협과 소통도 없다.

그런데 시원은 단지 도약 안에서만 일어나는 한, 다른 시원을 맞이할 준비 역시 이미 하나의 도약이다. 다른 시원에로의 이행은 결단되어 있다. "도약은 아무런 중재 없이, 즉 아무런 단계적 발전의 연속 없이 다른 영역에로, 그리고 언명함(Sagen)의 다른 방식에로, 사유를 이끈다."[124] 여기서 도약과 결단은 주의주의적인 결단주의와는 그 결을 달리한다. 왜냐하면 그것들은 존재의 다가옴이 전제되기 때문이다.

이 지점에서 넘어감을 위한 결단이 우리에게는 필요하다. "하지만 우리는 어디에로 가고 있는지, 또한 언제 존재의 진리가 참된 것으로 되는지, 그리고 어디로부터 존재의 역사로서의 역사가 그것의 가장 가파르고도 최단인 궤도를 취하는지를 알지 못한다. 이러한 넘어감에

---

124) EiM 95쪽.

서 이행자들로서의 우리는 철학 자체에 대한 본질적 숙고를 일관적으로 철저히 거쳐나가야 한다. 그렇다면 이로써 철학은 시원을 획득할 것이며, 또한 이러한 시원에 입각한 철학은 어떤 버팀목도 필요 없이 다시 완전한 자기 자신으로 존재할 수 있을 것이다."[125]

요약하자면, 하이데거에 있어서 도약은 시원적 사유의 전진함에서 가장 과감하게 감행된 것이다. 도약은 익숙한 모든 것을 자신의 배후를 향해 내버리고 던진다. 도약은 존재자로부터는 아무것도 직접적으로 기대하지 않는다. 오히려 도약은 무엇보다 먼저 생기사건으로서의 존재로부터 완전한 현성에서의 존재로의 귀속성을 향해 도약한다. 도약은 존재의 역사에로의 최초의 돌진을 감행하는 넘어감의 모험이다. 도약이 앞서 사유하면서 뛰어드는 곳은 지금 당장 밟을 수 있는 눈앞에 있는 것의 권역이 아니라, 오히려 사유할 가치가 있는 것으로서 처음으로 도착하는 것의 영역이다. 이런 점에서 도약은 키르케고르식의 결단주의의 '질적 비약'과는 차원을 달리한다.

7. 숙고에 이르는 길

하이데거는 자신의 사유를 언제나 '하나의 길(ein Weg)'을 걸어가는 도정으로 여긴다. 그의 저술 제목에는 '길'[126]이란 단어가 많이 사용되

---

125) GA 65. 177쪽.
126) 『이정표(Wegmarken)』, 『숲길(Holzwege)』, 『들길(Feldweg)』, 『언어로의 도상에서(Unterwegs zur Sprache)』 등이다. 사색인은 자신이 닦고 창조한 길 위에서 부름과 그리움으로 다가오는 길의 소리를 경청한다. 박이문, 『길』(박이문 산문

고 있다. 그는 저서들을 '작품'이나 '업적(opus)'이 아니라, '도상에 있는 사유(Unterwegs im Denken) 내지 사유가 걸어온 길들(Wege)'로 나타낸다. 여기서 길은 기존에 만들어져 있는 길이 아니라 길을 닦으면서 길을 가는 것이다. 또한 그 길은 '방법 없는 방법'의 길을 창조하며 걷는 것이다. "그리스어로 철학은 우리가 도상(途上)에 있는 하나의 길이라는 말이다."[127] 그의 사유는 이미 정해진 길을 따라가는 것이 아니고, 스스로 길을 닦으며 나아간다.

'길 위에 있는 사유'는 어떤 인식론의 범주나 형이상학의 틀에 얽매이지 않는다는 것을 시사한다. 사유의 길은 형이상학이 간 길이 아니다. 그 길은 존재로부터 인간에게로 돌아온다. 오히려 사유의 모든 길은 항상 이미 존재와 인간본질의 전체 관계 안에서 열려 있다.

하이데거에게서 존재사유의 본령인 숙고적 사유에 이르는 것은 '방법'이 아니라 바로 길이다. "그 길은 그리스어로 '호도스(hodos)'라고 불리며, '메타(meta)'는 '뒤'를 뜻한다. '메토도스(methodos)'는 우리가 어떤 사태를 뒤따라 가는 길, 즉 방법이다. 존재자의 존재를 뒤따라 가는 것이 중요하다."[128] 여기서 길은 하나의 목적지를 향해 나가며 도중에 장애물이 있으면 우회하기도 한다. 그러나 길은 궁극적으로

집), 미다스북스 2003. "길은 우리의 삶을 부풀게 하는 그리움이다. 그리움의 부름을 따라가는 나의 발길이 생명력으로 가벼워진다. 황혼에 물들어가는 한 마을의 논길, 버스가 오며 가며 먼지를 피우고 지나가는 신작로, 산언덕을 넘어 내려오는 오솔길은 때로 기다림을 이야기한다. 일터에서 돌아오는 아버지를, 친정을 찾아오는 딸을, 이웃 마을에 사는 친구를 부푼 마음으로 기다리게 하는 길들이 우리의 마음을 따뜻하게 한다. 같은 희망을 따라 떠나라 하고, 그리움을 간직한 채 돌아오라고 말한다."(12쪽)

127) M. Heidegger, *Was ist das-die Philosophie?*, Pfullingen 1956. 12쪽.
128) SvG 160쪽.

오직 하나의 목적지만을 가지고 있다. 이것은 하이데거의 사유와 길에도 해당된다. 그는 전승된 형이상학을 극복하고자 오로지 형이상학의 감추어진 근거, 즉 존재 자체에로 가까이 가는 길, 이를테면 '하나의 별'을 바라보고 걸어갈 뿐이다.

하이데거의 철학적인 방법은 어떠한 왜곡도 없이 현상이 파악될 수 있도록 그렇게 문제의 근본에서부터 현상을 기술함으로써 철학적인 문제를 해명하는 데 있다.[129] 즉 사유의 사태가 있는 그대로 드러나도록 그것을 직시하는 것이 현상학적 방법의 요체이다. "현상학은 〔…〕 자기 자신을 현시하는 그것을, 그것이 자기 자신의 편에서 자기 자신을 현시하는 그대로 그것의 편에서부터 보이도록 한다는 것을 의미한다."[130]

그의 존재물음은 비록 그때마다의 필요에 따라 존재의미에 관한 물음, 존재의 진리에 관한 물음, 존재의 장소에 관한 물음으로 전개되지만 이 세 가지 물음은 존재로 이르는 하나의 도상 위에 있다. 그것들은 숙고적 사유의 길을 구성하는 세 가지 단계일 뿐이다. 특히 「언어에 이르는 길(Der Weg zur Sprache)」에서 길은 언어의 본질에 속해 있음을 밝힌다. "길이 고유하게 생기하고 있다."[131] 언어 자체가 길을 낸다(be-wëgen). 알레만-슈바벤 방언의 be-wëgen은 타동사로서 '어떤 길을 만들다, 만들면서 그 길을 유지해놓다'를 의미한다.[132] 결국 언어에 이르는 길은 존재의 언어를 언어로서 경험하는 것이다.

---

129) M. A. Wrathall, 『HOW TO READ 하이데거』, 19쪽 이하.
130) SuZ 34쪽.
131) UzS 369쪽.
132) 같은 곳.

『존재와 시간』에서 하이데거가 사용한 '방법'이란 사유되어야 할 사태에 이르는 접근방식을 의미한다. "근대과학적 지식의 강력한 힘은 방법에 근거한다. 연구주제는 방법에 귀속한다."[133] 근대과학은 일정한 방법적 틀에 따라 이 틀에 주어진 것만을 실험 관찰한 결과 사태를 장악한다. 따라서 근대과학에 있어 방법은 단순한 도구로서 기능하지 않는다. 오히려 근대과학은 방법적 틀에 주어진 것만을 연구주제로 삼아 그것을 방법적 틀에 따라서만 연구하므로, 근대과학의 연구주제는 방법에 종속한다.[134] 이런 학문에서의 '방법'은 그저 알기 위한 도구이고 수단이다. 따라서 '방법'은 '극단적으로 변질된 길의 변종형태(die äuβerste Ab- und Ausartung)'[135]이다.

후기 하이데거는 '방법'과 '길(Weg)'을 명확히 구분한다. "아마도 '길'이라는 말은 깊이 숙고하는 인간에게 스스로 말 걸어오는(zuspricht) 언어의 근원어(Urwort)일 것이다. 노자의 '시작적 사유(das dichtende Denken)'에서 주도하는 말은 '도(Tao, 道)'라고 불리는데, 이 말은 본래 길을 의미한다."[136] 사유의 길에는 어떤 주관적인 것도 개입하지 않는다. 오히려 길은 사유되어야 할 사태가 자신을 내보이는 존재구역(die Gegend)으로 나아갈 뿐이다. 그 존재구역은 만물이 서로 어우러져 있는 근원적 만남의 장소이다.

"길은 존재구역에 속해 있다."[137] 그런데 우리는 길을, 우리가 움직

---

133)   UzS 168쪽.
134)   이선일, 위의 논문, 31쪽.
135)   UzS 197쪽.
136)   같은 책, 198쪽.
137)   같은 책, 168쪽.

이고 있는 사유의 길로만 이해해서는 안 된다. 오히려 길은 우리를 움직이고 있는 길로서 이해되어야 한다. 왜냐하면 존재구역은 사유되어야 할 사태를 사유에 대해 자유롭게 부여하므로, 존재구역이 최초의 길을 부여하기 때문이다. 즉 존재구역이 길을 건립하며, 즉 '길을 비로소 냄 혹은 건립함'[138]을 의미한다. 따라서 길은 존재구역의 결과이다. 사유는 존재구역에서 울려 나오는 존재의 목소리를 경청하면서 존재구역이 부여하는 길로 나아간다. 그리고 이로써 길은 '사유의 길'이 된다. 그 길을 닦아가면서 사유하기에 그의 숙고적 사유는 '길의 사유(Denken des Weges)'이다.

---

138) 같은 책, 186쪽.

8장
숙고적 사유의 고유성

하이데거는 전적으로 서양의 전통 형이상학적 사유와는 '다른 사유 (das andere Denken)'만이 사유의 궁핍으로부터 벗어날 수 있다고 확언한다. 그는 계산하고 표상하고 지배하는 과학적·형이상학적 사유로부터 '한 걸음 물러나(Schritt Zurück)'[1) 형이상학의 사유하지 않은 근원 (Ursprung)인 존재 자체를 마음속에 간직하고 은인자중(隱忍自重)하는 사유, 즉 숙고적 사유를 대안으로 제시한다. 이는 기술과 형이상학의 본질 자체를 물음에 회부하는 사유로서 '시원적 사유(das anfängliche Denken)' 내지 '다른 시원적인 사유(das andere anfängliche Denken)'라고 한다.

숙고적 사유를 통해 존재 자체를 사유하는 것과 존재의 감춤과 드러냄을 생각하는 것은 철학의 종말에 직면해서 비로소 가능하게 된

---

1) ID 20쪽.

다. 숙고는 한마디로 제1시원에 대한 회상(Andenken)이고, 또한 다른 시원에 대한 '예비 사유(Vordenken)'이다. 이제 우리는 하이데거가 제시하는 이런 다른 사유의 본령인 숙고적 사유의 본질과 고유성을 살펴보고자 한다.

1. 다른 시원에 대한 '예비 사유'

숙고가 정향하는 '다른 시원(der andere Anfang)'이란 무엇인가? "다른 시원은 전적으로 생기사건으로서의 존재에 입각해서, 또한 존재의 진리의 현성에 입각해서, 또한 그러한 존재진리의 역사의 현성에 입각해서 성취되어야 한다."[2] 다른 사유는 제1시원의 사유와는 다른 탈형이상학적인 '생기사건(Ereignis)'으로 넘어가는 것이다. 다른 시원의 역사는 그야말로 이제까지의 제1시원과는 다른 시원 안에서 펼쳐지는 전적으로 다른 역사이다.

그러나 제1시원의 역사가 지금 당장 종말을 고하지는 않는다. 다른 시원은 제1시원에 대한 반대 방향이 아니다. 오히려 다른 시원은 제1시원과의 직접적 비교 가능성 바깥에 서 있다. 따라서 두 시원의 대결은 조잡한 사절이라는 의미에서의 적대성도 아니고, 더욱이 다른 시원에서 제1시원을 지양한다는 방식에서의 적대성도 아니다. 결국 다른 시원은 새로운 근원성에 입각해 제1시원이 그것의 역사의 진리에 도달하도록 도움을 준다.

---

2) GA 65. 58쪽.

숙고는 다른 시원인 '생기사건'으로부터 시작한다. 왜냐하면 존재는 언제나 생기사건으로 현성하기 때문이다. 여기서 '생기사건'이란 무엇인가? 생기사건은 형이상학의 근저 내지 토양(Boden)이다. 또한 이 생기사건이 존재의 진리이다. 즉 "생기사건은 항상, 생생하게 고유화함(Er-eignung), 결-단(Ent-scheidung), 마중-나감(Ent-gegnung), 풀어내어-옮겨놓음(Ent-setzung), 빠져나감(Entzug), 단순 소박함(Einfachheit), 유일성(Einzigkeit), 고독(Einsamkeit)을 의미한다. 이러한 현성의 단일성은 비대상적이다."[3]

'존재의 종말론(Eschatologie des Seins)'[4] 논의에서 하이데거는 서양 초기의 그리스 철학과의 대화를 통해 저 시원적인 것을 찾고자 하며, 이 시원적인 것으로부터 새로운 '존재의 다른 역운'을 밝혀보고자 한다. 그래서 그는 서양 사유를 최초로 보존한 낱말들, 즉 아낙시만드로스나 헤라클레이토스의 금언들에서 이러한 시원적인 것, 즉 최소한 존재의 진리에 대한 흔적을 찾고자 한다. 이런 초기 그리스 사유와 그것의 언어와의 대화를 통해서 사유는 '우리 역사적 현존재의 근거에로 뿌리'를 내려야 함을 강조한다. 그것은 머물러 있는 시원적인 것을, 즉 파묻혀버린 것을 되찾아 오는 것을 의미한다.[5]

하이데거는 진리의 시원적인 본질을 획득하려고 이러한 시원적인 것이 사유의 시작에서 가장 먼저 언어에 이르렀을 것이라고 추정한다. 무엇보다 그는 그리스 정신의 계승자를 독일 민족으로 생각한다. 실은 "그리스인들과 독일인들 사이에 존재하는 근친성이라는 관념은 19

---

3) GA 65. 471쪽.
4) GA 5. 327쪽.
5) VA 47쪽.

세기 독일의 미학과 언어학에 이미 광범위하게 퍼져 있었다."[6] 여기서 하이데거와 독일의 국수적 민족주의와의 연계성을 엿볼 수 있다.

하이데거는 횔덜린을 독일 민족의 시인으로서 민족혼을 일깨우고, 민족의 역사적 실존의 근거를 마련하는 시인으로 간주한다. "국가의 역사적 현존재(그것들의 출현, 개화, 그리고 쇠퇴)는 시에서 생겨난다. 후자에서 철학적 의미에서의 본래적 자식이 유래한다. 그리고 이들 두 가지에서 민족으로서의 민족이 국가 정치를 통해 현실화된다. 그러므로 민족의 근원적이고 역사적인 시대는 시인, 사상가, 그리고 국가 설립자들의 시대이다. 즉 민족의 역사적 현존재를 본래적으로 근거짓고 확립하는 그런 사람들의 시대이다."[7]

하이데거는 횔덜린을 '독일의 운명'이자 '민족의 목소리'라고 선언하면서 '진리의 수립(Stiftung der Wahrheit)'에서 시인의 역할을 최고의 자리로 지정한다. 이 지점에서 하이데거가 국수적인 문화적 민족주의 및 독일 보수혁명의 이데올로기의 오염으로부터 자유롭지 못하다는 평가를 받는 것[8]은 당연한 것으로 보인다.

그리하여 형이상학의 '극복' 내지 '회복(Verwindung)'은 우선 제1시원에 대한 회상(Andenken) 속에서 이루어진다. 그것은 '횔덜린의 시들에 대한 해명'과 숙고를 통한 다른 시원에 대한 '예비 사유(Vordenken)'이다. 그에게는 가장 이른 그리스 사유가 역사적으로 첫 번째 것이기 때문에 시원적인 것이 아니라, 오히려 그것이 서양에서의 진

---

6) 박찬국, 위의 책, 207쪽.
7) M. Heidegger, *Hölderlins Hymnen "Germanien" und "Der Rhein"*(Winter semester1934/35), Frankfurt a.M. 1980(GA 39), 51쪽 이하.
8) R. Wolin, 위의 책, 212쪽.

리 사건을 위한 근거를 놓았기 때문에 시원적이다. 이러한 근거는 무근거적인 근거로서 '때문에(weil)'와 이 '때문에'로서 모든 것을 규정하는 지속적으로 시원적인 것이다. 가장 초기의 그리스 사유에로 소급해 올라감은 지나간 것으로 단순히 되돌아감도 아니고, 또한 고대의 르네상스도 아니며, 오히려 세계의 시원적인 근거에로 소급해 올라감을 의미한다.

2. 건축(짓기)과 거주로서의 숙고적 사유

「건축, 거주, 사유(Bauen Wohnen Denken)」(1951)[9]라는 글을 통해 하이데거는 근원적 의미의 건축함을 설명한다. 그것은 인간이 죽을 자로서 지상, 즉 근원적 세계, 고향에 거주하는 방식이자 사유의 방식이다. 그에게 사유함(Denken), 시작함(Dichten), 건축함(Bauen, 짓기), 거주함(Wohnen), 근거지음(Gründen)은 공속한다. 특히 "숙고의 최고의 진지함은 근거지음과 건축함/짓기의 의지를 향해 자라 나온다."[10] 그리고 "생기를 생-기로서 사유함은 곧, 그 자체 진동하며 용솟음치는 영역의 얽혀진 구조 속에서 집을 건축하는 일이다. 그 자체 흔들거리는 그런 구조로 집을 짓기 위한 도구를 사유는 언어로부터 받아들이고 있다."[11]

시짓기는 낱말을 통해 '존재의 집(Haus des Seins)'을 건립하는 일이

---

9) GA 7. 139~156쪽.
10) GA 65. 98쪽.
11) ID 28쪽.

다. 이것은 존재사건에 의해 가능한 것이다. "장래를 지시하는 인도 없이는 어떤 변화도 일어나지 않는다. 그러나 만일 존재 사건이 자신을 밝히지 않는다면, 존재 사건이 인간존재를 부르고, 필요로 하면서 인간을 눈뜨게 하지 않는다면, 즉 시야를 띄우지 않는다면, 그래서 죽을 자로 하여금 사유하고 시를 지으면서 집을 짓는 길에 들어서도록 하지 않는다면, 어떻게 저 인도가 가깝게 다가오겠는가?"[12]

그러면 하이데거에게 '지상에서의 거주함(Wohnen auf der Erde)'은 어떤 의미를 함축하고 있는가? 언어는 '존재의 집'이고, 또한 인간은 그 언어라는 가옥에 거주한다. 사유가와 시인은 이 가옥의 파수꾼이다. 그들은 존재의 말을 언어로 가져오고, 그것을 언어 속에 간직하면서 존재의 개방 가능성을 완성하는 임무를 띠고 있다.

'거주한다'는 것은 머리 위에 지붕을 갖는 것 이상의 것이다. 거주한다는 것은 근원적으로 볼 때 인간이 지구에 사는 방식이며, 그리고 전체로서의 현실에 관계하는 방식이다. 인간은 전체로서의 현실을 자신에게 매개하는 것이다. 〔…〕 그는 자신의 세계를 건립하며 그것에게 자신의 형태를 각인한다. 이를 통해서 세계는 인간에게 적합한 방식으로 나타나며 인간은 자신과 만나게 된다.[13]

그리고 "거주하기는 사방의 본질을 사물들 속으로 가져감으로써 사방을 보살핀다. 〔…〕 거주하기는 사방을 사물들 속으로 데려가

---

12) VA 126쪽.
13) H. Rombach, *Die Phänomenologie des gegenwärtigen Bewußtseins*, Freiburg/München 1980, 135쪽.

서 간수하는 한에서 이러한 간수하기(Verwahren)로서 건축하기가 된다."[14]

하이데거는 세계에 체류하는 현존재의 상태를 현존재의 존재 구조인 '내-존재(In-sein)'[15]라고 한다. 그런데 『존재와 시간』에서 하이데거는 이러한 현존재의 '내-존재'를 "나는 있다", "나는 거주한다", "나는 어떤 것을 돌보다(pflegen)"라는 의미에서 설명한다.[16] 그러면 인간의 지상에서의 거주 방식은 무엇인가? 하이데거는 "인간은 시적으로 거주한다"고 단언한다. 그리고 "죽을 자들(die Sterblichen)은 대지를 구원하는 식으로 지상에 거주한다."

죽을 자들은 사방(das Geviert)에 속하면서 타자들이 자신의 고유한 존재를 구현하도록 소중히 보살피는 방식으로 지상에 거주한다. 즉 그들은 대지를 대지로서, 하늘을 하늘로서, 죽을 자들을 죽을 자들로서, 신적인 자들을 신적인 자들로 받아들이는 데서 지상에 거주한다. 인간은 세계의 존재자들과 친밀한 관계를 가지면서 지상에 거주한다. 또한 모든 사물은 사역(das Gegnet)[17]으로서의 세계를 자기의 독자적인 방식으로 자신 안에 모은다. 이런 거주함과 연관된 사유방식은 시적 사유로서 그것이 진정한 의미의 건축(짓기)을 가능하게 한다.

따라서 시짓는 사유란 횔덜린이 그의 시에서 선구적으로 수립하고 있듯

---

14) VA 194쪽.
15) SuZ 82쪽.
16) 같은 곳.
17) 사역(das Gegnet)은 존재의 열린 장(das Offene)으로서 사방(das Geviert)으로 펼쳐진다. 인간은 사역에 속해 있고, 사방의 일원이다. Gel 89쪽 참조.

이, 인간이 인간답게 거주하기 위한 시원적인 삶의 밑바탕을 짓는 창조적 기투행위요, 이런 점에서 시짓는 사유는 인간의 일상적 거주함을 비로소 본래적 거주함으로 존재하게 하는 것이다. 물론 횔덜린이 노래하는 '시적인 거주함'은 하이데거가 사유하는 '존재의 사유'와 똑같은 것은 아니지만, 횔덜린의 시짓기와 하이데거의 사유함 사이에는 이 양자의 본질적 차이에도 불구하고 도저히 간과할 수 없는 친밀성이 깃들어 있다. 그래서 이 양자는 동일한 것 속에 조우한다.[18]

인간이 진정으로 거주할 수 있는 세계는 하늘과 대지, 그리고 신적인 존재자들과 가사자로서의 인간들의 친교적 만남이 이루어지는 사역이다. 이 사역으로서의 세계가 자신을 환히 드러낼 수 있는 터전을 마련해주는 것이 건축(짓기)의 본질이다. 건축의 본질이 우리가 살고 있는 근원적인 세계인 사역을 드러내는 것이라면, 건축은 사역의 소리에 귀를 기울이는 시적인 사유에 근거하고 있다. 건축행위(짓기)뿐 아니라, 인간의 모든 행위는 시적인 사유에 근거할 때만 진정한 것이 될 수 있다.

이런 점에서 하이데거는 인간의 소명을 '시인으로서 지상에 거주하기'[19]로 규정한다. 이는 인간이 지상의 모든 존재자와 더불어 사물의 성스러운 신비를 경험하면서 산다는 것을 의미한다. 이런 소명을 따라 살 때에만 우리 삶에 참된 기쁨이 주어질 수 있고, 결국 인간답게 살 수 있는 것이다. 그러면 과연 누가 이런 삶의 모범과 전형이 될 수

---

18)   GA 52. 268쪽.
19)   VA 181쪽.

있는가?

하이데거는 우선 시인과 사상가를 염두에 두고 있다. "인간이 자신의 근거에 진입하는 것은 무엇보다도 소수의 단독적이고, 세상에 낯선 사람들에 의해서 수행된다. 이러한 사람들은 시인으로서, 사상가로서 건축하고 형성하는 자로서, 행위하고 행동하는 자로서 각자 상이한 방식으로 존재자의 변형을 통해서 존재의 진리를 존재자 자체안에 근거짓고 보호하는 자들이다."[20] 사상가는 현존하는 것들을 예로 들자면, 신들과 인간, 신전과 도시, 바다와 육지, 독수리와 뱀, 나무와 숲, 바람과 빛, 돌과 모래, 낮과 밤으로 명명한다는 점이다.[21]

그런데 시인의 시적 언어에 부름을 받은 사물(Ding)은 부름(Ruf)을 받지 않았을 때의 예사로운 존재자로서의 사물과는 차원이 다르다. 그것은 부름을 받은 환기력에서 사물이라는 존재자의 존재가 비은폐된다. 그러기에 시인의 시어(詩語)에서 사물은 자신의 본질이 아무런 방해를 받지 않고 드러나게 된다.

이런 맥락에서 하이데거는 "인간은 시적으로 거주한다"[22]고 한다. 인간은 존재와 존재자들 사이, 땅과 세계의 사이, 감추어진 것과 드러난 것 사이, 진리와 비진리 사이에 처해 있기에 지금 이 사이의 지킴이(수호자)로서 등장한다. 중요한 것은 인간 자신의 본질의 공간 안에서, 즉 진리와 비진리 혹은 세계와 땅의 긴장에 의해 지정된 '공간-시간(Raum-Zeit)'의 영역 안에 거주하는 것이다. 따라서 인간은 언어의 가옥 안에 거주한다.

---

20) GA 45. 215쪽.
21) HW 518쪽.
22) VA 181쪽 이하.

하이데거에게 언어는 의사소통의 수단이나 표현수단을 넘어선다. 그는 언어의 선재성과 존재론적 연관을 강조한다. "언어는 존재의 집이다. 언어의 거처 안에 인간은 거주한다. 사유가와 시인은 거처의 파수꾼이다."[23] 그리고 "언어는 존재 자체의 밝히면서-감추는 도래이다."[24] 언어는 '존재의 집'이자 동시에 '인간본질의 거처'이다.[25] 따라서 사유는 존재의 집인 언어 안에 깃들고, 또한 언어를 통해 존재의 진리를 수립한다. "사유는 존재의 집으로 건축한다(짓는다). 그 집은 존재의 이음새가 그때마다 역운적으로 인간의 본질을 존재진리 안에 거주함에로 지시한다."[26]

하이데거에 의하면, 존재의 진리에 이르는 길은 존재 자체에 의해 스스로 밝혀지며 터 닦아지는 것이다. 이렇게 스스로 터를 닦으며 길을 놓아가는 길 위에서 인간은 '기술적인 삶'으로부터 '시적인 삶'으로의 전향을 사유적으로 준비할 수 있다. 이렇게 터를 다지는 구성작업을 하이데거는 인간이 인간답게 거주할 수 있는 그런 집을 건축하는 행위라고 한다.

여기서 건축함/짓기(bauen)란 무엇인가? "돌본다 혹은 보호한다라는 의미에서의 바우엔(Bauen)은 결코 제작함(생산함)이 아니다. 〔…〕바우엔(Bauen)의 두 방식들은─즉 라틴어로 colere 혹은 cultura인 돌봄이란 의미의 bauen과 건물의 건립, 즉 aedificare로서의 bauen

---

23) Hum 5쪽.
24) 같은 책, 16쪽.
25) 같은 책, 45쪽.
26) 같은 책, 42쪽.

은―본래적인 건축함 안에, 즉 거주함 안에 포함된다."[27] 시인에게 시적인 삶이란 사유가에게는 언어로 집 짓는 삶이다. 그것은 존재자의 한가운데서 존재의 본질에게 시원적인 자리를 마련해주는 삶, 즉 존재 스스로가 자신의 본질을 언어로 가져올 수 있는 그런 열린 자리를 마련해놓는 사유하는 삶을 뜻한다. 여기서 사유하기와 짓기, 그리고 거주하기는 동일한 사태를 언표한다.

그러면 인간이 거주해야 할 '새로운 근거와 지반'은 무엇인가? 존재의 개방된 장은 존재와 인간의 근원적 만남이 이루어지는 지평이기도 하다. 인간은 이미 존재의 개방된 장에 들어와서 그것을 향해 열려 있기에, 비로소 인간으로 존재할 수 있는 것이다. 그래서 하이데거는 개방된 장을 '만남의 장' 내지 '사역'이라고도 표현한다. 즉 "개방된 장 자체는 만남의 장이다."[28] 따라서 후기 하이데거의 철학에서 '만남의 장'이란 존재의 밝힘 혹은 '시간-놀이-공간(Zeit-Spiel-Raum)'과 같은 맥락에서 이해되어야 한다.

하이데거와는 달리, 베르너 마르크스(W. Marx)는 사람들이 더 이상 '시적으로' 지상에 거주하는 것이 아님을 강조한다. 오히려 그는 이웃사랑과 책임에 충실한 행위를 통해 "이 지상에서 인간적으로 거주할 수 있다"고 한다.[29] 전자는 존재론적 거주개념을 제시하고, 후자는 윤리적·종교사회학적 거주개념을 논하고 있다.

요약하자면, 하이데거에게 철학은 노발리스(F. Novalis)의 말대로,

---

27) VA 187쪽.
28) Gel 24쪽.
29) W. Marx, *Gibt es auf Erden ein Maß?*, Fischer: Frankfurt a.M. 1986. 152쪽 이하.

'도처에서 고향에 거주하려는 충동'이다. 말하자면 "철학은 본래적으로 향수, 즉 도처에서 고향에 거주하기 위한 충동이다."[30] 숙고를 통해서 우리는 오래전부터 체류하고 있으면서도, 이미 경험하지 못하고 또 폭넓게 살펴보지도 못한 채로 체류하고 있는 그 장소에 도달한다. 결국 숙고적 사유는 역사적 체류를 가능하게 하고, 체류할 장소에 이르는 그 도상으로 우리를 데리고 가는 거주함과 건축함의 사유이다.

3. 초연한 내맡김과 경청함

근대 주관형이상학은 존재자에 대한 표상과 그것에 대한 지배에 대한 의욕에 초점이 맞추어져 있다. 사유 자체도 의욕(Wollen)으로 화한다. "사유는 의욕이며, 의욕은 사유이다."[31] 그리하여 인간은 모든 사물을 계산하고, 계획하고 사육하기 위해 그것들에 무제한의 폭력을 행사한다. 여기서는 인간의식의 자발성, 능동성, 선험성이 강조되어 인식주관이 유일하고 절대적인 권력 주체가 된다. 그리하여 인간의 인식함이란 대상을 표상함과 의욕함 외에 다른 것이 아니다.

이미 형이상학은 그 역사의 초창기부터 인간의 지성과 정신의 눈을 통한 실재나 본질을 바라봄(theorein)으로써 존재자를 파악하고자 한다. 그런 '초월적이고-지평적인(transzendental-horizontal)' 형이상학적 사유로부터 벗어나 그 근원으로 돌아가는, 즉 심연 내지 '탈-근거'를

---

30) GA 29/30. 7쪽.
31) Gel 30쪽.

사색하는 숙고적 사유에서는 존재 자체의 역운에 내맡기는 태도가 요청된다. 그것이 바로 '초연한 내맡김(放念, Gelassenheit)'이다. "사실상 초연한 내맡김이란 초월적인 표상행위로부터 벗어나고, 그리하여 지평을 의욕하려는 마음을 버리는 것입니다. 이러한 버림은 더 이상 어떤 의욕으로부터 오는 것이 아닙니다."[32] 여기서는 '의욕하지-않음'[33]이 요청된다. "우리가 사역에 이르는 초연한 내맡김 속으로 들어가 그것과 관계 맺을 때, 우리는 의욕하지-않기를 바랍니다."[34]

이런 초연함은 인간 주체의 권력 의지와 충돌한다. "존재를 상기하고 존재자 전체를 피시스(physis)로 경험하기 위한 태도를 하이데거는 초연한 내맡김이라고 부르고 있다. 이러한 초연한 내맡김의 태도란 존재자들을 기술적으로 지배하려는 근대적인 권력에의 의지와 철저하게 대립되는 것이다."[35]

'초연한 내맡김'은 동양식으로 표현하면 방념(放念) 내지 마음 비움 및 내려놓음(放下)과 유사하다. "초연한 내맡김은 결코 의지의 영역에 속하지 않는다."[36] 하이데거는 '비의욕(das Nichtwollen)의 의욕'까지를 포함한 의지에 기반한 사유 일반을 포기한다. 참된 의미의 비의욕은 "단적으로 모든 유형의 의지를 벗어나 있는 것"[37]이다. 우리가 의욕 자체를 포기할 수 있는 한에서만 우리는 초연한 내맡김에 대해 깨어 있게 된다. 우리가 모든 의욕을 포기했기 때문에 우리에 의해 초연

---

32) M. Heidegger, 『동일성과 차이』, 176쪽.

33) 같은 책, 139쪽.

34) 같은 책, 176쪽.

35) 박찬국, 위의 책, 307쪽.

36) Gel 33쪽.

37) 같은 책, 30쪽.

한 내맡김의 태도가 야기되는 것이 아니다. 초연한 내맡김은 "야기되지 않고, 오히려 허여(許與)된다.(zugelassen)"[38] 무엇보다 중요한 것은 "우리의 본질적 욕구가 아닌 것에 허여되었을 때, 즉 거기에 관여되었을 때, 내맡김은 눈을 뜬다"[39]는 사실이다.

전술한 바와 같이, 오래 참고 견뎌온 고매한 마음(Edelmut)은 의욕하기를 거부하면서도 의지가 아닌 그런 것 속으로 들어가 그것과 관계 맺는 것이다. 그것은 그런 의욕이 이제는 순수하게 맑아져 자기 안에서 휴식하고 있는 그런 마음이다. 하이데거에 의하면 고매한 마음은 사유의 본질인 셈이며, 또한 감사의 본질이기도 하다. 인간이 본래적으로 거주해야 하는 사역은 모든 것을 사방으로 펼치면서도 모든 것을 서로 함께 모아들인다. 또 그러면서도 그것은 동일한 가운데서 저마다 고유하게 안주하도록 각각의 것을 자기 자신에게로 귀환한다.

그러한 사역에 이르는 '초연한 내맡김'이야말로 하이데거가 밝혀낸 사유의 본질이라 생각된다. "삼가고 자제하면서 인내하는 초연한 내맡김은 사역의 사방-펼침을 받아들이는 마음이다."[40] 그러므로 사역에 이르는 초연한 내맡김 가운데 내존함(Inständigkeit)은 사유의 자발성의 진정한 본질이다.[41]

하이데거에서 사역은 존재의 열린 장(das Offene) 자체이다. 인간은 사역에 속해 있으며, 그것에 내맡겨져 있다. 따라서 초연한 내맡김은 사역으로부터, 사역에 의해 자신의 고유한 존재를 경험할 수 있다.

---

38) 같은 책, 32쪽.
39) 같은 책, 32쪽 이하.
40) 같은 책, 59쪽.
41) M. Heidegger, 『동일성과 차이』, 180쪽.

"초연한 내맡김은 사역으로부터 나온다. 그 이유는 그것은 인간이 사역 자체에 의해 이끌린 채 사역에 내맡겨져 초연히 머무르는 가운데 존립하기 때문이다. 인간이 근원적으로 사역에 속해 있는 한, 인간은 그 본질상 사역에 내맡겨져 초연히 존재한다. 그가 사역 자체에 의해서 사역에 시원적으로 이끌린 채 고유해지는 한, 그는 사역에 속하는 것이다."[42]

하이데거는 '초연한 내맡김'의 태도가 지니는 이중적 의미를 주목해야 함을 강조한다. 인간은 그러한 내맡김의 태도를 통하여 그동안 망각되었던 존재의 지평 혹은 개방된 장, 즉 만남의 장과 조우한다. 따라서 이 존재의 지평이야말로 기술시대의 인간이 거주해야 할 '새로운 근거이자 지반'이다. 그러나 다른 한편 초연한 내맡김의 태도는 자신의 본질을 망각하였던 존재 자신의 진리에로 전향할 수 있는 그 가능조건이 된다. 왜냐하면 존재가 드러나기 위해선 인간이 그 장소로서 필요하기 때문이다. "사물들에 내맡겨져 있음과 비밀에로 열려 있음은 함께 속한다. 이 둘은 우리가 세계 속에서 아주 다른 방식으로 체류할 수 있는 가능성을 허용해준다. 이 둘은 우리가 기술 세계 안에, 이 세계에 의한 위험에 직면하지 않은 채, 존립할 수 있는 새로운 바탕과 토양을 약속한다."[43]

그리고 형이상학의 표상적 사고에서는 이성의 눈으로 존재자를 보는 것(theorein, videre)에 초점을 맞춘다면, 숙고적 사유에서는 존재 자체에 마음의 귀를 기울이고 듣는 것(hören), 즉 경청하는 태도가 요

---

42) Gel 49쪽 이하.
43) 같은 책, 24쪽.

청된다. "이러한 들음은 단순히 어떤 것에 대한 지식을 얻는 것이 아니다. 사유하는 들음은 그것이 제대로 일어난다면 우리가 항상 이미, 본래적으로 속해 있는(ge-hören) 그것을 경험한다."[44]

경청이란 존재 자체의 고요의 울림을 듣고 따라 말하기이다. 그것은 스스로 빚어내는 존재의 말에 순수하게 따라 말할 뿐이다. 경청함이란 사유해야 할 사태의 말걸어옴에 귀 기울이며, 그 사태를 뒤따라 사유하는(nachsinnen) 숙고와 동의어이다.[45] 그리고 숙고는 존재의 진리를 뒤따르는 사유(nachdenken)이다. 이 사유는 '정신의 눈(시각)'보다는 '마음의 귀(청각)'가 중요하다. "언어가 말을 한다. 인간은 언어에 응답하는 한에서만 말을 한다. 응답은 경청이다."[46] 하이데거의 해석에 의하면, 그리스적 사고에서 이성은 존재하고 있는 것에 대한 들어서 아는 받아들임(Vernehmen)[47]이다. 여기서 인간은 '존재의 소리'를 들어서 아는 수용자(Vernehmer)이다.

하이데거는 언어 자체의 말하기를 듣는 것이 한 개인의 사유나 시적 발화보다 선행한다고 반복해서 주장한다. 여기서 '존재의 소리'는 일상언어가 아닌 시적인 언어이다. 언어는 의사소통의 도구나 인간의 작품이 아니라, 오히려 존재와의 관련하에서 파악되어야 한다. 언어란 존재 자체가 자신을 인간에게 밝히면서 은닉하는 '도래(Ankunft)'를 의미한다. 그런데 존재망각에 빠져 있는 인간은 자신의 언어가 '존재의 언어'에 대한 응답일 뿐임을 모르고 있다.

---

44) SvG 232쪽.
45) VA 141쪽.
46) UzS 30쪽.
47) ZW 46쪽 이하.

따라서 하이데거는 우리에게 '존재의 언어'에 경청할 것을 요구한다. '존재의 언어'를 경청할 때에만 우리가 사유되어야 할 사태에 이르는 길로 나아갈 수 있는 것이다. 하이데거가 제시하는 사유의 길은 모름지기 '존재의 소리에 깊은 사려를 가질 것',[48] '존재의 소리를 들을 것',[49] '존재의 도래함을 숙고'하고, 그리고 '존재의 눈짓'[50]을 기다릴 것을 요청한다.

하이데거에게서 시로 지어진 것을 듣는다는 것은 감각과 정신을 포함하는 마음을 기울여 언어 속에 담긴 '존재의 소리'를 경청하는 것이다. 이는 '감각적-정신적 들음(sinnlich-geistiges Hören)'이다.[51] 또한 이 것은 시원적인 말의 다가옴을 기다리는 것이다. 이른바 "듣는다는 것은 말을 단지 받아들이기만 하는 것이 아니다. 듣는다는 것은 우선 경청하는 것이다. 경청한다는 것은 이전의 모든 받아들임과 함께 안에 머무는 것이다. 경청한다는 것은 다가오는 것과 함께 완전히 홀로 있음이다. 경청한다는 것은 어떤 도래의 아직은 친숙하지 않은 구역 속으로 유일하게 나아가고자 집중하는 것이다."[52]

헨드릭스(J. Hendrix)의 경구는 널리 인용된다. "지식은 말하나, 지혜는 듣는다.(Knowledge speaks, but wisdom listens.)" 지혜를 추구하기 위해서는 초연한 내맡김과 함께 존재 자체에 귀를 기울이는 경청이 요구된다. 인간은 이제 존재에 열려 있어야 하고, 존재의 부름을 경청

---

48) UzS 46쪽.
49) NII 29쪽.
50) 같은 책, 383.
51) D. Thomä(hrsg.), *Heidegger Handbuch. Leben-Werk-Wirkung*, Stuttgart 2003. 289쪽.
52) GA 52. 33쪽.

하며, 기다리며 자제하고 깨어 있는 태도를 필요로 한다. 숙고란 존재의 소리를 경청함, 즉 '주의 깊게 들음(andächtiges Vernehmen)'이다.

4. 시적 사유와 세계놀이

시적 사유를 통하여 형이상학적 명제 이전의 로고스에 이르는 길이 열린다는 것이 하이데거의 새로운 통찰이다. 일찍이 아리스토텔레스는 『시학』에서 시는 역사보다 더 철학적이라고 언급한 바 있다. 그 이유는 시가 보편적인 것을 다루는 반면에, 역사는 개별적인 것들을 다루기 때문이다.[53] 존재자에 대한 비반성적·비이론적 이해는 시적 언어를 통해 가능하다. 하이데거의 사유의 방법은 철학적 논증의 형태를 포기하고, 오히려 '시에 접근된 방법'[54]을 취한다.

하이데거는 사유를 '근원적 시작'으로 규정하면서 사유의 시작적 성격[55]을 강조한다. 인간의 근원적인 사유는 바로 우리의 존재를 가능하게 하는 터전에 뿌리박고서 '사역'으로서의 세계에 귀를 기울이는 것이다. 그것은 바로 모든 사물이 비-은폐하는 곳에서 서로 비추는 '거울-놀이(Spiegel-Spiel)'에 참여하는 것과 같다. 이토록 사역으로서의 세계에 귀를 기울이는 곳에서, 그리고 모든 사물이 비-은폐되어 살아 생동하는 곳에서 우리가 그 이전에는 마주치는 존재자를 예사로운 사

---

53) SvG 232쪽.

54) G. Figal, *Martin Heidegger: Phänomenologie der Freiheit*, Frankfurt: Athenäum 1988, 12쪽.

55) T. Clark, 위의 책, 42쪽.

물로만 여기던 태도에서 벗어나 경이로운 존재자로 볼 수 있게 된다.

　시인의 시짓기(Dichtung)에서 건립되는 말, 즉 '본질적인 말'을 통해 존재자는 처음으로 자신의 존재 가운데에 개현하고(eröffnen), 시인의 명명함(nennen)을 통해 존재자는 처음으로 그것이 무엇인지 일컬어지는 것이다. 횔덜린의 시짓기는 그 자체가 하나의 사유함이다. 잘 알려져 있듯이, 고대 그리스의 신화와 세계관에 바탕을 둔 횔덜린의 시들은 하이데거 후기 사유의 이정표이다. 횔덜린의 '시원적인 것'에로의 귀향과 '사유하는 시작(die denkende Dichtung)'은 하이데거의 '다른 시원'을 밝히는 결정적인 단초에 해당한다.

　특히 하이데거는 횔덜린의 송가(Hymne)에 귀를 기울임으로써 시로 지어진 것을 사유하고 배우려고 시도한다. 시짓기는 무상한 시간의 흐름 속에서 '상주하는 것(das Bleibende)'을 포착하여 그것을 낱말 속에 수립하는 것이다. 그것은 '낱말에 의한 존재의 수립(Stiftung des Seins)'[56]이다.

　여기서 상주하는 것이란 일체 만물을 지탱해주고 두루 지배하면서 도처에 편재하고 있는 성스러운 자연(φύσις)으로서의 단순하고 소박한 존재를 말한다. 이러한 존재가 열린 장 속으로 들어와 환히 밝혀질 경우에 사물은 있는 그대로 현상할 수 있다. 그래서 예술의 본래적 활동으로서의 시짓기란 그 안에서 존재자가 존재자로서 환히 밝혀져 존재하게 되는 그런 존재의 열린 장을 환히 밝히는 창조적 기투행위이다.[57]

---

56)　같은 책, 77쪽.
57)　GA 52, 259쪽 이하.

시인은 '시적인 것(das Dichterische, das Poietische)'[58]을, 즉 아직 현존하지 않고 소리도 없으며 울리지도 않은 존재의 '언명/말씀(Sage)의 내용'을 시원적으로 드러낸다. 이로써 시인은 탈은폐의 과정에 참여하는 것이다. 언어가 '비은폐성의 구조'를 가졌다는 것은, 곧 아직 소리 없는 언어의 언명이 은폐(Λήθη, lethe)와 거부의 형태를 벗어나서 시인의 시짓기를 통해 비은폐성으로 나온다는 뜻이다. 이런 맥락에서 하이데거는 시인이 '다른 시원'을 예비하는 비범하고 결정적인 역할을 한다고 본다. 결국 시인의 시적인 언어를 통해 존재의 개현이 일어나는 것이다.

그러나 수학적·물리학적 개념의 사고는 단지 정밀한 것의 명확성에 묶여 있다. 반면 시는 유일무이한 것이라고 하는 고유한 규정성을 지니고 있다. 시는 의미의 풍부함을 포함하고 있기 때문에, 사유에 더 높은 법칙과 엄격함을 요구한다. 따라서 시짓는 말에 관여해 들어가는 시적 사유의 신중함은 스스로 감정에 만족할 수 없고, 또한 그것은 규정되지 않는 대략의 우연한 의견 속에서도 자신을 상실할 수 없도록 한다.

전기 하이데거의 '세계(Welt)'개념은 인간의 궁극적 목적을 중심으로 구조화되어 있다. 그는 존재자들 간의 지시연관 전체를 세계로 파악한다. 인간은 '세계-내-존재'로서 이 지시연관 존재 안에서 산다. 따라서 자신이 추구하는 궁극적 목적에 따라 사람들은 각자의 세계에 다르게 살고 있다.

후기 하이데거의 사유에서 '세계'는 네 영역, 즉 하늘과 땅 및 신

---

58) VA 193쪽 이하.

410

과 인간으로 이루어져 있다. 이들은 각각의 영역(Gegend)이면서 서로 마주하고 있다. 모두는 각기 독자성과 고유성을 지니고 있으면서 일체를 이루고 있다. 영역들 사이의 유기적인 상호관련성을 하이데거는 세계-관계(Welt-Verhältnis), 세계의 놀이(Weltspiel), 거울놀이(Spigel-Spiel), 서로-마주-대함(das Gegen-einander-über), 이웃적인 것(das Nachbarliche), 가까움(Nähe), 인접함(Nahnis) 등으로 언표하고 있다.[59]

특히 경이 및 경탄(θαυμάζειν, thaumazein)이라는 기분 속에서 세계는 '사방(Geviert)'으로 드러난다. 사물들은 각기 독자적 방식으로 사방을 모은다. 네 요소들은 거울놀이를 하며 서로 비추고 조응하며 어울려 있다. 이것이 세계의 근원적인 모습이다. 사방에 속한 존재자들은 각자성을 지니고 있지만 통일성 속에서 조화를 이루고 있다.

하이데거는 시적 사유를 통해서 말할 수 없고 개념화할 수 없는 존재를 말하려고 한다. 시적 언어 속에서 존재가 스스로 개현한다. 그래서 시야말로 '존재 자체의 근본생기'이다. 시의 본질은 존재의 진리와 깊이 연루되어 있다. 시적 언어는 사유의 본질을 드러내 준다. 왜냐하면 시적 언어가 존재를 현시하기 때문이다. 시적 언어는 대화의 수단이라거나 존재자를 표상케 하는 어떤 대상언어가 아니다. 오히려 그것은 존재로 향하게 하는 이정표이며, 존재의 밝음에로 나아가도록 하는 길 안내이다. 이러한 측면에서 하이데거에 있어서 언어는 '근원적인 의미에서 재보(財寶)'[60]이다. 나아가 그것은 인간존재의 가장 큰 가능성을 규정하는 생기사건이다.

---

59) UzS 211~215쪽.
60) GA 4. 35쪽.

후기 하이데거의 세계는 하늘, 대지, 죽을 자, 신적인 자들이 어우러져 있는 놀이공간이다. 이런 세계의 '거울놀이'[61]는 만물이 대립하여 투쟁하는 것이 아니라, 도리어 대립된 것들이 마주하여 화음(Einklang)을 이루어 빛나게 하는 것이다. 사방으로 펼쳐지는 '사역'으로서의 세계는 서로가 서로를 비추는 '거울-놀이'를 한다. 이제 사유의 주도권이 인식주체인 인간으로부터 사유하게 하는 존재 자체에로 넘어간다. '사물들에 이르는 초연한 내맡김(Gelassenheit zu den Dingen)'이 요구된다. 여기서 존재 자체는 사역, 즉 신적 영역, 인간의 영역, 하늘의 영역, 땅의 영역이란 놀이공간에서 생기한다. 이런 사방의 거울놀이에서 각 영역의 존재자들은 자신의 고유함을 획득한다. 사역은 인간의 본질을 사역 자신의 고유한 펼침 속에서 고유하게 한다.

쉴러(F. Schiller)는 칸트를 이어 '무관심적 즐거움(das interesselose Wohlgefallen)'으로서 '놀이'의 미덕과 '놀이 충동'[62]을 거론한다. "인간은 인간이라는 말의 온전한 의미로 존재할 때만 놀이한다. **그리고 인간은 놀이하는 한에서만 온전한 인간으로 존재한다.**"[63]

---

61) VA 172쪽.
62) F. Schiller, *On the Aesthetic Education of Man: A Series of Letters*, R. Snell(trans.), New York, 1965. "이성은 선험적 근거를 바탕으로 형식적·물질적 충동 사이에 협력이 있어야 한다고, 말하자면 **놀이충동**이 있어야 한다고 주장한다. 왜냐하면 놀이충동만이 인간이라는 관념을 충족시키는 실재와 형식, 우연성과 필연성, 수동성과 자유의 결합이기 때문이다. (…) 인간은 오직 쾌적한 것, 좋은 것, 완전한 것에는 진지하다. 그러나 아름다움을 통해 **인간은 놀이한다.**"(77쪽)
63) 같은 책, 80쪽.

하이데거에 의하면 저러한 거울놀이가 펼쳐지는 '들길(Feldweg)'[64] 에는 싸늘한 겨울바람과 싱그러운 여름 햇볕이 만나고, 희망찬 탄생 과 조용한 죽음이 만나며, 유년 시절의 철없는 유희와 노년의 성숙 한 지혜가 서로 마주본다. 이처럼 들길에는 서로 대립되는 것처럼 보 이는 모든 것이 서로를 필요로 하고, 서로 반영하며 서로 화음을 이룬 다. 따라서 서구사상의 전형적인 변증법적 투쟁이 아니라, 서로가 서로 를 반영하는 화음 안에서 모든 것이 밝게 빛난다. 이러한 화음 안에서 모든 것이 밝게 빛난다는 것은 곧 모든 것이 '존재의 진리' 안에 거처하 는 현상을 의미한다.

그러나 이러한 '사방'의 거울놀이가 이루어지는 세계는 다른 것이 아니라, 살아 생동하는 피시스의 세계, 즉 항상 단순 소박하고 동일 한 세계이다. 이러한 '사방'의 세계에서 울려 퍼지는 화음에 귀를 기울 이면서 항상 동일하고 단순 소박한 것을 경이롭게 바라보는 시선은 그 속에서 영원을, 또한 영원의 깊이와 충만함을 목격한다.[65]

하이데거는 횔덜린의 시 안에서의 '축제일'과 '축제'를 해석한다. "빛남은 축제적인 것에 속한다. 그러나 이러한 빛남은 본질적인 것이 빛나고 환히 비치기에 본래적으로 나오는 것이다. 이러한 것이 빛을 발하는 한, 사물과 사람들 옆에 있는 모든 것은 발산되는 자신의 광 채 속으로 들어간다. 〔…〕 인간이 스스로 자신의 형상의 절제된 통일 성 안에서 놀이로 다가올 때 춤을 추게 된다. 놀이와 춤은 축제의 빛 남에 속한다."[66] 횔덜린에게 축제는 '인간들과 신들'의 '결혼축제'이다.

---

64) GA 13, 37쪽 이하 참조.
65) 박찬국, 『들길의 사상가, 하이데거』, 동녘 2004, 267쪽 이하.
66) GA 52, 98쪽.

이것은 성스러운 사건이다.

> 축제는 인간들과 신들이 서로 마주하여 다가오는 생기사건이다. 축제의 축제다운 것은 이러한 신들에 의해 야기된 것도 아니요, 또한 인간들에 의해 만들어질 수도 없는 이러한 생기사건의 근거이다. 축제다운 것은 시원적으로 스스로 고유하게 생기하면서 서로 마주하여 다가오는 모든 것을 그것의 대구함(Entgegnung) 속에서 지탱해주면서 철저히 조율하고 있는 그런 것이다. 축제다운 것은 시원적으로 일치하면서 어울리는 것이다.[67]

결혼은 사역 속의 모든 것이 조화를 이루게 되는 '무-한한 관계의 제전'이다.[68] 이런 의미에서 결혼은 일체 만물의 성스러운 깨어나고 어울림을 위한 축제요, 그 안에서 각각의 모든 것이 서로가 서로에게 속한 채 자신의 고유한 존재를 획득하면서 조화를 이루게 된다.

횔덜린은 축제의 본질과 시원을 성스러움으로 본다. 성스러운 것은 인간들과 신들 너머에 있다. "축제다운 것은 자신의 본질을 성스러운 것 안에 가지고 있기 때문에, 축제다운 것 또한 기쁜 것보다 더욱 근원적이고, 따라서 기쁨과 슬픔의 대립보다 더욱 시원적이다. 기쁨과 슬픔, 이 둘은 더욱 근원적인 것, 즉 성스러운 것 안에 근거하므로, 이 둘은 이러한 근거 안에서 하나가 되고 또한 하나로 존재한다."[69]

하이데거는 자신의 철학적 노동을 항상 대지와 접촉하고 있는 농

---

67) 같은 책, 101쪽 이하.
68) M. Heidegger, *Erläuterungen zu Hölderlins Dichtung*(1936-1968), ed. F. W. von Herrmann, 1981, 2nd edn. 1996(이하 GA 4), 344쪽.
69) GA 52, 111쪽.

부의 노동과 본질적으로 동일한 것으로 서술한다. 시골 사람들은 "피어나고 저물어가는 사계절의 위대한 흐름 속에서 시간마다 밤낮으로 변화하는 풍광을 경험한다."[70] 그는 자신의 철학적 노동을 '언어로 각인하는 노고[71]'라고 한다. 특히 「초연한 내맡김의 구명」이란 논문에서 '만남의 장(Gegend)'이란 용어를 주로 사용한다. 그 이유는 기술시대에 처한 인간이 거주해야 할 '새로운 근거와 지반[72]'을 강조하기 위함이다. 이제 세계의 영역들은 서로 마주하고 있으면서 서로 파수하고 보호하며 감싸는 것으로서 존재한다. 그러기에 세계의 네 가지 영역들의 '서로-마주하고-있음'은 '세계놀이(Weltspiel)'로 명명된다.[73]

그러면 근대의 주관형이상학의 표상적·계산적 사고에 의해 무차별적이고 무간격적인 대상들이 세계에 속한 본연적인 사물들로 전환될 수 있는 가능성은 어디에 있는가? 사물이 되는 것은 바로 세계의 '거울-놀이'의 어울림으로부터 가능하다. 그것은 이제 자신의 본질에게 유순하고 다루기 쉬운 유연한 것이다.

단지와 의자, 오솔길과 쟁기가 그렇다. 그러나 사물은 또한 나름의 방식에 따라 나무와 연못, 실개천과 산이기도 하다. 사물들은 각기 그때그때마다

---

70) GA 13, 21쪽.
71) M. Heidegger, *Überlegungen II-VI*(*Schwarze Hefte 1931-1938*), Frankfurt a.M. 2014(이하 GA 94). GA 13, 22쪽. 하이데거는 일명 『검은 노트(*Schwarze Hefte*)』로 불리는 원고 중 『*Überlegungen VII-XI*』(1938-1939)에서 땅을 설교하는 사람들이 이전까지 볼 수 없을 정도의 규모의 도시화와 농촌의 파괴를 촉진시킨다고 주장한다.(361쪽)
72) Gel 24쪽.
73) E. Kettering, *Nähe. Das Denken Martin Heideggers*, Pfullingen 1987, 179쪽.

나름의 방식에서 사물로 되어, 즉 그것들은 수오리와 산노루, 말과 황소이기도 하다. 사물들은 각기 그때그때마다 나름의 방식에 따라 사물로 되면서 거울과 쬠쇠, 책과 그림, 화환과 십자가이기도 하다.[74]

요약하자면, 숙고적 사유는 세계놀이 속에서 죽을 자가 하늘과 땅과 신적인 것들과 어우러지면서 서로를 비추고 비호하는 가운데서 인간에게 고유하게 맡겨진 놀이와 연관된다. 사유가의 낱말 속에 사물들의 존재를 보호하고 지키며, 그것을 언명함으로써 존재의 진리를 건립하는(짓는) 과업이 숙고적 사유에 속한다.

5. 사유와 시작

하이데거는 사유(Denken)와 시작(Dichten)의 본질적 연관을 강조한다. 그리하여 '시적인 사유(das dichterische Denken)' 내지 '사유하는 시작(das denkende Dichten)'이 거론된다. 존재 자체의 말걸어옴에 대해 사유가는 '사유의 낱말'로 응답하고, 반면 시인은 '시적인 이미지'로 응답한다. 즉 사유의 '시작적 성격'과 동시에 시작의 사유적 성격을 언급한다.[75] "모든 시작은 시(poesie)의 광의와 협의의 의미에서 실제로 사유이다."[76] 그리고 "사유는 원시작(Urdichtung)이다."[77]

---

74) GA 7, 175쪽.
75) GA 9, 312쪽.
76) Hw 302쪽 이하.
77) 같은 곳.

416

하이데거에게 사유와 시작함은 공속한다. 한편으로 시작함은 시원적인 사유로 소급되고, 다른 한편으로 사유적인 '언명(Sagon)'은 시작함에 귀속된다.[78] 하이데거는 두 가지 언명의 방식들을 넓은 의미의 '숙고'라 칭한다. 여기서 언명함(sagen)은 '나타나게 하다(erscheinenen lassen)', '드러나게 하다(scheinlassen)', '가리키다(zeigen)'를 의미한다. 그리고 '언명(Sage)'은 '언명함(das Sagen)', '언명된 것(Gesagtes)', 그리고 '언명해야 할 것(das zu-Sagende)'을 의미한다.[79] 그 방식들은 그들의 타자로서 서로를 필요로 한다.[80] 흔히 철학은 개념적인 분석이고, 시는 이미지를 매개로 표현하는 것으로 구분한다. 그리고 철학은 객관적인 진리를 파악하고자 하고, 시는 주관적인 느낌을 표현하고자 한다.

그러나 하이데거는 양자가 드러내는 사태는 동일하다고 본다. "사유가는 존재를 언명한다(sagen). 시인은 성스러운 것을 명명한다(nennen)."[81] 즉 시작은 '존재를 건립하는 명명[82]이다. 반면에 "사유의 언명은 이미지가 없다는 점에서 시어와 차이가 난다."[83] 그리고 그것은 "모든 사물의 존재와 본질을 건립하는 명명"[84]이기도 하다. 이는 존재를 낱말로써 건립함이다. "명명함을 통해서 존재는 비로소 그것이 무엇인 바 그것이라 불린다."[85] 본질적인 낱말로서 존재자를 처음

---

78) GA 9. 312쪽.
79) GA 12. 137쪽.
80) UzS 201쪽 이하, 173쪽; GA 12. 190쪽.
81) WiMN 51쪽.
82) GA 4. 43쪽.
83) GA 13. 33쪽.
84) GA 4. 43쪽.
85) 같은 곳.

으로 그것의 존재에서 열어젖히는 자들이 시인들이다.

동일한 사유의 사태로서 존재를 시인의 사유에서는 노래로 읊조리고, 사색인의 사유에서는 존재를 언명한다. 아낙시만드로스, 파르메니데스, 헤라클레이토스의 단편들에서 '시작하는 사유'의 흔적을 찾을 수 있다. 그리고 횔덜린의 시에서 '사유하는 시작'의 흔적을 발견할 수 있다. 동일한 사유거리(Sache des Denkens)란 횔덜린의 입장에서 하늘과 대지, 신들과 인간, 민족의 운명, 반신(Halbgott) 등이다. 반면 하이데거의 입장에서 사유거리는 존재, 현존재, 역사적 세계, 개시성, 시간 등이다.[86] 이 모두는 존재의 진리를 언어로 개현하는 것이다.

『언어에로의 도상에서』에 수록된 논문인 「언어의 본질」에서 하이데거는 시적인 것과 사유함의 '근친성'을 면밀히 고찰한다.[87] 시작과 사유함은 '언명함의 탁월한 방식'에서도 서로 이웃관계에 속한다. 즉 "이웃관계란 곧 가까움 속에 거주함을 뜻한다. 시작과 사유함은 언명함의 방식들이다. 그러나 시작과 사유함을 서로 마주하도록 이웃관계 속으로 데려오는 그 가까움을 우리는 언명이라고 부른다."[88] 여기서 시작과 사유함은 '언명함의 탁월한 방식'이기에, 이들은 서로 가까움으로 친근하게 존재한다. 그런데 이 둘은 서로 마주하고 있음 속으로 도달하려고 개진하기 이전에 이미 서로가 서로에게 속해 있다. 그것들은 언명함이 시작과 사유함을 위한 동일한 기본요소이다.[89]

시작과 사유함은 서로 이웃하고 서로를 따르면서 거주한다. "이

---

86) 소광희, 『철학적 성찰의 길』, 175쪽.
87) UzS 184쪽 이하.
88) 같은 책, 199쪽.
89) 같은 책, 189쪽 참조.

둘의 유사점은 그리스어로 파라 알렐로(παρὰ ἀλλήλω), 즉 서로 곁에서, 서로가 서로에 대해 마주하면서 저 나름의 방식으로 서로에게 마주쳐 오는"[90] 그런 친밀한 관계이다. "사유함과 시작함은 이웃관계이며, 두 가지 언명함의 방식들이다. 둘은 같은 유래를 가지고 있고, 또한 상호 공속의 의미에서 동일성이다. 사유가와 시인은 동일한 것(das Selbe)을 말하나, 같은 것(das Gleiche)은 아니다. 같은 것은 차이 없이 합치된 것이고 동일한 것은 차이를 통한 모음으로부터 나온 다양성의 공속함이다."[91]

사유는 '존재의 진리'를 말한다. 시작은 '존재자의 진리의 도래가 이루어지도록 함'이다.[92] 그리고 사유에서 존재가 언어에로 오도록 해야 한다. 시적 언어는 논리적 사고가 하지 못하는 사유의 본질을 드러내어 준다. 시는 '존재 자체의 근본생기(Grundgeschenis)'[93]이고, 시작(Dichtung)은 '인간의 모든 일 가운데 가장 순수한 일'[94]이다. 그러나 "시작의 방식으로 언명된 것과 사유의 방식으로 언명된 것이 똑같은 것(das Gleiche)은 결코 아니다. 그러나 요컨대 시작과 사유 사이의 틈이 순수하고 단호하게 벌어질 때 그 경우에는 이따금 양자가 동일한 것(das Selbe)이 된다."[95]

하이데거가 보기에 사유와 시작은 모두 존재의 소리 또는 언어에서

---

90) 같은 책, 196쪽.
91) VA 187쪽.
92) Hw 59쪽.
93) M. Heidegger, *Hölderlins Hymnen "Germanien" und "Der Rhein"*(GA 39), Frankfurt a.M. 257쪽.
94) GA 4. 31쪽.
95) WhD 64쪽.

유래한다는 점에서 동일한 근원을 갖고 있다. 그러나 하나의 근원에서 사유와 시작이 갈라져 나올 때, 사유와 시작이 각자의 고유한 본질로 가도록 지시받게 마련이다. 그리고 사유와 시작은 본질의 차이가 지워진 동일성으로 엮어질 수는 없다. 동일함이 본질의 차이가 없는 동일성을 가리키는 말이라면, 같음은 본질의 차이가 일어나도록 하나의 근원에서 유래하고 있다는 뜻이다. 같은 것은 단지 획일화된 하나의 통일성이다. 시작함은 성스러운 것을 명명하면서 다른 시원을 건립한다. 다른 시원의 시작적인 건립이란 존재에로의 새로운 '가까움(die Nähe)'을 목표로 삼는다. 사유는 이에 반해 불확실하고 어두운 존재의 새로운 다가옴의 가능성을 위한 준비의 각성에 만족한다.[96]

횔덜린에게서 '시로 지어야 할 것'은 무엇보다 먼저 신들과 인간들 너머에 있는 저 '성스러운 것(das Heilige)'이다. 이 성스러운 것이 현성하는 본질 장소 안에서 상주하는 것을 건립하는 것이 시인의 사명으로 남아 있다. 그럴 경우에 하이데거에게 '사유되어야 할 것'은 무엇보다 먼저 스스로를 드러내기도 하고, 동시에 스스로를 은닉하기도 하는 존재 자체이다.

이 존재 자체가 스스로 고유하게 생기하는 본질 장소 안에서 이러한 존재의 진리를 현존재의 현(Da) 안에서 근거짓는 것이 언제나 사유의 과제로 남아 있다. 이와 같이 횔덜린의 시짓기는 성스러운 것을 척

---

96) 철학자이자 시인인 박이문은 철학적 글쓰기와 구별되는 시적 글쓰기를 다음과 같이 정의한다. 박이문, 『문학과 철학』, 민음사 1995. "시적 글쓰기의 어망에서 빠져나간 존재의 물고기를 유혹해서 잡으려면 그물은 그만큼 더 존재의 물고기 자체에 가까워야 할 것이다. 시적 글쓰기 작업은 바로 이러한 그물을 짜내는 작업이며, 시작품이란 존재를 있는 그대로 잡기 위해 짜여진 언어적 그물이다."(202쪽)

도로 삼아 거주함의 차원을 본래적으로 열어놓는 순결한 행위로서의 시원적인 짓기이다.

그런데 하이데거에게서 거주함의 차원은 무엇보다 먼저 현-존재의 '환히 밝혀진 터(Lichtung, Da)'에 존립한다. 사유는 거주함의 시원적 차원으로서의 '환히 밝혀진 터'를 시원적으로 열어놓는 존재의 말 없는 소리에 대한 순수한 응답으로서의 섬세한 사유이다. 존재사유는 횔덜린의 사유하는 시와 마찬가지로, 그 근본에 있어서 분명 '시작하는 사유'라고 말할 수 있을 것이다.

시적 언어에 반해 이성을 통한 학문적·논리적 사고는 존재를 존재로 통찰하지 못하며 오히려 개념화하고 관념화할 따름이다. 시인의 시짓기에서 건립되는 말, 즉 '본질적인 낱말'을 통해 존재자는 처음으로 자신의 존재 가운데에 개현하고, 시인의 불러냄 내지 명명함을 통해 존재자는 처음으로 그가 무엇인지 일컬어지는 것이다.

하이데거는 시적인 사유의 선구자들로 소포클레스(Sophocles), 핀다르(Pindar), 트라클(G. Trakl), 게오르게(S. George), 첼란(P. Celan), 횔덜린(F. Hölderlin), 릴케(R. M. Rilke), 헤벨(J. P. Hebel)을 거론한다.[97] 그들 중에서 횔덜린[98]은 '시인들 중의 시인'으로서 시의 본질을 새롭게 건립한다는 것이 하이데거의 독자적인 해석이다. 하이데거는 라인 강과 게르만의 대지를 찬양하는 민족시인 횔덜린을 자신의 사상적 영

---

97) 시인은 '명명하면서-건립하는 언어'에 귀속된다.(UzS 194쪽) 시작은 '충만하게 노래하는 언명'(UzS 194쪽 이하)이다. 사유의 낱말은 말하지 않은 것, 충만하지 않은 것을 낱말로 분명하게 하고, 또한 그것을 생각할 거리로 만든다.(UzS 195쪽) 릴케(HW 248~295), 헤벨(GA 13. 155, 180쪽), 게오르게(UzS 163~238쪽), 트라클(UzS 35~82쪽).
98) GA 39. 19쪽.

웅으로 삼는다. "나의 사유는 횔덜린의 시와 불가결한 관계를 맺고 있습니다. 그러나 나는 횔덜린을 문학사가가 그의 작품을 다른 작품들과 나란히 주제로 삼는 그런 시인으로 보지 않습니다. 나에게 횔덜린은 미래를 가리키며 신을 기다리는 시인입니다."[99]

하이데거에 의하면 횔덜린의 작품은 바로 '사유하는 시작'[100]의 결과물이다. 그것을 통해 새로운 시대가 규정된다.[101] 하이데거가 그리스적 시원과의 대화에서 가사자, 대지, 하늘, 신적인 것들의 낱말들을 가져온다. 존재의 역운인 '몰아세움' 속에 있는 존재의 은닉의 시대에 횔덜린의 낱말을 우리가 경청함은 필요하다. 하이데거에게 횔덜린은 새로운 '다른 시원'의 시적인 건립자, 형이상학의 극복자, 존재에로의 새로운 가까움을 준비한 자이다. 횔덜린의 시적인 말함을 통해서 사유는 이 시원적인 것에로 지시되어 있음을 하이데거는 밝히고 있다.

뷔겔러는 하이데거 사유가 횔덜린의 시에서 결정적으로 영감을 얻었음을 언급한다. "진리를 작품 속에 정립하는 예술은 도대체 철학이나 학문보다 더 일찍 진리의 근원적인 본질을 견지할 수 있다. 그리스의 건축작품과 미술작품에서 형상화된 그것을 그리스 비극은 언어로 나타낼 수 있다. 그러한 말함을 하이데거의 경험에 의하면 우리 시대를 위해 횔덜린이 변화시켜서 되찾아 온다. 그래서 횔덜린의 시적인 말함은 하이데거의 사유에 결정적인 자극제가 된다."[102] 아렌트도 철학과 시의 동근원성을 말한다. "그(하이데거)는 철학과 시는 동일한 근

---

99) SI 450쪽.

100) Hw 251쪽 이하.

101) GA 4. 47쪽.

102) O. Pögeller, *Neue Wege mit Heidegger*, Freiburg/München 1992. 223쪽.

원인 사유에서 발생한다고 생각하였다. 〔…〕 시와 철학은 동일한 영역에 속한다."[103]

'시작함'은 하이데거에 있어서 자기 자신을 낱말 속에서 스스로에게 가져오는 '존재(Seyn)의 근본사건'이다. 이렇게 볼 때 시작은 '존재를 낱말로써 건립함' 또는 '모든 사물의 존재와 본질을 건립하는 명명'이다. 이 명명 내지 불러옴은 존재자를 그 진리에로, 그리고 사물들을 그들의 본질로 보내어서 세계와 역사를 본래적으로 존재하도록 만든다. 시인의 사명은 신들이 사라져버린 세계의 밤에도 온갖 고난과 고독을 감내하며 버티고 서서 신들의 흔적을 추적하며, 신성에 이르는 흔적으로서의 성스러움을 노래하고, 이 성스러움이 현성할 수 있도록 시작하는 것이다. 이런 맥락에서 시인의 시작은 '존재의 건립'이고, 동시에 '진리의 건립'인 것이다.

하이데거의 시작의 본질에 대해 논하면서 독일어 디히텐(dichten)의 어원을 그리스어 데이크뉘미(δείκνυμι)에서 찾는다. 그리스어 δείκνυμι는 '가리키다', '무언가를 보이게 하다', '무언가를 열리게 하다'를 뜻한다. 또한 δείκνυμι는 dictare/dicere(sagen)-tithôn(고독일어)-dichten으로 이어져 왔다.[104]

횔덜린의 시적 말함은 존재의 진리를 경험하려는 사유를 위한 디딤돌이 된다. 시는 '모든 일 중에서 가장 무해한 것', 일종의 '놀이'인 것처럼 보인다. 그러나 시는 그것이 본질적으로 받아들여질 때 언어이다. 그것도 임의의 양식의 언어가 아니라, 도대체 언어를 비로소 가능

---

103) Arendt. H.. 『정신의 삶 1—사유』, 24쪽.
104) GA 39. 29쪽.

하게 한 역사적인 민족의 '원초언어'이다.[105] 그러나 세계는 오직 신들이 가사자들을 그들의 말 건넴 아래 놓을 때, 그리고 시인이 이러한 말 건넴에 대한 응답에서 신들을 명명할 때에만 열릴 뿐이다. 결국 하이데거의 견해에 의하면 사유와 시는 동일하지도 않고, 또한 다른 것도 아니다. 둘은 '탈근거(Abgrund)'에 의해서 분리된 산들의 정상 위에 가까이 거주한다.

　요약하자면 숙고는 사유와 시작의 공속성과 근친성에서 그 의미가 밝혀질 수 있다. 거기로부터 숙고의 사태 및 고유한 특성은 명료하게 드러날 수 있다. '시적인 사유'로서의 숙고는 '사유적인 시작'과의 연관성을 전제로 하고 있다.

6. 존재진리가 펼쳐지는 삶의 시원: 마지막 신

　하이데거의 사방의 한 요소인 '신적인 자들(die Göttlichen)'은 불사의 신성한 자들을 가리킨다. 이 개념은 분명하지는 않지만 그리스인들이 신성시하였던 신들을 염두에 둔 것으로 생각된다. 신적인 자들은 모든 사물에 성스러움을 부여하는 자들일 것이다. 횔덜린이 말한 '궁핍한 시대'는 신들이 도피해버리고 난 뒤의 시간과 도래해야 할 신이 아직 오지 않은, 즉 이들 사이에서 어두운 니힐리즘이 지배하고 있는 시대이다. 따라서 이는 두 겹의 결핍과 부재가 지배하는 역사적 현재의 시대인 것이다. 이 시대는 "도피한 신들이 더 이상 현존하지 않

---

105)　GA 4, 40쪽.

는다(nicht mehr)는 것과 도래해야 할 신(神)의 아직 없음(noch nicht)이다."[106]

심각한 문제는 신들이 자취를 감춰버린 것뿐만이 아니다. 이 시대에는 신성의 빛마저도 세계사에서 꺼져버려 거대한 '세계의 밤'이 지배한다. 그러기에 '세계의 밤'이 깊어지는 것과 때를 같이하여, 궁핍한 시대 또한 더욱 궁핍해지게 된다. 이제는 '신의 결여'마저도 결여로 알아차리지 못하는 상황이 된 것이다.[107] 여기서 존재상실과 암울한 형이상학의 지배에 대한 하이데거의 경악은 횔덜린의 시적인 언어 속에서도 통찰되고 있는 것으로 보인다.

하이데거는 존재역사적으로 경험된 '신의 부재' 내지 '신의 결여'를 말한다. 그는 이 신의 부재를 존재 자체의 역사에서 발생한 사건으로 해석한다. 모든 것이 인과관계의 빛 안에서 표현되는 곳에서는 신도 그 성스러움을 상실하고 기껏해야 하나의 원인이나 능동인으로 전락한다. 그런데 도대체 왜 신들은 인간에게서 도피해버리고 또 접근을 꺼리고 있는가? 그 이유는 기실 신들에게 있지 않고, 인간이 신들을 기피하고 쫓아내며 그들에게 거주할 공간을 없애버렸기 때문이다. 그들이 거주하는 곳은 성스러운 공간인바, 그러한 공간이 존재하지 않는 곳에서 신들은 거주할 수 없다. 횔덜린은 이를 「빵과 포도주」에서 그릇이 부실하면 천상의 신들을 받아들일 길이 없다고 한다. 이를테면 인간이 미리 신의 머물 곳, 즉 성스러운 공간을 마련해놓지 않으면, 옛 신이라도 찾아들 수 없다.

---

106) 같은 책, 44쪽.
107) Hw 265쪽.

그러기에 신들이 도피해버리고 부재하는 것은 그들의 자의에 의한 것이 아니라, 그들이 거할 수 있는 '성스러움'이 인간들에 의해 박탈됨에서 비롯된다. 성스러움이 없는 시공에 신들은 거주하지 않는다. 이 성스러움이야말로 신성의 본질적 공간으로서 신들을 다시 불러오고, 나아가 다른 시원을 정초할 수 있는 계기를 마련해주는 것이다. 성스러움을 통하여 시인은 신들의 현재 가운데에 거처할 수 있는 것이다. 그러기에 사라져 가버린 신들의 도래를 위한 에테르(Äther)의 요소, 즉 성스러움은 신들의 흔적(Spur)이고, 또한 시인이 신들과 조우할 수 있는 최소한의 가능성인 것이다. 시인은 이러한 흔적의 징후를 알아차리고서 시적인 노래로 그들의 도래를 종용한다. 즉 "궁핍한 시대에서의 시인이라고 하면 도피해버린 신들의 흔적을 노래하면서 눈여겨보는 것이다."[108]

오토(W. F. Otto)에 의하면, "시인의 사명(Dichterberuf)과 신적인 것에로의 소명은 하나이다."[109] 그것은 횔덜린의 경우에 독특하게 드러나듯이 오직 신적인 부름을 받은 이에게만 시인의 사명이 주어진다. 말하자면 이러한 소명 없이 시인은 사명을 감행할 수 없다. 그의 전기의 송가에서 시인의 소명을 '조용하고 권능 있는 사제'[110]라고 한다. 그의 시작세계에서 우리는 끊임없이 점증하는 분명한 현상을 목격할 수 있는데, 그것은 시인의 부름 받은 것, 즉 소명이 성스러운 것이라

---

108) GA 4, 268쪽

109) Walther F. Otto, "Die Berufung des Dichters", in *Hölderlin*, hrg. von A. Kelletat, J.C.B. Mohr: Tübingen 1961, 242쪽.

110) 같은 책, 229쪽. 오토에 의하면 횔덜린이 자신의 시를 가장 숭고한 의미에서 신화를 이해하였다고 한다. 그런 면에서 횔덜린은 시인의 사제직에 관한 충만한 의미를 부여하고 있다.(241쪽).

는 점이다.

『철학의 기여』에서 '마지막 신(der letzte Gott)'에 대한 명료한 설명이 있다.[111] "마지막 신은 가장 오랜 역사를 위한 최단 궤도에서 그 가장 오랜 역사의 시원이다. 마지막 신이 스쳐 지나가는 위대한 순간을 위해 오랜 예비가 필요하다."[112] 우리는 마지막 신을 이제까지 형이상학의 역사 속에 등장하였던 기존의 신으로 오해하지 말아야 한다. 소위 일신론, 범신론 혹은 무신론 등에서 언급되는 신은 존재자 전체를 가능하게 하는 생성 원인으로서 설정된 형이상학적 신이다. 반면, '마지막 신'은 인간 현존재가 존재의 진리를 존재의 진리로서 받아들일 때, 비로소 현현하는 가장 유일무이한 유일성 자체로서의 신이 된다.

마지막 신은 최종적으로 존재사건 속에서 결정되는 신을 말한다. 마지막 신은 기존의 신들에 뒤따라 순서상 마지막에 등장하는 신이 아니다. 그는 가장 심오한 의미에서 다른 시원이 되는 신을 의미한다. 그러면 다른 시원의 신에 대한 준비는 어떻게 가능한가?

마지막 신은 종말이 아니다. 오히려 마지막 신은 우리 역사의 저 수용적으로 측정되기 어려운 여러 가능성들의 다른 시원이다. 이 다른 시원을 위해 이제까지의 역사는 종결되지 말아야 하고, 오히려 그것의 종말에로 가져와야 한다. 우리는 이제까지의 역사의 본질적인 근본 태도들의 거룩한 현현을 건너감에로 또한 준비함에로 나아가야 한다.[113]

---

111) GA 65. 409~417쪽.
112) 같은 책, 414쪽.
113) 같은 곳.

신들의 도피와 도래에 관한 결단은 존재의 진리를 시원으로 하여 새로운 삶의 지평을 구현하기 위한 결단이다. 존재의 진리는 은닉된 채로 우리에게 발생하는데, 우리가 존재의 사건을 사건으로서 맞아들여 존재의 진리를 대지 안에 간직해놓음으로써 마지막 신을 맞이할 때, 비로소 우리는 우리 시대의 질곡을 극복한 새로운 삶의 지평을 펼치게 된다.

따라서 신들의 도피와 도래에 관한 결단은 존재의 진리를 근거짓기 위한 결단, 즉 사건을 비로소 사건으로서 구현할 수 있는, 이제까지와는 전혀 다른 삶의 시간-공간을 활짝 여는 사건이 된다. 특히 존재의 진리는 완강히 자신을 거부한 채로 우리에게 다가온다. 우리에게 맡겨진 것은 완강한 거부로서의 존재가 비로소 사건으로서 발생할 수 있도록 하는 결단(Entschluß)이다. 그러나 이 결단은 주관주의나 주의주의의 자의적인 결단과는 질적으로 다른 의미를 지닌다. 이 결단을 통해 사유가와 시인은 존재를 제지하지 않고, 생기사건의 역사를 준비해야 한다. "비록 모든 존재자가 신을 망실한 비인간적 계산과 경영을 향해 추근추근하게 또한 유일하게 또한 자립적으로 또한 앞장서서 현출한다 할지라도, 모든 존재자는 단지 생생한 고유화에게로 들어서 있을 뿐이다."[114]

하이데거는 『슈피겔(*Der Spiegel*)』과의 인터뷰에서 사유와 시를 통해 신의 출현을 준비할 수 있는 가능성은 우리에게 있음을 밝히고 있다. "철학은 지금의 세계상황에 어떤 직접적인 변화도 야기할 수 없습니다. 이것은 철학뿐만 아니라, 모든 생각과 노력에도 해당됩니다. 오직

---

114) 같은 책, 413쪽 이하.

신만이 우리를 구할 수 있습니다. 우리에게 남은 유일한 구원의 가능성은 사유와 시 속에서 우리가 몰락하면서 신의 출현이나 부재를 위해 준비하는 것입니다."[115]

요약하자면, '마지막 신'은 인간 현존재의 새로운 삶이 펼쳐지는 시원이 되는 분이다. 그 신은 인간 현존재의 본래적 삶의 가능성을 담지하고 있는 '다른 시원'이다. 마치 우리가 죽음에로 선구함으로써만 비로소 우리의 본래적 가능성을 회복하여 본래적 자기로서의 삶을 펼쳐나가듯이, 마지막 신은 우리가 거기에로 선구(Vorlaufen)함으로써만 비로소 존재의 진리가 펼쳐지는 삶의 시원이 된다. 이런 삶의 시원에 정향된 사유가 바로 숙고적 사유이다.

---

115) SI 99쪽 이하.

9장

비표상적 사유로서의 숙고적 사유

숙고적 사유의 비표상성

하이데거의 해석에 의하면, 전통적인 서양철학은 최고의 존재자와 보편적 존재를 탐구하는 신학적·형이상학적 사유이다. 그것은 표상적 사고, 즉 설명하고 근거짓는 사유로서 인식과 존재를 가능케 하는 원인과 근거와 가능 조건을 탐구하는 사유이다. 특히 근대철학적 사유는 무엇보다도 사유하는 주체를 표상하는 주체로, 그리고 현전하는 대상을 표상된 대상으로 미리 앞서 설정한다.

그러나 숙고적 사유 내지 숙고는 전통적인 개념의 '철학'과 구별되는 본래적 철학적 사유를 지칭한다. 말하자면 그것은 표상적 사유와 구별되는 사유, 즉 표상 이전의 사유이며, 또한 표상으로 환원될 수 없는 사유이기도 하다. 여기서 비표상적 사유란 반표상적이거나 탈표상적인 사유와 구별된다. 그것은 엄밀히 말하면 선(先)-표상적 사유이다. 실은 비표상적 사유에서 표상적 사고가 파생된 것이다. 존재 자체는 비대상적인 것으로 표상적 사고로 파악되지 않는 사태이다.

　하이데거에 있어서 존재는 인간이 만들어낸 주관적인 것도 아니고, 또한 형이상학을 통해 파악된 '세계근거(Weltgrund)'나 '신(Gott)'[1]도 아니다. "존재는 존재자와 같이 대상적으로 표상되거나 제작될 수 없다."[2] 하이데거는 존재자로서의 존재자를 근거짓는 표상작용의 방식 속에서 사유해온 근대의 주관형이상학을 그 근원에서부터 다시 해석하고, 그것의 주도적인 지배를 문제시한다.

　전술한 대로, 데카르트의 형이상학에서 처음으로 존재자는 표상성의 대상성으로, 진리는 표상의 확실성으로 규정된다. 표상행위는 대상의 재현이다. 여기서 재현으로서 표상함이란 앞에 있는 것을 대립해 있는 것으로 자신 앞에 가져온다는 의미이다. 형이상학은 존재자를 그 존재자로 가능하게 해주는 가장 보편적이며 본질적인 규정이 존재자성(Seiendheit)에 대해 묻고 있지만, 존재 자체를 숙고하는 것을 망각하고 있다.

　근대 형이상학의 표상적 사고는 주관과 객관, 존재와 인식, 자연과 의식, 관념과 실재, 의식과 무의식의 사이에 명확한 구별을 짓는다. '자연의 거울'로 자처하는 사유의 주체인 인간은 이미지와 개념으로 대상을 자신 앞에 세움으로써 그것을 재현한다. 그러나 비표상적 사유는 사태를 표상작용을 통해 파악하는 것이 아니라, 대상화하기 이전의 사태를 '있는 그대로' 받아들이고자 한다. 마치 우주적 로고스에 인간의 로고스가 따르고, 만물이 도의 운행질서에 따르는 이치와 같

---

1)　Hum 19쪽.
2)　WiM 41쪽.

다. 또한 농부가 식물의 생장의 질서를 좇아서 농사를 짓고, 수공업자가 사물의 결을 따라서 도구를 만드는 자세와 같다.

하이데거에 의하면 형이상학은 그 시대를 근거짓는다. 이러한 근거는 그 시대를 특징짓는 모든 현상을 철저히 지배한다. 오늘날은 기술 형이상학이 모든 존재자에 대한 관점과 이해의 틀을 제공한다. 하이데거는 기술을 '완성된 형이상학(die vollendete Metaphysik)'으로 읽고, 그것의 극복을 사유의 과제로 삼는다. 이것은 전통 형이상학의 사유방식인 '표상적 사고'를 통해 나타난 '진술의 진리'의 한계를 극복하고자 한다. 이제 존재가 건네는 말에 응대하는 사유, 즉 새로운 '존재의 진리'에 관한 사유방식인 숙고가 필요하다. 이는 표상적 사고 이전의 비표상적 사유이며, 또한 회상적·본질적·근원적 사유이다.

하이데거에 의하면, 다 길어 내어지지 않는 표상 불가능한 것이라고 해서 이미 '사유 불가능한 것'은 결코 아니다. 따라서 '비표상적 사유'는 반표상적이라기보다는 '선-표상적' 사유 내지 '비재현적' 사유로 이해될 수 있다. 여기서 표상할 수 없는 것은 표상 이전에 주어진 존재의 생기사건이다. "다시 말해 인간은, 사유되지 않은 것을 비로소 처음으로 사유해야 할 것으로서 앞서 사유하면서 사유하도록 불러 세우는 마음대로 처분할 수 없는 생기 속에 조율되어 있다. 따라서 사유란 하이데거에 따르면 시종일관 마음대로 처분할 수 없는 존재의 진리에 대한 '회상하는 예비 사유'이며, 또한 그것에 머물러 있다."[3]

헴펠(H. P. Hempel)도 표상 세계를 해체하는 작업을 사유의 확장으로 파악하고 있다. "따라서 지금까지 실행된 사유는 실제의 경험을

---

3) H. P. Hempel, 이기상·추기연 옮김, 『하이데거와 禪』, 민음사 1995, 222쪽 이하.

가로막는 걸림돌이 될 수 있으며, 그 결과 존재하는 것을 또한 그 실제의 차원에서도 지각할 수 있으려면 때로는 우리 사유가 확장되지 않으면 안 된다. 우리의 현재의 사유 표상들과 또한 사유능력을 이렇게 확장하려는 것이 궁극적으로 하이데거의 해체작업이 목표했던 것이다."[4]

오늘날의 형이상학적 사유는 표상작용에 바탕을 둔 '계산적 사고'이다. 계산은 계획하고 탐구하는 사유라는 의미에서, 수학이나 경제학에만 국한되지 않는다. 이제 철학마저도 분화되어 현실을 관리하고 조종하는 '기술의 학'이 되고 있다. 그러나 존재의 진리를 사유하는 그런 숙고는 물론 더 이상 기술형이상학에 만족하지 않는다.

그러나 숙고는 형이상학에 맞서서 사유하는 것은 아니다. 형이상학은 여전히 철학에서는 으뜸가는 것으로 남아 있다. 하지만 형이상학은 존재의 진리를 사유하는 숙고 안에서 극복된다. 이러한 '형이상학의 극복'이 형이상학을 제거하지는 않는다. 인간이 이성적인 동물로 남아 있는 한, 인간은 형이상학적인 동물이다. 인간이 스스로를 이성적인 생명체로 이해하고 있는 한, 칸트의 말대로 형이상학은 인간의 본성에 속한 것이다. 이에 반하여 사유가 다행스럽게도 형이상학의 근본바탕으로 되돌아가게 되면, 그것은 인간의 본질도 함께 변화하도록 유도할 수 있을 것이다. 결국 하이데거는 비표상적 사유와 더불어 형이상학의 변화도 가능하게 될 것이라고 전망한다.

---

4) 같은 책, 240쪽 이하.

1. 표상적 사고에서 비표상적 숙고적 사유에로의 전향

앞에서 언급한 대로, 하이데거에 의하면 근대 주관형이상학에서 인간의 사유는 표상작용으로 파악된다. 표상작용이란 인간의 의식에 사물이나 실재의 상(相)을 만드는 행위이다. 그 상을 통해 실재의 존재는 드러나게 되고, 그 '무엇'으로 파악되고 인식된다. 존재는 상에 의해 세계가 된다. 이제 세계는 실제 '세계상(Weltbild)'으로 화한다. 예를 들면 산과 강은 '산'과 '강'의 상(이미지)으로 존재한다. 이미 주어져 있는 존재자가 선재적인 것이 아니라, 다만 표상작용에 의해 비로소 그 존재와 그것에 대한 앎이 형성된다.

근대의 주관형이상학은 의식철학으로서 표상적 사고의 산물이다. 우리는 표상들을 머리 내지 의식에서 얻고 있다. 우리는 표상들을, 즉 대상들에 관한 표상들을 우리의 내면 속에서 얻고 있다. 따라서 세계, 즉 현실성 전체는 우리들에 의해서 표상되는 한에서만 존재한다고 말할 수 있다. "세계는 나의 표상이다."[5] 이 문장에서 쇼펜하우어는 근대철학의 사유를 압축적으로 언표하고 있는 셈이다.

형이상학적 사유는 자명하게 범주와 개념들로 전승되지만, 도리어 그것의 원천에로 접근하는 것을 방해한다. 형이상학에서 '존재(Sein)'란 말을 사용하지만 그것은 보편적인 존재자성이나 '존재자 전체(das Seiende im Ganzen)'를 나타낸다. 즉 그것은 존재(Seyn) 자체를 사유하지 않는다. 형이상학은 존재 자체를 언어로 이끌어 오지 못하고 있으며, 또한 그것은 그 자신의 진리에서 사유하지 못한다. 그 이유는 진

---

5) WhD 75쪽.

리를 비은폐성으로 그 본질에서 사유하지 못하기 때문이다. 따라서 하이데거는 종래의 사유의 용어와 개념을 해체하고, 그 속에서 사유되지 않은 것을 숙고를 통해 다가가고자 한다. 다른 시원으로부터 가능한 숙고로서의 철학은 더 이상 기존의 존재론과 형이상학과는 그 길을 달리한다. 결국 "다른 시원의 영역에는 '존재론'도 없고 또한 '형이상학'도 없다."[6]

하이데거가 지적하듯이, 근대적 인간은 스스로 '모든 척도를 위한 척도 결정자'의 자리에 군림한다. 이런 근대의 인간주체 중심주의에는 만물을 대상화할 수 없는 것이란 전혀 존재하지 않을 뿐만 아니라, 또한 무엇이든지 대상화할 수 있다는 그런 권능이 쟁취되어 있다. 말하자면 모든 것을 대상화하는 표상행위의 주체로서 인간은 모든 존재자들의 척도와 중심으로 군림하는 것이다. 이런 권능을 쟁취한 인간 주체는 자신의 안전을 위해 더 이상 초인간이나 신을 필요로 하지 않고, 오히려 자기 스스로 세계와 자연의 주체가 되어 이들을 지배함으로써 자신의 안위를 추구하는 것이다. 이제 표상적 사유에서 비표상적인 숙고적 사유에로 전향이 필요하다.

또한 하이데거는 초월론적 주관과 초월론적 의식을 강조하는 '주관성의 형이상학'에서 유래한 당대의 가치철학을 비판한다. "하이데거는 아마 모든 가치가 이상적인 대화상황을 통해서 정당화되어야 하는 것으로 생각하는 하버마스의 철학에 대해서도 가치철학에 대해서와 동일한 비판을 했을 것이다. 하이데거는 신칸트학파적인 가치이론이나 후설식의 현상학적인 가치이론처럼 객관적인 가치를 정립하려는

---

6) GA 65, 59쪽.

모든 시도는 권력에의 의지를 자신의 궁극적인 본질로 갖는 근대적인 주관성 형이상학에 입각한 것으로 보고 있는 것이다."[7]

하버마스는 하이데거의 현존재가 초월론적 주관의 자리를 그대로 이어받은 것으로 간주한다. 그는 『존재와 시간』이 주관성의 철학을 담고 있다고 비판한다.[8] 그러나 하이데거에 의하면, "현존재에 대한 분석은 그 어떤 유아론이나 주관주의와도 아무 상관이 없다."[9] 그리고 "선소여적 자아 또는 주관으로부터 시작하는 어떤 접근도 현존재의 현상적 내용을 완전히 놓칠 것이다."[10] 그리고 "생기사건의 참여자로 보이는 현존재는 분명 근대의 형이상학적 의미에서 주관이나 자아와 동일시될 수 없다."[11]

전기 하이데거의 존재사유는 인간학적 · 실존철학적 · 신학적으로 오해되고 악용된 기초존재론적 입각점으로부터 전향이 필요하다. 즉 형이상학적으로 표상하는 사고와 우선 확보해야 하는 기초로서의 주관성에서부터 출발하려는 근대철학의 경향에서부터 아직 충분하게 빠져나오지 못하였다. 따라서 그것은 자신이 취한 에움길에서부터는 존재와 현전성, 그리고 존재와 시간에 대한 자신의 물음에로 되찾아 갈 수는 없다. 이렇게 '기초 존재론(Fundamentalontologie)'은 주관주의적 · 인간학적으로 오해를 받게 되었을 뿐만 아니라, 이 저작 자체가 당대까지의 사유에서 유래한다. 따라서 그의 의지와는 반대로 새로이 단

---

7) 박찬국, 『하이데거와 나치즘』, 353쪽.
8) J. Habermas, 이진우 옮김, 『현대성의 철학적 담론』, 문예출판사 2002, 175~230쪽.
9) GA 89, 144쪽 이하.
10) SuZ 161~163쪽.
11) F. Dallmayr, 위의 책, 105쪽.

지 주관성의 고착화가 되어버릴 수 있는 그런 위험에 빠지게 된다. 여기서 결단성은 분명『존재와 시간』에서 지속적인 것의 표상과 의욕으로서 사유되지는 않았지만, 어쨌든 하나의 의욕으로서, 즉 그 안에서 현존재가 자기 자신을 선택하고 그래서 자신의 무기력함 내지는 '탓(Schuld)'을 떠맡는 그런 양심을 가지려는 의욕으로서 사유되고 있다.

『존재와 시간』에서 하이데거는 존재를 유한하며 시간적인 것으로 사유한다. 초월로서의 존재의 규정은 단지 존재의 진리를 위한 '앞선 사유'를 위한 단초일 뿐이다. 이 걸음은 단지 존재의 진리에 대한 물음의 도상에서의 한걸음이었을 뿐이다. "결코 실존은 하이데거에게 최종적인 것이거나 자명한 것이 아니었다. 그래서 하이데거는 그의 사유가 '실존철학'으로 불릴 수 있다는 사실을 결코 용납할 수 없었다."[12] 하이데거 자신도 기초존재론에서는 존재역사적 사유가 결여되어 있음을 술회하고 있다. "그러나 이러한 해체는 '현상학'과 모든 해석학적·초월론적 물음과 마찬가지로 존재역사적으로 사유되지 않았다."[13]

하이데거에 의하면 형이상학에 대한 근거가 곧 '현존재'이다. 하이데거는 존재이해를 인간존재의 근거로서 사유한다. 현존재도 존재적으로는 가장 가까운 것이지만, 존재론적으로는 가장 멀리 있는 자이다. 이는 존재론적 전통의 허물어버림의 부정적 의미는 아니다. 이는 형이상학에 반대하는 것도 아니고, 더욱이 파기나 부정이 아니다. 그러나 이는 존재역사로부터 사유된 것은 아니다.

---

12) O. Pöggeler, 위의 책, 192쪽.
13) NII 415쪽.

후기 하이데거는 근원 그 자체, 즉 생기사건, 그리고 가까움(Nähe)으로부터 사유한다. 이런 사유는 형이상학의 잊혀진 근원, 즉 존재의 진리를 사유한다. 여기서 '비은폐성'으로서의 진리는 존재 위에 있는 어떤 것이 아니라, 오히려 존재 자체, 존재에서 현성하는 것, 비은폐성의 현전이다. 하이데거는 1936년경부터 '생기사건으로서의 존재(Seyn)'에 대해 언급하고 있다. 이제 생기사건으로서의 존재의 진리가 언어에로 데려와진다면, 그 진리는 '존재(Sein)'라는 이름을 상실할 것이다.

하이데거의 전향(Kehre)은 존재의 망각이 존재의 본질의 진리에로의 전향하는 것으로서 가능하게 된다. '존재의 떠나버림'의 세 가지 방식들은 첫째, 계산, 둘째, 신속성, 셋째, 대중적인 것의 분출이다.[14] 존재의 떠나버림이 은닉된 이러한 방식들에서는 어느 곳에서건 존재자의 비본질, 즉 비존재자가 확산된다.

첫째, 계산은 수학적인 것에서 앎에 맞갖게 근거하는 '기술의 가공'을 통해 비로소 힘을 얻게 된다. 여기에서는 주도적 명제들과 규칙들을 불명확하게 앞서 붙잡고 또한 따라서 조정과 계획에 대해 확신성을 갖고 이를 시도한다. 물음을 망실한 채, 어떤 방식으로든 꾸려나감이다. 아무것도 불가능하지 않다고 사람들은 '존재자'를 확신한다. 진리의 본질에 관한 물음은 더 이상 필요하지 않다. 모든 것은 계측의 그때마다의 상태를 올바르게 향해야 한다. 여기에서 계측은 행동관계 맺음의 근본법칙으로 생각된다.[15]

---

14) GA 65, 120쪽.
15) 같은 책, 120쪽 이하.

둘째, 모든 종류의 신속성은 기술적 '속도들'의 기계적 증가이다. 이러한 증가는 여하튼 단지 이러한 신속성의 결과일 뿐이다. 신속성은 '은폐된 자라남과 수용적 기다림'의 고요함 속에서 배겨나지 못함을 의미한다. 그것은 재빠르게 덮쳐오는 것에 대한 병적 욕망, 항상 거듭해서 직접적으로 또한 다른 방식으로 감동시키며 '부딪쳐 오는 것'에 대한 병적 욕망이다. '지속성'의 근본법칙으로서의 덧없음과 가장 가까운 것에서 재빠르게 망각하고 자기를 상실함은 필연적이다.[16]

셋째, 대중적인 것의 분출은 단지 '이익사회적인(gesellschaftlich)' 의미에서의 '대중'만 의미하지 않는다. 수가 이미 중요하기 때문에, 또한 계산 가능한 것, 즉 누구에게나 동일한 방식으로 접근 가능한 것이 이미 중요하기 때문에, 단지 이러한 이유로 대중은 증강한다.[17]

이 세 가지에 덧붙여 다음의 것들이 수반된다. 1) 모든 기분의 의미 박탈, 공공화, 그리고 통속화. 2) 모든 사물에 관한 또한 모든 공작에 관한 전체적인 물음 상실의 시대의 서막. 3) 존재자가 존재로부터 버림받았기 때문에 지금 가장 무미건조한 '감상성'을 위한 호기의 성립. 지금 비로소 모든 것은 '체험'되고, 모든 프로젝트와 모든 기획은 체험들에 흠뻑 젖는다. 그리고 이러한 '체험행위'가 증언하는 바는 지금은 심지어 존재하는 자로서의 인간 자체조차 자신의 존재를 잃어버렸고 또한 체험들을 쫓는 자신이 사냥의 먹잇감이 되고 말았다는 사실이다.[18]

하이데거는 형이상학에서 존재와 근거, 즉 지속적인 현전과 제공

---

16) 같은 책, 121쪽.
17) 같은 곳.
18) 같은 책, 123쪽 이하.

가능한 근거가 함께 속하고 있는 그 방식을 물음으로 제기한다. 하지만 존재와 근거에 대해 하나의 다른 본질을 사유하면서 존재 자체의 진리를 언어에로 이끌고 온다. 이러한 진리가 존재의 사건으로서 경험될 경우, 존재와 근거라는 낱말들은 더 이상 이 경험을 충족시킬 수 없다. 이제 근거를 자신의 다른 본질에서 탈근거로 경험하는 것과 또한 근거로부터 탈근거에로의 전향이 필요하다. 존재사건의 경험은 하나의 탈근거(심연)에로의 도약이다.

또한 근거제시가 형이상학적 사유의 한 방식으로 간파될 때에야 비로소 마음대로 처분할 수 없는 그때마다의 역사로서의 존재의 진리에 대한 경험에로의 길이 열리게 될 것이다. 따라서 하이데거의 사유는 아주 천천히 근거제시하려는 의욕에서 벗어난다. 근거제시하는 기획투사의 내던져 있음에 대한 경험이 존재의 진리의 무근거성에 대한 경험에로 깊이 들어가야 한다.

하이데거에 있어서 '무'가 속해 있는 존재는 본질상 유한하다. 그것은 진리에서는 무근거적이고 마음대로 처분할 수 없는 그때그때마다의 탈은폐(근거지음)와 은닉(제공 가능한 근거의 부재)의 일어남이다. 그 진리로부터 경험되는 존재는 더 이상 지속적인 현전과 마음대로 처분할 수 있는 근거로서 안전하게 확보될 수 없다.

생기사건은 근원적-토대(Ur-grund)이다. "진리는 생기사건의 진리로 근거짓는다. 따라서 생기사건은 근거로서의 진리를 토대로 파악해볼 때, 근원적-토대이다. 자신을 은폐하는 것으로서의 근원적 근거는 단지 탈-근거 안에서만 자신을 연다. 그렇지만 탈근거는 비-근거를 통해 완전하게 위장된다. 근원적-토대, 즉 근거짓는 근원적-토대는 존재이나, 그때마다 자신의 진리 안에서 현성하는 것으로서의 존재이다."[19] 더욱이 하이데거의 일관된 입장은 인식보다 앞선 존재의 선재성을 강조한다는 점이다. 즉 "모든 것에 앞서 있는 것은 존재이다."[20]

존재는 존재자가 존재자로서 드러나게 하고, 존재자가 존재자로 드러난 곳엔 이미 존재의 생기사건과 존재의 역사가 움직이고 있다. 존재자는 존재의 빛 속에서 비로소 존재자로서 비은폐되고 드러난다. 그러기에 존재자가 비은폐되기 위해서는 존재에 의존하는 것이다. 따라서 "존재 없는 존재자는 있을 수 없다."[21] 또한 존재는 이 존재자를 존재자로 바라볼 수 있도록 열어주고 밝혀주는 개방성이다. 따라서 "존재의 드러남은 드디어 존재자의 개시성을 가능하게 한다."[22] 그러기에 존재자가 무엇인지의 여부와 어떠한지의 여부는 존재로부터 그 가능성이 열린다. 왜냐하면 존재는 모든 사건과 사물, 사태와 실재, 존재자의 현존에 항상 전제되어 있기 때문이다.

『존재와 시간』에서의 존재적인 자기의 회복은 본래적인 공동존재의 회복과 함께 수행되며, 즉 역사적 공동체 안에서 실현될 수 있다. 가다머는 '전향'을 기초존재론의 입장의 포기나 단절이 아니라, 오히려 그 속에 존재하는 사상적 단초들을 사유의 사태에 맞게 변용한 것이라고 본다.[23] 가다머는 하이데거 전후기 사유의 연속성의 입장에서 전향을 이해한다. 하이데거가 '전향'이라고 부르는 것은 근대의 선험철학적인 존재망각을 선험철학적인 반성을 통해서 극복하려는 시도가

19) 같은 책, 380쪽.
20) Hum 5쪽.
21) WiM 41쪽.
22) M. Heidegger, *Vom Wesen des Grundes*, Frankfurt a.M. 1973. 13쪽.
23) H.-G. Gadamer, *Kleine Philosophische Schriften*. Band I: Philosohie, Hermeneutik. Tübingen 1976. 74쪽.

불가능하다는 사실을 인정한 것일 뿐이다. 이 점에서 '존재사건'이나 존재의 '환히 열린 터'로서의 현존재 등과 같은 후기의 개념들은 이미 『존재와 시간』의 최초의 단초에 귀결로서 숨겨져 있다고 볼 수 있다.

『철학에서의 기여』에서는 '존재의 현성(Die Wesung des Seyns)'을 다루면서 존재의 진리 내지 진리의 존재가 현-존재와의 상호 공속성을 강조한다. 그리고 생기사건과 현-존재가 상호적으로 근거지음(gründen)에서 전회적(kehrig)임을 밝힌다.

> 존재의 진리, 또한 이로써 존재 자체는, 현-존재가 존재하는 것에서만 또한 현-존재가 존재할 때만 현성한다. 현-존재는 진리의 존재가 현성하는 곳에서만 또한 진리의 존재가 현성할 때만 '존재한다.' 바로 존재 자체의 본질을 '스스로 상호 공속적으로 공진하는' 생기사건으로서 고시하는 하나의 전회, 즉 생기사건은 현-존재를 스스로 근거짓는다.(1) 현존재는 생생한 고유화를 근거짓는다.(2) 여기에서 근거지음은 전회적이다.[24]

2. 숙고와 전향

하이데거에 있어서 '전회' 내지 '전향(Kehre)'이란 그의 사상 자체의 전환이 아니라, 사유의 방향이 바뀌었음을 의미한다. 존재의 전향과 관련된 하이데거의 강조점은 '존재의 개방성(die offenheit)'에 직면해

---

24) GA 65, 261쪽.

있는 현존재의 개방성'으로부터 '존재 자체의 개방성'으로 옮겨진다.[25] 존재역운적인 전향이란 인간이 주체적으로 만들어내거나 알 수 있는 것이 아니다. 오히려 인간은 존재의 본질을 사유하면서 그것을 지켜야 한다. 존재의 목동으로서 그것을 보살피고 돌보면서 기다려야 한다. "그러나 아마도 이러한 전향은, 즉 존재의 망각이 존재의 본질의 참됨에로 오는 그러한 전향은, 오직 그 은폐된 본질 자체 내에서 전향적인 위험이 한번 그것이 무엇인바, 바로 그 위험으로서 제대로 합당하고 밝게 드러날 때에만 일어나게 될 것이다."[26]

『철학에의 기여』에서는 하이데거가 생기사건에 대해 숙고한 내용이 메모 형식으로 담겨 있다. 여기서 생기사건은 단순히 존재의 진리가 인간을 향하여 도래하는 사건만이 아니다. 오히려 인간만이 존재를 이해하는 한에서 인간이 자신에게 은닉된 채로 다가오는 존재진리를 받아들여 존재자 안에 간직해놓는다. 생기사건은 이로써 구현되는 사건을 말한다. 이 사건 속에는 전향이 놓여 있다. 왜냐하면 존재의 진리가 인간을 향해 전향하고, 인간이 존재의 진리를 향해 전향할 때 비로소 존재의 사건이 구현되기 때문이다. "존재는 존재의 개방성만이 자신의 견뎌냄 속에서 열려져 있을 수 있는 그런 존재자로서의 인간을 필요로 한다. 현존재 없이는 존재의 비은폐성은 없다. 존재의 밝힘 없는 현존재는 맹목적이 되고 고향 없이 떠돌게 된다."[27]

하이데거에 있어서 생기사건의 가장 내적인 사건은 전향이다. 생기

---

25) M. Heidegger, *Vier Seminare: Seminar in Le Thor 1966, 1968, 1969*, Seminar in Zähringen 1973. 83쪽.
26) TK 40쪽 이하.
27) E. Kettering, 위의 책, 54쪽.

안에서는 전향이 이루어지는데, 이러한 전향이야말로 다른 모든 전향을 가능하게 하는 은폐된 근거로서 근원적 전향이 된다. 그런데 생기 안에서의 근원적 전향은 이중적 구조이다. 즉 전향은 한편으로는 인간을 향한 존재의 전향이며, 다른 한편으로는 존재를 향한 인간의 전향이다. 생기사건은 현-존재를 스스로 근거짓는다. 현-존재는 생기사건을 근거짓는다. 여기에서 근거지음은 전회적(kehrig)이다.[28] 다른 시원에서의 진리는 '존재의 진리'로 인식되고 근거지어진다. 또한 존재 자체는 '진리의 존재'로, 즉 그 자체로 전회적인 생기사건으로 인식되고 근거지어진다. 이러한 생기사건은 깊숙이 균열지어져 있음이 속하고, 즉 내적으로 갈라져 있음이 속한다.

존재 자신이 사유에게로 다가오고, 사유를 맞이하여 하나의 도약이 일어날 때 숙고는 가능한 것이다. 이러한 사유는 일반적으로 이해된 사유의 자율성 및 능동성과는 다른 것이다. 그것은 상호적 '필요와 귀속의 상호관련성' 속에서만 수행된다. "존재 자신이 사유에게 다가오는 것과 또 여기서 어떻게 존재 자신이 사유에게 다가오는지의 여부는 [⋯] 사유에게만 달려 있는 것도 아니다."[29] 그러나 "여기서 전향이란 현존재의 중요성을 포기하지 않고서 인간의 경험을 역사, 언어, 존재사건의 맥락으로 철저하게 끌어들이려는 시도라 할 수 있다."[30]

생기사건은 무엇보다 '상호공속적 진동'이다. 한편으로는 존재가 인간을 존재의 진리 안으로 던져놓고, 다른 한편으로는 인간이 자신의 던져져 있음 안에서 존재의 진리를 향해 자신을 마주 던짐으로써

---

28) GA 65. 261쪽.
29) 같은 곳.
30) F. Dallmayr, 위의 책, 26쪽.

존재의 진리에 귀속하는 한에서만 생기사건은 비로소 사건이 된다. 따라서 인간의 극단적 사명은, 존재가 인간 자신을 존재의 진리에로 던지는 한에서, 존재의 진리를 향해 자신을 마주 던져 존재의 진리를 보존하는 것이다. 인간 현존재가 존재의 진리에 의해 근거지어져 있는 한, 인간 현존재의 제일의 의무는 존재의 진리를 보존함으로써 존재의 진리를 근거짓는 것이다.

하이데거는 생기사건이 지닌 구조를 '상호공속적 진동', '사건 안에서의 전향', 그리고 '필요와 귀속의 상호관련성'으로 파악한다. 이러한 사태에서 특히 주목되는 점은 존재와 인간의 상호관련성이다. 인간이 존재의 진리를 향해 전향할 수 있는 까닭은, 존재가 인간을 자신의 진리 안으로 던져놓았기 때문이다. 이렇게 던져져 있음 안에서 인간은 자신을 존재의 진리를 향해 마주 던지는 것이다. "존재는 탈자적 기투 안에서 인간에게 자신을 밝히고 있다."[31] 그리고 "현존재 자체는 그러나 '던져진 자'로 현성한다. 그는 보내는 역운적인 것으로서의 존재의 던짐 속에 현성한다."[32] 그렇지만 이 "기투 안에서 던지는 자는 인간이 아니라 존재 자체인 것이다."[33]

하이데거는 존재와 인간본질의 연관으로서의 가까움(Nähe)을 언급한다. 그것은 존재와 인간의 가까움이자, 동시에 인간과 존재의 가까움이다. 존재는 가장 가까운 것(das Nächste)이며, 동시에 존재의 진리이다. 본래 인간은 '존재의 이웃'으로서 존재와의 공속관계에 있다. 양자는 항상 이미 서로에게 건네지고 있다. 이런 과정 속에서 숙고는 고

---

31) Hum 25쪽.
32) 같은 책, 16쪽.
33) 같은 책, 25쪽.

요의 울림을 '듣고 따라 말하기(das hörende Entsprechen)', 즉 스스로 빚어내는 존재의 말에 순수하게 따라 말할 뿐이다.

　요약하자면, 형이상학의 극단적 가능성들이 현대 과학기술을 통해 실현되었다고 해서 형이상학이 과학기술의 본질근거는 아니다. 오히려 '전향'을 기점으로 한 하이데거의 후기철학은 과학기술을 존재의 역사를 통해 사유함으로써, 우리에게 새로운 사유의 지평을 열어주고 있다. 즉 후기 하이데거는 과학기술의 본질을 인간 주체의 행위가 아닌 '존재의 역운'으로 통찰한다. 따라서 이런 전향의 사태를 사유하는 것이 숙고이다. 기술의 본질인 몰아세움은 존재의 역운이다. 따라서 '몰아세움'의 극복은 인간만의 힘으로는 이루어질 수 없다. 오히려 "몰아세움의 극복은 어떤 다른 역운의 도래로부터 그때마다 일어난다."[34] 그런데 존재의 역운 자체를 가능케 하는 근원적 장소는 '생기사건'이므로, 존재의 새로운 역운은 '생기사건에서의 전향(Kehre im Ereignis)'[35]을 통해 이루어진다. 즉 인간과 존재는 이 유일무이한 사건 속에서 이미 서로 공속적으로 위험에 빠져 있다. 따라서 사건에서 존재의 새로운 도래가 일어날 경우에만 우리에게는 위험 극복의 가능성이 주어진다.

---

34)　TK 38쪽 이하.
35)　GA 65, 407쪽.

3. 탈형이상학적 사유와 비표상적 사유

하이데거에 의하면, 특정한 형이상학이 각각의 시대를 정초한다. 근대의 주관형이상학, 즉 표상과 의욕의 형이상학이 근대를 근거짓는다. 인간 주관이 대상에서 파악한 상(이미지)과 인간 주관의 대상에 대한 소유욕과 지배욕이 주도한다. 인간의 관점에 따라 세계는 형성되고, 그런 세계를 인간은 조정한다. 인간중심적 세계와 가치만이 유일한 세계로 파악된다. 인간을 중심으로 하여 가치가 결정된다. 그것의 기준은 유용성, 기능성, 효율성이다.

하이데거는 니체의 '반형이상학(Anti-Metaphysik)'도 서양의 형이상학의 궤도 안에 있다고 보면서 그것 역시 일종의 형이상학으로 평가한다. 지젝(S. Žižek)도 탈이데올로기조차 이데올로기의 양태로 간주한다. 즉 자유주의, 다문화주의도 일종의 이데올로기로 여긴다. 그는 자유주의의 한계와 자본주의의 내적 모순을 지적한다.[36]

하이데거의 형이상학의 '극복' 내지 '회복(Verwindung)'은 탈형이상학으로 구현된다. 그것은 형이상학의 단순한 해체나 포기가 아니라, 오히려 그것의 근원 내지 심층적 차원으로 전향하는 것이다. 이런 점에서 탈형이상학은 선존재론적·선형이상학적 요소를 지닌다. 그는 전통이 가리고 있는 선존재론적 존재이해를 명료화시킨다. 결국 전통도 그런 존재이해에 의존하고 있음이 분명하다. 전기 하이데거의 기초 존재론에서도 전통적인 형이상학적 존재론을 비판한다. 그는 전통

---

36) Slavoj Žižek, 김영선 옮김, 『왜 하이데거를 범죄화해서는 안 되는가』, 2016 글항아리, 13쪽.

의 '해체'나 '탈구성'을 언급한다. 형이상학의 탈구성이란 형이상학적으로 근거지워진 가정이나 지각들을 폭력적인 파괴의 의미에서가 아니라, 명백한 것의 구조를 탈층화(de-layering)하는 의미로 해체한다는 것을 의미한다.[37)

퀘겔러는 하이데거의 탈형이상학 속에 서구의 강단철학과 관념론에 등장하는 '표상적 사고'와 형이상학적인 사유로부터 자유로우며 '선-논리적인' 직관적 통찰과 '선-존재론적인 체험'이 있음을 주장한다.[38) 그리고 달마이어에 의하면, 『존재와 시간』에서 이미 마음중심의 관념적이고, 물질중심의 경험주의적인 형식의 양 측면에서 전통적인 형이상학을 뛰어넘는 시도를 엿볼 수 있다는 것이다.[39)

특히 근대의 객체의 의미를 가진 대상과 그리스 사유에서의 '마주 대함에서 앞에 놓여 있는 것', 즉 '안티케이메논(ἀντικείμενον)'은 근본적으로 구분된다. "그리스인은 심연을 들여다보는 신들의 현존에서 가장 섬뜩하며, 가장 매혹적인 '마주침', 즉 '토 데이논(τό δεινόν, 경이로운 것)'을 경험한 것이다. 그러나 그들은 객체의 의미를 가진 대상을 알지 못한 것이다. 여기서 대립함과 '마주침'은 다른 의미를 지닌다."[40)

하이데거의 숙고적 사유는 근대적 인식론과는 차원을 전혀 달리한다. 형이상학적 사유는 무엇보다도 사유하는 주체를 표상하는 주체로, 그리고 현전하는 대상을 표상된 대상으로 미리 앞서 설정한다. 그

---

37) T. Clark, 위의 책, 134쪽.
38) O. Pöggeler, *Neue Wege mit Heidegger*, 390쪽.
39) F. Dallmayr, 위의 책, 25쪽.
40) SvG 207쪽.

의 숙고적 사유야말로 근거를 이론적으로 캐물어가는 학문적인 논증보다도 '더 엄밀한 사유'라고 할 수 있다. 그러나 우리의 모든 논의가 과학 적대적인 것으로 이해되어서는 안 된다. 과학 자체는 어떤 식으로도 거부되어서는 안 된다. 단지 과학의 오만한 요구, 즉 모든 참된 명제에 대한 척도이고자 하는, 절대화를 향한 요구가 거부될 뿐이다.

하이데거의 존재(Seyn)는 비표상적인 것으로서 표상화되기 이전에 현전과 부재와 함께 자신의 진리의 내부에 존재하는 비표상적인 것이다. 이 존재는 어떤 마음대로 처분할 수 없는 '역사의 힘'일 뿐만 아니라, 또한 '자연의 힘'이다.[41] "존재는 사유가 표상 가능하거나 제공 가능한 것으로, 더더욱이 제작 가능한 것으로 처분할 수 있는 것이 아니다. 존재는 오직 계속 남아 있는 은폐성의 근거 위에서만 존재자의 탈은폐일 뿐이다. 이 비은폐성을 사유가 존재진리의 비밀로서 보존할 경우, 사유는 이 진리의 역사에 그저 순응할 뿐인 것이지, 결코 그 진리를 마음대로 처분하는 것이 아니다."[42]

문제는 존재를 형이상학적으로나 인식론적으로 잘못 파악하여 존재를 그것의 진리 속에서 파악하지 못한다는 점이다. 형이상학에서 존재는 존재자의 존재(존재자성) 내지 최고의 존재자, 최고의 가치, 대상들의 표상되어 있음, 부품으로 송달되어 있음 등으로 파악된다. 여기서는 존재를 개념화, 범주화, 추상화시켜 실체로서, 나아가 절대적 주체로 인식한다. 이것이 이성적 봄의 사유이다. 이에 반해 비표상적 사유는 저러한 '실체중심의 사유'가 아닌 '관계중심의 사유'이다. 현존

---

41) Thomä D.(hrsg.), *Heidegger Handbuch. Leben-Werk-Wirkung*, 285쪽 이하.
42) O. Pögeler, 『하이데거 사유의 길』, 170쪽.

재는 고립된 독립적 존재자가 아니라, 처음부터 세계에 던져진 존재로서 사역에 속한 모든 존재자와의 관계 속에 있는 존재자이다.

표상적 사고로서의 형이상학의 극복은 존재사적 문맥에서 이해되어야 한다. 존재의 역사 속에서 자리매김된 각 시대의 형이상학의 극복은 생기사건으로부터의 역운과 연관되어 있다.

형이상학은 하나의 견해처럼 폐기될 수 있는 것이 아니다. 그것은 더 이상 신봉되지도 지지되지도 않는 학설로서 버릴 수 있는 것이 아니다. 이성적 동물로서의 인간, 즉 이제는 노동하는 동물로서의 인간이 대지를 황폐하게 만들면서 황무지를 헤매야만 한다는 사실은, 형이상학이 존재 그 자체로부터 일어나고, 형이상학의 극복이 존재의 치유로서 생기한다는 사실에 대한 한 징표일 수 있을 것이다.[43]

형이상학의 극복은 그것의 단순한 해체가 아니라, 그것을 감내하면서 그 근원에로 돌아가는 것이다. "사유는 형이상학보다 높이 올라가고 어디로 지양함을 통해 그것을 극복하지 않는다. 오히려 가장 가까운 것의 가까이로 돌아감을 통해 극복한다."[44] 전통 형이상학의 실체형이상학, 주관형이상학, 가치형이상학에서 사유된 것 속에 사유되지 못한 것이 바로 존재 자체이다. 하이데거는 전기에 감행했던 철학에서 학문성 추구로부터 돌아서면서 헤겔과 후설을 비판하는 자리에서 "철학은 과학(Wissenschaft)이 아니다"[45]라고 단언한다. 왜냐하면

---

43) VA 90쪽 이하.
44) Hum 37쪽.
45) GA 32, 18쪽.

전통의 존재론은 존재자로서의 존재자에 대한 학문으로서 존재 자체의 진리에 대해서는 고려하지 않기 때문이다.

요약하자면, 비표상적 숙고는 표상 이전에 존재하는 심연을 음미하는 사유로서 전 표상적 사유 내지 비표상적 사유로 이해될 수 있다. 이는 존재 자체를 그 진리에서, 즉 존재의 비-은폐성 속에서 사유하고자 한다. 이는『존재와 시간』에서 시도된 '존재의 의미'에 대한 물음에서 완수하지 못한 것에서 돌아서서 '존재의 소리'와 그 부름에 응답하고 경청하는 사유를 펼친다. 여기서 숙고는 표상작용으로서의 능동적이나 자발적인 이성적 성찰이나 주관적 깊은 통찰이 아니라, 존재가 건네는 말을 경청하여 그것을 겸허히 언어로 옮기는 경청하는 '들음의 사유'이다. 숙고는 들음을 전제한다. 그것은 존재의 부름과 말 건넴에 화답하는 사유이다. 이를 통해 존재는 개념과 관념이 아니라, 오히려 진리를 담은 낱말이 되고 시가 된다.

4. 비표상적 사유로서의 시원적 사유와 본질적 사유

숙고적 사유는 본래 '시원적 사유(das anfängliche Denken)'[46] 내지 '본질적 사유(das wesentliche Denken)'이다. 숙고는 존재자를 표상을 통하여 인식하는 것이 아니라, 숙고하게 하는 존재역운적 시원과 존재사적 본질을 사색한다. 우선 시원적 사유에서 시원(der Anfang)은

---

46) M. Heidegger, *Der Anfang der abendländischen Philosophie*(*Anaximander und Parmenides*)(1932), Frankfurt a.M. 2012(GA 35) 참조.

무엇을 의미하는가? 시원은 생기사건이며 존재 자체의 현성이다. "생기사건으로서 존재(Seyn)에 대한 사유는 시원적 사유이다."[47]

시원은 은폐되어 있는 것, 아직 오용되거나 경영된 바 없는 근원, 즉 항상 빠져나가면서 가장 앞지르는 근원, 또한 이로써 최고의 지배를 자신 안에 깊숙이 보존하는 근원이다. "시원은 자신을 근거짓는 것이고 앞질러가는 것이다. 즉 시원은 자신을 통해 생생하게 근거지어진 근거를 향해 자신을 근거짓는다. 〔⋯〕 시원적인 것은 결코 새로운 것이 아니다. 왜냐하면 새로운 것은 '덧없는 단지 어제의 것'에 불과하기 때문이다. 시원은 결코 '영원한 것'도 아니다. 왜냐하면 시원은 실로 역사로부터 밖으로 세워지거나 이탈해 세워지지 않기 때문이다."[48] 특히 『철학적 기여』에서 논구하는 '시원적 사유'는 다음과 같다.

1. 파악하는 낱말의 수용적으로 침묵하는 말함에 입각해 존재를 존재자 속으로 우뚝 솟게 함.
2. 다른 시원을 예비함으로써 이러한 건축함을 준비함.
3. 제1시원을 보다 근원적으로 반복함으로써 제1시원과 벌이는 대결로서 다른 시원의 가동을 시작함.
4. 그 자체로 침묵적이다. 가장 명시적인 숙고 속에서 힘써 침묵한다.
5. 시원적 사유는 울려옴, 건네줌, 도약, 그리고 근거지음을 이것들의 단일성(Einheit)에서 근원적으로 실행함이다. 실행함이 여기에서 의미하고자 하는 바는 이것들은—즉 이것들의 단일성에서의 울려옴, 건네줌,

---

47) GA 65, 31쪽.
48) 같은 책, 55쪽.

도약, 근거지음은―그때마다 단지 인간과 관련해서만 떠맡겨지고 견뎌내어 진다는 사실, 이것들 자체는 항상 본질적으로 타자이나 현-존재의 나타남에 속한다는 사실이다.[49]

하이데거는 '제1시원'과 '다른 시원'을 구분한다. 제1시원의 역사는 형이상학의 역사이다. 형이상학의 주도적 물음들이 파악되고 또한 주도적 물음들에 대한 논의가 전개될 때 비로소 형이상학은 그것의 역사에서 가시화된다. 또한 제1시원 속에 다른 시원이 감추어져 있음을 밝힌다. 제1시원은 단지 다른 시원을 토대로 해서만 그 자체로 파악된다. 다른 시원에서의 진리는 존재의 진리로 인식되고 근거지어진다. 또한 존재 자체는 진리의 존재로, 즉 그 자체로 전회적인 생기사건으로 인식되고 근거지어진다. 이러한 생기사건은 깊숙이 균열지어져 있고, 즉 내적으로 갈라져 있다. 제1시원은 그것의 한계를 드러낸다.

제1시원은 성취되지 못하고, 존재의 진리는 본질적 번쩍거림에도 불구하고 고유하게 근거지어지지 않는다. 이러한 점(진술행위, 테크네, 확실성에 의한)은 인간의 앞서 붙잡음이 존재의 존재자성의 해석을 위한 기준척도가 된다는 사실을 의미한다. 지금 필요한 것은 '모든 가치의 전도', 그것 모두의 저쪽 건너에 있는 위대한 전도, 즉 존재자가 인간을 토대로 근거지어지게 되지 않고, 오히려 인간존재가 존재에 입각해 근거지어지게 된 바로 그 전도이다.[50]

---

49) 같은 책, 58쪽.
50) 같은 책, 184쪽.

이제 '본질적 사유'를 살펴보자. 본질적 사유는 존재의 사유이다. 본질적 사유는 자체로 도약적이고, 비일관적이고, 임시적이다. 본질적 사유는 '존재하게 함(sein-lassen)'의 사유이다. 본질적 사유는 존재와 인간본질의 연관을 완수한다. 존재는 사유의 대상이 아니고, 인간은 사유하는 주관이 아니다. 계산적 사유와 본질적 사유의 대비는 「형이상학이란 무엇인가?」에서 다음과 같이 나타난다.

> 그렇지만 늘 언제나 처음부터 계산의 부당한 요구에 닫혀 있는 그것, 그러면서도 동시에 인간에게는 언제나 이미 수수께끼 같은 미지의 세계 속에서 그 어떤 존재자보다도 더욱 가까이 있는 그것, 그리고 그 안에서 인간이 자기 자신의 계획을 세우고 있는 그것이 때로는 인간의 본질을 하나의 사유에게 다가가도록, 즉 그것의 진리를 어떤 논리학도 파악할 수 없는 그런 하나의 사유에 다가가도록 조음시킬 수 있다. 그런 사유는 본질적인 사유라 명명되는데 이런 사유의 사태는 계산을 하지 않을 뿐만 아니라, 존재자와는 아주 다른 것으로부터 규정되는 것이다.[51]

본질적 사유는 존재의 '명령(Geheiß)' 아래 놓여 있다. 사유의 과제는 이 명령에 따라 낱말을 발견하는 것이다. 이 사유의 매개는 판단이 아니라 낱말이다. 이 낱말은 본질적인 풍요로움을 간직하고 있다. 이것은 학문적인 진술 대신에 언명을 선호한다.[52] 본질적 사유는 처음부터 존재와 인간본질의 연관으로부터 시작한다. "그러나 존재는 사

---

51) WiM 182쪽 이하.
52) M. Heidegger, *Zur Seinsfrage*, Frankfurt a.M. 1977. 13쪽.

유의 생산물이 아니다. 오히려 반대로 본질적 사유는 존재의 생기이다."[53] 존재의 말걸어옴과 인간의 화답의 상호놀이 속에서만 사유는 발생한다. 존재의 명령 없는 사유가 없고, 또한 인간의 대답 없는 사유도 없다.

숙고는 존재의 본질(wesen)에 대한 사색이며 무근거적인 근거(탈-근거), 즉 자라나온 토양으로서의 존재(Seyn)를 음미한다. 하이데거는 형이상학적 본질(essentia)을 '비본질적 본질'이라 하고, 현성 내지 임재(An-wesen, 참 존재)로서의 본질(Wesen)을 본질적인 본질이라고 한다. "사람들은 흔히 본질이란 말로 어떤 특정한 부류의 사물들에 공통된 성질을 지칭한다. 이러한 관념에 따르면 본질은 다수의 것에게 동일하게 타당한 유개념과 보편개념을 통해서 표현된다. 그러나 이러한 보편 타당한 본질이라는 의미에서의 본질은 비본질적인 본질일 뿐이다. 어떤 것의 본질적인 본질은 어디에 성립하는가? 아마도 그것은 존재자의 진리, 즉 존재자의 참된 존재로부터 규정된다."[54]

이런 사유는 존재(지속적인 현전)와 근거(최종적인 어떤 것)에 대한 형이상학적 규정들을 떠난다. 숙고에서는 존재를 그 진리에 따라 무근거적인 근거, 즉 탈-근거(Ab-grund)로 사유한다. 여기서 근거라는 단어는 바다의 밑, 혹은 깊은 마음속과 같은 표현법에서 근거가 어떤 것이 그 위에 머무르고 있는 그것, 어떤 것이 그 안에 놓여 있는 그것이다. 어떤 것이 거기에서부터 생겨나오는 그것인 한, 탈-근거는 "우리가 그리로 내려가는 거기, 우리가 그리로 되돌아가는 거기"[55]를 의미

---

53) WiMN 48쪽.
54) GA 5, 37쪽.
55) SvG 162쪽.

한다. 근거는 또한 자라나온 바탕, 곧 오랜 시간에 걸쳐 그것이 무엇인바 그것으로 된 그러한 비옥한 토양일 수 있다.

요약하자면, 형이상학의 사유는 존재망각을 지속시키는 제1시원의 지배에 계속 머물러 있어서는 안 된다. 이제 그 지점으로부터 존재를 회상하고 사유하는 그 속에 감추어져 있는 '다른 시원'에로의 도약이 필요하다. 인간 편에서 다른 시원에로 전향해야 한다는 위기의식과 결단이 필요하다. 그러나 그것은 인간의 주체적인 결단과 이행만으로 가능하지 않다. 그것은 존재와의 본질적 연관, 그리고 상호공속적 진동 속에서 가능하다. 이런 전제하에서 서양 사유가 다른 시원에로의 건너감과 도약을 이행하는 것이 바로 숙고적 사유의 과제이다.

5. 동일성과 차이의 본질 유래에 대한 숙고

존재자를 존재자로서 받아들일 때, 우리는 그 존재자를 그 안에서 그것이 자기 자신에 대해 서 있는 그 동일성(Identität)에서 받아들이는 것이다. "A는 A다"라는 동일률(Principle of identity, Satz der Identität)은 사유의 법칙으로 통용된다. 이 동일률이 요구되지 않을 경우, 어떠한 학문도 존립될 수 없다. 만약 학문에 "앞서서 그때그때마다 그 대상들의 동일성이 보증되지 못한다면, 그 학문은 그것이 무엇인바 그것일 수 없을 것이다."[56] 왜냐하면 동일률은 존재의 법칙이자 동시에 사유의 법칙이기 때문이다.

---

56) ID 17쪽.

하이데거에서 동일성은 존재자의 자기 자신과의 동일성과 존재와 사유의 동일성을 의미한다. '존재자로서의 존재자'라는 용어에서 '로서(als)'가 존재자의 존재 또는 존재자의 진리를 지시하며, 동시에 사유를 요구한다. 존재자가 그것이 무엇인바 그것으로 사유되지 않는다면, 존재자는 그것인 바로서 나타날 수가 없다. 그것은 자신의 존재 내지는 진리에 이를 수 없다.

존재자의 자기 자신과의 동일성은 하나의 다른 '동일성'을, 즉 존재와 사유 내지 존재와 인간의 공속성을 지시한다. 인간과 존재의 공속성은 그때그때마다 역사적으로 생기한다. 이런 생기사건은 '공속하게 함(Zusammengehörenlassen)'이다. 생기사건은 동일성의 본질 유래이다.[57] 즉 "인간과 존재는 서로에게 양도한다. 그들은 서로에게 속한다."[58] 하나의 존재자는 그것이 그 존재에 있어 사유될 때, 따라서 존재와 사유의 동일성이 일어날 때, 그것이 그 자신과 가지는 그 동일성에서 나타날 수 있다. 두 번째 낱말의 의미에서의 동일성은 더 이상 존재의 근본특징이 아니다. 존재는 사유와 함께 이 동일성에 속한다. 존재는 참된 것으로서 사유와 관계를 맺는다.

하이데거에 의하면, 생기사건은 동일성과 차이(Differenz)의 은닉된 본질 유래이다. 우리가 동일성의 본질 유래를 사유하려면 일반적 형식으로 제기된 사유의 최고의 법칙으로서의 동일률로부터 생기사건으로 나아가는 사유의 길 전체를 숙고해야만 한다. 그는 사유와 인간 본질의 공속성을 전제하면서 사유의 어떠한 길도 인간본질로부터 출

---

57) 같은 책, 2쪽 이하.
58) 같은 책, 19쪽.

발하여 존재에로 이행하지 못하며, 혹은 거꾸로 존재로부터 출발하여 인간에게로 되돌아가지도 못함을 명시한다. 오히려 사유의 모든 가능성은 항상 이미 존재와 인간본질의 완전한 관계 안에서 진행될 뿐이다. 그렇지 않다면 그것은 결코 사유가 아니라는 것이다. 그러므로 "동일성 혹은 차이는 인간적인 파악을 벗어난 생기사건 자체의 근본 발현으로 파악해야 한다."[59]

하이데거는 동일성과 함께 '차이'의 의미와 본질 유래에 대해 규명한다. 한 존재자와 다른 존재자를 구별하는 존재적 차이에 '존재론적 차이(ontologische Differenz)'[60]가, 즉 존재자와 그 존재와의 구별이 앞서 놓여 있다. 존재와 존재자 사이의 구별은 "시원적으로 존재 자체의 현성이며, 그것의 시원이 곧 존재의 사건"이다.[61] 그러나 종래의 형이상학은 존재와 존재자 사이의 시원적 구별을 '무엇임(Washeit)'과 '있음'의 차이로 뒤바꾸어 놓는다. 지속적인 무엇임의 참된 세계는 사라지고 지나가 버리는 있음의 가상세계와 구별된다. 이렇게 해서 '존재하는-존재(seiend-Sein)'의 단일성이 파괴된다.[62]

전술한 대로, 아낙시만드로스는 존재(ὄν)의 가장 오래된 형태인 '에온(ἔον)'을 언급한다. 이 에온은 분사형(seiend, anwesend)으로서 동사

---

59) 같은 책, 53쪽 이하; UzS 25쪽.
60) M. Müller, *Existenzphilosophie im geistigen Leben der Gegenwart*, Heidelberg 1958. 1. 좁은 의미의 '초월론적' 내지 존재론적 차이: 존재자를 그것의 존재성과 구별. 2. 넓은 의미의 '초월 함축적' 내지 존재론적 차이: 존재자와 그것의 존재성을 존재 자체와 구별. 3. 엄밀한 의미의 '초월적' 내지 신학적 차이: 신을 존재자, 존재성, 그리고 존재와 구별.(73쪽)
61) NII 489쪽.
62) 같은 책, 399, 488쪽.

적이며 명사적인 의미를 가진다. 즉 그것은 '어떤 존재자가 존재한다 (ein Seiendes sein)'와 존재하는 '존재자(Seiendes)'의 의미를 지닌다. 이 '에온'의 이중성 속에 존재와 존재자의 차이, 즉 '존재의 수수께끼'[63]가 숨어 있다. 이런 동일한 이중성이 파르메니데스의 단편에서도 나타난다.[64] 이 차이가 형이상학적 사유 속에서 아주 특정한 방식으로 전달된 것이다. 즉 존재와 존재자 사이의 구별이 현전하는 것(존재자)을 넘어서 지속적인 현전(존재)에로 넘어섬에서부터 사유되고 있다. 이로써 존재는 그 안에 존재자가 근거하고 있는 근거로 된다. "존재는 존재자가 없이는 그 본질을 현현시키지 않고, 하나의 존재자도 존재 없이는 존재하지 않는다."[65]

오직 존재자를 근거 놓음으로서만 있는 이러한 존재가 지속적으로 현전하는 존재일 수 있기 위해서는 조건이 필요하다. 즉 그것은 그 자신 또한 지속적인 현전성에 대해 요구를 특별한 방식으로 충족시키고 있는 저 존재자에 근거를 두어야만 한다. 이러한 근거 제시하는 존재자는 존재자 중의 최고 존재자, 즉 신적인 것이다. 이렇게 해서 존재는 존재자를 근거짓고, 최고의 존재자는 존재를 근거짓는다. 그리고 "존재와 존재자의 차이는 그 둘의 탈은폐하며 은닉하는 전달의 넘겨줌과 도래의 사이-나눔(Unter-schied)으로서 있다."[66]

또한 차이의 '내어 나름(Austrag, 전달)'은 '존재와 존재자의 서로의

---

63) Hw 317쪽. 단편 3, 6.
64) WhD 105쪽.
65) WiMN 306쪽.
66) ID 63쪽.

꼬리를 무는 회전[67]이며, 근거짓는 전달이다. 하이데거는 차이의 형이상학적 전달을 그것이 형이상학에서는 결코 사유된 적이 없는 그런 방식으로 사유한다. 즉 그것은 전달의 한 특정한 역사적인 본질인 그러한 전달로서 사유된다. 이로써 이 전달은 물음으로 제기된다. 말하자면 하이데거는 형이상학의 사유되지 않은 것으로 한 걸음 소급해 들어가 차이의 본질 출처에 대해 묻는다.

6. 명제진리와 알레테이아에 대한 숙고

논리학에서 명제(Satz, proposition)란 판단을 언어로 표현한 것이다. 그것은 어떤 주장을 지닌 하나의 판단 내용을 언어·기호·식 등으로 나타낸다. 논리학, 철학, 수학 등에서 '참인지 거짓인지 판별할 수 있는 의미 있는 평서문("S는 P다")'을 명제라고 한다. 고전논리학에서 옳은 명제에 대해서는 '참(T)'을, 그른 명제에 대해서는 '거짓(F)'을 할당한 것을 진리치(truth-value)라고 한다. 따라서 명제는 진리치를 가지며, '참' 혹은 '거짓'임을 검증할 수 있는 '객관적 사태'가 포함된 문장을 말한다.

'명제진리(Satzwahrheit, propositional truth)'는 아퀴나스(T. Aquinas)의 '진리대응론(correspondence theory of truth)'의 테제인 "진리는 사태와 지성의 동화(同化)이다.(veritas est adaequatio rei et intellectus)" 이 정식(定式)에서 지성이 인간의 지성을 의미한다면, 진리는 인간의 지성

---

67) 같은 책, 68쪽.

이 신의 피조물인 사태를 올바르게 향할 때 성립한다. 즉 진리는 사태를 향한 인간 지성의 올바름이다.

진리대응론의 고전적인 형식으로 대표되는 아퀴나스의 『진리론』에서는 진리를 '사물과 지성의 일치'라고 서술한다. 곧 인간의 지성이 외부의 사물과 대응하는 판단을 내릴 때, 이 판단은 참이 된다는 것이다. 즉 "(신의) 지성을 향한 (창조된) 사태의 동화로서의 진리(veritas als adaequatio rei [creandae] ad intellectum [divinum])가 (창조된) 사태를 향한 (인간의) 지성의 동화로서의 진리(veritas als adaequatio intellectus [humani] ad rem [creatam])를 보증한다. 진리는 본질적으로 언제나 상응(convenientia)을, 즉 피조물인 존재자 상호 간과 창조주의 합동(übereinkommen)을, 다시 말해 창조질서의 규정에 따른 '꼭 들어맞음'을 의미한다."[68]

이런 점에서 명제진리는 언어표현이 있음으로써 생기는 개념으로, 언어의 한 기능인 '명제'와 그 명제가 서술하고자 하는 사실과의 '관계'를 말할 뿐이다. 진리대응론은 '진리란 명제와 명제로 표현되는 객관적 사실의 대응관계로부터 도출된다'고 주장하는 진리론을 말한다. 플라톤의 진리관은 진리대응론의 최초의 형태로, 언어철학적 논의가 담겨 있는 『크라튈로스(Kratylos)』에서 '참된 말은 존재하는 것의 참된 특징을 표현하는 것이며, 거짓된 말은 존재자가 가지지 않는 특징을 표현하는 것'이라 주장한다. 여기서 대화의 주인공인 소크라테스는 일단 이름은 사물·사상의 모방이라는 주장에서 출발한다.

아리스토텔레스는 『명제론』에서 명사와 동사를 연결하는 '~이다'

---

68) Wm 180쪽 이하.

혹은 '~이지 않다'라는 판단이나 언명만이 진리를 담지할 수 있다고 본다. 그는 진리를 실재하는 대상이나 관념적인 존재의 속성으로 보지 않고 인식주관에 의해 언표된 진술과 인식된 객관(대상) 사이의 관계 속에서 찾으려고 한다. 그는 진리를 인식과 실재의 일치, 즉 진술과 실재의 일치라고 규정한다. 그는 존재하는 것을 존재한다고 하고 존재하지 않는 것을 존재하지 않는다고 하는 것은 참(진리)이고, 따라서 누군가가 존재 또는 비존재를 말하는 것은 참 또는 거짓을 진술하는 것이라고 한다. 그가 말하는 진리의 기준은 사태 그 자체와의 정합성에 있다. 아리스토텔레스 이래 진리는 단순히 하나의 명제 내지 판단이 실재와의 관계를 호명하는 것으로 간주되어왔다. 만일 하나의 진술이 그것이 기술하는 사태와 일치한다면, 그 진술은 참(진리)이다.

초기 비트겐슈타인(Wittgenstein) 역시 『논리-철학 논고(*Tractatus Logico-Philosophicus*)』에서 언어로서의 명제들을 '사실을 있는 그대로 보여주는 그림과 같은 것이다'라고 말했다. 과학적인 명제는 '실재의 그림' 내지 '세계의 그림'이다. 여기서 그림으로서의 명제는 세계의 논리적 형식을 보여준다는 것이다. 따라서 "참된 명제들의 총체는 자연과학의 전체이다"라고 한다.[69] 그에 의하면 사물은 이름으로 지시되는 반면에, 사실은 명제로 표현된다는 것이다. 그리고 단순한 사실에 대응하는 명제는 단순명제 내지 원자명제이고, 복잡한 사실들에 대응하는 명제는 복합명제라고 부른다. 명제의 진리는 지성과 사물의 합치에 성립된다. 이런 합치가 제거되면 견해의 진리가 변하고, 따라서 명제의 진리도 변한다. 그는 명제가 더 높은 것에 대해서는 아무것도

---

69) L. Wittgenstein, 이영철 옮김, 『논리-철학 논고』, 책세상 2006. 참조.

표현할 수가 없음을 분명히 한다.

라이프니츠의 '판단론'에서 실제로 분명해지는 것은 진리가 판단으로부터 규정된다. 판단은 '결합(nexus)', '연결(connexio)', '포함(inclusio)', '동일성(identitas)'을 일컫는다. 이는 주어나 술어, 다시 말해서 개념들이나 표상들의 공속성이다. 이미 고대에서도 판단은 '표상들의 결합'이다. 진리는 주어와 술어의 이러한 공속성과 동일시된다. 올바르게 공속하는 것은 타당하다. 진리는 표상의 결합이 가진 타당성이다. 타당성으로서의 진리는 또 다른 파생적인 방식으로 진리를 특징짓는다.[70]

표상작용의 명제로 드러나는 진리는 단지 인간 판단의 속성, 판단의 올바름이라는 의미로 사용되었다. "표상작용이 그것의 대상과 일치할 때 우리는 그러한 표상작용을 정당하다고, 올바르다고 주장한다. 오래전부터 이러한 표상작용의 올바름(Richtigkeit)은 진리와 동일한 것으로 취급되어왔다. 다시 말해서 진리의 본질이 표상작용의 올바름에서부터 규정되고 있다."[71] 그리고 "명제는 사물들이 어떠한가만을 말할 수 있을 뿐, 그것이 무엇인가는 말할 수 없다."[72] 그 무엇의 있음은 존재의 다른 표현으로서 '말할 수 없는 것'의 영역이면서 신비의 영역인 것이다.

하이데거의 '철학적 논리학'은 논리학을 시발점으로 하여 형이상학적으로 나아가는 일종의 철학에 대한 입문이다. 그렇기 때문에 철학

---

70) GA 26, 189쪽.

71) WhD 74쪽.

72) L. Wittgenstein, *Tractatus logico-philosophicus*, 3.221. 이 문장에 대한 번역은 이승종, 『크로스오버 하이데거』, 125쪽 참조.

적 논리학은 논리학과 형이상학의 지위에 대한 중요한 담론과 연결된다. 하이데거는 논리학이 모든 학문의 기초, 즉 형이상학의 기초라고 하는 통속적인 이해를 거부한다. 그는 오히려 논리적인 진술진리가 진술 이전의 존재사건에 기초해야 하고, 나아가 논리학은 존재사건을 해명하는 형이상학에 의해 토대가 부여되어야 한다고 주장한다.

진리가 판단이나 진술에서 자신의 장소를 가진다는 사실 혹은 진리가 판단에서 발견되어야 할 뿐만 아니라, 판단의 본질로부터 진리의 본질이 획득될 수 있어야 한다. 물론 모든 것은 전통적인 논제를 정당한 것으로 간주하는 전제 아래 놓여 있다. "판단은 진리가 아니다. 판단은 연결의 근거가 밝혀질 때, '라치오(ratio)', 즉 해명이 제시될 때에만 진리이다. 〔…〕판단과 진술은 주어와 술어의 연결을 위한 근거가 표상하는 나에게 송달될 때, 즉 나에게 되돌려질 때에만 올바르다. 다시 말해 참이다."[73]

진술진리가 그것보다 더 근원적인 진리, 즉 탈은폐 사건에 의존하는 것이라면, 이제 진술진리를 진리이게끔 만드는 근거에 대한 해명은 진술진리의 차원에서는 온전히 해명될 수 없다. "우리는 올바름이란 의미의 친숙하고 진부한 진리개념 아래 놓인 경험되지 않고 사유되지 않은 것을 숙고하고 있다."[74]

하이데거에 의하면 우리가 존재자에 대해 진술할 수 있고, 그것의 진위를 검토할 수 있기 위해서는 존재자가 탈은폐되어 있어야 함으로써 가능하다. 결국 존재진리에서 명제진리는 파생된다. "오로지 존재

---

73) SvG 294쪽 이하.
74) GA 5. 38쪽.

자 자체가 참되기(즉 탈은폐되어 있기) 때문에만, 그 존재자에 대한 명제들이 파생적인 의미에서 참될 수가 있다."[75]

요약하자면, 하이데거에 있어서 명제진리 내지 진술진리는 올바르지만 참이 아닌 것이다. 진술진리와 판단은 근원적인 진리에 근거해야만 한다. 오늘날 진리는 오랫동안 인식과 사태의 일치를 뜻한다. 그러나 진술하는 명제가 그 사태와 일치할 수 있으려면, 사태 자체가 그런 것으로 보여야만 한다. 따라서 명제진리의 가능근거는 존재진리이다.

7. 비표상적 사유로서의 예술적 사유

예술에 대한 통속적인 이해는 다음과 같다. 예술은 자연의 단순한 모방(μίμησις, mimesis)으로서 주어진 실재의 재현이나 개인의 생각이나 감정의 표현이다. 이에 반해 하이데거는 저러한 표상에 사로잡혀 있지 않는 '비표상적 예술론'을 제시한다.

하이데거에 의하면 예술작품은 사물개념이나 도구개념으로 이해될 수 없다. 사물이 '현전성(Vorhandenheit)'의 방식으로 실재하고, 도구가 그 '유용성(Dienlichkeit)'에 따라 실재한다면, 예술작품은 진리가 '스스로를 작품 속으로 정립(Sich-ins-Werk-Setzen)'하는 방식으로 실재한다. 그리고 작품(Werk)이라는 개념도 예를 들어 도끼, 의자, 신발 등과 같

---

75) M. Heidegger, *Einleitung in die Philosophie*(Winter semester 1928/29), Frankfurt a.M. 1996, 78쪽.

은 차원의 분류개념이 아니다. 사물이나 도구개념이 그 속성에 따라 구별된다면 예술작품은 그 존재방식에 따라 구별되는데, 예술작품의 존재방식은 '진리가 스스로를 작품 속으로 정립함'의 방식을 취한다. 왜냐하면 이것은 존재의 진리를 개방하기 때문이다.[76]

하이데거는 예술작품을 재현 또는 모방의 범주로 이해하는 예술관을 거부한다. 예술에 대한 재현주의를 거부하고, 오히려 반직관주의를 옹호한다. 비은폐성의 힘은 그 자체 우리 자신의 것이 아니다. 예술의 가장 근본적인 원천은 비-인간적이다. 그것은 마치 '존재자의 비은폐성'을 초래하는 것이 우리가 아닌 것과 같다.[77] 「예술작품의 근원」에서 하이데거는 서양의 미학 전통을 거부하고 잊혀진 그것의 원천을 회복하고자 한다. 그가 이미 받아들여진 사유방식에 가하는 근본적인 비판은 새롭고 급진적인 출발을 요구한다. 이 강의에서 그는 미학으로부터 예술의 가능성을 탈환하려고 시도한다. 말하자면 그는 이론적 앎에 존재를 복종시키는 것에 대한 저항의 측면에서 예술에 주목한 것이다.

하이데거에게서 예술(Kunst)이란 심미적인 아름다움을 추구하는 것이 아니라, 오히려 존재의 진리를 드러내는 대표적인 길이다. 말하자면 예술은 '존재의 진리', 즉 '비은폐성'으로서의 '진리를 작품 속에 정립함'을 의미한다.[78] 따라서 그의 「예술작품의 근원」은 결코 기존의 미학이론의 차원에서 예술과 미(美)를 논하는 것이 아니라, 어떻게 존재의 진리가 근원적으로 생기하는가를 묻는다. 여기서 예술은 전적으로,

---

76) Hw 28쪽 이하.
77) GA 5. 39쪽.
78) Hw 28쪽.

그리고 오로지 진리의 생기사건과 존재에 대한 물음으로 규명된다.

　이런 점에서 예술의 진리는 표상행위처럼 재현의 정확성에 의존하지 않고, 오히려 사물들이 무엇으로 존재하는지를 현시하는 데 있다. 진리의 나타남(Geschehen)은 재현이 아니라, 존재 전체가 비은폐성 안으로 옮겨와서 거기에 보존됨을 뜻한다. 예를 들면 예술작품으로서 '신전'을 하이데거는 존재의 진리와 관련하여 해석한다. "신전이 서 있는 그 자리에서 진리는 나타난다. 이것은 여기에서 무엇인가가 정확하게 묘사되고 재현되고 있다는 것을 뜻하는 것이 아니라, 존재자 전체가 비은폐성 안으로 옮겨 와서 거기에 보존된다는 것을 뜻한다."[79]

　하이데거에게서 예술은 진리를 드러내고, 그리고 사물에 대한 의미를 설정하고 유지시키는 역할을 한다. 위대한 예술은 우리 실존의 본질에 대해 근본적인 요구를 함으로써 진리의 문제와의 연관을 도모한다. 신들의 현존을 구현하고 있는 그리스 신전의 사례에서처럼, 이런 방식으로 위대한 예술은 사람들의 삶 속에서 가장 근본적인 사물에 대한 의미를 설정하고 유지시킬 수 있다. 그래서 하이데거에게 예술은 언제나 본래부터 한 사회의 지각 양태를 설정하는 공동체적 사안이기에 단순히 개인의 관조 대상이 아니다.[80]

　횔덜린과 트라클 및 게오르게와 릴케의 시에 대한 하이데거의 해석에서 드러나듯이, 시는 다른 문학양식과는 달리 예술에서 탁월한 위치를 점하고 있다. 하이데거는 전승된 미학과 시학을 날카롭게 비판한다. 그 이유는 이 전승된 미학과 시학이 '형이상학적이고 미학적인

---

79)　같은 책, 41쪽 이하.
80)　GA 5, 112쪽.

468

표상'⁸¹⁾에 사로잡혀 있고, 더욱이 시를 문학의 대상으로 삼아왔다고 생각하기 때문이다. 그것들은 시를 주관의 업적과 상상력으로 파악했고, 또한 이를 문화현상으로 받아들이거나 단순한 대화거리의 수단으로 삼고 있다.

김우창은 근대의 계산적·도구적 이성의 부작용과 위기를 극복할 수 있는 길은 심미적 이성의 복권에 있음을 시사한다. "심미적 이성은 최고형태의 주체적 사유의 형태이자 삶의 진리에 부응하는 최상의 인식능력적 판단능력이다. 그러나 심미적 이성은 단순히 인식론적 판단능력으로서 머물러 있는 것이 아니다. 그것은 이미 어떤 형이상학적 지평으로 향하고 있다. 심미적 이성은 이 형이상학적 초월을 통해서 다른 형태의 이성이 벗어나지 못하는 불행한 의식으로부터 해방된다. 자신에 고유한 무사심의 평정성 안에 머무르게 되는 것이다."⁸²⁾ 그러나 하이데거는 심미적 이성의 차원보다 더 시원적인 존재의 진리의 차원에서 예술의 근원을 밝힌다.

이기상은 숙고적 사유의 구체적 형태들 중 하나로 '예술적 사유'를 거론한다. 하이데거가 대안적 사유로 제시하는 숙고적 사유, 즉 뜻 새김의 사유의 구체적 형태들로는 '예술적 사유', '시적 사유', '영성적 사유'가 있다.⁸³⁾ 숙고적 사유는 비재현적 사유로서 존재를 대상화시키거나 주관화시키지 않는다. 이 점에서 그것은 예술적 사유와 만날

---

81) UzS 38쪽.
82) 김상환, 「심미적 이성의 귀향—김우창의 초월론」, 『예술가를 위한 형이상학』, 민음사 2007. 408쪽 이하.
83) 이기상, 「존재진리의 발생사건에서 본 기술과 예술」, 한국하이데거학회편, 『하이데거의 철학세계』, 철학과 현실사 1977. 131~181쪽.

수 있다.

　주지하다시피 하이데거는 시인들의 시를 통해 시어의 독특성을 면밀히 드러낸다. 시인에게서 세계와 사물은 추상적으로 사상(捨象)되는 것이 아니라, 오히려 근원적으로 경험된다. 여기서 세계와 사물이 근원적으로 경험된다는 것은 이들이 자신의 진리를 개현하면서 우리에게 다가와 말을 걸고, 세계와 사물이 존재의 진리 가운데 거하게 되는 현상을 말한다. 시인은 그의 시작을 통해 우리가 통속적인 삶 속에서 망각하고 잃어버린 존재를 회상케 하고 거기로 되돌아가도록 함으로써 그것을 회복하도록 한다. 그러기에 이러한 시작은 존재개현과 내밀한 관련을 맺고 있다.

　「예술작품의 근원」은 결코 일종의 '예술철학'을 제시하고 있는 것이 아니다. "예술이 무엇인가에 대한 숙고는 오직 존재에 대한 물음에서만 전적으로 결정적으로 규정될 뿐이다."[84] 숙고는 어떻게 존재자에 대한 진리가 사유될 것인지를 묻는다. "개개의 시기에 예술로서 일어나는 진리 자체는 무엇인가?"[85] 예술에 대한 숙고에서 진리가 '존재의 사건'으로서 경험된다. 예술로서 발생하고 있는 대로의 진리는 비-은폐성(Un-verborgenheit)이다. 예술작품의 근원은 근원적으로 생겨나는 바로의 진리이다. 즉 그것은 그리스에서, 중세에서, 근대의 시작에서 존재자 전체에 대한 진리가 변화하는 그때그때마다 새로 열리는 진리이다. 예술은 진리를 발생케 할 수 있는 다른 방식들과 비교할 때, 그것이 진리를 '작품 속에 정립'한다는 그 점에 있어서 두드러진다. 예술

84)　Hw 125쪽.
85)　같은 책, 28, 46쪽.

은 이전에도 아직 없었고, 이후에도 결코 있게 될 수 없을 그런 한 특정의 존재자를 밖으로 끄집어내어 온다.

작품은 진리를 열고서 그 진리를 고유한 열려 있음에서 보존한다. 진리는 예술작품이 존재자 전체 속에 열어놓은 열린 자리이다. 그 자리에서 인간적인 존재자뿐 아니라, 인간 외적인 존재자까지도 비로소 그것이 무엇인바 그 존재자로서 존재할 수 있다. 따라서 예술작품은 존재자의 비은폐성을 밝히는 방편이다.

예술의 근원을 밝히면서 하이데거는 그리스어 포이에시스(ποίησις, poiesis) 개념을 소환한다. '포이에시스'는 존재의 시원적인 탈은폐로서 수공업적 제작이나 시적이며 예술적인 표현들이 그것에 속한다. 포이에시스의 가장 높은 의미의 형태가 '피시스'이다. "피시스 역시 자기 스스로에 의해서 피어오름으로써 포이에시스, 즉 밖으로 이끌어 내어-앞에-내어놓음(Her-vor-bringen)이다. 피시스는 한 걸음 더 나아가 가장 높은 의미의 포이에시스이다. 왜냐하면 자연적 양상으로 현존하는 것은 밖으로 끌어내어-앞으로-내어놓은 돌출의 힘을 자기 안에 갖기 때문이다. 이를테면 꽃은 자기 스스로의 힘으로 만발한다."[86]

그러나 이 밝힘은 그때그때마다 오직 은닉의 바탕 위에서만 발생한다. 예술은 존재자를 그것의 열려 있음 속에 세워놓으며, 동시에 존재자가 스스로 닫아버린 저 고갈될 수 없음에로 되돌려놓는다. 예술은 어떻게 '비-은폐성' 속에서 현전하는 존재자가 '현전의 적대자'를 간직하고 있는지를 보여준다. 즉 존재자는 비은폐되어 있으면서 동시에 은폐되어 있다. "세계는 대지에 근거하며, 대지는 세계에 의해 두드러

---

86) VA 15쪽.

진다. 대지와 세계의 함께 있음과 맞서 있음은 '투쟁'이지만 이 투쟁은 오직 진리가 밝힘과 은닉의 원초 투쟁으로서 발생하는 한에서만 있을 뿐이다. 예술작품은 이러한 투쟁을 일으키고 자기 자신의 고유한 자신 안에 머무름에서부터 이러한 투쟁이 그 움직임을 얻을 수 있도록 한다."[87]

사물에 대한 자연과학적 경험은 오히려 그것과 더불어 진리가, 예를 들어 예술에서 발생하는 그 근원성을 도외시해버리는 일종의 추상으로 파악된다. 예술작품은 그 어떤 유용성 속으로 사라지지 않는다. 오히려 그것은 자신 안에 서 있으며 자신 안에 머물러 있다. "작품은 그것이 있고, 그리고 어떻게 있는가 하는 그 작품의 사건적인 특성을 끊임없이 자기 앞에, 그리고 자기 둘레에 던지고 있다. 그래서 작품은 진리가 자신의 무근거적인 '있음의 사실'과 '어떻게' 머물고 있는 그런 비-은폐성으로서 경험되도록 한다."[88]

모름지기 예술은 진리의 생성과 사건이다. 예술은 존재자에 대한 진리가 근원적인 비-은폐성으로서 발생하게 한다. 그것은 세계를 건립하고 대지를 가까이 이쪽으로 세워놓는다(herstellen). 예술은 그 본질에 있어 '시적', 즉 설립적이다. 설립함은 일종의 '선사함'이며 '넘침'이다.[89]

요약하자면, 하이데거는 계산적 사고를 '유대적 사고'로, 그리고 기술적 사고는 '미국적 사고'로 본다. 이 두 종류의 사고를 극복하기 위해서 그는 예술을 통한 비-표상적 · 비계산적 사유의 가능성을 제시하

87) Hw 37쪽 이하. 44쪽.
88) 같은 책, 243쪽.
89) O. Pöggeler, 위의 책, 245쪽.

고자 한다. 이는 숙고적 사유의 다른 이름들인 비표상적 사유, 회상적 · 근원적 사유, 초연한 내맡김의 사유, 본질적 사유, 뜻을 깊이 생각하는 사유, 사태의 부름에 응답하는 사유, 존재사적 사유, 눈에 띄지 않는 사유의 발걸음을 준비하는 사유이다. 이 준비하는 사유에 있어서는 존재 자체가 인간을 그의 본질을 고려해 다시 끌어들일 수 있게 되는 그 놀이공간을 비추어 드러내는 것이 중요하다.

10장

숙고적 사유의 과제와 전망

무엇을 위한 숙고적 사유인가?

추상적이고 막연한 것처럼 생각되는 하이데거의 존재물음은 근대문명이 배태한 위기를 극복한다는 구체적이고 절박한 과제와 불가분의 관계에 있다. 그는 존재역사적 입장에서 근대와 현대문명 속에 작동하는 주관형이상학 및 기술형이상학과의 대결을 사유의 과제로 삼고 있다. 그것을 통해 우리 시대에 만연한 계산적 사고의 무차별적 확산과 독점을 제어하고자 한다.

자유주의 이데올로기 비판가인 지젝(Slavoj Žižek)은 소크라테스적 방법론을 원용하여 지금 우리가 실천해야 할 가장 시급한 행위를 철학에서의 '창조적인 질문하기'라고 한다. 철학은 억견(doxa)을 넘어 보편적인 진리(episteme)에 대한 접근을 끊임없이 시도해야 하는 운명을 지니고 있다. 계산적인 사고가 보편적인 진리를 담보할 수 있는지에 대해 계속 물음을 제기할 수 있어야 한다. 이런 점에서 숙고를 통해서 존재의 진리에 대한 물음을 제기하는 것은 가장 화급한(not-wendig) 과제이다.

철학의 궁극적인 과제는 현존재가 자신을 표현하는 가장 기초적인 낱말들의 힘을 보존하는 것이다. 이제 철학은 '그 속에서 존재가 말해진 가장 기초적인 낱말들'을 보존할 필요가 있다. 하이데거는 근본 낱말들, 가령 예술, 진리, 존재, 자연, 정치, 역사와 같은 낱말들에 자신의 사유의 초점을 맞춘다.

'철학의 종말'의 시대에 사유에게는 어떤 과제가 부과되어 있는가? 하이데거에게 철학의 종말이란 철학에 대한 이해가 그 극단적인 가능성에까지 이르러 완료되었다는 뜻이다. 이제 철학은 계산적 사고에서 벗어나서 숙고적 사유로 나아가서 자신에게 부과된 과제를 떠맡을 때, 철학의 정체성을 다시 회복할 수 있다는 것이 하이데거의 일관된 입장이다. 그에게 사유의 과제는 형이상학의 극복과 존재의 새로운 도래를 위해 준비하는 일이다. 그는 이러한 철학의 종말시대에 어떤 과제가 사유에게 아직도 은닉된 방식으로 유보된 채 남아 있는지를 묻는다. 사유는 자신에게 유보된 채 남아 있는 바로 그것에 자신을 관여시키는 법을 이제 비로소 배워야 한다.

그러면 '숙고적 사유'의 과제란 과연 무엇인가? 저 단순 소박한 존재의 말 건넴을 경청하면서 그때그때마다 탈존적 삶의 저마다의 방식으로 존재와의 관계를 항상 새롭게 마련해나가는 일이다. 숙고적 사유란 이렇게 '준비하는 사유(das vobereitende Denken)' 안에 체류함을 의미한다.

여기에서 시도하는 숙고에서 무엇보다 중요한 것은 단순하면서도 눈에 띄지 않는 사유를 준비하는 일이다. 이와 같이 준비하는 사유에서는 다음과 같은 놀이공간을 환히 밝히는 것이 중요하다. 말하자면 그 안에서 존재 자체가 인간을 그의 본질에 입각하여 다시금 시원적 연관 속으로 받아들일 수 있는 그런 놀이공간을 환히 밝히는 것이 중요하다. '준비하는 자세로 있다'는 것이야말로 이러한 사유의 본질이다. 오직 이와 같이 준비하는 사유만이 본질적이며, 그것은 어느 곳에서나 모든 관점에서 늘 준비하면서 눈에 띄지 않게 진행된다.[1]

이런 준비하는 사유만이 시원 속에 머물며 사는 도래할 자들의 미래이며 현재이다. 또한 그것은 역사의 어둠을 관통하며 거듭 태어나는 사유의 오직 하나뿐인 유일무이한 과제이다. 하이데거 사유가 목표로 하는 생기사건의 진리 자체는 예술, 사유, 시작, 행동 안에 간직된 것(Bergung)으로만 현성한다. 왜냐하면 인간의 창조적 사유와 행위에 진리가 깃들 수 있기 때문이다.

1. 숙고적 사유의 에토스

고대 그리스인들에 의하면 인간의 삶이란 근거 또는 이유(logos)를 제시할 수 있는(λόγον διδόναι, logon didonai) 삶, 즉 이성적인 삶이어야 한다. 근거를 제시하는 삶이란 이론적 차원에서는 논리적인 이유, 또는 근거를 제시하는 것이며, 실천의 차원에서는 이유 있는 행동, 즉

---

1) Hw 206.

스스로 책임지는 행동을 하는 것이다. 일찍이 헤라클레이토스도 "피시스에 따라 행위하는 것(ποιεῖν κατα φυσιν, poiein kata physin)이 지혜이다"[2]라고 하였다.

이런 점에서 후설이 철학을 '최종적으로 자기 책임에서 우러나오는 학문'이란 표현을 쓰는 것은 우연이 아니다. 스스로 책임지는 것과 근거를 제시하는 것은 인간의 이론적 삶과 실천적 삶에서 공히 합리적이어야 한다는 요구이다. 이러한 합리성의 요구를 후설은 유럽 문화와 유럽 인간성의 이념적인 뿌리로 보고 있다. 따라서 현상학은 이와 같은 유럽 문화의 목표를 실현하는 도구이다.

야스퍼스도 『인류의 미래』에서 사유의 책임을 논한다. "심오한 사유와 구체적 행위는 한 개인, 즉 정치인에게서 일치해야 한다. 사실 사유와 행위는 분리되어 있다. 철학자는 사유의 진실에 책임을 져야 하며, [⋯] 다른 한편 정치인은 행위의 결과에 책임을 져야 하지만, [⋯] 철학과 정치는 연계되어야 한다."[3] 아렌트도 사유와 행위는 분리될 수 없다고 확언한다. 그녀는 사유하지 않음과 판단하지 않음이 평범한 악의 근원임을 밝히면서, 철학함의 실천을 강조한다. "철학하기는 존재를 고정된 범주에 일치시키려는 세계에 대한 인식을 넘어서 [⋯] 무제약적인 행위의 영역을 창조한다. 한계 상황에서 발생하는 이 행위는 다른 사람들과의 소통을 통해서 태어난다. 철학하기는 행위를 통해 세계 속에서 인간의 자유를 창조하며, 따라서 비록 작지만 세계

---

2) DK 112.
3) K. Jaspers, *The Future of Mankind*, Chicago: The University of Chicago Press 1961. ix.

창조의 씨앗이 된다."[4]

흔히 하이데거의 사유 안에서는 윤리학이 아예 부재한다고 여기면서 그의 존재사유를 윤리학과 무관하다고 간주한다. 그러나 숙고로서의 존재진리에 대한 사유는 전통적 윤리학과는 구분되는 '근원적 윤리학(ursprüngliche Ethik)'[5]이다. 하이데거는 윤리학의 그리스어의 어원적 의미를 불러온다. "에토스(ἦθος, ethos)의 기본 의미를 담고 있는 '윤리'개념이 현존재의 거주양식을 성찰하는 것이라면, 존재진리를 탈존적-탈자적 현존재의 근원적 장소로 생각하는 사고 유형은 그 자체로 근원적인 윤리학이다."[6] 인간은 존재의 파수꾼과 목자로서 존재를 보호하고 지키고 돌보는 자이다. 그는 양심에 귀를 기울이면서 불안(Angst)을 인수하고 죽음으로 선구하는 각자적 실존 수행과 공동체의 인간들을 죽음의 본질에로 인도한다. 이런 점에서 박찬국은 하이데거의 윤리학을 '초월의 윤리학'[7]이라고 한다.

『존재와 시간』에서는 결단, 본래성, 양심의 부름 등이 나타난다. 무엇보다 「셸링 강의」에서 하이데거는 '존재의 사랑'을 강조한다. "사랑의 의지가 근거의 의지보다 우위에 있다. 이러한 우위와 영원한 결정성, 즉 존재를 위한 존재의 사랑은 절대 자유의 가장 내면적인 핵이다."[8] 하이데거의 말대로, "자신을 버리고 타인을 사랑하는 최고의 인

---

4) H. Arendt, 홍원표 외 옮김, 『이해의 에세이 1930-1954』, 텍스트 2012, 314쪽.
5) Hum 41쪽.
6) Wm 351쪽.
7) 박찬국, 『하이데거와 윤리학』, 철학과 현실사 2002, 89쪽.
8) M. Heidegger, *Schelling: Vom Wesen der menschlichen Freiheit(1809)* (Sommersemester 1936), 1988(GA 42), 188~193쪽.

간애는 타인이 참된 자기를 발견하도록 돕는 것이다."[9]

하이데거는 자신의 사유를 기존의 강단철학(신칸트주의, 신헤겔주의, 실증주의 등)이 추구해온 이론철학이나 실천철학(윤리학)이 아님을 분명히 하고 있다.[10] 비서(R. Wisser)와의 인터뷰(1969)에서 철학의 사회적 임무에 회의적임을 분명히 밝힌다.[11] 오히려 하이데거는 우리의 사회적·정치적 책임에 우선하여, 철학과 사유의 책임을 과제로 삼아야 한다고 역설한다. 따라서 그의 존재사유는 현실사회와 정치에 우회적으로 간접적으로 작용할 수밖에 없다.[12] 하지만 "철학은 무익하나 그럼에도 불구하고 지배적인 앎이다. 철학은 존재의 진리에 관한 두렵기는 하나 드문 물음행위이다. 철학은 참된 것의 동시대적 궁핍하에서 진리를 근거지음이다. 철학은 역사의 시원에로 되돌아가려는 욕구이며, 또한 그로써 자신을 넘어서려는 욕구이다."[13]

하이데거는 사유(Denken)와 행위(Handeln)를 분리된 것으로 보지 않고, 본질적으로 연결되어 있음을 다음과 같이 밝힌다. "우리는 행위의 본질을 아직껏 결정적으로 충분히 숙고한 바 없다. 사람들은 행위를 하나의 결과를 야기하는 것 정도로만 알고 있다. 결과의 현실성은 결과의 유용성에 따라 평가된다. 그러나 행위의 본질은 완성이다. 완

---

9) GA 89. 35쪽.

10) GA 9. 354쪽.

11) R Wisser, "Martin Heidegger im Gespräch mit Richard Wisser"(Das Fernseh-Interview 1969), in Günther Neske, E. Ketteriing(hrsg.), *Antwort. Martin. Heidegger. im Gespräch*, Pfullingen 1988. 22쪽.

12) 강학순, 「하이데거의 〈존재론적 정치관〉」, 차인석 외, 『사회철학대계 3』, 민음사 1993. 29쪽.

13) GA 65. 36쪽.

성이란, 어떤 것을 그것의 본질을 충족하게끔 밖으로 이끌어내는 것 혹은 산출하는 것을 의미한다. 〔…〕 사유는 존재가 인간의 본질과 맺는 관련을 완성한다."[14]

무엇보다 하이데거에 있어서 사유는 인간의 실천과 적용에 의해 작용케 되는 것이 아니라, 오히려 사유함으로 행위하는 것이다. 즉 사유는 사유하는 동안 행위하고 있는 것이다. 이러한 행위는 존재와 인간의 연관에 관여한다. 사유는 존재의 진리를 말하도록 존재에 의해 요청된다. 그에게 사유는 단적으로 행위로서 '사유하는 행위(das denkende Handeln)'인 동시에 '행위하는 사유(das handelnde Denken)'이다. 정치적 장에서의 행위만 행위에 속한 것이 아니다. 순수한 학문 및 예술의 추구도 실천적 행위의 한 부분이 된다. 결정적으로 하이데거에게는 '근원에 대한 사유'인 숙고가 관건이 된다.[15]

인간은 이제 형이상학적 존재에서 머물러 있을 것이 아니라, 오히려 존재역운에 따르는 현-존재로서 자신의 존재론적 역할과 책임을 떠맡아야 한다. 현존재는 존재의 진리를 근거짓는다. 그리고 "현-존재는 눈앞의 인간에게서 단순 소박하게 발견될 수 있는 그러한 것이 아니다. 오히려 현-존재는 생기사건으로서 존재의 근본경험에 의해

---

14) Hum 311쪽.
15) 이선일, 위의 논문. "따라서 오늘날 과학과 기술을 통해 야기된 엄청난 문제를 풀기 위해 우리는 무엇보다 그 위험의 본질과 장소를 구명해야 한다. 우리의 문제는 존재의 역운에서 비롯되었기에 근원에 대한 사유 없이 우리의 문제는 해결될 수 없는 것이다. 이로 인해 오늘날처럼 우리의 당면 문제를 과학기술적 수단에 의해 해결하려 할 때 혹은 마르크스류의 이데올로기 비판적 처방을 통해 극복하려 할 때, 이 모든 시도는 문제의 본질을 벗어난 협소한 미봉책에 지나지 않는 것이다."(113쪽)

생생하게 강제된 '존재진리의 근거'이다. 이러한 근거를(또한 이러한 근거를 근거지음을) 통해 인간은 근본에서부터 변이된다."[16]

무엇보다 현-존재에게는 장래의 인간존재의 근거로서 세 가지 역할이 있다. 이른바 1. 존재(생기사건)의 탐색자, 2. 존재의 진리의 보존자, 3. '마지막 신(der letzte Gott)'의 스쳐 지나감의 고요함을 위한 파수꾼이다.[17] 이런 점에서 인간은 한마디로 존재의 진리를 지키는 '존재의 목동'이다.

인간은 오히려 존재 자신에 의해 존재의 진리 안으로 던져져 있습니다. 이처럼 인간은 존재자로서의 존재자가 존재의 빛 가운데서 드러나기 위해 탈존하면서 존재의 진리를 지킵니다. [⋯] 존재자의 도래는 존재의 역운에 기인합니다. 인간에게 남는 물음은, 인간이 이러한 역운에 상응하는 자신의 섭리적인 본질을 발견하느냐 하는 것입니다. 왜냐하면 인간은 이러한 역운에 합치하여서만 탈존하는 자로서 존재의 진리를 지킬 수 있기 때문입니다. 인간은 존재의 목자입니다.[18]

하이데거에 있어서 인간의 본질은 형이상학적-동물적 해석에서 풀려나와 존재역사적 본질로 규정된다. 이제 현-존재는 다음과 같은 성품과 미덕을 이상으로 삼아야 하고, 그것을 연마해야만 인간다운 인간성을 회복할 수 있다.

첫째, 강인함: (결코 동력의-단순한 총합이 아니라 오히려) 현-존재의 성

---

16) GA 65, 294쪽.
17) 같은 곳.
18) Hum 19쪽.

격을 가진 것이며 '창조하면서 자신을 넘어서 자라남'을 위한 가장 폭넓은 놀이공간들을 자유롭게 허락하는 명인다움.

둘째, 결단성: (결코 고집을 강화함이 아니라 오히려) 생생한-고유화에로의 귀속을 확신함, 즉 보호받지 못하는 것에로 승차함.

셋째, 온화함: (결코 관용의 허약함이 아니라 오히려) 은닉되어 있고 지극 정성 가까이 간수되어 있는 것을 관대하게 깨워냄, 즉 모든 창조행위를 그것의 본질적인 것에로 항상 의아스러운 방식으로 구속하는 것.

넷째, 단순 소박함: (결코 통용되는 것이란 의미에서의 '가벼운 것'이 아니고, 또한 '우리에 의해 정복당하지 않은 것이며 미래도 없는 것'이란 의미에서의 '원시적인 것'도 아니다. 오히려) 존재의 고갈 불가능성을 존재자의 알뜰한 지킴하에 간직해야 하고, 존재의 의아스러움을 버리지 않아야 한다는 이 하나의 과제의 필요성을 향한 정열.[19]

다섯째, 내존성(Innigkeit): (자신의 본질 안에 서 있는 자세) '초연한 내맡김'은 어느 한순간에 성취되지 않는다. 만남의 장은 존재가 자신을 드러내면서 동시에 감추고 있는, 즉 '존재의 진리가 은닉된 채 현성하는 곳'[20]이기에 초연함의 태도는 끊임없는 인내를 통해 존재의 새로운 도래를 기다려야 한다. 즉 초연한 내맡김은 그때마다 더 순수하게 자신의 본질을 절차탁마하는 인내를 요구한다. 그 인내란 바로 초연한 내맡김을 통해 자신의 본질 안에 부단히 서 있는 자세를 의미한다. 초연한 내맡김이 자신의 본질을 끝까지 지켜낼 때에만 인간은 존재의 지평에 서서 존재의 새로운 도래를 맞이할 수 있는 것이다. 그래서 하

---

19) GA 65. 298쪽 이하.
20) Gel 59쪽.

이데거는 초연한 내맡김이 자신의 본질 안에 부단히 서 있는 자세를 '사유의 자발성의 진정한 본질'로 간주한다.[21]

여섯째, '신비에로의 개방성(Offenheit für das Geheimnis)': (기다림) 신비에로의 개방성이란 존재의 역운을 향해 열려 있는 태도를 의미한다. 이것은 곧 존재가 자신을 드러내면서 동시에 은닉하고 있는 그 개방된 장(das Offene)을 향해 열려 있음을 의미한다. '향해 열려 있음'은 기다림이라고도 표현된다. 기다림이란 기다려지는 그것을 향해 열려 있음을 의미하기 때문이다. "기다림은 본래적으로 어떠한 대상도 지니지 않는다. [⋯] 기다림 속에서 우리는 우리가 기다리는 그것을 열려 있게 한다."[22]

요약하자면 숙고적 사유의 에토스는 근원적 윤리학을 가능하게 한다. 인간의 인간성이란 존재에 대한 책임이며, 동시에 존재에 대한 사랑이다. 이것은 숙고적 사유의 본질에 해당한다. 자기 자신과 타자, 그리고 뭇 존재자인 자연과 사물들의 존재에 대한 애정을 가지고 돌보는 자세가 인간다움을 증명하는 것이다.

2. 계산적 사고의 기능성과 정당성

우리는 계산적 사고의 기능성과 효용성을 당연시하지만, 그것의 정당성에 대한 철학적 논의는 등한시한다. 계산적 사고의 정당성과 문

---

21) 이선일, 위의 논문, 138쪽 이하.
22) Gel 42쪽.

제점에 대한 비판적 연구와 병행하여 그것의 극복과 근원에 대한 심도 있는 연구는 현대철학이 떠맡아야 할 중요한 과제이다. 왜냐하면 계산적 사고에는 역사와 문화적 전승을 낳은 인간 행위와 경험이 갖는 의미를 공유하는 생활세계의 차원이 배제되고, 나아가 사유의 존재론적 지평이 부재하기 때문이다.

하이데거는 수학, 과학, 기술에 내재한 사고방식을 기존의 존재론적 관점에서가 아니라, 오히려 존재역사적 관점에서 이해하고자 한다. 이러한 사유의 지평이 고려되지 않은 상태에서의 기술문명에 대한 탐구는 전통적 진리론의 경우와 마찬가지로 제한적이고 부분적일 수밖에 없다. 수학, 과학, 기술에 대한 존재자 중심의 이론들은 존재역사적 지평을 간과함으로써 이 지평에 놓여 있는 '존재의 진리'의 은폐를 도모하게 되는 셈이다. 그러나 '존재의 진리'에 대한 물음은 서양철학의 출발부터 화두가 된 '서구의 사유 속에서 오래된 것 중에서도 가장 오래된 것'이다.[23] 수학, 과학, 기술도 존재역사적 문맥에서는 존재 자신의 탈은폐의 방식들이다.

오늘날 사유의 차원에서도 본래성보다는 기능성이 우선시된다. 다시 말해 사유에 대한 기술적 해석이 지배적이다. 이제 과학적 '이론'은 범주들의 가정을 의미한다. 이러한 범주들에는 단지 어떤 인공두뇌학적인 기능만이 귀속될 뿐, 모든 존재론적 의미는 부정되고 만다. 그래서 표상하고 계산하는 사고의 조작적인 성격과 모델적인 성격이 학문 이론을 지배하게 된다. 나아가 기술이 지배하는 시대는 존재 대신에 기능이 지배한다. "모든 것이 기능화된다. 모든 것이 기능하고, 이 기

---

23) ZSD 25쪽.

능은 더 확장된 기능을 좇는다. 그리하여 기술이 인간을 (삶의 거처인) 대지로부터 내쫓고 뜨내기로 만든다. […] 우리는 이제 단순한 기술적 관계망 속에 있다."[24]

하이데거는 『슈피겔』과의 대담에서 이제 전 지구를 규정하는 '기술'과 근대의 인간상이 우리가 극복하기 어려운 지경으로 되어버렸다고 개탄한다.[25] 그렇다고 그의 사유는 과학과 기술의 적이 아니다. 그에게는 근대과학과 기술은 피해 갈 수 있는 실책이라기보다는 일종의 '세계운명'으로서 우리가 떠맡고 몸소 겪으며, 아마도 뚫고 나가야 하는 것이다. 문제는 어떻게 기술을 배제하느냐가 아니라, 오히려 자연을 통제하려는 우리의 충동을 어떻게 막느냐이다.[26]

그러면 기술공학 시대에 계산적 사고를 넘어서는 길은 과연 무엇인가? 오늘날 삶의 문맥으로부터 유리된 계산적 사고의 지배는 역사적 삶을 연결하는 의미의 문맥으로부터 인간을 분리시킨다. 정신은 사물들을 관리하고 계산하는 지능으로 왜곡된다. 그 지능은 다시 다른 어떤 것에 봉사하기 위한 도구로 전락한다. 하이데거는 계산적 사고에 기초한 기술문명의 기능성에 대해 설명하고 그것의 지배를 우려한다.

하이데거는 당대의 미국식 바이마르(Weimar)의 자유주의 체제[27]나

---

24) SI 98쪽.
25) 같은 책, 95~98쪽.
26) R. Dallmayr, 위의 책, 326쪽.
27) E. Nolte, "Philosophisches im politischen Irrtum?", in *Martin Heidegger: Faszination und Erschrecken*, Frankfurt a.M. New York 1990. "하이데거가 나치에 참여하던 1933년 당시의 바이마르 체제는 빈부격차, 실업, 물질만능주의의 확산과 경쟁 격화에 따른 공동체 파괴와 같은 자본주의 특유의 병폐들을 극단적으로 드러내고 있었다."(45쪽)

볼셰비키 체제 모두 근대적인 기술지배의 원리를 가장 극단적으로 구현하고 있는 체제로 보았다. 그는 먼저 그것을 넘어설 수 있는 길을 민족공동체적인 사회주의 혁명으로 생각하였다. 그는 당대의 대다수의 보수혁명가들과 마찬가지로 볼셰비키체계와 자유주의 체제를 본질적으로 동일한 것으로 보았다. 그는 볼셰비즘과 자유주의를 인간을 비롯한 존재자 전체를 에너지원으로 이용하고 지배하려는 근대 기술문명의 두 가지 형태로 간주한 것이다. 하이데거에게 볼셰비키 체제란 모든 토착적인 전통을 파괴하면서 국가 자원뿐 아니라 국민 전체를 기술적으로 총동원하는 체제이다.[28] "유럽은 〔…〕 오늘날 한쪽에서는 러시아, 다른 쪽에서는 미국에 의해서 협공을 당하고 있다. 러시아와 미국 양국은 형이상학적으로 볼 경우 동일한 본질을 갖는다. 즉 그러한 나라들에서는 고삐 풀린 기술개발과 범용한 인간들의 철저한 조직화가 절망적이고 광란적으로 추구되고 있다."[29]

또한 하이데거는 우파 보수혁명가인 융거(Jünger)의 책, 특히『노동자』(1932)를 통해 현대 기술문명이 모든 것을 황폐화시킨다는 사실에 공감하면서 그의 사상으로부터 영향을 받는다. '권력에의 의지'가 현실의 모든 정치체제와 기술문명에 작동하고 있다는 것이다. "에른스트 융거가 노동자의 지배와 형태라는 사상에서 사유하고 있는 것, 그리고 이러한 사상의 지평에서 보고 있는 것은 (현재의) 세계 역사에서 권력에의 의지가 보편적으로 지배하고 있다는 사실이다. 공산주의든 파시즘이든 세계민주주의든 오늘날 모든 것은 이러한 현실(권력에의

---

28) 박찬국, 위의 책, 114쪽.
29) GA 40, 40쪽.

의지)의 지배하에 있다."[30]

현실을 지배하는 계산적 사고의 그물망에 들어온 대상만이 실제로 존재한다. 그런 그물에서 빠져나가거나 들어올 수 없는 것들은 아예 존재하지 않는 것으로, 나아가 파악할 수 없는 무(Nichts)로 취급받게 된다. 존재의 척도가 이제 계산 가능성의 여부이다. 특히 '존재'는 수학적으로 표상되거나 실험에 의해 측정될 수 없는 성질의 것이다. 이제는 존재의 문제가 '사이비 문제'로 파악된다.

이런 상황하에서 철학마저도 계산적 사고와 손을 잡고 '논리계산'으로 변질되어 '숙고 없는 철학'으로 전락한다. 철학도 현실을 관리하고 조종하는 '기술의 학'이 된다. 이를 하이데거는 철학의 위기와 종말의 징후로 읽고서 '서양 형이상학의 극복'과 '사유의 과제'를 탐색한다. "사물들이 순전히 기술적인 요구의 관련점 안으로 사라져버린다. 이제는 그러한 관련 안에 들어설 수 있는 것만이 중요하며, 아니 그런 것만이 '존재하는 것'으로 통용된다. 여기에 주체가, 그리고 저기에 대상이 아니라, 욕구와 욕구충족의 수단이라는 두 극 사이의 연관만이 있을 뿐이다."[31]

근대 형이상학의 바탕인 표상적·계산적 사고만이 유일한 사유로 인정받고 계산적 사고의 프레임이 온 세상을 보고, 읽고, 재단하는 척도로 작용한다. 이런 사고는 역사적 삶을 연결짓는 의미의 문맥으로부터 인간을 분리시킨다. "우리가 보통 '앎'이라 부르는 것은 어떤 것과 그것의 성질에 정통한 것이다. 이런 인식 덕분에 우리는 사물들을

---

30) M. Heidegger, *Das Rektorat 1933/34- Taschenbuch und Gedanken*, Frankfurt a.M. 1983. 24쪽.
31) 같은 책, 184쪽.

지배한다. 이런 지배하는 지식은 한 존재자의 손에, 그 구조에, 그것의 유용성에 맡겨져 있다. 그런 지식은 존재를 포착하고, 그것을 통치하며, 그래서 그것을 넘어가고 지속적으로 그것을 추월한다."[32]

기술문명과 기술의 보편화와 절대적인 지배로 말미암아 각 문화가 갖고 있는 고유성은 상실되어가고, 또한 그것의 의미의 원천들은 고갈되어간다. 이로써 고향의 친숙성은 예측불허의 무시무시한 미래로 미끄러져 들어가서 결국 우리의 삶의 토대는 침식될 위기에 처하고 말았다. 이와 같이 하이데거에게서 '고향상실(Heimatlosigkeit)'이라고 일컬어지는 현상들은 결국 우리의 삶에 의미를 부여하였던 고유한 존재의 파괴를 뜻한다.

하이데거의 견해를 이어받은 마르쿠제(H. Marcuse)가 우려했던 합리적 전체주의 사회가 이제 현실에 도래한 것이다. "따라서 기술적 합리성은 지배의 정당성을 은폐한다기보다 오히려 보호하며 이성의 도구주의적 지평은 합리적 전체주의 사회로의 문을 연다."[33] 이런 점에서 프롬(E. Fromm)은 과학기술을 통해 인류의 문제를 해결할 수 있다고 믿는 현상을 '산업종교'라고 본다. 하이데거는 우리 시대의 '존재역운'을 살피며 기술의 본질인 '몰아세움'[34]을 숙고하는 것이 급선무라고 여긴다.

클라크(T. Clark)도 사유의 기술적 해석이 전 철학사를 관통한다는

---

32) GA 54, 3쪽.
33) H. Marcuse, *One-dimensional Man: Studies in Ideology of Advanced Industrial Society*, London 1964, 159쪽.
34) 하이데거는 '몰아세움(Ge-stell)'을 아래와 같이 설명한다. "인간과 존재가 서로를 몰아세우도록 그들을 서로에게 넘겨주는 도발적 요구의 집약을 우리는 몰아세움이라 명명한다."(ID 23쪽)

하이데거의 견해에 동의한다. "하이데거는 그 기원이 플라톤과 아리스토텔레스에까지 소급되는 사유의 기술적 해석'에서 자유로워지도록 우리에게 권고한다. 그런 해석은 사유가 일종의 연장통, 즉 필요할 때마다 문제를 풀고자 그 안에서 꺼낼 수 있는 '아이디어들'을 담고 있는 연장통과 같다는 관념을 포함하고 있다."[35] 그는 하이데거가 과학주의의 지배를 비판한다는 것을 아래와 같이 밝힌다. 공격의 목표물은 과학주의(scientism)이다. 과학주의란 자연과학만이 이해의 참된 형식이고, 다른 것들의 그 유일한 기반이 되어야 한다는 생각이다. 그에 의하면, 하이데거는 '정당화되지 않은 이론적인 절대화',[36] 즉 더 근본적으로 사물에 접근한다는 이론주의의 객관화를 문제 삼는다. 과학적 객관성은 손상되지 않은 채 남아 있다. 하지만 과학은 합법적인 앎의 유일한 척도가 아니라, 방법론적인 기준으로서 몇 가지 종류의 탐구에 적합할 뿐이다.[37]

기술시대[38]는 존재진리의 궁극적인 방기(放棄)의 시대이다. 기술시대는 인간이 승리한 시대로서 모든 것이 측정되는 유일한 참조점이자 잣대이다. 그런데 인간은 의미의 기원이 아니고, 오히려 '사방(das

---

35) T. Clark, 위의 책, 33쪽.
36) M. Heidegger, *Zur Bestimmung der Philosophie. 1. Die Idee der Philosophie unddas Weltanschauungsproblem*(Kriegsnotsemester 1919)/*2. Phänomenologieund transzendentale Wertphilosophie*/*3. Anhang: Über das Wesen der Universität und des akademischen Studiums*(Sommersemester 1919), Frankfurt a.M. 1987(GA 56/7), 88쪽.
37) T. Clark, 위의 책, 52쪽.
38) G. Seubold, *Heideggers Analyse der neuzeitlichen Technik*, Freiburg 1986. 여기서 현대기술의 특성들을 재료화, 단일화, 기능화, 계산, 관철과 지배, 생산과 가공, 이용과 대체로 규정한다.(52~118쪽)

Geviert)'의 일원일 뿐이다. "지구를 단지 이용하는 것과 지구의 축복을 수용하면서 이 수용의 법칙 안에 친밀하게 머물러 존재의 비밀을 보호하고 가능성이 손상되지 않도록 수호하는 것은 다른 것이다."[39] 숙고적 사유는 기술적 세계에 대해 '예와 아니요'를 동시에 말하는 태도를 취하고 있다. 그것은 기술적 부품을 사용하면서도 인간의 본질을 지켜내는 '초연한 내맡김'의 태도이다.

그러나 우리가 이런 식으로 기술적 대상에 대해 '예', '아니요'를 동시에 언급한다면, 기술적 세계에 대한 우리의 관계는 분열되어 있고 불안정하지 않은가? 전혀 그 반대이다. 기술적 세계에 대한 우리의 관계는 놀라우리만치 단순하며 냉정하게 된다. 우리는 기술적 대상들을 일상세계로 끌어들이면서, 동시에 이 세계 밖에 있게 한다. 즉 기술적 대상들을 절대적인 사물로서가 아니라 스스로 보다 고차적인 것에 의존해 있는 사물로서 방기한다. 나는 기술적 세계에 대해 예, 아니요를 동시에 답하는 이런 태도를 옛말을 빌려 사물들에로 내맡김이라 부르고자 한다.[40]

숙고적 사유는 만물의 근원적인 뜻과 의미를 찾고자 한다. 특히 그것은 기술적 세계 안에 감추어진 신비(Geheimnis)에 우리 자신을 내맡기고 개방하는 사유이다. "나는 기술적 세계 안에 감추어진 의미에 대해 스스로를 여는 이러한 태도를 비밀에 대한 개방성이라고 부른다."[41]

---

39) VA 125쪽.
40) Gel 23쪽.
41) 같은 책, 24쪽.

하이데거에게서 '초연한 내맡김'은 독일 신비주의의 전통과 달리, 세계 앞에서 눈을 감지도, 또한 사물로부터 등을 돌리지도 않는다. 오히려 사물에로 자신을 내맡김으로써 사물을 절대적인 것으로 간주하지도 않고 보다 고차적인 것에 의존해 있는 것으로 파악하고자 한다. 즉 사물을 존재의 빛 아래에서 새롭게 열어 밝히고자 한다. 이는 사물을 대상으로 표상하는 대신에, 사물의 있음, 즉 성스러움에 마음의 눈을 여는 일이다. 이는 시인이 맑은 마음으로 자연을 보는 관점과 상통한다.

이렇게 '사물에로의 초연한 내맡김'이란 오로지 기술적인 것으로만 파악하지도 않고, 또한 우선 기술적 차원에서 파악하지 않는 태도를 의미한다. 말하자면 사물을 가능케 하는 세계의 감추어진 의미에 대해 눈과 귀를 여는 태도를 뜻한다. 따라서 사물에로의 초연한 내맡김은 '신비에 대한 개방성'이 된다.[42] 이 초연함은 자유롭고 집착을 벗어난 행위양식이다. 이는 인간의 의지력을 넘어선다. 그러나 초연함은 결코 무활동성이나 수동성은 아니다. 그것은 능동성과 수동성을 뛰어넘는 존재사건에 참여하는 것이다. 인간은 '존재의 이웃'[43]으로서 자신을 포함한 모든 존재자의 고유한 존재를 드러내어야 한다. 따라서 우리는 그러한 존재의 충만함을 경험할 때에만 진정으로 충족된 삶을 살 수 있다.

하이데거는 기술을 절대적인 것으로 여기지는 않는다. 기술의 본질과 참된 관계를 맺도록 인간의 사유가 돕는 역할을 할 수 있다고 본

---

42) 이선일, 위의 논문, 135쪽.
43) Hum 29쪽.

다. 여기에 사유의 참된 과제가 있다. "나는 전 지구적인 기술의 세계 속에 처해 있는 인간의 상황을 이해할 수 없고 빠져나올 수 없는 어떤 운명으로 보고 있는 것이 아닙니다. 오히려 나는 사유가 자신의 한계 안에서 인간이 기술의 본질과 비로소 충분한 관계를 맺을 수 있도록 돕는 데에 바로 사유의 과제가 있다고 봅니다."[44]

이런 맥락에서 생명과 역사에 속한 것과 삶의 진실과 관계된 가치 있는 것들은 쪼개고 나눌 수도 없고, 또한 계산될 수도 없다. 예컨대 GNP는 삶을 가치 있게 하는 것들을 제외한 모든 것을 계산하고 측정한 수치이다. 여기에는 계산적 사고가 지배한다. 이런 계산방식과 소유방식에 머무르지 않고, 오히려 유한한 존재의 차원에 대한 물음을 통해 우리는 인간다운 인간의 세계 및 인간다운 미래를 열어갈 수 있을 것이다.

또한 하이데거는 철학의 종말과 사유의 위기 속에서 인간존재의 본질적 위기를 지적한다. 그는 사유의 위기를 핵의 위협보다 더 큰 위험으로 간주한다. 특히 그는 계산하는 사고가 지닌 본래적인 '숙고적 사유(마음이 담긴 사유)'에 반대하는 무차별성, 즉 '총체적 생각 없음'을 위험으로 여긴다. 특히 그것을 인간이 사유하는 본질에 대한 위협으로 간주한다.

결국 계산적 사고는 현대인을 탈인격화시키고 탈개성화시킴으로써 궁극적으로 그의 인간적 본질로부터 멀어지게 한다. 이런 점에서 그것은 정당성을 확보하기가 어려운 것이다. "현대기술은 자연을 도발적으로 몰아세워 인간과 자연의 관계 및 자연의 실재를 근본적으

---

44) SI 449쪽.

로 변화시킨다. 기술적 탈은폐가 극도로 확장된 결과 자연은 황무지로 변모하며, 더욱이 인간까지도 그 가장 내적인 본질에서 혹사당하고 있다."[45]

하이데거는 오늘날의 존재를 '대체 가능 존재(Ersetzbarsein)'[46]로 규정한다. 현실적인 것이 '부품(Bestand)'으로 탈은폐된다. 이제 남아 있는 유일한 진리 척도는 기술적 의지뿐이다. 모든 존재자는 부품으로 존재하므로 기술적 의지만이 진리의 유일한 척도가 된다.

현대기술은 자연과 역사를 포함한 모든 존재자를 부품으로 탈은폐한다. 모든 존재자는 그 고유성을 상실한다. 사물이 사물로서 존재하지 못함은 물론이거니와 이에 대상으로서도 존재하지 못한다. 그래도 대상은 자신의 고유성, 저항성의 불가침투성 따위를 어느 정도는 지니고 있었으나, 현대기술에 의해 존재자는 즉각 갖가지 지정된 장소에 놓이도록 주문 요청하는 기술적 의지에 응답하는 부품으로서만 존재한다. 날카롭게 주시해보았을 때 이미 우리는 대상이 더 이상 존재하지 않는 세계에 살고 있다.[47]

존재를 존재자성으로 확정짓는 형이상학적 운동은 현대기술에서 그 종말에 이른다. 즉 존재자성의 극단적인 가능성은 현대기술에서 실현된다. 현대기술은 존재자를 부품으로 탈은폐한다. 부품은 아무런 독립성도 갖지 못한다. 부품은 기술적 의지와 그에 대한 응답 간의

---

45) 이선일, 위의 논문, 45쪽.
46) M. Heidegger, *Vier Seminare*: Seminar in Le Thor 1966, 1968, 1969, Seminar in Zähringen 107쪽.
47) SvG 65쪽.

494

단순한 관계로 존재할 뿐이다. 따라서 현대기술에 의해 존재자의 존재자성이 지닐 수 있는 모든 가능성은 고갈된다. 이제 그 어떤 존재자도 더 이상 독자적으로 존재하지 못한다. 형이상학의 역사에서 우위를 차지해왔던 사물의 형상은 기술적 의지에 의해 대체된다. 대상은 부품으로 소멸된다. 존재자는 단지 기술적 의지의 명령을 기다리는 부품으로 존재할 뿐이다. 이로써 현대기술에 의해 형이상학은 그 종말을 맞이한다.

하이데거의 철학은 근대 주관형이상학의 기반이 된 계산적 사유 이전의 숙고적 사유에로의 전환을 요구한다. 시몽동(G. Simondon)은 하이데거 사유에서 중요한 것은 기술의 본질에 대한 통찰임을 강조한다. "기술적 실재의 본성을 알아보는 사유는 하이데거의 표현을 따르자면, 분리된 대상들이나 사용기구들 너머로 가서, 그 분리된 대상들과 전문화된 작업들 너머에서, 기술적 조직화의 본질과 중요성을 발견하는 사유이다."[48]

하이데거는 기술에 관한 도구적·인간학적 규정을 기술적인 것과 일치하는 올바른 것으로 간주한다. 그러나 그것을 기술의 본질을 드러내는 참된 것으로 받아들이지는 않는다. 오히려 그는 기술을 그것의 그리스적 의미로 소급하여 '탈은폐(das Entbergen)'의 한 방식으로 사유하며, 자신의 존재론적 틀 속에서 기술의 본질을 존재와 인간의 근원적 관련성에서 파악한다. 즉 그는 현대기술을 자연을 정복하도록 요구하는 존재의 명령에 인간이 응답한 결과로서 사유한다.

---

48) G. Simondon, 김재희 옮김, 『기술적 대상들의 존재양식에 대하여』, 그린비 2011.
    318쪽.

따라서 하이데거가 우리에게 던지는 메시지는 과학기술적인 대상들에게 혼을 빼앗기거나 거기에 얽매이지 말 것과 그것들의 노예로 전락하지 말 것을 주문한다. "'숙고적인 사유'가 우리에게 요구하는 것은 과학기술문명에 중추적인 역할을 하는 '계산적 사고'와 표상적인 사고에 얽매이지 말 것과 표상에 따른 기술적인 대상에 사로잡히지 않는 것이다. 그렇지 않으면 결국 이것들의 노예로 전락하고 말 것이다."[49]

근대에서부터 인간중심주의적인 문명은 줄기차게 도구적 이성과 계산적 사고를 동원해 과학기술문명을 가속화시켜왔다. 이를 통해 저러한 문명은 세계와 자연에 대해 주인행세를 하고, 또 이들을 지배하려는 광기에 도취되어왔다. 그러나 하이데거에 의하면 인간의 진정한 행복과 삶의 회복은 이러한 광기 어린 지배나 착취가 아니라, 존재자들이 자기 스스로 자신의 진리를 드러내도록 초연한 내맡김의 태도를 취하는 것이다.

그러나 과학기술세계에 대한 하이데거의 우려는 이를 전적으로 부정하거나 적대시 내지는 폐기하라는 것이 결코 아니다. 단지 이를 절대적인 것으로 혹은 '신의 목소리'로 여기지 말 것을 주문한다. 오히려 그는 초연한 태도를 취할 것을 권유하고 있다. 왜냐하면 과학기술은 우리에게 절대적인 것이 아니라, 오히려 그것은 더 높은 것에 의존하는 것으로 존재하기 때문이다.

---

49) M. Heidegger, 『동일성과 차이』, 133쪽.

3. 숙고적 사유를 통한 인간성 회복

하이데거는 기술시대의 인간이 기술의 노예로서 인적 자원 및 재료, 그리고 인공적 생산물이 될 수 있음을 경고한다. "대지와 대기권은 원자재가 된다. 인간은 설정된 목표를 위해 투입된 인간 재료가 된다."[50] 특별히 "인간은 가장 중요한 재료이기 때문에 오늘날의 화학적인 탐구를 근거로 하여 볼 때, 어느 날 인간 물질의 생산을 위한 공장이 세워질 수 있다는 사실을 예견할 수 있다."[51]

이성적 동물로서의 인간관에서 가장 극명하게 반영된 근대적 주체는 '존재의 주인(지배자)'으로 규정된다. 그러나 하이데거는 인간을 '이성적 동물'로 이해하기보다는 존재와의 본질적 연관으로 '현-존재(Dasein)'[52]로 규정한다. "존재와 인간본질의 연관과 마찬가지로 인간의 존재 자체의 열림(Da)과의 본질관계에 맞추기 위해 현존재라는 명칭

---

50) GA 5, 289쪽.
51) GA 7, 91쪽.
52) 김형효, 『하이데거와 마음의 철학』, 청계 2001. 저자는 현-존재(Da-Sein)의 현(Da)을 '마음'으로 풀이한다. 그는 불교적 인식론의 입장에서 존재와 마음을 하나로 보고 있다. 즉 "존재의 성향과 기분은 마음의 존재가 지니고 있는 성향과 기분으로 읽혀야 함을 암시한다. 만약 그 존재가 마음의 다른 이름에 지나지 않는 것이라고 전제한다면, 존재의 목소리는 마음의 목소리와 같은 것처럼 들린다."(31쪽) 존재이해의 방법도 마음으로써 마음을 바라봄으로써 가능하다는 것을 암시하고 있다. 이를테면 "존재자의 존재를 이해하는 방법은 마치 이심관심(以心觀心)(마음으로써 마음을 봄)의 법에서 마음의 견분(見分)인 능연(能緣)이 존재자와 얽혀 상분(相分)인 소연(所然)을 마음의 현상으로 떠올리면서 마음으로서의 능연이 소연의 능연으로 해석되는 것에 비유됨직하다."(61쪽) 이러한 해명은 창조적이긴 하지만, 하이데거 사상에 대한 자의적인 유심론적인 해석에 그치고 있다.

은 인간이 인간으로서 서 있는 본질영역을 위해 선택되었다."[53]

전술한 대로, 존재의 진리를 사유하는 숙고는 물론 더 이상 형이상학에 만족하지 않는다. 그러나 그 사유가 형이상학에 맞서서 사유하는 것은 아니다. 형이상학은 여전히 철학에서는 으뜸가는 것으로 남아 있다. 그러나 그것은 사유에서는 으뜸가는 것에는 다다르지 못한다. 사유가 다행스럽게도 형이상학의 근본바탕에 되돌아가게 되면 사유는 인간의 본질도 함께 변화하도록 유발할 수 있을 것이고, 이 변화와 더불어 형이상학의 변화도 오게 된다는 것이 하이데거의 일관된 입장이다.

인간은 결코 주체로서가 아니라, 어디까지나 이미 주어져 있는 존재 가능성에 자신을 기투함으로써만 자신의 삶을 영위한다. 현존재는 '자신에 앞서 이미(세계) 안에 있는 존재'[54]이다. 따라서 '자기에 앞서 있음'이란 계기는 '자기에 앞서 이미 세계 안에 있음'을 의미한다. '이미 세계 안에 있음'이란 계기는 이미 어떤 상황에 처해 있는 현존재의 현사실성(Faktizität)을 표현한다. "실존은 항상 현사실적이다. 실존성은 본질적으로 현사실성에 의해 규정된다."[55]

현대에서는 자기 존재, 타인의 존재, 사물의 존재에 대한 관심을 상실하고, 존재자에 대한 파악과 관심이 지배한다. 하이데거의 시대 진단은 '존재의 역사'의 관점에서 파악한다는 점이 중요하다. 그것은 존재가 각 시대마다 스스로 자신을 드러내는 고유한 사건의 역사이다. 이 역사에 인간의 사유가 참여하여 철학의 역사를 형성하여 왔다

---

53) WiME 14쪽.
54) SuZ 256쪽.
55) 같은 책, 255쪽.

고 본다.

인간의 본질은 전기의 실존(Existenz)과 구별된 의미에서 탈-존(Ek-sistenz)이다. "존재의 밝힘(Lichtung) 속에 서 있음을 탈-존이라 부른다."[56] 즉 "탈존은 내용상 존재의 진리 안으로 밖에-서 있음(Hinaus-stehen)을 의미한다. 이에 반해 실존(Existenz)은 이념으로서의 단순한 가능성과 구별된 실재성과 현실성을 의미한다. 탈-존은 인간이 존재의 역운 속에 있는 바의 것에 대한 규정을 일컫는다. 실존은 어떤 것의 이념이 드러나는 바의 현실화에 대한 이름으로 머문다."[57] 무엇보다 "탈-존은 이성의 가능근거이고, 이 탈존 안에서만 인간의 본질은 자신의 규정의 유래를 보존한다."[58]

후기 하이데거의 인간에 대한 새로운 규정은 '존재의 이웃', '존재의 목동',[59] '존재의 파수꾼'[60]이다. 인간은 본질적으로 존재의 진리를 지키고, 이로써 존재에 대한 염려를 수행한다. 이런 새로운 인간규정에 대한 메타포는 존재와 인간의 본질적 관련을 나타낸다. 즉 인간은 존재와의 친밀성을 지니고 언제나 만남과 소통과 정과 사랑을 나누는 이웃이다. 그리고 인간은 모름지기 존재의 음성에 귀를 기울이면서 존재를 돌보고 보살피는 목동이다. 게다가 인간은 깨어서 존재를 보호하고 지키고 감내하는 파수꾼이다. 인간이 이러한 존재와의 관계속에서 그것의 이웃으로서, 목동으로서, 파수꾼으로서 본분과 책임을

---

56) Hum 13쪽.
57) 같은 책, 16쪽.
58) Wm 321쪽.
59) Hum 19, 29쪽.
60) 같은 책, 29, 31쪽.

다하는 데에서 인간의 본질적 소명을 다할 수 있다.

그러나 인간의 빼어난 특징은 그가 사유하는 본질로서 존재에 열려 있고, 존재 앞에 자리잡고 있으며, 존재와 관계를 맺고 있고, 존재와 상응(Entsprechung)하고 있다는 점에 있다. 인간은 본래적으로 대응의 관계로서 존재한다. 그리고 인간은 오직 이 관계뿐이다. '이것뿐이다'라는 것은 결코 인간을 제약시키는 것을 말함이 아니라 어떤 넘쳐 흐름이다. 인간에게는 존재로의 귀속이 중요하고, 이 귀속이 존재를 듣게 한다. 왜냐하면 귀속함은 존재에게 자신을 맡기기 때문이다.[61]

이런 맥락에서 '탈-존'과 '현-존재'는 형이상학적 주체성의 인간에 대한 새로운 규정이다. "현-존재는 하지만 모든 주관성을 극복하였다. 또한 존재는 결코 객관, 대상, 표-상 가능한 것이 아니다. 대상의 능력을 갖춘 것은 항상 단지 존재자일 뿐이며, 심지어 여기에서도 모든 존재자가 그러한 것은 아니다."[62] 또한 "현-존재는 인간을 존재의 진리를 위한 파수꾼으로서의 소임을 갖는 존재자로 요구함을 통해 존재의 탈근거를 근거지음이다. 현-존재를 토대로 인간은 존재와의 관련이 결정적인 것을 지정해주는 저 본질에로 비로소 변형된다."[63] 이제 인간은 '역사'의 '주관'도 아니고, '객관'도 아니다. 오히려 인간은 단지 역사(생기사건)에 의해 실려 오게 되어 존재에게로 마음을 빼앗긴 자, 즉 존재에게 귀속하는 자일 뿐이다.

---

61) ID 18쪽.
62) GA 65. 253쪽.
63) 같은 책, 490쪽.

숙고가 요구하는 변화된 인간상은 '이성적 동물'로부터 '가사자(der Sterbliche)'로 명명된다. 즉 더 이상 이성적 동물로서 안정을 확보하며 사는 생명체로서 살기를 바라는 그런 인간이 아니라, 오히려 죽을 수 있는 자로서 죽음을 향한 존재를 통해 존재와 그 진리에 화합하려는 그런 인간이기를 원한다. 우리가 신들의 불사성과 구별되는 것은 가사성이고, 동물의 사멸함과 구별되는 것은 죽음을 예감함에 있다. 따라서 하이데거는 죽음을 현존재의 가장 고유한 가능성으로 이해한다. "죽음은 그저 고유한 현존재에게 무차별적으로 '속해 있는 것만이 아니라, 이 현존재를 개별적인 현존재가 되도록 요구한다. 선구(Vorlaufen)에서 이해된 죽음의 몰교섭성은 현존재를 그 자신으로 개별화한다."[64] 결국 '죽음에로의 선구(Vorlaufen zum Tode)'함으로써 나의 각자성(Jemeinigkeit)이 드러나서 나 자신이 본래적이 되게 하고, 나의 존재에 책임을 지게 된다.

인간의 인간다움의 특성은 존재에 대한 감수성을 지닌 존재를 온몸으로 인지하는, 즉 받아들이는 자이다. 가사자로서 인간은 그 본질에 있어서 존재에 속한다. 인간과 존재는 서로에게 내맡겨져 있으며, 함께 속해 있는 것으로서 존재한다. 이제 인간은 존재자의 존재를 경이로움으로 받아들이고, 그것과 친교하며 그들과 함께 거주하며 놀이한다. 이런 한에서 인간은 인간으로 존재하는 것이다. 인간은 존재의 소리를 경청하면서 언어를 통해 그것을 드러낸다. 인간이 사유하는 한 존재한다. 물고기가 물에서 살고, 새가 창공에서 살 듯이, 인간은 존재의 진리 속에서 자유롭게 산다. 인간은 이미 존재의 개방성으로

---

64) SuZ 262쪽 이하.

들어서서 존재를 이해하는 것이다. 존재의 개방성은 결코 표상될 수 없는 지평인 것이다. 또한 인간이 사유의 조건이 아니라, 오히려 사유가 인간의 조건이다. 하이데거의 견해처럼, 인간은 인간이기 때문에 사유하는 것이 아니라, 사유하기 때문에 비로소 인간으로 존재한다.

존재는 먼저 인간에게로 다가오기에, 인간에게 결코 부수적으로 현존하거나 예외적으로 현전하는 방식을 취하지 않는다. 존재는 자신의 요청에 의해서 인간에게 관여하면서 현성한다. 그러나 인간만이 다른 존재자와는 달리 존재에 열려 있기에 존재를 도래하게 할 수 있다. 이런 맥락에서 인간과 존재는 서로 귀속한다고 볼 수 있다. "존재는 현성하기 위해 인간을 필요로 한다. 또한 인간은 현-존재로서의 자신의 극단적 사명을 완수하기 위해 존재에게 속한다."[65] 그러나 "존재와 인간은 우선 자신을 위해 서 있다가 그다음 변증법적으로 하나의 연관에로 데려와야만 하는 어떤 것이 아니라, 그들은 도대체 오직 서로에 내맡겨져 있으며 함께 속해 있는 것으로서 존재한다."[66]

기술시대에 인간은 이제 부품 주문 요청자 내지 기술 담당자가 된다. 그러나 인간이 '권력에의 의지'를 통하여 존재자를 무제약적으로 지배한 결과 이제 인간은 더 이상 주체로도 존재하지 않게 된다. 인간은 '권력에의 의지'를 구현하기 위해 자신까지도 부품으로 탈은폐한다. 이로써 단순히 기술담당자 혹은 부품 주문 요청자로서만 남게 된다. 따라서 현대기술을 통하여 서구형이상학이 간주해왔던 인간본질의 모든 변화 가능성은 고갈된다. 인간본질의 극단적 가능성은 현대기술을

---

65) GA 65, 251쪽.
66) ID 21쪽.

통해 실현된다. 이로써 서구 휴머니즘도 종말을 맞이한다.

　인간은 존재의 진리의 현성을 견뎌냄을 위해 존재에 의해 필요하게 된 자이다. 그러나 그렇게 필요하게 된 자로서 인간은, 현-존재에게로 근거지어지는 한에서만, 즉 창조하면서 그 자신 현-존재를 근거짓는 자로 되는 한에서만 인간이다. 그러나 존재는 여기에서 생기사건으로 파악된다. 이 양자는 공속한다. 현-존재에게로 되돌아가 현-존재를 근거짓는 인간과 '생기사건으로서의 존재의 진리'는 서로 공존한다. 인간은 누구인지를 하이데거는 존재진리로서의 생기사건과의 공속성에서 해명한다. 인간은 저 생기사건에 의해 근거지어진 현-존재이다.

　이런 점에서 "하이데거는 인간 삶의 모든 이론은 언제나 가정되어야 하지만 결코 완전히 개념화될 수 없는 존재와의 전 이론적 관계를 통해서만 가능해진다는 점을 논하고 있다."[67] 그의 인간관에는 자유주의적 개인이나 전체주의의 구성원보다는 민족공동체의 일원으로서의 인간에게 방점이 찍혀 있다. "그러한 민족공동체란 민족구성원들 하나하나가 조국의 하늘과 대지, 조국에 깃들인 신, 그리고 조국의 모든 존재자와 하나가 되고 또한 구성원들 전체가 하나가 되는 사회를 의미한다."[68] 인간은 구체적인 공간과 시간 안에서 태어나서 살아가는 역사적인 현존재이다. 『존재와 시간』에서 밝히고 있듯이, 현존재의 세계는 독립된 자아의 세계가 아니라 공동세계이다. 그리고 현존재로서의 내존재(In-Sein)는 타자들과의 공동존재(Mit-sein)[69]이다.

---

67)　T. Clark, 위의 책, 55쪽.
68)　박찬국, 위의 책, 234쪽 이하.
69)　SuZ 117쪽.

4. 숙고적 사유와 근본기분

인간은 '존재의 전향'이 일어날 수 있는 놀이공간을 열어놓아야 한다. 또한 우리는 기술세계에 대한 종래의 형이상학적 태도와 시각을 근본적으로 바꾸어야 한다. 이제 인간에게 요구되는 것은 존재의 도래를 기다리며 준비하는 숙고적 사유가 요청된다. 존재의 새로운 도래를 맞이하기 위해, 즉 '존재의 전향'을 그 가능성에서 확보하기 위해 우선적으로 전통적 형이상학의 합리적인 표상적 사고를 극복해야 한다는 것이 하이데거의 일관된 입장이다.

'세계-내-존재'는 피투된 상황적 존재이고 기분(Stimmug)에 조율되어 있는 존재이다.[70] 여기서 기분은 정서적이고 심리학적인 감정이나 마음 상태가 아니고, 오히려 존재와의 교감 속에의 조율이라 할 수 있다. 이것은 '존재의 소리(Stimme des Seins)'에 의해서 마음이 어떤 방향으로 정해지고(be-stimmt), 어떤 기분에 젖어 있음(ge-stimmt)을 의미한다. 기분은 인간 현존재가 세계 내에 처해 있다는 사실을 일깨우고, 전체로서 존재자의 있음을 개시하는 근본 동인이다.[71] 『철학에의 기여』에서는 다른 시원에서의 사유의 근본기분은 경이(Wunder), 자제(Verhaltenheit), 지루함(Langweiligkeit)이고, 반면에 놀람(Erschrecken)과 경악(Entsetzen), 수줍음(Scheu)은 주도적 기분이다.[72]

---

70) 하이데거는 『존재와 시간』 29~30절에서 기분 현상을 분석한다. '정상성(Befind-lichkeit)으로서의 현존재'(29절), '정상성의 양태로서의 두려움'(30절) .

71) SuZ 134, 184쪽.

72) GA 65, 14쪽.

이 청각(Gehör)은 귀와 연결되어 있을 뿐만 아니라 동시에 인간의 귀속성 (Zugehörigkeit), 즉 인간의 본질이 그것을 향해 조율되어(gestimmt) 있는 것에 귀속되어 있다는 사실과 연결되어 있다. 인간은 자신의 본질이 그것에서 기분적으로-규정되어(be-stimmt) 있는 것을 향해 조-율되어 있다. 기분적으로-규정되어 있음에서 인간은 음성(Stimme)을 통해 당혹해하며 일깨워진다. 그 음성이 순수하게 울리면 울릴수록 그 음성은 소리나는 것을 통해 소리 없이 울려 퍼진다.[73]

이남인에 의하면 후설도 '기분의 현상학'을 통해 감각적 경험이 지향적 체험으로 규정될 수 있다고 본다. "기분의 현상학에 의하면 모든 감정은 기분에 의해 채색되어 있고, 이 점에서는 감각적 감정도 예외가 아니다. 따라서 기분이 나름의 방식으로 세계 및 세계 내 대상과의 흐릿한 지향적 관계를 지니는 한, 기분에 의해 채색된 감정 역시 대상적인 것과 무관할 수 없다."[74] 여기서 기분이란 개별적 대상과 간접적인 지향적 관계를 맺고 있다는 것이다. "우리가 기분이 좋으면 우리의 시선이 가 닿는 이 대상, 저 대상이 정겹고 유쾌하고 사랑스럽게 느껴진다."[75] 이 기분에 대해 클라크도 아래에서 명확하게 해명하고 있다.

세계 내에 있는 우리 존재는 결코 철학적 전통에 속한 객관적이고 탈문맥화된 이론적 시선을 일차적으로 갖고 있지 않다. 우리의 이해는 언제나 어

---

73) SvG 131쪽.
74) 이남인, 『후설의 현상학과 현대철학』, 풀빛 미디어 2006, 50쪽.
75) 같은 책, 재인용 47쪽. in E. Husserl, 『유고』, M 95.

떤 특수한 상황에서 일어나며, 언제나 어떤 기분이나 그 밖의 것을 동반한다. 하이데거는 기분이란 말을 통해서 어떤 스쳐 지나가는 감정 상태를 말하려는 것은 아니다. 여기서 기분이란 전체로서 사물들의 일반적인 비주제적인 감각, 중요하든 그렇지 않든지 간에 사물들이 그 아래에서 자신을 보여주는 널리 스며 있는 색조를 뜻한다. 그런 기분은 우리 세계성의 근본 구성 틀이다.[76]

파스칼(B. Pascal)도 이성을 견제할 수 있는 인간 내면의 또 다른 힘이 필요하다고 한다. 그것을 심정(coeur) 또는 영감(inspiration)이라고 부른다. 그는 영감으로 주어진 심정의 직관주의를 통해 세계의 깊이를 이해하고자 한다. 그래서 그의 이성주의는 이성과 대립하는 '심정의 논리(logique du coeur)'를 인정하는 이성주의이다.[77]

철학의 시초부터 경이(θαυμάζειν, thaumazein)라는 기분 속에 사물들은 자신의 참된 모습을 드러낸다. 아리스토텔레스는 『형이상학』에서 철학의 동인인 '경이'에 대해 설명한다. "그것이 제작적 지식이 아님은, 처음으로 철학을 했던(지혜를 추구했던) 사람들을 보아도 분명하다. 지금이나 처음이나 사람들은 경이 때문에 철학함을 시작했으니 말이다. 난관에 부딪혀 경이로움을 느끼는 사람은 자신이 무지하다고 생각한다. 따라서 무지로부터 벗어나기 위해서 사람들이 철학을 하기 시작했다면, 앎을 위해서 지식을 추구하는 것이지 어떤 쓸모를 위해서 그런 것이 아님이 분명하다."[78]

---

76) T. Clark, 위의 책, 47쪽.
77) 최한빈 외, 『신앙과 논리』, 살림 2004. 16쪽.
78) Aristoteles, 조대호 옮김, 『형이상학』, 길 2017. 982b 11-21.

전기 하이데거에 있어서 기분은 심적이고 내면적인 것과는 무관하고, 오히려 그것은 세계를 개시하는 성격을 가지고 있다. "기분은 그때마다 이미 세계-내-존재를 그 전체로서 개시해왔고, 무엇보다도 ~을 향한 방향설정을 가능하게 한다. 기분에 젖어 있음은 우선 심적인 것과 관련되어 있지도 않으며, 그 자체로 수수께끼 같은 방식으로 밖으로 나와서 사물들과 사람들을 물들이는 내면적인 상태도 아니다."[79] 하이데거에 의하면, 경이로움을 통해 우리는 존재자의 존재와 성스럽고 신비스러운 깊이를 경험할 수 있다. 이는 표상으로 세계를 파악하는 것과 달리, 기분으로 세계를 경험하는 것은 그것에 대한 깊은 애정과 정감의 마음으로 세계와 만나는 것을 의미한다.

그러나 오늘날의 기술문명 시대에는 '경악(Entsetzen)'이란 기분 속에 사물들이 드러난다. 경악이라는 주도적 기분에서는 존재상실의 곤경이 필연적이 되고, 또한 존재와 존재의 진리가 망각되는 심연이 펼쳐진다. 경악이란 기분 속에서 존재자들에게서 그것들의 고유한 존재가 떠나버리고 근원적 세계 또한 사라져버렸다는 사실이 개시된다. 근원적인 세계는 경악이란 기분 속에서 은닉된 형태로 자신을 고지해 온다. 이런 점에서 하이데거는 경악의 위험이 존재하는 곳에 경이의 축복이 존재한다고 한다. 경악은 경이로 가기 위한 단초이다. 우리는 지배의지를 버리고 허령(虛靈)한 마음을 가지는 것이 중요하다. 휠덜린과 콜리지(S. T. Coleridge) 같은 시인들도 이런 사태의 징후를 읽고 있다.

---

79) SuZ 136~138쪽.

당신은 일찍이 사물이 존재하고 있다는 단순한 사실 그 자체에 마음을 빼앗긴 적이 있는가? 당신은 당신 자신에게 당신 앞의 한 인간이든, 아니면 하나의 꽃이든 아니면 한 알의 모래이든 '그것이 거기에 존재한다!'고 말해 본 적이 있는가? 그것들이 어떤 방식으로 있는지, 그리고 그것들이 어떤 형태를 갖는지에는 전혀 관심을 갖지 않은 채 말이다. 〔…〕 당신이 그러한 경험을 가진 적이 있었다면 당신은 당신의 정신을 경외와 경탄으로 사로잡는 어떤 신비의 현존을 느꼈을 것이다.[80]

하이데거에 의하면, 단적으로 말해서 불안(Angst)이라는 기분에서는 스스로의 존재뿐만 아니라, 존재자 전체가 존재한다는 것이 문제가 된다. 이렇게 모든 존재자의 존재가 문제되는 기분을 근본기분이라고 부르고 있다. 존재자 전체가 문제시되기에 불안이나 깊은 권태와 같은 근본기분에 사로잡힌 사람들에게는 존재자 전체가 이전과는 전적으로 다르게 자신을 드러내 보이게 된다. 따라서 우리는 그러한 기분에 사로잡히기 전과는 완전히 다른 태도로 살게 된다. 불안에서 우리는 존재자가 존재한다는 기적에 직면한다. 이런 기분이 엄습할 때, 우리는 세계 전체를 질적으로 다르게 경험한다.

하이데거는 시인과 기분의 관계를 설명한다. 시인은 어떤 기분을 통해 말한다. 그 기분은 근거와 기반을 결정하고, 시적 말함이 그로부터, 또한 그 안에서 존재하는 방식을 확립하는 공간을 구획한다. 우리는 이런 기분을 그 시의 근본기분이라 명명한다. 그러나 근본기분

---

80) M. Warnock, *Existentialism*, Oxford University Press, 1970("The Friend", in S. T. Coleridge, *The Complete Works*, Harper 1868. vol. ii, p. 463), 50쪽에서 재인용.

을 통해 우리는 단순히 언어를 동반하는 감정 상태를 뜻하지 않는다. 차라리 그것은 시적인 말함 안에서 그 존재의 흔적을 수용하는 세계를 개방한다.

이 근본기분은 존재의 소리가 인간에게 전해주는 통로이다. 시란 항상 어떤 기분에 입각해 있다. 그리고 그것은 그러한 근본기분으로부터 출발한다. 따라서 시를 이해한다는 것은 단순히 그 시를 머리로 이해하는 것이 아니라, 그것을 지배하는 근본기분에 사로잡히면서 그 시에서 발해지는 존재의 소리에 귀를 기울이는 것이다. 하이데거는 『예술작품의 근원』에서 우리는 묵직한 돌을 들어 올리면서 그 돌에서 어떠한 이론적 개념으로도 파고들어 갈 수 없는 독자적인 깊이와 '자체-내-존립(In-sich-Stehen)'[81]과 자생성을 느낄 수 있다고 한다.

그리고 『철학에의 기여』에서 하이데거는 미래에 도래할 자들의 근본기분을 '자제(Verhaltenheit)'라고 한다. 자제란 인간 현존재에게 도래하는 생기사건에 의해 기분에 젖어 있으면서 생기사건을 알고자 하는 의지로 충만되어 있는 용기의 심정으로서 존재자를 지배하고자 하는 형이상학적 욕구를 억제함을 의미한다. 우리에게 우선 요구되는 것은 형이상학적 의지를 스스로 억제하는 자제이다. 자제는 우리를 존재의 나지막한 울림으로 이끄는 근본기분이다. 경악과 경외는 그때마다 자제로부터 발원한다.[82] 그리고 우리를 존재의 나지막한 울림으로 이끄는 주도적 기분은 경악과 경외이다. 그러나 경악과 경외가 우리를 존재의 나지막한 울림으로 이끄는 근본기분은 아니다.

---

81) Hw 65.
82) GA 39. 292쪽.

퇴겔러는 하이데거가 존재의 진리가 개시되는 장으로 보는 소위 불안이나 경외와 같은 근본정서가 자의적인 성격을 띨 수 있다는 사실을 지적하고 있다. 우리가 어떤 기분에 사로잡힐 때, 이러한 기분이 과연 존재의 진리를 개시하는 근본정서인지 아니면 임의적이고 변덕스러운 기분인지를 구별할 수 있는 기준이 필요하다. 따라서 퇴겔러는 기분과 전통적인 덕이론을 결합해야 한다고 주장한다.[83]

래톨(M. A. Wrathall)은 하이데거의 기분을 '세계-내-존재'로부터 피어오른다는 사실에 주목하여 세계와의 관계성에서 기분을 설명한다. "기분이 피어나는 것은 우리를 둘러싸고 있는 사물들이나 사람들 사이에서 우리가 어떻게 처신하고 또 그것들이나 그들과 어떻게 관계하느냐에 전적으로 달려 있다."[84] 그리고 하이데거에 있어서 "세계-내-존재는 우리가 늘 특정한 방식으로 세계에 처해 있다는 것을 함의한다. 우리는 '거기에(Da)'를, 즉 의미 있는 구조화된 상황을 갖고 있는데, 그 상황에서 행동하고 실존하게 마련이다."[85] 이와 같이 근본기분은 세계와 존재를 드러내는 단초로서 숙고적 사유의 근본조건이 된다.

5. 숙고적 사유의 실행목표: '존재 가까이'에 거주하기

우리는 무엇을 가까이하고 친근하게 여기느냐에 따라 자신의 가

---

83) O. Pöggeler, "Praktische Philosophie als Antwort an Heidegger", in *Martin Heidegger und das 'Dritte Reich'*(hrsg.), Bernd Martin, Darmstadt 1989. 67쪽.
84) M. A. Wrathall, 위의 책, 64쪽.
85) 같은 책, 69쪽.

치관과 세계관이 결정된다. 그것은 존재자를 가까이하느냐, 아니면 존재를 가까이하느냐 하는 것으로 대별된다. 프롬은 일찍이 '소유(Have)'인가, '존재(Be)'인가에 대한 물음을 던졌다. 우리에게는 존재자도 필요하고 또한 존재도 소중하다. 그러나 무엇을 우선시하느냐에 따라 세계를 바라보는 시각과 삶의 태도가 달라진다. 존재는 근원적인 차원에서 보자면 인간에게 가깝고, 인간은 존재에 가깝다. 그러나 실제에 있어서는 존재는 인간에게 가장 멀리 있다. "존재는 모든 존재자보다 더 멀다. 모든 존재자―그것이 바위든, 짐승이든, 예술작품이든, 기계든, 또 그것이 천사든, 신이든―보다 존재는 인간에게 더 가깝다. 존재는 가장 가까이 있다. 그럼에도 불구하고 그 가까움은 인간에게 가장 멀리 놓여 있다."[86]

무엇을 가까이함이란 그것에 대한 친숙함과 애정을 나타내는 것이다. 인간이 '있음' 그 자체를 가까이하고 좋아할 때, 비로소 인간다운 인간이 되는 것이다. "세계에 대한 우리의 근본적인 친숙성 및 이해야말로 우리가 행하는 모든 일의 기초가 된다."[87] 인간의 좋아함은 존재가 인간의 본질을 떠맡는 좋아함(Mögen)에 기인한다.

이러한 좋아함이란, 더 근원적으로 사유해보면, 본질을 선사함을 의미한다. 이러한 좋아함이 능력(Vermögen)의 고유한 본질이다. 〔…〕 좋아함의 능력이란, 그것이 지닌 힘으로 인해서, 어떤 것이 본래적으로 존재할 수 있게 되는 그런 것이다. 이러한 능력이 '본래적으로 가능한 것'이며, 이 본

---

86) Wm 144쪽.
87) M. A. Wrathall, 위의 책, 79쪽.

래적으로 가능한 것의 본질은 좋아함에 기인하는 것이다. 이 좋아함에 입각해 존재는 사유를 가능하게 할 능력이 있다. 존재가 사유를 가능하게 한다.[88]

일찍이 헤라클레이토스는 단편을 통해 말한다. 즉 "인간은 신 가까이에 거주한다."[89] 이와 유사하게 하이데거는 횔덜린의 근원(Ursprung) 내지 고향(Heimat)으로 돌아감이라는 시적 주제를 원용하여 '인간이 존재 가까이에 거주해야 함'을 강조한다. 초기 그리스 사유가들의 '존재에의 가까움'은 신들에게로의 가까움과 '언어 속에서의 거주함'에 근거한다.[90]

여기서 거주함은 사유함과 공속적인 관계에 있다. 횔덜린의 '고향'은 지리적인 의미가 아니라 존재역사적인 의미이다. 그것은 독일의 어떤 지방을 의미하지 않고, 오히려 '근원에로의 가까움(Nähe zum Ursprung)'[91]을 의미한다. 그의 시의 주요 용어들인 서양, 독일, 조국은 지리적인 이름이 아니라, 존재 위상학적 이름이다.[92] 근원(Ursprung)의 가까이에 거주할 때, 비로소 인간은 존재역사적인 본질에서 자신을 '존재의 이웃'으로 경험한다. 우리의 있음은 단적으로 거주함이다. "인간은 자신의 존재역사적 본질 속에서 탈-존으로서 존재의 가까이에 거주하는 자신의 존재를 존속하는 존재자이다. 인간은

---

88) Wm 127쪽.
89) Hum 29쪽.
90) GA 55. 66쪽 이하; VA 220쪽.
91) Hum 25쪽.
92) E. Kettering, 위의 책, 58쪽.

존재의 이웃이다."[93] 모름지기 '고향에 있음'은 존재 가까이에 거주함이고, 고향에 없음은 '존재의 소격(疏隔)'을 경험함이다.

하이데거는 존재를 대상화하여 고찰하는 것이 아니라, 존재가 말하는 대로 비표상적으로 존재를 받아들이고자 한다. 존재와 언어는 인간이 마음대로 처리하고 조정할 수 있는 소유물이나 도구가 아니다. 오히려 우리는 존재와 언어 속에 살고 있다.

특히 횔덜린의 시작(詩作)은 존재를 낱말로서의 건립함(stiften)이다. 여기서 존재란 무엇인가? 존재를 화덕 내지 아궁이(Herd)로 비유한다. 화덕은 집안의 중심으로서 그것 가까이에서 사람들이 살아간다. 화덕의 개념을 확장하면 인간들이 모여 사는 중심으로서의 고향과 만난다. "존재는 화덕(Herd)이다."[94] 그리고 "화덕으로서의 존재는 모든 존재자들의 중심이요, 또한 고향 자체이다."[95] 식물이 대지에 뿌리내리고 살듯이, 인간도 정처 없이 부유하는 존재가 아니라, 정주할 고향에 거주해야만 한다. 그때만이 인간다운 삶을 향유하게 된다.

그러면 숙고는 무엇을 사유하는가? 그것은 바로 존재(있음) 그 자체이다. 내가 있고, 너가 있고, 우리가 있다. 숲, 산, 강, 바람, 땅이 있고, 바다도 있고, 하늘도 있다. 삼라만상이 저렇게 있다. 나라도 있고 민족도 있다. 이 '있음'은 우리의 가장 가까이에 늘 있다. 그것은 우리에게 가장 친숙한 것이다. 그러나 우리는 저 존재를 알아차리지 못하고 마치 없는 것처럼 망각한 채 삶을 영위한다. 또 이 있음은 동양의 이(理), 기(氣), 도(道), 무(無)처럼 있기는 하지만 설명하기는 어렵

---

93) Hum 29쪽.
94) GA 53, 140쪽.
95) 같은 책, 130쪽.

다. 우리는 배우지 않아도 무언가 없지 않고 있음을 자연적으로 알아차리며, 막연하게나마 '존재이해(Seinsverständnis)'를 하고 있다.

그리고 누구나 우리는 사랑하는 사람이나 애지중지하는 그 무엇의 존재를 가장 가치 있는 것으로 소중하게 여긴다. '존재의 이유'의 노래 가사처럼, "네가 있기에 나는 존재한다." 즉 저 '있음'이 어떤 존재자의 존재 이유가 될 수 있다. 특정한 사람이 가진 그 무엇들보다 그 사람의 존재 자체가 가장 소중하고 가치 있음을 우리는 부정할 수 없지 않은가! 그러나 오늘날 실상은 존재는 '가장 멀리 있는 것' 내지 '추상화된 그 무엇(원인, 근거, 이유 등)'으로 간주된다.

존재 자체는 기실 기존의 사유에 가장 먼 것이고, 반면 그것은 숙고적 사유에 가장 가까운 것이다. 존재 자체는 바로 존재의 진리이다. 하이데거는 '존재의 빛과 광채, 작열과 온기 속에서 모든 존재자가 항상 이미 모여 있는 바로 존재 그 자체'[96]를 앞서서 숙고하고자 한다.

이제 무엇을 '보이는 바대로' 인식하는 표상적 사고보다는, '있는 그대로'를 받아들이는(let it be!) 숙고적 사유가 필요하다. 여기서 받아들임은 표상행위 이전의 근원적 인식을 의미한다. 우리는 자연의 이법이나 진행에 순응하고, 탄생과 성장과 노화와 죽음을 자연스럽게 숙명으로 받아들인다. 단적으로 저 있음은 우리가 거부하거나 부정할수 없는 선재적으로 주어진 사태이다. 즉 존재는 '단적으로 앞에 펼쳐져 있음'이다.

그러나 하이데거의 지적대로 존재물음이 모호하게 되고 시대정신에 낯설게 된 지 오래되었다. 그리고 예로부터 '존재'라는 말로써 사유

---

96) M. Heidegger, 박휘근 옮김, 『형이상학 입문』, 문예출판사 1993, 112쪽 이하.

해야 할 것으로 드러내었던 것, 동시에 사유된 것으로 간주되었지만 아마도 일찍이 감춰져버린 것이다.[97] "'존재'-그것은 신도 아니고 또한 세계 근거도 아니다. 그러므로 존재는 모든 존재자에게서 멀리 있다. 하지만 인간에게는 각각의 존재자보다 더 가까이 있다. 그 존재자가 바위, 동물, 예술품, 기계, 천사 혹은 신이든지 간에, 존재는 가장 가까운 것이다. 그래도 가까움은 인간에게 가장 멀리 떨어져 있다. 인간은 우선 항상 이미 존재자에만 머물러 있다."[98]

기술시대의 모든 존재자는 존재역사적 문맥에서 '몰아세움(Gestell)' 속에서 부품화된다. 따라서 존재자의 존재와 극단적인 멂이 지배한다. 기술문명에서는 존재자와의 친밀한 만남이 아니라, 존재자에 대한 공격과 착취가 횡행한다. 이제 존재와의 가까움의 회복, 말하자면 존재가 스스로 존재하는 바 그대로 자기를 나타내도록 하는 것이 중요하다.

하이데거의 사유 길은 존재의 가까움에로의 여정이고, 또한 가까움에로의 도상이다.[99] 그런 "가까움은 언어 자체로서 현성한다."[100] 그리고 '존재에로의 가까움'은 그의 전체 사유 길의 목표이다. "존재에로의 가까움은 '존재의 이웃관계'로의 산책으로 이해하는 전체 사유의 목표이다."[101] 인간은 '존재 가까이에' 거주하는 존재의 이웃이다. 인간의 인간성(humanitas)을 자신의 존재와의 가까움으로부터 사유하는

---

97) Wm. Vormerkung.
98) Hum 19쪽 이하.
99) 같은 책, 31쪽.
100) 같은 책, 21쪽.
101) 같은 책, 29쪽.

새로운 휴머니즘을 하이데거는 제시한다. "인간의 인간다움을 존재와의 가까움으로부터 사유하는 것이 바로 휴머니즘이다."[102]

사물의 존재는 인간 편에서의 유의미성과 유용성 이전에 단적으로 자신 안에 서 있음이다. 그것은 저렇게 단적으로 생기사건과 비-은폐성으로 경험된다. 존재자는 비-은폐되어 있으면서 동시에 은폐되어 있다. "인간이 자신의 고유한 본질 안에서 존재에게 가까이 다가와 있는 방식은 존재의 진리 안에 탈자적으로 들어서 있음이다."[103] 결국 존재의 가까움은 언어로 나타난다. 존재는 강제적이지 않게 지배적으로 전개되는 소박한 가까움이다. 이러한 가까움은 언어 자체로 현성한다.[104]

우리의 눈앞에서 지금 익숙해져 있는 것, 즉 마음대로 처분할 수 있다고 보는 시선은 형이상학에 의해 각인된 것이다. 우리 사유는 형이상학적인 존재, 진리, 존재자, 사물, 인간 개념에만 머물러 있어서는 안 된다. 이제 모든 것에 대한 다른 시선, 즉 시적인 시선이 필요하다. 숙고적 사유의 궁극적 관심사는 최초의 시원성이다. 그것은 '비-은폐성(Un-verbogenheit)'으로서의 진리이다. 존재는 자신의 진리, 동시에 탈은폐와 은폐로 있는 것을 자신 안에 간직하고 있다. 숙고는 진리의 시원적인 본질을 사유한다. 즉 숙고적 사유는 존재의 비은폐성을 뒤따라 사유함이다.

그러나 계산적·기술적인 사유 및 형이상학적 사유는 기술과 형이상학을 생기사건으로서, 즉 존재자에 대한 진리의 한 특정한 정해진

---

102) Wm 339쪽.
103) 같은 책, 327쪽.
104) 같은 책, 330쪽.

역운으로 이해하지 않는다. 그 사유는 존재와 인간의 공속을 서로서로에게 속함으로 사유하지 않는다. 왜냐하면 그런 사유들에 있어서는 존재와 인간이 서로서로 내맡겨져 있는 방식이 문제시되지 않기 때문이다. 하이데거의 견해에 따르면, 우리는 기술세계에서 벗어나서 '사역'으로서의 고향 세계를 건립해야 한다. 다시 말해 이는 시어를 통해 세계를 건립해야 함을 의미한다.

하이데거 철학에서 가장 큰 의의 중 하나는 과학기술 시대의 한계를 직시하고서 그 극복 방안으로 시와 사유가 갖는 심대한 의미를 드러내고자 했다는 것이다. 여기서 말하는 시는 예술의 한 분야로서의 시에 그치는 것이 아니라, 예술 전반을 포함하는 것이다. 더 나아가 모든 참된 예술을 가능하게 하는 시적 태도를 가리킨다. 하이데거는 시적인 태도란 사물들을 소유하고 지배하려는 의지가 완전히 사라진 상태를 일컫는다. 이러한 태도야말로 사물들이 자신의 진리를 스스로 드러내도록 하는 초연한 내맡김이다.

요약하자면, 숙고는 필연적으로 '진정한 사유', 즉 다시 말해 목적을 정립하는 사유가 된다. 이러한 목적은 찾기 자체, 즉 '존재를 찾아감(das Suchen des Seyns)'[105]이다. 이 찾기는 물건을 찾는 것과 같은 행위가 아니고, 몸과 마음을 다하여 참된 것을 찾아가는 철학적 내지 구도적 숙고를 의미한다. 인간이 존재의 진리의 보존자가 될 때, 그리고 인간이 저 고요함을 위한 파수꾼이 될 때, 또한 인간이 거기를 향해 결단하게 될 때, 존재 찾기는 발생한다. 결국 이러한 존재를 찾아감 자체는 가장 심오한 발견이 된다.

---

105) GA 65, 17쪽.

6. 미래에 대한 준비로서의 숙고적 사유: 도래할 자들

하이데거는 미래를 준비하는 사유를 숙고적 사유라고 한다. 그는 미래의 사유를 떠맡을 자들을 '도래할 자들(die Zukünftigen)'[106]이라고 부른다. 그리고 우리 시대의 사유의 과제는 도래할 자들을 준비하는 것이라고 한다. 또한 미래의 사유는 시원적 사유이다. 그 이유는 미래적 사유는 지식을 추구하는 것이 아니라, 오히려 철학의 본령인 '지혜사랑'에 머물고자 하기 때문이다. 그러한 지혜는 앞으로의 역사를 결정짓는 근원적 영역을 밝혀주는 한에서 참다운 앎이 되어야 한다.

미래적 사유는 언어 속에 간직된 존재의 흔적들을 드러낸다. 그것은 더 이상 철학이 아니다. 왜냐하면 미래의 사유는 형이상학보다 더 독창적으로 될 것이기 때문이다. 그러나 헤겔이 요구했던 것처럼, 미래의 사유도 '지혜의 사랑'이라는 이름을 제쳐놓고 절대지의 형식으로 스스로 지혜가 될 수는 없다. 사유는 그 잠정적인 본질의 결핍으로 하강하고 있다.[107]

이제 미래를 준비하기 위해서는 숙고적 사유가 필요하다. "여기에서 시도된 숙고에서 중요한 것은 눈에 띄지 않는 사유의 발걸음을 준비하는 일이다. 존재 자체가 인간을 그의 본질을 고려해 다시 끌어들일 수 있게 되는 그 놀이공간을 비추어 드러내는 것이, 준비하는 사유에게는 중요하다. 준비하는 것이야말로 그러한 사유의 본질이다."[108]

도래할 자들은 '자제(Verhaltenheit, 삼감)'라는 근본기분으로 존재의

---

106) 같은 책, 395~404쪽.
107) Wm 360쪽.
108) Hw 194쪽.

진리를 사유한다. 그러한 사유를 통해 형이상학적 욕구를 자제하고 존재의 진리에 대해 결단을 내린다. 그리하여 존재자는 자신의 고유한 의미 안에서 드러난다. 도래할 자들은 존재의 진리의 부름을 기다리는 가운데, 경건한 마음으로 존재의 진리에 관해 끊임없이 묻는다. 그들은 존재의 회복을 준비하는 사람들이다. 하이데거는 도래할 자들의 표상으로서 횔덜린을 미래적 시인으로 자리매김한다. "횔덜린은 아득한 곳에서부터 다가오는 그들의 시인이고, 또한 도래할 시인들 중 가장 도래할 시인이다. 횔덜린은 도래할 자들 중 가장 도래할 자이다. 왜냐하면 그는 가장 아득한 곳에서 유래하고, 또한 이 아득함 속에서 '가장 위대한 것'을 남김없이 측정하고 변경하기 때문이다."[109]

미래로부터 궁핍한 시대를 향해 손짓하는 신의 '번개' 또는 '천둥'을 신의 '신호' 내지 '눈짓'으로 알아차리는 것은 궁핍한 시대의 시인들뿐이다. 시인들만이 인간에게 쫓겨나 떠돌고 있는 신의 도래를 예비할 수 있다. 시인들만이 성스러운 것의 도래함을 볼 수 있고 마중할 수 있다. 그리하여 "오직 신만이 우리를 구원할 수 있습니다. 나는 유일한 구원의 가능성이 사유와 시작 속에서 우리가 몰락하면서 신의 출현이나 부재를 위한 준비를 갖추는 데 있다고 봅니다. 〔…〕 우리는 사유를 통해 신을 불러올 수는 없습니다. 우리는 기껏해야 신을 기다리는 준비를 할 수 있을 뿐입니다."[110]

미래적 사유 내지 예비 사유로서 숙고적 사유는 눈앞에 보이는 것을 사유하는 것이 아니라, '있는 그대로의 참'인 존재진리를 사유의

---

109) GA 65, 401쪽.
110) SI 99쪽 이하.

사태로 삼는다. 존재는 이론적으로 파악되는 것이 아니라, 오히려 그것은 신비로운 충만함과 성스러움이란 성격을 지닌다. 그것은 다른 말로 환원하거나 변환할 수 없는 사유의 근원 사태이다. 존재자의 존재는 그것이 지닌 존재의 드러남과 감춤이다. 따라서 존재는 어떤 구체적인 의미가 결여된 추상적이고 공허한 개념이 아니라, 함부로 규정하거나 파악할 수 없는 무한한 깊이와 의미를 갖는 사태이다.

이제 신이 떠난 궁핍한 밤에서 신성한 밤으로 옮아가야 한다. "신이 도래하거나 신의 부재에 대해서 열린 태도를 취하는 준비를 갖추는 것뿐입니다. 신의 부재를 경험하는 것은 아무것도 아닌 것이 아니라, 내가 『존재와 시간』에서 존재자에로의 퇴락이라고 불렀던 것으로부터 인간을 해방시키는 일이다. 앞서 언급한 준비를 갖추는 것에는 오늘날 진정하게 존재하는 사태에 대해 숙고하는 일이 속한다."[111]

이제 시적 숙고를 통해 미래를 열기 위해 사유의 원천을 회상할 수 있게 된다. "원천의 근거를 회상하는 것인 시작은 단순히 지나간 것을 되돌아보는 것이 아니다. 회상은 인사하면서 부름을 받은 것을 현재로 불러온다. 부름을 받은 것의 도래는 우리에게 부르는 인간에게 하나의 미래를 열어주며, 그래서 우리로 하여금 다시 돌아오는 원천을 우리에게로 다가오는 미래로서 마주할 수 있도록 해준다."[112]

그러면 하이데거에게 미래의 우리의 삶의 세계가 뿌리를 내려야 하는 바탕과 토양은 무엇인가? 우리의 미래의 모습을 헤벨(J. P. Hebel)의 말을 인용하여 그는 식물의 삶에 비견한다. "우리는 식물들이다.

---

111) 같은 책, 444쪽.
112) 이기상, 위의 책, 328쪽.

우리가 그 사실을 기꺼이 인정하든 인정하지 않든, 에테르 속에서 꽃이 만발하고 열매를 맺을 수 있기 위해서는 뿌리를 박은 채 땅으로부터 솟아올라야 하는 식물들이다.ᵃ[113] 달마이어에 의하면, 하이데거는 '횔덜린 강의'[114]에서 귀향을 위한 디아스포라의 모험을 통해 새 미래를 위해 동서양을 넘어서려고 한다.

> 횔덜린에 대한 강의에서 그는 독일 문화와 그리스 문화를 대비하고, 전자에 분명함과 조직의 능력을, 후자에게는 '천국으로부터의 불'에 대한 개방성을 떠맡긴다. 그가 주장한 대로, 독일인들의 과제는 모국의 유산과 능력에 만족하는 것이 아니라, 해외로 모험을 감행하는 것이었다. 〔…〕 하이데거는 계속해서 그 지평을 독일과 그리스의 조우를 넘어서 새 미래에 대한 추구로까지 확장했다. 그곳은 아침의 땅과 석양의 땅, 동방과 서방 너머에 있다.[115]

요약하자면, 하이데거는 계산과 탐구에 앞서 이미 존재하는 사태 자체를 마음 속에서 자각하고 간직하며 음미하는 사유의 화급한 필요성을 주장한다. 이로써 그는 계산적 사유의 존재론적 근원을 밝히고자 한다. 그것은 존재사유, 더 정확히 말하자면 존재의 진리에 대한 사유를 일컫는다. 기술적 탈은폐의 위험 앞에서 기술화된 현대인은 오늘날 더 이상 자기다움을 만나지 못하며, 또한 그의 고유한 자연스러운 본질을 경험하지도 못하고 있다. 계산적 사고로 파악될 수 없는

---

113) Gel 26쪽.
114) GA 4. 29쪽 이하.
115) F. Dallmayr, 위의 책, 93쪽.

것은 미래를 준비하는 사유로서의 숙고를 통해 조우할 수 있다.

7. 숙고적 사유의 적실성

오늘날 우리는 대체로 기술적 혁신만이 우리 시대를 구원해줄 수 있다고 믿는다. 기술의 무한성장과 무한질주만이 인류 미래의 생존을 위한 유일한 희망이 된다. 이런 기술적 세계관은 계산적 사고에 기초하고 있다. 이러한 대세를 거스르거나 비판하는 것은 시대착오적이거나 비현실적인 난센스로 치부될 수 있다.

그러나 진정한 철학은 언제 어디서나 당연시되던 대중의 믿음과 관습에 대한 비판적 물음에서 시작된다. 그것은 그때그때마다의 시대정신과 대결한다. 그것은 '광야에 외치는 소리'로서 아무도 듣지 않는 고독한 외침일 수 있고, 대낮에 등불을 든 괴기한 디오니소스(Dionysos)의 모습일 수 있다. 그리하여 철학은 당대로부터 따돌림을 받고, 또한 현실과 실제에 아무런 연관성(relevance)이 없는 추상적이고 비현실적인 학문으로 취급받는다. 또한 그것은 현실에 아무런 영향력도 미칠 수 없는 현학적 소수자들의 지적 유희 내지 현실을 모르는 '반시대적 성찰'로 간주되기도 한다.

마르쿠제도 하이데거의 사유와 마르크스주의와 연결을 시도한다. 왜냐하면 하이데거의 일상성 분석과 현존재의 현사실성에 대한 해석이 현실적인 인간과 구체적인 삶의 세계에 정향되어 있다고 여겼기 때문이다. 그러나 그러한 시도는 성공하지 못한다. 결국 그는 하이데거의 사유가 현실에 적합하지 않은 추상적인 것이라고 간주한다. "그러나 나는 하이데거의 구체성은 대부분 거짓이고, 거짓 구체성이라는 점을 깨달았다. 사실 그의 철학은 그 당시 독일대학을 지배했던 철학들만큼이나 추상적이며, 현실을 제거하고 심지어 현실을 회피했다."[116]

이제 하이데거의 숙고적 사유는 현실과 실제에 적합한지, 그리고 그것을 실제에 적용할 수 있는지의 여부를 검증할 수 있는 사유의 적실성(適實性) 문제를 살펴보고자 한다. 하이데거는 숙고적 사유가 태동했던 1930년대 말(1938~39)의 독일과 유럽 일반의 상황을 아주 명료하게 서술하고 있다. 그는 당대의 권력, 폭력, 기술, 세계관과 관련된 세계사적 사건들을 존재역사적 관점에서 근원적으로 '형이상학적 시기의 완성'의 징후들로 본다. 이 시기에는 인간이 '기술적인 동물'과 '약탈자(노동자-전사)'로 변모한다. 이 모든 것은 존재의 떠나버림, 말하자면 존재 자체의 유기와 인간 편에서 존재를 망각한 데서 연유한 것으로 분석된다. 이는 우리 인간의 본질의 망각, 즉 존재진리를 드러내는 개시성의 망각이다.

이제 인간존재 자체는 권력, 폭력, 기술, 세계관의 지배하에서 그것에 종속되어 봉사하는 '특정 자원'으로 존재한다. 또한 하이데거에 의하면, 당대의 사람들은 자유주의자, 나치주의자, 공산주의자, 사회민주주의자로 결단하기로 강요받는 처지에서 자유로울 수가 없었다. 하이데거에 의하면, 자유주의, 공산주의, 니힐리즘, 나치즘 등에는 공히 '의지에의 의지(der Wille zum Willen)'가 지배한다. 이는 자신의 안전확

---

116) F. Olafson, "Heidegger's Politics: An Interview", R. Pippinte al.(ed.) *Marcuse and the Promise of Critical Theory*, Southly Hadley 1988. 96쪽.

보와 강화를 의욕하는 광기 어린 맹목적인 의지이다.

하이데거는 전통 형이상학의 역사와의 이론적 대결뿐만 아니라, 20세기 초반부터 독일과 유럽의 현실에서 전개된 시대정신과도 대결한다. 말하자면 유대적 상업주의, 아메리카니즘(Amerikanismus)[117]으로 대표되던 자유주의적 자본주의, 계획된 사회진보를 지향하는 볼셰비즘(Bolshevism)의 공산주의 및 사회민주주의에 대한 선택의 압력에 직면한다. 당대에는 자본주의 경제가 독점단계로 진입하여 각국은 대형화한 경제력의 판로를 필요로 하였다. 이에 따라 이들 국가는 해외에서 식민지나 세력권을 넓히기 위한 격렬한 경쟁을 도모하였다.

하이데거는 인력, 자본, 기술을 결합하여 세계에 대한 총체적 지배와 독점을 지향하는 총체적 이데올로기적인 세계관을 문제 삼는다. 따라서 이런 상황 속에서 유대적 상업주의와 미국의 자본주의의 천박성과 볼셰비즘의 전체주의적 집단주의의 각축 속에서 독일 민족의 정신적 목표를 고민할 수밖에 없었던 것이다. 결국 그는 당대의 자유주의, 민주주의,[118] 공산주의, 나치즘, 휴머니즘, 니힐리즘 등도 근대의

---

117) 아메리카니즘에 대한 비판은 1940년대 초에 서구의 미국화로 인한 문화산업의 유입을 경계한 데서 유래한다. 특히 미국식 양적 크기의 숭배, 기술 지상주의, 역사 감각의 부재를 비판하고 있다. 참조 GA 52, 10, 27, 134쪽. "자연은 역사를 결여하고 있다. 예를 들어서 아메리카주의는 자연과 마찬가지로 비역사적이며 파멸적이다."(GA 53, 179쪽)

118) 하이데거에 의하면, 민주주의는 니힐리즘의 한 변종으로 이해될 수 있다. "유럽은 여전히 민주주의를 고수하고자 하며, 이것이 자신의 역사적 사멸이 될 것이라는 사실을 깨닫지 못하고 있다. 왜냐하면 민주주의는 니체가 명확하게 보았던 대로 니힐리즘의 한 변종, 즉 최고의 가치들이 자신의 가치를 상실하는 변종일 뿐이기 때문이다. 최고의 가치들은 이제 '가치'일 뿐이므로 더 이상 역사를 형성하는 힘이 될 수 없다. 그러한 방식으로 그것들은 자신의 가치를 상실하고 있는

이성적 사고의 구현을 도모한 것으로 간주한다. "물론 하이데거는 실제의 나치즘과 결별하면서 나치즘이 근대 기술문명을 극복한 체제가 아니라, 나치즘 역시 근대적인 기술지배 원리를 극단적으로 구현한 정치체제라고 생각하게 된다."[119] 이런 하이데거의 주장은 논란의 대상이 되고 있다.

그러나 "하이데거는 정치적인 원자론과 급진적인 개인주의에 반대하는가 하면 동시에 어떤 유형의 집단주의도 꺼린다."[120] 나치즘을 포함한 모든 국가주의(Nationalismus)도 인간중심주의적인 주관주의의 산물로 본다. "모든 국가주의는 형이상학적으로는 인간중심주의이며, 그러한 것으로서 주관주의이다. 국가주의는 단순한 국제주의를 통해서는 초극되지 않고, 오히려 단지 확대되어 하나의 체계로 고양될 뿐이다. 이로써 국가주의는 인간다움에로 이르지도, 지양되지도 못한다."[121]

하이데거에 있어서 서구사상의 시원인 그리스 철학의 정신을 계승하는 과제는 가장 형이상학적인 민족인 독일인에게 주어졌다고 본다. 이것을 독일 민족의 역사적·정신적 사명으로 간주한다. "지구는 화염에 싸여 있고, 인간성은 탈구되어 있다. 반성적인 세계-역사의 재조정은 오직 독일적인 것들로부터 유래할 수 있다―그들이 '독일적인 것(또는 '게르만'이 무엇을 의미하는지)'을 발견하고 보존한다는 전제

것이다."(GA 43, 193쪽)
119) 박찬국, 위의 책, 138쪽.
120) F. Dallmayr, 위의 책, 116쪽.
121) Wm 338쪽.

하에서 말이다.”[122] 감각주의적이고 향락적인 프랑스인, 물질주의적이고 상업적인 영국인들에 비해 하이데거는 독일어를 보존하고 있는 독일인이야말로 유럽 문명을 정신적인 퇴폐에서 구원할 수 있는 유일한 민족이라는 ‘문화적 국수주의’[123]에 사로잡혀 있었다. 독일 민족은 자신의 역사를 건립하고 자신의 정신적 세계를 언제나 새롭게 쟁취해냄으로써 자신의 운명을 형성할 수 있다고 본다. 이런 점에서 그의 나치 참여와 협력에 대한 오점과 실수가 생긴 것이다.

하이데거에게 언어들 사이의 최고 관계는 독일어와 그리스어 사이의 관계이다. 독일어와 함께 그리스어는 사유의 가능성에서 모든 언어 가운데 가장 강력한 동시에 가장 정신적이다. 그는 영어, 라틴어, 프랑스어는 사유하기에는 너무 부족하고, 궁핍하다고 본다. 독일어와 독일 사상, 그리고 독일 민족은 이국적인 그리스어와의 관계를 통해서 그 가장 깊은 심층의 가능성을 일깨우고, 유럽에서의 정신적 지도력의 역할을 일깨운다는 것이다. 그런 언어적 민족주의에 대한 가장 좋은 대답을 하이데거 안에서 찾는다면, 다른 언어 속에서 그가 빚진 사유의 역동성을 보여주는 것이다.[124] 그러나 그는 일체의 민족주의를 근대 주관주의의 산물로 본다. 즉 “모든 민족주의가 형이상학적으로 인간주의이며 그 자체로 주관주의이다.”[125] 오스트리아 시인 트라클의

---

122) GA 55, 123쪽.
123) 박찬국, 위의 책. “하이데거는 독일 민족의 생물학적 우수성에 입각해서가 아니라, 독일 민족이 이룩한 시와 음악과 철학에서의 업적을 토대로 그러한 주장을 하고 있는 것이다. 이런 의미에서 하이데거는 문화적 국수주의자라고 볼 수 있다.”(171쪽)
124) T. Clark, 위의 책, 153쪽.
125) Wm 338쪽.

시에서 독일어의 탁월성을 볼 수 있다고 한다.

「어느 겨울 저녁」―트라클(Georg Trakl)―

창가에 눈이 내리고
만종이 은은히 울려 퍼지면
많은 사람들을 위해 식탁이 차려진다.
살림은 모자랄 것이 없다.

떠도는 나그네들은
어두운 좁은 길을 따라서 문으로 다가온다.
대지의 서늘한 수액을 빨아들이며
은총의 나무는 찬연하게 피어 있다.

길손은 말없이 들어선다.
문턱은 이미 고뇌의 화석이 된 지 오래다.
식탁 위에는 빵과 포도주가
지순의 광명 속에서
빛을 발하고 있다.

하이데거는 그의 사유를 통하여 현실을 변혁시키거나 정치적 영향력을 행사하는 것과 거리를 둔다. 1930년대 중반 하이데거의 이상은 그가 살았던 현실과는 거리가 멀게도 '한 민족의 역사적 실존'이 '시인'에 의해 건립되는 것이고, 사유가에 의해 앎으로 조직되는 것이며, 국가의 건립자에 의해 대지와 역사적 공간에 뿌리를 내리는 것으로 본다. 이상적인 정치가는 예술과 사유 속에서, 그리고 탈은폐의 영역 안에서 활동하게 된다. 위대한 철학자는 자신의 시대를 규정하는 존재자의 본질과 진리의 본질을 드러냄으로써 그 시대를 정초한다.

계산하고 표상하고 지배하는 과학적인 사유에 대한 대안으로 하이데거는 한 걸음 물러나 존재를 마음속에 간직하고 자각하고 받아들이는 사유를 제안한다. 이것은 기술의 형이상학을 떠나, 그것과 상관없이 저 건너편에서 또다른 사유를 펼치는 것이 아니라, 오히려 존재사의 맥락에서 기술과 형이상학의 본질 자체를 물음에 회부하는 사유이다.

하이데거는 철학의 종말, 그리고 이것과 연관된 '인간의 죽음', 또는 '주체의 죽음'을 부정적으로 보지 않는다. 이제 인간은 '존재의 전향'이 일어날 수 있는 놀이공간을 열어놓음이 중요하다. 인간은 먼저 기술세계에 대한 종래의 형이상학적 태도의 시각을 근본적으로 변혁해야 한다. 인간에게 요구되는 것은 존재의 도래를 기다리며 준비하는 숙고적 사유이다.

이제 기술인, 상인, 경영인이 자연을 이해관계에서 바라보는 지배의 태도보다는 농부, 수공업자, 시인처럼 자연과 온몸으로 교감하며 자연의 질서와 숨결에 순응하며 마음을 비우는 태도에서 미래의 인간상의 모습을 하이데거는 찾고자 한다. 사물들의 본질은 단순히 우리가 사물을 눈앞에 놓고 분석함으로써가 아니라, 사물을 손과 발로 경험함으로써 드러난다고 본다. 어떤 의미에서는 농부와 수공업자들이야말로 온몸으로 사물들의 본질을 경험하는 사람들이라고 생각한다. 그가 일생에 걸쳐 농부와 수공업자의 삶을 근원적인 삶으로 찬양했던 것도 이 때문이다.

> 나의 작업 전체는 이러한 산(山)과 농부들의 세계에 의해 지탱되고 인도된
> 다. 가끔 저 위에서의 작업은 여기 아래에서의 회의나 강연을 위한 여행,
> 토론, 교육활동을 통해 오랫동안 중단된다. 그러나 내가 다시 위로 올라
> 와 오두막집에 들어서는 순간부터 이전에 내가 사로잡혔던 물음들의 세
> 계 전체가 내가 그것을 떠났던 그대로 나에게 몰려온다. 나는 사유의 고
> 유한 운동 속으로 내던져지며 그것의 은닉된 법칙을 전혀 제어할 수 없게
> 된다.[126)]

계산적 사고가 득세하는 '죽은 시인의 사회' 속에서도, 그리고 눈에
보이는 것만이 존재로 인정되는 시대에 우리는 숙고적 사유를 통해
철학적 구원을 이야기할 수 있을까? 하이데거는 숙고를 통해 존재와
비존재, 존재와 무, 은폐와 탈은폐, 현존과 부재의 교차를 말하고자
한다. 그 존재는 늘 우리 가까이 있으나, 그것을 우리가 망각하고 있
기에 가장 멀리 있는 셈이다. "눈에 띄지 않는 것 중에서도 가장 눈에
띄지 않는 것, 단순한 것 중에서도 가장 단순한 것, 가까운 것 중에서
도 가장 가까운 것, 먼 것 중에서도 가장 먼 것이며, 죽을 자인 우리
는 한평생 그 안에 체류한다."[127)]
우리가 체류하고 있는 그곳은 바로 사역으로서 한 인간이 태어나
서 죽어가는 구체적인 장소와 시간이다. 하이데거 철학은 비현실적·

---

126) GA 13, 11쪽.
127) UzS 297쪽.

초현실적 · 탈역사적 · 신비주의적인 것에 속한다는 평가도 받고 있다. 그러나 그의 철학은 전 · 후기 모두 구체적인 실존적이고 역사적인 현실에 바탕을 두고 있음을 확인할 수 있다. 전기에서는 실존적 개인이 놓인 구체적인 삶의 상황과 처지(Befindlichkeit) 및 도구적 생활세계가 관건이 된다. '현존재의 해석학'과 '현사실성의 해석학'[128]을 논하면서 하이데거는 '현사실적 삶의 경험'과 '일상성'을 자신의 철학함의 단초로 삼는다. "철학은 현존재의 해석학에서 출발하는 보편적인 현상학적 존재론이다."[129] 후기에는 모든 존재자가 속한 존재의 역운, 즉 빅 히스토리(Big History) 내지 심층적 근원역사에 관여되어 있고, 자신이 본래적으로 거주하는 사방세계와 가까이에 있는 '사물들(Dingen)'과의 친교에 중점을 두고 있다.

하이데거는 그 종말에 이른 서양의 형이상학의 역사 전체와 특히 근 · 현대 학문이 기초하고 있는 근대성의 근본적 가정에 대한 급진적 비판을 시도한다. 즉 그것이 가정하고 전제하고 있는 철학적 토대의 무지반성을 드러내면서 그것의 근원을 숙고하고자 한다. "하이데거의 사유는 너무나도 근본적인 것들을 다루고 있다. 그래서 하이데거에게 다가가려는 사람들은 우선 그들이 생각하고 가정하고 당연시하는 모든 것들에 관한 토대가 바로 하이데거의 텍스트 속에서 문제시된다는 사실에 주의해야 한다."[130] 하지만 그 심층적인 토대는 결코 현실과 구체적 상황과 분리되어 있거나 무관한 것은 아니다.

128) M. Heidegger, *Ontologie. Hermeneutik der Faktizität(1923)*, Frankfurt a.M. 1988(GA 63).
129) SuZ 38쪽.
130) T. Clark, 위의 책, 22쪽.

현대인은 자기 존재, 타인의 존재, 사물의 존재에 대한 관심을 상실하고서 오로지 존재자에 대한 파악과 관심만이 지배한다. 하이데거의 시대진단은 존재역사의 관점에서 파악된다. 그것은 존재가 각 시대마다 스스로 자신을 드러내는 고유한 사건의 역사이다. 이 역사에 인간의 사유가 참여하여 철학의 역사를 형성한다. 중요한 것은 하이데거의 철학이 현실의 세계지평과 역사지평을 토대로 하여 구축되어 있음을 확인할 수 있다. 즉 그의 사유 속에 구체적인 현실과 접점과 연관성을 가지지 않는 논의는 찾아보기 어렵다.

따라서 하이데거는 현시대의 문명을 이끌어가고 지배하고 있는 형이상학적 기원을 숙고한다. 이런 점에서 그의 철학은 결코 현실 도피적이거나 비역사적인 것이 아니다. 숙고는 일상적 현실에서는 미미하고 무력할 수 있다. 그러나 숙고는 역사를 근원적으로 새롭게 세울 수 있는 단초가 된다.

클라크도 하이데거 철학의 일상적 현실과의 연관성을 강조한다. "하이데거는 이론적 이해를 유일하고 참된 이해의 양태로 고정시키는 서양사상의 전체 경향에 반대하며 논의를 전개한다. 우리의 기초적인 앎의 형태인 비개념적인 것을 증명함으로써 그는 가장 평범한 일상경험에서 실제로 일어나는 것에 근거지를 마련한다. 단순히 실존함으로써 인간존재는 하나의 이론으로는 명백하게 번역될 수 없는 세계에 대한 접근방식을 갖는다."[131]

만일 인간이 이성적 존재라면, 이성적으로 행동하는 것은 인간의 본성에 적합한 행동이 된다. 이런 점에서 인류는 진정한 인간적 상태

---

131) 같은 책, 57쪽.

에 들어서기보다 새로운 종류의 기계적 상태에 빠졌는가에 대한 이유를 물을 수 있어야 한다. 인간은 단지 기계적 부품 내지 기술적·경제적 자원으로 전락하여 자기 자신을 만날 수조차 없다.

하이데거에 의하면, 기술화된 현대인은 오늘날 자기 자신의 참다운 존재를 만나지 못하며, 더욱이 그의 고유한 자연스러운 본질을 경험하지도 못하고 있다. 인간이 근원적으로 속해 있는 '존재의 역운'은 미리 결정되어 있는 숙명이나 운명이 아니다. 인간은 '사역'에 속한 자로서 존재의 역운에 청종할 때, 그 경우에만 진정한 자유를 획득할 수 있다.

하버마스(J. Habermas)는 하이데거가 『존재와 시간』에서 인간 현존재 방식을 분석할 때 단독적인 현존재를 실마리로 삼는 '방법적 유아론'에 빠져 있기에 규범적인 타당성 요구와 도덕적 책임감이 갖는 의미를 진지하게 고려하지 못하고 있다고 비판한다.[132] 하버마스는 현존재가 초월론적 주관의 자리를 그대로 이어받은 것으로 간주하면서 『존재와 시간』은 주관성의 철학을 담고 있다고 비판한다.[133] 그러나 하이데거는 이에 대한 반론을 제기한다. "현존재에 대한 분석은 그 어떤 유아론이나 주관주의와도 아무 상관이 없다."[134] 현존재의 본질적 구조로서 '세계-내-존재'라는 규정은 유아론과 주관주의와 무관하다.

프란첸(W. Franzen)도 『존재와 시간』을 '반정치적인 실존에 대한 열

---

132) J. Habermas, "Heidegger-Werk und Weltanschauung", in Victor Farisa, *Heidegger und der Nationalsozialismus*, Frankfurt a.M. 1987. 17쪽.

133) J. Habermas, 『현대성의 철학적 담론』, 175~230쪽.

134) GA 89. 144쪽 이하.

정적인 이론'으로 본다.[135] 부르디외(P. Bourdieu) 역시 하이데거가 유럽의 계몽주의를 계승했던 신칸트학파를 전복하고자 했다는 데서 그가 나치에 동조하게 되었던 사상적 동기를 찾고 있다. 『나는 철학자다: 부르디외와 하이데거론』에서 부르디외는 하이데거 철학을 보수혁명가의 이데올로기적 답변도 아니며, 볼셰비즘과 미국의 자본주의 사이에서 제3의 길을 제시하는 보수혁명을 요청했던 많은 독일 지식인들 또는 바이마르 공화국의 수많은 급진적 보수주의자들 중 한 사람으로 기술한다.[136] 그러나 하이데거는 당대의 실제적·보수적 민족주의에 대해서는 비판적이었다. 그에 따르면 민족을 무조건적인 것으로 우상화하는 것은 존재망각의 징표일 뿐이다.[137]

박찬국의 『하이데거와 나치즘』에 의하면, 하이데거의 나치 참여는 그의 사상과 무관한 일시적인 과오가 아니라, 그의 사상과 본질적 연관을 갖는다고 한다.[138] 그리고 하이데거의 나치즘과 히틀러의 나치즘

135) W. Franzen, *Von der Existenziologie zur Seinsgeschichte*. Meisenheim am Glan 1975. 73쪽.

136) P. Bourdieu, 김문수 옮김, 『나는 철학자다: 부르디외와 하이데거론』, 이매진 2005. 11쪽. 이 책의 원제목은 『하이데거의 정치 존재론(*Ontologue politique de Martin Heidegger*)』(Minuit 1988)이다. 부르디외에 의하면, 하이데거는 행위자와 세계의 관계에 대한 반주지주의적·반기계론적 분석의 길을 열어주었다고 한다.

137) GA 65. 117쪽.

138) 박찬국, 위의 책, 409쪽 이하. 박찬국은 하이데거의 철학과 그의 정치적 견해와 행동의 연관성을 네 가지 유형으로 정리하고 있다. 1) 하이데거의 정치적 견해와 행위는 악성의 것이었으며 그것들은 그의 철학에 근거한 것이었다.(아도르노, 파리아스, 데리다, 로크모어, 짐머만) 2) 그의 정치적 견해와 행위는 악성의 것이었으나 그의 철학과는 무관한 것이었다.(로티) 3) 그의 정치적 견해와 행위는 그의 철학과 연관을 갖지만 그것은 무해한 실수였다.(장 보프레, 가다머, 프랑수

은 구별되어야 한다고 본다. 하이데거는 1933년의 나치혁명이야말로 독일 민족을 총체적으로 변혁시킬 수 있다는 믿음을 가졌다. 이로써 미국의 자유주의적 물질주의와 소련의 공산주의라는 기술적 전체주의의 위협으로부터 유럽을 구원할 것을 기대하였다. 이 혁명이야말로 독일 민족이 기술문명의 위기에 직면한 유럽에게 새로운 길을 제공할 수 있는 최상의 기회라고 생각하였다. "하이데거는 1936년 이래로 실제의 나치즘을 자유주의나 볼셰비즘과 마찬가지로 인간을 비롯한 모든 존재자에게서 고유한 존재와 가치를 박탈하면서 그것들을 소모품으로 전락시키는 니힐리즘의 한 형태로 보고 있다."[139] 그리고 "자유주의나 사회주의, 그리고 나치즘과 같은 세계관들과 그것들이 내세우는 자유, 평등, 민족 등의 이념들은 궁극적으로는 존재상실, 즉 세계를 지배하는 허무주의의 발현이다."[140]

하이데거를 나치 지지자이자 반유대주의자[141]라고 낙인찍는 것은

와 페디에) 4) 그의 정치적 견해와 행위는 무해한 것이었으며 그의 철학과 무관한 것이었다.

139) 같은 책, 283쪽.

140) 같은 책, 291쪽.

141) S. Žižek, 『왜 하이데거를 범죄화해서는 안 되는가』, "2014년 『검은 노트』 1권의 출간과 더불어 새로운 하이데거 스캔들이 터져나왔다. 이것은 1931년부터 1960년대 초까지 하이데거 자신의 내면적 성찰을 담은 수기로, 주장에 따르면 나치 기획에 대한 그의 지속적인 충실성뿐 아니라 반유대주의를 확인시켜준다고 한다. 그러나 상황은 좀 복잡하다."(22쪽) "그러므로 하이데거의 나치 비판은 나치즘이 지닌 형이상학적인 '내적 위대성(현대의 허무주의 극복에 대한 약속)'을 지지하여 현존하는 나치즘을 비판하는 것이다."(23쪽) "나치즘에 대한 하이데거의 환멸에도 반유대주의가 지속되기는 했지만, 그것이 하이데거의 사상에 중요한 역할을 하지 않고 비교적 미미하게 남아 있었다는 점을 언급해야 한다. 그것은 사례나 예시 같은 것으로서 하이데거의 핵심기획은 그것 없이도 존속한다."(23

쉬운 일이다. 지젝은 하이데거를 나치주의자로 단정하고 철학사에서 축출하는 것은 오히려 손쉬운 해결책으로 보이지만 그것은 미봉책에 불과하다고 본다. 그러나 지젝에게 하이데거에 대한 해결책이란 철학사에서 그의 이름을 지워버리는 것이 아니라, 그를 고전적인 철학자로 다시 읽으면서 왜 이토록 위대한 철학자가 나치에 가담했는지 진지하게 묻는 것이다. 지금 우리가 실천해야 할 가장 시급한 행위가 이런 질문하기라는 것은 두말할 필요가 없다.

지젝은 하이데거 철학과 나치 참여를 분리해서 볼 것을 제안한다. "하이데거의 나치 행각은 그의 철학의 기본 틀에 속하지 않는다. 그의 기본체계는 나치즘에 대한 언급 없이 기술될 수 있다."[142] 그러나 "하이데거의 사상을 직접적으로 범죄화하자는 요청, 그를 학술문헌 목록에서 완전히 배제하자는 끈질긴 요청에 맞서 우리는 그가 진정한 철학적 고전임을 주장해야 한다."[143] 그에 의하면 하이데거는 전통적인 형이상학의 원천과는 다른 맥락에서 새로운 원천에 입각한 철학체계를 재구성한다고 본다.

그의 사상적 기원(경험적 원천), 민족주의적 뿌리, 피상적이고 정신없이 바쁜 대도시 생활과 대조되는 진정한 전원생활에 대한 지지, 개인주의적 자유주의와 지성주의에 대한 보수적인 불신 등을 탐구하는 것이다. 이 모두가 사실이기는 하지만 하이데거가 이 모든 원천을 새로운 것, 즉 하나의 철학체계로 재가공하고 있다는 것을 명심해야 한다. 지도적인 역할을 할

쪽 이하)
142) 같은 책, 30쪽.
143) 같은 책, 36쪽.

수 있는 철학체계는 또한 이들 원천으로부터 독립적으로 살아 움직여 탈맥락화된다.[144]

달마이어도 "하이데거는 20세기 서구의 어느 사상가보다 문화적으로 탈중심화되어 있고, 동양과 서양의 교차지점, 즉 그리하여 가능하거나 임박한 범세계적인 대화의 장에 머물러 있다."[145] 그는 하이데거의 나치 참여 행위와 철학을 동일시하는 입장에 반하여 『다른 하이데거』를 주장한다. "나의 책은 전적으로 이러한 주장의 반대편에 서 있다. 1933~34년 하이데거의 처신에 소홀하거나 그것을 용납하는 일 없이도, 하이데거의 철학이 파시스트 전체주의 또는 그 외에 총체적인 정치 이데올로기와 결코 양립할 수 없으며, 심지어는 대립적이기까지 하다는 것이 이 책의 기본입장이다."[146]

자프란스키(R. Safranski)도 다음과 같은 주장을 펼친다. 초역사적이고 보편적인 규범과 가치를 신봉한 신칸트학파나 피히테주의자들도 그러한 규범과 가치의 이름으로 나치에 가담했었다. 플라톤은 이성의 이름으로 철인정치가들의 지배를 정당화했다. 히틀러마저도 "건전한 이성을 최고의 권위로 인정해야 한다"[147]고 주장한 바 있다.

그럼에도 불구하고 하이데거에게는 서구편향적 사고와 동시에 탈서구적·범지구적 사고가 공존한다. 이 지점이 하이데거를 일방적으

---

144) 같은 책, 31쪽.
145) F. Dallmayr, 위의 책, 332쪽.
146) 같은 책, 8쪽.
147) R. Safranski, *Ein Meister aus Deutschland: heidegger und seine Zeit*, Frankfurt a.M. 1997. 315쪽.

로 비판하는 데 어려움을 주고 있다. 「슈피겔 인터뷰」에서 하이데거의 보편성과 범지구적인 마인드의 결핍, 즉 일종의 서구편향적 사고의 일단을 엿볼 수 있는 유럽중심주의의 면모를 읽을 수 있다.

현대 기술세계가 발생했던 동일한 장소로부터만 어떤 전환이 준비될 수 있다는 것, 그러므로 그 전환은 선불교나 그 밖의 다른 동양의 세계 경험을 수용하는 것을 통해서는 일어날 수 없다는 것입니다. 사유를 바꾸기 위해서는 유럽의 전통과 그것을 새롭게 우리의 것으로 하는 것이 필요합니다. 사유는 동일한 유래와 규정을 가지고 있는 사유를 통해서만 변화됩니다.[148]

또한 그의 범지구적 사유의 특성도 서구 편향적 사고와 공존한다. "그러한 세계적인 거주가 어느 편에도 있지 않은 참여자들이 전적으로 준비해온 조우를 대면하는 것을 실현하기 위해서 어떤 예언적인 능력이나 제스처들도 필요하지 않다. 이는 유럽 언어들과 똑같은 방식으로 동아시아 언어에도 타당하다. 특히 그들의 가능한 대화를 위해서도 타당하다. 그 이유는 어느 쪽도 그 자신 스스로 이러한 영역을 구성할 수도 시작할 수도 없기 때문이다."[149] 그리고 생기하는 밝힘 자체는 '그리스적이지 아닌 것'[150]임을 분명하게 한다.

전후 독일 문단에서는 아도르노(T. W. Adorno)가 "아우슈비츠 이후 서정시를 쓰는 것은 야만적이다"라고 말한 이후, 아우슈비츠에 관

---

148) SI 107쪽.
149) Wm 252쪽.
150) UzS 135쪽; GA 12, 127쪽.

한 것은 고사하고, 아우슈비츠 이후 서정시를 쓸 수 없다는 것이 비평의 상식이 되어 있었다. 그러나 첼란(P. Celan)의 「죽음의 푸가」가 세상에 알려지자, 아도르노는 자신의 말을 정정하였다. "첼란의 시는 침묵을 통해 극도의 경악을 말하고자 한다. 아우슈비츠 이후에는 어떠한 서정시도 쓰일 수 없다는 말은 잘못이었다."[151] 그러나 하이데거의 나치 참여의 실책과 적극적 죄책고백이 없다는 점과 지식인의 정치적 책무를 다하지 못함에 대한 비난이 면제될 수는 없다. 아도르노는 하이데거의 존재는 총통과 동일시된다는 극단적인 비판을 서슴지 않는다. "그럼에도 하이데거에서 사고는 경외하는 것이며, 무개념적인 것이며, 또한 수동적으로 '존재'에 귀 기울이는 그 무엇인 것이다. 이 존재는 오직 존재만을 말할 뿐이며, 하등의 비판적인 권리 없이 현란한 '존재'의 힘과 관련되는 것에는 무조건 복종해야 하는 어떤 것이다. 하이데거가 히틀러 총통국가에 굴종한 것은 기회주의적인 행동이 아니라, 존재와 총통을 동일시하는 그의 철학에 기인한 것이다."[152]

하이데거의 숙고적 사유는 현실과 동떨어진 것이 아니라, 오히려 당대에 발생한 모든 권력과 폭력의 형태에 대해 비난을 가하면서 현실을 추동하는 원리와 힘을 노정시킨다. 그가 천착하는 존재 문제는 권력과 무력함의 저편에 있다고 하지만, 숙고적 사유는 한편으로 히틀러와 나치즘, 그리고 전체주의와 세계대전에 대해, 그리고 자유주의적 민주주의와 세계평화 개념에 대해서도 비판적이다.[153] 이러한 비

---

151) https://www.artinsight.co.kr/news/view.php?no=47148.
152) 신일철 편, 「왜 아직도 철학이 필요한가?」(아도르노), 『프랑크푸르트학파』, 청람문화사 1989. 172쪽.
153) GA 66. 28, 39쪽.

판을 통해 시대정신과 폭력에 저항한다. 이런 점에서 그의 '시적 사유'로서의 숙고적 사유는 적실성이 없다는 비판은 온당한 비판이라고 할 수 없다.

이제 계산적 사고에서 숙고적 사유에로의 도약이 필요하다. 왜냐하면 우리는 인간다운 인간으로 존재하는 한, 무엇인가가 있는 그대로 드러나는 진리의 생기사건을 숙고해야 하기 때문이다. "사유는 아무 것도 행하지 않는 것이 아니라, 그 자체 세계의 운명과 대화하고 있는 행위입니다. 내가 보기에는 형이상학으로부터 유래한 이론과 실천의 구분과 양자의 상호 이행에 대한 생각이 내가 의미하는 사유에 대한 통찰을 가로막고 있습니다."[154]

우리에게는 계산적 사고와 숙고적 사유가 모두 필요하다. 전술한 바와 같이 '계산적 사고'는 우리의 생존과 관련되어 생산성 제고에 이바지하고, '숙고적 사유'는 우리의 실존과 연관되어 창조성 발현에 기여한다. 여기서 숙고는 인간의 내면적 성찰이나 고유한 정관이나 명상이 아니다. 또한 그것은 몸을 배제한 초월적 의식 내지 주관성과 심원한 정신이나 영적인 활동이 아니다. 전통적인 개념들인 정신(Geist), 마음(Herz), 영혼(Seele) 등은 하이데거에 있어서 새로운 의미를 지닌다. 마치 이것은 농부, 수공업자, 시인들, 사색인들이 삶 속에서 체득하고 경험하는 존재경험의 실존적 능력이며, 또한 그들이 세계와 온몸으로 소통하는 마음(Gemüt)의 활동이다. 여기서 세계는 통속적이고 자연과학적인 의미의 세계가 아니라, 오히려 사역에서 서로를 비추고 어우러져 놀이하면서 모든 존재자가 자신의 진리를 드러내는 근원적

---

154) SI 104쪽.

인 세계이다.

요약하자면, 계산적 사고와 숙고적 사유의 성찰적 대화는 이러한 주제들에 대해 참신한 문제의식을 일깨울 수 있다고 본다. 하이데거는 서양 형이상학의 제1시원의 문을 닫고, 이제는 '다른 시원'의 문을 열어야 함을 역설한다. 우선 숙고적 사유에서는 서양적-유럽적인 사유의 전통의 시원에 대한 성찰이 전제된다. 숙고적 사유는 분명 서양 문명의 원천인 그리스적 시원으로 돌아가려는 사유이다. 그러나 그것은 그리스적 시원 이전에 있었던 비서구적 사유들(메소포타미아 사유, 이집트 사유, 인도 사유, 동아시아 사유 등) 속에 훨씬 더 심원하고 풍요로운 사유전통에 대해서는 닫혀 있다. 따라서 숙고적 사유는 태생적 한계를 지니고 있는 셈이다.

8. 숙고적 사유에 대한 비판적 성찰

하이데거 사유를 분명히 하기 위해서는 텍스트 내재적인 독해와 외재적인 독해가 필요하다. 근대성도 우리가 계승해야 할 부분과 비판해야 할 부분이 있다. "진지한 철학적 분석에서 외재적 비평은 내재적 비판에 근거해야 한다"는 입장에 저자는 동의한다. 이는 내재적 독해를 우선시하면서도 외재적 비판을 등한시하지 않는다는 입장이다.

이제까지 본서는 하이데거의 사유를 텍스트 내재적으로 이해하는 편에서 숙고적 사유를 파악하였다. 여기서는 후기 하이데거의 사유에 제기되는 비판적 입장들에 대해서도 핵심적인 것들을 살펴보고자 한다. 이를 통해 후기 하이데거 사유의 새로움과 이질성이 불러올 수 있는 문제점들을 성찰해보고자 한다. 이 비판적 입장들은 숙고적 사유를 직접 비판의 표적으로 삼진 않지만, 그럼에도 불구하고 하이데거의 존재사유의 근본문제와 불온성을 비판한다는 점에서 성찰해야 할 필요가 있다.

하이데거 사유에 대한 비판적 입장들은 다음과 같다. 그것들은 하이데거 사유를 '실존론적 결단주의'(K. Löwith), '나치-이데올로기', '보수혁명 이데올로기'(T. Adorno, V. Farias, H. Ott)', '메타-정치학', '유사-묵시론적 세계관', '파시즘', '존재론적 엘리트주의'(R. Wolin), '주관적 낭만주의'(J. Habermas, D. Ihde), '반인본주의', '주관적 신비주의', '에코파시즘'(M. Bookchin) 등으로 간주한다. 여기서는 야스퍼스(K. Jaspers)와 뢰비트(K. Löwith)와 마르쿠제(H. Marcuse), 월린(R. Wolin)의 강력한 비판적 입장들을 살펴보도록 한다.

당대의 신칸트주의, 신헤겔주의, 실증주의 중심의 강단철학 비판에서 하이데거를 사상적 동료로 여겼지만, 전후에는 하이데거 철학의 진실성을 의심한 야스퍼스는 하이데거 사상을 부자유하고 독재적이며 의사소통이 부재한 사상으로 판단하였다.[155]

하이데거 제자로서 하이데거 비판에 앞장선 유대인 제자 뢰비트에 의하면, 하이데거의 철학적 실존주의는 슈미트(K. Schmidt)의 정치적 실존주의와 친화성이 있다. 여기에는 당시 독일에서 유행하던 실존론적 니힐리즘의 분위기에 편승된 로고스(logos)보다는 단호한 결단의 파토스(pathos)를 강조하는 결단주의가 작동하고 있다는 것이다. 그러

---

155) R. Wolin(ed.), *Heidegger Controversy: A Critical Reader*, MIT Press 1992. 149쪽.

나 마르쿠제는 하이데거의 나치즘에로의 결단이란 그의 철학적 체계의 논리적 확장이 아니라, 오히려 자기 철학에 대한 배신행위라고 한다. 그것은 "철학 그 자체에 대한 배신이며, 철학이 상징하는 모든 것에 대한 배신이다."[156) 그리고 하이데거의 실존적 결단주의가 결과적으로 지배적인 권력에의 굴종으로 귀결될 수 있다고 보면서 이성이나 도덕적 규범이 부정되는 결단주의의 위험성을 『존재와 시간』에서 발견할 수 있다고 본다. "어떤 근거에서 결단을 내리는가? 오직 결단만이 말할 수 있다."[157)

중요한 것은 하이데거 철학이 감행한 '존재론의 역사의 해체'로서의 '인식론적 단절'과 '이성과의 작별'을 뢰비트는 문제시한다. 『숲길』에 들어 있는 「"신은 죽었다"는 니체의 말」(1943)에서 언급한 이성에 대한 적대적인 하이데거의 입장을 거론한다. "수 세기 동안 찬미되어오던 이성이야말로 사유의 가장 완강한 적대자라는 사실을 우리가 경험하게 될 때에야 비로소 사유는 시작된다."[158) 이런 입장에 선 후기 하이데거의 사유 방법이 논리적인 철학 방법을 부정하는 데 문제가 있다는 것이다. 그의 사유 방법이 '논증'과 '논리적' 전개를 근본적으로 부정한다는 것이다. 따라서 뢰비트에 의하면, 하이데거의 사유는 증거에 기초해 증명하는 대신, 오직 수수께끼와 같은 표현들과 암시들만 있을 뿐이다.[159)

---

156) F. Olafson, 위의 책, 100쪽.
157) SuZ 345쪽.
158) HW 247쪽.
159) K. Löwith, *Martin Heidegger and European Nihilism*, R. Wolin(ed.), Columbia University Press 1998. 43쪽.

나아가 하이데거는 플라톤 이래 서구 철학이 '존재-신론(Onto-theologie)'에 포박되어 존재망각을 배태하였고, 그리고 그것을 인간이 마음대로 처분할 수 없는 존재역운의 사건으로 평가한다. 그러나 "사유의 필요성에 대한 하이데거의 주장은 그를 따라서 그의 사유가 존재 자체, 즉 '존재진리에 관한 결정'을 전달하는 '존재역운'에서 보내졌다고 믿는 사람들에게만 확신을 줄 것이다."[160]

이런 점에서 하이데거가 전승된 근대의 철학적 언어와 개념 전체를 폄하하고 해체하는 것과 철학의 로고스 전통으로부터 물러남에 대해서 뢰비트는 비판적인 입장을 취한다. "하이데거가 그리스인들의 근원적인 사유와 담론을 재전유하기 위해 노력하는 모습이 보여주는 또 다른 측면은 근대의 철학적 언어와 개념 장치 전부를 폄하하고 제거하는 것이다."[161] 하이데거는 독일인을 그리스 이래로 가장 형이상학적인 민족으로 간주한다.

하버마스의 제자로서 하이데거 비판에 앞장선 월린(R. Wolin)에 의하면, 하이데거 후기 사유는 철학적 의사소통을 어렵게 만들고, 그것에 대한 내재적이고 합리적인 비판을 차단시키고 있다는 점을 문제삼는다. 그리고 하이데거의 존재역운이라는 신조어가 대화적이고 논쟁적인 성격을 상실했다고 지적한다. 그는 하이데거 사유가 서구 사유의 논리와 전통을 전면적으로 부인하고 있기에, 사유의 관점을 내세우면서도 실은 철학의 관점을 부인함으로써 철학적 대화와 비판에 닫혀 있다고 본다.

---

160) 같은 책, 86쪽.
161) 같은 책, 43쪽.

하이데거가 서구 사유를 전면적으로 부인하는 것은 데리다가 서구 철학을 '로고스중심주의'로 폄하한 것보다 앞선다. 이와 같이 총체화하는 대담한 전략은 결과적으로 하이데거 철학에 대한 의사소통을 어렵게 만들었다. '존재의 역운'이라고 하는 의사신비적 용어로 재개념화한 하이데거의 사유는 대화적이고 논쟁적인 성격을 상실했다. 철학적 전통 자체가 점진적으로 퇴행하는 '존재의 떠남'에 의해 오염되어 있다고 확신하는 한, 이에 대해 내재적·합리적으로 비판하는 작업은 의미가 없다.[162]

이런 맥락에서 월린은 공공담론의 습성(habitus)과 용어, 그리고 논리적 이성에 의한 일관되고 명료한 철학적 방법에 반대하는 후기 하이데거 사유에 비판적이다. 월린은 하버마스의 '의사소통적 합리성'의 관점에서 하이데거의 사유를 암시와 사념을 바탕으로 한 신비적인 관점으로 평가한다. 월린은 뢰비트의 입장을 다음과 같이 전유한다. 후기 하이데거는 더 이상 현존재의 실천적 참여나 '세계성'의 참여적인 관점을 통해 말하지 않는다. 대신, 그의 담론은 존재 자체의 신비적 관점으로부터 진행된다. 후기 하이데거는 신비로운 '존재의 역운'을 말로 해명하고자 하며, '운명'으로서의 존재(존재-역운)의 관점으로부터 철학한다. 하이데거 후기 철학은 공공담론의 습성과 용어를 거슬러 말로 설명될 수 없는 것을 설명하고자 한다. 존재의 역사는 오직 암시와 생각을 불러일으킴으로써 이야기될 수 있다.[163]

이상에서 야스퍼스, 뢰비트와 월린의 하이데거 사유에 대한 급진적

---

162) R. Wolin, 『하이데거, 제자들 그리고 나치』, 210쪽 이하.
163) 같은 책, 212쪽 이하.

비판을 살펴보았다. 그것은 서구의 보편적인 이성중심의 철학의 입장에서는 타당하고 정당한 비판으로 여겨진다. 특히 하이데거 철학 속에 깃든 정치 이데올로기적 요소들에 대한 그들의 비판은 정교하고 탁월하다. 그러나 철학의 자기비판이 철학의 생명력임을 감안하면, 이성중심적 철학의 한계를 넘어서서 그 영역을 확장하고, 더 깊은 차원으로 도약하려는 하이데거의 숙고적 사유도 근원적·철학적 사유에 속한다.

뢰비트의 비판은 자신이 견지하고 있는 서양 스토아적 합리주의 전통의 입장에서 보자면 정당한 것으로 보인다. 잘 알려져 있듯이, 스토아주의(Stoicism)는 '이성에 따르는 삶'을 가르친다. 인간의 이성에도 로고스가 들어 있기 때문에, 인간은 함부로 행동하지 않고 절제하면서 자기 자신을 지켜나가야 한다. 우주가 로고스에 따를 때 질서를 이루는 것처럼, 인간은 이성에 따를 때 절도 있는 행동이 나온다. 그러므로 우리가 이성에 충실한 생활을 할 때, 그것이 바로 자연(순리)에 순응하는 삶이 된다. 그러나 하이데거도 로고스의 근원적 의미와 숙고적 사유를 연결시킨다.

월린의 비판은 그의 스승 하버마스의 비판적 한계에 머무르고 있다. 월린이 뢰비트, 아렌트, 마르쿠제, 요나스 전부를 '독일화된 유대인'으로 간주하고, 그들의 철학을 하이데거의 그림자를 벗어나지 못하였다고 악의적으로 해석하는 데는 학문적 비판을 넘어선 민족주의적 진영논리가 깃들어 있음을 지적하지 않을 수 없다.

요약하자면, 숙고적 사유가 속한 후기 하이데거 사유에 대한 기존의 서구 유럽의 전통 철학적인 입장에서의 비판들은 그 나름의 정당성을 가지고 있다. 하지만 서구 유럽의 철학적 사고방식을 더욱 확장시키고 심화시키기 위한 총체적 비판과 창조적인 해체의 시도로서 하이데거의 사유를 이해하고자 하는 노력은 철학의 자기비판과 자기혁신에 속한다고 여겨진다. 기존의 서구-유럽 철학이 더 이상 자기시대를 규정하고 해석하는 데 그 역할을 하지 못할 경우에는 단순한 사유의 패러다임 전환이 아니라, '다른 사유'에로의 혁명적 전환을 감행하는 것이 합리적 선택이라고 여겨진다.

숙고적 사유에로의 도약을 위하여

숙고적 사유에로의 도약의 필요성

지금까지 하이데거의 숙고적 사유에 대한 논의를 통해 왜 철학이 계산적 사고를 넘어서야 하는지를, 그리고 어떻게 그것을 넘어설 수 있는지를 논구해보았다. 또한 오늘날 어떻게 사유의 세계에서 계산적 사고를 자리매김해야 할 것인지, 그리고 이 논의를 통해 계산적 사고와 근대적 학문의 논리에 얽매여 있는 철학으로부터 자유로운 사유의 양식과 방향을 모색하고자 하였다.

이런 맥락에서 하이데거는 근대 형이상학 및 현대 기술형이상학과 철학을 대비시키고, 또한 형이상학으로서의 철학과 존재사유를 대비시킨다. 한편으로 그는 비판이론과 궤를 같이하여 사유가 어떤 기획된 목적을 위한 도구 내지 기술로 전락하는 것을 비판한다. 다른 한편으로 그는 계산적 사고를 넘어서서 철학의 본령을, 즉 존재의 참과 뜻을 음미하고 드러내는 숙고적 사유를 제시한다. 이는 인간을 포함한 모든 존재자 내지 세계 전체의 존재의미에 대한 존재이해를 가리킨다. 따라서 숙고적 사유에로의 '도약(sprung)'은 계산적 사고의 종속으로부터 자유로워지는 것인 동시에, 표상적 사고로부터 뛰어내리는 도약(Satz)이 된다.

오늘날 우리는 존재자의 가격(price)을 계산하는 반면에, 저 '있음'의 본원적 가치(value)와 의미를 사색하지 않는다. 여기서 존재의 본원적 가치는 인간을 가치의 척도로 삼는 주관형이상학의 가치철학의 가치개념[1]과는 그 차원을 달리한다. 하이데거에게 세계란 계산할 수 있는 것, 대상적인 것, 계산을 통해 가격화할 수 있는 것이 아니다. 오히려 세계란 그 속에 우리가 속하여 살고 있는 삶과 역사의 장이다.

근대의 인식주체는 존재자를 계산 가능한 대상으로 정립한다. 근대 이후의 인간은 계산하고 공작하는 인식주체가 되고, 세계는 상으로 전환된다. 이제 "인간은 모든 사물을 계산하고, 계획하고, 사유하기 위해 무제한의 폭력을 행사한다."[2] 하이데거에 의하면 인간은 주

---

1) 하이데거는 전통적인 철학적 가치론에 대해서 비판적이다. 그러나 사람들이 흔히 가치라고 생각하는 문화, 예술, 학문, 인간의 존엄성, 신 등을 무가치하다고 여기지 않는다. 그는 각 존재자가 지닌 본래적 가치와 위상이 아니라, 인간이 주관적인 척도에 따라 가치가 설정되는 근대적 가치철학의 입장을 비판한다. 예를 들어 신을 최고의 가치로 평가하는 것은 신의 본질을 깎아내리는 일로 간주한다. 여기서 강조하는 것은 신의 고유성과 독자성이 훼손되어서는 안 된다는 것이다. "즉 어떤 것을 가치로서 인정함으로써, 그렇게 가치 매겨진 것은 단지 인간의 평가대상으로만 허용된다는 점이다. 〔…〕 모든 가치 평가는 설령 그것이 긍정적으로 가치를 매긴다 할지라도, 일종의 주관화이다. 가치평가는 존재자를 존재하게끔 하지 않는다."(Hum 35쪽) "가치평가의 사유는 여기서는 물론이거니와 그 밖의 다른 곳에서도, 존재에 어긋나게 사유하게끔 하는 최대의 모독이다."(같은 곳)
2) ZW 53쪽.

관이나 객관도 아니고, 오히려 존재에 귀속한 자이다.[3] 또한 존재 자체는 결코 사유의 인식대상이나 인식의 구성물이 아니다. 오늘날 우리는 모든 것을 표상을 통해 인식하지만, 존재의 진리의 있음을 있는 그대로 받아들이고 언명함에는 무력하다.

따라서 위기와 종말에 처한 철학은 표상함을 통해 존재자를 재현하는 인식행위와는 다른 앎으로 나아가야 한다. 초기 그리스적인 존재이해는 피시스이다. 피시스는 스스로 성장하면서 자신을 열어 보인다. 그것은 바로 오늘날 진정하게 존재하는 사태에 대해 숙고를 의미한다. 따라서 근대적 인식론을 넘어서서 그리스적인 앎(noein), 즉 존재의 진리를 경청하면서 받아들임(Vernehmen), 즉 숙고로 나아가야 함을 하이데거는 강조한다.

이런 그리스적인 근원적 앎은 이성의 눈으로 보아서 알고 이해하는 표상적 인식행위와는 구별된다. 의식 앞에 표상을 통해 대상화된 것은 생생한 자연이나 사물이 아니라, 엄밀히 말해 그것들은 관념화된 것이다. 여기서 도출되는 진리는 추상화되어 인간의 실존적이고 역사적인 삶과 연결되지 않는다. 따라서 우리는 사물에 대한 인위적인 표상작용을 통한 세계를 장악하고 공격하기 이전에 존재의 소리와 부름 앞에서 마음을 열고 귀를 기울이며 경청을 통해 세계를 받아들이는 겸손과 자제가 필요하다.

봄이 꽃과 잎을 불러내듯이, 존재는 사유를 불러낸다. "들길이 외치는 소리는 자유로움(das Freie)을 사랑하고, 또 적절한 위치에서 곤경을 뛰어넘어 결국 밝은 기쁨으로 도약하게 되는 의미(Sinn)를 일깨

---

3) GA 65. 492쪽.

우는 것이다."[4] 이제 철학은 먼저 세계와 독립된 인식주관중심의 사고에서 벗어나 존재자 전체를 지배하고 통제함으로써 자신의 안전을 확보하려는 의지를 '체념(Verzicht)'[5]해야 한다. 그리고 그것은 '세계 내 존재'로서 존재와의 연관 속에서 '초연한 내맡김', 즉 숙고적 사유에로 도약해야 한다. 이런 도약을 통해서 계산적 사고로부터의 정신적 자유를 획득할 수 있을 것이다.

존재이해와 존재경험으로서의 숙고

오늘날 존재의 형세는 인간의 소유욕과 지배의지의 희생물로 전락한 실상을 생생하게 보여주고 있다. 대지에 속한 뭇 존재자들과 하늘에 속한 것, 그리고 신적인 것들의 존재는 인간에게 포박되고 장악되어 그것들의 참모습을 상실하여 황폐화되어가고 있다. 우리는 현대 기술문명의 거침없고 무자비한 존재에 가하는 폭력의 현장을 수없이 목격하고 있다. 계산적 사고에 기초한 기술을 매개로 하여 생명과 인간의 본질을 파괴하는 공격이 끊임없이 진행된다. 이런 현상을 하이데거는 '존재상실', '존재의 떠나버림', '세계의 암흑화', '신의 도주' 등으로 언표하고 있다. 저러한 기술문명은 현대의 형이상학의 산물이고, 이 기술형이상학은 계산적 사고에 근거한다. 이 계산적 사고는 현대의 존재이해와 존재경험에서 유래한다.

이런 맥락에서 하이데거가 제시하는 숙고적 사유는 새로운 존재이해와 존재경험으로부터 가능한 것이다. 그것은 뭇 존재자와의 진정성

---

4) GA 13, 39쪽.
5) 같은 책, 40쪽.

을 수반하는 소통과 만남의 존재경험을 요구한다. 이러한 존재경험을 정향하는 숙고적 사유는 감각과 의식을 포함한 마음이 깃든 사유이다. 비록 계산적 사고가 인간을 지배할 수 있을지라도, 그것이 인간의 마음을 사로잡지는 못할 것이다.

이 존재경험은 인간이 주도적으로 만들어내는 것이 아니라, 존재와의 연관 속에서 존재의 요청에 의해 존재의 말함에 응답하고, 감수하며, 받아들이는 것이다.[6] 말하자면 하이데거는 '사유의 위기' 속에서 철학적 응전을 통해 새로운 사유, 즉 숙고적 사유 내지 근원적 사유(das ursprüngliche Denken)의 기회를 얻고자 한다. 단적으로 스스로 찬연히 빛나고 있는 저 '있음(Seyn)'을 기술하고 언명하는 사유가 '시적 사유'로서의 숙고이다.

하이데거는 '사유란 무엇인가?' 내지 '무엇이 사유하게 하는가?'라는 본질적이고 의미 있는 질문을 던진다. 이는 사유의 학문인 철학에서 물어야 하는 항구적인 질문에 해당한다. 왜냐하면 모두가 당연시하는 사유의 사태에 대해 근본적인 물음을 던지는 것은 철학 본연의 과제와 철학자의 본래적 사명에 해당하기 때문이다. 철학은 원래 사물의 본질을 근원적으로 묻고, 생각하고 그것을 언표하는 사명을 떠맡고 있다.

하이데거는 시종일관 자신의 사유의 길을 따라서 철학에 배정된 존재사유로서의 숙고의 길을 묵묵히 가고자 한다. 숙고는 학문의 의식과 지식과는 다른 본질로 존재한다. 물론 숙고는 과학의 본질을 사

---

6) UzS 159쪽. "경험한다는 것은, 이 낱말의 정확한 의미에 따르면(eundo assequi), 걸어가는 도상에서 무언가를 획득한다, 어떤 길 위에 걸어감을 통해 그 무엇에 다 다른다는 것이다."(UzS 169쪽)

색한다. 왜냐하면 숙고는 의식 속에만 머무르지 않고, 모든 존재자와 관련하여 마음을 통하여 스스로 의미 속으로 관여해 들어가기 때문이다. 이런 의미를 사색하는 숙고는 기계적 사고가 할 수 없는 차원의 인간 고유의 능력에 속한다. "인간이 사물을 인식하거나 사고하거나 소통할 때, 그 대상이 어떤 의미를 가지고 있는지를 반드시 파악하고 있다. [⋯] 컴퓨터는 형식적인 정의밖에 이해하지 못한다. 이는 사물의 의미와는 다르다. 사물의 의미란 더 깊은 법이다. 그것은 인간의 마음이 들어감으로써 더 깊어진다."[7]

숙고적 사유의 지평으로서의 존재역운

하이데거는 근대의 이성적 사고에 대한 일체의 비판적 성찰들과는 달리, 이런 현상을 불러온 심층 역사, 즉 존재의 역사를 제시한다. 이른바 '사유의 종말' 현상의 배후에 형이상학이, 그리고 형이상학의 배후에 존재 자체의 역사, 즉 근원역사로서 역운(Geschick)이 있음을 통찰한다. 이 근원역사에서 여타의 모든 역사가 흘러나온다. 그 이유는 저 현상의 심층까지 볼 수 있어야만 비로소 '사유의 종말'의 극복과 회복이 가능하기 때문이다. 이는 개별적인 사건의 본질을 알기 위해서는 '빅 히스토리(Big History)'의 입장에서 살펴보아야 한다는 관점에 비견된다.

오늘날 철학과 인문학의 쇄신과 부흥을 통해 과학·기술적 사고를 보완하고 그것을 넘어설 수 있는 시도를 다방면으로 시도하고 있다. 과학자와 기술자들도 한편으로는 기술적 진보를 통해, 다른 한편으

---

7) 오가와 히토시, 위의 책, 35쪽.

로는 인문학과의 통섭과 융합을 통해 자신의 학문적 지평을 확장하려는 시도들도 있다. 그것을 통해 모종의 새로운 의미 있는 성과를 내고 있다. 그러나 철학은 구체적인 문제해결의 신속한 방법을 제시하지 못하는 한계가 있다. 계산적 사고의 총아인 인공지능과 원자력에 패배하지 않는 철학적 사고법들[8]이 제시될 수 있다. 이런 사고법들은 숙고적 사유의 실천적 적용과 연결될 수 있는 가능성이 있어 보인다.

하이데거는 '사유의 종말'의 시대에 당면 문제를 기술적 수단 혹은 니체식의 형이상학 비판을 포함하여 이데올로기 비판적 처방을 통해 극복하려는 일체의 시도들을 문제의 본질을 벗어난 협소한 미봉책에 지나지 않는 것으로 간주한다. 그 이유는 하이데거의 니체-해석에서 보듯이, 반형이상학적 극복 의지마저도 결국 주관형이상학의 도립된 양태로 독해할 수 있기 때문이다.

하이데거에 의하면 기술의 본질은 무엇을 생산하고 산출하는 주체적인 작용이나 활동이 아니라, 존재에 열려 있는 '초연한 내맡김'에서 드러난다. 인간이 주도권 내지 지배의지를 가지고서 하는 일체의 기술변혁이나 합리적인 토론 내지 기획으로 기술적 존재이해를 극복할 수 없다고 본다. 오히려 인간이 주도권을 내려놓고 겸비한 마음으로 존재 자체의 역사의 도래를 깨어 있는 마음으로 기다리고 준비하려는 전향적인 태도의 전환이 요청된다.

결국 사태의 본질과 근원을 사색하는 숙고적 사유만이 문제해결의 열쇠임을 하이데거는 강조한다. 그는 숙고적 사유의 사태를 단적으로

---

8) 오가와 히토시, 위의 책. ① 자문자답법, ② 프래그마틱 사고법, ③ 감정 사고법, ④ 속내 사고법, ⑤ 신체 사고법, ⑥ 기억 생성법, ⑦ 명상 사고법, ⑧ 우주 일체화 사고법, ⑨ 기호 사고법, ⑩ 메타 사고법. 131~183쪽 참조.

모든 것의 심층에 있는 존재역운의 맥락 속에서의 존재의 진리 내지 생기사건으로 바라본다. 왜냐하면 숙고란 존재의 진리에 관한 물음 행위이기 때문이다. 무엇보다 숙고는 존재의 진리에 입각한 존재자의 복원이 과제이다. 그러나 숙고적 사유는 서양사유의 막다른 골목에서 새로운 출구를 찾기 위한 자기비판과 그리스적 시원으로 돌아가려는 사유이다. 우리는 그리스적인 시원이 생겨난 더 근원적인 탈서양적인 사유의 원천(메소포타미아, 이집트, 인도, 동아시아 문명)에까지 사색할 수 있어야 한다. 이런 점에서 하이데거의 숙고적 사유는 선불교나 도가 철학과의 대화에 열려 있어야 서양철학의 그리스적 콤플렉스('그리스로 돌아가라!(Going back to the Greek)')로부터 벗어날 수 있을 것이다.

계산적 사고의 한계와 오류

우리는 인간의 계산적 사고의 한계도 살펴야 한다. 왜냐하면 언제 어디서나 '치명적인 계산적 오류(fateful miscalculation)'는 발생할 수 있기 때문이다. 이와 관련하여 우려되는 사실은 "사람들은 자신의 결정이 가져올 결과를 전체적으로 파악하는 능력을 갖고 있지 않다"[9]는 점이다. 이런 인간의 인식능력의 한계를 지적한 하라리(Y. N. Harari)에 따르면, 인간에게 셈과 계산의 능력으로서의 이성이 있다고 해도, 역사상 어떤 특정 시점에서 개인이든 집단이든 자신의 결정이 가져올 결과를 전체적으로 아는 능력은 없다는 것이다. 인간의 계산은 무한히 확장될 수 없고 어딘가에서 중지되어야 한다.

오늘날 확증편향으로 진리를 거짓으로, 거짓을 진리로 둔갑시키는

---

9) Y. N. Harari, 조현욱 옮김, 『사피엔스』, 김영사 2019, 133쪽.

탈-진리(post-truth)의 시대에 참된 진리에 대한 물음은 언제 어디서나 유효하다. 하이데거가 우려한 대로, 생명과 인간의 본질을 파괴하는 공격이 계산적 사고에 기반한 기술을 매개로 준비될 수 있는 것이다.

하이데거는 계산적 사고의 불충분함을 지적한다. 그 이유는 계산적 사고의 증대로 인해 형이상학적 의미에서 세계는 갈수록 왜소해지고 존재자로서의 존재자는 궁극적으로 지배될 수 있는 것으로 해소되며, 존재자가 갖는 독자적인 성격은 사라지고 존재자의 존재상실은 완성되기 때문이다. 따라서 계산적 사고는 필요하지만, 거기에 포박되거나 머물러 있어서는 안 된다. 이는 결국 존재자를 지배하고 '착취'하는 것으로 치달을 수 있다.

따라서 존재자를 본래의 모습대로 돌봄과 보살핌을 통해 존재자들을 '구원(Heil)' 내지 회복에 이르게 하는 사유가 필요하다. 왜냐하면 기술과 과학의 시대에 성스러움(das Heilige)이 외면되고 있는 불행한 (heil-los, 온전치 못한) 시대를 살고 있기 때문이다. 결국 계산적 사고를 사용하면서도 그것을 절대화하지 않는 것이 중요하다. 그것은 기술적 부품을 사용하면서도 인간의 본질을 지켜내는 기술과의 건전한 공존과 상생의 태도이다.

계산적 사고와 숙고적 사유의 역동적인 관계

하이데거는 '계산적 사고'를 부정하거나 제거하고자 하는 것이 아니다. 결코 계산적 사유가 무가치한 것은 아니며, 그것은 자체적으로 정당한 권리를 지니고 있다. 인류의 시작부터 계산은 생존을 위한 필수 조건이다. 그러나 우리는 그것의 월권이나 남용을 문제 삼아야 한다. 계산적 이성은 옳은 것을 추구하고, 시적 이성은 참된 것을, 윤리적인 이성은 가치 있는 것을 목표로 삼는다.

생존을 넘어서 인간다운 삶을 영위하기 위해서는 매사에 뜻을 새기는 숙고가 요청된다. 마치 칸트가 선험철학을 통해 전승된 형이상학의 독단과 월권을 비판하고, 그것의 지반으로 돌아가고자 한 시도와 유사하다. 나아가 선험철학보다 더 근원적인 하이데거의 사유는 전통적인 철학과 당대의 보편적이고 초역사적인 가치들을 추구하는 신칸트학파의 가치철학과 과학적 유물론을 추구한 마르크스 철학에 비추어볼 때 반철학적이고 반동철학적임을 부인하기 어렵다.

이런 점에서 숙고적 사유와 형이상학의 계산적 사고와의 이중적 역동적 관계가 독자의 이해를 어렵게 만든다. 숙고적 사유는 계산적 사고에 대해서 '예'와 '아니요'의 초연한 태도를 동시에 취한다는 점이다. 숙고적 사유는 일단 종래의 형이상학적 사유와의 단절을 요구하고 그 길로부터 물러서고 돌아선다. 일단은 '존재자로부터 작별'[10]을 고하고, 즉 모든 존재자를 뛰어넘는 '초월'[11](Transzendenz, 근원적인 기투 방식)'을 통해 '존재의 진리'에로 전향해야 한다. 다음 단계로 형이상학을 존재역사적 혹은 근원역사적 시각에서 다시 해석하여 그것이 유래한 뿌리를 밝혀야 한다.

결국 숙고는 형이상학의 뿌리를 지탱해주는 존재역사적 지반인 다른 시원을 밝힘을 통해 형이상학을 원래의 자리로 복원시킨다. 이런 과정 속에서 숙고적 사유는 형이상학의 존재사적 위상을 정해준다. 따라서 숙고는 통속적인 형이상학의 파괴나 해체와는 다른 맥락에서

---

10) WiM 45쪽.
11) 같은 책, 35쪽.

이해되어야 한다.

본서에서는 하이데거가 그의 철학적 작업을 통해 일관되게 천착했던 근대 이후의 이성적 '계산적 사고'와 대비되는 사유의 본령인 '숙고적 사유'를 구명(究明)하는 데 연구의 초점을 맞추었다. 이로써 오늘날 우리가 직면하고 있는 사유의 생태계에서 '숙고적 사유'가 어떤 적실성과 시사점을 줄 수 있는지를 살펴보았다.

이러한 하이데거의 비교적 해명은 양자를 제로섬 게임(zero-sum game)으로 내모는 것이 아니라, 양자의 공존과 균형의 가능성의 길을 제시하는 것이다. 전자를 필요 불가결한 이용에 대해 긍정하고, 그것이 사유의 본질에 위협을 가할 때 거부할 수 있어야 한다는 것이다. 이는 파스칼의 말대로, 우리는 '기하학적 정신'과 '섬세한 정신'을 두루 갖추어야 한다. 하이데거는 계산적 사고의 풍요와 숙고적 사유의 궁핍을 대비시킨다. 이로써 전자의 일방성과 불충분성을 드러내고, 그 대안으로 후자의 필요성과 정당성을 밝히고자 하였다.

숙고적 사유의 요약

첫째, 숙고는 의식철학의 틀에 얽매이지 않는 '전-반성적(pre-reflective)'이고, '비-전유적인(non-appropriative)' 사유이다. 그것은 선-논리적인(pre-logical) 직관과 선-존재론적(pre-ontological)인 경험을 요구한다. 숙고적 사유는 로고스의 시원적 의미를 소환하여, 그것의 풍요로운 의미들을 밝힌다. 그것은 사유해야 할 사태의 말걸어옴에 귀기울이며, 그 사태를 뒤따라 사유함이다. 근대의 초월적-지평적 주체의 표상적 사고는 모든 것을 자신 앞에 세움을 통해 계산하면서 안전하게 하여 그것을 장악하면서 파악하고자 한다. 반면 숙고적 사유는 그리스 철학 초기에 나타났던 로고스의 본질을 뒤쫓아 사유하는 것이다. 그것은 현존하는 것을 그리스적 사유함(noein legein)처럼 청정한 마음으로 초연하게 있는 그대로를 받아들이는 '비의욕의 의욕'인 '초연한 내맡김'이다.

둘째, 숙고적 사유는 존재자의 진리가 아니라, 존재의 진리를 사유하는 시원적 사유이며 근원적 사유이다. 숙고는 제1시원에 대한 회상(Andenken)이고, 또한 다른 시원에 대한 '예비 사유(Vordenken)'이다. 하이데거에 의하면 우리가 존재자에 대해 진술할 수 있고, 그것의 진위를 검토할 수 있기 위해서는 존재자가 탈은폐되어 있어야 한다는 전제가 필요하다. 왜냐하면 존재진리로부터 비로소 명제진리는 파생되기 때문이다. 숙고의 그리스적 어원은 '노에인(noein)', '레게인(legein)', '테오레인(theorein)'이다.

셋째, 계산적 사고는 숙고적 사유의 파생태이다. 말하자면 계산은 시원적 로고스의 파생태이다. 왜냐하면 숙고적 사유가 계산적 사고를 가능하게 하기 때문이다. 표상적 사고는 계산적 사고와 궤를 같이한다. 계산적 사고는 의식중심적 철학을 가능하게 하고, 숙고적 사유는 존재중심적 철학이다. 계산적 사고는 근대적 이성의 능력이며, 이 사고를 통해 우리는 도구적 지식을 습득할 수 있다. 그러나 근대적 이성은 마음의 한 양태에 불과하다. 존재는 사유를 가능하게 하는 의식을 포함한 마음에 말을 걸어오고, 그것에 응답함이 바로 근원적 의미에서 사유함이다. 따라서 사유는 존재에 의한, 그리고 존재를 위한 참여이다.

넷째, 숙고적 사유는 의식철학의 인식론적 주체중심적 사고가 아니라, 오히려 생기사건에서 유래하는 탈-존적인 존재사유이다. 탈-존(Ek-sistenz)은 이성의 가능근거이다. 인간은 탈-존에 입각해 사유한다. 그것은 실체중심의 사유가 아니라 관계중심의 사유, 즉 상관적 사유이다. 존재 자신은 관계(Verhältnis)이다. 여기서 존재(Seyn)는 숙고적 사유를 가능하게 한다. 존재의 말걸어옴에 대한 응답함이 사유(Denken)와 시작(Dichtung)이다. 사유는 존재에 의해 양도된 것이다. 숙고는 사유의 수학화·과학화를 비판하고, 오히려 시적 사유 내지 예술적 사유를 지향한다. 숙고적 사유는 진리를 인식하기 위한 인식론적 범주나 형이상학의 틀에 얽매이지 않는 존재론적 성숙에 의한 통찰이다.

다섯째, 숙고적 사유는 존재를 간직하고 보살피며 수호하는 사유의 건축학이며, 동시에 존재의 거주론 내지 '존재의 장소론(Topologie des Seins)'이다. 이는 존재를 낱말로 가져와 간직하는 존재의 언어화를 지향한다. 왜냐하면 언어는 존재의 집인 동시에 인간본질의 가옥이기 때문이다. 여기서 언어는 일상적인 언어가 아니고, 근원어로서의 시적 언어이다. 존재(있음) 자체는 자신이 보여주는 한에서 시어로 나타낼 수 있지만, 자신을 감추며 은폐하는 사태에는 침묵할 수밖에 없다. 왜냐하면 인간이 자의적으로 장악하거나 처분할 수 없는 신, 도, 무, 있음 등은 명확하게 규정하거나 명명하기 어려운 '신비적인 것'에 속하기 때문이다.

여섯째, 숙고적 사유는 '존재역사적 사유'이다. 그것은 '존재역사적' 맥락에서 이성의 시원적 의미를 사색하는 '심층적 사유'이다. 이는 사유의 뿌리를 떠받치는 탈-근거 내지 무-근거(Ab-grund)를 음미하는 사유이다. 인간은 탈-존하면서 존재의 역사적 운명 안에 서 있다. 일체의 존재자의 도래는 존재의 역사적 운명에 기인한다. 인간의 탈-존은 역사적인 것이다. 숙고란 역사적으로 일어나는 것으로서의 역사의 의미를 찾는 것이다. 이때 '의미'란 목표, 기준, 동인, 결정적 가능성, 그리고 권력, 이 모든 것의 드러난 영역을 가리킨다. 이 모든 것은 역사적 일어남에 본질적으로 속한다. 이 존재의 역사는 항상 앞에 서 있으면서 인간의 모든 조건과 상황을 떠받쳐주며 규정한다.

일곱째, 숙고적 사유는 지금까지 서양철학에서 '사유되지 않은 것'을 음미하며, 존재하는 모든 것 안에 전개되고 있는 그 의미를 사색하고자 한다. 이 사유는 존재의 진리를 말하도록 존재에 의해 요청받고, 사유는 이러한 요청을 완성한다. 즉 존재는 사유를 가능하게 한다. 따라서 계산적 사고에 기초한 과학은 숙고적 사유에 근거한 철학과는 구분된다. 숙고는 사유의 사태에 즉해서 학문적인 차원을 넘어서서 근원역사적(존재역운적)으로 사유함을 의미한다. 즉 숙고는 사유의 근원을 음미하는 사유이다. 철학은 무익한 앎이다. 그러나 철학은 숙고로부터 비롯된 지배적 앎이다. 그리고 숙고는 존재물음 행위에 속한다. 이로써 숙고란 정보나 지식의 추구가 아니라, 오히려 모든 것에 편재하는 의미에 관한, 즉 존재의 진리에 관한 물음행위이다. 이런 진리에 관한 물음행위는 진리의 본질을 향한, 또한 그로써 존재 자체를 향한 내적 도약이다. 그러나 전통 형이상학의 표상적 사고는 존재를 그 자신의 진리(비은폐성)에서 사유하지 못하고, 단지 그 진리의 파생태인 인식론적 명제의 진리만 파악하고자 한다.

여덟째, 존재의 지평으로 인해 인식하고 행동하고 가치정립하는 인식주관의 의식이나 인식대상은 드러낸다. 즉 존재의 지평이 전제되어야만 인식이 가능하다. 왜냐하면 존재에 의해 존재자는 비은폐되기 때문이다. 숙고적인 사유는 인식 이전의 존재영역에 대한 좀 더 강도 높은 집중력이 요구되기도 하고, 또한 오랜 연습이 필요하다. 이는 수공업적인 진지한 작업보다 더욱 섬세한 마음가짐을 필요로 하고, 싹이 터서 잘 자라 결실을 거둘 때까지 기다리는 농부의 삼가고 자제하는 마음가짐이 필요하다. 이런 점에서 숙고적 사유는 존재 자체의 도래를 위해 '준비하는 사유'이다. 숙고는 형이상학의 토양(Boden)을 갈고 씨를 뿌리고 수확을 준비하는 사유이다. 마치 농부가 밭을 갈고 씨를 뿌리고 나서 그것이 발아하고 성숙하는지를 기다리듯이, 인간의 인위적인 표상과 의욕을 앞세우기보다는 깨어 있는 마음으로 존재의 도래를 겸허히 기다리며 준비하는 '예비 사유(Vor-denken)'가 바로 숙고적 사유이다.

아홉 번째, 숙고적 사유는 근본기분을 전제하는 유정한 사유이다. 인간은 특정한 상황에 처해 있는 기분 속에서 처해 있음(Befindlichkeit)을 지니고서 그때마다 세계와 소통한다. 이는 근원생태학적 감수성과 근원윤리학적 에토스를 지닌 공감적 소통과 어울림의 사유이다. 따라서 이것은 탈인간중심주의적이며, 반주지주의적, 반기계론적 사유이다. 숙고는 사물들 곁에서 체류하는 우리의 존재론적 감수성을 일깨운다. 현존재는 세계에 거주하면서 사물들을 만나고 경험하면서 살아간다. 인간의 참된 정체성은 감각(Sinn)과 정신(Geist)을 포함한 마음 내지 심정(Gemüt)으로 사물들을 만나는 숙고함에 근거

하고 있다

열 번째, 숙고적 사유는 철학의 시원을 획득함으로써 진정한 철학을 지키기 위한 대안적인 근원철학이다. 철학의 수학화와 철학의 무용론 및 셀프 해체론이 점증하는 시대에도, 숙고적 사유는 철학의 존재이유와 필요성을 가장 탁월하게 제시하고 있다. 왜냐하면 철학은 인간이 할 수 있는 가장 높은 경지의 사유이며, 동시에 인간을 인간답게 하는 지혜를 추구하기 때문이다. 우리는 숙고를 통한 사태에 대해 음미함(besinnen)으로부터 비판과 성찰도 가능해진다. 따라서 숙고적 사유는 모든 철학적 사고와 활동의 출발점이자, 동시에 존재의 도래를 열린 마음으로 준비하는 사유이다.

존재의 전향과 사유의 전향

하이데거는 '사유의 전향' 없이는 인류의 미래는 없다고 본다. 그보다 앞서 존재 자체로부터 오는 '존재의 전향'이 요구된다. 우리는 존재 자체로부터 오는 존재의 전향을 기다리면서도 동시에 '사유의 전향'을 위한 준비와 노력이 필요하다. 우리에게는 형이상학에서의 존재를 사유하는 사유주도적인 존재론으로부터 존재에 의해 사유가 시작되는 존재주도적인 존재사유에로의 질적인 전환이 요구된다. 다시 말해 이성중심적이고 인식주관중심의 사유가 아니라, 존재의 사건에 의해 사유하게 되는 숙고(Besinnung)에로의 근본적인 '사유의 전환'이 필요하다.

모든 시대의 문제들의 근원에는 사유의 문제가 있다. 여기서 하이데거는 모두 철학자가 되어 사색하고, 시인이 되어 시를 써야 한다는 메시지보다는 인간의 철학적이고 시적인 태도를 강조한다. 그것은 참된 철인들과 시인들이 사물들을 대하는 태도와 같이 일체의 이해관계를 떠나서 세계와 사물의 신비와 성스러움에 열려 있고 깨어 있는 상태를 말한다. 이는 사물들이 스스로 저절로 자신을 드러내도록 우리가 마음을 비우고 내려놓는 방념(放念)과 초연함의 태도이다. 이런 태도야말로 계산적 사고를 극복할 수 있는 관건이 될 수 있다. 이것은 본질적인 인간의 인간성, 즉 인간존재의 본래적 존엄성의 핵심이다. 왜냐하면 '인간이라는 것'과 '참으로 인간이 되는 것'은 질적으로 다르다고 보기 때문이다. 그러나 인간의 실존은 자기 자신으로 존재하거나 자기 자신으로 존재하지 못하는 가능성[12]을 지니고 있다.

하이데거의 숙고적 사유는 어떤 닫혀 있는 도그마와는 구분된다. 프랑스 지성계의 거장들, 이를테면 사르트르, 장 보프레, 데리다, 메를로-퐁티, 푸코, 리오타르, 레비나스, 라쿠-라바르트, 부르디외 등에게서, 그리고 미국의 테일러, 로티, 드라이푸스 등에게 하이데거는 지대한 영향력과 영감을 주었다. 그러나 각자가 하이데거에 머무르지 않고 다른 사유의 길을 간 것이다. 그의 제자군에서도 가다머, 칼 뢰비트, 막스 뮐러, 볼노브, 마르쿠제, 아렌트 등이 하이데거에 반대하든지, 또는 그를 넘어서는 다양한 사유의 길을 개척한 바 있다. 그리고 그의 사유는 신학, 인간학, 사회학, 간호학, 심리학, 정치학, 생태학 등에도 영향을 미치고 있다. 이런 점에서 숙고적 사유는 열려 있는 개방성과 창의성을 지니고 있음을 확인할 수 있다.

---

12) SuZ 12쪽.

숙고는 존재에 대한 사랑과 감사이다

하이데거는 사유의 위기와 인간성의 위기는 직결되어 있다고 본다. 그 이유는 인간성 내지 인간다움의 본질이 사유에 근거하기 때문이다. 그는 어떤 기분 내지 감성을 가진 유정(有情)한 존재로서 인간이 모든 존재자를 바라보고 소통하는 것을 인간다운 인간성, 즉 인간다움(humanitas, Humanität)으로 생각한다.

무엇보다 숙고적 사유는 인간실존의 존엄함과 각 존재자의 존재론적 자유와 연대감을 확보하는 데 기여한다. 동시에 그는 인간의 사유와 앎의 한계와 유약함을 지적한다. 인간은 사랑과 정의, 그리고 진리와의 연대성을 향한 열정을 가지고 있다. 인간은 사역 안에서, 즉 존재 공동체 내지 생명 공동체의 주인이 아니라, 한 일원으로서 타자들과의 애정 어린 친교와 수평적 연대가 요구된다.[13] 존재자에 대한 탐욕과 폭력을 버리고, 존재의 소리 내지 자연의 소리 및 깊은 마음의 소리에 귀를 기울이는 것이 필요하다. 이는 하늘의 뜻을 따르고, 대지의 품 안에서 비호를 받으려는 결의를 마음에 간직한 채 들길을 걷는 태도에 비견된다.[14]

존재에 대한 사랑은 과학기술적 대상으로서의 존재자들에 대한 사랑과 집착, 그리고 그것들에 대한 우상화로부터 벗어나는 것으로부터 시작된다. 그것은 결국 존재의 진리의 부름, 즉 존재의 소리를 경청하

---

13) 현상학에서는 상호주관성에 의해 정립된 세계를 모나드공동체(Monaden-gemeinschaft), 나와 동격인 다른 자아(alter ego), 즉 '나와 같은 주체(Ichsubjekt)'로 이루어진 생활세계, 선험적 우리(transzendentales Wir)의 생활세계, 상호문화적인 공동체적 문화세계를 거론한다. 이에 반해 하이데거의 사방세계(Welt-Geviert)는 사방이 놀이하는 존재론적 생명공동체를 의미한다.

14) GA 13, 38쪽.

면서 단순 소박한 '시적인 거주'를 실천하는 것이다. 이는 단지 기술문명을 떠난 목가적 삶을 지향하는 것이 아니라, 그것에 혼을 빼앗기거나 얽매이지 말고, 그 속에서도 자신의 본연의 인간다움에 충실한 깨어 있는 삶의 태도이다. 자연을 이용하려는 태도의 전환이 요구된다. "대지가 주는 축복을 받아들이고, 이러한 받아들임 속에서 대지의 법칙에 순응하고, 존재의 비밀을 보호하고, 가능적인 것의 불가침성을 지키는 것이다."[15]

계산하고 조작하는 주체로서 존재자들을 이해관계에서 바라보기보다는 사랑과 감사의 눈으로 바라보면서, 그것들을 돌보고 아끼고 존중하는 마음을 지녀야 자신의 인간성도 지킬 수 있을 것이다. 그리고 '자신을 버리고 타인을 사랑하는 최고의 인간애는 타인이 참된 자기를 발견하도록 돕는 것'이라는 하이데거의 말이 여운으로 남는다. 무엇보다 존재자의 있음을 가능케 하는 것은 조용한 힘(stille Kraft)으로서의 '사랑(Liebe)'[16]이다.

표상적이고 계산적인 사고에서 존재자들은 인식적 주체의 개념적 파악, 소유, 지배의 대상들이다. 그러나 숙고적 사유에서 사물들은 경이와 삼감, 그리고 절제의 심정으로 만나는 상대들이다. 존재자들을 상을 투사하여 알게 되는 주객관계에 의한 표상적 인식과 그것들의 진정한 실상(참모습)을 존재의 이웃관계로서의 만남을 통해 알게 되어 알아차리는 숙고적 앎은 구분된다.

무릇 모든 존재자의 아름다움은 진리가 비은폐성의 방식으로 현성

---

15) VA 94쪽.
16) Wm 314쪽.

하는 하나의 방식이다. 만물에는 존재의 빛이 드러나고 또한 감추어져 있다. 아름다움을 미학적 차원이 아니라, 오히려 존재진리와 연관하여 보는 시각을 하이데거는 열어준다. 진정 참다운 것은 아름답다. "작품 속으로 드리워진 빛남이 아름다운 것이다. 아름다움은 진리가 비은폐성으로서 본재(west)하는 하나의 방식이다."[17] 특히 '포이에시스 (ποίησις, poiesis)'로서의 시짓기는 존재자에 대한 어떤 탐색보다도 더 참된 것이다. 세계 속에 임재하는 존재진리의 빛인 아름다움을 숙고하고 음미하는 일이 인간다움을 나타내고 지키는 일이 될 것이다.

본서에서는 하이데거의 숙고적 사유의 기원, 의미, 전개, 적실성, 과제 등을 텍스트 내재적으로 살펴보았다. 왜냐하면 하이데거의 사유의 본령인 숙고는 먼저 그의 텍스트들 내에서 어떻게 설명되고, 전개되며, 의미가 부여되었는지를 살피는 것이 선행적 과제라고 생각하였기 때문이다. 그럼에도 불구하고 본서에서는 이 주제를 다룸에 있어서 텍스트 내재적인 접근방식의 한계와 위험성을 인식하면서 텍스트 외재적인 접근방식을 통한 비판적인 시각들도 함께 살펴보았다. 앞으로 숙고적 사유에 대한 더 폭넓은 비판적-해석학적 연구도 필요하다고 여겨진다. 그리고 초기 그리스 사유에 나타난 숙고적 사유의 선구자들의 철학, 즉 아낙시만드로스, 헤라클레이토스, 파르메니데스의 사유에 대한 하이데거의 해석을 더 상세하게 다루지 못한 아쉬움이 있다.

---

17) Hw 42쪽.

■약어표

DK	Diels H. und Kranz W.(hrsg.), *Die Fragmente der Vorsocratiker*, 3Bde. Bern 1974
EiM	M. Heidegger, *Einführung in die Metaphysik*, Tübingen 1976
Enn	Plotinus, 조규홍 옮김, 『플로티노스의 엔네아데스 선집』, 누멘 2019
Gel	M. Heidegger, *Gelassenheit*, Pfullingen 1988
Hum	M. Heidegger, *Über den Humanismus*, Frankfurt a.M. 1975
Hw	M. Heidegger, *Holzwege*, Frankfurt a.M. 1977
ID	M. Heidegger, *Identität und Differenz*, Pfullingen 1978
NI, NII	M. Heidegger, *Nietzsche. 2 Bde*, Pfullingen 1976
SI	M. Heidegger, *Spiegel-Interview*(1966): 'Nur noch ein Gott kann uns retten'(*Der Spiegel*, 30 Jg., Nr. 23. Mai. 1976), in G. Neske, E. Kettering(hrsg.), *ANTWORT, Martin Heidegger im Gespräch*, Pfullingen 1988.
SuZ	M. Heidegger, *Sein und Zeit*, Tübingen 1977
SvG	M. Heidegger, *Der Satz vom Grund*, Pfullingen 1957
TK	M. Heidegger, *Die Technik und die Kehre*, Pfullingen 1978
UzS	M. Heidegger, *Unterwegs zur Sprache*, Pfullingen 1979
VA	M. Heidegger, *Vorträge und Aufsätze*, Frankfurt a.M. 2000
WhD	M. Heidegger, *Was heißt Denken?*, Tübingen 1973, 권순홍 옮김, 『사유란 무엇인가?』, 길 2005
WiM	M. Heidegger, *Was ist Metaphysik?*, Bonn 1929
WiMN	M. Heidegger, *Was ist Metaphysik?*, *Nachwort*, Frankfurt a.M.

1981

WB   M. Heidegger, "*Wisenschaft und Besinnung*", in *Vorträge und Aufsätze*, Frankfurt a.M. 2000

Wm   M. Heidegger, *Wegmarken*, Frankfurt a.M. 1976

Zol   *Zollikoner Seminare*, Frankfurt a.M. 1987

ZSD   M. Heidegger, *Zur Sache des Denkens*, Tübingen 1976

ZW   M. Heidegger, "*Die Zeit des Weltbildes*"(1938), 최상욱 옮김, 『세계상의 시대』, 서광사 1995. in *Holzwege*, Frankfurt a.M. 1980

GA 1-   *Martin Heidegger Gesammtausgabe*, Frankfurt a.M. Bd. 1-94
GA 96

『위기』   E. Husserl, 이종훈 옮김, 『유럽학문의 위기와 선험적 현상학』, 한길사 1997

■ 참고문헌

1. 하이데거 1차 문헌

Heidegger, M, *Sein und Zeit*(1927), Tübingen 1979

_____, *Beiträge zur Philosophie(Vom Ereignis)*(1936-1938), Frankfurt
a.M. 1989(GA 65)

_____, *Gelassenheit*, Pfullingen 1988

_____, *Aus der Erfahrung des Denkens*(1910-1976), Frankfurt a.M.
1983(GA 13)

_____, *Über den Humanismus*(1946), Frankfurt a.M. 1981

_____, *Was ist Metaphysik?*, Frankfurt a.M. 1981, in Wegmarken
(GA 9)

_____, *Was ist Metaphysik?*, *Einleitung*, Frankfurt a.M. 1981

_____, *Was ist Metaphysik?*, *Nachwort*, Frankfurt a.M. 1981

_____, *Was heißt Denken?*, Tübingen 1973

_____, *Hölderlins Hymnen "Germanien" und "Der Rhein"*(Winter
semester 1934/35), 1989(GA 39)

_____, *Einführung in die Metaphysik*(Summer semester 1935), ed. P.
Jaeger, 1983(GA 40)

_____, *Besinnung(1938/39)*, Frankfurt a.M. 1997(GA 66)

_____, *Vom Wesen der Wahrheit*, Frankfurt a.M. 1997

_____, *Zur Seinsfrage*, Frankfurt a.M. 1977

_____, *Aus der Erfahrung des Denkens(1910-1976)*, Frankfurt a.M.
1983(GA 13)

_____, *Hölderlins Hymne "Andenken"*(Winter semester 1941/42), Frankfurt a.M. 1992(GA 52)

_____, *Der Anfang der abendländischen Philosophie*(*Anaximander und Parmenides*)(*1932*), Frankfurt a.M. 2012(GA 35)

_____, *Wegmarken*(1919-1961), Frankfurt a.M. 1976(GA 9)

_____, *Vom Wesen der Wahrheit*, Frankfurt a.M. 1976

_____, *Vom Wesen des Grundes*, Frankfurt a.M. 1973

_____, *Zur Sache des Denkens*, Tübingen 1976. Zur Sache des Denkens(1962-1964), Frankfurt a.M. 2007(GA 14)

_____, *Holzwege*, Frankfurt a.M. 1977(GA 5)

_____, *Hölderlins Hymne "Andenken"*(Winter semester 1941/42), ed. C. Ochwaldt, 1982, 2nd edn. 1992(GA 52)

_____, *Hölderlins Hymne "Der Ister"*(Summer semester 1942), ed. W. Biemel, 1984(GA 53)

_____, *Unterwegs zur Sprache*(1950-1959), Pfullingen 1986(GA 12)

_____, *Vorträge und Aufsätze*(1936-1953), 2000(GA 7)

_____, *Überlegungen II-VI*(*Schwarze Hefte 1931-1938*), Frankfurt a.M. 2014(GA 94)

_____, *Der Satz vom Grund*, Pfullingen 1978

_____, *Die Frage nach dem Ding. Zu Kants Lehre von den transzendentalen Grundsätzen*, Frankfurt a.M. 1984(GA 41)

_____, *Grundfragen der Philosophie. Ausgewählte "Probleme" der "Logik"*(Winter semester 1937/38), Frankfurt a.M. 1984(GA 45)

_____, *Vier Seminare: Seminar in Le Thor 1966, 1968, 1969, Seminar in Zähringen* 1973(GA 15)

_____, *Grundfragen der Philosophie. Ausgewählte "Probleme" der "Logik"*(Winter semester 1937/38), ed. F.-W. von Herrmann, 1984,

2nd edn. 1992(GA 45)

_____, *Parmenides*, Freiburger Vorlesung vom WS 1942/43. Frankfurt a.M. 1982(GA 54)

_____, *Nietzsche. 2 Bde*, Pfullingen 1976

_____, *Nietzsche: Der europäische Nihilismus*, Frankfurt a.M. 1986

_____, *Schelling: Vom Wesen der menschlichen Freiheit*(1809) (Summer semester 1936), Frankfurt a.M. 1988(GA 42)

_____, *Zollikoner Seminare*, Frankfurt a.M. 1987, 2017(GA 89)

_____, *Identität und Differenz*(1955-1957), ed. F.-W. von Herrmann, 2nd edn. 2006(GA 12)

_____, *Die Technik und die Kehre*, Neske 1962. 6. Aufl. 1985

_____, *Was ist das-die Philosophie?*, Pfullingen 1956

_____, *Einleitung in die Philosophie*(Winter semester 1928/29), Frankfurt a.M. 1996(GA 27)

_____, *Ontologie. Hermeneutik der Faktizität*(1923), Frankfurt a.M. 1988(GA 63)

_____, *Einführung in die Metaphysik*, Tübingen 1976(GA40)

_____, *Seminare*(*1951-1973*), Frankfurt a.M. 1986(GA 15)

_____, *Das Rektorat 1933/34-* Taschenbuch und Gedanken. Frankfurt a.M. 1983

_____, *Heraklit. 1. Der Anfang des abendländischen Denkens* (Sommersemester 1943)/*2. Logik. Heraklits Lehre vom Logos*(Sommer semester 1944), Frankfurt a.M. 1979(GA 55)

_____, *Reden und andere Zeugnisse eines Lebensweges*(1910-1976), Frankfurt a.M. 2000(GA 16)

_____, *Parmenides*(Winter semester 1942/43), ed. M. S. Frings, 1982, 2nd edn. 1992(GA 54)

_____, *Vorträge und Aufsätze*(1936-1953), ed. F.-W. von Herrmann, 2000(GA 7)

_____, *Zur Bestimmung der Philosophie. 1. Die Idee der Philosophie und das Weltanschauungsproblem*(Kriegsnotsemester 1919)/*2. Phänomenologieund transzendentale Wertphilosophie*(Summer semester 1919)/*3. Anhang: Über das Wesen der Universität und des akademischen Studiums*(Sommersemester 1919), Frankfurt a.M. 1987(GA56/7)

_____, *Erläuterungen zu Hölderlins Dichtung*(1936-1968), ed. F. W. von Herrmann, 1951, 2nd edn. 1996(GA 4)

_____, *Über den Humanismus*(1946), Frankfurt a.M. 1981

_____, *Überlegungen II-VI*(*Schwarze Hefte 1931-1938*), ed. P. Trawny, Frankfurt a.M. 2014(GA 94)

_____, *Überlegungen VII-XI*(*Schwarze Hefte 1938/39*), ed. P. Trawny, Frankfurt a.M. 2014(GA 95)

_____, *Überlegungen XII-XV*(*Schwarze Hefte 1939-1941*), ed. P. Trawny, Frankfurt a.M. 2014(GA 96)

_____, *Spiegel-Inerview*(1966): 'Nur noch ein Gott kann uns retten', in Der Spiegel, 30 Jg. Nr.23 Mai. 1976. in G. Neske und E. Kettering(hrsg.), *ANTWORT, Martin Heidegger im Gespräch*, Pfullingen 1988.

_____, *The question concerning technology, and other essays*, translated and with an introd. by William Lovitt Garland, New York 1977

_____, 이선일 옮김, 『철학에의 기여』(Beiträge zur Philosophie(Vom Ereignis), Frankfurt a.M. 1989), 새물결 2015

_____, 이기상 옮김, 『기술과 전향』, 서광사 1993

_____, 최상욱 옮김, 『세계상의 시대』("Die Zeit des Weltbildes"(1938), in Holzwege, Frankfurt a.M. 1980), 서광사 1995

_____, 박찬국 옮김, 『니체 I』, 길 2010

_____, 박찬국 옮김, 『니체 II』, 길 2012

_____, 박찬국 옮김, 『니체와 니힐리즘』, 지성의 샘, 1996

_____, 박휘근 옮김, 『형이상학 입문』, 문예출판사 1993

_____, 이기상 옮김, 『논리학―진리란 무엇인가?』, 까치 2000

_____, 김재철 외 옮김, 『논리학의 형이상학적 시원근거들』(Metaphysische Anfangsgründe der Logik im Ausgang von Leibniz(Summer semester 1928), ed. K. Held, Frankfurt a.M. 1978(GA 26)), 길 2017

_____, 이기상 외 옮김, 『강연과 논문』, 이학사 2008

_____, 이선일 옮김, 「휴머니즘 서간」, 『이정표 2』, 한길사 2005

_____, 신상희 옮김, 『이정표 1』, 한길사 2005

_____, 신상희 옮김, 『횔덜린 시의 해명』, 아카넷 2009(GA 4)

_____, 「예술작품의 근원」, 『숲길』, 나남 2008

_____, 신상희 옮김, 『동일성과 차이』, 민음사 2000

_____, 신상희 옮김, 『초연한 내맡김』, 『동일성과 차이』, 민음사. 2006

_____, 신상희·이강희 옮김, 『회상』, 나남 2009. Hölderlins Hymne "Andenken"(Wintersemester 1941/42), ed. C. Ochwaldt, 1982(GA 52)

_____, 문동규·신상희 옮김, 『사유의 사태로』, 길 2008

_____, 권순홍 옮김, 『사유란 무엇인가?』, 길 2005

_____, 최상욱 옮김, 『횔덜린의 송가 〈이스트〉』, 동문선 2005

_____, 한충수 옮김, 『철학의 근본 물음: "논리학"의 주요 문제』, 이학사 2018

2. 국외문헌

Alderman, H., *"Heidegger's Critique of Science and Technology"*, in

Heidegger and Modern Philosophy, New Haven and London: Yale University Press 1978

Arendt, H., Essays in understanding 1930-1954, Jerome Kohn(ed.), San Diegeo, New York and London 1994

Bast R., *Der Wissenschaftsbegriff Martin Heideggers im Zusammenhang seiner Philosophie*, Stuttgart- Bad Canastatt 1986

Becker, O., "*Mathematische Existenz, Untersuchungen zur Logik und Ontologie mathematischer Phänomene*", in *Jahrbuch für Philosophie und Phänomenologische Forschung*, Bd. VIII, Halle 1927

_____, *Größe und Grenze der Mathematischen Denkweise*, Freiburg-München 1959

Benhabib, S., *The Reluctant Modernism of Hannah Arendt*, London 1996

Bleicher, J., *Contemporary Hermeneutics*, Routlege & Kegan Paul 1980

Church, A., *Introduction to Mathematical Logic*, Princeton Uni. Press 1956

Cristin, R., "*Calculating and Contemplative Thought, Heidegger and the Challenge of Leibnizischen Monadologie am Beispiel des Satzes vom Grund*", Studia Leibnitiana 24(1), 1992

Davis, Philip J. & Hersh, Reuben., *Descartes' Dream: The World according to Mathematics*, San Diego: Harcourt Brace Janvanovich 1986

Derrida, J., "*On Reading Heidegger: An Outline of Remarks to the Essex Colloquium*", Research in Phenomenology, 17. 1987

Descartes. R., *Discourse on Method and Meditations on First Philosophy*, trans, Donald A. Cress(Hackett) 1980

Diels H. und Kranz W.(hrsg.), *Die Fragmente der Vorsocratiker*, 3Bde.
Bern 1974

Dreyfus, H. L., *Mind over Machine: The Power of Human Intuition and Expertise in the Era of the Computer*, 1986

_____, *Being-in-the-World: A Commentary on Heidegger's Being and Time*, Division I. Cambridge, MA: MIT Press 1991

_____, *What Computers Still Can't Do: A Critique of Artificial Reason*, Cambridge, MA: MIT Press 1992

_____, *Heidegger, Authenticity, and Modernity: Essays in Honor of Hubert L. Dreyfus. Volume 1*, Cambridge, MA: MIT Press 2000

_____, *Heidegger, Coping, and Cognitive Science: Essays in Honor of Hubert L. Dreyfus*, Vol. 2. MIT Press 2000

_____, and Dreyfus, S. E, "*Making a Mind versus Modeling the Brain: Artificial Intelligence back at a Branchpoint*", in: Daedalus 117. 1988

Figal, G., *Martin Heidegger Phänomenologie der Freiheit*, Frankfurt: Athenäum 1988

Franzen, W., *Von der Existenziologie zur Seinsgeschichte*, Meisenheim am Glan 1975

Gadamer, H.-G., *Wahrheit und Methode*, Tübingen 1986

_____, *Kleine Philosophische Schriften, Band I: Philosohie, Hermeneutik*, Tübingen 1976

Gethmann, C., "Der existenziale Begriff der Wissenschaft", in *Dasein: Erkennen und Handeln. Heidegger im phänomenologischen Kontext*, Berlin 1993

Habermas, J., *Theorie des Kommunikativen Handelns, Band 2*, Frankfurt a.M. 1981

_____, J. Habermas, *"Heidegger-Werk und Weltanschauung"*, in Victor Farisa, *Heidegger und der Nationalsozialismus*, Frankfurt a.M. 1987

Herrmann, F-W. von., *"Way and method"*, in *Martin Heidegger, Critical Assesments*, C. Macann(ed.) vol. I, London and New York 1992

_____, *"Die Frage nach dem Sein als hermeneutische Phänomenologie"*, in *Große Themen Martin Heideggers, Große Themen Martin Heideggers Eine Einführung in sein Denken*, hrsg. von Edelgard Spaude, Freiburg 1990

Hirschberger, J., *Geschichte der Philosophie*, Band II, Freiburg · Basel · Wien 1991

Hollerbach, A., *"Im Schatten des Jahres 1933: Erik Wolf und Martin Heidegger"*, in Martin B.(hrsg.), *Martin Heidegger und das 'Dritte Reich'*, Darmstadt 1989

Horkheimer, M., Adorno, Th. W., *Dialectic of Enlightment*, J. Cummings, Herder and Herder 1972

Horkheimer, M., *Eclipse of Reason*, Oxford University Press 1947

Husserl E., *"Die Krisis der europäischen Wissenschaften und die transzendentale Phänomenologie"*, in Philosophia, Belgrad 1936

_____, *The Crisis of European Science and Transcendental Phenomenology*. trans. D. Carr. Northwestern Univ. Press 1970

_____, *Philosophie als strenge Wissenschaft*, Frankfurt a.M. 1965

_____, Cairns, D.,(trans) *Cartesianische Meditationen, Krisis*, Dorthrecht 1960

_____, *Philosophie der Arithmetik*, hrsg. v.L Eley, Den Haag: Martinus Nijhoff 1970

Jaspers, K., *The Future of Mankind*, Chicago: The University of Chicago

576

Press 1961

Jünger E., *Der Arbeiter. Herrschaft und Gestalt*, Stuttgart 2007

Kern, P., "*Berechnendes und besinnendes Denken*", Akademie integra 2014

Kettering, E., *Nähe, Das Denken Martin Heideggers*, Pfullingen 1987

Kisiel, T.,"*Heidegger und the new images of science*", in *Martin Heidegger, critical assesments*, New York 1992

Krell, D. F., "*Modern Science, Metaphysics and Mathematics*", in *Heidegger Basic Writings*, Harper 1977

Löwith, K. *Heidegger, Denker in dürftiger Zeit*, Stuttgart 1984

_____, *Martin Heidegger and European Nihilism*, R. Wolin(ed,) Columbia University Press 1998.

Mallery, J. C, Hurwitz, R. Duffy G., "*Hermeneutics: From Textual Explication to Computer Understanding*", Published in *The Encyclopedia of Artificial Intelligence*, New York 1987

Marcuse, H., *One-dimensional Man: Studies in Ideology of Advanced Industrial Society*, London 1964

Marx, W., *Heidegger und die Tradition: Eine problemgeschichtliche Einführung in die Grundbestimmungen des Seins*, Stuttgart 1961

_____, *Gibt es auf Erden ein Maß?*, Frankfurt a.M. 1986

Müller, M., *Existenzphilosophie im geistigen Leben der Gegenwart*, Heidelberg 1958

Nietzsche, F., *Kritische Gesamtausgabe(KGW)*, hrsg. von Giorgio Colli und Mazzino Montinari, Berlin und New York 1967ff

_____, *On the Genealoloy of Morals*, III(12). trans. W. Kaufmann, New York 1989

_____, *Der Wille zur Macht, Sämtliche Werke in Kröners*

Taschenausgabe, Stuttgart 1996

Nolte, E., "*Philosophisches im politischen Irrtum?*", in *Martin Heidegger: Faszination und Erschrecken*, Frankfurt a.M./ New York 1990

Olafson, F., "Heidegger's Politics: An Interview", R. Pippinte al.(ed.) *Marcuse and the Promise of Critical Theory*, Southly Hadley 1988.

Otto, W. F., "*Die Berufung des Dichters*", in *Hölderlin*, hrg. von A. Kelletat, J.C.B. Mohr: Tübingen 1961

Pfizer, T., "*Die Ausname*", in *Erinnerung an Martin Heidegger*, Günther Neske(hrsg.), Pfulligen 1977

Pöggeler, O., "*Den Führer führen? Heidegger und kein Ende*", Philosophische Rundschau 32, 1985

_____, *Neue Wege mit Heidegger*, Freiburg/München 1992

_____, "*Praktische Philosophie' als Antwort an Heidegger*", in *Martin Heidegger und das 'Dritte Reich*' (*hrsg.*), Bernd Martin, Darmstadt 1989

Reuben, P. D., J. & Hersh., *Descartes' Dream: The World according to Mathematics*, San Diego: Harcourt Brace Janvanovich 1986

Rockmore, T., "*Die geschichtliche Kehre oder Otts Verdienst im Fall Heideggers*", in hrsg, *Schärfer Hermann, Annährungen an Martin Heidegger: Festschrift für Hugo Ott zum 65. Geburtstag*, Frankfurt a.M./New York 1996.

Rombach, H., *Die Phänomenologie des gegenwärtigen Bewußtseins*, Freiburg/München 1980

Rorty, R., *Philisophy and the Mirror of Nature*, New Jersey 1980

_____, *Contingency, Irony, and Solidarity*, Cambridge University Press 1989

_____, "*The contingency of community*", London Review of Books,

24 July 1986

Safranski, R., *Ein Meister aus Deutschland: Heidegger und seine Zeit*, Frankfurt a.M. 1997

Schiller, F., *On the Aesthetic Education of man: A Series of Letters*, R. Schnell(trans.) New York 1965

Schmidt, G., "*Heideggers philosophische Politik*", in *Martin Heidegger und das Dritte Reich*, hrsg. Bernd Martin, Darmstadt 1989

Seubold, G., *Heideggers Analyse der neuzeitlichen Technik*, Freiburg 1986

Simmel, G., *Der Begriff und die Tragödie der Kultur*, 〈Logos〉 2호 (1911/12) Tübingen

Stegmüller, W., *Hauptströmung der Gegenwartphilosophie*, Stuttgart 1976

Thomä D.(hrsg.), *Heidegger Handbuch. Leben-Werk-Wirkung*, Stuttgart 2003

M. Warnock, M., *Existentialism*, Oxford University Press 1970

Weber, M., "*Science as calling*", in *From Max Weber: Essays in Sociology*, H. H. Gerth and C. W. Mils(ed.), Oxford Uni. Press 1946

_____, *Economy and Society*, G. Roth and K. Wittich(ed.), Bed Minster Press 1968

_____, *Die Protestantische Ethik I*, hrsg., von Johannes Winckelmann, München-Hamburg, 1969

Weizsäcker, C. F. v., *Heidegger und die Naturwissenschaft*, Freiburg 1977

Winograd, T. Flores, F., *Understanding Computer and Cognition*, Addison-Wesley Press 1986

Wisser, R.(hrsg.), *Martin Heidegger im Gespräch*, Freiburg/München

1970

Wisser, R., *Martin Heidegger, Unterwegs im Denken*, Alber 1987

Wittgenstein, L., *Remarks on the Foundations of Mathematics*, MIT Press 1978

Wolin(ed.) R., *Heidegger Controversy: A Critical Reader*, MIT Press 1992

3. 국내문헌

1) 역서

Arendt, H., 김선욱 옮김, 『예루살렘의 아이히만』, 한길사 2006

_____, 김선욱 옮김, 『칸트 정치철학 강의』, 푸른숲 2002

_____, 홍원표 옮김, 『정신의 삶 1—사유』, 푸른숲 2004

_____, 홍원표 외 옮김, 『이해의 에세이 1930-1954』, 텍스트 2012

_____, 이진우 · 태정호 옮김, 『인간의 조건』, 한길사 2002

_____, 이진우 외 옮김, 『전체주의의 기원1, 2』, 한길사 2006

Aristoteles, 천병희 옮김, 『니코마코스 윤리학』, 숲 2013

_____, 조대호 옮김, 『형이상학』, 길 2017

Augustinus, A., 선한용 옮김, 『성 어거스틴의 고백록』, 대한기독교서회 2015

Baudrillard, J., 하태환 옮김, 『시뮬라시옹』, 민음사 2001

Bernstein, R, J., 정창호 외 옮김, 『객관주의와 상대주의를 넘어서』, 보광재 1996

Borradori, G., 손철성 옮김, 『테러시대의 철학—하버마스, 데리다와의 대화—』, 문학과 지성사 2004

Bourdieu, P., 김문수 옮김, 『나는 철학자다: 부르디외와 하이데거론』, 이매진 2005

Chase, C., 신동숙 옮김, 『경제의 특이점이 온다』, 비즈페이퍼 2017

Challoner, J., 이상헌 옮김, 『똘망똘망 인공지능』, 김영사 1999

Clark, T., 김동규 옮김, 『마르틴 하이데거, 너무나 근본적인』, 앨피 2012

Dallmayr, F., 신충식 옮김, 『다른 하이데거』, 문학과 지성사 2011

Descartes, R., 소두영 옮김, 『방법서설/성찰/철학의 원리』, 동서문화사 2016

Dreyfus, H. L., 정혜욱 옮김, 『인터넷상에서』, 현대신서 124, 동문선 2003

Harari, Y. N., 조현욱 옮김, 『사피엔스』, 김영사 2019

Habermas, J., 이진우 옮김, 『현대성의 철학적 담론』, 문예출판사 2002

Heisenberg, W., 최종덕 옮김, 『철학과 물리학의 만남』, 한겨레 1992

Hempel, H. P., 이기상·추기연 옮김, 『하이데거와 禪』, 민음사 1995

Horkheimer, M, Adorno, Th. W., 김유동 옮김, 『계몽의 변증법』, 문학과 지
    성사 2019

Husserl, E., 이종훈 옮김, 『유럽학문의 위기와 선험적 현상학』, 한길사 1997

_____, 이종훈 옮김, 『순수현상학과 철학의 이념 1』, 한길사 2009

_____, 이종훈 옮김, 『경험과 판단―논리학의 발생론 연구―』, 민음사
    2016

Husserl, E. Fink, H., 이종훈 옮김, 『데카르트 성찰』, 한길사 2002

Ihde, D., 김성동 옮김, 『기술철학』, 철학과 현실사 1998

Kant, I., 백종현 옮김, 『윤리형이상학 정초』, 아카넷 2005

_____, 백종현 옮김, 『순수이성비판 1, 2』, 아카넷 2006. 2017

Kassirer, E. 최명관 옮김, 『인간이란 무엇인가?』, 창 2008

Kline, M., 박영훈 옮김, 『수학, 문명을 지배하다』, 경문사 2011

Kurzweil, R., 김명남·장시형 옮김, 『특이점이 온다』, 김영사 2005

Ladyman, J., 박영태 옮김, 『과학철학의 이해』, 이학사 2003

Livio, M., 김정은 옮김, 『신은 수학자인가?』, 열린과학 2010

Marx, K., Engels, F., 이진우 옮김, 『공산당 선언』(Manifest der kom-
    munistischen Partei, 1848), 책세상 2018

Nietzsche, F., 김정현 옮김, 『선악의 저편』, 책세상 2002

Ott, H., 김광식 옮김, 『思惟와 存在―마르틴 하이데거의 길과 신학의 길―』,

연세대학교 출판부 1995

Pascal, B., 박철수 편역, 『파스칼의 팡세, 생각하는 갈대(*Pensées*)』, 예찬사 2000

Platon, 박종현 옮김, 『국가·정체』, 서광사 2005

_____, 박종현 역주, 『향연, 파이드로스, 리스 』, 서광사 2016

Plotinus, 조규홍 옮김, 『플로티노스의 엔네아데스 선집』, 누멘 2019

Pöggeler, O., 이기상 외 옮김, 『하이데거 사유의 길』, 문예출판사 1983

Putnam, H., 김영정 옮김, 『표상과 실재―마음에 관한 인지적/계산적 접근 방법은 왜 성공할 수 없는가?―』, 이화여자대학교 출판부 1992

Wrathall, M. A., 권순홍 옮김, 『HOW TO READ 하이데거』, 웅진지식하우스 2008

Safranski, R., 박민수 옮김, 『하이데거: 독일의 거장과 그의 시대』, 북캠퍼스 2017

Schopenhauer, A., 홍성광 옮김, 『의지와 표상으로서의 세계』, 을유문화사 2015

Simondon, G., 김재희 옮김, 『시몽동의 기술철학(포스트휴먼 사회를 위한 청 사진)』, 아카넷 2017

_____, 김재희 옮김, 『기술적 대상들의 존재양식에 대하여』, 그린비 2011

Strohmeier, J, Westbrook, P., 류영훈 옮김, 『피타고라스를 말하다』, 퉁크 2005

Vamvacas, C. J., 이재영 옮김, 『철학의 탄생』, 알마 2008

Weyl, H., 김상문 옮김, 『수리철학과 과학철학』, 민음사 1987

Wittgenstein, L., 이영철 옮김, 『논리-철학 논고』, 책세상 2006

_____, 이승종 옮김, 『철학적 탐구』, 아카넷 2016

Wolin, R., 서영화 옮김, 『하이데거, 제자들 그리고 나치』, 경희대학교 출판문 화원 2021.

Žižek, S., 김영선 옮김,『왜 하이데거를 범죄화해서는 안 되는가』, 2016

노자, 남만성 역,『노자도덕경(老子道德經)』, 제16장, 을유문화사 1970

오가와 히토시, 장인주 옮김,『AI를 이기는 철학』, 처음북스 2019

장자, 김학주 역주,『장자』, 연암서가 2010

장자, 안동림 역주,『莊子』, 현암사 1973

2) 논문

강학순,「하이데거의 근대성 비판에 대한 이해—근대의 '있음'에 대한 존재사
    적 해명—」, 현대유럽철학연구 4권, 1999

_____,「현대기술융합담론과 하이데거철학 수용의 문제」, 현대유럽철학연
    구 39집, 2015

_____,「하이데거와 아렌트의 비교연구—사유와 행위의 관계를 중심으로,
    —」, 철학탐구 49, 중앙대학교철학연구소 2018

_____,「'근본주의'의 극복에 관한 철학적 고찰」, 현대유럽철학연구 27집,
    현대유럽철학연구회, 2011.

_____,「존재사유와 시작」,『하이데거의 존재사유』(『하이데거 연구』제1집),
    철학과 현실사 1995

_____,「하이데거의 〈존재론적 정치관〉」, 차인석 외,『사회철학대계 3』, 민
    음사 1993

공용현,「계산주의, 연결주의, 단순성」, 철학연구 34, 1994

권기석,「컴퓨터가 할 수 있는 것'에 대한 지식사회학적 고찰—H. Dreyfus와
    H. Collins의 인공지능 논쟁을 중심으로—」, 서강대 대학원 사회학과
    학위논문 2000

김경훈,「후설의『수학의 철학』에 있어서 수 개념에 대한 심리학적 분석」, 철
    학논총 20, 2000

김동식,「로티의 반정초주의」, 철학과 현실, vol. 11, 철학문화연구소 1991

김상환,「심미적 이성의 귀향—김우창의 초월론」,『예술가를 위한 형이상학』,

민음사 2007

김영필, 「후설의 데카르트 비판」, 철학논총 6, 1990

김재호, 「단순한 계산을 넘는 수학적 발견의 즐거움」, 교수신문 제907호, 2018

문성학, 「니체의 비판; 그 정당성에 대한 검토」, 새한철학회 1992

박이문, 「시와 사유」, 『하이데거의 존재사유』(하이데거 연구 제1집), 철학과 현실사 1995

배상식, 「니체에 있어서 인식과 언어의 문제」, 철학논총 제39집, 새한철학회 2005

서동은, 「후설과 하이데거의 현상학 이해에 대한 소고, 데카르트 해석을 중심으로」, 현상학과 현대철학 69, 2016

소광희, 「논리의 언어와 존재의 언어」, 한국하이데거 학회, 『하이데거의 언어사상』, 철학과 현실사 1998

유원식, 「미디어로서의 '생각하는 기계'와 인간 척도주의」, 철학연구 124집, 2019 봄호

윤병렬, 「퓌지스·존재·도(道)—헤라클레이토스·하이데거·노자의 시원적 사유」, 하이데거 연구 제5집, 한국하이데거학회 2000

이기상, 「존재진리의 발생사건에서 본 기술과 예술」, 한국하이데거학회편, 『하이데거의 철학세계』, 철학과 현실사 1977

이선일, 「하이데거의 기술의 문제」, 서울대학교 대학원, 박사학위논문 1994

이성효, 「아우구스티누스의 관상에 대한 이해」, 신학전망 no. 164, 카톨릭대학교 신학연구소 2009

이유선, 「로티의 반표상주의」, 철학 54, 한국철학회 1998

이유택, 「하이데거의 과학비판」, 현대유럽철학연구 제38집, 2015

윤유석, 「표상주의, 변증법, 역사성—헤겔의 경험 개념에 근거한 표상주의 비판—」, 철학사상(61), 서울대학교 철학사상 연구소 2016

이상엽, 「니체의 관점주의」, 니체연구 16집, 한국니체학회 2009

이승종, 「하이데거의 고고학적 언어철학」, 한국하이데거학회 편, 『하이데거의 언어사상』, 하이데거 연구 제3집, 철학과 현실사 1998

전동진, 「하이데거의 존재와 노자의 도」, 『현대프랑스 철학과 해석학』, 철학과 현실사 1999

3) 일반

강영안, 『칸트의 형이상학과 표상적 사고』, 서강대학교출판부 2009

_____, 『주체는 죽었는가?』, 문예출판사 2001

강학순, 『근본주의의 유혹과 야만성』, 미다스북스 2015

김영필, 『현대철학의 전개』, 이문출판사 1998

김용규, 『생각의 도구』, 살림 2014

김용준 외, 『현대과학과 윤리』, 민음사 1988

김형효, 『하이데거와 마음의 철학』, 청계 2001

박이문, 『길』(박이문 산문집), 미다스북스 2003

_____, 『문학과 철학』, 민음사 1995

박찬국, 『하이데거와 나치즘』, 문예출판사 2001

_____, 『삶은 왜 짐이 되었는가. 서울대 박찬국 교수의 하이데거 명강의』, 21세기북스 2017

_____, 『하이데거와 윤리학』, 철학과 현실사 2002

_____, 『들길의 사상가, 하이데거』, 동녘 2004

소광희, 『철학적 성찰의 길』, 철학과 현실사 2005

소광희 외, 『현대의 학문 체계: 대학에서 무엇을 배울 것인가』, 민음사 1994

신일철 편, 「왜 아직도 철학이 필요한가?」(아도르노), 『프랑크푸르트학파』, 청람문화사 1989

윤병렬, 『하이데거와 도가철학』, 서광사 2021

윤평중, 『푸코와 하버마스를 넘어서』, 교보문고 1997

이기상, 『하이데거의 존재사건학』, 서광사 2003

이남인, 『후설의 현상학과 현대철학』, 풀빛미디어 2006

이수정 외, 『하이데거. 그의 생애와 사상』, 서울대학교출판부 1999

이승종, 『크로스오버 하이데거』, 생각의 나무 2010

장회익, 『온생명과 환경, 공동체적 삶』, 생각의 나무 2008

전산용어사전편찬위원회 엮음, 『컴퓨터 · 인터넷 · IT용어대사전』, 일진사
　　2005

철학사전편찬위원회, 『철학사전』, 중원문화 2009

최한빈 외, 『신앙과 논리』, 살림 2004

https://terms.naver.com/entry.nhn?docId=388886&cid=41978&category
　　Id=41985

http://www.hani.co.kr/arti/science/future/889866.html?_fr=mt3#csidxa5
　　b5f09eba6eb2bac99f767321d229b

http://news.kmib.co.kr/article/view.asp?arcid=0012314267&code=61221
　　111&cp=nv

http://www.ai.mit.edu/people/jcma/papers/1986-ai-memo-871/
　　memo.html

https://www.artinsight.co.kr/news/view.php?no=47148

https://www.chosun.com/economy/tech_it/2021/03/11/
　　UHVS7JS3PZE57MN3547T4R3JFE/?

588

ㅊ

첼란, P. 421, 538
최상욱 102, 299

ㅋ

카시러, E. 183
칸토어, G. 173
칸트, I. 26, 115, 117, 166, 180,
    203, 213, 236, 242, 243,
    298, 350, 412, 434, 556
커즈와일, R. 49, 50, 111
케른, P. 37
케플러, J. 173
콜리지, S. 507
크렐, D. 186, 187
크리스틴, R. 36
클라인, M. 172
클라크, T. 291, 307, 378, 489,
    505, 531

ㅌ

트라클, G. 421, 468, 526, 527

ㅍ

파르메니데스 87, 146, 203, 207,
    208, 318, 330, 334, 418,
    460, 566
파스칼, B. 76, 300, 328, 506,
    557
퍼트남, H. 48, 241, 278
푀겔러, O. 328, 422, 449, 510
푸코, M. 23, 32, 563

프란첸, W. 532
프롬, E. 489, 511
프톨레마이오스, K. 170
플라톤 57, 79, 87, 169, 170,
    173, 177, 180, 238, 292,
    315, 372, 462, 490, 536,
    543
플랑크, M. 183, 199
플로티누스 178, 179
피타고라스 173~177
피히테 J. G. 68
핀다르 421
핑크, E. 368

ㅎ

하라리, Y. 554
하버마스, J. 23, 35, 222, 223,
    436, 437, 532, 543~545
하이젠베르크, W. 263
헤라클레이토스 24, 91, 215,
    256, 327, 330, 364, 393,
    418, 478, 512, 566
헤겔, G. 114, 203, 227, 298,
    350, 451, 518
헤르만, F. W. v. 379
헤벨, J. 421, 520
헨드릭스, J. 407
헴펠, H. 433, 589
헤일스, K. 103
호르크하이머, M. 23, 80, 221
화이트헤드, W. 173
횔덜린, F. 146, 293, 299, 306,

사항

■약력 소개

강학순(姜學淳)

독일 마인츠(Mainz) 대학교 철학박사

안양대학교 명예교수

경희대학교 인류사회재건연구원 특임연구원(현)

한국 하이데거학회 회장 역임

한국 기독교철학회 회장 역임

안양대학교 신학대학 학장 역임

열암학술상 수상

저서: 『존재와 공간』(한길사, 신인문총서 20. 문광부우수학술도서), 『근본주의의 유혹과 야만성』(미다스북스), 『시간의 지평에서 존재를 논하다』(철학과 현실사), 『박이문. 둥지를 향한 철학과 예술의 여정』(미다스북스) 등

역서: E. Hufnagel, 『해석학의 이해』(서광사), K. Lorenz, 『현대의 철학적 인간학』(서광사), R. Wisser, 『하이데거. 사유의 도상에서』(공역, 철학과 현실사), J. Macquarrie, 『하이데거와 기독교』(한들출판사), R. Wisser, 『카를 야스퍼스』(공역, 문예출판사) 등

하이데거의 숙고적 사유

─ 계산적 사고를 넘어서

대우학술총서 633

1판 1쇄 찍음 | 2021년 7월 9일
1판 1쇄 펴냄 | 2021년 7월 30일

지은이 | 강학순
펴낸이 | 김정호

책임편집 | 이하심
디자인 | 이대응

펴낸곳 | 아카넷
출판등록 | 2000년 1월 24일(제406-2000-000012호)
주소 | 10881 경기도 파주시 회동길 445-3
전화 | 031-955-9510 (편집)·031-955-9514 (주문)
팩시밀리 | 031-955-9519
www.acanet.co.kr

Printed in Paju, Korea.

SBN 978-89-5733-739-4 94160
ISBN 978-89-89103-00-4 (세트)

이 책은 대우재단의 지원을 받아 연구 및 출간되었습니다.